김종상 인문교양도서

그 때 르네상스에서 전자 · 정보 · 통신 르네상스까지

소설로 쓴
동서양사 1

김종상

박영사

편집 방향과 인사말씀

역사를 고대－중세－근세－근대－현대(5분법)로 나눈다면,
일반적인 구분은 서양사의 넓은 시간대(2000년)에 존재했던 로마를 기준으로
서로마가 멸망하는 "476년" 이전을 "고대"로
그 이후 동로마제국이 멸망한 "1453년"까지를 중세(1000년)로 봅니다.
이 책 "소설로 쓴 동서양사 ①"은 그 중세를 지나서 근대(근세 포함)와 현대를 대상으로 했습니다.

근세와 근대를 구분하는 것은 큰 의미가 없다고 보았습니다.
일반적으로 "르네상스"는 1450년 구텐베르크가 금속활자로 "42행 성서"를 찍어내어
인쇄의 혁명, 정보의 르네상스가 시작된 때로부터 제1차 세계대전 종료(1918년)까지를
근대(근세 포함)로 구분하고 있습니다.
1918년 이후 제2, 제3의 산업혁명을 지나, 전자, 정보, 통신, 인공지능의 르네상스와
코로나 19 팬데믹이 한창인 2020년까지가 현대의 역사입니다.
**이 책은 중세가 마무리되고 시작된 1450년의 그 르네상스에서 지금 현대판 르네상스가
한참인 2020년까지 570년의 역사입니다.**

고대＋중세는 4,500년 이상이고 근대＋현대는 570년 정도이지만 더 현실감 있고 미래
의 문명이 우리의 문화 생활에 훨씬 큰 영향을 미치고 있으니 더욱 흥미롭습니다. 더구
나 현대는 이제 약 100년이 지났는데 중세 1,000년보다 훨씬 큰 변화들로 꽉 차고 넘
칩니다.
또 보통 역사(동서양사)의 앞부분 고대문명에서 시작, 이집트 피라미드, 중국의 진시황
을 공부하다가 중도에 포기하거나 흥미를 잃는 경우가 많습니다.
그래서 저자는 파격적으로 역사의 중간, 근세편부터 현대까지를 1권으로 하여 출간하였
음을 이해해주시기 바랍니다.
**고대와 중세의 역사 약 4,500여 년의 역사 2권 "소설로 쓴 동서양사 ②"는 순차적으로
출간하려고 합니다. 그 목차는 뒷부분 색인과 함께 수록했습니다.**

서양사를 기준으로 한 시대 구분, 근세의 시작으로 본 르네상스의 1,450년이 동양(중국, 한국과 일본)에 맞지 않을 수 있습니다.

마침 한국역사의 중흥을 이룬 세종대왕(재위 1418~1450년)의 시대가 1450년에 끝나므로 그 이전과 이후의 조선왕조를 구분할 수 있는데 중국은 명나라(건국 1368~1644년) 시대, 일본은 무로마치 막부(1336~1573년)시대가 큰 특징없이 지나고 있으므로 중세와 근세를 서양사 기준으로 나누기 어렵습니다.

그래서 중국은 1618년의 후금(누루하치)건국, 일본은 풍신수길의 천하통일 이후 임진왜란(1592년)부터 근대(세)의 역사로 다루었습니다.

2020년은 전 세계 대부분의 사람들은 "코로나 19"로 일생에 새로운 체험을 하였습니다.

그래서 모두 소위 "방콕(房콕)"을 하는 등, 나름대로의 시간을 보냈습니다.

필자의 책장에 창고에 역사 서적이 100권 이상이나 눈에 띄었습니다.

그래서 다시 읽기 시작했고 책마다 편집이나 내용이 다르고 머릿속에 일목요연하게 이해가 안 되는 부분이 있어서 대학시절 서브 노트하는 마음으로 정리하기 시작했습니다.

문득 이것을 내 스타일로 읽기 쉬운 역사책으로 써보기로 했습니다.

읽기 쉽게 쓴다는 것은 "소설(로 쓴)"이라고 생각했습니다.

"소설"로(형식) 쓴다는 것은 비슷한 시대적 테마별로 동, 서양, 우리나라 국사를 비교 가능하도록 하고 그것을 "막(幕)"으로 구분했습니다.

복잡하고 길고 다양한 동서양 역사, 국사를 소설처럼 써보기 위하여 그 시대 주인공인 나라와 주요 인물들로 단순화했습니다.

예를 들면, "동서양의 통일과 분열의 막(幕)"에는 동서양의 대표선수 "로마", "중국"이 뚜렷한 나라이고 카이사르, 진시황이 인물로서 주인공들입니다

그렇게도 비슷하게 통일되고 분열되는 과정이 흘러가는 것이 흥미롭습니다.

<시대별, 테마별 목차> 외에 한국, 중국, 영국, 미국과 다른 25개, 모두 29개 나라의 <나라별 역사 목차>를 정리하여 독자들의 이해의 편의를 도모하였습니다.

또 이 책의 "소설로 쓴"은 지루하지 않게 혼동되지 않고 쉽고 재미있게 읽기 위해서입니다.

역사를 학문적으로 길게 이야기하는 것보다 필자가 요약하고 쉬운 표현으로 중요한 나라들을 중심으로 또 인물 중심으로 스토리텔링하는 것입니다.

또한 역사는 그 시대의 모든 사람들이 총체적으로 만들어 가는 것이므로 왕조의 건설, 전쟁 그리고 정치인들을 중심으로 하되 문화, 예술, 일반 사회의 실상 그리고 그 시대

의 특징이 되는 사람들의 이야기들을 수록하려고 했습니다. 특히 전자시대, 대중문화가 풍미하는 현대의 역사는 인기를 집중시키는 인물들, 이를테면 펠레나 마라도나가 어떤 대통령보다 큰 비중을 차지하고 있습니다.

지루하지 않고 역사에 친숙하기 위해 역사의 사실(正史)을 설명(서술형)하고 그 이면사 (野史)와 우리의 흥미를 유발하는 관련되는 영화 등을 이야기(대화형)로 소개했습니다.

저자가 군(軍)생활을 포함하여 30년의 공직생활을 퇴임하고 이제 공인회계사로 회계법 인의 대표를 20여 년 지내면서 역사책을 쓰는 것이 외람됩니다마는, 고등학교 시절부터 역사, 특히 세계사에 큰 흥미를 가졌습니다.

대학시절 이후 전공은 달랐지만 꾸준히 관심을 가지고 역사서적을 읽었습니다.

특히, 저자가 공직을 퇴임한 이후 20여 년 동안,

"해외여행을 100번 이상 다녀오며 문화, 역사현장을 다녔다"
"역사서적을 200권 이상 읽었을 것이다"
"이 글쓰기를 2000시간 이상 몰두하였다"

는 것이 역사서 전문 연구가 부족한 필자의 작은 자신감입니다.

전문서적으로 역사서에는 필자마다 의견이 다를 수 있고 민감한 부분의 진위가 문제가 될 수 있습니다.

그러나 역사를 정식으로 전공하지 않은 사람으로 이 책은 필자가 역사를 읽고 느낀 것 을 소설을 읽는 것처럼 편안하고 흥미있도록 정리한 것입니다.

그러나 소설처럼 "Fiction"이 아니라 "Fact"에 기반을 두고 쓴 것입니다.

그런 점에서 독자들께서는 부담없이 편하게 전체적인 윤곽을 파악한다는 의미와 역사 인문서에 대한 기초 안내서(길잡이)라는 마음으로 일독을 기대합니다.

혹시 너무 간단해서 더 깊은 내용에 관심이 있으면 전문서적, 또는 손쉽게도 옆에 있는 백과사전격인 스마트폰에서 쉽게 찾아볼 수 있습니다.

또 한편 이 책은 서양사(미국 포함), 동양사(중국 중심), 한국사의 주요 내용을 모두 다 루었으므로 이 세 분야의 가장 요약된 책(예: 하룻밤에 읽는 역사)도 평균 4~500페이지 는 되므로 저자가 압축했어도 동서양사 1, 2권이 1,000페이지가 됩니다.

외람되게 필자는 여러 시험 등을 준비하면서 많은 내용을 요약하던 훈련과 공무원 생활 중에 복잡한 내용을 간략하게 전달하는 보고서 작성에 익숙했던 경험이 이 책을 쓰면서 도움이 되었다고 생각합니다.

이 책을 쓰면서 많은 분들의 도움과 격려를 받았습니다.

많은 사람이 너무도 잘 아는 저술과 강의의 일인자 김학준 박사님과 건국대학교의 역사학의 태두 이주영 박사님이 마침 인천의 중학교 선배님들로 자주 만나면서 지도를 받은 것은 저자에게 큰 행운이었습니다.

우선 이 책은 와이프(김황주)와 공동의 작품이라고 생각합니다.

코로나 시절 1년 이상 이 책에 몰두하고 있어서 무료했을 터인데 불평 없이 적극 격려해주고 좋은 영양제와 음식으로 뒷받침해준 것이 새삼 고맙고 그 사랑을 느낄 수 있었습니다.

대학 동창생 정재룡 등 친구들은 가끔씩 와인을 한잔씩 하면서 책에 대한 의견과 비평을 내놓아 결과적으로 분발하고 내용을 충실하게 보완 하는 데 크게 도움이 됐습니다.

책의 초고를 독촉해서 먼저 읽고 칭찬과 힘을 북돋아준 대학동창이자 등록 작가인 김영수님, 초등학교 동창 여류작가 한경희 님 감사합니다.

사무실의 박효진 양이 저자가 숙달되지 않은 한글 PC, 원고 정리에 기술적인 미비사항을 늘 코치해준 덕분에 원고 작업에 차질을 줄일 수 있었습니다.

원고(초고)의 출판 여부를 여러 출판사에 E-mail로 송부했는데 예상 밖으로 1착으로 이를 맡아준 전통 있는 출판사 박영사(임재무 상무)와 이를 세 달이나 씨름하며 품위 있고 예쁜 책으로 만들어 준 배근하 과장에게 고마운 마음을 전합니다.

끝으로 작년 2020년 2월 4일 이 책을 시작하라고 강력히 권해준 창직(創職)전문가 정운상(스티브) 소장에게 감사하고 꼭 1년 만에 완필(完畢)한 것이 개인적으로 크게 기쁘고 보람됩니다. 인사말씀이 너무 길었습니다.

이 부족한 책을 읽어주시고 저자의 보람을 조금이라도 함께 할 수 있다면 감사합니다.

2021년 3월 1일
3·1운동 102주년을 맞이하면서
저자 김 종 상 배상

연락처 : 김종상(010-9888-1818)
Fax : 02-532-5285
E-mail : seiltax@naver.com
사무실 : 서초대로 355, 202호 회계법인 세일원
(02-523-5500)

시대별, 테마별 목차

-그 르네상스에서 지금(새천년) 핸드폰 르네상스까지-

나라별 역사 목차
(한국, 중국, 영국, 미국순, 다른 나라는 가나가순)

제1막

아! 르네상스, 1450년에 시작된
천지개벽의 시대

- 시대: 1450~1550년(한꺼번에 놀라운 역사적 사건들이 발생한 시기)
① 1450년 구텐베르크 인쇄술의 개발, 성경 등 인쇄-지식의 혁명 유도
② 인간중심의 르네상스 시대 예술, 문화, 미켈란젤로 등 3대 천재들의 등장
③ 대항해시대 콜럼버스, 바스코 다 가마의 신항로, 마젤란의 세계일주-30년(1492~1521년) 동안 3명의 탐험가 각기 3개의 큰 바다를 건너다
④ 마르틴 루터의 종교개혁, 칼뱅. 헨리 8세의 수장령-세 방향의 종교개혁
   -헨리 8세 6번의 결혼-정당화 위해 영국교회(성공회) 설립, 엘리자베스 여왕의 즉위, 무적함대의 격파 등
⑤ 마야 잉카제국의 멸망, 남미에 에스파냐의 식민지시대 개막

1장

1450년, 구텐베르크의 인쇄(정보) 르네상스가 시작되다

구텐베르크의 〈42행 성서〉 인쇄(1450년)

르네상스의 분위기 조성은 "요하네스 구텐베르크(1397~1468년)"의 인쇄술의 개발로 시작되었다고 할 수 있다. 원래 인쇄술은 중국에서 목판 인쇄로 이미 수백년 전인 6세기에 자신들이 발명했다고 주장하고 있으며, 고려시대(공민왕) 1377년에 금속활자로 직지심경(直指心經)을 인쇄한 분명한 역사도 있었다. 그리고 유럽에서도 이때까지 목판인쇄 등 유사한 인쇄활동이 있었다고 한다. 그러므로 인쇄술은 구텐베르크가 그때까지 이루어진 여러 가지 인쇄방식을 집대성하여 훨씬 편리하고 저렴하게 개발한 것이지 발명은 아니라고 하는 것이 일반적인 평가이다.

그러나 구텐베르크는 콜럼버스(1492년)처럼 남보다 먼저 혁신적인 것을 시도하여 세계 문명의 흐름을 바꾸었다. 의외로 알려진 것이 없는 구텐베르크는 나름대로 인쇄의 구체적인 방법과 기술, 예를 들면 금속활자를 심는 방법, 종이를 금속판에 눌러서(예전 포도주 짤 때와 같은 Press 방법 활용) 많은 책을 제작하는 방식 등을 개발하였다. 구텐베르크는 동업자 몇 사람과 인쇄를 시작하여, 대표적인 작품으로 1450년경 성서(42행 1282쪽)를 인쇄하여 새로운 인쇄술의 진면목을 보였다.

이 성서는 예전의 파피루스나 양피, 나중에 종이에 필사본으로 기록하던 것보다 글자 모양, 제본된 책의 형태면에서 보았을 때, 획기적이고 비교할 수 없을 정도로 훌륭하여 엄

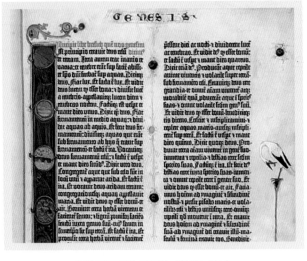

구텐베르크가 인쇄한 〈42행 성서〉

청난 반응을 일으켰다. 이것은 경제적인 면에서도 엄청나게 저렴하여 사업성에 있어서도 대성공이었다.

이때까지의 책은 일일이 손으로 베껴써서 만들어야 했기 때문에 많은 사람이 동원되고 시간도 많이 걸려 가격이 무척이나 비쌌다. 왕실이나 귀족, 교회의 높은 사제들이나 부자들이 접근할 수 있는 책이기에 지식이나 정보는 극소수 특권층에 한정되었다.

그런데 왜 구텐베르크는 교과서, 예배서 등보다 훨씬 품(정성과 원가)이 많이 들어가는 성서제작에 뛰어 들었을까? 연구가들은 지금까지의 성경 필사본(筆寫本)보다 정확한 성서를 보급하려는 의도였다고 해석하고 있다. 그가 제작한 성서는 1282페이지로 모두 180질이 제작된 것으로 추정되며 오늘날 그중 48질이 남아 있지만 상태가 완벽한 것은 21질에 불과하다고 한다. 이 책의 가격은 가장 최근 1987년에 경매에 나온 1질이 무려 540만 달러에 팔렸다고 한다. 구텐베르크는 지금까지 인류가 책을 만들어 지식과 정보를 공유하던 방식을 획기적으로 진전시켜 인류의 생활을 풍성하게 한 르네상스의 선각자였다.

구텐베르크는 어떤 사람?

자세한 기록은 없으나 그는 독일의 마인츠라는 도시의 비교적 부유한 가정에서 태어나서(1397년) 아버지의 조폐국 근무경험으로 금속활자를 만드는 방법을 응용하고 집안의 유산으로 비교적 용이하게 인쇄사업을 했으리라는 추측을 할 뿐이다. 이제 수백년이 지나서 몇가지 중요한 사건들이 일어나는데, 우선 14세기 중반에 이탈리아를 시작으로 흑사병이 창궐하여 유럽 전체 인구의 3분의 1이 줄게 되었다. 인류의 큰 재앙이었지만 한편으로는 물자가 풍족해졌으므로 대참사 이후 사회분위기는 전반적으로 소비지향적이었다. 덕분에 인쇄의 기본 원료인 종이의 공급 역시 풍부해지고 각 나라, 지역마다 학교 특히 대학이 세워져서 필사본 책에 대한 수요가 늘어났다. 바로 이러한 환경에서 구텐베르크가 등

구텐베르크와 고향 마인츠에서의 동상

장해서 인쇄술을 혁신한 것이다.

　구텐베르크는 1434년 37세에 고향 마인츠를 떠나 스트라스부르로 가서 본격적으로 인쇄술을 연구하기 시작했다. 결국 조폐국에서 동전을 만드는 방법으로 인쇄용 금속활자를 제작하여 나무틀에 하나씩 심어서 조판하는 방법을 고안했다. 한 글자만 잘못되어도 판 자체를 갈아야 했던 기존의 목판인쇄와 달리 자유롭게 배치가 가능한 이동식 금속활자는 매우 신속하고 경제적인 방법이 아닐 수 없었다. 구텐베르크는 그렇게 만든 활판을 인쇄기에 압착해서 종이를 찍었다. 오늘날 인쇄기(Press)를 가리키는 단어는 원래 포도주나 올리브를 만드는 압착기(Press)에서 유래한 것이다. 구텐베르크는 인쇄과정의 활자배열, 용지의 두께, 잉크 농도같은 사소한 문제까지도 일일이 따져보고 수없는 시행착오를 거치며 인쇄술을 완성했을 것이다. 인쇄술에 어느 정도 자신감을 가지고 1448년 구텐베르크는 고향 마인츠로 돌아와 인쇄소를 차렸다.

　그래서 컴퓨터가 응용된 현대의 인쇄기술이 사용되기 전까지 1900년대 후반까지도 기본적으로는 구텐베르크가 개발한 인쇄술이 400여년 이상 이용된 것이니, 대단한 개발이었다고 할 수 있다. 애초에는 만들기도 쉽고 수요도 많아 인쇄물을 제작하여 호평 속에 인쇄업을 해 나갔으나 여기서 안주(安住)했으면 구텐베르크의 업적과 명성은 크게 평가되지 않았을지 모른다. 그러나 그는 1450년 자신의 작품 중 단연 최고로 손꼽히는 <구텐베르크성서> 또는 <42행 성서>의 제작에 착수했다.

구텐베르크는 조선의 세종대왕과 같이 1397년에 출생하였고, 세종대왕이 사망한 1450년에 그 대표작 성서를 인쇄하였습니다. 세종이 그보다 4년 전인 1446년에 한글을 반포하고 1449년에 한글금속활자로 월인천강지곡(月印千江之曲)을 편찬한 것을 보면 너무도 흡사한

동서양의 기적같은 일이 아주 비슷하게 일어났습니다. 그 차이는 구텐베르크의 성서는 상업화를 하여 일석이조의 성공을 거두었지만 월인천강지곡은 관청에서 학문적인 목적으로 편찬한 것이며, 상중하(上中下) 3권이 인쇄되었는데 지금은 상권과 중권의 일부가 보존(국보 320호)되고 있을 뿐이라는 점입니다. 한국의 역사를 크게 분류해보면 세종대왕은 조선왕조 건국(1392년) 이후 나라를 반석같이 발전시키고 세계에 유례가 없는 확실한 시기에 글자(한글) 창조를 하는 등 문예부흥(르네상스)을 이루었습니다. 그리하여 한국사에 있어서는 유럽과 같이 그의 사망시 1450년까지를 중세로 하고 그

조선의 4대 왕
세종(1397~1450년)

이후를 근현대 역사 570년으로 분류할 수 있습니다. 동양의 다른 나라 중국과 일본은 이렇게 확실한 중세와 근대의 변곡점이 없습니다. 해당 부분에서 다시 설명합니다.

구텐베르크의 인쇄술이 가져온 혁명적 변화

구텐베르크가의 인쇄술이 가져온 혁명은 오늘날 20세기 후반에 개발된 인터넷이 몰고 온 변화보다 결코 못하지 않았다. 구텐베르크 이전에는 2~3개월만에 책 1권(300페이지 정도)이 필사되었지만 이제 개발된 인쇄술로는 일주일만에 책 500권이 인쇄되었다. 간단히 계산해도 생산성이 1000배 이상으로 격증한 것이다. 인쇄술이 개발된 시기에 지금까지 누적된 문화 고전들, 특히 1453년 동로마제국이 함락되자 그리스 로마시대의 고전 필사본이 유럽으로 쏟아져 들어왔다. 이들을 신속하게 인쇄하여 대중적으로 보급할 수 있게 되니 이제 막 시작되고 있던 르네상스에 쌍두마차를 달아 힘차게 달려가는 변화를 실감하게 되었다. 1450년부터 1500년까지 반세기 동안 유럽 각국에서는 2000만권에 달하는 인쇄본이 간행된 것으로 추정하니 그때까지 2~3천년 동안 인류가 만든 책의 몇십배의 책이

50년 사이에 만들어진 것이다. 그야말로 지식과 정보의 대폭발이 일어난 셈이었다.

책이 널리 보급되면서 인류의 문자문화가 그 어느 때보다 발전했으며 창작활동도 더욱 활발해졌다. 인쇄술의 혁신을 빼놓고 논할 수 없는 것이 종교개혁이었으니 1450년 성서 인쇄 이후 60여 년 후(1517년)의 마르틴 루터의 종교개혁에 밑바탕이 만들어지는 계기가 되었다. 마르틴 루터가 바텐베르크성의 만민성자 교회의 문 앞에 "95개의 논제(반박문이라고도 불린)"라고 붙인 내용이 이제 완전히 뿌리를 내린 대량 인쇄술을 통해 전 유럽에 불과 1주일만에 우레와 같이 알려져 성공을 거두었던 것이다. 또한 그 이후 독일에서 간행된 저술 가운데 3분의 1이 종교개혁에 관한 것이었고 루터가 번역한 독일어 번역 성서는 인쇄술 덕분에 베스트셀러가 되어 현대 독일어를 확립하는 결과를 낳았다.

그러나 이러한 획기적인 인쇄 사업의 성공과 인쇄술의 혁명은 정작 구텐베르크에게는 행복한 인생을 보장하지는 않았다. 잘나가는 사업 과정에서 구텐베르크는 동업자들에게 소송을 당하여 사업에서 퇴출되었는데 당시는 이미 알려져 있는 인쇄술에 발명 또는 요즘의 실용신안 특허 등 법적인 보호수단이 철저하지 않았기 때문이다. 1460년대에는 유럽 각국에 인쇄업이 유망사업으로 많은 사업장이 생겼으며 구텐베르크는 이런 상황을 바라보며 쓸쓸히 생을 마감했다.

그러나 그의 상업적인 인쇄술의 개발은 중국에서 채륜에 의해 발명(105년)되어 751년경 유럽으로 전해진 종이와 함께 인류문명을 업그레이드(격상)시킨 공로자임에 틀림없기에 하트의 "세계의 100인" 평가(차후 설명) 중에 채륜은 7위, 구텐베르크는 8위에 올라 있다.

👑 **구텐베르크의 인쇄술과 한국의 독자적인 인쇄술**

인쇄 작업 중인 구텐베르크와 〈직지심경〉

구텐베르크의 인쇄술과 함께 늘 언급되는 것은 "한국(당시 고려)의 인쇄기술은 구텐베르크를 이미 앞질렀다."는 것입니다. 고려 고종 때인 1230년경에 간행된 "상정예문"은 최초의 금속활자 인쇄본이지만 실물이 전해지지 않는 것입니다.

당시 고려대장경이라는 어마어마한 목판인쇄 작업을 하던 능력이 있었으므로 충분히 인쇄술로 불리기에 가능했던 것이지만 아쉽게도 그 증거가 남아 있지 않습니다.

그러나 1377년 간행된 〈불조직지심체요절(佛祖直指心體要節)〉 흔히 〈직지심경〉으로 부르는 이 책은 1877년 서울(한양)에 체류하던 프랑스 외교관이 구입하여 현재는 그 하권이 프랑스 국립도서관에 소장되어 있는데, 결국 1972년 세계 최초의 금속활자 인쇄본으로 인정되었습니다.

구텐베르크의 〈42행(行) 성서(聖書)〉보다 무려 73년이나 앞섰습니다. 현재 상황으로 반환받기는 어렵지만, 우리는 문화적인 자부심을 가질 수 있습니다.

2장

갑자기 나타난 르네상스의 천재들(1452~1564)

르네상스(Renaissance) 시대 도래, 그리고 세 사람의 천재들

인류의 역사, 특히 유럽을 중심으로 한 근대사에서 종교와 신(神)을 중심으로 한 시대가 지나고 르네상스 시기가 도래하면서 역사의 흐름이 빨라지고 흥미로워졌으며 큰 업적을 남기는 인물들이 속속 등장했다. 14세기~16세기의 르네상스는 문학·미술·과학 등의 분야에서 일어난 인간중심적 사실주의 경향의 새로운 문화사조(文化思潮)였다. 이 시기에 레오나르도 다 빈치(1452~1519년), 미켈란젤로(1475~1564년), 라파엘로(1483~1520년) 같은 천재들이 미술·조각·건축 등의 분야에서 한꺼번에 갑자기 나타난 것처럼 활약하였다.

특히 그 선배격인 레오나르도 다 빈치는 동양의 르네상스의 선배라 할 세종대왕이 사망한 해, 그리고 구텐베르크가 인쇄술을 개발하여 처음으로 42행 성서를 인쇄한 역사적인 해의 2년 후에 태어나 르네상스의 대표적인 인물이 되었다. 또한 콜럼버스, 바스코 다 가마의 신대륙(1492년)·신항로(1498년)의 발견, 그리고 마르틴 루터의 종교개혁(1517년), 구텐베르크(1397~1468년)의 인쇄술의 보급(1450년대) 등 엄청난 세 가지의 일들이 비슷한 시기에 일어났다. 그러므로 이 시기까지는 중국을 비롯한 동양(오리엔트)문명도 발전해 왔지만 르네상스 이후에는 서양문명이 앞서가는 양상으로 바뀌게 되었다.

우리가 잘 아는 천재들 중에 가장 선배격인 인물은 레오나르도 다 빈치입니다.

우리나라 세종대왕이 승하(1450년)하고 2년 뒤(1452년)에 태어났으니 대체로 어느 때인지 조금 실감이 나고, 미켈란젤로는 이보다 23년 후배로 출생(1475년)하였습니다.

또한 우리가 자주 들었던 라파엘로는 미켈란젤로보다는 8년 후, 1483년에 태어났으니 이들은 르네상스가 한창 시작되는, 이 시대를 대표하는 거장들이요, 천재들로 일컬어지고 있습니다.

또한 이들은 이탈리아 피렌체, 로마를 중심으로 활동하면서 그 명성들은 서로 접했겠지만 같이 작업을 하거나 교류하지 않았으며 각자의 영역에서 불후의 명작들을 남겼습니다.

미켈란젤로의 걸작들

미켈란젤로의 다비드상   바티칸 대성당에 있는 피에타

역사가들은 이 시대의 천재들 중 예술에 대한 진지한 열정으로 특이하게 장수(89세)하면서 일생 동안 조각가, 화가, 건축가로서 걸작들을 수없이 남겨, 후세에 끊임없는 영감과 영향을 미친 미켈란젤로를 가장 위대한 예술가로 꼽고 있다.

미켈란젤로는 이탈리아의 피렌체에서 태어나서 마침 그 지역의 정치, 경제, 종교, 예술의 중심적인 역할을 하던 메디치가(家)의 지원을 받았다. 조각가로서 30세도 안된 젊은 나이에 피에타, 다비드상을 완성하고 전국적인 명성을 얻었다. 그리고 당시 교황 율리우스 2세의 부름을 받고 로마로 가서는 화가, 건축가로서 크게 활약하였다. 지금도 세계에서 가장 많은 관광객이 찾는 나라, 이탈리아, 그중에도 로마의 독립소공국 바티칸의 대성당을 들어서면 우측 벽면에 바로 보게 되는 <피에타(Pieta)>는 미켈란젤로가 불과 24세(1499년) 때 제작한 조각으로 마리아가 십자가에서 못이 박혀 죽은 예수를 끌어 앉고 비탄에 잠긴 모습을 표현한 작품이다. 마리아(人性)와 예수(神性)와의 사랑의 극치, 그리고 지극한 슬픔을 표현한 예술품으로 아마도 세계에서 가장 유명한 미술작품을 꼽는다면 모나리자 등과 함께 상위에 속할 걸작 중의 하나라고 평가되고 있다. 그 후 화가로서 바티칸의 시스티나 성당의 <천지창조(천장화)>를 4년에 걸쳐 완성함으로써 불세출의 예술가로 자리매김하였다.

♛ 미켈란젤로 화가? 조각가?

원래 미켈란젤로는 조각가이지 화가는 아니었습니다. 율리우스 2세 교황이 불러서 로마에 왔을 때도 교황은 그에게 자신이 묻힐 무덤을 설계하고 건립하는 일을 맡길 예정이었는데 로마의 원로 조각가들이 시샘을 하여 이탈리아에서 가장 좋은 대리석 광산 카라라 지방의 풋내기인 미켈란젤로에게는 대리석을 팔지 못하도록 압력을 가했습니다. 교황도 어쩔 수 없어서 놀고 있는 미켈란젤로에게 시스티나 성당의 천장에 그림을 그리도록 부탁을 했고 갈등 속에 탄생한 걸작 중의 걸작이 〈천지창조〉였습니다. 마지못해 받아들이고 스스로 연구하며 4년(1508~1512)에 걸쳐 1000m²에 달하는 공간에 조수도 없이 혼자서 하느님의 모습을 비롯해 391명의 성경 속 인물들로 가득찬 천장화를 완성했습니다.

천지창조 중의 핵심 부분 '하느님이 아담에 생명을 불어넣는 장면'

시스티나 성당의 〈천지창조〉가 관광객들에게 가장 인기 있는 작품이며 필자도 이곳에서 3시간 이상을 기다리며 관람했는데 또한 이곳은 추기경들이 교황을 선출하는 투표장소이기도 합니다. 최근의 "두 교황"이란 영화에서 두 교황이 밤새도록 토론하며 베네딕토 교황이 은퇴하고 현재 프란치스코 교황이 취임한다는 결론이 나온 장소이기도 합니다.

레오나르도 다 빈치

루브르 박물관의 유명한 〈모나리자〉　　　　　레오나르도 다 빈치의 〈최후의 만찬〉

　　레오나르도 다 빈치(1452~1519년)야말로 르네상스 시대를 상징하는 대표적인 인물로서, 그 유명한 〈모나리자〉와 예수님과 열두 제자를 그린 〈최후의 만찬〉 등으로 우리에게 잘 알려져 있다. 미켈란젤로와는 같은 지역에 살면서도 그보다 23년 연배이며 작품 활동을 한 지역이 달랐기 때문에 따로 기억해야 할 거장이다. 그림, 과학, 의학, 음악 등에 이르기까지 다방면으로 정통하여 후세 사람들을 깜짝 놀라게 하였다. 다 빈치는 시대를 뛰어넘는 기상천외한 천재이면서 너무도 팔방미인(八方美人)이었기 때문에 당시 일반 사람들에게는 방외자(方外者)였다.

♔ 미켈란젤로와 레오나르도 다 빈치

르네상스의 3대 천재 중에서 미켈란젤로와 비교하면 레오나르 다 빈치의 예술성은 〈모나리자〉, 〈최후의 만찬〉에서 나타난 것처럼 다른 예술가들보다 못하지 않은 데 비해 작품 수가 적은 편입니다.
그의 몇세기를 뛰어넘는 천재성, 예를 들면 비행기나 잠수함 등의 아이디어는 대단했지만 그것을 실행하기에는 현실적으로 어려웠을 겁니다.
마이클 헌터의 "세계의 100인"에서도 끊임없이 예술가의 정열을 불태운 미켈란젤로는 49위에 올랐지만, 레오나르도 다 빈치는 이런 면에서 100인으로 평가되지 않고 있었습니다.

이탈리아 밀라노의 수도원 식당 벽면에 그린 <최후의 만찬>은 르네상스 회화의 특징이 잘 드러나는 원근법을 적용한 작품으로 알려져 있으며 보통 사람들은 미켈란젤로가 바티칸의 천장벽화 아래 옆면에 그린 <최후의 심판>과 헷갈리기도 한다.

라파엘로

라파엘로(1483~1520년)는 미켈란젤로보다 8살 아래였지만, 일찍이 그림으로는 당대, 특히 로마 바티칸에서 천재화가로 인정받았다. 이탈리아 전성기 르네상스의 가장 중요한 인물 중의 한 사람으로 궁정화가 조바난 산티의 아들로 태어난 라파엘로는 교황청(바티칸)에 그린 프레스코화로 크게 성공하였다.

라파엘로의 대표작, 바티칸 성당의 〈아테네 학당〉

미켈란젤로가 교황의 위촉을 받아 <천정벽화>를 제작한다는 말을 들었을 때, 상당한 질투심을 느꼈는데 완성된 대작을 보고는, '천재는 천재를 알아본다'는 말처럼 내심 꼬리를 내렸다고 한다. 뿐만 아니라, 그의 대표작 중 하나인 <아테네 학당>(바티칸 박물관에 전시)에 이미 완성되어 있던 작품을 수정해서 아리스토텔레스를 비롯한 고대 유럽의 철학자, 천문학자, 수학자 등 인류문명의 대가 53명에 추가로 미켈란젤로를 그려 넣었다. 서른일곱의 젊은 나이에 죽음을 맞이했으며 매우 존경받았던 인물이었다.

메디치가(家)와 르네상스

조반니 데 메디치   코시모 데 메디치

메디치가는 학문과 예술을 후원하며 르네상스 시대가 피렌체에서 시작되는 데 결정적인 역할을 하였다. 이 당시 이탈리아는 여러 유력한 도시 중심으로 공화국을 이루고 있었는데 메디치가(家)는 금융업으로 부를 이루어 15~17세기 피렌체의 가장 유력하고 영향력이 높았던 시민가문이었으며 실제적인 통치를 하였다. 1300년대 후반 유럽에 흑사병이 창궐하여 피렌체의 인구도 절반 이상이 사망하여 평민들의 고통이 가중되고 있을 때, 메디치가문의 수장이었던 조반니 데 메디치(1360~1429년)는 병마를 피하는 데 적극적으로 도왔으며 그들의 입장을 옹호하며 대중의 지지를 받는 인물이었다.

그의 아들 코시모 데 메디치(1389~1464년) 때 유럽의 16개 도시에 은행을 세우는 한편 교황청 자금의 관리를 맡아 막대한 재산을 축적하고 많은 기부와 도시의 예술과 학문 진흥에 큰 기여를 하였다. 코시모의 손자인 로렌초 데 메디치(1449~1492년)는 "위대한 자"로 칭송받으며 피렌체공화국과 메디치가의 전성기를 이루었다.

이때 레오나르도 다 빈치는 로렌초에 의해 발탁되어 르네상스의 대표적인 인물로 성장했으며 산드로 보티첼리, 미켈란젤로 등 수많은 예술가들을 양성, 지원하여 피렌체가 르네상스의 중심이 되게 하였다.

그 후 경쟁자들의 공격을 받으며 어려움을 겪었지만 레오 10세, 클레멘스 7세 등 교황을 배출하며 메디치가문의 영향력을 유지하였다. 또 가문의 딸이 프랑스의 알리 2세와 정략결혼을 하기도 했으나, 1537년에는 후계자가 암살되어 190년간 이어온 메디치가문의 직계가 끝이 났다.

그 후 먼 친척에 의해 그 이름을 200년이나 더 유지했지만 1737년 메디치가의 혈통은 막을 내렸다. 왕조가 아닌 일개 가문의 전통이 400년 가까이 유지되어 온 것은 아주 드문 사례이며 지금도 피렌체에는 메디치가 이룩한 아름다운 건물, 미술품 등이 르네상스와 메디치 가문의 영광을 말하고 있다.

♛ 피렌체의 우피치 미술관

필자 일행이 피렌체를 방문하여 투어를 하고 있는데 그곳의 제일 유명한 우피치 미술관(메디치가 미술관)은 예약이 되지 않아 관람을 포기해야 했는데 우리가 간절히 부탁하자 마지막 시간 30분(보통 관람은 4-5시간)을 남기고 입장하게 됐습니다. 말 그대로 뛰어 다니며 (走馬看山) 메디치가문이 모아놓은 명작들을 보았다는 기록만을 남겼습니다. 다시 가서 음미하며 감상하고 싶습니다.

3장

1492년, 대항해 시대 개막 등, 세 가지 역사

1492년에 벌어진 세 가지 역사

첫째 우리가 기억하는 1492년의 중요한 역사는 콜럼버스가 에스파냐의 이사벨라 여왕의 지원을 받아 "대서양"을 건너 아메리카 신대륙을 발견한 것이다. 이를 시작으로 1498년에는 포르투갈의 바스코 다 가마가 "인도양"을 건너 인도항로를 개척했다.

이로부터 20여 년 후 1520~1521년 페르디난드 마젤란은 "태평양"을 건너 세계일주를 완성했다. 큰 바다 세 곳을 세 사람이 차례로 처음 건너간 것이다. 1492년은 이렇게 30년 동안의 대항해 시대의 첫 항해가 성공된 해이면서 또 다른 두 가지 역사적 사건이 일어난 해이다.

두 번째는 711년부터 이슬람 세력이 에스파냐를 공략하여 거의 800년 동안을 지배하다가 이사벨라 여왕과 남편, 페르난도 왕이 합동으로 이들을 물리쳐 내쫓은 해이다. 이로서 에스파냐를 기독교국가로 그리고 스페인을 통일하여 세계최강국으로 출발하는 해였다.

세 번째는 그라나다를 중심으로 한 이슬람 국가가 멸망하면서 아랍인들은 물론 이들과 평화공존하고 지냈던 유대인들이 쫓겨나는 해였다. 유대인들을 쫓아낸 것은 에스파냐로서는 큰 실수였다는 것이 나중에 밝혀진다. 이 해, 신대륙을 향해 출발 준비를 마친 콜럼버스의 3척의 배가 에스파냐 세비아 항을 떠날 때 그 옆에는 에스파냐에서 추방되는 유대인들의 배들도 떠나고 있었다.

콜럼버스의 신대륙 발견-대항해시대의 개막

크리스토퍼 콜럼버스(1451~1506년)는 이탈리아의 제노바에서 태어나 무역업과 항해에 대한 기술을 익히며 대서양을 향해 서쪽으로 가면 아시아(인도)로 가는 항로가 있다고 확신하고 있었다. 동생과 함께 포르투갈의 리스본에서 미지의 항해에 대한 정보와 지도제작을 배우고 선장과 무역업을 하던 집안의 딸과 결혼하여 여러 가지 도움을 받았다. 항해를 지원해줄 후원자를 찾다가 에스파냐(당시 몇 개의 왕국으로 구분)의 카스티야왕국의 이사벨라 1세(남편은 아라곤의 페르난도 국왕)와 좋은 조건으로 협약을 맺고 항해를 준비했다. 조건은 항해수입의 10%, 식민지를 개척할 경우 총독으로 임명된다는 등이었다.

당시 목숨을 걸고 미지의 바다로 나간다는 것은 지금의 벤처산업과 비슷하여 후추 등 향신료의 획득, 황금의 발견, 그리고 새로운 무역로의 개척 등 다양한 가능성이 있는 사업으로 얼마간의 투자로 성공하면 대박이라는 확신을 가지고 있었다. 더구나 스페인의 이웃나라 포르투갈은 이미 엔리케 왕자의 주도로 상당히 많이 준비되어 있었으므로 스페인의 군주로서 조바심을 가지고 있었기에 콜럼버스에게 후한 조건으로 지원하기로 한 것이다.

드디어 산타마리아를 모선으로 3척의 배가 1492년 8월 3일에 출발했는데 당초 계산과 달리 실제 항해 거리는 3배에 달해 오랜 항로로 지친 선원들이 동요하고 폭동 위험까지 있었다. 신념을 가지고 줄기차게 항해를 계속하여 10월 12일(70일간의 항해)에 바하마제도 근처에 상륙하는 데 성공했다. 주변을 탐험하니 당초 원했던 향료와 황금은 없었지만 새로운 항로를 개척한 성공이었기에 그는 귀환했을 때 엄청난 환영을 받았다.

그가 도착한 대륙은 원래 수천년 전부터 원주민들이 살았던 땅이었고 이미 500여 년전 바이킹이 북대서양으로 캐나다 해안까지 탐험한 사실이 있었지만 그 성과가 이어지지않았으므로 위험을 무릅쓰고 처음으로 항해를 성공한 그의 용기와 업적은 인류 역사상 대단한 평가를 받을 만했다.

콜럼버스와 그의 상륙장면

콜럼버스 이후 에스파냐(스페인)는 남미대륙에 브라질을 제외하고 대부분의 땅을 식민지화하고 세계 최고의 무역대국으로 군림했으니 이사벨라 여왕의 벤처정신으로 콜럼버스를 후원한 것은 대단한 탁견이었음이 증명되었다.

인도양을 건너 인도항로를 발견한 바스코 다 가마(1498년)

원래 대서양 시대의 주역은 포르투갈이었다. 포르투갈은 리스본항이 대서양에 면해 있는 지리상의 이점을 무역과 해운으로 잘 활용하면 부를 가져다 준다는 것을 일찍부터 터득하고 있었다. 더구나 당시 육식을 주로 하는 유럽인들의 음식문화에서는 향신료, 후추(Pepper)는 필수적인 것이었는데 이슬람 상인들과 베네치아의 상인들이 이 무역을 독차지하여 가격이 폭등한 상태였다. 그래서 이를 인도 및 지팡구(일본)같은 동양에서 구하는 것이 그들의 목표가 되었다.

포르투갈의 엔리케 왕자는 아프리카 남단으로 항로를 개척하며 대서양시대의 문을 열었고 바르톨로뮤 디아스가 1488년 아프리카남단의 희망봉을 발견하면서 새로운 항로개척의 열기가 달아올랐다. 그들은 중국의 발명품 나침판이 전해진 것과 르네상스 이후 지리학의 발전으로 지구가 둥글다는 것을 믿었고 오히려 콜럼버스보다 더 체계적으로 항해를 준비하고 있었다.

그러나 에스파냐의 이사벨라 여왕의 과감한 판단과 결정으로 콜럼버스를 후원하여 성공하는 것을 보고 잠깐 의기소침하였으나 그 후 더 빠른 항로 개척을 추진하였다. 드디어 1497년 포르투갈의 마뉴엘 1세는 바스코 다 가마를 대장으로 4척의 배에 168명의 대선단을 출발시키며 예전 희망봉 항로를 발견한 디아스를 동행시켰다.

그 해 7월에 출발한 선단은 희망봉을 돌아 아프리카 케냐를 경유, 북동쪽으로 항해하여 다음해 1498년 5월에 콜카타에 도착할 수 있었다. 결과적으로 콜럼버스보다 훨씬 긴 항해를 했고 고생도 더 많았다. 이미 인도의 총독은 이슬람 상인들과 활발한 무역을 하면서 수준이 상당한데 바스코 다 가마가 내놓은 물건(선물)들에 실망하여 정상적인 무역협정을 체결하지 못한 채 향신료 약간을 가지고 귀국길에 올랐다.

그러나 유럽과 동양이 뱃길로 처음 소통이 된 것과 인도양이라는 다른 바다와 대서양이 연결된 항로개척이라는 성과가 있었다. 귀국한 바스코는 큰 환영을 받고 큰 포상도 받았다. 그 후 바스코 다 가마는 인도로 가는 항차에서 병력과 무기를 싣고 가서 이슬람 상인을 공격하고 무력을 앞세운 무역확대를 꾀하여 비난을 받았다. 포르투갈은 대서양을 건너서 브라질로 가는 항로 개척에 성공하여 차후 포르투갈을 식민지화하고 동남아시아의 식민지개척에도 성공하여 한동안 스페인과 함께 무역대국으로 자리 잡았다.

바스코 다 가마와 그의 항로

바스코 다 가마가 인도 콜카타에 상륙하는 모습

마젤란은 태평양을 건너 세계일주를 완성하다(1520~21년)

페르디난드 마젤란(1480~1521년)은 포르투갈 출생이지만 주로 에스파냐에서 활약한 항해가였다. 1518년 예전 이사벨라 1세 여왕이 다스리던 에스파냐의 카스티야를 지배하게 된 카를로스 1세(신성로마제국의 카를 5세)의 지원으로 남아메리카로 긴 항해를 떠나게 되었다. 선박 5척에 240명의 선원을 태우고 1519년 9월 20일 대서양의 이미 개척되어 있는 항로(콜럼버스항로)로 리우데자네이루에 도착하였다.

여기서 모험심과 공명심이 있었던 마젤란은 무언가 새로운 업적을 쌓고 싶어 남쪽으로 내려가 드디어 페루 남단(이곳이 마젤란 해협으로 명명됨)에 도달해 우측으로 회전하여 새로운 바다로 나갔다. 이 곳은 미지의 바다, 아주 조용한 바다였다. 조용한 바다라는 뜻으로 태평양(Pacific Ocean)이라고 부르게 되었다.

이때 이미 선단의 한 척은 침몰하고 한 척은 도망가 남은 것은 세 척뿐이었다. 이들은 큰 도전으로 이 바다의 서쪽으로 나갔고 망망대해, 섬 하나 볼 수 없는 대단한 바다에서 큰 고생(음식물, 특히 야채부족으로 인한 괴혈병)과 갈등을 겪으며 서쪽으로 계속 항해했다.

지구는 둥글다는 것이 입증되었으므로 결국 스페인에 도달할 것이라는 희망으로 나갈 수밖에 없었다. 모두가 죽음 직전에 1년 여의 항해 끝에 괌섬을 거처 1521년 4월 필리핀제도의 세부에 도착하였다. 마젤란은 이곳에 스페인 국기를 꼽고 그 섬의 왕과 우호협약을 맺었으며 크리스도교를 전하였다.

그러나 그 옆의 막탄섬은 비협조적이어서 그들과 전투가 벌어져 마젤란은 전사(1521.4.27.)하고 말았다. 그 후 부하들은 배 두 척을 수습하여 다시 서쪽으로 항해, 1521년 11월 향신료의 섬 몰루카제도에 도착하였다. 죽을 고생 끝에 향신료를 한 배 싣고 천신만고로 1522년 9월 8일 에스파냐에 돌아왔으니(선원들은 출발 시 240명, 귀국 시는 18명) 세계를 일주한 첫 번째 항해가 이뤄졌다. 이로서 지구는 원형(圓形)으로, 말 그대로 하나가 된 것이다.

그라나다 지방의 이슬람 국가 멸망-1492년의 두 번째 역사

알함브라 궁전의 정원   물에 비친 알함브라 궁전의 모습

신항로의 개척 이외에 또 중요했던 역사는 이슬람세계의 변동이었다.

무함마드의 사망(632년) 이후 정통 칼리프 시대에 종교, 정복전쟁으로 이슬람 제국의 영역이 확대됐지만 특히 711년 유럽의 에스파냐에 이슬람 국가를 세운 것은 대단히 중요한 의미가 있었다. 유럽에 이슬람 교두보를 확보하고 인근 국가들의 이슬람화에 큰 도움을 주었다.

이 지역이 이슬람 왕조들로 바뀌면서 나스르 왕조(1231~1492년)가 이곳에 알함브라(붉은 성)을 1323년에 완공하여 이곳 그라나다 지역을 지배하였다. 분열되어 있던 에스파냐의 아르곤 왕국의 페르난도 5세와 카스티아 왕국의 이사벨라 1세 여왕이 1469년에 결혼과 함께 연합(한 나라 두 살림)하면서 이슬람왕조의 존립이 위태로워졌다.

두 왕국이 연합하여 적극적으로 레콩키스타(국토회복운동)를 벌여 이슬람 세력축출을 강력히 추진하자 나스르 왕조의 마지막 술탄 무함마드 12세는 1492년 1월 평화적으로 알함브라 성을 비우고 모로코로 망명하였다. 물론 남겨지는 이슬람 사람들의 신앙의 자유를 부탁하였지만 지켜지지 않았다. 술탄 일행은 아름다운 알함브라를 건너편 언덕에서 바라보며 눈물을 흘리고 돌아섰다고 한다.

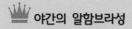

야간의 알함브라성

스페인을 방문하는 여행자들은 아름다운 알함
브라성 내부를 관람하지만, 술탄이 마지막으로
보고 떠난 건너편 언덕에서 알함브라성을 보는
광경이 관광 포인트입니다. 특히 야간에 예쁘
게 조명을 비춘 성을 보는 것은 여행의 백미
(白眉)입니다. 필자도 이곳 방문 시 좋은 자리
를 잡기 위해 초저녁부터 언덕에 올라가 날이
어두워지기를 한참을 기다렸습니다. 그래서 알
함브라의 추억이라는 음악도 유명합니다.

유대인의 추방-세 번째 역사

이사벨라 여왕이 800년 가까이 그라나다 지방(알함브라 궁전이 그 본산)을 지배하고
있 이슬람왕국을 몰아내고 리베리아반도를 통일(국토회복)하였다. 그와 함께 수백년 동안
종교, 경제활동에서 이들과 평화공존하고 있던 유대인들에게도 추방령을 내렸다.

당시 에스파냐 인구(700만명 추산)의 7% 정도를 점하고 있던 유대인들 중에서 개종
(改宗)을 하고 현지화한 사람을 제외한 30만 명 내외의 유대인들에게 재산 몰수와 함께
4개월 내에 스페인을 떠나도록 했다.

유대인들도 나름대로 오랜 세월 자리잡고 살던 스페인에서 쫓겨날 때 기원전, 까마득
한 옛날부터 나라 없이 유랑생활을 했던 자신들의 처지를 새삼 깨닫게 되었다. 쫓겨날 때,
아름답고 큰 집과 농장 등의 부동산은 도움이 안 된다는 것을!

스페인과 포르투갈은 항해의 시대를 통해 예전 서유럽의 후진국에, 이슬람의 멍에까지
뒤집어쓰고 있던 나라였지만 별안간에 부자나라가 됐다. 특히 스페인은 아메리카 신대륙,
그리고 필리핀, 아프리카 지역 등에 많은 식민지를 거느려 겉으로는 해가 질 날이 없는
세계 최강의 나라(1600년대 중반까지)였지만, 더욱 커진 문명을 담아내는 큰 그릇이 되지
는 못하였다. 그것은 정복의 시대 잠깐뿐이었다.

서유럽 문명이 세계의 중심문명으로 성장하는 데는 결정적 기여를 했지만 그들에게 주
어진 문명사적인 역할은 중세 이래 전통적인 강국으로 성장한 프랑스와 영국, 독일 등의
서유럽세계가 담당하였다.

스페인은 그 대항해시대 번영의 성과를 오래 누리지 못했던 것이다. 무역 및 자산관리 등 경제 활동에 탁월한 재능을 가지고 있던 유대인들이 떠난 자리를 메우지 못하여 결국 국가부채 등이 누적되었고 여기에 유럽의 정세변화 등으로 점차 2등 국가로 뒤처지고 말았다.

한편 유대인들은 대대로 살던 좋은 집과 옥토들을 그야말로 헐값이나 거저 처분하면서 이를 경험삼아 재산을 대략 3등분하여 3분의 1은 부동산, 3분의 1은 현금과 귀금속, 나머지 3분의 1은 주식 등 유가증권으로 보유하는 것이 바람직하다는 결론을 내렸다. 그러나 당시 현금은 국제적으로 유통될 수 없었고 유가증권 등은 더더욱 존재하지 않았다.

그러므로 자신들의 국가가 없어서 부동산의 자산가치가 보장이 되지 못한 유대인들에게는 가치가 유지되고 수중에 휴대하기 용이한 화폐, 유가증권 등이 필요하다는 것을 절감했으며 결국 이들이 다른 나라(네덜란드, 영국 등)에 정착하면서 이런 제도를 만들어 내는 계기가 되었다.

4장

루터와 칼뱅의 종교개혁, 그리고 헨리 8세

종교개혁 움직임의 태동

르네상스의 진행으로 지식과 정보가 보편화되가던 16~17세기 유럽에서 사람들은 로마 가톨릭교회의 개혁을 요구하기 시작했다. 이로 인해 오늘날 프로테스탄트라 부르는 교파들이 생겨났다. 로마 가톨릭 교회는 11~13세기 십자군전쟁을 통하여 그 철통같던 권위가 금이 가기 시작하였다.

이에 따라 프랑스, 영국 등 유럽 각국에서는 지리한 중세가 끝나고 근대 국민국가로의 길을 걸으면서 중세적 그리스도교의 세력이 쇠퇴하기 시작했다. 이런 의미에서 종교개혁은 교회의 혁신운동이지만 근대국가의 성립이라는 정치적 변화와 밀접한 함수관계에 있었다.

본격적인 종교개혁은 루터에 의해서 비롯되었으나 이전 14~15세기에도 종교개혁의 선구자로 불리던 이들이 있었다.

영국의 신학자(神學者) 위클리프(1320~1384년)는 일찍이 로마교황청의 부패를 비판하고 영어성서를 변역하였다. 그때까지 라틴어와 그리스어로만 번역되어 있던 성서를 다른 언어로 번역한 최초의 사례였고 이로 인해 1415년에는 부관참시까지 당한 앞서 간 종교개혁자였다.

그의 영향을 받은 얀 후스(1372~1415년)도 교황청을 비판하고 복음중심주의를 주장하다가 1411년에 파문당하고 1415년 화형에 처해져 순교했다.

마르틴 루터의 종교개혁, 1517년

마르틴 루터로부터 시작된 종교개혁은 새로운 흐름이라기보다 지금까지 존재하던 그리스도교난에 뿌리박힌 여러 폐해들이 우연한 계기로 동시다발적으로 폭발한 사건들의 연속이라고 할 수 있었다.

마르틴 루터(1483~1546년)는 독일 작센주의 아이슬레벤에서 광업으로 재산을 이룬 비교적 부유한 가정에서 우수한 머리로 대학의 석사학위를 받고 아버지의 희망대로 법률가가 될 준비를 하고 있었다

1505년 어느 날, 큰 충격(실제 벼락을 맞을 뻔한 충격)으로 경외롭고 은혜로운 신의 힘을 느껴 수도사가 되기로 결심했다. 아버지의 반대를 무릅쓰고 신학공부에 매진해 신부서품을 받고 대학공부를 계속하여 1512년에 신학박사를 취득했다. 이런 빠른 변신은 내재되어 있던 신앙심과 우수한 자질 때문이었다. 대학강의를 하면서 신학연구에 정진하고 당시 교회와 달리 비교적 청렴한 신앙생활을 하면서 수도원을 열 곳이나 감독하는 지역의 종교지도자로 촉망받고 있었다.

1517년 10월 31일 루터의 일생과 가톨릭 교단을 걷잡을 수 없는 혁명의 소용돌이로 몰아 넣는 역사적 사건이 발생한다. 그것은 루터가 비텐베르크 대학의 부속 교회당 정문에 "95개 논제"라는 제목으로 반박문을 게제한 것이다. 당시 돈을 받고 죄를 면해주는 면죄부(免罪符) 판매라는 부당한 처사를 비판하는 문서를 전격 제시한 것이다.

당시 면죄부 판매는 교회의 중요한 수입원이었는데 이를 비판한다는 것은 철옹성같은 교황의 권위에 대한 도전이었으니 "아직 풋내기(당시 34세)가 어디 감히 …"였다. 루터의 겁 없는 항거는 당연히 폭풍같은 반향을 불러 일으킬 수밖에 없었으며 즉각 기득권 세력의 반발이 거세게 몰아치기 시작했다.

당시 전문 신학자와 성직자들 간의 토론을 위해 내걸었던 95개 논제는 구텐베르크의

마르틴 루터와 반박문을 게시한 교회당 정문

빠른 인쇄 방법으로 전 유럽에 대량으로 인쇄되어 천둥이 동시에 사방으로 치듯 삽시간에 독일 전역을 비롯해 전 유럽을 강타했다. 대경실색한 가톨릭교단은 큰 수도원에서 공개토론을 하는 등의 조치로 무마하려 했지만 루터의 주장은 수도원 담을 넘어서 온 세상의 논쟁거리가 됐으며 루터의 추종자는 나날이 늘어났다.

종교개혁 토의장의 루터(우측에 서있는 사람)

루터의 주장은 "교황의 권위를 전적으로 부정하는 것은 아니지만 무조건 복종해야 할 것은 아니다. 진정한 신앙의 기초는 성서에 있고 교회의 영적활동에 기독교인은 누구나 참여할 수 있으며 오직 성직자의 전유물이 아니다"라는 기존의 위계질서를 깨뜨리는 당시로는 발칙한 주장들이었다.

1520년 교황의 소환에 불응하자 이듬해 루터를 파문했으며, 당시 신성로마제국의 황제였던 카롤 5세는 그의 모든 자격을 박탈하는 결정을 내렸다. 바로 이 루터의 파문 등이 결과적으로 중세를 마감하고 근대를 여는 계기가 되었다.

프리드리히 제후가 신분의 위협에 처한 루터를 바르트부르크성에서 보호해주었으며 루터는 신약성서의 독일어 번역에 매달렸다. 루터가 번역한 새로운 독일어 신약성서는 저렴한 가격으로 대중들에게 널리 보급되었다.

또한 루터의 유려하고 산문체인 독일어 성서는 대중들에게 친근하게 기독교신앙을 이

해시키고 독일어문법과 독일문학의 발전에도 기여하였다. 이로서 성서는 영어판(1382년)에 이어 독일어판(1518년)이 탄생하였으며 점차로 여러 나라의 다른 언어로 번역되기 시작하였고 현재까지 200여 개 언어로 번역된 성서는 인류역사상 가장 많은 출판과 판매가 된 책이라는 기록을 가지고 있다.

루터는 1525년 자신의 종교적인 신념과 인간적인 정서로 42세의 나이에 16살 어린 수녀와 결혼하여 6명의 자녀를 두었다. 이로서 프로테스탄트(개신교) 성직자들은 결혼을 하여 정상적인 가정생활을 하면서 종교활동을 하는 전통이 자리잡게 되었다.

칼뱅파의 종교개혁 확산

장 칼뱅의 종교개혁

루터의 종교개혁운동은 유럽각지의 종교개혁을 파생시켰는데 그중 크게 성공한 종교개혁가 중 한 명이 프랑스인 장 칼뱅(1509~1564년)이었다.

그는 파리에서 신학을 배워 루터를 자주 인용하였고 종교개혁가로서 스위스의 제네바에서 크게 성공하였다. 그는 복음중심의 프로테스탄트 개신교의 장로교회를 창설하였다.

이익을 추구하여 큰 돈을 모으는 것은 속된 것이라는 전통적인 기독교의 가치관에 대하여 칼뱅은 모든 직업은 신으로부터 주어진 것이므로 그에 합당한 정성을 기울여 얻는 이익, 그리고 재산축적은 신의 축복이라고 주장했다. 이런 새롭고 진취적인 해석은 그 당시 발전하고 있던 부르주아 계층의 환영을 받고 부유한 교단운영을 가능하게 했다.

스위스에서 성공적으로 정착한 칼뱅의 프로테스탄트운동은 네덜란드, 벨기에, 프랑스, 영국 등지로 급속히 확산되어 독일의 루터 못지 않은 종교개혁을 이루게 되었다.

영국, 이혼을 위한 헨리 8세, 일석삼조(一石三鳥)의 종교개혁(1533년)

유럽대륙에서 루터, 칼뱅의 종교개혁(1517~1564년)이 한창일 때 섬나라 영국에서는 여러 가지로 유명한 헨리 8세의 치세(1509~1547년)을 거쳐 그의 딸 엘리자베스 1세(재위 1558~1603년)로 이어지면서 영국 번영의 기초를 놓게 되었다. 프랑스와의 백년전쟁 (1339~1452년)에서 영국은 영토획득 등의 큰 성과는 없었지만 영국 국내에서의 전쟁이 없어서 큰 피해가 없었고 모직물 생산에 관한 기술과 자본의 이전이 이루어져 경제가 비약적으로 발전하였다

새로이 형성되는 제조 상공업자를 비롯한 부르주아층은 강력한 산업지원을 해줄 수 있는 절대왕정을 원했지만 다시 국내 전쟁인 장미전쟁(1455~1485년)이 발생하였다. 국내외로 벌어졌던 130여 년의 전쟁을 끝내면서 1485년에 헨리 7세가 튜더 왕조의 첫 번째 왕이 되었다.

그의 아들 헨리 8세는 국내의 반대세력을 탄압하고 튜더 왕조의 기반을 구축하는 한편 아들 후계자를 얻기 위해 여러번 이혼, 결혼을 뒤풀이하며 유명한 여성편력을 갖게 된다. 헨리 8세는 1534년 수장령(首長令)을 공포하며 영국교회를 창설했다.

영국은 원래 가톨릭국가로서 대륙의 교황이나 신성로마제국의 간섭을 받았다. 유럽대륙에서 루터의 종교개혁이 힘을 얻어 가톨릭 교황의 권위가 쇠퇴하고 있는 때를 이용하여 가톨릭(구교)도 프로테스탄(신교)도 아닌 독자적인 영국교회를 만들었다.

그리고 스스로 본인이 그 수장에 앉음으로써 국왕의 권위를 높이려고 했다. 영국판 종교개혁을 한 것이다. 헨리 8세의 두 번째 결혼과 함께 영국의 종교개혁이 성공하자 576개 전국의 수도원을 없애고 그 막대한 재산을 독차지하였다.

영국 교회의 본산 웨스트민스터교회

영리추구와 재산 축적을 긍정하는 칼뱅파의 교리를 받아들였으며 국내 부르주아 세력의 지지를 얻어 서로 윈윈(Win‒Win)하는 종교정책을 활용하였다. 이때 가톨릭교회 수도회의 막대한 재산을 차지한 헨리 8세는 왕실재정을 넉넉하게 하고 측근들에게 나누어 주어 이들을 젠트리(Gentry)라고 불렀다. 가톨릭의 자산 몰수는 자본 축적의 계기가 되어 영국의 해군전력을 발전시키는 종잣돈이 되었다. 나름대로 일석삼조(一石三鳥)의 결과를 얻은 것이다.

유럽의 기네스 기록인 헨리 8세의 6번의 결혼

헨리 8세의 종교개혁은 6명의 아내와 결혼하기 위한 수단으로 대법관과 켄터베리 대주교들을 바꿔가면서 이루어진다.

헨리 8세의 세계역사상 전무후무한 결혼 역사는 기네스 기록이 될 만한 대단한 것이었고 그 자체가 영국역사였으므로 이를 소개한다. 원래 아버지 헨리 7세는 영국왕실의 지위와 영국의 장래 위상을 고려하여 자신의 자녀(2남 2녀)들을 유럽의 왕가들과 결혼을 추진하였다.

특히 큰아들 아서를 당시 스페인의 아라곤왕국의 페르디난도와 카스티에 왕국의 이사벨라(콜럼버스를 지원하였던 여왕)의 딸 캐서린과 결혼시켰다. 그런데 신혼 초(6개월만)에 아서 황태자가 갑자기 죽는 바람에 헨리 7세는 과부가 된 캐서린을 둘째 아들 헨리 8세와 결혼하도록 유도하였다.

그래서 헨리 8세가 18세에 왕위에 오르면서 아버지의 유언에 따라 형수 캐서린(당시 23세)과 자의반 타의반으로 결혼하였다. 이때도 근친혼이라는 이유로 교황이 반대한 것을 특면장을 받아 결혼을 강행했던 것이다. 당초 둘은 깊이 사랑하고 신혼생활은 원만했지만 캐서린이 1516년 메리공주를 낳고 나서 더 이상 후사를 가지지 못하자 캐서린과의 부부관계가 틀어지기 시작했다.

그러면서 헨리 8세는 캐서린의 시녀 엔 블린에게 끌려서 오랜 결혼을 무효로 하고 엔 블린과 결혼하고자 했다. 터무니 없는 헨리 8세의 처신으로 가톨릭(이혼을 허용 않는) 교황과의 마찰이 심해지자 헨리 8세는 1534년 수장령을 발표하고 자신의 결혼을 정당화하자 로마교황은 헨리 8세를 파문했다.

엔 블린과의 화려한 결혼식을 올린 이후 아들의 출산을 기대하였으나 태어난 것은 공주 엘리자베스였다. 실망한 헨리 8세의 마음은 다시 앤의 시녀 제인 시모어에게로 옮겨져 새로운 파국이 시작되었다.

헨리 8세의 이혼요구를 앤 블린이 받아들이지 않자, 앤 블린의 공적·사적(스캔들) 처신을 문제삼기 시작했고 결국 앤 블린은 간통혐의로 런던탑에 유폐되었다가 참수되고 말았다. 또 다시 앤과의 결혼이 무효라고 선언되었고 제인 시모어와 세 번째 결혼을 하여 1537년에 드디어 아들 에드워드를 얻었다.

헨리 8세의 소망은 이루어졌으나 세 번째 왕비가 출산 직후 죽었기에 다시 4번째, 5번째 결혼으로 이어졌다. 네 번째는 신속하게 이혼되었고 다섯 번째는 바람기가 많아 처형되었으니, 헨리 8세의 팔자소관(八字所管)으로 치부할 일이었다.

이제 늙고 지친 헨리 8세는 궁정에서 시중을 들고 있던 캐서린 파라는 여섯 번째 왕비와 결혼하고 그 품에서 죽었는데 이 여인은 심성이 착하고 침착하여 전실 자녀 메리, 엘리자베스, 그리고 에드워드 왕자를 잘 키웠다고 한다.

헨리 8세는 마침내 노후를 위로해 줄 가정적인 여성을 택한 모양이다.

♔ 헨리 8세의 여섯 번의 결혼

헨리 8세의 여섯 번의 결혼은 이렇게 해서 6명의 왕비 중 두 번은 이혼, 두 번은 간통 스캔들로 참수되었고 한 번은 에드워드 왕자 출산 직후 죽었으며 여섯 번째 왕비 때는 자신이 먼저 죽었습니다. 헨리 8세의 사후 그렇게 어렵게 얻은 에드워드 6세가 10세에 즉위 후 6년만에 죽고 다음은 첫째 왕비의 캐서린의 딸 메리도 즉위 6년만에 죽었습니다. 드디어 엔블린의 딸 엘리자베스 1세가 즉위(25세)하여 45년(1558~1603년) 동안 영국을 통치하면서 영국을 유럽의 강대국의 반열에 올려 놓았으니 여섯 번 결혼한 보람을 얻었다고 하겠습니다.

5장

아! 마야문명과 잉카문명, 그리고 남미신대륙

마야문명의 정벌

콜럼버스의 아메리카 대륙의 발견 이후 에스파냐는 1511년 점령한 쿠바에 근거지를 마련하고 본국에서 아예 대규모의 군대를 데려와 배치했다. 그 이유는 여러 탐험가들의 말에 따르면 아메리카에는 제법 강력한 원주민 국가들이 존재한다는 것이었다.

에스파냐는 이제 탐험대가 아닌 원정대란 깃발을 앞세우고 본격적인 정복전쟁에 나섰다. 경쟁국인 포르투갈이 단기적이고 직접적인 무역의 이익을 노리고 인도양과 동남아시아를 접촉했지만 에스파냐는 대륙을 상대로 장기적이고 잠재적인 이득을 목표로 했기 때문이다.

그런만큼 정복의 과정은 포르투갈의 경우보다 훨씬 더 잔인하고 야만적이었다. 가장 대표적인 것이 멕시코의 마야 문명이었다.

당시 멕시코의 고원지대에는 아즈텍인들이 찬란한 고대문명 마야를 계승하여 문자와 달력을 사용하는 등 문명생활을 하고 있었지만 그들의 약점은 군사력이 취약한 것이었다.

마젤란이 태평양을 건너 세계일주를 시작한 1519년에 에스파냐의 에르난 코르테스 (1485~1547년)는 11척의 함대와 14문의 대포와 660명의 병력으로 쿠바의 기지를 떠나 오늘날 멕시코시티의 외항이라 할 베라크루즈에 상륙했다.

코르테스는 인디오 부족을 회유하거나 무력을 이용하여 각개격파(各個擊破)해 나가고 아즈텍 제국의 황제에 대한 정보와 부족 간의 갈등상황을 수집하여 적극 활용하였다. 코

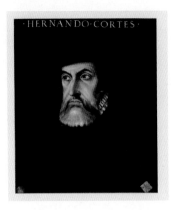
마야문명의 정복자 코르테스

르테스는 이미 "지피지기(知彼知己)백전불패(百戰不敗)"라는 중국의 손자병법을 알고 있었다. 황제의 폭정에 불만을 가지고 있던 일부 부족들은 코르테스 쪽에 적극 가담해서 제국을 무너트리는 데 협조했다. 결국 1521년 5월 에스파냐군은 660명으로 무려 4만 명의 원주민 군대와 싸워 이겼다. 아즈텍 제국의 취약점과 에스파냐의 총과 대포를 앞세운 우수한 화력이 낳은 어처구니 없는 결과였다. 원주민들이 처음 본 백인의 모습에 심리적 동요도 한몫했다. 코르테스는 에스파냐의 하급 귀족출신으로 18세에 그 당시 유행인 아메리카에 청운의 꿈을 안고 온 배짱이 두둑한 사나이였는데 이번에 마야정벌의 지휘관으로 와서 한껏 실력발휘를 하고 영웅이 되는 판이었다.

코르테스는 1521년 그들의 수도 체노치크틀란(멕시코시티의 기원)을 점령하고 수천년 간 이어온 마야의 고대문명을 짓밟고 원주민을 대량으로 학살했다.

👑 마야제국이 쉽게 망한 이유

마야제국이 망한 치명적인 이유 중에 하나는 당시 아스텍 제국에는 신들의 싸움에서 패해 추방당한 흰 피부를 가진 어떤 신들이 다시 돌아와 제국을 지배한다는 속설을 믿어서, 코르테스 일행이 기묘한 복장을 하고 나타났으니 현지인들은 그 신들이 나타난 것으로 착각했기 때문이었습니다.

또 하나 마야제국이 이렇게 쉽게 무너진 것은 아스텍 제국에 원한을 가지고 있던 마린체(Malinche)라는 여성이 에르난 코르테스의 통역 겸 조언자가 되어 제국의 마지막 왕 목테수마 2세에 대한 정보를 제공하고 안내를 하여 쉽게 반 아스텍동맹을 결성하게 했습니다.

아무리 개인적 원한이 있어도 조상 대대로 살아온 조국을 망하게 하다니, 그러나 어느 곳에나 이런 존재는 있기 마련입니다.

마린체는 특수해서 그 후 코르테스와의 사이에서 아들 마르틴 코르테스를 낳았는데 이는 스페인 사람과 원주민 사이의 최초의 혼혈인 메스티소(Mestizo)이었습니다.

마린체는 멕시코 국민의 50%가 넘는 메스티소를 최초로 낳은 모성애 가득한 어머니상으로 기억되었으나 차후 멕시코 혁명시대를 거치면서 변절자의 이미지가 부각되어 양면성을 가지고 있다고 합니다.

아즈텍 궁전을 장식했던 장식물은 단순히 본국으로 운반의 편의를 위해 현지의 가마에서 녹여졌으며 피라미드를 비롯한 많은 신전은 최우선적으로 파괴의 대상이 되었다. 그리스도교 이외에는 모두가 야만이라는 생각, 말하자면 문명이라는 이름으로 지극히 야만적인 행위를 저질렀습니다. 통탄할 일이었다.

잉카제국의 멸망

또 하나 아메리카의 토착문명인 잉카문명은 더 어처구니 없는 과정을 통해 무너졌다. 아메리카가 발견된 이후 에스파냐에서는 탐험가를 자처하는 수많은 건달들이 신세계로 건너왔는데 그들 대부분은 남아메리카 어딘가에 있다는 '엘도라도'라는 황금의 땅을 찾으려는 꿈을 가지고 있었다. 그 중 하나가 프란시스코 피사로(1474~1541년)라는 인물이었다.

피사로의 만행 그리고 정복군주처럼

그는 나름대로 수색과 탐험을 통하여 페루의 잉카제국이 바로 엘도라도라고 확신했다. 10세기 이후 600여 년 동안 안데스 고원지대 쿠스코에 자리잡은 잉카제국은 에스파냐군이 침입해 올 무렵 전성기를 맞이하고 있었다.

더욱이 잉카는 아즈텍과 달리 군사력도 강한 국가였다. 수백년 동안 인근의 작은 부족국가들을 차례로 정복하여 15세기에는 북쪽의 에콰도르까지 손에 넣은 정복국가였다. 배가 부르면 갈라서는 것이 인지상정(人之常情)인지 국력이 신장하자 잉카의 지배층은 둘(형제)로 갈라져서 2년 동안 치열하게 싸우는 중이었다.

자칭 탐험가, 타칭 사기꾼 건달이었던 피사로는 1531년 불과 180명의 병력, 27마리의 말을 이끌고 나타나 이들의 싸움을 교묘하게 이용하였다. 한쪽 편을 이용하여 함께 싸워 반대편을 무너트린 다음 그 이긴 쪽을 쳐서 잉카제국을 차지했다. 이솝우화의 게와 새의

피사로의 잉카제국 점령전쟁

싸움을 지켜보던 어부가 이익을 취하는 것과 같았다. 1533년 잉카의 마지막 황제를 처형하고 그들이 숨겨놓은 금과 보물들을 마음껏 약탈하였다. 잉카제국을 짓밟은 피사로 등 야만인들은 쿠스코에서 꽤 떨어진 태평양 연안 산기슭에 오늘날 페루의 수도가 된 리마라는 새 도시를 세워 식민지 지배를 시작했다.

👑 피사로의 위계, 잉카왕의 운명

피사로가 회담을 가장해 잉카의 왕을 사로잡아 가두고, 그 방을 꽉 채울 금을 가지고 오면 왕을 풀어 주겠다고 잉카 백성을 속인 후 나중에 금을 차지하고 왕도 죽였습니다. 이렇게 터무니없이 원주민을 살육하여 나라를 무너뜨린 역사를 읽을 때, 먼 옛날 그리고 남의 나라 일이지만 분통이 터지고 화가 났습니다. 잉카의 후예는 빌카밤바에 태양의 신전을 세우고 40년을 저항했지만 1572년 마지막 잉카왕이 처형되고 저항은 끝나고 말았습니다.

브라질의 개발, 유일한 식민지를 차지한 포르투갈

브라질은 1500년 포르투갈 사람 P.카브탈에 의해 발견되었으며 이곳의 적색염료의 재료로 쓰이는 "빠우 브라질"이라는 나무의 이름을 따서 브라질이라고 불리게 되었다. 원래 남아메리카의 서쪽이 거의 스페인에 의해서 발견되고 식민지화되었는데 오직 브라질만 포르투갈에 의해서 개발되고 식민지가 되었다. 이미 마야문명(멕시코 지역)이 스페인의 코르테스에 의해 점령, 식민지화하고 잉카문명(페루지역)도 식민지가 되어가고 있었다.

1531년경 포르투갈은 북동부에 개척을 시작하여 특별한 문명(국가)없이 아직 유목/반유목의 생활을 하는 원주민들을 완전히 몰살시키거나 내륙으로 쫓아내고 아프리카에서 흑인 노예를 수입하여 사탕수수 재배를 시작했다. 개발 도중에 금과 다이아몬드 등이 발견되어 개발이 급속히 촉진되었고 18세기에는 금 수출이 세계에서 제일 많았다. 1808년 본국에서 나폴레옹에 쫓겨 피해온 포르투갈 왕실 일족 중 황태자 페드로가 1822년 브라질의 독립을 선언하고 스스로 페드로 1세라고 칭하고 왕정을 실시하였다. 그 후 페드로 2세 때는 커피의 보급과 유럽이민에 의한 식민지 개발에 박차를 가하였다.

신대륙 발견의 휴유증들

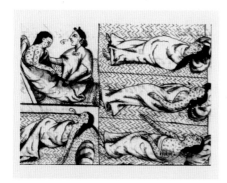

유럽의 전염병으로 죽어가는 원주민들

처음 동방의 바다로 진출한 스페인, 포르투갈이 목표로 삼았던 것은 후추 등의 향신료였지만 향신료 대신 신대륙이란 엄청난 영토확보의 열매를 얻게 되었다.

처음에는 향신료와 황금을 찾다가 못 찾아 실망하기도 했으나 그들은 그런 것들보다 훨씬 더 큰 가치를 지닌 것이 광활한 영토라는 것을 알았고 마야, 잉카제국의 정벌처럼 그 식민지 개척에서 엄청난 성과를 거두게 되었다. 그들이 원주민들을 노예로 부리면서 각종 광산, 대규모 농업에서 큰 수익을 올렸고 이로 인해 큰 부작용과 예기치 않은 결과가 빚어졌다. 유럽에서 온 전염병, 천연두, 파상풍, 매독같은 병균은 저항력이 약했던 현지인들을 엄청나게 죽게 했다. 마야, 아스텍, 잉카의 총인구가 16세기에는 7~9000만 명으로 추정됐는데 17세기에는 약 350만 명으로 급격히 줄어들었으니 그 참상과 악몽을 감히 상상하기 어렵다. 이렇게 격감하는 인구를 보충하기 위해서 유럽의 많은 인구에게 아메리카대륙으로 이민을 장려했다.

아프리카의 노예들을 끌어오는 장면

그럼에도 사탕수수 같은 경작 농장과 금, 은 광산 등에서 일을 시킬 노동력이 절대적으로 부족하게 되었다. 이에 아프리카에서 대량으로 나포해 오는 흑인의 노예무역이 크게 발전하였다. 흑인 노예무역은 실로 비참한 것이어서 17~18세기에 걸쳐 3000~6000만 명에 이르는 흑인이 아메리카 대륙으로 송출되었는데 화물처럼 배에 차곡차곡 실은 흑인들은 오는 도중에 3분의 2가 목숨을 잃고 바다 속으로 수장됐다. 원주민 여성들과의 성적 접촉은 현재까지 큰 영향을 미치는 결과를 가져 왔다.

아즈텍(마야)제국의 정벌과정에서 마린체라는 현지여성이 코르테스의 사이에서 최초로 아들을 낳았다고 했듯이, 이들 혼혈이 메스티소(mestizo)라는 새로운 인종이 되었으며 현재 남아메리카의 최대 인종을 차지하고 있다.

👑 **아프리카 흑인노예들의 악몽**

아프리카의 평화로운 들판에서 살던 흑인들을 짐승처럼 잡아 항구의 노예선의 짐짝처럼 꼼짝도 못하게 싣고, 음식도 배설도 제대로 할 수 없는 배에서 겪는 그 참혹한 고생의 현장은 꼭 지옥이 있다면 이런 풍경이었을 것입니다. 살아 남아 농장 공장으로 팔려가면 거기서 죽을 때까지 엄청난 고생을 한 것이 그들의 일생이었습니다. 인간의 본성에 대해 성선설(性善說)을 말씀하신 맹자님 등이 이런 풍경을 상상하실 수 있을까요? 미국 남부의 목화밭에서 일하던 흑인들도 마찬가지였습니다. 여기에 막스 헤일리라는 노예의 한 후손이 쓴 〈뿌리(Roots)〉라는 소설(드라마, 영화 등)에서 이런 상황을 정말 실감나게 보여 주었습니다. 콜럼버스 이후 아메리카 탐험 과정은 모두가 본래의 인간이 아닌 악귀들만 등장하는 이야기 같습니다. 유럽의 백인들이 모두 그렇지는 않았겠지요.

신대륙 덕분으로 성장하는 유럽

신대륙은 오랫동안 원주민들이 독립된 역사(기록은 불비)를 가지고 별도의 환경과 관습을 유지하여 왔으므로 유럽 등 타 지방에서 재배하지 않았던 새로운 작물, 옥수수, 감자, 강낭콩, 호박, 토마토 등이 있었다. 이 작물들은 단순히 식탁을 다양하고 풍요롭게 한다는 의미를 넘어서서 유럽의 빈곤과 기아를 일부 해결하였다. 이로써 중세 이후의 봉건제도의 붕괴가 가속화되고 이제 농촌지역에서 해방된 인구들이 도시로 모여 대도시들이 발전하게 됐다. 그 이외에도 신대륙의 발견은 유럽에 지대한 영향을 미쳤다. 16세기 후반 멕시코와 페루의 은광에서 대량의 은이 채굴되어 스페인으로 운반되어 유럽 각지로 흘러들어 갔다. 1545년에 발견된 페루(현재는 볼리비아)의 포토시 은광은 세계 최대의 산출량을 자랑했다. 포토시는 해발고도 3990m 고지에 건설된 당시 세계 최고(最高)의 도시였는데 불과 20~30년 사이에 당시 파리와 견줄 정도의 대도시로 성장하였으니 1573년에는 12만 명이 포토시에서 은 채굴에 종사하고 있었다. 그때까지 세계 최대의 은 공급지는 남부 독일로 연간 산출량은 3만kg이었는데 1570~1630년대에 아메리카대륙에서 유럽으로 유입된 은(銀)은 연평균 20만kg이었다니 대단한 것이었다. 그래서 유럽의 물가는 100년 동안 사이에 약 3배로 뛰어 올라 이를 가격혁명이라고 불렀다. 이와 함께 신대륙과 유럽의 무역교역량은 엄청났으며 새로운 교역권이 형성되고 유럽의 경제규모는 비약적으로 확대되어 역사 이래 상업의 중심이었던 지중해연안에서 대서양연안으로 옮겨졌다. 이런 경제적 대변동을 상업혁명(商業革命)이라고 하여 뒤이어 식민지 경쟁을 거쳐 100년쯤 뒤에 일어나는 18세기의 산업혁명(産業革命)과 구분한다.

36 소설로 쓴 동서양사

제2막

르네상스 이후
유럽의 근대화 시작

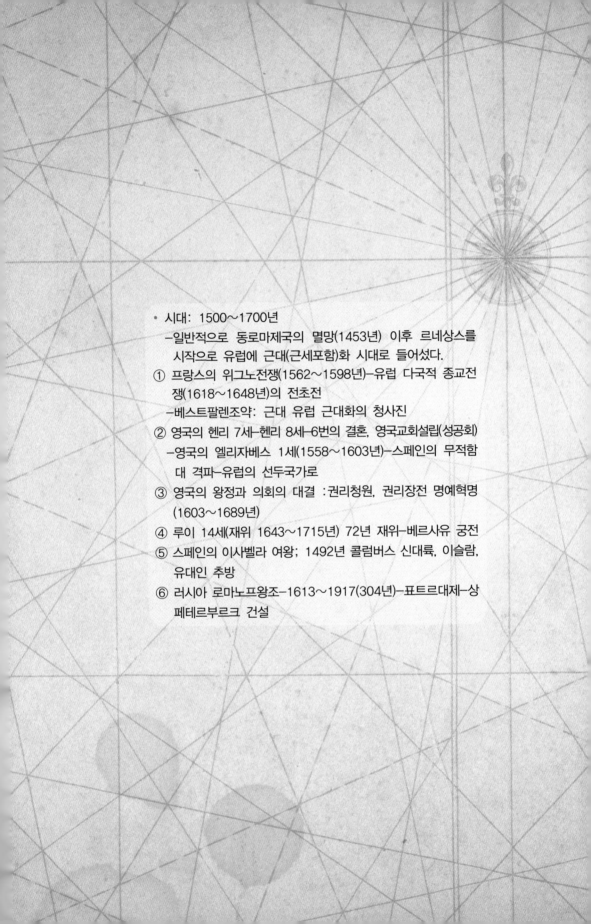

- 시대: 1500∼1700년
  - 일반적으로 동로마제국의 멸망(1453년) 이후 르네상스를 시작으로 유럽에 근대(근세포함)화 시대로 들어섰다.
① 프랑스의 위그노전쟁(1562∼1598년)–유럽 다국적 종교전쟁(1618∼1648년)의 전초전
  - 베스트팔렌조약: 근대 유럽 근대화의 청사진
② 영국의 헨리 7세–헨리 8세–6번의 결혼, 영국교회설립(성공회)
  - 영국의 엘리자베스 1세(1558∼1603년)–스페인의 무적함대 격파–유럽의 선두국가로
③ 영국의 왕정과 의회의 대결 :권리청원, 권리장전 명예혁명(1603∼1689년)
④ 루이 14세(재위 1643∼1715년) 72년 재위–베르사유 궁전
⑤ 스페인의 이사벨라 여왕; 1492년 콜럼버스 신대륙, 이슬람, 유대인 추방
⑥ 러시아 로마노프왕조–1613∼1917(304년)–표트르대제–상페테르부르크 건설

1장

프랑스의 위그노 전쟁과 유럽의 종교전쟁

종교전쟁의 시작-위그노 전쟁(1562~1598년)

르네상스의 화려함과 영광이 지나간 유럽은 급속히 종교의 갈등 속에 말려들어 갔다.

1517년 루터에 의해서 점화된 종교개혁은 가톨릭 교황과 성직자 그리고 기독교에 큰 충격을 주었고 많은 국가와 국민들에게 경이로 받아들여졌다. 계속되는 논란과 갈등 속에 루터 사후(1546년), 1555년에 아우크스부르크 회의에서 신앙의 자유가 인정되었다.

그러나 그 자유는 바로 프로테스탄트(개신교) 중 루터파에 한해서 허용된 것이었다. 보수적인 황제와 가톨릭교단이 당장 불거진 루터파 연방군주(제후)들과 적극적인 종교개혁파들의 불만을 덮으려 한 것이지만 그것은 미봉책(彌縫策)이라는 것이 드러나기 시작했다.

영국은 1534년 헨리 8세가 수장령(首長令)을 발표하여 영국성공회가 성립되기 시작했으며 스위스, 프랑스 등 유럽 국가들에서는 칼뱅주의가 신교의 주류가 되어 있었다. 루터의 고향 독일지역도 이 무렵 인구의 80% 이상이 신교도가 되었고 그중 상당수가 칼뱅파였기 때문이다. 1562년 프랑스에서 먼저 위그노전쟁이 발발해 1598년까지 36년이 지속되었는데 이는 단지 1618~1648년의 30년 유럽 제국들의 종교전쟁의 예고편에 불과하였다. 위그노전쟁은 칼뱅주의의 성지(聖地)가 된 남프랑스에서 1562년 프랑스 정부군이 창고에서 예배를 올리고 있던 위그노(칼뱅주의 신교도를 가르치는 새로운 이름) 신자들을 기습 공격하면서 모두 8차에 걸친 위그노전쟁이 시작되었다. 3차전까지 가서야 정부와 위그노

위그노들의 학살

측이 합의를 했지만 이것이 서로 지켜지지 않자 1572년 정부는 위그노 신도들의 축제일에 다시 총공격을 감행하여 하루에 2000여 명의 위그노가 학살됐다. 지방까지 확대된 참극은 2주 이상 이어지면서 2만여 명의 희생자가 발생했다. 위그노들도 전국적으로 무장 대항하자 그 전쟁의 양상은 치열해졌고, 이런 정국을 해결한 것은 새로운 왕조인 부르봉 왕조 앙리 4세(재위 1589~1610년)였는데 해결책은 신앙의 자유를 인정하는 것 뿐이었다. 신교도였던 왕이 가톨릭으로 개종하고 신교도에게 일정 지역 내에서만 종교의 자유를 인정하는 "낭트칙령"을 발표(1598년)하면서 36년을 끌어온 위그노 전쟁이 끝이 났다.

👑 **동시대였던 위그노 전쟁과 조선의 임진왜란**

종교개혁의 후유증으로 첫 번째 발생한 프랑스의 위그노 전쟁이 끝난 때는 조선왕조 선조 때 7년(1592~1598년)을 끌어온 임진왜란이 끝난 연도와 똑같습니다. 나름대로 고심한 정치적 산물인 낭트칙령에 양측은 모두 불만이었으니 이는 역시 미봉책에 불과했습니다.

앙리 4세는 큰 내란을 매듭짓고 분열된 국론을 통일하여 왕권과 국력을 키우는 데 주력하였다. 후에 루이 14세 등으로 이어지는 부르봉 왕조를 창건하여 근대 프랑스의 기초를 굳건히 한 명군이라는 평가와 함께 40여 명의 여성과 관계를 가진 호색한으로 비판을 받기도 하였다. 앙리 4세는 그의 처신에 불만을 가진 광신적인 가톨릭신도에게 암살을 당했고 9살 아들 루이 13세(1601, 재위 1610~1643년)가 즉위했다. 1614년 프랑스의 전통적인 삼부회에서 리슬리외(1585~1642년)라는 인재를 발탁해서 어린 왕을 보좌해 왕권을 강화하고 정치적 안정을 이룩하였다. 리슬리외는 점차 화려한 외교정책으로 "강력한 프랑스"이념을 내세워 유럽의 지도자로 부상했다. 차후 독일에서 벌어지는 종교전쟁이자 최초의 근대 전쟁이라 할 30년 전쟁에서 보이지 않는 전쟁 승리자의 역할을 하게 된다.

독일과 유럽제국의 종교전쟁(1618~1648년)

프랑스에서 칼뱅주의가 위그노 전쟁을 통해서 일부 지역이라도 종교의 자유를 얻는 것

을 보고 독일의 칼뱅파 신도들은 고무되었다.

반면에 독일의 가톨릭세력은 프랑스에서 가톨릭이 무너지는 것을 보고 긴장하여 동맹을 결성하고 양측의 전운(戰雲)이 조성되고 있었다. 이때 보헤미아지방(지금의 체코지역)에 가톨릭의 골수분자인 페르디난트 2세(1578, 재위 1617~1637년)가 즉위한 이후 이 지역의 칼뱅파 신교도들은 가혹한 탄압을 받기 시작했다.

1618년 보헤미아 신교도들이 반란의 기미를 보이자 국왕은 정치적 반란이라고 보고 군사 공격을 개시했다.

이렇게 해서 30년 종교전쟁이 시작되었고 이 전쟁은 1648년까지 30년을 끌게 된다. 이제 1619년 합스부르크가 계승하는 신성로마제국의 황제에 오른 페르디난트 2세는 바이센베르크전투에서 신교도군에 대승을 거두었다.

승리 후 반란을 이끈 보헤미아 귀족들의 주모자들을 대대적으로 처형하고 전쟁이 마무리되는 듯 보였으나 이웃의 신교도국들이 독일의 승리를 방관하지 않아 전쟁은 계속되었다.

먼저 1625년 덴마크군이 독일로 쳐들어와 전쟁이 계속되었는데 점차로 종교 전쟁보다 영토전쟁으로 변질되었다. 보헤미아의 페르디난트 2세를 도와서 덴마크에 전쟁을 이긴 사람은 이 종교전쟁의 영웅 발렌슈타인이었다. 승리한 독일군이 발트해까지 진출하자 위협을 느낀 스웨덴의 구스타프 2세가 나서서 독일을 침략했다. 구스타프는 이 전쟁의 또 하나의 영웅으로 1631년 페르디난트 2세의 독일군을 이겼지만 그 이듬해 전투에서 사망하였다.

이제 전쟁 상황을 지켜보던 프랑스의 루이 13세가 노련한 재상 리슬리외의 전략대로 네덜란드 등 주위의 신교도국들과 참전하면서 완전히 국제전이 되었으며 페르디난트 2세는 1637년 전쟁 중에 사망하였다. 그의 뒤를 이은 페르디난트 3세는 결국 신교세력에게 패배를 인정하고 1648년 베스트팔렌 조약으로 30년 전쟁은 마무리되었다.

베스트팔렌 조약의 체결(1648년)

칼뱅파 신교도를 박해하면서 독일이 시작한 이 전쟁은 유럽 최초의 국제전이 되었다.

관련된 나라가 가톨릭국가로서 합스부르크 제국의 오스트리아, 에스파냐, 보헤미아, 헝가리 그리고 독일의 연방국가들, 신교도국가들인 프랑스, 덴마크, 스웨덴, 네덜란드 등 십여개 국가에 이르렀다.

영국국교를 세우고 6번의 결혼 등으로 바쁘던 헨리 8세의 영국을 제외한 서유럽의 모든 국가들이 직·간접적으로 관여된 것이다.

많은 나라가 개입하고 이해관계가 얽히고 설킨 탓에 전쟁의 결과를 마무리하는 베스트 팔렌 조약의 논공행상도 매우 복잡했다. 전쟁의 숨은 주역 프랑스는 알사스 로렌을 손에 넣었고 스웨덴은 발트해의 재해권을 얻었으며 네덜란드는 에스파냐로부터 완전 독립했다.

그 이전에 독립한 스위스도 이 조약을 통해 비로소 완전히 승인되었다.

한편 패전국인 루터의 조국 독일은 당연히 최대의 피해자로 독일지역에서 무려 800만 명이 희생됐으며 많은 지역이 폐허가 되었다.

그러나 새로운 변화로 오히려 득이 되는 상황도 있었다. 상당 기간 유럽을 지배하던 합스부르크 제국이 사실상 붕괴하면서 제국에 속했던 연방국가와 자치도시들은 완전히 주권과 독립을 얻었다. 독일의 대표 주자인 프로이센은 전쟁으로 입은 타격을 극복하기 위한 여러 가지 노력으로 차츰 독일의 새로운 리더로서 자리잡게 되었다.

프로이센의 제후 가문인 "호엔촐레른"은 사실상 독일왕 왕가처럼 대우를 받아 20세기 초반 독일의 군주제가 무너질 때까지 그 지위를 유지하게 된다.

이렇게 패전국이면서도 오히려 재도약의 발판을 마련하는 전통은 이 전쟁에서 시작되어 그 한참 후 20세기에 두 차례의 세계대전을 일으켰다가 패했을때도 독일은 다시 일어났다. 30년 전쟁이 역사상 최초의 국제전이었듯이 베스트팔렌 조약도 유럽역사뿐 아니라 그때까지 지구상 어느 지역의 역사에도 없었던 최초의 명실상부한 국제조약이었다.

그런 점에서 이 조약은 근대 유럽의 새로운 국제질서를 예고하고 있었다.

베스트팔렌 조약의 체결

30년 전쟁 중이던 1644년부터 회의가 시작되어 1648년에서야 체결되었다. 이 회의의 결과 칼뱅파가 공인을 받고 스위스와 네덜란드의 독립이 정식으로 승인되었다.

2장

영국의 등장과 엘리자베스 1세 여왕

엘리자베스 1세와 영국의 상승기

헨리 8세의 사후(1547), 그가 여섯 명의 왕비에게서 얻은 1남 2녀의 자녀가 차례로 영국왕위를 계승했다.

그것도 왕자 우선이었으므로 셋째 왕비 제인 시모어(1509~1537년)가 어렵게 낳은 왕자 에드워드 6세(1537, 재위 1547~1553년)가 제일 먼저 왕이 되었다. 아들을 갈망하던 헨리 8세가 세 번째 왕비에게서 46세에 얻은 에드워드가 10살에 즉위하였다. 왕비 시모어는 해산 직후 사망하였으니 일찍 어머니를 잃은 에드워드는 그 후 계속 바뀌는 계모들의 슬하에서 외롭게 자랐고 선천적으로 건강하지 못하여 6년 후에 죽었다.

다음 순서로 첫 왕비 캐서린(1485~1536년)이 낳은 딸 메리 1세(1516, 재위 1553~1558년)가 즉위했다. 메리 1세는 외가인 에스파냐(외할머니가 이사벨라 여왕)의 영향을 받았는지 철저한 가톨릭 교도로서 아버지가 세운 개신교인 영국성공회 교도들을 탄압하여 성직자 등 300여 명을 죽였다. 그래서 블러드(Blood) 메리라는 별명이 붙었으며 이복동생인 엘리자베스도 종교를 의심하여 고문을 하고 런던탑에 가두기도 했다. 이렇게 혹독했던 메리 여왕이 5년 후에 죽은 것은 엘리자베스나 영국을 위해서 모두에게 다행이었다.

드디어 은인자중(隱忍自重) 기다리던 엘리자베스 1세(1533, 재위 1558~1603년)가 즉위하였다.

**엘리자베스 1세는 치장하는 데만
다섯 명의 시녀가 3시간을 소요했다.**

그녀가 3세 때 엄마인 엔 블린(1507~1536년)이 간통과 반역죄로 억울하게 런던탑에서 참수당하고 그 후의 네 사람의 계모 중 또 한 사람도 참수당하는 것을 보았다. 엘리자베스는 엄마가 부정행위를 저질러 사생아로 취급받으며 아버지한테도 천덕꾸러기로 자랐다.

그러나 본성이 영민하여 복잡한 영국왕실에서 생존본능을 키우고 왕실교육을 충실히 받아 5~6개의 외국어와 철학, 역사공부를 충실히 한 엘리자베스는 준비된 여왕이었다.

제일 먼저 메리 여왕이 탄압하던 성공회와 가톨릭교회의 종교분쟁을 지혜롭게 해결하여 아버지가 세운 성공회를 국교로 확실히 자리매김하였다. 1년에 두 번씩 민정순시를 하며 애민정치(愛民政治)을 실천하며 처녀왕으로서 국민들에게 사랑받았다.

엘리자베스 1세, 스페인의 무대함대를 격파하여 영국을 격상시키다

엘리자베스 1세는 대내적으로 추밀원을 중심으로 인재를 등용하였으며 모직물 공업을 육성하고 장려하여 농촌을 중심으로 급속히 경제가 발전할 수 있었다.

국방을 튼튼히 하였는데 드레이크 같은 인물을 중용하여 나중에 스페인의 무적함대와의 전투를 대비하였다. 종교문제와 해상권으로 스페인과의 대립각을 세웠는데 스페인의 조정을 받는 스코틀랜드 여왕 메리 스튜어트가 자신의 암살을 시도하여 1587년 단두대에서 참수했다. 이것을 계기로 스페인과의 일전이 불가피했다. 먼저 스페인(펠리페 2세)의 무적함대는 전함 127척, 수병 8000명, 육군 19000명, 대포 2000문을 장착하여 영군 해군을 쓸어 버리겠다는 기세로 나섰다. 이에 맞서 영국해군은 하워드경을 사령관으로 하고 유명한 드레이크(해운왕이라고도 하고 해적왕이라고도 함)를 돌격대장으로 대항군을 편성했다. 영국군은 수는 적었지만 기동력을 갖추었고 선원훈련이 잘 되어 있어서 칼레영해에서 야습을 강행하여 타격을 주었고 그라브라스해전에서 영국해군은 바람을 등지고 싸

스페인의 무적함대와 해전

우는 등 절묘한 작전을 구사하였다.

결국 스페인의 무적함대는 결정적 타격을 입었고 퇴각 중에 북해에서 폭풍우를 만나 상당수가 파손, 무적함대 중 54척만이 본국으로 귀항하였다. 결과적으로 레판도해전에서 이슬람의 연합함대를 물리쳐서 유럽을 구하여 무적함대의 명성을 얻었던 스페인 해군은 큰 손상을 입었다. 이 해전에서 스페인에서 1492년부터 축출되어 복수심을 가지고 있었던 유대인들이 기동성 있는 선박을 제조하고 새로운 대포 제작 등 공격무기를 개발하여 영국해군에 큰 도움이 되었다고 한다.

그 후 스페인 해군과 일진 일퇴를 거듭했지만 1588년에 무적함대에 승리한 것을 계기로 영국의 위상이 급상승했으며 장기적으로 대서양의 제해권을 장악하여 무역이 비약적으로 활성화되었다. 엘리자베스 1세의 말년에는 여왕이 노욕이 대단해서 신흥사업의 독점권을 남용하여 논란이 있었고 1596~1597년에는 대단한 흉년이 들어서 경제가 어려워지기도 했다. 여기에 아일랜드를 정복하기 위하여 군사적 작전을 벌였다가 오히려 반란이 발생하여 심각한 후유증에 시달렸다. 여왕은 우울증과 노인성 질환으로 기력을 잃어가다가 1603년 3월, 70세의 나이로 후손(후계자)도 없이 사망하였다.

그러나 엘리자베스 여왕은 1485년 헨리 7세부터 시작된 튜더 왕조의 영국의 중흥을 완성한 왕으로서 그렇게 후계자 욕심이 대단했던 헨리 8세를 번쩍 빛낸 여왕이었다. 엘리자베스 1세가 죽은 후 1609년 처음으로 아메리카 대륙에 간 영국사람들은 처음으로 개척한 식민지를 버지니아(Virgin + nia)라고 명명하여 영국과 결혼했던 처녀여왕 엘리자베스 1세를 존경하고 좋아했다.

엘리자베스 시대의 윌리엄 셰익스피어와 프랜시스 베이컨 등

엘리자베스 여왕은 문무를 겸하여 국민 문화의 황금기를 구가했다. 이 시기에 문화예술도 크게 발전했는데 이들 중 특히 영국을 대표하는 두 사람의 위대한 인물을 소개한다.

먼저 영어를 격상시킨 불세출의 작가요, 인도와도 바꾸지 않겠다던 윌리엄 셰익스피어(1564~1616년)와 근대 철학의 창시자이고 과학혁명에 크게 기여한 프랜시스 베이컨(1561~1626년)이 이 시대에 활약한 대표적인 인물이었다. 셰익스피어는 영국의 시인이자 극작가로 주옥같은 작품들을 남겼다. 그가 남긴 희곡 작품은 오늘날에도 세계 곳곳에서 공연

월리엄 셰익스피어

되고 있다. 그는 상상력이 탁월하고 인간의 삶에 대한 통찰력이 뛰어나며 무엇보다도 다양하고 풍부한 언어를 구사했다는 점에서 역사상 최고의 극작가로 평가되고 있다. 프랑스 사람들은 자신들의 언어, 불어에 대한 자부심이 아주 강해서 영어를 평민들의 언어, 장사하는 데 쓰는 언어로 비하하였는데 셰익스피어가 문학의 언어, 예술의 영어로 격상시킨 이후는 영어에 대한 인식이 달라졌다고 한다. 그의 주옥같은 작품 중 대표 작품으로 '로미오와 줄리엣', '햄릿', '오셀로', '맥베스'가 유명하다. 대부분의 역사가들은 서양의 문화와 과학의 역사에서 가장 중요한 사건을 기독교의 등장과 예수의 탄생이라는 데 동의한다.

그리고 그들은 또 기독교(예수)의 등장 이후 가장 중요한 사건으로 16세기를 전후한 근대 과학혁명을 꼽는 데 주저하지 않는다. 근대를 이전 시대와 단절된 새로운 세기로 만든 근대과학 혁명에 중요한 기여를 한 인물의 한 사람이 바로 영국의 프란시스 베이컨이고 그 후에 아이작 뉴튼(1642~1727년)이라고 본다. 뉴튼은 대표적인 과학자(추후 별도로 설명)이었지만 베이컨은 과학자가 아니었는데 과학혁명에 기여한 것으로 평가하는 것은 그가 창안한 과학의 새로운 방법론 때문이다.

프란시스 베이컨

그는 영국의 귀족 가문의 자제들처럼 케임브리지 대학을 졸업하고 법률가로서 대법관의 지위에 올랐으나 뇌물 수수 혐의로 탄핵을 받고 모든 공직에서 물러났는데 바로 그의 나이 60세, 죽기 5년 전이었다. 이 기간에 철학적 사유와 저술활동으로 학문의 올바른 과학적 방법론에 대한 "대개혁"의 일환으로 집필에 몰두하였다. 집필을 완성하지 못했지만 그 후의 연구에 지대한 영향력을 주는 학문연구 방법론의 이정표를 제시했다. 그것은 지금까지의 전통적인 연역적(演繹的) 방법론에 대하여 귀납적(歸納的) 방법을 제시한 것이다. 그의 귀납적 방법론은 그 후 과학뿐 아니라 철학과 논리학 등의 분야에서 광범위하게 활용되어 큰 문화적 업적으로 이어졌다.

3장
영국의 의회와 왕권의 대결-권리청원, 명예혁명

스튜어트 왕조-스코틀랜드 출신의 제임스, 찰스 왕 즉위

유럽이 종교전쟁으로 여러 나라가 분주했을 때 영국이 개입하지 못한 것은 나름대로 대륙 못지않게 복잡한 격변기에 있었기 때문이다. 영국을 일류국가 반열에 올려놓은 엘리자베스 1세가 처녀왕으로서 후계자 없이 1603년에 70세로 사망했다.

튜더 왕조의 혈통을 찾아보니 튜더 왕조를 시작한 헨리 7세가 아들 헨리 8세 이외에 딸(헨리 8세의 누나)이 있었는데 그때 영국 소속이 아니고 거의 독립국가였던 스코틀랜드 왕에게 시집을 보냈던 것이다.

그 후손 중에 제임스 6세(1566~1625년)가 왕손의 유일한 혈통이었는데 영국의회가 모셔다가 영국왕 제임스 1세로 즉위하게 했다. 이때로부터 영국왕조를 스튜어트 왕조라 부르고 18세기 초까지 약 100년간을 지속하였다.

제임스 1세(1566, 재위 1603~1625년)는 소위 왕권신수설(王權神授說)을 믿고 의회와 자주 다투었다. 영국의 귀족들은 1215년 권리장전을 통과시켰을 때처럼 400년 후의 의회는 그와 대결구도가 형성되었고 더구나 그의 실수는 개신교를 박해한 것이다.

프랑스에서 위그노라고 한 칼뱅주의는 영국에서도 넓게 퍼져 있었는데 영국의 칼뱅교도들은 이름부터 '청교도'라고 불릴만큼 더 성서 중심적이었고 철저하고 근본적인 가톨릭 교회의 개혁을 주장했다.

제임스왕은 영국의 가톨릭에 해당하는 영국교회(성공회)를 보호하고 청교도들을 탄압했다.

그래서 1620년에는 102명의 청교도를 태운 메이플라워호가 북아메리카의 뉴잉글랜드에 도착해 갖은 고생 끝에 자신들의 터전을 마련했다. 1625년 유럽의 종교전쟁의 2라운드격으로 덴막이 독일로 쳐들어갔던 그 해에 제임스 1세가 죽고 그 아들 찰스 1세가 즉위했다.

찰스 1세(1600, 재위 1625~1649년)는 신앙심이 깊고 아버지 못지 않게 왕권신수설의 신봉자였으며 즉위 초부터 신교를 탄압하고 의회는 왕권에 도전하고 트집 잡는 불필요한 존재라고 생각했다. 원래 왕위를 물려받을 인물이 반듯한 형이 있었는데 별안간에 죽는 바람에 즉위하게 된 왕이었다. 성격이 부드럽고 얌전한 타입이라 신학연구나 예술가의 기질에 맞는 인물이 난세에 왕이 되어 험난한 내전을 치르고 유럽역사에서 드물게 비극적인 운명을 맞이하게 된다.

국왕과 의회의 무력 투쟁-크롬웰의 등장

왕년에 헨리 8세나 엘리자베스 여왕도 의회를 조심스럽게 대하고 타협했었는데 찰스 1세는 4년 여간 시달리다가 1629년부터는 아예 의회를 소집하지 않고 단독으로 국정을 운영하였다.

그 원인은 그 이전 1628년부터 누적되어 온 재정문제를 근본적으로 해결하기 위해 의회를 소집했을 때 의회가 "국왕이 의회의 동의를 구하지 않고 마음대로 세금을 징수할 수 없도록 한다"는 권리청원(Petition of Right)을 인정하게 한 후에 재정문제를 토의했었던 나쁜 기억을 가지고 있었기 때문이었다.

드디어 불가피하게 조세를 의회에서 승인받아야 할 때 11년만(1640년)에 의회를 소집하였으나 그동안의 감정으로 곧 치열한 대치상태에 들어갔다.

더구나 아일랜드에서 강압적인 영국의 식민지배에 저항하는 민중봉기가 발생하고 칼뱅주의 신교도들이 영국 본토에서 이주한 영국 국교회 신자를 수천명이나 죽이는 등, 사태가 악화되어 갔다.

1642년 이래저래 겹친 사태는 국왕측과 의회측이 무력으로 대결하는 내란으로 비화됐다.

이때 혜성같이 나타난 인물이 의회파의 올리버 크롬웰(1599~1658년)이었다.

그도 1628년 하원의원으로 선출되어 국가를 바로 세우는데 일조한다는 포부로 런던으로 올라 왔는데 1년도 되지 않아 찰스 1세가 의회의 문을 닫았으니 11년이나 사태를 주

찰스 1세의 처형 장면

영국 역사상 국가 이외의 유일한 국가수반

시하고 자신의 힘을 키워온 것이다.

그도 청교도주의에 영향을 받아 청렴한 기품을 가지고 있었는데 왕당파와의 내전이 시작되자 고향으로 내려가 군대를 소집하여 강한 훈련을 했다.

크롬웰은 1643~1644년 중요한 전투에서 왕당파에 승리하여 군사지도자로서 이름을 날리기 시작했다. 그의 기병대는 철기대(鐵騎隊)로 불리며 의회군을 이끌고 1646년 왕당군의 본거지 옥스퍼드를 점령하고 웨일스의 왕당파 봉기를 진압하였다. 이제 영국 전체를 장악하였으며 1649년 찰스 1세를 포로로 잡아 웨스트민스터 사원에서 재판에 회부해 사형을 결정했다. 동서양의 역사에서 국왕이 쫓겨나거나 피살되는 경우는 있었지만 공개된 장소에서 사형을 집행한 역사는 없었다.

결국 1649년에 국왕을 처형했으니 영국은 누가 다스렸을까? 이때 유럽에서는 종교전쟁 30년이 끝나고 베스트팔렌 조약이 체결되어 새로운 질서가 자리잡고 나름대로 새 출발을 하는 때였다. 영국의 의회군들이 논란을 거듭하고 결론이 쉽지 않은 상황에서 역시 힘있는 사람이 사태를 장악하는 것이 일반적이었다.

1653년 크롬웰은 국왕없는 통치형태인 공화정을 선포하고 자신이 그 새로운 국가의 수반이 된다.

그 이름도 역사상 처음으로 호국경(護國卿, Lord Protector)으로 잉글랜드, 스코틀랜드, 아일랜드 세 나라를 지배하고 입법, 사법, 군사권, 외교권 모두를 장악하는 강력한 권력자가 되었다.

의회군의 지도자로 출발했지만 어쩐지 떨떠름한 결말에 동의하지 못하는 다른 의회지도자들과 또 다시 갈등이 있었으며, 1655년에는 왕당파의 반란이 있었으므로 노쇠해진 크롬웰은 1658년에 병사하고 웨스트민스터 사원에 묻혔다.

그 후 그의 아들이 호국경이 되었지만 아버지만한 인물이 되지 못하여 그 자리를 감당하지 못했다.

결국 2년 후 다시 영국은 왕정복구가 되었으며 프랑스로 망명하였던 찰스 1세의 아들이 돌아와 찰스 2세로 즉위하였다.

네덜란드와의 영국의 3차전쟁(1652~1672년)-동방무역으로

의회와의 국왕과의 내전 중에도 영국은 챙길 것은 챙겼다. 그동안 영국은 1651년에 대외적으로 크롬웰이 항해조례(영국에 수출입되는 모든 화물은 영국 선박을 사용)를 발표하였다. 항해시대의 선두주자는 스페인과 포르투갈이었으나 이미 1588년 영국이 네덜란드와 유대인들의 도움을 받으며 스페인의 무적함대를 격파하였다.

그 이후 지중해와 대서양의 해상권의 주인공은 영국과 네덜란드였는데 부지런히 움직인 네덜란드가 동인도 회사를 설립하여 동방무역을 활발히 하고 북아메리카에도 먼저 가서 뉴욕의 맨해튼에 거점을 마련했다.

♔ 네덜란드의 번영과 유대인

17세기(1600년대)는, 네덜란드의 세기라고 할 만큼 인구, 국토도 적은 나라가 역사의 전면에서 설치고 활약하여 그 수도 암스테르담은 넓어진 전 세계 무역의 중심지가 되었습니다. 여기에는 1492년 이사벨라 여왕이 유대인들을 쫓아내면서 이들이 종교의 자유가 인정되는 네덜란드로 대거 이주하여 그들의 특유한 상업, 무역의 노하우로 발전을 견인했다고 합니다.

은행도 처음으로 설립(1609년)했으며 어음 수표제도와 해양무역의 투자를 용이하게 하는 주식이라는 투자방식을 고안한 것도 유대인들이었습니다.

또 한편 네덜란드의 성장을 도운 것은 의외로 북양어업에서 많이 잡히는 청어였답니다. 이때 청어를 오래 보관하면서 장기적인 식용과 무역에 활용할 수 있게 하는 내장 제거, 염장처리 기술을 개발한 것이 큰 계기가 되었는데 이 기술을 개발 지도한 것도 유대인들이었다고 합니다.

스페인은 유대인들을 쫓아내서 여러 가지로 큰 손실을 보았는데, 이제 이들은 네덜란드의 번영을 도왔으며 유대인들은 다시 영국으로 건너가서 세계 1등 국가가 되는 영국과 동거동락했다고 합니다.

항해조례의 주 타깃은 네덜란드의 무역을 견제하기 위한 조치였다. 1652년부터 두 나라가 일진일퇴 해상전투(1차)를 벌인 결과 영국이 승리했다.

2차 전쟁은 왕정복구 이후 1665년 영국이 아메리카 해안의 네덜란드 식민지를 습격하여 뉴 암스테르담까지 점령한 뒤였다. 이때 네덜란드가 구슬 등 25불어치 대가를 치르고 인디언들에게 주고 취득했다는 맨해튼 섬도 영국으로 넘어갔다.

그 후의 전쟁에서는 프랑스가 네덜란드를 지원하여 영국이 곤궁에 처하기도 했다. 그 후 1672년 3차 전쟁이 재발했으나 큰 전투는 없이 마무리되고 영국은 본격적으로 인도 등의 동방무역에 전념하는 계기가 되었다.

명예혁명과 권리장전(1689년)

찰스 2세(1630, 재위 1660~1685년)는 영원히 잃을 뻔한 왕위를 되찾고 크롬웰의 7년 시대의 흔적을 없애고 전통적인 왕정으로 되돌렸다. 그는 크롬웰의 시신을 끌어내어 부관참시를 하여 아버지의 복수를 하였다.

이때 의회는 최초의 여당과 야당의 구분이 생겨서 여당인 토리당은 예전의 왕당파였고 야당인 휘그당은 예전의 의회파라고 할 수 있었는데, 이 정당체제가 점차 진화하여 현재의 보수당과 노동당으로 자리잡았다.

찰스 2세가 죽자 그 동생 제임스 2세(1633~1701, 재위 1685~1688년)가 즉위하였으나 양당 모두가 새로운 왕가를 모시기로 합의하였다. 의외로 제임스 2세의 사위 네덜란드의 총독이 영국에 상륙하여 제임스 2세를 몰아내는 형식으로 영국왕으로 즉위하였는데 이를 의회세력이 주도한 명예혁명이라고 부른다. 이때 왕가의 혈통을 유지하도록 제임스 2세의 딸과 공동으로 부부왕, 즉 윌리엄 3세(1650, 재위 1689~1702년)와 메리 2세(1662~1695, 재위 1689~1694년)가 즉위하는 최초의 전통을 이루었다.

이렇게 스튜어트 왕조가 끝나고 하노버왕조가 시작되어 현재에 이르고 있다.

의회는 즉위 직후의 윌리엄 왕 부부에게 앞으로 국회를 무시하지 말라는 보장각서를 서명하도록 요구하였다. 의회의 힘을 새삼 확인한 윌리엄 부부는 두말하지 않고 이에 서명하였는데 이것이 1689년의 권리장전(Bill of Rights)이었다. 이로써 1215년 존 왕이 굴복한 "마그너 카르타" 그리고 1628년 찰스 1세가 인정한 권리청원(Petition of Right)과 함께 영국 의회사(議會史)의 3대 문서가 성립되었으며, 이는 국민의 기본권을 보장하는 중요한 권리투쟁의 흔적들이었다. 대륙의 모든 국가가 일제히 왕권을 강화하는 방향으로 나가는데 영국은 그런 방향에서 일찍이 탈피해 의회주의의 새로운 노선으로 나아갔다.

4장

프랑스의 절대왕정-루이 14세

프랑스의 루이 14세(1638, 재위 1643~1715년)

"짐이 곧 국가다"라는 말로 유명한 전제군주의 상징적인 인물 루이 14세는 루이 13세 (1601, 재위 1610~1643년)가 늦게 얻은 장남으로 아버지의 급작스런 죽음으로 5살에 왕이 되었다. 낭트 칙령으로 위그너 종교전쟁(1562~1598년)을 해결했던 앙리 4세(재위 1598~1610년)가 10여년 만에 광신적인 가톨릭 신자에게 암살당했다. 아버지 루이 13세도 10살에 왕위에 올라 부르봉왕조(루이라고 부르는)를 개척하고 33년을 프랑스를 다스렸으나 루이 14세가 더 유명해졌다.

어릴 적에는 아버지 때 유명했던 리슐리외의 후계자인 재상 마제랑이 섭정을 해 통치하였으나 1661년 23세부터 재무 대신 콜베르의 보좌를 받으며 친정을 시작하였다. 이 시기는 꼭 중국 청나라의 강희제가 즉위한 해였으니 동서양의 대표적인 두 나라에서 명성을 떨친 두 군주가 다스리는 시기였다.

루이 14세도 어려서부터 어학, 역사, 수학 등 많은 공부를 하였으나 그의 소질은 건축,회화 등 예술이었으며 특히 춤에 대한 열정은 대단하여 20년 동안 하루 2시간씩 춤을 즐겼다.

그 당시 비교적 여유있던 막대한 재정수입으로 수많은 전쟁들과 건축사업으로 전래없는 프랑스의 영광을 구현하고자 하였다. 건축사업의 핵심은 바로 베르사유궁(1624년 최초별궁)으로 증·개축이 이루어지다가 1661년부터 본격적인 공사를 벌여 유럽에서 가장 크고 화려한 궁전으로 완공, 1682년에는 완전히 루이 14세가 정궁으로 사용하기 시작했다.

루이 14세의 절대왕권에 걸맞게 화려하고 우아함이 유럽 아니, 세계에서 첫손으로 꼽는 건축물로 자부하는 왕궁으로 그 면적이 8.2평방키로로 우리나라 여의도의 면적(8.4km²)과 거의 일치한다.

근대 절대왕정의 표상, 루이 14세

루이 14세는 영토 확장과 권위 세우기를 위해 자주 전쟁을 했는데 그 전쟁은 항상 경쟁관계에 있던 합스부르크 왕가와 이와 연관된 에스파냐였으며 네덜란드와도 잦은 전쟁을 벌였는데 큰 실속은 없었다고 한다. 원래 친정(親政) 전부터 마제랑의 지나친 재정집행으로 귀족들의 반란 그리고 피난까지 경험했다.

귀족들의 부패와 세력 다툼에 대하여 그들의 권력을 규제하고자 했던 루이 14세는 이 베르사유 궁전을 다목적으로 활용하려 했다.

1685년부터 지방귀족들은 베르사유 근처에 하나둘씩 정착하기 시작하여 그들이 영지(제후)에서 그나마 유지하고 있던 정치적 독립성과 자율성을 잃어버리기 시작했다.

베르사유 궁전의 전경

베르사유 궁전에서 제일 화려한 유리의 방(70m)

그들은 베르사유 궁전에서 벌어지는 화려한 일상, 루이 14세의 갈고닦은 화려한 춤솜씨에 감탄하며 궁중문화와 귀족생활 방식에 길들여져 갔다.

그러나 루이 14세의 후반기는 1683년에 신임하던 재상 콜베르가 사망한 이후부터 기울기 시작했다.

중요한 것은 1598년 알리 4세가 1598년 일정 범위에서 신교 위그노(칼뱅파)에게 종교의 자유를 인정했던 낭트칙령을 루이 14세가 1685년에 폐지한 것이다.

"하나의 왕, 하나의 왕국, 하나의 믿음"이라는 일방적인 원칙으로 신교(위그노)의 종교 자유를 전면적으로 금지한 것이다.

100만 정도의 위그노 신자들 중에 약 30만 정도의 중요 상공업 종사자들이 영국, 네덜란드, 프로이센 등 프랑스의 경쟁국으로 이주한 것은 큰 국가적 손실이었다.

또한 1688년부터 1697년까지 9년 동안 유럽의 대다수 나라와 전쟁을 벌인 것은 실속 없이 막대한 재정손실을 보았다. 또 자연재해로 인한 흉작과 기근 등으로 국가재정은 최악으로 치달았다.

루이 14세는 비교적 장수(77세)하였는데 부인, 아들 손자들이 전염병 등으로 요절하는 불행을 겪었으니 마땅한 후계자가 없었다.

자신도 종합병동처럼 여러 가지 잔병으로 시달렸고 치아가 일찍 안 좋아서 유동식(流動食)을 즐겨 먹으니 베르사유의 화려한 만찬에는 이렇게 개발된 음식들이 많이 등장하여 프랑스 요리가 다양해졌다고 한다. 결국 유럽을 떠들썩하게 72년 동안 군림한 루이 14세는 그의 다섯 살짜리 증손자 루이 15세(1710, 재위 1715~1774년)가 왕위를 계승하면서 불안한 프랑스를 넘겨주고 죽었다.

5장

에스파냐(스페인)의 흥망성쇠

에스파냐의 반짝 번영

에스파냐(스페인)는 중세가 끝나면서 혜성같이 나타나 불과 몇십년 만에 유럽에서 가장 강력하고 영향력이 있는 나라로 그리고 유럽(당시 세계)의 지배자로 군림하였다.

1470년대만 해도 에스파냐(스페인)란 나라의 존재가 없었는데 이제 150여 년 번성을 누리다가 17세기 중반(1650년대) 이후 급속한 몰락의 길을 걸었다.

우선 번영의 두 가지 원인을 들 수 있는데 그 첫째는 왕조(王祖) 간의 혼인이라고 할 수 있었다.

당시 유럽에서 가장 강력한 가문이었던 "합스부르크" 가문과 혼인으로 연계됨으로써 다른 나라와 비교할 수 없을 정도의 영토를 거느리고 막강한 정치적 영향력을 행사하게 되었다.

또 다른 한 가지 이유는 콜럼버스를 앞세운 신대륙 발견으로 시작된 아메리카대륙의 식민지 개발이 스페인에게 엄청난 영토와 부를 가져다 주었다.

그러나 유감스럽게도 그렇게 짧은 기간(1492년~1530년)에 급속하게 그리고 우연적인 요소가 작용하여 획득한 부와 권력인 만큼 그것을 유지 발전시킬 수 있는 토대가 매우 허약했던 것이다.

바탕이 없는 벼락부자, 빈집에 황소 들어가니 이를 감당하지 못했던 것이다.

즉, 로마와 같이 오랜 기간 서서히 그 토대를 다지면서 발전해 왔거나 그 후 에스파냐의 일등 국가의 지위를 빼앗아간 영국같이 내부의 경험과 인재를 키운 경우와 달랐던 것이다.

그로 인해서 스페인은 17세기(1650년대)에 급속한 몰락의 길로 들어섰다.

황금시대 번영의 시작 전 리베리아반도(에스파냐)

중세 전반기(11세기)까지는 남쪽의 무슬림지역(안달루시아 지역)이 북쪽의 기독교(가톨릭)지역보다 문화적으로는 성숙해 있었다.

그러나 기존 반달족의 후예인 북쪽의 에스파냐인들은 711년 이슬람(무슬림)이 침공해 온 이래 1492년 그 영토를 회복하게 된 "레콩키스타" 운동을 700여 년간 잊지 않고 추진해 왔다.

그동안 여러 공국으로 나누어 있던 이들은 1469년 "카스티야"의 이사벨과 아라곤 왕국의 "페르난도" 왕과의 결혼으로 전기를 마련했다.

그러나 통일 왕국이 된 것은 아니고 의회, 통화, 언어 등을 통일하고 "한 집안 두 살림"의 통합체제를 16~7세기까지 유지했다.

이런 상황에서 1492년 남쪽에 마지막 남은 이슬람 제국 "그라나다 왕국"을 점령하여 숙원인 레콩키스타를 완성하고 귀족과 교회의 힘을 약화시켰다.

또 이사벨라여왕은 콜럼버스를 지원하여 대항해시대를 연 거창한 시대의 원년을 맞이했던 것이다.

그런데 중요한 것은 가톨릭 원조 국가였던 이사벨라－페르난도 연합정부가 이슬람세력을 축출하면서 영토청소를 이룩한 것까지는 좋았는데, 지금까지 평화공존하던 유대인까지도 종교청소를 시작했던 것이다.

30만이 넘는 것으로 추산되는 유대인들은 에스파냐의 경제에 큰 영향력을 가지고 있어서 이들이 차지하고 있던 분야를 뺏는 것은 실리가 있었다.

그러나 이들 중 가톨릭으로 개종하지 않는 유대인들(유대인의 3분의 2 이상 추산)을 국외로 추방함으로써 이들의 다방면의 뛰어난 경영 관리 능력을 활용하지 못하게 된 것은 차후 에스파냐가 몰락하는 원인 중의 하나였다.

추방당한 유대인들은 벨기에, 네덜란드로 갔다가 17세기에는 종교의 자유가 인정되는 영국으로 가서 네덜란드, 영국이 순차로 세계 일등 국가가 되는 데 크게 조력했다는 평가를 받는다.

신성로마제국 황제를 겸했던 카를 5세

에스파냐의 이사벨라 여왕과 페르난도 왕은 프랑스를 견제하기 위하여 잉글랜드 신성로마제국(당시 합스부르크가문)과 혼인동맹을 맺고 있었는데, 마침 후사가 적당치 않아 왕위는 합스부르크가문의 카를에게 승계되었다.

이는 카를 5세로서 1516~1556년까지 신성로마제국의 황제로서 스페인에서는 "카를로스 1세"로 불린다.

카를 5세가 스페인 황제가 된 것은 스페인에게는 장단점이 있었던 것이다.

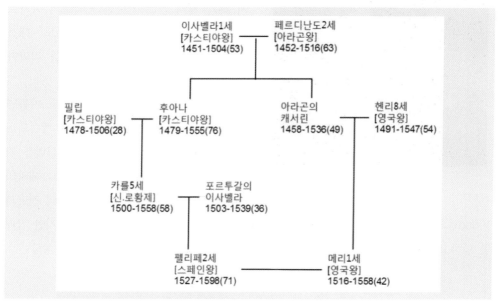

에스파냐의 왕실가계도(1451~1527년)

유럽의 대제국의 일원이 된 모양새는 그럴듯했지만 황제는 국내문제에 집중하지 못하고 문제가 발생하면 큰집(신성로마제국)의 체면, 이익을 먼저 고려하게 되었다.

또한 이 시기에 루터의 종교개혁(1517년)이 시작되어 어수선한 종교문제에 자유스럽지 못하고 카를 5세의 패권주의로 여러 전쟁에 참가하게 되어 바람 잘 날이 없었으며 많은 전비가 지출되어 경제적 타격이 가중됐다.

카를 5세가 스페인 문제만 집중했다면 신천지(新天地) 아메리카대륙을 바탕으로 착실한 발전을 할 수 있었을 것이다.

펠리페 2세의 등장

카를 5세가 죽고 즉위한 펠리페(재위 1558~1598년)는 순수 스페인 카스티야(이사벨라 여왕의 나라) 출신이고 정통 혈통, 즉 카를 5세의 아들이자 이사벨라의 손주로서 관료적이지만 근대적 성향을 가진 왕으로 기대를 받았다.

펠리페 2세도 철저한 가톨릭 맹신도(盲信徒)이었으며, 운좋게 포르투갈과 그 식민지까지 합병되어 대제국의 왕으로서 전성기를 누릴 수 있었다.

펠리페 2세(1527~1598년)

스페인은 중남미의 거대한 식민지와 아시아의 필리핀 등을 거느리는 명실공히 세계에서 해가 지지 않는 거대한 제국주의 국가로서 1570년대에는 그 유명한 "레판도" 해전에서 막강한 오스만투르크의 함대를 격파하여 유럽 세계의 찬가를 받았다.

그러나 외화내빈(外華內貧)이라고 카를 5세 때부터의 국제문제, 제정문제가 계속되어 안에서 멍들고 있었다. 이때 점점 실력을 키워가는 영국의 처녀왕 엘리자베스 1세와의 신경전이 드디어 1588년 130여 척의 전단과 19000명의 해군으로 구성된 무적함대로 영국과 해전에서 붙었는데 태풍도 있었지만 참패를 당하고 말았다. 그렇다고 스페인이 당장 망하지는 않았지만 정신적인 충격은 상당했다.

17세기 몰락의 시기-문화의 발전

펠리페 2세 이후의 왕들, 펠리페 3, 4세 카를로스 2세 시대(1598~1700년) 100년 동안 그 이전 왕들에 비해 특출한 왕이 없었으며 스페인의 총체적인 관리부재 상태는 더욱 악화되어 갔다.

1640년대 포르투갈이 반란으로 독립하였으며 유럽에서 발생되는 전쟁의 피로도는 더해 갔고 특히 네덜란드의 독립전쟁(1566년 이후)은 1648년 베스트 팔렌 조약에서 그 독립을 인정해야 했다.

세르반테스(우리나라 선조시대)의 돈키호테

그래도 스페인의 전성시대의 문학, 미술 등은 유럽에서 최상의 수준으로 화려하게 꽃 피웠으며 그 중에도 "미겔 데 세르반테스(1547~1616년)"의 "돈키호테 에라만차"(1605) 는 유럽 문학사에 가장 위대한 소설 중 하나였다.

16세기 동안 스페인에서는 22개 이상의 대학이 생겨나고 아메리카 식민지에서도 5개 이상의 대학이 설립되었다.

스페인의 흥망성쇠와 유대인들의 역할

1492년부터 아메리카 신대륙을 발견하고 여러 지역의 광대한 식민지를 개척한 스페인 은 그야말로 로마제국 이후의 최초로 광대한 제국을 거느려 당시의 확실한 G1국가가 되 었다.

그러나 그런 영광과 번영의 시기를 오래 유지하지 못하고 17세기 중반부터 영국과 네 덜란드에 밀려서 다시 2등 국가로 전락하게 되었다

에스파냐의 전성기 시대의 카를 5세, 펠리페 2세가 스페인 왕으로서 신성로마제국의 황제를 겸하여 유럽의 경찰국가 역할을 하게 되면서 많은 분쟁(전쟁)에 관여하였다.

해가 지지 않는 전 세계 식민지에서 들어오는 많은 수입들도 여러 지역의 전비로 유출 되어 "밑빠진 독에 물 붓기"식으로 국가재정관리에 문제점이 발생하였다.

여기에 또 하나는 식민지 개발 초기 1492년에 이사벨라 여왕이 지나친 가톨릭 중심의 종교정책으로 유대인들을 추방한 후 무역, 국고관리 등 총체적인 국가경영능력이 불비해 져서 그 기세를 오래 유지하지 못했다.

스페인제국을 유지하기 위해서 절실히 필요했던 재능과 능력을 담당하던 브레인(전문가)들을 잃어버린 것이다.

유대인들이 스페인에서 쫓겨가서 자리잡은 종교 자유지역인 안트워프, 암스테르담 등 네덜란드 도시들은 무역과 금융분야에서 크게 발전하여 당시 파리, 베네치아 같은 수준의 국제도시로 발전하게 되었다.

유대인들은 숨겨 가지고 나온 다이아몬드 등 보석류로 상업을 부흥시켰으며 당시 이에 못지 않은 사치 품목인 커피, 차, 설탕, 그리고 소금 등의 무역으로 큰 돈을 벌었다.

더구나 이 시기 동방의 향신료를 실은 거대한 배들은 자연스럽게 금융과 무역 유통에 뛰어난 유대인들이 몰려있는 안트워프, 암스테르담을 향하여 들어오기 시작했다.

이와 함께 유대인들은 신대륙의 설탕, 소금 유통과 청어, 고래 등의 수산업 등을 통해 점점 더 큰 돈을 벌었다.

네덜란드는 동인도 회사를 출범(1608년)시켰으며 유대인들은 1609년에 드디어 은행을 설립하는 주도적 역할을 하였다.

영국에 앞서 세계 1등 해상무역국가로 자부하였던 네덜란드의 유대인들은 중국, 일본, 아프리카까지 무역을 하는 선박들을 수백 척씩 건조하였다.

또한 유대인들은 무역업을 운영하기 위해 자본을 모집하고 위험을 분산하는 현재의 주식회사와 유사한 제도를 창안하였다.

6장

러시아의 근대왕정-표트르 대제

러시아의 로마노프 왕조 출발

슬라브인이 세운 나라, 루시의 나라, 키에프 러시아라 불리던 나라가 모스크바 대공국으로 불리면서 러시아의 근대 역사가 시작되었다.

정식 왕조도 1613년부터 시작된 로마노프 왕조가 1917년 러시아혁명으로 폐지될 때까지 단일왕조로서 18대 304년을 지속했다.

1대 미하일 1세가 32년, 그 아들 알렉세이 2세(표트르 대제의 아버지)가 31년을 재위하면서 러시아의 특색인 농노제를 확립하고 우크라이나를 병합하였으며 그 넓은 영토의 동쪽 시베리아로 진출하는 등 나라의 기초를 탄탄히 하고 영토를 확장하였다.

표트르 3세(3대, 표트르 대제의 이복형)가 1676년에 즉위하여 인구 조사 등 국가개혁을 추진하다가 6년 후에 죽었다. 드디어 표트르(나이 10세)가 즉위할 때 큰 왕후의 집안 소피아공주(누나)가 자신의 동생 이반 5세를 공동 차르(Tsar)로 세우고 자신이 섭정이 되었다. 표트르는 소피아 섭정의 눈치를 보면서 한편 친모의 자문으로 국경부근에서 전쟁놀이에 빠져지내면서 때를 기다렸다.

1689년에는 소피아 섭정이 애인과 반란사건에 개입되어 권력을 잃었으며 1696년 24세가 되었을 때 공동 왕이었던 이반 5세가 죽고 단독왕으로서 권력을 행사하기 시작했다.

표트르(피터)대제(1672, 재위 1682~1725년)의 개혁

표트르는 제일 먼저 영국, 스웨덴, 프랑스, 독일 등 서유럽국가에 대규모사절단을 보냈고 자신도 신분을 위장하여 각 나라를 순차적으로 다니면서 실제 몸으로 익히며 배웠다.

아무리 위장을 해도 표트르는 워낙 큰 키(203cm)에 눈에 잘 띄고 소문이 나 있어서 여러 나라들이 조심스럽게 예우를 다하였다.

근대 러시아 건립자

2년에 걸쳐 유럽 각국의 조선, 무기제조, 각종 행정법제, 교육제도 등 광범위한 선진 문물제도를 배우고 시찰하며 수준이 뒤떨어져 있는 러시아를 개혁, 발전시키려는 표트르의 열정은 역사상 전무후무한 것이었다.

사절단이 귀국하여 환영회를 하는 자리에서 오랜만에 왕을 보기 위해 성장(盛裝)을 하고 나온 귀족들 부부들에게 놀랍고 충격적인 광경이 벌어졌다. 그것은 왕이 큰 가위를 들고 귀족들이 멋있게 기른 수염과 귀부인들이 치렁치렁 입은 드레스를 자르기 시작한 것이다. 당연히 소용돌이가 있었고, 작은 반발도 있었지만 귀족들은 왕이 무엇을 원하는지를 알게 되었다. 이제 허례허식을 버리고 국가개혁에 함께 매진하자는 것이었다. 그 후부터 하나씩 개혁 프로그램이 제시되었는데 수염은 자르고 콧수염만은 허용하면서 수염세가 신설됐다.

다음은 강력한 북방정책을 착수하여 우선 스웨덴(칼 12세)과의 전쟁을 시작했다. 이미 독일과 종교전쟁도 치르고 막강한 실력을 가지고 있던 스웨덴에 1700년에 선전포고를 하였다. 러시아의 3만 7천명의 병력과 스웨덴의 1만 2천명의 병력이 맞붙었는데 스웨덴의 대승이었다. 러시아가 군사 수는 앞섰지만 그 훈련과 작전의 밀도가 달랐고 지형지물을 잘 이용한 스웨덴에 의해 9천명이 전사하고 2만명이 포로가 되는 대참사를 당한 것이다. 그 후 표트르는 국가비상령을 발동하고 전국의 교회의 종의 3분의 1을 녹여서 대포로 만드는 등 절치부심하여 다시 2차전을 했는데, 이번에는 큰 승리를 거두고 스웨덴의 칼12세는 이웃인 오스만 터키로 망명하였다.

그 후 오스만 터키와 공동으로 전선을 형성한 스웨덴군과 최종전투에서 승리하면서 20년에 걸친 북방전쟁을 승리로 마무리하고 변방의 2등 국가에서 서유럽의 당당한 세력으로 부상되는 결과를 거두었다. 이 전쟁으로 발트해의 출구를 확보하고 핀란드 전역을 수중에 넣는 등의 성과를 얻었다. 그때 1721년부터 러시아는 한 지역의 2등 국가와 왕의 호칭에서 "러시아제국 그리고 황제"로 승격되어 유럽의 나라들로부터 공인을 받았다. 이와 함께 표트르는 그 후 손주 며느리인 예카테리나 2세와 함께 대제로 불린다.

상트페테르부르크의 건립

표트르 대제의 큰 실적은 발트해 연안의 요지에 새로운 도시 "상트페테르부르크"라는 도시를 건립한 것이다.

성 베드로의 도시라는 뜻으로 네바강 하구에 신도시를 1703년에 착수하여 꼭 10년 걸려 1712년에 완공을 했는데 시작부터 엄청난 공사였다. 북해에서 불어오는 찬 바람에 낮고 습한 지역의 공사여서 연간 3만 명이나 동원되는 인부들이 폐렴, 결핵 등 전염병에 걸려 부지기수로 죽어갔다. 공사 중에 중단을 요구하거나 규모를 줄이자는 의견이 빗발쳤으나 대제는 꿈적도 않고 강행했다. 또한 완공 후에는 귀족들과 국민들을 강제 이주 시켜 살게 했으니 그 원망은 뼈에 사무쳤을 것이다. 그래서 "베드로"는 반석(磐石)이라는 뜻인데 반석 위의 튼튼한 도시라는 뜻이 "뼈 위에 세운 도시"라고 폄하(貶下)하고 불평하였다. 표트르 대제의 치적에는 긍정적인 면이 더 많지만 비판적인 시각도 있다. 러시아를 유럽의 강국대열에 올려놓은 개혁군주로 러시아 역사상 가장 큰 영향력을 미친 대제이다. 러시아역사는 중세라는 시기가 없고 러시아의 고대시대로 분류하다가 표트르 대제부터 근대 국가가 된 것처럼 보는 시각도 있다. 또 중요한 것은 유럽 순방 시 감자, 커피, 담배 등이 도입되어 식생활을 개선하는 획기적인 식품 그리고 국민생활에 필수적인 기호식품이 되었다. 북방의 개척으로 발트해의 항구를 얻었고 국민의 큰 희생으로 이루어진 상트페테르부르크의 건설로 러시아의 교역량이 수십배로 늘었다. 한편 너무 거대한 토목 사업으로 조세가 크게 증가됐으며 특히 임금도 제대로 안주고 모진 바람, 추위, 기아 속에서 도시를 건설한 부담은 엄청난 것이었다.

새로 건립된 상트페테르부르크의 전경과 궁전

표트르 대제의 후계자들

표트르는 후계자와 관련하여 순조롭지 못하고 불운하였다.

그 외아들 알렉세이 표트르는 아버지의 개혁 스타일을 좋아하지 않고 반대하였으며 아버지를 존경하지 않고 미워했다.

귀족 출신의 어머니(왕후)를 팽겨치고 하녀 출신의 애인 예카테리나(나중의 손주 며느리와 다름)를 좋아하였기에 엄청나게 미워했던 것이다.

그는 꼬임을 받아 표트르에 대한 반란을 일으켰으나 실패하여 나중에 사형선고를 받고 죽는다.

조선조의 사도세자가 다른 나라 역사에도 등장한다.

결국 표트르 대제는 자신이 세운 새 도시에서 술병(病, 엄청난 대주가)으로 죽을 때에 적격자가 아니지만 그 부인이 예카테리나 1세로 황제(2대 재위 1725~1727년)에 즉위했다.

그녀도 2년 후에 죽고 대제의 비명에 죽은 아들 알렉세이의 아들(손자)이 표트르 2세(3대 재위 1727~1730년)로 즉위했지만 3년만에 죽었다.

이제 대제의 이복형이며 공동 황제였던 이반 5세의 딸이 황제가 되었다. 그 세 딸 중 둘째였던 안나 이바노브나가(1693~1740년)가 러시아의 두 번째 여제로 즉위(4대 1730~1740년)했다. 그녀는 귀족들에게 권력을 맡기고 유희와 향락으로 10년을 지냈으니 표트르 대제의 개혁정치와 거리가 멀었다.

1740년 안나 여제가 별안간에 죽고 그 후사가 없던 상황에서 그 언니의 손자인 생후 2개월짜리 이반을 후계자로 지명하였다.

귀족정치를 이어가고자 하는 비론 등 섭정이 주도한 황제 지명이었다.

이반 6세(1740~1764년)는 5대 황제(재위 1740~1741년)로 즉위하였으나 1년도 못되어 표트르 대제의 딸 엘리자베타의 궁중 쿠데타로 폐위되어 24년 동안 감옥에 있다가 1764년에 살해된 궁정정치의 불운한 희생자였다. 표트르 대제의 직계라고 자부한 엘리자베타(예카테리나 1세의 딸, 1709~1761년)가 제6대 황제(재위 1741~1761년)로 즉위하여 그동안 흔들렸던 황제의 권위를 되찾고 예술과 교육, 문화부문의 발전을 이루었다.

결국 표트르 대제 사후 16년 동안 4명의 황제가 교체되며 정체되던 러시아가 다시 본궤도로 진입하였으나 엘리자베타도 후손이 없었으므로 표트르의 직계후손은 대가 끊기게 되었다.

표트르 대제는 러시아 역사상 가장 키(2.03m)가 큰 황제로 언제나 힘이 용솟음쳤고 주량도 대단했답니다.

모스크바에 주재하는 외교관들의 가장 큰 고역은 표트르 황제의 술자리에 초대받는 것이었습니다. 하도 지친 덴마크 대사가 황제에게 술이 약한 자신에게 적절한 주량을 정해줄 것을 탄원해서 허락받은 것이 무려 2리터(큰 병 하나)였다니 당시 주량들이 대단한 것이었습니다. 술을 마시다 못견디어 도망가는 사람은 경비원을 배치하여 잡아들였습니다. 그런 대사에게 엄청난 벌주를 먹여서 인사불성이 되어 며칠만에 겨우 깨어나 본국으로 돌아가 결국 죽은 경우도 있었습니다.

여자 문제도 복잡했는데 어느 장교가 리투아니아(발틱 3국 중 하나)에서 아주 미인이고 몸매도 빼어난 하녀를 발견하고 모스크바로 데려왔는데 그녀를 본 왕족이 반해서 "그 여자를 내게 팔게나" 했다는 것이고, "얼마인가?", "1루불입니다" 해서 그 여자를 데리고 살았다고 합니다. 이런 상황에서 표트르 대제가 그 왕족의 집에 갔다 눈에 확 띄는 미인을 보고 마음이 동했고, 그날로 대제가 왕궁으로 데리고 가서 자신의 정부로 삼아 푹 빠졌는데 이번엔 누구도 빼앗아 가지 못했습니다.

바로 그녀가 "예카테리나"(사진)로 이름을 바꾸고 대제의 왕후가 되었으며 아이도 11명이나 낳았는데 나중에 궁중 쿠데타를 일으켜 자신도 여제가 된 엘리자베타입니다. 표트르가 죽을 때 그녀를 다음 황제로 지명했으니 그녀가 바로 러시아 역사상 최초의 여제가 된 "예카테리나 1세"였던 것입니다.

제3막

18세기 유럽의 큰 변화의 시대

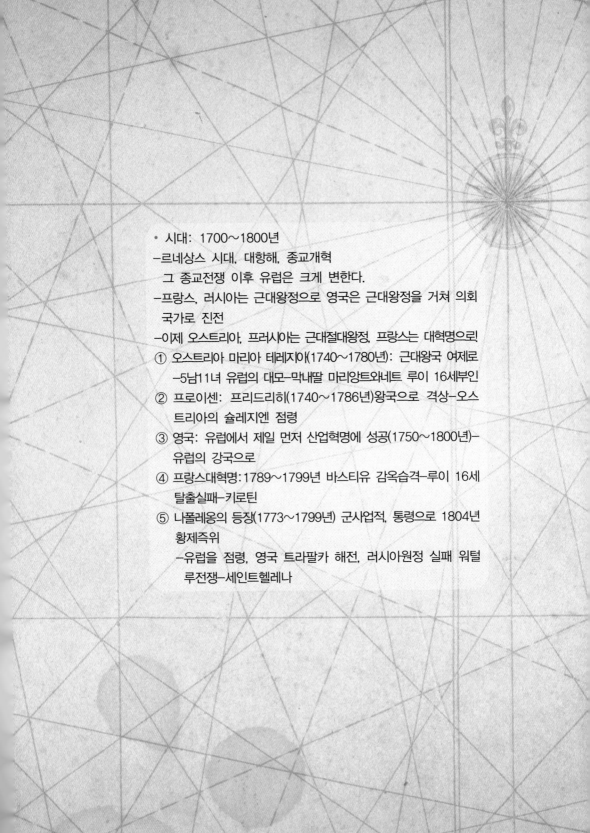

- 시대: 1700~1800년
-르네상스 시대, 대항해, 종교개혁
 그 종교전쟁 이후 유럽은 크게 변한다.
-프랑스, 러시아는 근대왕정으로 영국은 근대왕정을 거쳐 의회
 국가로 진전
-이제 오스트리아, 프러시아는 근대절대왕정, 프랑스는 대혁명으로!
① 오스트리아 마리아 테레지아(1740~1780년): 근대왕국 여제로
   -5남11녀 유럽의 대모-막내딸 마리앙트와네트 루이 16세부인
② 프로이센: 프리드리히(1740~1786년)왕국으로 격상-오스
   트리아의 슐레지엔 점령
③ 영국: 유럽에서 제일 먼저 산업혁명에 성공(1750~1800년)-
   유럽의 강국으로
④ 프랑스대혁명:1789~1799년 바스티유 감옥습격-루이 16세
   탈출실패-키로틴
⑤ 나폴레옹의 등장(1773~1799년) 군사업적, 통령으로 1804년
   황제즉위
   -유럽을 점령, 영국 트라팔카 해전, 러시아원정 실패 워털
   루전쟁-세인트헬레나

1장

오스트리아의 마리아 테레지아 여제 등장

마리아 테레지아의 왕위 계승

전쟁터에서의 마리아 테레지아

1700년대의 유럽을 이야기하자면 합스부르크 가문과 오스트리아가 중심을 이룬다.

마리아 테레지아(1717, 1740~1780년)는 신성로마제국의 황제 카를(Carles) 6세의 장녀로 태어나 합스부르크 가문의 역사 이래 유일한 여성 통치자가 되었다.

아들이 없었던 카를 6세의 후계자가 되었을 때 합스부르크 왕가와 친족 관계를 맺은 유럽의 많은 나라가 이의를 제기하고 오스트리아 왕위 계승 전쟁이 발생했다.

마리아 테레지아는 7년간 계속된 전쟁 끝에 1748년 아헨(Aachen) 평화협정에 의해 모든 유럽 국가로부터 합스부르크의 상속권을 인정받게 되었다. 이 과정에서 유감스러운 것은 이웃의 프로이센의 프리드리히(대제)가 군사대국으로 발전하겠다는 욕심으로 오스트리아의 탄광·철광지역인 슐레지엔(Schlesien)을 강점한 사건이었다.

마리아 테레지아 여제와 프리드리히 대제는 나이도 비슷하고 같은 해에 즉위하였으며, 또한 40년 이상을 재위하며 경쟁적으로 나라를 발전시킨 명군이라는 것도 비슷한 라이벌이다. 왕위 상속권을 제일 먼저 인정한다는 명분하에 슐레지엔을 차지하고 물러나지 않는 프로이센이 적군이었지만, 테레지아가 1772년에는 함께 폴란드를 분할(러시아와 함께 3국이) 점령한 것은 국제정치의 논리이며 실용적인 국방전략이었다.

♛ **폴란드의 슬픈 운명**

폴란드는 서글픈 역사가 있는 나라입니다. 르네상스 때 동유럽에서 최대 국력을 자랑했는데 16세기 후반부터 귀족회의에서 왕을 뽑았고, 귀족들의 극심한 경쟁으로 국가가 쇠약해졌습니다.

유럽의 정세가 혼란스러울 때 국경을 접하고 있던 오스트리아, 프로이센, 러시아가 폴란드의 영토를 분할하여 나눠 가졌습니다.

1795년 이 3국에 의해 폴란드는 세 번째로 분할되었고, 지도자들이 분열하면 나라가 이렇게 된다는 사례를 보여주었습니다.

세계적 피아니스트 쇼팽(1810~1849년)이 식민지가 된 고국을 떠날 때 조국의 흙을 가지고 오스트리아 빈으로 망명한 일이나 노벨상을 두 번이나 받은 퀴리 부인(1867~1934년 1895년 프랑스국적취득)이 초등학교 때 학교를 감독하러 나온 러시아 관리 앞에서 러시아 교과서를 유창하게 읽었던, 장면으로 위기를 모면한 것은 우리나라에서도 조국이 일본에 강점되어 비슷하게 겪은 치욕의 역사였습니다.

폴란드는 100여 년이 지난 1차 세계대전 후 독립하지만 2차 세계대전에는 독일에 시달려 다시 소련의 위성국가가 됩니다.

마리아 테레지아 유능한 여제이자, 유럽의 할머니로

신성로마제국의 황제는 여성이 승계할 수 없었기 때문에 마리아 테레지아는 남편 프란츠 슈테판을 명목상의 황제로 등극시켰으며, 그녀는 실질적인 통치자로 오스트리아 및 신성로마제국의 정치력을 행사했다.

마리아 테레지아 여제는 왕위계승전쟁 이후 쇠약해진 오스트리아의 국가개혁을 성공적으로 이끌었으며 18세기 유럽 열강의 각축전에서 오스트리아를 견고히 지켜낸 뛰어난 정치가였다.

바쁜 공무 중에도 남편 프란츠와의 사이에서 5남 11녀의 자녀를 두었으며 유럽 왕실들과 혼인으로 유럽의 어른, 할머니로 불렸다.

　그 중 막내딸 마리 앙트와네트는 전통적으로 사이가 안 좋은 프랑스의 루이 16세에게 시집을 보냈는데 그녀가 프랑스 혁명에서 공공의 적이 되어 1793년 단두대의 이슬로 사라진 것은 마리아 테레지아가 죽은 다음이니 그 험한 꼴은 안 본 게 다행일지도 모른다. 마리 앙트와네트가 사치스럽고 철이 들지 않은 것은 오스트리아 궁전의 화려한 생활과 막내딸로서 응석받이로 성장한 탓일 수도 있다.

　1780년 63세로 마리아 테레지아가 죽을 때 그녀를 계승한 것은 그녀의 큰 아들 요제프 2세(1741~1790년)였다. 마리아 테레지아에게 아들의 탄생은 큰 기쁨이었다. 아들 요제프는 1765년 그 아버지 프란츠 1세 신성로마제국 황제가 죽었을 때 그 직위를 이어받아 황제가 되었다. 그래서 요제프는 일찍부터 황제교육을 받아 다양한 분야에서 뛰어나고 총명하여 어머니와 공동황제로서 역사상 처음으로 모자(母子) 공동집권의 사례가 되었다.

　그러나 완벽한 것을 요구하는 어머니 테레지아의 간섭이 견디기 어려워 유럽의 각국을 여행했다. 풍부한 견문을 넓히기 위하여 되도록 조용히 여러 나라를 방문하며 견문을 넓혔는데 적군이지만 프로이센의 프리드리히 2세와 러시아의 예카테리나 2세를 존경하고 좋아하여 찾아가서 한 수 배우기도 했다.

　1780년 마리아 테레지아가 죽자, 단독 황제로서 실력발휘를 하게 되었다. 전통적인 귀족들의 특권들을 줄이고 여러 방면의 국정개혁을 추진하여 명군으로 평가받았다. 그러나 집권한 지 10년 후인 1790년 49세에 비교적 젊은 나이에 죽었다.

오스트리아의 합스부르크 왕가의 역사

오스트리아의 셀브른 왕궁

합스부르크 왕가(Habsburg, 1273-1918)는 유럽에서 가장 긴 역사와 전통을 가진 가문입니다.

유럽의 십자군 전쟁이 끝나갈 무렵 그리고 몽골족이 서유럽 근처까지 그 위세를 떨치던 시절 1273년 스위스 알프스 지역에 있는 한미(寒微)한 집안을 이끌던 백작 '루돌프(Rudolf) 1세'가 신성로마제국의 왕으로 선출되면서 일약 왕가의 가문에 우뚝 서게 되었습니다.

카를로스 1세가 스페인의 전성시대 스페인 왕위에 오르면서 스페인의 합스부르크 왕가가 시작되었는데 그가 퇴위한 후 신성로마제국 황제는 오스트리아의 동생 페르디난트에게 넘어갔습니다. 이로 인해 스페인의 합스부르크 왕가와 오스트리아의 합스부르크왕가로 양분되었습니다.

스페인의 합스부르크 왕가는 총 5명의 군주를 배출하며 약 200년 이어졌는데 결국 스페인(에스파냐)의 전성기가 쇠퇴한 것과 비슷했습니다.

카를로스 1세와 펠리페 2세까지가 전성기였습니다. 오스트리아의 합스부르크왕가는 정치적 부침이 없지는 않았지만 1차 세계대전 직후 마지막 황제 카를 1세가 퇴위할 때까지 650년 동안 제국의 품위를 지켰으며 독일·헝가리·폴란드·터키·크로아티아·세르비아 등을 포괄하는 다민족 제국으로 성장하였습니다.

그 중간에 보수적인 성향이 강했지만 마리아 테레지아가 제국의 통치자가 되면서 그 변곡점을 이루었습니다.

19세기 초반에는 혁명 프랑스에 반대하는 유럽 보수반동 정치세력의 보루였지만 19세기 후반에는 오스트리아-헝가리 이중 제국이라는 독특한 연방국가의 모델이 되기도 합니다.

그러다가 1914년 6월 황태자 프란츠 페르디난트 부처의 죽음이 시발점이 되어 발생한 제1차 세계대전에서 패배하면서 유럽에서 가장 유서 깊은 왕실이 역사의 뒤안길로 사라졌습니다.

2장

프로이센이 근대국가로 발전-프리드리히 대제

프로이센의 역사(1701년 이후)

　프로이센은 발트해 남쪽 연안에 살던 프로이센인들에서 유래하였는데 이 지방에서 세워지고 발전하여 독일제국의 중심을 이루게 되는 나라이다.

　1701년 프로이센 공국(公國, 제후가 다스리는 나라)에서 이제 왕국(王國)으로 승인되어 유럽의 당당한 한 국가로서 역할을 시작하였다.

　이 해에 루이 14세의 프랑스를 상대로 하는 유럽연합에 가입하여 전쟁에 참여하자 유럽연합군은 당시 선제후였던 '프리드리히 1세'를 프로이센의 왕으로 격상시켜준 것이다.

　새 나라의 기틀을 잡은 것은 다음 왕 프리드리히 빌헬름 1세(1688, 재위 1714~1740년)였습니다. 그는 후발 주자로서 단기간에 선두주자를 따라잡는 방법은 하루 속히 군사강국이 되는 것이라고 생각했다.

　그래서 그는 상비군을 늘리고 군사훈련에 만전을 기했다. 국가 세입의 70%를 군사비에 할애하여 유럽 4위의 8만명의 군대를 거느리는 군사대국이 되었다.

　그것을 바탕으로 그의 아들 프리드리히 2세(1712, 재위 1740~1786년)는 신생국 프로이센을 유럽의 5대 강국으로 발전시켜 후대에 독일국민으로부터 "프리드리히 대왕(대제)"이라는 존칭을 받게 되었다.

　앞서 언급했듯이 어느 나라든 3~4대에 진짜 인물이 나오기 마련이다.

♛ 프리드리히 2세 인물되기

일찍부터 강한 군인을 만들기 위해 스파르타식 교육을 시킨 엄격한 아버지 빌헬름 1세 밑에서 자란 프리드리히 2세의 성장기는 장래 프로이센 통치를 위한 준비 기간이었습니다. 그는 볼테르(1694~1778년)와 철학적 교류를 하고 플루트 연주를 즐길 정도로 감성적인 성격의 소유자였지만, 이미 국제 관계에 대해 확고한 평가를 내릴 정도로 통치자로서의 자질을 보인 인물이었습니다. 대부분의 국민은 그가 즉위하였을 때 유약한 왕이 될 거라고 생각했는데 아버지의 기질을 물려받아 무력도 불사하는 프로이센의 최고의 군인 황제가 되었습니다.

프리드리히 대제의 활약

프로이센의 슐레지엔 점령

이 시대 전통 강국들은 해외 식민지 개척 경쟁에 나섰지만, 신생국인 프로이센은 실속있고 관리가 쉬운 영토를 목표로 했다.

가장 전통적인 강국인 오스트리아의 영토, '슐레지엔(Schlesien)'이라는 석탄과 철이 많이 생산되는 기름진 땅이 있다.

이때 오스트리아의 황제 카를 6세가 아들이 없이 딸만 있는 상태에서 사망했는데 게르만족의 전통은 딸의 왕위계승이 금지되어 있었다.

그러나 시대가 바뀌었다고 판단한 카를 6세는 죽으면서 "마리아 테레지아(1717, 재위 1740~1780년)에게 재위를 넘긴다"는 유언을 남겼다. 그래서 주변국이 개입할 구실이 생겼는데 프리드리히는 재빠르게 움직여 슐레지엔을 점령해 버렸다.

영국과 프랑스는 여자가 재위 계승한 것을 가지고 논란을 벌이는 중에 프리드리히는 영리하게 마리아 테레지아의 오스트리아 황제 승계를 인정하는 대가로 슐레지엔을 점령하고 발을 빼버렸다.

이제 막 즉위한 테레지아는 기름진 땅을 빼앗긴 것이 너무 분해서 평소 사이가 좋지 않았던 프랑스에까지 도움을 청했다. 신생국이 세력을 키워가는 것에 위협을 느낀 스웨덴도 합세하여 프로이센을 몰아 부쳤다.

그래서 1756년 7년 전쟁이 발발하고, 프로이센은 유럽의 열강들과 밀고 밀리는 혈전을 벌인다.

그러나 16회에 걸친 이 처절한 전투에서 어느 쪽도 결정적인 승리를 거두지 못하고 있었다. 그러던 중 1762년에 러시아의 6대 엘리자베타 여제(1709~1762년)가 사망하자 프리드리히 2세의 숭배자(崇拜者)였던 차르 7대 표트르 3세(1728~1762년)가 프로이센과의 화평을 제의해 온다.

오랜 전쟁에 지친 프랑스와 오스트리아도 1763년에 영국과 프로이센과 평화조약을 맺음으로써 7년간의 전쟁은 끝이 난다.

표트르 3세는 겨우 6개월 동안 재위에 있었는데 유일하게 한 일이 프로이센과 평화조약을 체결하고 군대를 철수하였으며 점령했던 지역도 돌려준 것이다. 표트르 3세가 어린 시절 프로이센에서 살아 프로이센 병정놀이를 좋아했고, 특히 프리드리히 왕을 좋아했기 때문이었다.

이 일로 표트르 3세는 러시아 군인들의 사기를 크게 떨어뜨리고 국민에게도 비난을 받아 결국 그 부인 예카테리나를 옹위하는 군부 쿠데타로 폐위되고 죽임을 당했다.

아무튼 이 전쟁으로 프로이센은 국토는 1.6배, 인구는 250만에서 540만으로 늘어났고, 전후 복구에도 성공해 독일 지역에서뿐만 아니라 유럽에서 새로운 강자로 인정받게 되었다.

1772년에는 폴란드 분할에 적극 개입하였으며, 프리드리히는 1786년까지 46년간 재임하면서 최단기간에 프로이센을 유럽의 강대국 반열에 올려놓았다.

♛ 프러시아의 프리드리히2세와 감자

신생국 프로이센의 3대 왕으로 46년이나 재위하면서 중국의 한무제(7대)나 당태종(2대)처럼 나라를 강대국으로 만들었습니다.

늘 잘나갔던 것만은 아니었는데요, 즉위 초 무리해서인지 7년 전쟁에 승리하고도 나라를 재건하는데 2~30년이 걸렸습니다.

충분치 않은 농지마저 황폐해져 개간하는 동안 먹을 것이 없어 가축 사료였던 남아메리카에서 들어온 감자를 식탁에 올릴 수밖에 없었습니다. 처음에는 괴이하게 생긴 감자를 "악마의 음식"이라고 해 누구도 먹으려 하지 않았습니다.

그래서 프리드리히 대제는 묘책을 냅니다. "감자는 귀족만 먹어야 한다"하고 공고를 내고 자신부터 감자를 먹자, 차츰 모든 국민이 먹게 되었습니다.

말하자면 우리나라 '보릿고개'와 비슷한 난관을 감자 묘수로 넘어간 것입니다. 지금도 국민들은 '군사력을 강하게 한 대제'라는 이미지와 함께 '감자를 들여온 왕'이라고 알고 있습니다. 150~180여 년 후 1·2차 세계대전을 일으키는 독일의 저력이 이때부터 양태되었는지는 알 수 없습니다.

3장

영국의 산업혁명, 세계의 선두주자로

영국이 산업혁명의 최적의 여건 조성

18세기 영국에서는 유럽의 나라들과는 다른 종류의 혁명이 일어났다. 그것은 산업혁명으로 인류역사의 전환점이 된 사건으로 거대한 변화를 가져왔다. 1만년 전의 인류의 정착과 더불어 농업혁명 이후에 인간이 살아가는 방식의 일대 전환이 일어나게 됐다.

18세기 초까지는 영국과 세계의 대부분 지역은 경제활동이 토지를 기본으로 그 곳에서 곡물을 산출하고 토지에서 가축을 기르는 등의 농업경제였다. 당시 영국의 인구는 겨우 500만 정도였고 기대수명도 짧았으며 영양실조와 기근이 허다했다.

풍력, 수력, 마력(馬力), 육체 노동에 매달리는 시대였고 이 시대의 살던 사람과 1800여 년 전에 로마 카이사르가 움직이던 시대와 크게 다른 것이 없었다.

이때 산업혁명이란 1750년대 이후 영국에서 공업생산에 기계가 도입되고 그에 따라 일어난 경제적, 사회적 대변동을 말한다.

그럼 영국에서 제일 먼저 산업혁명이 시작된 이유가 무엇이었을까?

첫째, 영국이 네덜란드, 프랑스와의 경쟁에서 이겨 대서양교역권을 확립하여 축적된 부와 광대한 해외시장을 확보하고 있었다.

영국은 에스파냐, 네덜란드 다음으로 유럽대륙의 국가들보다 먼저 지리적으로 주요 교역로를 지중해에서 대서양으로 이동했다.

산업혁명을 상징적으로 표현한 그림

서인도 제도, 북아메리카, 극동 지역 등 식민지에서 벌어들이는 이익이 유럽대륙의 서쪽 끝에 위치한 영국에게 큰 이득이 되었다.

세계 각각의 식민지는 영국에 원자재를 공급하는 동시에 영국제품이 판매될 수 있는 시장이었다.

둘째, 인구 증가로 곡물가격이 인상되어 농업경영의 효율화가 진행되었으며 토지를 잃은 많은 농민이 도시로 나가 값싼 노동력을 제공하였다.

셋째, 모직물 산업이 유럽 제일을 자랑했고 단순 수공업에서 공장제 수공업제가 보급되고 있었다.

농업개혁으로 대규모 농장이 형성되어 농산물 생산이 증가되고 식품가격이 떨어졌다. 여기서 얻어지는 소비여력이 가장 인기 있던 섬유제품을 비롯하여 공산품의 구매여건을 조성했다. 그래서 산업혁명은 영국의 섬유산업에서 출발했다고 할 수 있다. 특히 면직물 수요는 영국뿐만 아니라 세계의 식민지에서도 무한대에 가까웠다.

또 네 번째는 결정적으로 영국의 산업혁명에 필수적인 자원인 석탄과 철광의 대량 매장지에 손쉽게 접근할 수 있었다.

마지막으로 중요한 것은 영국이 일찍이 왕권과 의회가 대립하면서 왕권을 제한하고 인권을 확립한 투쟁과정을 이미 거쳤기 때문에 프랑스 등 유럽 국가들이 정치사회적으로 혁명의 시대를 이제야 겪고 있는 것과는 달랐다.

그래서 정부의 자유방임 정책은 혁신과 무역을 장려했으며 위험을 분담하는 민간부분에 투자할 수 있는 자본을 보유하고 있었다.

한편 국내에서는 식민지보다 인건비가 높았기 때문에 상인들은 경쟁력 제고를 위하여 가격의 인상이 아닌 비용 절감방안을 모색했다. 이와 관련하여 영국은 자연과학과 기술의 진보가 제조기술의 발전과 신기계의 발명으로 이어져 생산제조원가를 크게 떨어뜨렸다.

영국의 생산기계의 발명 등 생산여건의 발전

산업혁명에 있어서 증기기관의 도입이야말로 섬유산업 등의 혁신을 일으키고 사회의 양상을 변화시켰다.

증기기관은 1700년 초 탄광에서 물을 퍼올리는 데 사용하다가 1760년대에 스코틀랜드의 엔지니어인 제임스 와트가 발전에 적용했다.

와트(Watt)라는 전력단위는 이 발명자의 이름에서 유래한 것이다.

20년 후 와트는 기계가 회전하여 면직물을 짤 때 동력을 공급하는 회전식 엔진을 제작하였다.

1764년 하그리브스는 제니방적기를 발명했고 5년 뒤 아크라이트는 그것을 개량해서 수력방적기를 발명했으며 같은 해에 역직기가 나왔다.

또한 엘리 휘트니라는 미국인이 1794년 조면기를 발명하면서 생산원가를 크게 줄일 수 있게 되었다. 조면기(繰綿機: 목화씨를 빼내는 기계)를 사용하면 노동자 한 사람이 일하는 것보다 50배나 더 많은 면화를 처리할 수 있었다.

새로운 발명으로 생산량이 크게 증가하고 원가가 절감되어 몇천년 전부터 사용하던 베틀은 사실상 종말을 맞을 수밖에 없었다.

동력의 개발과 함께 조면기, 방적기 등의 기계의 발명으로 산업혁명은 크게 발전할 수 있었지만 하나 더 중요한 여건이 필요했다. 그것은 석탄과 철(쇠)이었다.

영국도 초창기에는 동력원으로 목재와 그 부산물인 숯을 사용했다. 그러나 차츰 그 공급원이 줄어들자 값싸고 효율적인 동력원을 찾아냈다. 제조업자들은 숯보다 청정하면서도 고온을 내는 석탄을 선호하게 된 것이다.

섬유산업에서 진전된 선로, 기차, 선박뿐만 아니라 많은 기계에 철이 소비되면서 석탄의 수요 또한 증가했다. 영국의 석탄매장량이 풍부하지 않았다면 산업혁명은 실패했거나 훨씬 더 느리게 진행됐을 것이다.

산업혁명의 대미를 장식한 것은 와트의 증기기관을 차량에 적용시킨 것으로 스티븐슨이 1804년에 그 시작(試作)에 성공하고 1814년에는 세계 최초의 철도를 실용화하였다.

당시 90톤의 화물을 시속 16km로 끌었던 것이다.

기존의 방식, 마차였다면 그런 큰 화물 마차도 만들 수 없고 길도 없었으며 모두 가능해도 말이 100마리 이상 필요했어야 한다고 하니 인류의 획기적인 운송방식이 등장한 것이다.

산업혁명의 여파

산업혁명기의 막대한 이익이 창출되면서 산업자본가들은 사회적으로 존경받는 신흥세력으로 부상하였다.

많은 자본가들은 이윤을 극대화하려고 철도, 운송 같은 기간산업에 투자하여 석탄과 최종재의 운송을 크게 개선했다.

특히 운하, 철도, 노선, 도로 및 증기엔진 개발에 대규모 투자가 이루어져서 바다에서는 범선 대신 증기선이 각광 받았으며 증기기관차는 육상교통에 혁명을 일으켰다.

발전된 도로망과 대량 생산으로 규모의 경제가 실현되면서 영국경제는 크게 부흥했다.

산업혁명이 꽃을 피우던 1800년대 초 대륙에서는 프랑스 혁명이 진전되어 나폴레옹이 전 유럽을 휩쓸 때였다.

영국만 고고히 버티고 있었으며 결국 1815년 영국이 주도하는 워털루 전쟁에서 나폴레옹군을 격파하여 유럽을 구한 것은 산업혁명의 성공으로 세금이 증가하였기 때문이라는 분석이 설득력이 있다.

당시 프랑스는 아직 산업혁명이 지지부진하여 전쟁자금의 여력이 영국보다 훨씬 부족했다.

사회 구조적 측면에서 산업혁명은 전례없이 많은 인구가 농촌에서 도시로 이주하는 혁명적 변화가 일어났다. 농촌인구는 더 나은 보수를 얻기 위해서 도시로 몰렸고 제조 거점을 중심으로 대도시가 형성되었다. 이러한 현상은 도시에서 대규모 인구가 거주할 기초시설이 미처 마련되지 않았기 때문에 내부적인 문제가 발생했으며, 더 근본적인 문제는 노동자와 자본가의 소득격차로 야기되는 사회 신분상의 논리가 사회주의 공산주의 이론이 양태되는 배경이 되고 있었다.

갈수록 커지는 빈부의 차이와 비참한 노동현실은 평등과 노동자의 권리에 대한 열망을 낳았으며 억눌린 노동자들의 불만은 사회주의 사상을 탄생시켰다.

칼 마르크스의 공산당 선언(1848년)

전 유럽이 혁명으로 몸살을 앓던 1848년, 마르크스와 엥겔스는 "공산당 선언"을 발표했다. 과학적 사회주의의 진정한 창시자 칼 마르크스(1818~1883년)는 독일의 트리어에서 태어났다.

칼 마르크스와 엥겔스

아버지가 법률가로서 그도 17세에 법률을 배우기 시작하여 본 대학 베를린 대학으로 옮겼고 결국은 제노아대학에서 철학박사 학위를 얻었다.

그 후 신문기자가 되어 쾰른의 급진적인 신문사에서 일했는데 그의 과격한 정치적 의견이 문제를 일으켜 자리를 옮겼다.

그 직후 평생의 친구가 된 프리드리히 엥겔스(1820~1895년)를 만나 의기투합하였다.

마르크스가 파리로부터 추방당하여 브뤼셀로 옮기고 1848년에 엥겔스와 공저로 「공산당선언」을 출판하여 베스트셀러가 되었다.

그들은 결론적으로 자본주의는 필연적으로 망할 수밖에 없으며 곧 사회주의 세상이 오리라고 예언하였다.

4장

프랑스 대혁명(1789~1799년), 유럽을 흔들다

혁명의 전야-초기 단계의 혁명 목표 달성

유럽 대륙의 종주국이라는 자부심을 가지고 있던 프랑스 입장에서 신대륙에서 영국의 식민지(13개)들이 미국이라는 이름으로 독립한다는 것이 바람직하였다. 유럽의 전통적인 경쟁국가인 영국의 패권전략을 방지한다는 점에서 프랑스에게는 반가운 일이었으며 이를 지원하고 독립전쟁에도 지원국가로서 참여한 것은 당연한 결정이었다.

그러나 이 과정에서 가뜩이나 부실한 프랑스 왕실의 재정은 더욱 악화되었다. 만성적인 적자에 견디다 못한 루이 16세는 마침내 1789년에 삼부회의를 소집하였다.

삼부회의는 명색이 의회지만 1644년 루이 13세 때 섭정인 마리 외에 한번도 소집한 적이 없었으니 무려 145년 만의 일이었다. 또한 이는 1628년 영국의 찰스 1세가 전비를 조달하기 위해 의회를 소집한 상황과 비슷했다.

결국 이를 시작으로 의회군과 왕당파가 내란으로 진입해 크롬웰의 의회군에 패한 찰스 1세가 사형을 당한 사건과 그 과정은 다르지만, 결과는 아주 비슷하게 진행됐다.

프랑스의 삼부회의의 '삼부'라는 것은 1부 성직자, 2부 귀족 그리고 3부가 평민(시민)들의 대표로 구성되는 것이다. 처음부터 표결 방법을 부별로 하자, 합쳐서 다수결(시민대표가 제일 많음)로 하자는 것부터 합의되지 못해 회의진행은 난장판이었다.

이 과정이 '베르사유 테니스 코트 회의'로 알려져 있는데 이 회의는 시일을 끌면서 신

프랑스 대혁명을 상징하는 그림

분제(삼부)를 떨쳐버린 국민회의가 되었다.

여기서 새로운 헌법이 제정되기를 희망했지만, 결국 루이 16세가 이 회의를 탄압하자 크게 실망하고 분노한 시민들이 총과 탄약을 찾기 위해 1789년 7월 14일 바스티유 감옥을 습격했으며 이것이 프랑스대혁명의 신호탄이었다.

이 소식이 전국으로 퍼져나가 여전히 봉건적인 지방의 영주들의 장원을 습격하고 혁명의 열기는 전국으로 확산되었다. 사태가 이렇게 번지자 헌법제정만이 아니라 봉건제 자체도 타도의 대상이 되었다. 루이 16세는 결국 이를 진압하기 위해 군대를 투입하였다.

마침내 8월 4일 국민회의는 봉건제 폐지를 선언했다. 이렇게 봉건제가 공식적으로 폐지된 것은 유럽 역사상 유일무이한 일이었다.

이렇게 "앙시앵레짐(Ancien Régime, 구체제, 특권계급)"이 무너지고 혁명의 최소 목표는 실현됐다고 할 수 있었다.

그 후의 혁명의 결실은 1789년 8월 26일에 성립된 인권선언이었다. "모든 인간은 자유롭고 평등한 존재이다. 주권은 왕이 아닌 국민의 것이다. 재산권은 신성불가침이다."

오늘날 민주주의 국가의 일반적인 인권개념은 바로 프랑스 혁명의 인권선언에서 최초로 문서화되었다. "짐이 곧 국가다"라고 한 베르사유 궁을 완공한 루이 14세의 말을 금과옥조(金科玉條)로 받들던 프랑스의 국왕, 루이 16세로서는 인권선언은 도저히 찬성할 수 없었지만 더이상 버티지 못하고 승인하였다.

♛ 프랑스와 신생 미국의 1789년

미국이 프랑스가 지원하여 독립을 쟁취하고(1782년 파리회담에서) 이런 인권선언을 담은 헌법을 대륙회의에 제정(1787)하여 13개 주의 비준을 거쳤습니다.

이 헌법에 의해 미합중국 대통령에 당선된 조지 워싱턴 대통령이 바로 프랑스혁명의 해 1789년 4월 대통령에 취임하였습니다.

미국이 자유, 평등을 기본으로 출발을 하는 시기에, 프랑스는 그것들을 향한 복잡한 여정을 시작(1789년)한 것입니다.

프랑스혁명(1789~1799년)의 진전

프랑스혁명은 1799년까지 11년간이 순수한 혁명과정이었다.

나폴레옹이 등장하여 프랑스 혁명정부를 무너트리고 권력을 장악(1799년)하여 통령을 거쳐 황제 즉위(1804년)하였다. 그 후 그가 완전히 퇴진하는 1815년까지의 15년은 나폴레옹의 시대였다고 구분할 수 있다.

혁명의 초기 단계는 비교적 균형잡힌 지도자 라파예트(1757~1834년)가 인권선언의 작성을 주도한 혁명의 주역이었다. 그는 일찍이 미국의 독립전쟁에서도 공을 세워 미국과 프랑스에서 두루 인기와 명성이 높았다. 그는 헌법제정의 핵심 이슈인 권력체제를 입헌군주제라고 생각하고 국회는 단원제를 근간으로 하는 프랑스 최초의 헌법을 마무리하는 단계에 들어갔다.

그런데 이때 혁명의 분위기가 강경한 분위기로 넘어가는 치명적인 사건이 터졌다. 그것은 혁명의 전개 과정에 불안을 느끼고 있던 국왕 루이 16세가 1791년 가족을 데리고 오스트리아로 망명을 시도한 사건이 터진 것이다.

망명이 성공했다면 상황이 달라졌을텐데 왕은 변장까지 했지만 국경 부근에서 붙잡혀 파리로 송환되어 문제를 복잡하게 만들었다.

루이 16세와 그 왕비의 탈출기도(망명) 사건 이후 급변한 민심에다가 혁명의 더딘 속도에 불만이 있었던 급진파(강경파)들은 아예 입헌군주제를 넘어 공화제를 주장하기 시작했다. 그 주장을 받아들일 수 없던 라파예트는 급진파가 선동한 루이 16세의 퇴위를 요구하는 시위를 무력으로 진압하다가 정치적 한계를 드러내 실각하고 말았다.

균형잡힌 혁명지도자가 사라지자 자연스레 급진파(자코뱅파)가 주도권을 잡고 '로베스피에르'(1758~1794년)라는 서른셋의 젊은이를 리더로 세웠다.

그래도 우여곡절 끝에 1791년 9월 입헌주의를 가미한 헌법이 제정되었다. 국민회의도 입법의회로 구성되었다.

그러나 오스트리아를 비롯한 대외의 사정이 복잡하게 돌아가자 혁명지도자들은 루이 16세로 하여금 그의 처가 나라 오스트리아에 선전포고를 하게 하고 혁명은 이제 전쟁으로 바뀌었다.

그러나 먼저 선전포고를 한 프랑스는 너무 허약해 연전연패하고 체면이 말이 아니었다. 혁명의 위기이자 프랑스 전체의 위기였다.

이에 혁명의 분위기에 취한 프랑스 국민들은 "국가의 위기"에 전국적으로 호응하며 파리로 모여들었는데 이때 마르세유의 의용군이 행진하면서 부른 노래인 '라 마르세예즈(La Marseillaise)'는 오늘날 프랑스 국가(國歌)가 되었다.

그 과정에서 적국인 오스트리아와 내통하려다 들통난 루이 16세는 국민의 적이 되었고 혁명지도부는 더 강경해져서 1793년 1월 왕 루이의 운명을 결정하는 투표를 했다. 자코뱅파가 근소한 차이로 루이 16세의 처형을 의결하고 루이 16세는 단두대에서 목숨을 잃고 말았다.

프랑스는 이미 공화국으로 변했고 루이 16세는 애국심도 없는 죄인이었기에 처형을 당연시했으나 이를 통해 유럽 전체를 프랑스의 적국으로 돌려놓았다. 국왕이 처형된 사례는 이미 140여 년 전 영국의 찰스 1세가 먼저였지만 루이 16세의 처형은 그에 비길 바가 아니었다.

유럽 전체를 한 나라로 비유한다면 찰스는 당시 영국의 왕이었지만 프랑스와 위상이 달라 한 지방의 제후격이었고, 루이 16세는 말 그대로 유럽의 전통적인 강국의 왕, 대표

루이 16세의 처형장면

적인 왕으로서 백성의 손에 처형된 것이니, 다른 나라의 왕들을 귀족이라고 비유한다면 이를 묵과할 귀족들은 없다는 것이었다. 이제 혁명전쟁은 국제전으로 비화하게 되었다.

혁명 또 한번의 반전

혁명정부는 대외적으로 전쟁을 하면서 대내적으로는 혁명을 수행해야 하니 더 강경해져 공포정치로 변했다. 그들은 공안위원회를 조직하고 반혁명분자들을 가차없이 기요틴(목을 절두(切頭)하는 기구(器具))에 올렸다.

이때까지 혁명을 이끈 로베스피에르는 '덕(德)이 지배하는 공화정'이라는 꿈이 있었다. 그가 선택한 공포정치도 '덕의 공포'라고 부를 정도였다.

그런 그가 냉혹하게도 1794년 혁명동지 당통(Danton)과 에베르(Hébert)까지 기요틴으로 처형했는데 이것이 결정적인 실책이었다.

"자신의 동지까지 죽이는데 우리도 언제?"라고 생각하던 무리들에 의해 로베스피에르는 체포돼 다음날 혁명광장으로 송환됐고, 기요틴 위에서 생을 마쳤다.

이 사건을 '테르미도르(Thermidor)의 반동'이라고 부르는데, 혁명은 이제 또 다른 방향으로 흘러갔고, 로베스피에르의 꿈은 물거품이 되고 말았다.

이듬해 1795년 국민공회는 또 새로 헌법을 제정해 위기를 타개하려고 했다. 다섯 명의 총재를 두고 권력을 나눴지만, 책임의식도 없고 되는 일이 없으니 철저히 무능한 정부라는 것이 입증됐다.

혼란의 시기가 계속되는 가운데 인물이 나타났다. 그 총재정부가 믿고 있던 군대가 1799년에 반란을 일으켰는데 그 주역이 새파랗게 젊은 30살의 나이에 전쟁영웅으로 떠오른 코르시카 출신의 보나파르트 나폴레옹(1769~1821년)이었다.

나폴레옹의 등장(1793년)-강해지는 프랑스

하급귀족 출신의 나폴레옹이 처음 이름을 알린 것은 1793년 영국과 에스파냐의 함대가 봉쇄하고 있던 툴롱(Toulon) 항구의 탈환이었다. 그 공로로 나폴레옹은 24세의 나이에 단번에 포병대 지휘관(준장)이 되어, 국제적인 주목을 받게 되었다.

1795년 프랑스 국민공회에 반대하는 반란을 진압해 이 일을 계기로 나폴레옹은 정치권력에 가까이 다가가게 되었다.

그의 친구이자 후원자였던 폴 바라스는 당시 27살의 나폴레옹이 급성장할까봐 이탈리아 원정군 사령관으로 임명했다.

1796년 취약한 이탈리아 전선에 투입되어 엄청난 전과를 올리게 된다.

그는 오합지졸의 군대를 단 며칠 만에 최정예 부대로 변화시키는 탁월한 지도력으로 오스트리아군을 이탈리아에서 철수시켰다. 이 전투 중 눈보라가 몰아치는 알프스를 대포를 몰고 넘어갔던 일은 그 누구도 생각치 못한 세계전쟁사에서 길이 남는 나폴레옹의 신화였다.

1797년 10월까지 16만 명의 포로와 2천대 이상의 대포를 전리품으로 가지고 귀국한다. 프랑스의 영웅, 우상이 탄생하는 순간이었다.

로마의 역사에서 카이사르가 갈리아 등 로마 주변과 이집트를 모두 점령하고 개선하던 BC46년의 광경과 비교할 만했다.

♔ 나폴레옹의 전쟁승리와 영웅본색

나폴레옹이 젊은 나이에 초고속 승진한 것은 혁명 이후 불확실 시대에 경험 많은 장군들이 대거 국외로 탈출해 지휘계통에 공백이 많았기 때문입니다. 또 프랑스의 혁명정부가 루이 16세를 처형하는 등, 국제적인 고립과 전쟁 속에 있었습니다.

프랑스 국민들은 영웅의 등장을 간절히 원했으며 그런 인물은 전쟁에서 출현할 가능성이 높았던 것입니다.

꼭 200년 전(1597년) 조선에서 12척의 함대로 300척의 일본을 상대로 큰 승리를 한 것처럼 나폴레옹은 상식을 뛰어넘은 승리(1797년)로 하루아침에 영웅으로 떠올랐습니다.

조선과 비교해 보자면 다른 점은 이순신은 권력을 꿈꾸지 못했으나 나폴레옹은 권력을 지향했고 주변의 도움을 받아 그것을 성취했습니다.

그 후 프랑스는 조약을 통해 롬바르디아를 오스트리아로부터 양도받고 벨기에를 영토에 포함시켰다.

나폴레옹의 승리로 자신감을 얻은 총재정부는 소극적 방어에서 적극적 공격을 했고, 점령으로 괘도를 수정해 1798년 나폴레옹을 사령관으로 하는 원정군을 지중해 무역의 중심지인 이집트로 파견하였다.

그런데 이 원정단에는 군인만 있었던 것이 아니였다. 예술가, 과학자, 학자, 석학 167명도 함께 했다. 이 문화 원정단은 이집트에서 보물(상형문자 로제타석 등)을 가지고 돌아와 원정의 진정한 승리자가 된다. 그들이 가지고 온 고대문명의 정수는 22권으로 된「이집트에 대한 기록」이라는 책으로 출간됐고, 이는 이집트에 대한 유럽의 열정을 촉발했다.

이때 군사적인 면에서 나폴레옹의 원정은 큰 승리를 거두지 못했다. 7월 피라미드 전투에서 이집트의 지배 계층 맘루크를 쓰러뜨렸지만, 나일 강 전투에서는 넬슨에게 나폴레옹의 함대가 격파된 것이다.

나폴레옹은 팔레스타인으로 가서 아크레를 포위했으나, 전염병이 닥쳐 그의 군대가 크게 타격을 입었다. 그는 1799년 한 대의 배에 몸을 싣고 프랑스로 몰래 돌아갔다.

3년 후 이집트에 남은 그의 군대가 영국군에 항복했을 때, 나폴레옹 자신은 본국에서 제1통령으로 황제가 될 꿈을 꾸고 있었다.

이는 로마의 카이사르가 루비콘강을 건너 로마로 돌아와 권력을 쟁취한 일, 고려말 이성계가 위화도 회군을 결정해 개경에 돌아와 결국 조선조를 건국하게 되었던 사례와 비교할 수 있지만, 영웅 나폴레옹의 처신에 실망하는 역사가들이 많은 것이 사실이다.

5장

황제 나폴레옹의 영욕의 시대(1799~1815년)

죽 쒀서 나폴레옹에게 준 프랑스 혁명

프랑스 혁명을 마무리하는 단계에서 나폴레옹의 군사적 성과로 고무된 총재정부는 순진하게도 나폴레옹의 마음이 콩밭에 가 있다는 것을 알지 못했다.

이집트에서 1년이 넘도록 영국군과 악전고투를 벌인 그가 1799년 10월 군대를 이집트에 남겨둔 채 단기필마로 귀국했다.

나폴레옹을 기다리고 있던 공모자들이 있었으니 그들은 나폴레옹의 명성을 이용해 총재정부를 타도하려는 세력이었다. 그들이 모아둔 군대를 거느리고 파리로 돌아온 나폴레옹은 자코뱅의 준동을 방지한다는 구실로 총재정부의 지도자들을 구금하고 정부의 해체를 공식적으로 선언했다.

나폴레옹은 헌법을 개정하고 미국의 대통령과 비슷한 '통령'이라는 자리를 만들어 취임하면서 권력의지를 드러냈다.

혁명은 이미 5년 전 로베스피에르를 처리한 2차 테르미도르(Thermidor)의 반복이었으며 이미 초기 혁명의 열정은 식었고, 그 혁명의 흔적만이라도 유지하던 총재정부마저 무너졌으므로 프랑스 혁명은 사실상 끝이 났다.

무엇보다 애초에 혁명세력이 목표로 했고 또 한동안 실현한 공화제가 끝장났기 때문이다. 결국, 프랑스혁명은 죽 쒀서 나폴레옹에게 준 격이 되어 버렸다.

통령은 나폴레옹을 포함해 세 명이지만, 사실상 1인이라는 것을 천하가 다 아는 사실이었다.

'통령'을 번역하면 '콘술(Consul)'로 로마시대에 있던 집정관으로 여러 가지가 로마 공화정 말기와 비슷했다. 자연히 '콘술'이었던 카이사르가 연상되는데 그는 황제를 꿈꾸다 암살당했지만, 나폴레옹은 그 꿈을 이루었다.

황제가 되기 위한 단계로 카이사르가 종신집정관을 거쳤듯이 나폴레옹도 1802년 헌법을 개정해 종신 통령이 되었다. 그리고 2년 후 1804년에 황제가 되었다. 원로원의 승인만 받으면 되는 카이사르와 달리 나폴레옹은 국민투표를 거쳤다.

프랑스 국민들은 옥타비아누스에게 아우구스투스라는 존칭을 바쳤던 로마원로원처럼 새 황제에게 전폭적인 지지를 보냈다.

1800여 년 전 그 로마 시절과 당시 프랑스는 비슷한 상황이라고 할 수 있었다. 투쟁과 혼란을 거두고 안정을 위하여 로마와 프랑스는 영웅의 출현을 기대하고 있었던 것이다.

나폴레옹 1세의 대관식

나폴레옹 황제의 치세(1804~1815년)

프랑스의 새 황제 나폴레옹은 우선 내치에 주력하였다.

10년 이상의 혁명기간 동안 국민의 생활은 혼란스러웠고, 모든 것이 하루 빨리 안정되기를 갈구해서 명분은 약하지만 강력한 영웅 나폴레옹을 황제로 뽑은 것이기 때문이다.

혁명 중에 무일푼이 된 가톨릭 성직자들에게 국가에서 봉급을 주는 제도를 도입해 가톨릭교단과의 화해에 성공했으며 교육제도와 금융제도를 혁신해서 유럽의 다른 나라와 비슷한 수준을 맞추었다.

무엇보다 큰 업적은 1804년 나폴레옹 법전의 편찬이었다.

근대 법전의 기초가 되는 법전으로 세계 3대 법전(유스티니아누스 법전, 함무라비 법전, 나폴레옹 법전) 중 하나이며, 그가 직접 지휘해 편찬한 법전은 이후 프랑스 법전의 원본이 되었으며 오늘날에도 그 골격이 남아 전해지고 있다.

나폴레옹은 단순히 전투만 잘하는 군인이 아니라 일생 동안 독서를 많이 하고 인문·역사 등에 두루 조예가 깊은 영웅이었다. 이제 시선을 외부로 돌려 제국이라면 식민지가 있어야 하는데 일찍이 통령시대에 아메리카 신대륙의 루이지애나 동쪽의 땅을 미국에 양도한 바 있으니, 이제 유럽의 강국이 되어야 했다.

1805년 영국을 중심으로 3차 프랑스 동맹이 결성되어 있어 영국, 오스트리아, 스웨덴 같은 유럽 열강과 싸워야 했다.

황제 나폴레옹(1804~1815년)

특히 영국이 이전 루이 14세의 강력한 팽창정책에 제동을 걸었고, 그 이후 프랑스와 사사건건 시비가 붙었으며 영국에 패배를 많이 했다. 이런 영국을 제압하지 않고는 유럽을 제패할 수 없다고 판단했다.

그러나 1805년 트라팔가해전에서 영국의 '넬슨'(1758~1805년)이라는 탁월한 제독에 밀려 1799년 이집트에서 당한 패전을 설욕하지 못했다.

이 해전의 패전으로 결국 해상권 탈취를 못 했지만 지상에서는 프랑스의 적수가 없었다.

육상의 전투에서는 1805년 11월 프랑스는 보헤미아에서 러시아·오스트리아 동맹군을 격파하고 다음 달에는 아우스터리츠 전투에서 대승을 거두어 동맹군에게 결정적인 타격을 가했다.

나폴레옹은 오스트리아가 프랑스에 일부 영토를 내주고 동맹에서도 빠져 완전히 항복하게 한 것 말고도 예전부터 신성로마제국이라는 영예로운 명패를 확실하게 해체시켰다.

1806년 나폴레옹은 남독일의 16개 연방국가들을 오스트리아로부터 떼어 내 독립시켜 오스트리아는 제국의 위치에서 일개 왕국으로 전락했다.

마침내 오스트리아 최후의 황제 프란츠 2세(루이 16세 처남)가 제위를 포기함으로써 900년 이상 존속한 신성로마제국은 완전히 해체되었다.

프로이센과의 전투가 남았는데 프로이센이 '최선의 수비가 공격이다' 하고 선공을 펼쳤지만 프랑스의 적수가 되지 못했다. 1806년 프로이센은 '예나-아우어슈테트 전투'에서 프랑스에 대패한 뒤 굴욕적인 조약을 맺고 오스트리아처럼 영토의 일부를 프랑스에 양도하였다.

마침내 나폴레옹의 꿈이 실현되어 그는 프랑스의 황제일 뿐 아니라 서유럽의 황제가 되었다. 이제 서유럽 중심엔 프랑스가 있고 오스트리아·프로이센·러시아·에스파냐 등 사방의 국가들은 모두 프랑스의 위성국가처럼 되었다.

유일하게 남은 영국에 대해 나폴레옹은 1806년 베를린 칙령을 내려 영국과의 모든 교역을 금하는 대륙봉쇄령을 내렸다.

👑 영국의 넬슨과 조선의 이순신

영국 넬슨 제독과 200여 년 전 조선의 이순신 장군과는 유사한 점이 많습니다. 막강한 프랑스를 상대로 2번이나 대승을 한 넬슨과 비교가 안 되는 선박 수로 일본을 상대로 3번 이상 대승을 거둔 이순신, 그리고 마지막 전투에서 둘이 전사한 것도 비슷했습니다. 1798년 27척의 넬슨의 함대는 나일 강 해전에서 나폴레옹 함대 120여척을 상대해서 적의 22척을 부수고 자신은 한 척도 잃지 않는 대승을 거두었습니다. 이순신 장군은 명량해전(1597년)에서 12척의 배로 왜군의 133척을 상대로 싸워 적군의 31척을 수장시키고 자신은 단 한 척도 파손되지 않은 세계 해전 역사상 초유의 기록을 남겼습니다.

마지막 노량해전(1598년)에서 전사하며, 이순신 장군은 "적에게 나의 죽음을 알리지 말라" 했고, 넬슨 제독은 1805년 트라팔가 전투에서 전사하면서 "하느님, 고맙습니다. 임무를 완수했습니다."라고 했습니다.

이들의 해전(200여 년 차이)에서 승리는 국가의 전체적인 전쟁의 승리였습니다.

국민은 이 위인들을 매우 존경해 각각 수도의 제일 중요한 곳에 동상을 세웠습니다.

이순신 장군은 광화문에 세종대왕과 나란히 있고, 넬슨 제독은 트라팔가 광장에 윈스턴 처칠 수상 동상과 함께 있습니다.

재미있는 것은 트라팔가 광장에 처칠 동상은 잘 보이는데 넬슨의 동상이 잘 안 보이는 곳에 있는 것입니다. 높은 좌대에 있어서 잘 안보입니다. 그가 높이 있는 이유는 어디서 적군이 침입하는지를 살피겠다는 의지, 즉 죽어서도 상시 근무 자세를 갖추고 있다는 것입니다. 이순신 장군 동상은 5천년 역사에 가장 훌륭한 임금 세종대왕 앞에서 또 전통적인 우리의 궁성을 지키고 있습니다.

나폴레옹의 몰락(1812~1815년)

1808년 제국의 서쪽에서 포르투갈이 대륙봉쇄령을 어기고 영국과 통상을 재개하자 나폴레옹은 단호히 응징한다고 리스본을 점령하였다. 내친김에 옆 나라 에스파냐까지 점령하고 자기 형을 왕으로 앉혔다.

그러자 에스파냐 민중이 봉기를 일으켰다. 정규전이라면 문제가 없으나 전국 각지에서 소규모 부대로 프랑스군을 힘들게 해 감당하기 어려웠다.

이때 생긴 말이 '게릴라'이고 정규군이 게릴라군에 밀리는 상황이 전개되었다. 이 사태를 해결하기도 전에 러시아 황제(알렉산드르 1세)는 나폴레옹에게 점점 더 적대행위를 보였다. 나폴레옹은 이를 응징하기 위해 1812년 60만의 대군으로 러시아원정에 나섰다.

이것이 결국 나폴레옹제국의 명운을 끊는 계기가 되었다.

러시아군은 초토화 작전을 펼치면서 퇴각하고 나폴레옹 군대는 9월 초에 모스크바 근처에 도달했다. 러시아군 사령관 '미하일 쿠투조프'는 9월 7일에 '보로디노'에서 프랑스군을 맞아 싸우고 후퇴하였다. 1주일 뒤 '나폴레옹'이 텅빈 모스크바에 입성하던 날 엄청난 화재로 인해 모스크바의 대부분이 타버렸다.

더구나 알렉산드르 1세가 뜻밖에도 협상하려 들지 않았기 때문에 '나폴레옹'은 퇴각해야 했는데, 이때 이르게 찾아온 겨울 한파는 퇴각하는 프랑스군에게 커다란 재앙을 안겨주었다. 진흙탕과 눈, 추위… '베르지나 강'을 건너 살아 돌아온 '나폴레옹' 군대는 1만 명도 채 못되었다.

이로 인해 유럽에서 러시아의 입장이 강화되었으며 유럽의 모든 나라는 천하무적이라고 여긴 '나폴레옹' 황제에게 도전할 생각을 갖게 되었다.

독일에서는 반 프랑스 시위가 일어나고 프로이센이 파견한 부대들은 12월에 프랑스군을 이탈해 총구를 거꾸로 돌린다. 오스트리아도 파견 부대를 철수시키고 점점 더 적대적인 태도를 보였으며 이탈리아도 나폴레옹에게 등을 돌리기 시작했다.

이듬해 1813년 라이프치히 전투에서 유럽 연합군에게 대패해 나폴레옹은 실각한다.

1815년 그는 유배지인 엘바섬을 극적으로 탈출해서 마지막으로 워털루에서 영국(웰링턴 장군)과 유럽연합군과 재기를 위한 전투를 벌였다.

1815년 6월 유럽 전체의 반나폴레옹군은 70만이지만 각개 격파하면 승산이 있다고 보고 벨기에의 워털루에 12만 명의 프랑스군을 이끌고 나갔다.

대항군은 영국의 웰링턴 장군(1769~1852년)이 이끄는 9만 명, 프러시아의 12만 명의 연합군이었는데 먼저 프러시아군을 격퇴하고 2일 후 영국군과 붙었는데 초반에는 프랑스

워털루의 건곤일척의 나폴레옹의 마지막 전투

군에 유리한 전투였다가 퇴각했던 프러시아군이 돌아와 배후를 습격하였기에 처참한 패배를 보게 되었다.

이 전투의 패전과 함께 나폴레옹이 두 번째로 귀양 간 곳은 남대서양에서 매우 먼(육지에서 1900km) 세인트헬레나섬이었다. 그곳에서 그는 서서히 죽어(52세)갔다. 영광의 시절 1799~1811년을 떠올리며 그의 애인 조세핀을 생각했을 것이다.

1840년 나폴레옹의 유해는 파리 '앵발리드(Invalides)' 성당에 안치되었다.

프랑스 치하에서 잠시 비참과 굴욕을 맞본 유럽 각국은 자연스럽게 민족주의를 성장시켰고 이렇게 전란의 20년을 마무리지었다.

오늘날 유럽 국가를 있게 한 모든 요인이 결실의 시기로 들어섰다.

나폴레옹이 세 번 전쟁에 지고 그 때마다 줄행랑을 치다

나폴레옹이 전쟁에서 멋있게 승리하고 프랑스의 영광을 구가한 것도 사실이지만 결정적인 전투에서 세 번을 패전하고 그때마다 비겁하게 도망을 쳤다는 것도 사실이었습니다.

그 첫 번째는 1798년 군사 4만명과 역사 문화단을 대동하고 폼나게 이집트를 원정하여 "피라미드를 바라보면서 5000년의 역사가 내 발 아래 있다"고 일갈했고, 상형문제를 풀어내는 로제타석을 발견하는 등 이집트의 문명개척을 하였습니다.

그러나 그 때 나일강 전투에서 프랑스 함대가 영국의 넬슨제독이 이끄는 영국함대에 대패하고 이집트군의 반란과 질병으로 프랑스 군의 절반 이상이 죽고 승산이 없을 것으로 판단되었습니다.

그래서 나폴레옹은 1799년 측근들만 데리고 몰래 프랑스 파리로 귀환하여 국내 권력추구세력과 결탁하여 무혈쿠데타로 당시 프랑스 혁명의 마지막 통령정부를 무너트리고 권력을 장악했습니다.

그 후 수년간 유럽의 정복전쟁을 벌여 연전연승하며 황제자리에 오르고 국내 정치에서도 큰 업적을 세우는 등 12년이 그의 전성시대였습니다,

그러나 1812년 60만 명의 대군을 이끌고 러시아 원정을 떠날 때부터 그의 운명이 기울었습니다. 그의 프랑스군이 러시아 모스크바 점령작전이 처절한 패배로 판명되고 프랑스 국내에서도 소요사태가 있다 하여 그는 다시 전선에서 줄행랑을 쳤습니다.

그 해 10월 야음을 틈타 패잔병으로 탈출하여 러시아 서부국경 베르지나 강에 이르러 나룻배 사공에게 물었답니다. "프랑스 장병들이 벌써 많이 이 강을 건넜겠지?"

그 사공이 말하길 "아니올시다. 폐하가 처음입니다." 이렇게 제일 먼저 자신의 병사들을 저버리고 도망친 첫 번째 탈영병인 셈이었습니다.

나폴레옹이 그 다음 해 라이프니치 전투(1813년)에서 대패한 후 또다시 측근들만 데리고 도망쳤다가 엘바섬으로 유배되었습니다.

나폴레옹은 1815년 2월 영국함대의 감시를 피해 엘바섬을 탈출해 프랑스로 돌아와 100일 천하를 시작했습니다. 결국 1815년 6월 12만명의 병력을 끌고 워털루 전투에 나가서 마지막 패망을 맞이했습니다.

또다시 세 번째로 측근들과 파리로 도망쳐온 나폴레옹이 영국시골에서 편안한 여생을 보내겠다고 망명을 요청하였으나 그 요청이 거부되었습니다. 이제 도망자 신세가 되어 파리를 탈출하여 미국으로 가고자 했다가 체포되어 세인트 헬레나로 유배된 것이 그의 마지막 운명이었습니다.

영웅 나폴레옹의 뒤끝은 이렇게 볼품이 없었다는 뒷이야기입니다.

♔ 루이 16세 부부 그리고 나폴레옹이 도망치다가 국민들에게 들킨 사유

프랑스 대혁명의 첫 부분의 주인공인 루이 16세(재위 1774~1792)와 그 부인 마리 앙투와네트가 오스트리아로 탈출하다가 국민들에게 적발되어 결국 혁명정부의 기요틴에 희생(1793년)이 되어 유럽이 발칵 뒤집혔습니다.

그리고 프랑스 혁명 역사의 뒷부분을 차지한 나폴레옹이 16년(1799~1815년)을 프랑스의 권력자, 황제로 군림하다가 마지막에 미국으로 가는 배를 타려 하던 중 역시 국민들에게 발견되어 영국군에 체포되었습니다. 그 후 세인트 헬레나 섬으로 유배되어 6년 후 병반, 독살반으로 사망(1821년)했습니다.

루이 16세 부부는 원래 사치스럽던 마리 앙투와네트 왕비가 화장실까지 갖춘 호화판 마차가 진흙밭에 빠져 꼼짝 못하자 그 지역 주민들에게 발견되고 결정적인 것은 왕비가 사용하던 향수가 독특하여 변장을 한 왕비를 알아보았다는 것입니다.

나폴레옹은 가까운 심복들을 데리고 변장을 한 채 파리를 빠져나가면서 지름길을 행인들에게 물으니 친절하게 알려주었답니다. 나폴레옹이 "고맙소, 이거 얼마 안 되지만 받아 두시오." 하고 빳빳한 지폐 한 장을 주었답니다.

주민은 "엇, 이렇게 큰 돈을?" 하면서 지폐에 그려져 있던 얼굴과 그 지폐를 준 사람이 흡사한 것을 발견했습니다. 황급히 떠나는 일행을 보면서 무릎을 탁 쳤다고 합니다. "그래, 맞아! 나폴레옹이야! 어서 가서 신고해서 보상금을 타자!"

그렇게 발각된 것이 역사의 중요한 부분들이었습니다. 이렇게 단순하고 우연적인 상황으로 역사는 흘러가는 것입니다.

제4막

동양3국-
중국, 조선, 일본의 근대시대

- 시대: 1600~1800년
- 동양의 근대화 시기: 조선은 세종대왕(재위 1418~1450년)의 문예 르네상스 시대가 지나고 중국은 명나라 3대 영락제(재위 1402~1424년) 이후 개혁, 나라 발전이 미진한 시대였으므로 1600년대부터 근대(근세)로 분류
① 중국:1616년 누르하치 후금 건국-1636년 2대 태종 청나라로 개칭 연경(북경)
② 강희제(1661~1722년), 옹정제(1722~1735년), 건륭제(1736~1796년) 135년 전성시대
③ 조선: 연산군 이후 사화시대 50년, 선조, 인조(1592~1636년)전쟁시대 44년
④ 숙(종)경(종)영(조)시대(1674~1776년) 주자학의 이념독재,
  -당쟁과 그 탕평책
  -정조(1776~1800년)의 개혁 수원화성, 정약용 등 실학 연구
⑤ 일본: 풍신수길 조선침공(1592~1598년) 덕천가강 일본통일
  -에도막부 시작(1603년)

1장

중국의 근대의 시작-
청나라의 건국(1616년)과 강희제의 즉위(1661년)

청나라의 건국

1616년 누르하치가 후금(청)으로 나라 건립

마지막 한족의 나라 명나라가 건립(1368년)되고 4대 영락제(재위 1402년~1424년) 이후, 뚜렷한 황제가 없이 일찍 쇠퇴하기 시작했다. 그래서 중국의 근대를 만주족의 영웅이 세운 나라부터 시작되는 것으로 보았다. 그 청나라는 4대 황제 강희제로부터 크게 발전하였다. 그의 훌륭한 증조 할아버지, 만주의 영웅 누르하치(1559~1626년)는 그 민족 역사상 처음으로 만주일대를 통일했다.

1616년에는 칸(후금 태조)으로 나라를 세웠다. 수도는 남만주의 선양에, 국호는 380여 년 전 조상들이 세웠던 나라 금(金)을 쫓아 후금(後金)이라고 했다.

누르하치는 새 제국의 기틀을 세우고 전쟁에서의 상처로 죽었으며 이제 그 기질이 그만 못하지 않은 홍타이지(2대 태종 1592, 재위 1626~1643년)가 왕이 되었다. 그는 조선을 두 차례(1627정묘, 1636병자호란)나 정벌하여 후환이 없도록 하였으며 나라 이름도 중국식으로 큼직하게 대청(大淸)으로 바꾸고 베이징으로 가려고 했다.

이때 명나라는 1500년대부터 나약한 황제들이 환관들의 횡포 속에 벌써 나라가 기울기 시작하여 100여년을 끌어왔는데 그래도 후금세력을 그냥 두고 볼 수 없어 오삼계를 대장으로 군대를 파견하였다. 그 사이 1643년 수도 베이징을 점령한 인물이 반란군의 한 두목 이자성이었으며 그 때 나약한 마지막 황제 의종이 목을 매고 죽으니 명나라가 망했다.

청나라 2대 태종이 죽고 이제 그 아홉째 아들 순치제(1638, 재위 1644~1661년)가 겨우 여섯 살에 왕이 되고 그 삼촌인 도르곤(1612~1650년)이 섭정이자 실권자가 되었다.

이제 베이징으로 원정을 가야 하는데 재미있는 것은 명나라의 원정대장 오삼계의 입장이 애매해졌다. 그는 이제 커가는 나라인 청나라에 협조하기로 하고 합동으로 베이징으로 가서 1644년 이자성을 몰아내고 자금성을 점령하였다. 드디어 중국의 본거지를 장악하고 오삼계는 강남 지역으로 내려가서, 지역 사령관격인 번주(藩主: 행정 및 군사책임자)를 하도록 했다

원래 3~6세기 삼국시대, 남북조시대부터 강남지역은 독립성이 강하고 특히 이민족에게는 특히 이질감이 강해서 통치가 쉽지 않아 이런 지방조직을 두어 간접 지배하는 형식을 취했다. 중국 천하를 완전히 지배하는 상황이 되지 않은 어수선한 때에 강희제가 즉위했다.

👑 **여진족의 나라라고 청나라를 하대한 조선**

강희제의 아버지 세조는 23세에 그때 유행병인 천연두에 걸려 요절합니다. 그 많은 아들 중 9째 아들 그리고 겨우 6살에 즉위하게 했지만 결국 청나라를 안정시킨 명군이 되었습니다. 그 할아버지 태종이 조선의 버릇을 고쳐놓고 북경(명나라)으로 가겠다 했으니 그 사연은 이러했습니다. 당시 조선은 유학(주자학)과 한족을 최고로 알고 만주족은 왕년에 고려 이후 데리고 놀던 이민족이라는 하대의식이 강했습니다.
이민족에게 이런 "버릇"을 고치는 침략을 당하여 조선은 얼마나 당했습니까? 다 망해가는 명나라와 새로운 강자 청나라 사이에 현명한 외교가 있었으면 역사가 달라졌을 터인데 안타깝습니다.

강희제(1661~1722년)의 즉위와 강남의 평정

강희제(1661~1722년)

강희제(康熙帝, 1654, 재위 1661~1722년)는 중국역사상 가장 긴 61년 동안 재위한 가장 위대한 황제로 손꼽히는 청나라의 4대 황제이다.

선제 3대 황제 순치제가 병으로 급작스럽게 죽자 7살의 나이로 황제가 되고 만주출신 원로대신 4명의 보좌를 받았는데 이들 간의 다툼도 있었지만 그런대로 정리가 되어 15세부터 친정(親政)을 시작하였다.

이 기간 동안 유교와 역사, 제왕학을 배우고 많은 지식을 공부하였으며 만주족의 전통 무예까지 익혀, 말 그대로 문무를 겸전한 황제가 되었다.

청나라 개국 시부터 많은 군사력을 가지고 독립부대처럼 활동하는 세 명의 군벌들을 삼번(三藩)이라고 하였는데 그중의 가장 큰 세력이 베이징 점령 시 도움을 받았던 오삼계(吳三桂, 1612~1678년)로 그는 남방무역을 독점하고 티베트와도 연계하여 그 세력이 막강했다.

이들이 아직도 반청복명(反淸服明)의 기질이 남아 있어 천하를 안정시키려면 이를 평정해야 한다고 생각하여 강희제는 친히 병력을 지휘하여 최전선에서 병사들과 숙식을 같이 하며 솔선수범을 보였다.

그러나 치열한 전쟁은 8년이나 끌어서 오삼계가 죽고 1681년에야 평정되었다. 삼번의 난이 마무리된 뒤에도 이민족에게 지배 당한다는 민족적 감정을 가진 반란이 계속 발생했다.

강희제는 무엇보다 한인 관료와 사대부들의 신뢰와 존경을 얻어야 한다고 생각하여 전장에서도 책을 보며 학식을 쌓았다. 또한 서양의 신기술, 화포기술 및 과학적인 역법(曆法)을 익히기 위해서 선교사들을 옆에 두고 서구인들도 배우기 힘들다는 라틴어까지 익혔다.

강희제의 여러 가지 끊임없는 공부는 학구열에 불타는 유생이었고 자주 명상(冥想)을 하면서 명군(名君)이 되도록 노력하였다.

러시아와 시베리아 영토분쟁해결, 강건시대(1661~1796년)

숙원사업으로 장강과 황하의 제방을 쌓아 잦은 수재를 예방하였으며, 대만, 몽골을 점령하여 국방도 튼튼히 하였다.

제일 중요한 실적은 1689년 러시아와 수십년 동안의 국경분쟁을 해결하는 네르친스크 조약을 체결한 것이다.

중국과의 국경지역은 흔히 시베리아라고 불리는 지역으로 우랄산맥의 동쪽에 눈 덮힌 광활한 동토(凍土)였다.

원래 러시아는 늦게서야 변방의 영토를 챙겼는데 중국령 쪽에는 늘 조직력이 약한 유목민들이라 어렵지 않게 상대했지만 이제 청나라가 중국의 통일제국으로 등장하면서 최초의 전투에서 러시아의 코자크족이 패퇴하였다. 바짝 긴장한 러시아는 탐험대를 보내고 흑룡강가의 네르친스크를 본격적인 전진기지로 삼았다.

이 당시는 아직 개혁 군주 표트르 대제가 등장하기 이전으로 중국도 강희제 이전의 황제들이 1655~1658년 두 번의 국가간 전쟁, 소위 나선정벌이라는 이름으로 전투를 벌여 일진일퇴하였다.

이제 강력한 왕들이 등장한 1680년대에 들어와서 계속 전쟁을 하는 것이 적당치 않아 드디어 1689년에 네르친스크라는 지명으로 중국 최초의 조약이 체결되었다. 이 내용은 국가 간의 평등계약으로 어렵게 합의가 이루어졌으며 40년 전 유럽의 베스트팔렌조약(1648년)이 참고가 되었을 것이다.

일반적으로 군주들의 통치기간이 길어지면 나태해지고 안이함에 빠져 불필요한 사업을 벌리거나 선정적인 취미를 탐닉하며 국정을 소홀히 하는 경우가 많다. 초기에는 성군이라고 하였던 900여년 전 당나라의 현종(재위 712~756년)도 후반에 양귀비에 빠져 국정을 망친 것처럼 비슷한 사례들이 적지 않다.

강희제는 "짐은 하늘을 섬기는 신하다"라고 말하면서 초심을 잃지 않고 소박하고 검소한 생활, 그리고 매사에 공익을 우선하는 자세이었기에 큰 업적도 쌓았지만 이런 인간적인 장점으로 위대한 황제라고 평가되고 있다.

그런데 모든 복은 왜 한번에 다 오지 않는 것일까, 강희제는 네 명의 왕후들이 있었지만 다 일찍 요절을 하고 30대부터 왕후 없이 지냈다.

많은 후궁들도 있었지만, 죽은 왕후의 동생(처제)을 빈으로 삼아 그녀가 영부인 노릇을 하면서 궁내의 실세가 되었는데 20명의 아들 중 어렵게 후계자가 되는 5대 황제 옹정제(1678, 1722~1735년)도 이 실세가 지원했을 것이다.

옹정제는 유능한 황제였지만 강희제가 장수했으므로 늦게(44세) 황제가 되어 13년 재위에 있었으며 다시 그 아들 중에서 6대 황제 건륭제(1736~1796년)도 60년이나 다스리며 할아버지, 아버지에 이은 성군, 명군으로 이름을 떨쳤다.

그래서 중국역사에서는 이 3대의 전성시대를 강건시대(1661~1796년인 135년)라고 부른다.

2장

중국의 옹·건륭제(1722~1796년) 전성기를 지속하다

준비된 황제 건륭제(乾隆帝) 즉위하다

청나라의 중흥을 시작한 4대 황제 강희제가 1722년에 죽고 그의 넷째 아들이 제5대 황제인 옹정제(雍正帝, 1678, 재위 1722~1735년)이다.

아버지 강희제가 그 당시로는 장수(68세)하시며 가장 오래(61년) 재위하였으므로 옹정제는 이미 44세에 즉위하여 13년 황제를 하였으며 57세에 죽었다.

워낙 대단한 아버지 밑에서 또 많은 형제 경쟁자 사이에서 눈치를 보면서 황제가 되었기에 우선 내치에 힘쓰고 일을 너무 많이 해서 건강을 해쳤다고 할 정도였다.

아무튼 아버지의 치세를 잘 이어나가고 아들 건륭제가 성군으로 일하도록 기초를 다진 것으로 유명했던 황제였다.

건륭제(1736~1796년)

옹정제(雍正帝)가 황제가 될 때까지의 긴장과 예측 못할 경쟁의식을 피하기 위한 방법으로 만든 태자밀건법의 첫 수혜자는 아들인 건륭제(乾隆帝, 1711, 재위 1736~1799년)였다.

건륭제는 옹정제처럼 맏이가 아닌 다섯째 아들로서 제위에 올랐으며 할아버지와 아버지처럼 문무를 겸비하고 제국의 전성기를 이끈 걸출한 군주였다.

선대 옹정제가 내치에서는 탁월한 업적을 남겼으나 대외적인 측면에서는 소극적이었던 것과는 달리 건륭제는 활발한 정복활동을 재개했다. 실크로드 인근을 장악하고 있던 이슬람세력을 완전히 축출하였다.

그런가 하면 남쪽으로 월남을 복속시켰으며 나아가 히말라야까지 원정하여 지금의 신장, 서장이 청나라의 영토가 되었다.

건륭제시대에 비로소 중국의 영토가 오늘날과 같은 면적과 모양을 이루게 되었다. 이렇게 3분의 1 정도의 영토가 늘어나 유럽대륙 전체에 필적할 광대한 토지가 되었다.

건륭제의 영토확장으로 영토에 있어서는 중국의 압도적인 다수를 차지하는 한족이 소수 만주족의 지배에서 오히려 이득을 본 셈이다.

건륭제는 강희제의 「고금도서집성」과 더불어 청나라를 통틀어 가장 위대한 편찬사업으로 꼽히는 「사고전서(四庫全書)」를 11년에 걸쳐 완성했다.

11년간 중국의 문헌을 집대성한 사고전서

사고전서는 당대의 문헌들을 유학, 역사, 사상, 문학의 네 가지(四庫)로 분류해 총정리한 대규모 출판사업이었다.

사고전서의 편찬을 기점으로 건륭제는 광범위한 금서정책(琴書政策)을 실시했다.

이미 청나라의 지배가 100년이 넘어서 더 이상 한족 지식층이 다른 마음을 먹지 않도록 종지부를 찍은 셈이었다.

청나라의 장수 비결

청제국 이전에 북방민족들이 세운 국가는 대개 정복에는 능했어도 통치는 서툴렀다.

4~6세기 남북조 시대의 화북을 점령했던 북조 나라들이나 10세기 거란의 요나라, 12세기 여진의 금, 13세기 몽골의 원나라 등은 군사력에서는 모두 뛰어났으나 지배기술이나 문화에서는 한민족에 미치지 못하였다. 그에 비해 청나라는 무려 300년 가까이 중국을 지배했으니 이는 한족의 통일제국에 못지 않게 장수한 셈이었다.

게다가 당시 한족은 1억명 가량이었는 데 반해 만주족은 60만~100만명 정도밖에 되지 않았는데, 소수의 지배층이 다수의 지배층을 오랫동안 지배한 원동력이 있었다.

강희제는 한족문화를 적극적으로 수용했을 뿐 아니라 제도적인 면에서도 한족에게 차별을 두지 않았다. 오히려 정복국가의 이미지를 탈피하기 위하여 오히려 한인들을 중용하였고 승진에 제한을 두었던 원나라와 달리 청대에서는 한족 관료도 얼마든지 고위직으로 승진할 수 있었다.

정부의 주요 부서에서 일하는 관리들은 가급적 만주족과 한족을 동수로 구성하여 일하게 했다. 이는 민족 간의 차별을 두지 않는다는 배려가 있었지만 또 한편으로는 한인 관료들에 대한 감시와 견제를 늦추지 않으려는 숨은 의도가 있었다.

한편 청나라는 만주족 고유의 특성을 잃지 않으려는 노력을 계속하며, 공식적으로는 한문을 사용하면서도 누르하치 시대에 만든 여진 문자도 계속 사용했다.

특히 정복국가에서 중요한 군사제도는 팔기제(八旗制)를 주축으로 삼았고 전국의 변발(辮髮)의 풍습을 강요하였다.

한 민족과의 관계를 잘 정립한 게 첫째 비결이라면 둘째의 비결은 영토와 관련이 있다. 한족의 나라들 한, 당, 송, 명 등 역대 한족왕조들의 국력이 약화된 것이 늘 북방의 흉노족과 여진, 거란 그리고 만주지역의 북방민족들에게 시달렸기 때문이었다.

외국의 문물에 개방적인 건륭제

그러나 만주 출신의 청나라가 중원을 차지했으니 북방 특히 만주쪽의 국방은 자동으로 안정적이었다. 그러나 청나라의 경우는 북방에서온 이민족이 아니라 서쪽의 바다에서 건너온 유럽의 세력이 건륭제 사후 40년이 채 지나지 않아 밀려왔다.

또 하나 중요한 나라의 안정 비결은 대내적으로 태자밀건법(太子密建法)이었다. 황제가 다음 후계자를 장자로 하거나 미리 공포하지 않고 차후 황제의 이름을 써서 황궁의 제일 높고 은밀한 장소에 숨겨 두었다가 황제가 죽은 후에 개봉하는 제도를 운영하였다.

이 제도를 통하여 대다수 국가에서 발생한 왕자의 난을 방지하고 자질이 우수한 황제를 제도적으로 배출하게 하는 의미도 있었다. 예전처럼 어릴 때 태자가 책봉되면 나중에 성장하여 어떤 인물이 될지 알 수 없고 황제가 되기 전에 불순한 세력이 형성되는 폐단이 있었다.

그러나 태자밀건법이 채택되면 오랜 기간에 걸쳐 인물됨을 보고 군주감을 고를 수 있다는 장점이 발휘되는데 그것이 옹정제나 건륭제 같은 출중한 황제가 배출된 원인이라고 할 수 있다.

청나라의 안정 속의 쇠락

예전에 중국의 역대 왕조는 대부분 전성기가 건국 초기의 수십년에 지나지 않았다. 그 기간이 100년을 넘겨 번영한 나라는 당나라가 유일했다.

그런데 청나라는 건국 이래 150년이 넘는 번영을 누렸다.

청나라의 강건시대(康健時代, 1661~1796년)의 140여년 가까운 번영기간은 로마의 그 유명한 오현제시대(96~180년)의 85년을 포함한 팍스 로마나 시대 200년에 맞먹을 수 있는 동양의 유일한 사례였다.

이 기간에는 대내적으로는 큰 문제가 없는 기간으로 이 기간 인두세(人頭稅)도 면제하여 인구가 1700년에 2000만이었던 인구가 50년 후 1억 5천만명(정복지 인구 포함)으로 폭증하였다.

1800년에는 3억명, 1850년에는 4억명을 상회하여 중국인구 10억을 넘는 대국의 기초를 이룬 시기였다. 그 많은 인구가 먹고 살 수 있었던 것은 농업생산량이 크게 증대한 덕분이었다.

그러나 인구 증가가 농업생산력에 도움이 되는 것은 한계가 있었다. 인구가 지나치게 증가하면 이제 멜사스의 인구법칙이 정확하게 들어맞는 사례가 되어 버린다.

즉, 식량은 더하기로 증가하는데 인구는 곱하기(幾何級數)로 늘어나기 시작했으며 빈민이 증가하고 각지에서는 탐관오리(貪官汚吏)가 늘어나며 청나라도 말기적 현상이 드러나기 시작했다.

이때 유럽에서는 영국을 중심으로 산업혁명을 이루고 식민지를 확대하면서 서세동점(西勢東漸)의 물결이 중국을 향하여 휘몰아쳤다.

그리고 이 물결은 어느 시대처럼 단순한 왕조 교체 이상의 근본적인 변화를 중국, 그리고 동양 전체에 요구하고 있었다.

3장

조선의 근대시대

-4대 사화(士禍)와 전쟁(戰爭)시대(1498~1636년)

사화(士禍)의 원인-사림파의 등장과 연산군의 등극

조선 역사상 가장 훌륭한 임금 세종(재위 1412~1450년)이 사망한 때가 유럽에서 인쇄술이 시작되고 근대가 시작된 해였다. 세종 임금의 후계자들 문종, 단종은 불운하였다. 조카 단종의 왕위를 찬탈하고 훈구대신들을 양산한 세조(1417, 재위 1455~1468년)가 재위 13년 51세에 세상을 떠나고 19세의 둘째 아들 예종(1468~1469년)이 즉위하였다.

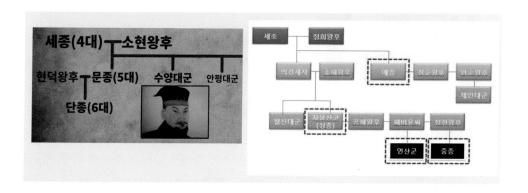

건재한 훈구공신(세조가 단종을 물리치고 왕권을 차지하게 한 공로자들)들은 자신들의 권력에 장애가 될 이시애의 반란을 토벌하고 당시 촉망받던 남이장군을 제거하였다.

훈구공신들을 부담스럽게 생각하고 친정(親政)을 강화하여 왕권을 강화하려던 예종이 즉위 1년 후에 갑자기 죽었다. 많은 사람들이 훈구파세력들이 독살한 것으로 믿었다.

그 후임으로 예종의 형(의경세자)의 아들 13세의 성종을 추대하여 왕위에 오르게 했다.

예종의 독살(설) 또 그 형(18세)보다 오랫동안 수렴청정(垂簾聽政)할 수 있는 동생(성종)을 택한 것은 모두 훈구파들의 권력유지의 방책이었다.

원래 조선시대의 왕위계승권은 장자상속이 원칙이었으나 장자가 자질이 훌륭하고 임금으로 적격이더라도 이들의 권력유지 속성에서는 만만한 둘째 왕자를 택하였고 특히 훈구파의 거두인 한명회가 그 왕자(성종)의 장인이었던 것이다.

영명한 왕 성종의 치세(1469~1494년)

성종과 더불어 경연을 가장 열심히 했던 왕!

성종이 이러한 업적을 이룬 것은 오랜 군주수업의 결실이기도 합니다. 실제로 그는 하루 세 차례의 경연을 매일 거르지 않았던 모범생이었습니다.

이렇게 세조(수양대군) 이후 세 번째 왕위 계승자였던 성종(재위 1469~1494년)이 훈구대신들에 의해 1년만에 왕위에 올랐다.

성종은 증조할아버지였던 세종대왕처럼 유교에 대한 조예가 깊었고 1476(20세)에 수렴청정(垂簾聽政)이 끝나고 친정(親政)이 시작되자 예전 집현전과 같은 홍문관(弘文館)을 설치하였다.

김종직(金宗直, 1431~1492년)을 중심으로 하는 젊은 선비(문인)들을 중용하여 훈구파를 견제하였다.

성종은 고려말 정몽주, 길재를 존중하고 그의 학통(學統)을 이은 김종직과 그의 제자 정여창, 김굉필 등을 홍문관에서 중용하여 사림파(士林派)가 형성되기 시작하였다.

성종의 공혜왕후는 한명회의 딸이었으며 소생이 없이 죽자 후궁 중에서 윤씨가 왕비가 되어 연산군을 낳았다. 새 중전 윤씨는 성격이 원만하지 못해서 후궁들과의 시기 질투로 1482년(성종 13년)에 결국 폐비가 되고 사약까지 내려서 죽게 되었다.

이 사건이 훗날 4대 사화 중의 피의 보복이 가장 심했던 갑자사화(1504년)의 발단이
된 것으로 성종의 결정적인 패착(敗着)이 되었다.

그 후 외롭게 자란 연산군은 결국 왕위에 올랐는데 그때 다른 왕자 진성대군(후의 중
종, 당시 4살)이 어리지 않았다면 18세였던 연산군이 왕위에 오르지도 못했을 것이다.

이후 연산군 시대부터 조선왕조는 훈구파와 사림파의 대결이 시작되고 대결에서 패배
한 세력이 연이어 화를 당하는 이른바 사화의 시대가 시작되었다.

연산군 시대-무오사화(1498년) 갑자사화(1504년)

연산군(1476, 재위 1494~1506년)은 즉위 초 빈민을 돕고「국조보감」등 서적을 완성
시켰으며 국방도 튼튼히 하는 등 그런대로 왕도를 지키는 임금이었다.

그러나 주위의 권력을 탐하는 무리들(훈구파 등)의 농간(弄奸)으로 차츰 홍문관의 사
림파를 미워하게 되었다.

즉위 4년차에 훈구파의 유자광 등이 사림파의 김일손이 작성한 사초(史草)의 내용이 세
조의 왕위 찬탈을 비판하고 붕당(朋黨)을 만든다는 무고가 결정적인 사화의 시작이었다.

이로 인해 사림파의 거두인 김종직을 부관참시(剖棺斬屍)하고 김일손 등 그의 제자들인
많은 신진사림파와 사간원(司諫院) 등 삼사(三司)의 주요 인물들을 죽이거나 유배시켰다.

이것이 조선시대의 첫 번째 사화, 무오사화(戊午士禍, 1498년)로서 사림파의 기반을
송두리째 무너뜨리는 신호탄이 되었다.

이런 피뿌리는 사화(士禍)를 계기로 연산군은 정사를 등한시하면서 강력해진 왕권을
바탕으로 자신의 관심인 사냥과 사치를 즐겼고 지방에 채홍사(彩虹使)를 파견하여 미인들
을 궁으로 불러 성균관 등에서 연회와 부도덕한 행위를 일삼았다.

결국 임사홍으로부터 친모 폐비사건을 알게 된 연산군은 당시 모함을 했던 후궁들을
직접 죽이고 조모 인수대비까지 구타하여 죽게 하는 등 폐비사건에 관여하여 사약을 내리
게 한 사람을 모두 색출하여 처형하였다.

이를 갑자사화(甲子士禍, 1504년)라 하고 무오사화보다 더 많은 인물들이 죽었으며 훈
구파, 사림파를 가리지 않고 처벌하여 훈구파의 대표적인 인물인 한명회도 부관참시하는
등으로 그 정도가 극에 달하였다.

👑 연산군, 흥청망청(장녹수)시대-콜럼버스와 같은 시대

연산군이 즉위한 해(1494년)는 조선왕조가 건국(1392년)된 지 102년이 경과한 해였고, 당시 콜럼버스는 2년 전에 아메리카 신대륙을 발견하였습니다.

연산군은 전국에서 미인들(흥청망청)을 선발했는데 그들 중에 발군의 대표선수가 장녹수였으니 그녀는 오늘날 영화와 연속극의 인기있는 주인공(많은 장녹수들)이 되었습니다.

무오사화가 있었던 1498년은 바로 포르투갈의 바스코 다 가마가 아프리카의 희망봉을 돌아서 인도양을 건너 인도의 콜카타에 도달한 대항해의 시기였습니다.

스페인, 포르투갈 등 유럽의 나라들은 미지의 세계를 찾아 위험한 항해를 하면서 신기원을 개척하고 있을 때 조선은 권력을 차지하려는 비열한 무고로 피를 보고 인재들을 죽이고 나라에 깊은 상처를 주고 있었던 것이 너무도 서글프게 비교됩니다.

훈구파와 사림파의 재대결-기묘사화(1519년)

연산군의 실정, 그리고 폭정으로 권력의 지위가 불안해진 훈구파 가운데 박원종, 성희안 등이 1506년에 연산군을 몰아내는 반정(군사반란)에 성공한다.

연산군을 교동으로 유배시키고 그의 이복동생 진성대군을 왕위에 추대하니 11대 임금 중종(재위 1506~1544년)이다.

그래도 시국을 읽고 있었던 중종이 1510년 훈구파들의 세력이 약화됐을 때 성리학의 조예가 깊고 김종직, 김굉필로 이어지는 사림파의 중진 조광조(趙光祖, 1482~1519년)를 발탁하였다.

조광조는 무오사화 이후 그 씨가 마를 뻔한 신진 선비들을 등용하여 유교정치의 이상사회를 구현하려는 개혁을 추진했다.

연산군 이후 폐지되었던 성균관이 부활되고 사헌부 등 3사가 기능을 발휘하자 훈구파 등이 궁지에 몰리게 되었다. 모든 개혁이 그러하듯 현실을 무시하는 강한 개혁조치는 훈구파 등 기득권자들의 반발을 불러 일으키고 실패하는 경우가 많다.

결국 심정, 남곤 등 훈구파들은 그 유명한 "주초위왕(走肖爲王: 조씨가 왕이 된다는 跛字)"이라는 유언비어를 퍼뜨리고 꿀로 잎사귀에 이 글씨를 써서 벌레가 파먹게 해 천심(天心)인 것처럼 조작하였다.

그 때까지 무던히도 조광조를 비롯한 사림파의 개혁을 밀어 주던 중종까지 돌아서면서 사림파의 대사헌 조광조를 비롯하여 사림파들을 파직 유배시키고 조광조는 사약을 내려 죽였다.

이렇게 모처럼 시작한 개혁은 10여 년만에 날아가고 동서양을 비롯하여 "개혁은 안 되는 것이야"라는 것을 다시 한번 확인시켰다.

👑 **세계가 확장되어 갈 때 우물 안의 개구리들(조선의 선비들)**

기묘사화 1519년에 조광조도 죽고 개혁은 물거품이 된 지 2년 후, 마젤란은 1521년 저 멀리 남아메리카에 도착합니다. 마젤란이 그 해안 끝까지 내려가 대서양의 마지막 바다를 돌아 더 서쪽으로 갔을 때 새로운 바다 태평양을 보았습니다.

이들은 천신만고 끝에 이 바다를 건너 필리핀에 도착, 나중에 출발지인 스페인으로 돌아 갔으니 세계일주를 완성하고 지구가 둥글다는 것을 완전히 증명하였습니다.

이때 조선반도(우물 안)의 선비(개구리)들은 싸움을 계속했습니다.

명종 즉위와 문정왕후(女傑)의 시대-을사사화(乙巳士禍, 1545년)

중종은 조광조의 사림파를 박살낸 기묘사화(1519년) 이후에 권력도 잃고 심정, 남곤 등의 훈구파에 휘둘려 맥빠진 임금 노릇을 1544년(재임 38년)까지 이어 갔다.

그의 가족사도 기구하여 임금으로 즉위할 때 사랑하던 첫 번째 왕후가 반정세력에게는 적군파의 딸이라고 폐위 당했다.

두 번째 왕후가 왕세자가 된 인종(1515, 재위 1544~1545년)을 낳으면서 죽고 세 번째 왕후 문정왕후가 명종(1534, 재위 1545~1567년)을 낳았다.

이 문정왕후가 아사리판 같은 왕실에서 인종의 양모로서 인종의 외삼촌 윤임(大尹이라 불렸음)과 훈구파의 눈치를 보며 딸만 낳고 버티다가 명종을 낳은 이후에는 정치적 야심을 가지게 되었다.

1544년 중종이 죽자 오랜 왕세자로 준비된 왕(29세)이었던 인종이 즉위하여 오래 전의 기묘사화의 주인공 조광조를 비롯한 희생자들의 명예를 회복해 주고 신하들의 압박 속에서도 개혁정치를 하고자 했다.

그런데 즉위 9개월만에 지병(문정왕후 측의 독살설도 있었음)으로 사망하고 명종이 12세의 나이에 13대 국왕에 즉위하였다.

이때부터 섭정(수렴청정)에 올라 권력을 쥐게 된 문정왕후는 기고만장하였으며 그의 동생 윤원형(小尹)이 활약하는 조선역사상 최초의 여걸시대(女傑時代)가 개막되었다.

제일 먼저 지금까지 권력을 행사하던 대윤에 대한 반격을 시작하여 대윤 윤임을 제거하고 그의 일당과 앞으로 권력행사에 방해가 될 많은 사림파들을 죽이거나 유배를 보냈다.

이를 4대 사화의 마지막인 을사사화(乙巳士禍)라 부르며 이 네 번의 사화들을 통하여 사림파들은 계속 패했으며 중앙 정계에서 모두 물러났다.

문정왕후는 명종의 친정(1553년) 이후에도 계속 권력을 행사하여 그 특유한 정치능력으로 전통적인 남성사회 위주의 관료들을 장악하면서 죽을 때(1565년 65세)까지 악명을 떨쳤다.

특히 숭유배불(崇儒拜佛) 정책을 채택해온 조선왕조에서 주위의 반대에도 불구하고 불교의 중흥을 도모하여 유명한 보우 대사를 옆에 두고 사찰들을 세우고 큰 불사를 일으켰다.

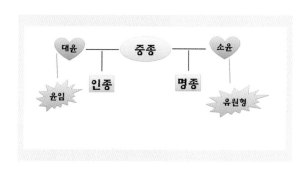

현재 봉은사(강남소재)를 중심으로 승려들을 발탁하고 양성했는데 임진왜란 때 활약하던 유정, 휴정대사들이 이 시기와 관련된 고승들이다.

👑 문정왕후 시대 임꺽정

문정왕후를 끼고 매관매직 부정축재에 앞장서던 윤원형(소윤)과 그의 애첩 난정의 스토리는 드라마나 영화에서 많이 다루어졌으며 이 어지러운 난세에 전국에서 민란(民亂)이 많이 벌어졌으며 그 중 임꺽정의 이야기는 유명한 실화입니다.

20살이 된 명종이 뭘 좀 하려고 하면 문정왕후가 "네가 누구 때문에 왕이 됐는데" 하며 윽박지르는 장면이 기억납니다.

사림들의 부활-동인, 서인의 당쟁 그리고 임진왜란

명종이 1553년 20살이 되어 친정을 시작하면서 신진사림들을 등용하기 시작했다.

어머니 문정왕후와 대신들의 견제를 피해서 기대승(奇大升, 1527~1572년) 같은 성리학의 신진학자 등을 지원하여 조정에 세력을 형성하였다.

1565년 문정왕후가 죽자 윤원형은 이들 사림들의 탄핵을 받아 정난정과 함께 강화로 도망갔지만 결국 사약을 받고 죽었다. 윤원형의 죽음은 소윤파, 훈구파의 마지막 세력이 무너진 것이며 사림파가 중앙정계에 다시 등장하는 계기가 되었다.

4대 사화 시절에는 중앙무대에서 물러나 향촌에 은거하며 사립대학격인 서원을 설립하여 후학들을 양성하였으며 선조(1567~1608년)의 즉위와 함께 조선을 이끄는 주체세력으로 역사의 전면에 화려하게 등장했다.

그런데 다시 동인, 서인의 당쟁으로 나가게 된 것이 안타까운 사실이며 이런 상태로 원하지도 않은 임진왜란을 맞이하게 된다.

임진왜란의 발발(1592년)

이이(이율곡)의 10만 양병건의와 일본에 보낸 수신사들의 일본의 침입에 대한 상반된 보고는 임진왜란과 관련하여 너무도 잘 알려져 있다. 드디어 1592년(임진년) 4월 15일에 9개 부대 총 20만 명의 왜병이 부산에 나타났다. 조총으로 무장한 왜병은 동래부를 점령하고 무풍지대처럼 북상하기 시작했다.

왜병이 전투다운 전투를 해 본 것은 충주에서 당시 조선의 제일의 명장이라는 신립의 배수진을 격파한 것이었다. 예상보다도 손쉽게 그리고 빠르게 5월 3일 한양을 점령하였다.

선조는 4월 30일 한양을 빠져나가 5월 7일에 평양에 이르고 6월 22일 압록강변인 의주까지 몽진(蒙塵)하였다.

당시 광해군은 평안도 박천에서 선조와 헤어져 분조(分朝)를 맡아 이듬해 10월까지 이덕형, 이항복 등과 함께 근왕군을 모집하고 의병을 독려하며 실질적으로 전쟁을 지휘하였다.

육상의 진주대첩과 해상의 한산도대첩 등

전쟁과정에서 진주대첩, 행주대첩, 한산도대첩 등을 통해 조선의 관군과 의병들이 반격작전에 성공하여 명나라 파견군과 함께 임진왜란을 마무리 할 수 있었다.

임진왜란은 조선의 농업을 황폐화시켜 인구의 감소와 더불어 농토는 3분의 1이 줄었고 경복궁, 창덕궁, 창경궁이 불에 탔으며 수많은 보물이 약탈당하고 많은 공인들이 일본으로 끌려갔다.

백성들은 통치계급과 국왕에 대한 극도의 불신을 드러냈고 전후복구를 위한 매관매직을 통해 신분질서가 무너지면서 양반사회는 빠르게 해체되기 시작했다.

명나라의 원정과 함께 정유재란(1597~1598년)이 발생했으나 일본 본국의 도요토미 히데요시가 사망하면서 1598년 많은 상처만 남긴 채 전쟁이 끝났다.

임진왜란(정유재란) 이후 광해군의 개혁정치-등거리 외교

광해군(조선 15대 왕, 1575~1641년, 재위 1608~1623년)은 선조와 공빈 김씨의 둘째 아들이며 임진왜란 때 선조의 의주 몽진 당시 큰 역할을 하였다.

영변에서 세자(17세)로 책봉되고 분조(分朝)를 이끌며 함경도 지방으로 가서 근왕병을 일으키고 조정을 대표하였으며 정유재란 때도 전라도, 경상도를 돌면서 임진왜란 승리에 많은 역할을 하였다.

그런데 전란 후 도성으로 돌아온 선조는 인목왕후에게서 늦둥이 영창대군(1602~1614년)을 낳고 이를 총애하여 자신의 14명의 아들 중 유일한 적자 출생이라고 이를 세자로 책봉하기를 원했다.

세자책봉을 두고 신하들의 의견도 갈렸으나 임진왜란 때 고생하며 공을 세운 광해군을 무시할 수 없었으며 무엇보다 백성들의 선조에 대한 불신과 광해군에 대한 지지가 탄탄하였다. 차일피일 미루다가 선조가 죽자 광해군은 간신히 왕위에 올랐는데 이 당시 전후복구와 정치안정이 무엇보다 필요하였고 동북아의 정세변화에도 잘 대처해야 하는 삼중고에 시달렸다.

우선 전후 복구를 위해 기득권 세력의 반대를 무릅쓰고 1608년 이원익의 건의를 받아들여 선혜청(宣惠廳)을 설치하고 이와 함께 토지면적에 따라 현물(쌀)로 공납을 받는 대동법(大同法)을 경기도 지역부터 실시하는 개혁을 추진하였다.

또한 정치안정을 위해 집권당인 북인(北人) 이외에도 주요한 정치세력인 서인, 남인들도 두루 등용하는 탕평인사(蕩平人事)로 연립정부를 구상했다.

중요한 것은 동북아의 새로운 강자로 등장한 만주족에 대한 대응이었다. 만주족의 영웅인 누르하치는 1616년에 후금(청)을 세우고 태조(1616~1626년)로 등극했다.

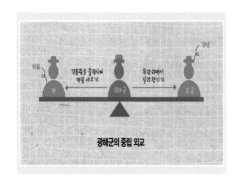

광해군의 중립 외교

광해군은 만주족이 세운 후금의 정세를 파악하여 명나라와 후금에 대한 등거리외교를 펼쳤다.

1619년에 금과 명나라가 사르후에서 전투가 벌어지자 광해군은 강홍립에게 1만의 군사를 주며 적당한 상황에서 후금에 투항을 하는 등 중립을 지시하였다.

주자학과 한족에 대한 맹목적인 숭모(崇慕)에 빠져 있던 신하들(특히 서인)은 그 특유의 "아니 되옵니다"를 반복하면서 광해군의 정책이 명나라의 은혜(임진왜란 시 원군을 보낸 일)를 저버리는 일이며 명분과 의리를 배신하는 행위라고 몰아 붙였다.

아울러 광해군이 정쟁을 계속하는 신하들의 주장으로 형 임해군도 죽이고 영창대군을 유배시킨 뒤 1614년 사사(賜死)하고 인목대비를 서궁에 유폐(幽閉)시킨 일 등은 나중에 반정(反正)의 빌미를 주었다.

👑 선조의 거듭된 실수, 나라를 그르치다

선조가 인목왕비에게서 영창대군을 얻었을 때 세자 광해군은 이미 27세나 되었고 전쟁 때 그렇게 고생을 한 세자를 폐하고 영창대군을 세우려고 했습니다.

그것은 선조 자신이 적자출신이 아니어서 신하들에게 보이지 않는 천시를 받았던 심리적 갈등으로 조금은 이해할 수 있습니다.

그러나 선조는 전란에 도망가기에 바빴던 반면 광해군이 전쟁 시 공을 세운 것이나, 해전에서 완벽한 승리를 거둔 이순신을 질시하였던 것은 모두 이들이 치켜 세워지는 것이 선조에게는 보기 싫었던 것이었습니다. 오히려 선조가 광해군의 공을 치켜세워 주고 그 권위를 복돋아주며 영창대군도 부탁했으면 영창대군의 운명이 달라졌으며 광해군도 인조반정을 당하지 않고 역사가 달라졌으리라고 생각됩니다.

인조반정(1623년) 이후 다시 전쟁으로 병자호란(1636년)

광해군이 노력을 했지만 집권 북인들의 권력 농단에 서인들의 불만이 높아가고 이들은 결국 인목대비의 유폐와 명과 후금 사이의 실리외교(實利外交)를 빌미로 삼아 1623년 군

인조반정(1623년)

사반란을 일으켜 광해군을 축출했다.

광해군의 이복형제(선조의 인빈 김씨소생) 덕종의 아들 능양군이 인조(재위 1623~1649년)로 즉위했다.

광해군은 어쩌면 당쟁의 희생으로 능력 발휘를 다 못하고 48세에 밀려나서 강화도로, 제주도로 유배생활을 하면서 18년을 고독하게 더 살았다.

인조와 서인정권은 대권을 쥐자 곧바로 청(후금)에 대한 외교를 끊고 명분만으로 명나라를 후원하였다. 아무 대책없는 이 무모한 결정의 대가는 처참했다.

병자호란(1636년)

누르하치의 아들 청 태종(1626~1643년)은 "명나라를 치기 전에 후방의 조선을 정벌하는 것이 먼저다"라고 판단하여 1627년 3만의 병력으로 평안도 지역을 침략하고 조선을 침범했다.

이에 "아! 뜨거라" 한 조선은 이번에는 중립을 선언하고 강화조약을 맺었다.

그러면서도 뒷구멍으로 명나라를 지원하자 청 태종은 1636년 12월에 이번에는 10만명의 병력을 이끌고 임경업 명장이 지키는 백마산성을 피해 한양으로 진격했다.

인조는 강화로 피신할 수 있는 기회를 놓치고 남한산성으로 급히 들어갔지만 튼튼하지 못한 남한산성에서 엄동설한에 40여 일을 버티고 결국 서울 송파나루 삼전도에서 굴욕적인 항복을 하였다.

👑 없어도 됐을 인조반정, 나라꼴이 엉망

인조반정은 원래 선조의 후궁들 공빈 김씨(광해군의 어머니)와 인빈 김씨(인조의 할머니) 그리고 그 이복형제들끼리의 경쟁의식이 누적돼왔고 영창대군의 세자책봉 문제부터 북인과 서인의 오랜 정쟁으로 신하들이 정권을 차지하기 위한 반정이었던 것입니다.

큰 전쟁 두 번을 겪으면서도 계속된 붕당정치는 선조 즉위 1552년부터 병자호란까지 80여 년을 그렇게 보냈습니다. 전쟁의 수난을 당하고도 붕당정치는 세도정치와 함께 잠깐의 간격을 두고 지속되어 이때로부터 1910년까지 270여 년을 계속합니다. 나라가 완전히 망할 때까지...

4장

조선의 18세기-
숙·경·영·정 시대, 당정시대(1674~1800년)

두 번의 전쟁 이후 40년, 당쟁의 이념화 시대

병자호란이 끝나고 인조의 아들인 소현세자, 봉림대군 등이 청나라의 수도인 심양에 볼모로 잡혀갔다.

특히 소현세자는 넓은 세계관과 문제의식을 가지고 야만인이라고 멸시했던 청나라의 발전과 변화를 주의 깊게 보았으며 서양선교자들에게 서양과학을 배워 1645년에 돌아왔다.

그러나 인조와 서인정권은 병자호란을 초래한 잘못의 책임을 피하고자 궤변을 늘어 놓으면서 하나도 변하지 않았다.

그들은 "만주족(청)에 굴복한 것은 몸이지 정신이 아니다. 대중화(大中華)는 망했지만 그것의 정신을 계승하는 소중화(小中華)는 살아있다. 겉으로는 청나라를 인정하지만 속으로는 명나라를 섬긴다"는 한심한 사고방식을 지켜나가는 분위기였다.

그러니 현실을 인정하고 개방적이고 청나라를 배우자는 소현세자는 인조와 서인들의 눈에는 걸림돌이었다. 결국 소현세자는 귀국 두달만에 의문사(독살?)하고 그 가족까지 다 죽음을 당했다. 결국 인조가 죽고 반청주의자(反靑主義者) 봉림대군이 효종(1619, 재위 1649~1659년)으로 즉위하여 친청파(親淸派)부터 제거하였다.

그로부터 소위 북벌(北伐, 청나라 공격)을 준비했으나 지지부진하였고 송시열 등의 신하들은 당파의 이념에만 몰두하였다.

결국 효종도 의문사했으며 무해무덕(無害無德)한 현종(1641, 1659~1674년)이 즉위하여 15년 동안 있었던 일은 왕실의 상사(喪事)에 누가 상복(喪服)을 1년, 3년을 입어야 하는지를 가지고 다투는 소위 예송논쟁(禮訟論爭) 등으로 세월을 보냈다.

국가대란(1592~1636년)이 40여 년 동안 이어졌고 그 후 40년 가까이 또 이렇게 허송하며 더 큰 당쟁의 시대로 진행된다.

숙(종)·경(종)·영(조)시대(1674~1776년) 102년

20대 경종
1720~1724

19대 숙종 **21대 영조** 장조
1674~1720 1724~1776 (사도세자)

조선 19대 임금 숙종(1674~1720년)은 현종의 외아들로 14세의 나이에 임금이 되었지만 상황파악이 빠르고 정치적 식견이 있었다. 이른바 군약신강(君弱臣強: 왕권이 약하고 신하의 입김이 강한 상태), 개국 초기에 정도전이 모색하던 체제와 비슷한 것을 뒤집었다. 숙종은 왕통의 권위와 할아버지 효종의 정통성을 부정하던 송시열(1607~1689년)을 귀양보냈다.

15세와 68세의 기싸움은 15세인 숙종의 승리로 끝났다.

숙종은 환국(換局)이란 방식으로 자신의 구도에 맞게 여러 당파를 장악하였다.

말 그대로 판을 바꾼다는 것으로 의회민주주의에서 다수당이 의회(국정)의 주도권을 잡는 것처럼 국왕이 주도하고 판단하여 주도세력을 바꾸었던 것이다.

당시에는 남인과 서인(나중에는 노론, 소론으로 분리)을 교대로, 비대해진 세력을 국정의 주요 보직에서 대폭 인사이동(퇴출)시킨 것이다.

물론 사건을 계기로 했지만 재위 중에 크게는 3번(1680년, 1689년, 1694년에 환국) 중 특히 기사년(己巳年) 1689년 기사환국 때 그 유명한 장희빈(1659~1701년)의 아들 윤(경종)을 세자로 책봉하려는 조치에 대하여 서인들이 반대하면서 발생하였다.

이 사건으로 인하여 서인의 영수인 송시열은 제주도로 귀양가서 사약(賜藥)을 받아 죽었다.

송시열은 중국의 주자학에 정통하여 동양의 "송자"로 불린 대학자였으나 정치인으로서는 당쟁(黨爭, 정당활동)의 한복판에서 귀양, 사약에 의해 희생되었다.

숙종이 세 왕비를 두었는데 왕자를 얻지 못하고 희빈 장씨(장희빈이라 불린 유명한 여

주자학의 거두 송시열

인)가 경종(20대 4년 재위)을 낳고 숙빈 최씨가 영조(21대 52년 재위)를 낳았다.

숙종 자신이 조선의 왕들 중 두 번째로 46년을, 아들 영조가 최장 52년을 재임하는 기록을 가졌으므로 이 부자들이 102년의 장기 재임을 하였으니 다른 건 몰라도 고질적인 당쟁을 환국 그리고 탕평책으로 순화했다는 공적을 거론할 수 있다.

또한 당시 장희빈은 송시열 이상의 영향력으로 정국을 뒤흔들었는데 기사환국 이후 중전의 자리에 올라 투기와 독직을 계속하여 숙종이 1694년 장중전을 원래 희빈으로 돌리고 인현왕후를 다시 복직시키는 등 갑술환국이 벌어졌다.

그 후 또 7년이 지난 1701년에 인현왕후가 죽었는데 이 죽음의 근저에는 장희빈이 신당(神堂)을 만들어 놓고 왕후를 저주(咀呪)했다는 증거가 나와서 드디어 숙종도 사약을 내려 장희빈은 죽게 된다.

그래서 연산군과 비운에 죽은 윤비사건을 연상하기도 했으나 그 아들(경종)은 어머니에 대한 이미지가 좋지 않았으며 그 후 잘 성장하여 연산군의 복수 같은 일은 되풀이되지 않았다.

♛ 장희빈은 역사 연속극의 단골 소재

숙종의 장희빈은 연속극이나 영화의 소재로도 많이 취급되어 여러 차례 방영, 방송되었습니다
2002~3년에는 100부작으로 제작되어 공전의 인기를 끌었습니다. 많은 국민들에게는 조선시대 인물로 세종대왕 다음으로 숙종과 함께 많이 알려진 이름이 되었습니다.
당시 숙종 역에는 전광렬, 장희빈 역에는 김혜수가 열연을 한 것으로 기억됩니다.

주자학(朱子學)의 이념독재(理念獨裁)의 영향

주자학(性理學)은 신유교(新儒敎) 개념으로 남송시대의 주희(朱熹, 1130~1200년)가 정립한 이론으로 우리나라 고려 때 충렬왕 시대에 전래되어 고려말 이색 정몽주 같은 학자들이 연구하였다.

조선의 창업설계자 정도전이 성리학의 대가로서 신왕조 설립의 기초학문으로 삼았다.

이때 배원친명(排元親明)과 신권정치(臣權政治)의 틀 속에서 조선건국을 이루려 했으나 이방원(3대 태종)의 견제로 조선초기는 왕권중심의 체제로 나갔다.

그러다가 7대왕 세조가 1455년 단종을 밀어내고 왕이 되면서 훈구대신들의 세상으로 변했다.

이런 체제에서 1480년대 성종시대부터 김종직, 김굉필, 조광조 등 사림(士林)들을 등용하여 훈구대신들을 견제하기 시작하였다.

그러나 아직 그 뿌리가 약한 성리학의 선비들이 4대사화(1498~1545년)에 희생되고 다시 재야로 돌아갔다.

14대 선조(재위 1567~1608년) 임금부터 다시 등장한 신진사류들은 이황, 이이 등의 이기론(理氣論)에 바탕을 두고 성리학에 몰두하는 한편 과도한 당쟁이 시작되어 숙종 시 송시열 같은 원로까지 빠져 있었다.

현종 때 예송논쟁(禮訟論爭)같은 대립이 그 사례이다.

승부가 없거나 판정하기 어려운 이념의 싸움이 치열한 당쟁으로 나타나서 이를 "이념독재(理念獨裁)"라고 부를 수 있다.

그런 이념독재가 조선사회에 미친 영향은, 이념적 순수성을 강조한 소중화(小中華)의식으로 세계사적 변화를 거부하고, 장자상속제, 칠거지악, 호주제 등을 통한 가부장제를 강화하였다. 또한 사회계층의 다양성을 상실하였으며, 농업을 숭상하고 상업은 천시하는 등으로 상업자본의 형성과 발전에 걸림돌이 되었다.

결과적으로 당파를 형성하고 권력을 전횡하면서 내치, 외치를 소홀히 하고 자당(파)의 이기주의에 빠져 국정이 문란해졌다.

이처럼 조선왕조는 세종대왕 사후(1450년) 300년(어느 중국왕조보다 길다)이상 경과하면서 역동성과 창의성을 잃어버리고 세계사의 주변으로 전락하기 시작했다.

다행히 영조와 정조라는 임금이 나와서 합계 76년이나 재위하였지만 150년(선조시대부터)동안의 주자학의 이념 독재와 공고해진 당파를 뛰어 넘기에 역부족이었다.

영조 시대(52년)-탕평책

숙종이 1721년에 죽고 장희빈의 아들 경종(1688, 재위 1721~1724년)이 즉위한다. 나이(33세)도 먹을 만큼 먹었고 상황판단을 할 만한데 서인의 노론 소론이 갈려 새로 부임한 왕을 흔들었다.

이에 경종은 오랫동안 정권을 차지하고 있던 노론을 과감하게 응징했다. 아버지 숙종이 하던 환국처럼 손을 보았다. 이때 노론 60여 명을 파직시켰는데 이듬해 노론역모사건이 일어나서 170여 명의 대신들이 죽음을 당하거나 귀양 보내졌다.

그러나 본래 몸이 허약했던 경종은 그 복잡한 정국을 휘어잡지 못하고 재위 4년에 죽었다. 경종은 1724년 당시 세자이던 영조가 보낸 음식을 먹고 복통을 일으켜 5일 후에 세상을 떠났다는, 즉 독살을 당했다는 주장이 있다.

드디어 조선조의 21대 임금 영조(1694, 재위 1724~1776년)가 재위에 오르는데 원래 신분이 낮은 어머니(무수리 나중에 숙빈 최씨)가 출생하였지만 아들이 귀하여 30세에 즉위하였다.

아버지 숙종도 46년을 재위하였지만 영조도 조선조에서 가장 긴 52년을 재임한 것으로 유명하다. 본래 총명하고 스스로 주변이 완벽하여 내치(內治)에서도 많은 일을 하였다. 여러 가지 제도개선을 이루었고 문화의 정비, 민생대책도 많이 시행한 임금으로 알려져 있다. 특히 지금도 남아 있는 청계천의 개천(介川)사업을 5만명의 인원을 동원하여 당시 수도를 관통하는 상하수사업을 1760년에 완공하였다. 그리고 군역법(均役法)을 개선하여 국민들의 부담을 절반으로 낮추었다.

영조하면 떠오르는 두 가지 중 하나는 선비들의 붕당정치를 막는 "탕평책(蕩平策)"을 실시한 것이고 또 하나는 그의 유일한 아들 사도세자(思悼世子)를 뒤주에 가두어 9일만에 죽게 한 비극적인 사건이었다.

영조는 선대(선조)로부터 150여 년 동안 이어져 온 붕당정치를 해결하는 탕평책(蕩平策)을 제시하였다.

영조는 노론과 소론의 지도급 인사들을 한자리에 모아 화해와 악수를 요청하였고 당파의 발원지인 서원을 줄이거나 건립을 사사롭게 하지 못하게 하였으며 정쟁의 원천이었던 이조정랑(吏曹正郎, 인사국장)의 인사추천권을 폐지하고 그 직책도 순번제로 하도록 했다.

같은 당파끼리 결혼을 못하게 했으며 당파의 균형을 위하여 등용을 똑같이 하는 쌍거호대(雙擧互對)와 똑같이 책임을 지는 양치양해(兩置兩解)라는 기발한 제도를 실시하였다.

원나라 시대 또 청나라시대 이민족이 지배할 때 한나라 출신의 공직자를 공평하게 기용하던 정책과 유사하게 운영하여 당파의 불만을 없애도록 한 고육지책(苦肉之策)이었으며 상당한 성과를 거두었다고 평가되었다.

영조의 비극-사도세자의 죽음

이제 영조로서는 천추의 한이 되는 세자인 아들 사도세자를 죽인 일이다.

사도세자(1735~1762년)는 영조도 손(孫)이 귀해서 왕위에 오르고도 11년만에 자신이 41세에 얻은 귀한 아들이었다.

어렸을 때는 그렇게 총명하고 잘 커서 복덩어리였는데 10살이 넘어서면서 세자가 말 타기를 좋아하고 무예에 관심을 두는 무인적 기질을 발휘하여 책 읽기를 소홀히 하는 것이 무언가 문제가 되기 시작했다. 더구나 정치와 국사를 보는 시각이 아버지와 달라지기 시작하고 주위의 예의범절도 흐트러지기 시작했다.

영조는 세자에 대한 기대가 크고 본인부터 완벽주의자여서 자주 엄격하게 세자를 훈계하고 강하게 감독을 하자 둘 사이는 점점 멀어지기 시작했다.

이렇게 부자 간의 관계가 악화되어가면서 사도세자에게는 아버지에 대한 스트레스가 정신병으로 진전되어 갔다.

이조의 선대(先代)에서도 태조와 태종의 관계, 선조와 광해군, 그리고 인조와 소현세자의 관계처럼 부자 간에도 권력은 나눌 수 없는 것처럼 영조와 세도세자의 관계는 돌아올 수 없는 강을 건넌 듯 싶었다.

또 사정을 악화시킨 것은 영조가 탕평책으로 서인의 노론 소론의 대립관계를 조화하고 있는 상황에 사도세자가 소론에 가까운 태도를 보이는 것은 영조를 더욱 분노하게 했다.

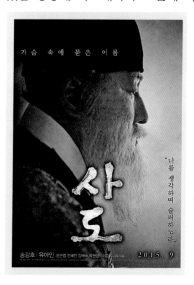

같은 궁궐 내에서 반년이나 못 보던 세자의 거처를 압수수색(押守搜索)하여 기괴한 물건들을 보게 된 영조의 인내심은 끝이 났다.

이렇게 해서 1762년 영조는 그 아들 사도세자를 자결토록 했으나 이를 거부하자 뒤주에 가두는 엽기적인 방법으로 9일만에 죽게 하는 조선조의 최대의 비극이 발생했다.

이 당시 세자는 17살에 결혼한 동갑내기 세자비 혜경궁 홍씨(1735~1815년)와 10살 난 아들(나중의 정조)이 있었다. 혜경궁 홍씨는 자신의 출생과 시집온 일, 사도세자의 사건 등을 일기체로 써서 "한중록(閑中錄, 1795)"을 저술하였다.

그 후 영조는 아마도 가끔씩 아들의 트라우마에 시달렸을 것이고 14년을 더 재위한 후 그 손자 정조(1752, 재위 1776~1800년)가 후계를 이었다. 22대 왕위에 오른 정조의 일성은 "아, 과인은 사도세자의 아들이다"라고 말했다.

정조의 시대는 조선후기 르네상스

정조는 10살에 아버지기 죽는 것을 보고 왕세자로 할아버지 영조의 보호와 귀여움을 받으며 제왕교육을 받았고 24살 1776년에 즉위하였다.

이 해는 아메리카 대륙의 미국이 독립을 선포한 해이며 재임 중에는 프랑스대혁명이 발생하는 등 분주한 시기였으나 조선에서는 나름대로 영민한 정조가 소위 "조선후기 르네상스"라고 부를 만한 잠깐(24년) 동안의 문예부흥기를 이끌었다.

주위에서는 연산군이 즉위하여 비명에 간 어머니의 복수를 한 갑자사화(1504년)를 연상하였으나 정조는 즉시 주변을 정리하고 통치준비를 하였다.

우선 자신의 친위세력으로 인재들을 규합하여 동덕회(同德會)를 결성하였다. 오히려 선대에서부터 경험으로 외척의 견제와 특정인에 기대는 것을 시정하기 위해 장인인 홍국영 등 친인척을 내쳤고 멀리했다.

정조는 즉위하자 곧 규장각(奎章閣)을 설치하고 채제공, 정약용 등의 개혁적인 인물들을 양성하였고 여러가지 방법을 통하여 150명에 이르는 측근들과 활발한 문화사업을 추진했다.

또한 영종의 느슨한 탕평책을 더 엄격하게 실시했으며 왕권중심의 정치를 펼쳤다.

채제공의 건의를 받아들여 육의전(六矣廛)을 독점한 사인들의 독점권을 폐지하는 신해통공(辛亥通工)을 실시하여 시장을 활성화하였다.

아버지 사도세자를 위하여 정약용을 시켜 수원에 화성을 축성하게 하고 이를 다녀오는 행렬을 문화로 만드는 등 많은 일을 하였으나 재위 24년만에 48세로 죽었다. 이때도 영민(英敏)한 왕을 두고 못 보는 수구파들이 권력을 탐하여 독살하였다는 뒷 이야기가 나왔다.

잠깐의 개혁의 불빛이 꺼지고 만 안타까운 역사였다.

5장

일본의 근대시대-도쿠가와 막부의 개막(1603년)

일본은 임진왜란 이후 토쿠가와(德川家康) 막부시대로

일본은 쇼군 계승과 관련하여 1467년에 시작된 전국시대(戰國時代)를 1582년 풍신수길이 통일하였으며 그 10년 후에 임진왜란을 일으켰다. 그러므로 일본의 근대는 그 전후 새로운 시대 토쿠가와 막부로부터 시작됐다고 할 수 있다.

일본은 두 차례 조선침공, 7년 전쟁(1592~1598년)이 끝나고 아무 책임, 배상도 없이 물러갔다. 마지막으로 이순신 장군이 명량, 노량해전에서 물러가는 왜군을 손봐주기는 했지만 왜군은 조선의 산천, 문화재, 국민들을 가리지 않고 크게 할퀴고 갔다. 조선만이 크게 멍든 전쟁이 끝난 것이다.

애당초 이 전쟁을 시작하면서 3단계로 아주 잘되면 중국까지 정복, 덜 풀리면 조선정복, 안 풀리면 강화를 체결하고 대외무역을 재개하는 것이었다는데, 이제 세 번째 단계로 마무리 된 셈이니 책임없이 "안되면 말고"식이었다.

전쟁을 끝내고 돌아온 사무라이 장수들의 관심은 이제 총대장 도요토미 히데요시가 없는 세상에서 누가 천하를 잡고, 히데요시의 후계자가 되느냐였다.

히데요시의 아들이 있었지만 아직 어린 아이(10세)였고 히데요시가 부하들에게 아들을 부탁한다 했지만 그의 부탁은 이미 물 건너간 지 오래였다. 이 단계에서 가장 강한 인물은 도쿠가와 이에야스(德川家康)(1543~1616년)로 늘 속을 숨기고 2인자로 만족했던 그가 이제 일인자로 나설 기회가 온 것이다.

도요토미 히데요시도 그의 실력을 알고 신뢰하여 전쟁 시에도 출병시키지 않고 국내를 지키도록 하여 이래저래 낭비 없이 실력을 키우고 있었다. 그에 대적할 만한 세력은 도요토미의 직계 심복이었던 이시다 미쓰나리(石田三成) 정도였는데 이들은 교토의 오사카성을 중심으로 서군(西軍), 그리고 도쿠가와 쪽을 지지한 동군(東君)으로 나뉘어 큰 전투가 벌어졌다.

하루의 전쟁 세키기하라 전투장면

1600년에 일본 열도를 놓고 자웅을 겨루는 단판승부, 유명한 "세키기하라" 전투가 벌어졌다. 2월 15일 단 하루 동안 벌어진 전투에서 이에야스의 동군은 승리를 거두고 이에야스는 꿈에 그리던 일인자의 자리에 올랐다.

오랜 기간 준비된 일인자는 훨씬 빠르고 체계적으로 권력의 안정을 위해서 적군측에 가담한 영주(다이묘)들의 영지를 몰수하였다. 승리한 자기 우군 쪽에는 논공행상(論功行賞)을 하면서 자신의 영지도 크게(전국 곡식 생산량의 6분의 1 정도까지) 늘렸다.

1603년에 교토의 천황에게서 무사들이 최고의 영예, 쇼군의 지위를 받아서 전국시대에 한동안 끊겼던 바쿠후(幕府)도 부활하였다.

일본 역사상 가마쿠라, 무로마치막부에 이어 세 번째 막부인데 이번에는 그 조직 체제가 지방까지 완전히 장악하는 질적으로 크게 향상된 막부였으며 이 도쿠가와 막부가 1868년 명치유신까지 265년을 지속하게 된다.

이제 바쿠후의 부활, 새로운 출발과 더불어 쇼군의 자리도 세습이 되는 것이므로 자신은 쇼군에 오른 지 2년만에 아들에게 쇼군의 자리를 물려주어 새로운 세습의 전통을 확립하고자 했다.

도쿠가와의 국내외 정책-쇄국정책

풍신수길이 건립했던 오사카성

이제 도쿠가와의 마지막 한 가지 걸림돌이 남아 있었으니 그것은 일본의 최고로 크고 견고한 오사카성(좌측 사진)을 차지하고 있는 히데요시의 아들 히데요리였다.

현재 천황의 실권은 자신이 쥐고 있지만 히데요리는 아버지 풍신수길에게서 물려받은 막대한 재산과 상징적 권위를 가지고 있었다.

이미 70객이 된 자신이 생전에 처리해야 한다고 생각하여 침공을 시작했는데 생각보다 쉽지 않아서, 결국 술수(術數)를 써서 정당치 않게 1614년 오사카성을 점령하여 천하통일을 완수하였다.

토쿠가와 막부는 중앙집권을 강화하면서도 지방분권의 성격을 가미하여 중국 명나라 때 군사 목적으로 설치 운영하던 번국(蕃國)에 행정기능을 부여하는 독특한 체제를 운영하였다.

번국의 책임자를 다이묘라고 할 수 있는데 이들이 중앙(쇼군)에 충성하면서도 지역마다 특색있는 산업을 운영하는 것을 권장하였다. 이에 쇼군이 있는 에도에 번국(다이묘)의 직계가족이 교대로 머물도록 하는 제도(참정교대) 등으로 쇼군, 막부에 대한 충성심을 보장하였으며 사실상 쇼군과 바쿠후의 본부가 실질적인 일본의 황실을 이루었다.

참정교대: 에도와 자신의 성을 오가는 근무제도

제국의 면모를 갖추자 이제는 대륙으로 경제적 교류를 활발히 했다.

다만 사무역(私貿易)을 금지하고 모든 무역은 막부의 허락을 받아서 하도록 했던 것이다.

무역이 활발히 추진되어 임진왜란 때 조선에서 끌고 간 도공(陶工)들이 만든 도자기를 비롯한 많은 품목이 교류되었다.

막부에서 주도하더라도 해외무역이 계속 활성화되었다면 실제 역사보다 훨씬 빨리 서유럽 제국들의 수준으로 발돋움했을 터인데 그 발목을 잡은 것은 기독교 때문이었다.

히데요시 때부터 일본이 신국(神國)이며 본인을 신이라고 하는 판에 무슨 다른 신(神)이 필요한가 하면서 그리스도교를 받아 들이지 않고 포교를 금지하고 선교사들을 추방했다.

이에야스는 무역의 매력에 빠져 그리스도교를 관대히 보았는데 그 포교의 위험성을 느끼고 1613년부터 그리스도교 금지령을 내렸다.

👑 **기독교인 테스트 방법과 정약용**

이 시대 기독교도인지를 판정하는 기발한 방법 중에는 예수와 마리아의 그림을 밟고 지나가도록 하는 것이었습니다. 이 방법은 조선시대 1801년 신유박해(辛酉迫害) 때도 이와 같은 방법으로 기독교 신자들을 골라냈다는데 다산(茶山) 정약용(丁若鏞, 1762~1836년)의 집안이 모두 독실한 신자들이었습니다.

 특히 셋째형 정약종은 이때 순교하였는데 정약용만은 살려서 그의 학자로서의 능력을 살리고 싶어 이 기막힌 테스트를 통과하도록 종용하였다고 합니다.

그렇게 해서 정약용은 단 한번 눈 딱 감고 밟고 지나가 순교당하지 않고 전남 강진으로 귀양가서 18년 동안 학자로서의 활동을 합니다.

정약용은 다산초당에서 제자들을 많이 양성해서 함께 목민심서(牧民心書) 등 주옥같은 저서를 600여 권이나 만들었으니 조선의 그 귀한 실학연구가 존재하게 했습니다.

막부가 1639년부터 공식적으로 쇄국령을 내려 모든 외국인들을 입국할 수 없도록 하였는데 유일한 예외가 네덜란드였다.

이들과는 제한적으로 무역이 가능토록 했는데 이는 이에야스 가문과 네덜란드인과의 각별한 친교가 있었기 때문이었다.

일본의 쇄국정책은 묘한 것이 8세기부터 국풍운동으로 쇄국정책(鎖國政策)을 오랫동안 지속하다가 임진왜란 직전, 쇄국을 풀면서 임진왜란을 일으켰고 또 200여 년 쇄국을 하다가 명치유신을 하면서 개방을 하고 조선에 진출하여 결국 조선을 강점을 하였다.

치밀하고 치고 빠지는 것이 교활하기까지 한 정책이었다.

👑 쇄국정책과 하멜 표류기

이런 쇄국정책은 이미 조선에서도 실시되고 그 강도는 더 했으며 일본처럼 융통성이 없었습니다.

우리 나라에도 네덜란드 선원 하멜과 그의 동료들 35명이 왔습니다.

자발적으로 왔던 것이 아니라 1653년 네덜란드의 동인도회사(1602년 설립) 소속의 상선이 목표인 나가사키로 항해 중에 제주도 앞바다에서 악천후를 만나 표류하다가 상륙 후에 제주목사의 조사를 받았습니다.

이전에 제주도에 표류하여 귀화까지 했던 네덜란드인 박연이 내려와 통역을 하고 한성(서울)으로 와서 그 기능에 따라 일을 하면서 조선에서 1668년까지 15년이나 체류했습니다.

결국 일본의 동인도회사를 통하여 귀국하게 되었는데 귀국 후 하멜(1630~1692년)이 조선에 체류하는 동안 조선의 지리, 풍습, 정치, 군사, 교육 등에 대하여 체험을 정리해서 「하멜표류기」라는 이름으로 출간하여 선풍적인 인기를 끌었답니다.

당시 조선이라는 나라가 알려지지 않은 신비의 나라였고 당시는 인쇄술이 발전하여 유럽의 사람들에는 조선이 처음 알려진 최초의 책이었다. 재미 있는 것은 이 책이 만들어진 동기는 선장 이하 36명이 무위도식했던 것이 아니라 불가피하게 억류되어 있어 공무 중이었기에 15년 동안의 급료를 청구하기 위한 보고서로 만들어졌다는 것이었습니다.

모두들 한 마디씩 한 것을 졸병격(표류 시 23세)인 하멜이 정리한 것이었습니다. 처음에는 귀찮은 숙제 같은 일이었겠지만 결과적으로 아주 유명해졌고 그 이름을 남겼습니다.

제5막

미국의 역사 시작,
개척–독립–발전

- 시대: 1600~1867년
- 이제 비로소 미국의 역사가 시작된다.
① 인디언의 도움—추수감사절, 하버드 대학설립(1636년—병자호란 시기)
② 영국의 식민지정책 설탕법, 인지세법, 차세—독립선언(1776년)—독립전쟁(1775~1783년)
③ 워싱턴 독립군사령관—전쟁승리(1783년)—대륙회의 헌법제정(1787년)—13개 주의 헌법비준—워싱턴 대통령취임(1789년)—프랑스대혁명과 같은 시기
  —건국의 아버지, 벤자민 프랭클린, 워싱턴 초대 대통령 2~3대대통령 아담스, 제퍼슨, 헤밀턴 등
④ 영토의 취득—루이지아나(1803년) 텍사스, 캘리포니아(1848년), 알라스카(1867년) 대서양에서 태평양까지 반듯한 영토 완성

1장

미국의 이주-개척시대-하버드 대학의 설립(1636년)

미국 역사의 시작-버지니아(1607년)-메이플라워(1620년)-하버드 대학(1636년)

미국 최초의 버지니아 식민지

미국 역사의 유래를 보자면 콜럼버스를 시작(1492)으로 아메리카대륙을 발견하고 개척하던 역사 속에 남아메리카는 마야(1519년), 잉카문명(1521년)을 무너뜨리고 스페인의 식민지 지배가 시작되었다.

북아메리카는 그보다 한참 늦게 신대륙 탐험을 시작한 네덜란드, 영국, 프랑스가 영향력을 확보했지만 정부의 차원이 아니고 민간의 이민자들이 개척하였다.

그 중요한 차이는 마야(멕시코 지역), 잉카(페루지역) 등은 이미 강력한 국가가 존재하였기에 처음부터 무력을 앞세운 침략 정복이 이루어졌지만, 북아메리카는 원주민(인디언)의 부족들만 존재하고 국가가 없었으므로 민간 차원의 이주로 시작된 데 있다.

미국의 이주가 제일 먼저 시작된 곳은 미 대서양지역 버지니아 지방에 1607년 영국인이 이민하여 제임스(당시 영국왕의 이름) 타운을 개척한 것이 미국의 최초의 이민 역사라

1620년도의 메이플라워호

고 할 수 있다.

또 주(州)의 이름으로는 당시 몇 년 전까지 자신들이 존경하는 여왕, 엘리자베스 1세(1603년 사망)가 결혼을 하지 않았으므로 처녀(Virgin+nia) 버지니아라고 명명했다.

자신들이 처음 발을 딛은 처녀지(處女地)였으므로 안성맞춤의 이름이었다. 그 후 2차로 미국에 이주(1620년)하게 된 사연은 이러하다. 영국에서 헨리 8세가 자신의 필요에 맞춰 종교개혁이라는 이름으로 영국국교(성공회)를 만들었다.

영국의 그리스도들은 그것은 순수한 가톨릭의 개혁과는 거리가 멀다고 보았으며 그 당시 유럽에서 유행이던 칼뱅주의를 받아들였다.

그중에도 더 원리적인 자세로 종교활동을 하던 이들을 청교도(淸敎徒, Puritan)라고 불렀으며 이들이 간섭받지 않는 종교의 자유를 찾아 우선 1607년 네덜란드로 이주하였다

그 곳에서 여의치 않자 아예 신천지로 가기로 했는데 그 목표는 새로 개척되고 있다는 미국의 버지니아였고 이들은 1620년인 400년 전에 메이플라워라는 배를 타고 101명이 출발했다.

뉴잉글랜드 발전-하버드 대학 설립

그들이 어려운 항해 끝에 도착한 곳은 버지니아가 아니고 더 북쪽인 플리머스라는 곳에 도착했으며 이미 반 정도가 죽었으나 그 곳 원주민 인디언의 도움으로 옥수수 등을 재배하며 살아 남았다.

그 후 그들은 이곳을 새로운 영국, 즉 뉴잉글랜드라 부르며 남쪽 버지니아와 함께 미국의 차후 13개 식민지의 거점으로 발전시켜 나갔다.

이들이 정착하고 얼마 되지 않아 신대륙의 인재를 양성해야 한다는 일념으로 대학을 세웠는데 그것이 바로 하버드 대학이다. 1636년의 일이었으니 당연히 미국에서 가장 오래된 고등교육기관이다.

이 때가 바로 조선이 병자호란(1636년)을 당할 때였으니 그 시대 상황이 비교된다.

미국의 최초의 이민자들은 의회를 만들었는데 1636년 메사추세츠 식민지(Colony로서 신대륙의 지역이라는 의미) 일반의회에서 대학 설립안이 승인되었고 그와 함께 400파운드의 예산이 책정되었다.

처음 교명은 지역 이름으로 케임브리지라고 하였는데 개교 당시의 설립 목적은 교직자 목사양성이었으며 9명의 학생과 1명의 교사로 출발했다.

1638년에 그 지역에 살던 존 하버드(Harvard, 1607~1638년)라는 목사가 젊은 나이에 사망하면서 그가 소장했던 400여 권의 도서와 재산의 절반이 대학에 기증되어 교명을 하버드 칼리지라고 변경했다.

원래 영국 영국왕실에서 1226년에 케임브리지 타운에 세웠던 영국국립대학교와 차별화를 위해서도 대학 이름을 바꾸었을 것이다.

하버드 대학은 이렇게 시작되어 현재는 미국 동부지역의 소위 아이비리그 대학 중 늘 1, 2등을 하는 세계적인 명문으로 학생수 3만 6천(설립 당시의 4000배)명, 세계에서 가장 규모가 큰 도서관 등 90개의 도서관, 2천만권이 넘는 책을 소장하고 있고, 수십개의 박물관이 있는 것으로도 유명하다.

중요한 것은 그동안 이 대학이 전 세계의 석학, 지도자, 인재들을 양성한 것인데 50여 명의 노벨상 수상자, 32명의 국가수반, 48명의 풀리처상 수상자 등을 배출했다는 것이다. 이 대학 출신의 유명인사는 루스벨트, 케네디, 조지 부시대통령, 버락 오바마 대통령 등과 우리나라 반기문 전 유엔 사무총장 등 세계적인 인재들로 그 수를 헤아리기 어렵다.

같은 해에 신대륙 미국에서는 대학이, 조선에서는 병자호란이!

♛ 설립자 하버드 목사의 좌상(坐像)

우리나라가 연이은 외적의 침입(1592년 임진왜란, 1636년 병자호란)으로 기진맥진할 때 신대륙에서는 새로운 에너지로 하버드 대학을 설립하고 있었다는 것이 부러운 대조가 됩니다. 허기야 우리나라 대학의 기원은 1398년에 설립된 성균관이었습니다.

관광객들이 보스턴 지역을 방문할 때 하버드 대학 캠퍼스 투어를 하는 경우가 많습니다.

넓고 시원한 캠퍼스는 아니지만 380여 년의 역사가 느껴지는 캠퍼스입니다. 특히 대학본부 앞에 있는 설립자격인 하버드 목사의 동상, 좌상(坐像)의 구두 발등이 반질반질합니다. 그 발등을 만지면서 본인이나 자녀들의 하버드(희망하는) 대학에 합격하기를 기원한다고 합니다.

2장

미국의 독립 선언과 독립전쟁

미국의 이주-13개 식민지 시대로

1620년 청교도들이 메이플라워호를 타고 미국 신대륙 프리머스에 도착하고 1년이 지난 1621년 겨울에는 건강한 사람이 6~7명에 불과했다.

이들은 나무를 베고 개간한 땅에 씨를 뿌려 3년째에 비로소 굶주림을 면해 그 해 가을 처음으로 추수감사절(Thanksgiving Day)을 지냈다.

인디언에게 옥수수 재배를 배우고 영국으로부터 보급품이 도착하였으며, 새로운 이주민들이 오면서 이 지역(매사추세츠州 보스턴)에는 마침내 정착의 기반이 마련되기 시작했다. 그 결과 남쪽의 버지니아州 제임스타운과 같이 1년에 한번 선출하는 주지사와 자문위원들이 행정을 맡았다.

1636년에는 미국 최초의 대학으로 하버드 대학이 설립되었는데 이때 조선에서는 병자호란이 발생했다.

그 이전에 뉴욕은 1609년 영국 탐험가 헨리 허드슨과 하프문호를 탄 선원들은 우연히 대서양 연안의 장대한 강으로 접어들었다. 이들은 강한 맞바람과 폭풍우 때문에 어쩔 수 없이 북동부 항해를 포기해야 했다. 선원들은 아무런 발견도 하지 못한 채 영국으로 돌아가느니 대서양과 태평양을 바로 연결한다는 전설의 항로인 북서항로를 찾아보기로 했다.

이들은 맨해튼 섬을 지나 강을 거슬러 올라갔다.

뉴욕 맨해튼의 300여 년 전 모습

허드슨이 이전의 다른 탐험가들보다 이 강을 훨씬 더 멀리 거슬러 올라갔다. 거슬러 올라간 후, 하프문호는 태평양에 닿지 못했지만 오늘날 뉴욕주의 수도인 올버니에 도착했다.

허드슨과 선원들은 여기서 배를 돌렸지만 허드슨의 탐험 때문에 이 강은 허드슨의 이름이 붙게 되었다.

뒤이어 경쟁자들인 네덜란드인들이 이 섬의 남단부에 이주하였다.

1626년 네덜란드 신대륙 식민지의 초대총독 미누이트가 원주민인 인디언으로부터 현재 25달러 상당의 구슬 등을 주고 맨해튼섬을 매입하여 '뉴암스테르담'이라 명명하였으며 1653년 2월 이곳의 인구는 약 800명에 달했다.

1664년 9월 8일 영국함대가 뉴암스테르담을 강제 점령하여, 영국 요크공(公)의 이름을 따서 뉴욕이라고 개칭하였다.

1667년 영국과 네덜란드 사이에 남아메리카 수리남과의 교환이 실현되어 뉴욕 일대는 영국령이 되었으며, 그 후 인구가 늘어나 항만도시로 번영하였다.

이런 식으로 미국 대서양지역을 따라 유럽 이주자의 거주지가 늘어나고 영국의 통제정책하에 영국왕의 특허장이 부여돼 '식민지'라 불렸으며 1776년 독립선언 시까지 13개의 식민지(위의 지도)로 늘어났다.

그동안 식민지에는 대단위 농장이 늘어났고 유럽과 무역거래도 활발해졌다. 이 당시 미국역사에 커다란 발자취를 남긴 로버트 리家(남북전쟁 시, 리 사령관), 조지 워싱턴 家(초대 대통령), 카터 家(대통령), 랜돌프 家(대부호) 등이 1700년대에 성장한 大농장주였다.

이런 식민지들의 팽창과 경제적 발전이라는 긍정적인 면이 있지만 이면에는 어두운 면도 있었다.

영국이 식민지들에 더욱 고삐를 죄기 위해 1691년 매사추세츠가 왕립식민지로 바뀐 이후 13개 식민지 가운데 8개가 왕립이 됐다.

본국에서 파견된 지사가 통치하면서 주민들로 구성된 의회(상원은 지사가 임명한 의원으로 구성)의 결의사항에 대해 거부권행사가 적지 않아 알력이 노출되곤 하였다.

이렇게 영국에 대한 반감이 있는 데다가 영국과 프랑스 사이에는 아메리카대륙 지배권을 두고 전쟁이 4차례(1689~1748년)나 발생하였다.

그동안 식민지들은 영국을 지원하고 프랑스는 인디언들의 도움을 받으며 싸웠다.

결국, 1759년 영국이 캐나다 지역의 퀘백과 몬트리올을 함락시키면서 승리하였다. 1763년 영국은 파리조약을 체결하여 분쟁이 있던 미시시피강 동쪽의 영토를 획득하고 아메리카대륙의 지배를 위한 발판을 마련했다.

영국의 조세권을 거부, 독립전쟁의 전야

영국은 전쟁으로 발생한 전비에 대해 "당신들도 전쟁으로 이득을 보았으므로 당연히 그 일부를 부담하여야 한다"는 이유로 1764년 <설탕법>을 제정하였다. 비단 설탕만이 아니라 설탕이 들어가는 당밀·포도주·커피 등에 대해 관세를 붙였다.

이에 대해 식민지인들은 강력히 반대하였다.

그러나 영국정부는 아랑곳하지 않고 1765년에는 <인지세법>을 제정해 다시 충돌하였다. 이 인지세법은 영국 의회에서 200대 49표로 통과되었는데 그 세액의 부담이 그리 크지는 않았지만, 식민지인들을 분노케 한 것은 금액이 아닌 자존심의 문제였다.

영국의회는 자신들의 대표가 없으니 자기들의 민의가 반영되는 의회가 아니라는 것이었다.

인지세법에 대한 강력한 반대에 직면한 영국은 한발 양보해 전비는 아니라도 식민지에서 지출하는 비용만이라도 부담하라는 <타운젠드법>을 1767년에 통과시켰다.

하지만 식민지인들은 이전보다 더 강력하게 영국상품 불매운동까지 벌이면서 반대했고, 이에 영국정부는 군대를 투입해 압박했다.

그 후 영국정부가 낸 조치는 1773년 제정된 <차법(Tea Act)>으로 영국 동인도회사 창고에 보관돼 있는 차를 아메리카에 독점적으로 판매해 수익을 올리겠다는 것이었다.

식민지인들은 불매운동을 했고, 결정적인 사건이 터진다.

식민지인들이 아메리카 원주민으로 위장하여 보스턴 항구에 정박해 있던 동인도 회사의 배에 실려 있던 차 342상자를 바다에 버린 것이다.

이 법과 영국 정부에 의해 채택된 일련의 정책은 영국 정부에 대한 식민지 개척민들의 불만을 고조시켰으며, 미국독립전쟁의 큰 원인 중 하나가 되었다.

영국이 더 참을 수 없다고 발끈하고 보스턴항을 폐쇄하는 강경조치를 취하자 1774년 9월 미국 식민지 대표들이 처음으로 모인 <제1차 대륙회의>가 소집되었다.

어떻게 대처할 것인가를 논의하면서 당대의 유명한 연설가 패트릭 헨리의 '자유가 아니면 죽음을 달라'는 연설에 고무된 양측은 무력전으로 나간다.

그것이 1775년 '렉싱턴 콩코드 전투'로 미국 독립전쟁의 포문을 연 사건이었다.

시민군이 본국에서 증강 파견된 6천 명의 영국군 일부와 콩코드의 접전에서 200명의 영국군을 사살했다.

미국독립선언-워싱턴이 독립전쟁 사령관으로

독립군사령관 워싱턴

1775년 5월 제2차 대륙회의가 열렸는데 독립의 영웅들이 다 모이기 시작했다.

매사추세츠의 존 핸콕, 버지니아의 젊은 대농장주 토머스 제퍼슨, 그리고 영국에서 돌아온 벤자민 프랭클린이 펜실베이니아 대표로 참석했다.

무력충돌 등 최악의 사태에 대비하기 위한 회의가 진행되는 중에 영국군이 지난번 민병대에 당한 복수로 식민지 민병대가 주둔하고 있던 찰스타운을 급습하였다.

민병대는 나사못, 쇠못까지 사용하며 응전해 수백 명의 희생을 치렀고 영국군은 1500명의 병력 중 1천 명이나 희생되면서 진지를 탈환했지만 비참한 승리였다.

이제 다른 선택은 없으므로 회의는 대륙군 창설을 의결하고 사령관에 버지니아의 대농장주 조지 워싱턴 대령을 임명하였다.

조지 워싱턴(1732~1799년, 위의 사진)은 원래 영국 군인으로서 프랑스와의 수많은 전투에 참여했고 빛나는 전공을 세워 전투경험이 풍부했다.

평소 집안에서도 군복을 자랑스럽게 비치하고 언젠가 다시 전투에 참여할 것을 기대하던 군인이었다.

대륙회의에서 독립선언서를

부친이 아끼던 벗나무를 잘라 솔직하게 잘못을 인정했다는 일화는 많은 사람이 알고 있으며 존경하는 인물 1, 2위에 거론되고 있다.

전면전을 앞두고 영국은 식민지의 반란사태를 선포하고 3만 명의 증원군과 독일의 용병을 투입해 대비하고 있었다. 대륙회의는 벤자민 프랭클린과 존 애덤스를 프랑스에 파견해 프랑스의 원조를 받기로 했다. 대륙군은 유럽 여러 이민자의 집합체로서 목표 의식이 뚜렷하지 않았는데 토마스 페인의 「상식」이라는 책이 베스트셀러가 되어 식민지인들의 마음을 하나로 만드는 데 큰 역할을 했다.

1776년 6월 대륙회의는 독립선언에 관한 논의를 시작해 선언서 기초위원으로 토머스 제퍼슨, 존 애덤스, 벤자민 프랭클린, 로저 셔먼, 로버트 리빙스턴으로 위원회를 구성하고 토머스 제퍼슨에게 초안을 의뢰하였다. 제퍼슨이 작성한 초안에 애덤스와 프랭클린이 약간의 수정을 한 후, 가결하여 그해 7월 4일 정식으로 영국에 대한 아메리카의 독립을 선언하였다.

독립선언서는 몽테스키, 루소의 계몽사상의 영향 아래 작성됐으며 그 바탕 위에 '미국의 독립'이라는 역사적 위업이 강조되었다. 초안을 작성한 제퍼슨이 새로운 사상을 창조하거나 새로운 감정을 표현했다고 생각되지는 않는다.

오히려 아메리카인의 감정 속에 잠재돼 있던 사상을 간결하게 표현한 점에서 독립선언서의 작성은 성공적이라고 평가되고 있다.

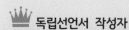 독립선언서 작성자

Thomas Jefferson

독립선언서 같은 작업은 여러 사람의 아이디어를 합친다 해도 결국, 초안과 마지막 정리를 하는 사람의 생각과 스타일로 마무리되기 마련입니다. 이 유명한 미국의 독립선언서도 제퍼슨 개인이 고뇌하며 밤을 세워 작성했을 것입니다. 제퍼슨(1743~1826년)이 다섯 명의 위원 중 33세로 가장 젊고, 깊은 경륜의 프랭클린(1706~1790년)은 이때 이미 70세였으며, 애덤스는 41세이니 제퍼슨이 처음과 끝을 다해 그의 이름만이 남았습니다.

우리나라 독립선언서도 각계 대표 33인을 대표하여 한 사람, 최남선이 주로 작성한 것이며, 적절한 비교일지 모르나 「하멜표류기」(1668)도 36명의 표류 선원 중에 제일 어리고 서무를 담당한 하멜이 정리해 그의 이름이 남았습니다.

미국의 독립전쟁(1775~1783년)

독립선언서를 발표해 미국 식민지인들의 확실한 의사를 내외에 표명하였으나 남은 문제는 막강한 영국으로부터 '어떻게 독립을 쟁취하느냐'였다.

식민지인들은 사실상 그때까지 한번도 통일을 이룩해 본 역사도 없었고 전쟁을 수행하는 데 필요한 강력한 통제기구도 없었다. 따라서 군대를 모집하고 병사들을 훈련 관리하는 데 어려움이 많았다.

뿐만 아니라 어렵게 모집한 병사들도 복무기간이 몇 개월 밖에 안되는 단기였고, 심지어 몇 주간 싸우다가 추수 때가 되면 복귀했으므로 정규적인 군대라고 볼 수도 없었다.

게다가 식민지 중에는 영국왕실을 지지해 영국군에 들어가려는 경우도 있어 전 식민지인의 마음도 하나가 아니었다. 거기에 비하면 영국군은 모든 조건에서 식민지군과 비교할 수 없을 만큼 조직적인 작전을 구사했다.

더구나 영국은 당시 해상권을 장악하고 있어 항구와 수로를 제압할 수 있었는데 수로 가운데 전략적 요충지는 바로 허드슨 강변이었다.

영국 사령관 하우 장군은 허드슨강을 활용해 3만명의 정예군을 지휘하며 이번 전쟁이 큰 희생없이 진압하기를 기대했다. 첫 전투는 뉴욕 브루클린에서 영국군이 밤을 틈타 공격해 독립군은 2천 여명의 희생을 내며 후퇴하였다.

초반의 전쟁은 독립군에게 불리하게 돌아갔고 워싱턴에게는 겨우 4천 명의 병력이 남았을 때 이번에는 뉴욕에서 크리스마스를 지내려고 방심한 영국군을 공격해 최초의 승리를 거두었다.

그 후 1년 정도의 소강상태에서 1777년 10월 워싱턴의 독립군이 "세레토카"에서 또 한번 승리를 해 독립전쟁의 전환점이 되었다.

전쟁 시작 전 프랑스와 외교협상을 한 것이 비로소 실효를 거두어 1778년 동맹조약을 체결하고 그해 6월 프랑스가 영국에 선전포고를 했다.

이때 워싱턴은 허드슨 강가의 전략적 요충지 웨스트포인트(차후 미국 육군사관학교의 명칭과 소재지가 됨)에 사령부를 설치하고 프랑스군을 기다렸다. 프랑스와 미국 독립연합

군은 1781년 10월 영국이 점령하고 있던 "요크타운"을 공격해 승리하였다.

이 전투는 영국군이 뉴욕으로부터의 지상군과 해상으로부터의 함대의 지원을 기대하며 버지니아의 요크타운으로 물러났을 때 워싱턴의 식민지군은 육상에서 영국군을 포위하였다.

해상에서는 프랑스함대가 출격하여 모처럼 영국함대를 격파함으로써 미국의 독립전쟁 승리의 전기가 되어 영국 의회는 이 전쟁의 승패에 대해 논의를 시작하였다.

결국 영국왕 조지3세가 1782년 12월에 의회 연설을 통하여 "아메리카의 독립선언을 승인한다"고 함으로써 상황이 종결되었다.

마침내 1783년 9월에 파리에서 아메리카에 유리한 평화조약이 체결됐다. 신대륙 국가, 미국은 새로운 공화국으로서 세계역사의 한 장을 장식하면서 힘찬 발걸음을 내딛게 되었다.

이 독립전쟁의 승리는 대륙회의의 지원, 적절한 외교, 전쟁이 진행되면서 강해진 미국인의 애국심이 밑바탕이 되었지만 상당 부분은 사령관 워싱턴의 리더십 덕분이었다는 것을 누구나 인정했다.

동맹을 위해서 미국에 온 프랑스 장군 장교들도 "워싱턴은 순수하면서 위엄이 있고 표정과 태도가 매우 인상적인 영웅이다"라고 탄복하며 존경했다.

처음엔 오합지졸이었던 미국 독립군도 사령관 워싱턴의 인자하고 바른 자세를 보고 강군이 되었다.

연방헌법의 제정과 비준, 대통령 취임(1787~1788년)

통일된 미국의 연방정부를 세우기 위한 제헌회의가 1787년에 열려 역사적인 연방헌법이 제정되었다.

처음 제헌회의가 열렸을 때 13주 가운데 12개 주 대표 55명이 참석했는데 대학총장 2명, 전현직 교수 3명, 대학졸업자 26명이었다.

이들 대부분이 41세에서 45세의 젊은 층이고, 60세 이상은 4명, 가장 연장자 벤자민 프랭클린이 81세였다.

이들은 의장으로 독립전쟁의 영웅 워싱턴을 추대했는데, 그는 독립전쟁 이후 은퇴하고 버지니아 마운트 버넌 농장에서 5년을 쉬고 나타나 당시 55세였다.

제헌회의를 실질적으로 주도한 사람은 뉴욕 대표 알렉산더 해밀턴과 버지니아 대표 제임스 매디슨이었다.

둘은 각 주(원래 식민지로 불렸으나 독립 후 State라 부름)의 특권을 타파하고 연방의 권한을 강화해야 한다고 주장하면서 인간은 이기적이고 거칠고 옳은 판단과 결정을 하지 못한다고 했다.

회의장의 분위기는 토론이 격해지면서 고성이 난무하고 모든 것이 흐지부지될 것 같았다. 이럴 때마다 원로인 프랭클린은 "우리는 토론하기 위해 모였지 싸우러 온 것이 아닙니다"라고 말하며 회의장 분위기를 조정하였다.

회의가 중구난방(衆口難防)일 수 없으므로 버지니아주에서 제출한 안을 기본으로 하여 거친 토론을 하면서도 대체로 중요한 골격의 합의안을 도출했다. 그것은 삼권분립의 국가를 만들되 영국의 의회처럼 상하의원으로 구성하고 상원을 주가 크든 작든 2명의 의원을 보낼 수 있으며 하원은 각 주의 인구비율에 따라 의원수를 결정한다는 사항이었다.

이때 하원의원 수를 산출해내는 인구계산은 5명의 흑인을 3명의 백인으로 간주하여 흑인 수가 많은 남부에게 유리한 타협이 이루어졌다.

노예제도는 1808년까지 그것의 존속을 인정했는데 이것이 지켜지지 않아 남북전쟁에 이르는 결과가 됐다.

마지막으로 초안이 완성되자 벤자민 프랭클린은 "이 헌법은 많은 결점이 있지만 앞으로 이보다 더 나은 헌법을 만들 수 없을 것이다"라고 예언했는데 이는 과연 정곡을 찌른 것으로 평가받고 있다.

그리고 유사 이래로 문명세계에서 집권자가 나라의 운명을 조종했다고 보는 시대는 고작 세 번을 헤아릴 정도라고 했다.

즉, 페리클레스 시대의 아테네, 아우구스투스가 지배한 로마, 그리고 제헌위원의 부조(父祖)들이 세운 아메리카 합중국 정도이다. 즉, 아테네와 로마의 전통을 이어받아 이 헌법을 만들었음을 자랑스레 말한 것이다.

진통 끝에 만들어진 헌법 초안은 이제 각주의 비준을 받아야 했다. 13개 주 중 9개 주 이상의 비준을 받아야 그 효력을 발휘하는 것이었다.

그 비준을 위해 주의회마다 열띤 논쟁이 벌어져 1787년 12월 델라웨이가 만장일치로 첫 번째 비준이 있은 후 펜실베이니아의 비준이 뒤이었고, 1788년 6월까지 9개 주의 비준이 이뤄져 연방헌법이 그 효력을 가지게 되었다.

그러나 영향력이 큰 주에서 진통이 계속되어 정부수립을 못하고 결국 버지니아(89:79)와 뉴욕(30:27)에서 비준이 되면서 그동안 이슈가 된 문제들을 모아 수정헌법이라는 이름으로 함께 통과됐다.

♛ 인류 최초의 대통령(President)이라는 직책

인류 역사상 처음으로 "대통령"이라는 행정수반이 미국 제헌국회에서 결정되었습니다.

원래 대륙회의에서 13개 주 대표들의 열띤 회의를 주재하는 것을 'Preside'라고 했으며 회의를 주재하는 의장을 'dent'를 붙여 'President'라고 부르게 되었습니다.

그리스·로마의 공화정 시대 집정관을 '콘솔'이라 불렀고, 그리스 BC. 800부터 로마 BC. 27년까지 합쳐 약 800년을 사용한 명칭이었습니다.

영국에서 의회와의 내란으로 찰스 1세를 처형하고 크롬웰이 공화정을 5년 동안 이끌며 '호국경(Lord Protector)'이라는 명칭을 사용했습니다.

의원내각제에서는 수상(총리)을 일반적으로 "Prime Minister"로 부릅니다.

미국 제헌의원들은 President를 권력을 가지는 사람이 아니라 주(州)들의 회의를 주재하고 이해관계를 조정하는 사람 정도로 기대한 것입니다.

그런 자리에 초대 대통령 조지 워싱턴은 요즘 유행하는 표현으로 "딱"이었습니다.

권력에 집착하지 않고 자기주장을 많이 하지 않는 워싱턴이 그 시대의 대통령감으로서는 제격이었습니다.

잘못 선택하면 또 다른 제왕(황제)이 될지도 모르는 일이니까요.

그래서 초기 미국의 주들과 연방의 이해관계를 원만히 조정하고 미국이라는 신생국의 기틀을 세웠으며 임기도 더 길게 안하고 연임(8년)만 하고 물러나는 모범을 보인 것입니다.

3장

조지 워싱턴의 대통령 취임(1789년)
-미영전쟁(1815년)까지 대통령(1대~4대)들

조지 워싱턴의 아메리카합중국 초대 대통령 취임

새로운 헌법에 따라 1789년 1월 총선거가 실시돼 연방의회가 구성되었다.

각 주에서 선출된 선거인들은 뉴욕에 모여 버지니아 출신의 조지 워싱턴을 대통령으로 선출하고 부통령에 매사추세츠 출신의 존 애덤스를 선출했다.

1789년 4월 조지 워싱턴은 마운트 버넌에서 말을 타고 대통령 취임식이 거행될 뉴욕(당시 임시수도)으로 가고 있었다.

그의 마음속에 많은 상념이 오갔을 것이다... 내가 왕으로 취임하러 가는가!

이때가 인류역사에서 '대통령'이란 제도가 처음이었기에 많은 사람이 착각할 만했다.

이때 만약 워싱턴이 아닌 평범한 사람이었다면 아마도 자신을 신과 같은 존재로 생각했을지 모른다.

1789년 4월 30일 아침 당당한 풍채를 자랑하는 미합중국의 초대 대통령은 월가가 바라보이는 연방홀의 발코니에서 엄숙한 선서를 했다.

워싱턴이 미합중국의 대통령으로 선출되고 새로운 나라가 탄생하는 순간이었다.

워싱턴의 초대 대통령 취임

이때부터 두 달 반 이후, 7월 14일 유럽에 경천동지할 프랑스대혁명이 일어났다.

우리나라도 이로부터 약 160년 후인 1948년 8월 15일 처음으로 대통령이 취임했다.

비교해 본다면 미국은 독립전쟁 이후 23년 동안 전쟁-마무리-헌법제정-비준을 거쳐 정부수립(초대 대통령 취임)이 있었는데, 우리나라는 1945년 해방 이후 헌법제정-총선거-정부수립까지 3년이 걸렸다.

이렇게 된 데에는 특수성이 있었는데 비교적 빠르게 이뤄진 정부수립 후 3년 (1950~1953년) 동안의 전쟁(6·25)이 발발하여 그 대가를 치루었다.

한편 미국은 프랭클린이 지적한 대로 많은 결점에도 불구하고 더 이상 좋은 헌법은 없다고 자부한대로 그 후 230여 년 동안 큰 개정 없이 이어져 오고 있다. 우리는 70여 년 동안 9회의 헌법 개정을 해 왔다.

미 정부의 삼인방(三人方) 워싱턴 대통령, 알렉산더 해밀턴, 토머스 제퍼슨

해밀턴과 제퍼슨

워싱턴 대통령의 새 정부에서 가장 결정적인 역할을 한 사람은 재무장관인 알렉산더 해밀턴(1757~1804년)이었다. 그는 신생국의 정부, 즉 연방이 강해야 대외경쟁력이 있으며 농업·공업·상업이 균형있게 발전해 자급자족이 되는 경제체제가 이루어져야 한다고 생각했다.

이 점에서 워싱턴 대통령의 생각과 같았으며 이들에 대해 반대되는 입장, 즉 연방정부의 역할과 기능은 최소한에 그치고 개별 주(州)의 주권이 존중되어야 한다고 생각하는 공화파들이 있었다.

이 상반된 생각은 해밀턴의 주장과 자주 부딪쳤으며 그 대표적인 인물이 당시 국무장관인 토머스 제퍼슨(1743~1826년)이었다.

제일 먼저 풀어야 하는 난제는 독립전쟁 중에 발생한 전비(戰費)를 외국 혹은 각 주에게 빌리거나 채권을 발행하였는데, 새로 출발한 연방정부가 공신력을 갖기 위해서는 이러한 부채를 연방정부가 모두 갚아야 할 것인가였다.

　반대파 공화파들은 각 주에 과도한 부담을 지워서는 안 되며 연방정부가 갚으라는 것이었다.

　결국 타협이 이루어진 것은 미국의 수도를 제조업, 상공업 중심인 북부 쪽 뉴욕에 두지 말고 중간 독립 지대인 포토맥 강가 신도시로 옮기는 것을 조건으로 주들이 일정 부분을 부담한다는 해밀턴과 연방주의자들의 변제방안이 받아들여졌다.

　한편 재무장관 해밀턴의 상공업을 발전시켜야 한다는 주장은 영국의 잉글랜드은행 같은 중앙은행을 설립하자는 시도로 구체화되었다.

　여기에도 제퍼슨과 공화파의 반대가 격렬했으나 워싱턴 대통령이 해밀턴을 지지하는 결정을 내려 1791년 2월에 1천만 달러의 자본금으로 중앙은행인 미합중국은행이 설립되었다.

　워싱턴이 대통령으로 취임하던 1789년에 발발한 프랑스혁명을 두고 미국의 입장은 미묘해서 중립(프랑스의 왕정파와 혁명파 사이)의 입장을 공식화했지만 연방파와 공화파의 입장이 달라 대립하였다.

　워싱턴 대통령의 가장 중요한 업무 중 하나는 해밀턴과 제퍼슨이 사사건건 다투는 것을 조정하는 일이었다.

　이것이 Preside(회의 주재 조정)하는 사람(dent)으로서 바로 워싱턴은 말 그대로 대통령(President)이었다.

　두 사람은 출신 성분부터 달라서 제퍼슨은 버지니아의 대지주 출신으로 하버드 대학을 나왔으며, 해밀턴은 뉴욕의 콜럼비아대학 출신으로 뉴욕에서 자란 서민이었다.

　미국은 국립대학은 없었으며 당시 사학의 양대 명문 출신으로 우리나라 고대·연대 출신 정도로 비교하면 적당한 것 같다.

　이들이 인간에 대한 정의부터 해밀턴은 "인간은 하나의 짐승이다"라고 한 반면, 제퍼슨은 "생각하는 육체"라고 했다.

　말하자면, 동양의 맹자와 순자의 성선설(제퍼슨)과 성악설(해밀턴)로 비유할 수 있다.

　그래서 해밀턴은 '법의 규제하에 강력한 정부가 필요하다'고 보았고, 제퍼슨은 본래 선한 인간을 사회가 타락시킨다고 생각해 정부는 될 수 있는 한 최소의 간섭으로 자유롭게 활동하도록 해야 한다는 입장이었다.

　이들의 상반된 시각과 주장을 워싱턴이 잘 조정해서 정부의 기능과 방향을 정한 것은 모두에게 행운이었다.

워싱턴 대통령의 퇴임(1797년)

워싱턴 대통령

워싱턴 대통령이 연임(1789~1797년)을 마친 때가 당시로는 고령(65세)이기도 했고 권력에 집착하지 않고 당파에 초연하였으므로 마침내 1797년, 8년의 임기를 마치고 퇴임을 결심했다.

연임에 대한 규정이 명확치 않았기 때문에 건국의 아버지로서 위엄과 권위만으로 3차 연임도 가능했다.

하지만 워싱턴은 이를 단호히 물리치고 표표히 자신의 농장 마운트 버넌으로 돌아가 말년을 보내다가 2년 후 1799년 67세에 사망하였다.

👑 워싱턴 대통령의 또 다른 사임 이유

워싱턴은 대통령을 한번만 연임하고 물러서는 민주주의 전통을 세운 것으로 유명합니다. 그가 사임한 이유에는 실용적이고 개인적인 이유가 있었습니다.

그것은 자신의 건강의 문제였는데 세 번 연임을 했다면 재임 중에 사망했을 가능성이 커 민주주의 대통령의 선례도 남기지 못했을 것입니다.

특히 당시 노령이 되면 이가 다 빠져 지금처럼 임플란트나 틀니같은 것으로 대체했었습니다. 워싱턴도 이가 다 빠져 틀니를 했는데 당시의 기술은 나무를 깎아 거기에 짐승의 이빨을 넣어 만들었으니 불편하기 짝이 없고 틀니를 빼면 합죽이가 돼 품위있게 보이지 않고 틀니를 끼고 말하면 몹시 부자연스럽고 불편했다고 합니다.

그래서 고향에 돌아가 부인과 함께 편하게 먹고, 틀니를 빼고 자유롭게 살고 싶어 하루 빨리 사임했다는 속사정이 있었다고 합니다. 불편한 틀니가 존경받는 민주대통령을 만들었습니다.

워싱턴은 그의 고별사(퇴임사)에서 후배정치인들에게 "정치적인 파벌과 지역감정을 잘 다스려야 합니다. 국제사회에서 영원한 친구도 영원한 적도 없습니다. 그러니 미국은 가능한 다른 나라의 정치적 문제에 개입해서는 안 되며, 단지 통상만을 대외정책의 기본으로 삼아야 합니다"라고 당부했다.

워싱턴은 이념적이고 철학적인 문제를 이야기하지 않고 실용적인 측면을 강조하였다.

미국이 신생국으로 하루빨리 토대를 잡고 유럽의 나라들과 경쟁할 수 있는 튼튼한 나라가 되기를 희망했다.

멋있게 퇴임하여 존경받은
워싱턴 대통령의 퇴임사

미국의 2~3대 대통령 존 애덤스와 토머스 제퍼슨

워싱턴의 퇴임 후 2대 대통령 선거에 연방파는 존 애덤스(부통령 1735~1826년), 공화파는 제퍼슨이 출마했다.

존 애덤스가 3표 차로 당선되고 차점자인 제퍼슨이 부통령이 되었다.

애덤스는 취임 초부터 야당격인 공화파와의 정쟁과 연방파 내에서도 해밀턴 세력과 불화로 많은 어려움을 겪었다.

특히 혁명의 와중에 있는 프랑스와의 관계에 있어서도 중대한 위기를 겪었다. 아무래도 전임자 워싱턴의 그늘을 벗어나지 못했고 그만큼 덕장이나 지장으로 부족했기 때문이었다.

애덤스는 재선에 나섰으나 연방파가 분열돼 있어서 탈락하고 공화파의 제퍼슨과 에런 버(Aaron Burr, 1756~1836년)의 경합이 됐으며 두 사람은 73대 73으로 비기는 접전을 하였다.

에런 버는 같은 당 내에서 자신보다 나이도 많고 대중적인 인기가 많은 제퍼슨을 위해 사퇴하는 것이 바람직하였으나 끝까지 재투표를 고집하는 모습을 보여 비판을 받았다.

이에 결정적인 역할을 한 것이 해밀턴이었다.

그는 오랫동안 제퍼슨의 정적(政敵)이었지만 누가 미합중국의 대통령으로 적합한가를 냉철히 판단하였다.

결국, 해밀턴은 제퍼슨을 지지하였고 자신의 영향력을 발휘해 결선투표에서 마침내 36표 차이로 제퍼슨이 당선되도록 했다.

야당이었던 공화파의 손에 정권이 넘어간 것이다.

2대 애덤스는 워싱턴과 그 후 훌륭한 대통령으로 평가되는 제퍼슨 대통령의 중간에 낀 대통령으로서 어려운 시기에 소임을 다 했으며 그의 아들 존 퀸시 애덤스가 제6대 대통령에 당선되어 미국 역사상 최초의 夫子대통령이 되었다.

제3대 제퍼슨 대통령의 영토확장(1803년)

1800년 선거에서 공화파인 제퍼슨이 당선된 것을 흔히 "1800년의 혁명"이라고 부른다. 좀 과장된 표현이기는 하나 이 때를 계기로 미국에서 새로운 사상이 현실화 된 것이다.

제퍼슨(재임 1801~1808년)의 두드러진 업적은 1803년에 '루이지애나'라고 불리던 미시시피 서쪽의 광대한 영토를 프랑스로부터 사들인 것이다.

프랑스도 1801년 나폴레옹이 스페인에게 빼앗은 땅으로 이 땅의 보존 문제로 골머리를 앓고 있었다. 이것을 간파한 제퍼슨이 제임스 먼로(후에 대통령)를 파리로 파견해 그 땅의 매입을 추진토록 했다.

프랑스 쪽에서 기다렸다는 듯이 흥정이 급진전돼 가격은 1500만 달러에 결정되었다. 당시 동부 13주에 필적하는 214만㎢(현재 국토의 22.2%, 한반도의 거의 10배)의 땅을 취득하게 된 것이다.

이 돈의 규모는 실감나지 않지만 지금까지 동부의 13주만큼의 땅을 얻었으니 미국으로서는 대박을 친 것이다.

미국의 3대 대통령 제퍼슨

미국의 중부, 허리 부분으로 오클라호마, 몬타나, 일리노이 주 등 10여 개 주가 늘어났으며, 귀중한 땅을 매입한 미국은 그 후 로키산맥을 넘어 남서부로 영토 확장을 해 나갈 수 있게 됐다.

제퍼슨 대통령은 독립선언서를 기초한 것으로도 유명하지만 국토의 확장 등에서도 큰 공을 세웠기에 위대한 대통령으로 존경받고 있다.

이후 제퍼슨은 새로운 땅에 탐험대를 파견하여 로키산맥 일대와 컬럼비아 강에서 태평양 연안까지 손길을 뻗어나갔다.

👑 루이지애나 영토의 획득과 나폴레옹

프랑스로부터 루이지애나 땅을 1500만달러에 취득했다는 것은 220년 가까운 훨씬 전의 일이니 현재의 화폐가치로 환산하기도 어렵고 의미가 없는 것이지만, 미대륙의 가운데 토막을 취득한 것이니 그 가치는 무슨 말로 설명할 필요 없이 중요한 영토의 확장이었습니다.
당시 나폴레옹이 프랑스 혁명의 막바지에서 실권(3인 통령의 하나)은 있었지만 아직 국내외로 해결해야 할 일이 많았고 멀리 있는 영토에 대한 관심보다 황제 위에 오르는 일에 더 신경을 써야 했기에 신생국 미국에 큰 선심을 쓴 것이라고 할 수 있습니다.
1804년 나폴레옹이 황제에 오른 다음 이 영토문제가 제기됐다면 나폴레옹이 신대륙 영토를 가지려 했을지도 모르는 일이었습니다.
또 제퍼슨이 일찍이 주 프랑스 미국 대사로 근무한 적이 있었기 때문에 프랑스 내 상당한 인적기반이 있었기에 협상에 유리했을 것입니다.

해밀턴과 에런 버의 결투

주권(州權)을 중시하는 공화파의 제퍼슨이 대통령이 된 후 연방파의 강경한 인사들이 뉴잉글랜드(매사추세츠州 등 북부)와 중부의 뉴욕주 등을 연방에서 탈퇴·분리하여 북부 연합을 만들려는 계획이 있었다.

이에 해밀턴을 지도자로 추대하려 했으나 거절당하자 이번에는 부통령인 에런 버를 첫 단계로 뉴욕주 주지사에 출마하게 했는데 이번에도 영향력있는 해밀턴의 방해로 또 다시 실패하고 말았다.

이에 에런 버는 두 번이나 자신의 앞길을 막는 해밀턴이라는 존재를 용납할 수 없다고 여겨 해밀턴에게 결투를 신청했다.

결투 결과 해밀턴이 총에 맞아 다음날 죽고 말았는데 모든 사람은 살인이라고 생각하고 에런 버를 비난하였다.

에런 버는 모든 공직을 버리고 영국으로 도망쳤고 나중에는 나폴레옹으로 하여금 미국을 공격하라는 매국적인 행동까지 서슴지 않아 그의 정치생명은 완전히 끝나고 매장됐다.

해밀턴은 오히려 미국인들에게 더욱 존경받아 미국의 지폐 7종 중에 대통령을 지내지 않은 인물로는 벤자민 프랭클린($100)과 함께 지폐($10)에 등장하는 인물이 되었다.

해밀턴은 3대 대통령선거에서 에런 버보다는 미국의 대통령으로 제퍼슨을 선택하였고, 건국 초기 미국이 파쟁으로 분열될 위기에서 에런 버를 막아 미국연방을 지켰다는 것을 국민들은 감사하고 있다.

♔ 헤밀턴과 에런 버의 결투

에런 버와 알렉산더 해밀턴의 결투는 1804년 7월 11일에 벌어진 미국역사상 초유의 결투 사건으로 정적인 두 정치인 사이에 벌어진 일대일 대결이었습니다. 1849년 전후 미국의 개척시대에 서부에서 자주 있었던 권총 대결이 40여 년 전에 그것도 유명한 정치인 사이에 벌어진 것입니다.

결투 신청을 받은 해밀턴은 이전에 자신의 아들이 결투로 목숨을 잃은 적이 있었고 에런 버가 사격에 능하다는 것을 알았지만 이를 회피하면 자신의 명예가 훼손됨은 물론 겁쟁이 소리를 듣게 돼 결투에 응했다고 합니다.

뉴욕주가 결투를 금하였기에 두 사람은 뉴저지주 허드슨 강변 바위 절벽 아래서 결투를 했는데 두 사람이 동시에 방아쇠를 당겼지만 해밀턴이 오른쪽 골반에 총알을 맞고 척추까지 총알이 관통했다고 합니다.

다음날 해밀턴은 사망했습니다. 이 사건 이후 승자인 에런 버는 여론의 뭇매를 맞았고 특히 정적이지만 부통령으로 인정했던 제퍼슨 대통령의 실망이 극에 달해 차기 선거에서 그를 제명하고 정계 진출도 막았습니다.

그는 결국 정치인으로는 매장당했으며 재미있는 것은 이 사건이 지나고 꼭 200년 후인 2004년 7월 11일에 두 사람의 후손들이 이 사건이 발생한 장소에서 이 사건을 재연(再演)한 후 서로 화해했다고 합니다.

4대 매디슨 대통령 때 미영전쟁(1812~1815년)

여러 가지 면에서 대통령직을 수행을 잘한 제퍼슨이 8년 임기를 끝냈을 때 차기 대통령으로 선출된 인물은 8년 동안 국무장관을 수행한 제임슨 매디슨(재임 1809~1817년)이었다.

매디슨 대통령은 키가 작고 몸도 허약했으며 활달한 성격도 아니었는데 대통령직을 잘 수행한 것은 전임 대통령 제퍼슨의 지도와 아내 돌리 매디슨의 영향이었다.

그녀는 매디슨과 달리 정치에 탁월한 수완을 발휘해 매디슨이 국무장관 시절부터 부인이 주관하는 "매디슨 대연회"라고 하는 호화로운 파티에서 어려운 문제들이 풀렸다고 한다.

이 시절 제일 중요하고 어려웠던 사건은 1812~1815년 영국과 또 한번의 전쟁으로 이번에는 미·영전쟁이라고 불렸다. 미국은 준비도 제대로 안 됐으면서 영국에 선전포고를 해 처음에는 많이 고전하였다.

영국군은 1814년 대서양에 상륙하여 수도 워싱턴을 기습해 대통령 관저에 불을 질렀다.

후일 매디슨 대통령이 워싱턴으로 환도하여 피폐해진 관저를 수리할 때 새로이 백색 페인트로 칠해 이후부터는 '백악관(White House)'이라 부르게 되었고, 미국 대통령관저의 공식 명칭이 됐다.

이 전쟁에서 예상치 않은 한 시민 영웅이 등장하는데 그가 나중에 7대 대통령이 되는 앤드류 잭슨 민병대장이었다.

그는 군출신도 아닌데 민병대를 맡아 영국의 뉴올리언스 공격에 대항하여 신병을 징집하고 참호를 구축하여 영국 정규군을 용감하게 막아냈다.

이 전투에서 영국군을 물리쳤으며 2천 여명의 영국군 사상자를 내면서 승리해 전쟁의 판도가 바뀌면서 앤드류 잭슨은 전국적인 인물이 되었다.

결국 미영전쟁은 미국의 승리로 마무리되면서 미국민은 이를 "제2의 독립전쟁"으로 부르며 자부심을 안겨 주었고, 또 한번 나뉠 뻔한 미국을 결속시켜 애국심이 커지는 계기가 되었다.

4장

개척시대의 미국 대통령(5~7대)들
-미국의 영토 취득(1867년까지)

5대 제임스 먼로 대통령(1817~1825년)

4대 매디슨 대통령의 8년(연임)이 지나고 1816년 선거에서 공화파의 제임스 먼로(James Monroe)가 5대 대통령으로 당선되었다.

그는 대통령이 되기까지 40년을 주정부와 초창기 연방정부의 공직을 보낸 사람으로 다양한 공직경험을 가졌기에 이를 잘 활용하였다.

제일 먼저 미국 남동부의 스페인이 차지한 보석 같은 플로리다를 1818년 500만달러에 취득했다.

스페인은 당시 몇개 도시를 장악하고 있었고 나머지 지역은 범죄자와 도피한 노예, 그리고 영국 군인 출신들이 차지하고 있었다.

원주민 인디언도 원래의 고토를 지키고 있어서 때때로 플로리다 접경을 침범해 미국인들을 공격하기도 했다. 인접 주 조지아주에서도 접경 지역의 미국인과 인디언 사이에 치열한 싸움이 벌어지기도 했다.

당시 장군이었던 앤드류 잭슨은 인디언을 쫓는다는 핑계로 침입하여 플로리다를 접수하는 데 공을 세웠고 후에 대통령이 되는 데 도움이 됐다.

또 중요한 것은 < 먼로 독트린 > 이다. 18세기 들어 유라시아 동쪽으로 영토를 확장하던 러시아는 1741년 마침내 베링해를 건너 알래스카를 집어삼켰다. 1821년 러시아 황제 알렉산드르 1세는 자국민들에게 베링해협에서 캐나다 남부에 이르는 북아메리카 서북 연안의 상업·어업 활동을 허용한다는 칙령을 내렸다.

아메리카에 대한 열강들의 영역 확보 경쟁에는 프랑스도 가세했다.

영국으로부터 독립한 지 얼마 안 된 신생국인 미국으로서는 아메리카에 대한 유럽 열강의 탐욕을 더 이상 방치할 수가 없었다.

1823년 제임스 먼로 대통령은 의회에 보내는 연두교서에서 미국 외교정책의 3대 원칙을 천명했다. 골자는 '아메리카대륙은 식민의 대상이 될 수 없고, 아메리카와 다른 정치제도를 가진 유럽 국가들이 아메리카에 간섭할 경우 미국에 대한 위협으로 간주하며, 미국도 유럽 열강의 내부 문제에 간섭하지 않겠다'는 것이었다.

먼로 독트린은 초기에 남아메리카 독립국들을 위한 보호장치로 작용했지만 이후 미국이 이 지역에 친미 정부를 수립하는 근거로도 활용됐다.

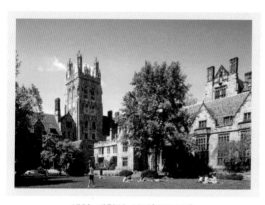

예일 대학의 설립(1701년)

먼로 대통령은 어느 정도 안정된 미 대륙의 문화를 키우고 조성하는 일에도 관심을 두었다.

먼로 대통령 이전에 1636년 교직자 양성을 목표로 했던 하버드 대학이 창립됐으며, 1701년에는 코네티컷에 예일 대학이 설립되었다.

이와 함께 현재 아이비리그의 명문 대학들이 설립돼 미국 특유의 대학을 중심으로 한 문화보급과 지역사회발전의 분위기를 만드는데 먼로 대통령은 지원을 아끼지 않았다.

신문도 1784년 필라델피아 데일리지를 필두로 1810년에는 350개의 신문이 발간되었다.

6대 존 퀸시 애덤스 대통령(1825~1829년)

8년이 지난 1824년 제임스 먼로 대통령의 임기가 끝나고 새 대통령을 뽑는 선거가 시작되면서 정치양상이 달라지기 시작했다.

이제 연방파는 사라지고 공화파만이 남았는데 공화파 중에서 국민공화파와 민주공화파로 갈라져서 전자는 동북부의 상공업세력을 대변하였고 민주공화파는 남부와 서부의 농업세력을 대변하였다.

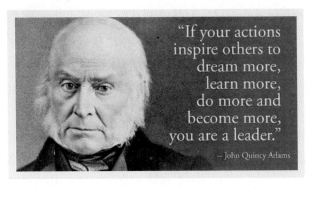

선거전에 돌입하자 네 명의 후보자 중 양강으로 좁혀졌다.

하나는 2대 대통령 애덤스의 아들로서 지금까지 5명의 전직 대통령들처럼 북동부의 지주로 부유하고 유서 깊은 미국의 새 지도층을 대표했으며, 앤드류 잭슨(1767~1845년)은 서남부 지역 서민들을 대표하는 후보였다.

잭슨은 신개척지에서 태어나 양친을 일찍 여의고 늦게 공부를 시작해 5년 동안 학교 공부가 유일했는데 지방검사가 되어 사회에 얼굴을 내민 것이다.

말하자면 30년 후쯤 나타날 링컨의 선배격이었다.

나름대로 법관 변호사 생활로 기반을 구축하고 1812부터 시작된 미영전쟁에서 두각을 나타내 국민에게 크게 알려졌다.

이를 기반으로 주의 상원의원 등을 역임하여 경력을 갖춘 후 대선에 나섰다. 기존 세력을 대표하는 존 퀸시 애덤스에 밀렸지만 1차 투표에서 4명 중 의외로 1등을 했는데, 하원의 2차 투표에서 존 퀸시 애덤스에 몰아주기 투표로 낙선했다.

낙선 후 당선자에게 먼저 축하인사를 해 깔끔한 매너를 보였지만 당선자는 잭슨을 냉대했다. 4년 동안 상대방에 대한 비방이 난무하였으나 여유가 있었던 쪽은 앤드류 잭슨이었다. 1828년 선거전은 사생활의 폭로 등 노골적인 네거티브 전략으로 시종일관하였다.

양 후보 모두 언론을 통해 말로 공격하고, 잭슨의 부인 레이첼 여사가 중상모략되기에 이르자, 폭로전은 절정에 달했다. 선거는 전쟁의 영웅으로서 지지를 얻은 잭슨이 압도적으로 승리하였다.

7대 앤드류 잭슨 대통령(1829~1837년)

잭슨(Andrew Jackson)의 취임식은 성대하게 거행되었다. 전날 밤부터 수도 워싱턴은

전국에서 모여든 그의 추종자들로 북새통을 이루었다.

대통령 취임선서를 하기 위해 대법원장 마셜(John Marshall)이 성서에 대한 선서를 진행시키고, 새 대통령이 성서에 입을 댈 때, 모여든 관중들은 우레와 같은 박수와 환호성을 울리며 앞으로 몰려 취임식장은 난장판이 되었다.

대통령이 창문을 통해 탈출하여 그의 숙소로 피난할 정도였다.

이런 해프닝을 지나서 업무를 개시한 잭슨은 개혁을 시작하여 워싱턴 백악관의 분위기가 크게 달라지기 시작했다.

소위, 잭슨민주주의가 시작되어 귀족풍의 우아한 외관이 서민적이고 격식 없는 자연스러움으로 바뀌기 시작했다.

새 대통령은 지금까지 정부 요직이 재산·학력·경력 등에서 검증된 인물들만 받아들인다는 명분으로 상류층, 그것도 동부 연안 지역의 상류층들만 혜택을 보는 그들만의 리그였기 때문에 이제 소위 엽관제(獵官制)를 채택했다.

그는 엽관주의(Spoil System)를 민주주의의 실천원리로 선언하고 미국 인사행정의 공식적인 기본 원칙으로 채택하였다.

국민의 의사를 반영하기 위해 선거를 통해 정권을 교체하고 이때 이전 정권의 인사를 현임 정권의 인사로 교체하는 공직경질(公職更迭) 원칙을 내세웠다.

이 새 원칙은 선거에서 이긴 대통령이 자신의 목표 이상을 실천할 수 있는 인사들을 기용해 신임을 준 국민에게 책임정치를 하겠다는 장점이 있었지만 비판할 수 있는 여지도 많았다.

이 제도는 나름대로 자리 잡혀서 현재에도 미국의 대통령이 당선되면 자신의 의도대로 새 사람을 임용할 수 있는 공직이 수백, 수천에 이른다는 것이 사실이다.

또 식탁에서 밥을 같이 먹는 친구·측근들 사이에서 중요정책이 결정된다는 비판이 제기됐지만, 이는 나중에 보좌관이라는 제도로 많이 활용되었다.

일반인의 정치참여가 활발해지면서 뿌리를 둔 정당으로 진화하여 잭슨 대통령을 지도자로 하는 민주당은 농업세력이, 동북부는 상공업세력이 지지기반인 휘그당(나중에 공화당)으로 양립하게 되었다.

텍사스 캘리포니아 영토 확장의 시기

'서민 대통령'이라는 별명을 가진 잭슨 대통령은 무난하게 국정을 수행해 현재 미국 20달러 지폐에 얼굴이 있다.

이후부터 반 뷰렌(Martin Van Buren) 대통령, 테일러(Zachary Taylor) 대통령, 포크(James K. Polk) 대통령은 단임으로 끝난 보통 대통령들로 남서부의 영토 확장의 시대 10여 년을 지냈다.

미국 이민자들이 1820년대부터 미시시피강을 건너 서쪽으로 이동하여 멕시코 영토인 텍사스 지역에 들어가기 시작해 1835년에는 3만 명에 이르게 되었다.

멕시코 정부에서는 이들을 규제하였으나 이제는 말로는 안된다 싶어 "군대를 파견해 미국인의 이주를 막겠다. 멕시코로 유입되는 모든 상품에 관세를…" 하는 식으로 통제가 강화되었다.

마침내 이 지역 내의 미국인들이 1836년 독립을 선언하기에 이르렀다. 미국인의 반란을 진압하기 위하여 멕시코 대통령이 직접 군대를 지휘하여 멕시코로 진격해 알라모(Alamo) 전투와 골리아드(Goliad) 전투에서 승리한다.

그러나 미국인들도 만만치 않아 샘 휴스턴(Sam Houston, 현재 텍사스의 제일 큰 도시 이름) 장군의 지휘하에 완강하게 버텨 멕시코군을 대파하여 멕시코 대통령을 포로로 잡았다.

이후 조약을 맺어 미국인의 텍사스공화국을 승인하고 미국의 한 주(1845년)가 되었다. 이를 둘러싸고 다시 전쟁이 터졌지만 그 옆의 멕시코 땅 캘리포니아도 미국이 차지하게 된다.

미국이 1848년 포크 대통령 때 조약을 체결해 영토를 차지하는 대신 멕시코의 채무 1500만달러 상당을 미국이 부담하기로 한 것은 예전 1803년 프랑스와의 선례를 따른 것이다. 이로써 오늘날의 캘리포니아·네바다·유타·애리조나·뉴멕시코를 포함한 광대한 토지를 얻은 것이다.

이때 유럽은 1848년에 혁명이 벌어져 격동의 소용돌이였으며, 카를 마르크스의 공산당 선언이 발표된 해에 미국은 이렇게 알토란 같은 영토를 획득했다.

뿐만 아니라, 미국 땅이 된 캘리포니아에서 한 남자가 아침에 강가에 나갔다가 반짝거리는 빛을 보았다. 그것이 황금덩어리였으니 요즘 말로 대박을 터트린 것이다.

이는 1849년의 서부로 향한 '골드 러쉬'를 촉발해 서부로 달려가서 금도 캐고, 그곳 지역의 개발도 촉진되었다.

아무리 생각해도 미국은 복받은 나라였다. 이 천혜의 땅을 쉽게 빼앗긴 멕시코는 얼마나 억울할까?

텍사스는 어떤 나라?

1836년 이전에는 멕시코가 현재 텍사스·뉴멕시코·캘리포니아 등 일대를 차지하고 있었고, 미국보다 더 광대한 땅을 가지고 있었다.

그 엄청난 가치의 땅을 미국에 강탈당하다시피한 멕시코는 어떤 나라일까? 미국이 위치한 북아메리카와 달리 고대왕국이 존재하던 남아메리카에서 발전한 멕시코는 미국(1776년 독립선언)보다 250년 이상 앞서는 역사가 있다.

고대 톨텍(Toltec), 치첸이트사(Chichen Itza) 문명의 아즈텍(Azteca) 제국이었는데 전성기(1325~1521년)인 1521년에 에스파냐 코르테스(Cortes)가 이곳을 정복했다. 이후 약 300년 동안 에스파냐의 식민지시대였는데 1600년대까지는 식민정치의 기본인 가톨릭의 포교 시대, 17세기 이후에는 원주민과의 혼혈정책으로 문화가 이루어졌다.

에스파냐로부터의 독립은 1810년 9월 16일 혁명적 애국자인 미구엘 이달고의 유명한 '돌로레스의 절규'를 계기로 독립기운이 일기 시작하여, 1821년 멕시코의 독립을 인정한 코르도바 협정이 성립되었다.

독립 이후 식민지시대가 끝나고 전제정치로부터 공화제로 이행하여 대통령이 선출되었으나 중앙집권주의파와 연방주의파의 대립이 심해 50년 동안 30명 이상의 대통령이 바뀌는 등 혼란에 빠졌다.

1846년의 실정(失政)은 미국과의 전쟁을 초래해 2년 후에는 북부 영토를 상실하는 결과를 빚고 말았다.

그것은 새로운 국가건립, 영토개척의 열정으로 달려드는 미국의 개척자들과의 투쟁에서 밀리기 시작해, 1846년에는 정식으로 벌어진 미국과의 전쟁(1846~1848년)에서 패하면서 이 일대의 영토를 모두 잃기에 이른 것이다.

전쟁 이후 체결된 조약으로 현재 미국영토가 된 남서부 일대의 권리를 포기하고, 1500만 달러의 보상금을 받기로 한 것은 멕시코 정부의 체면을 살려주기 위해 매매의 형식을 취했지만, 미국은 태평양 연안까지 광대한 토지를 자력으로 획득한 것이다.

이 지역은 1849년부터 골드 러쉬로 이주민들이 밀려들어, 동서 균형발전의 계기가 되었으며, 서부 개척정신이 미국민의 미덕으로 자리잡았다.

1910년 후아레스가 멕시코 혁명을 주도하여 1917년에는 정경분리를 기본으로 해 교회

재산을 몰수하는 자유주의 헌법인 멕시코 민주헌법을 채택함으로써 근대 멕시코의 바탕이 되었다.

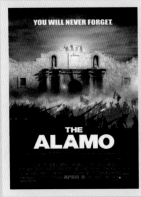 

텍사스의 광활한 영토 미국이 1500만불에 매수 형식으로 취득

텍사스 지역에서 1836년 미국 이주민과 멕시코군과 벌어진 유명한 '알라모 전투'가 있었습니다. 현재 텍사스주 샌 안토니아시에 있는 알라모 요새에서 전투가 벌어졌는데 이곳을 지키려는 미국 이주자 186명과 요새를 탈환하려는 멕시코 정부군 1800명으로 10대 1의 전투였습니다.

13일간 치열하게 싸웠지만 결국 186명이 전멸하고 멕시코군도 400명 이상 사망했습니다. 이 전투를 지휘한 멕시코의 산타아나 멕시코 대통령의 잔인함과 함께 이 전투는 미국인에게 큰 영웅담이 됐습니다.

이 전투의 실황은 1960년 〈알라모〉 영화로 잘 알려졌습니다.

6주 후 미국은 휴스턴 장군이 이끄는 미국 텍사스군이 멕시코 산타 안나군에 복수전을 펴서 멕시코 대통령을 포로로 하는 등 유리한 상황에서 이 지역 영토를 획득했습니다.

휴스턴 장군은 포로로 잡은 멕시코 대통령을 조건없이 석방했다는데, 무능하고 만만한 인물이라 석방하여 그를 상대로 하는 것이 유리하다고 판단했기 때문이라고 합니다.

그로부터 9년 후 1845년 미국은 텍사스를 28번째 주로 병합하였습니다.

그러자 멕시코와 전쟁이 발발한 것인데 이때 미국은 멕시코시티까지 점령해 캘리포니아 등 남서부의 영토를 획득한 것입니다.

남북전쟁의 갈등(20년) 이후 1867년 러시아로부터 알래스카를 사다

캘리포니아를 취득하고 약 20년이 지나 미국은 또 한 번 엄청난 땅을 차지하게 되었다.

20년 동안 북부와 남부가 산업구조의 차이와 노예문제로 갈등이 깊어지고 결국은 남북전쟁이 발발했으며 그 후유증으로 고전하던 시기였는데 여기에 대해서는 별도로 설명한다.

미국이 세 번째로 산 거대한 부동산은 1867년 러시아로부터 720만 달러에 매입한 알래스카였다.

알래스카의 매입을 추진한 사람은 링컨 대통령 때부터 국무장관을 한 윌리엄 스워드로 존슨 대통령 때, 재정이 궁핍했던 재정러시아로부터 구입했다.

면적 153만㎢(한반도의 7배)인 큰 토지를 1에이커당 2센트(루이지애나 구입보다 싼 가격)도 안 되는 헐값이었지만, 당시에는 필요없는 얼음덩어리를 샀다고 엄청난 비난을 받았다.

그러나 그로부터 100년이 지난 1968년, 인근 북해 지역에서 거대한 유전이 발견돼 거대한 달러 박스로 변했다.

게다가 소련 시절 1962년 쿠바미사일 위기 때 그리고 러시아와의 냉전시대 미사일 기지로 사용할 수도 있었다는 것을 감안하면 미국으로서는 끔찍한 일을 사전에 대비한 셈이다.

그래서인지 스워드가 알래스카를 취득한 원려지모(遠慮智謀)를 존경하여 그의 동상이 세워지고, 그의 이름을 딴 거리, 도시가 있다.

미국은 독립선언(1776년) 100년 이내(1803~1867년)에 러시아, 캐나다에 이어 세계에서 세 번째로 국토가 넓은 나라(962만㎢)가 되었다,

영토의 실질적인 내용, 지하자원, 활용도 등에서는 세계 최고일 것이다.

사람도 우선 큰 체격을 갖춘 다음에 건강과 지혜를 갖추게 되는 것과 같은 이치로 미국은 양수겸장의 나라가 되었다.

나라의 모양이 대서양과 태평양을 걸친 직사각형의 반듯한 모양이고 무게중심을 잘 이루게 되는데 이렇게 대략 세 번에 걸친 부동산 취득으로 가능했다.

여기에는 외교, 무력행사, 투자 등 다양한 노력으로 이루어졌다.

그 결과 미국은 말할 나위 없이 좋지만 양도한 나라 또는 빼앗긴 세 나라는 땅을 치며 후회하지 않을까!

우리나라는 1800년 모처럼 개혁을 추진한 군주 정조가 죽은 이후, 고종이 즉위하던 1863년까지 세도정치로 귀중한 19세기를 허송하였습니다.

미국이 독립하던 1776년(정조 즉위하던 해)부터 우리나라도 뭔가 해볼 수 있었는데 1800년부터 그렇게 헤매던 63년이 이렇게 극명하게 대비가 되는 것을 보면 안타깝습니다.

미국이 세 번의 영토를 획득하여 현재의 번듯한 영토가 있게 된 것이 1803년부터 1867년까지니까 조선이 세도정치로 허비한 시기와 거의 일치합니다.

그래도 그 한참 후 주권을 되찾고 독립, 민주, 자본주의로 출발(1948년)하였으나 급히 남북으로 갈라져 출발한 탓인지 내전(한국전쟁 1950~1953년)을 치르면서 넓지도 않은 영토가 통일이 되지 못했습니다. 광활하고 번듯한 영토를 가진 미국이 부럽습니다.

제6막

19세기 발전하는 나라들과 쇠퇴하는 나라들

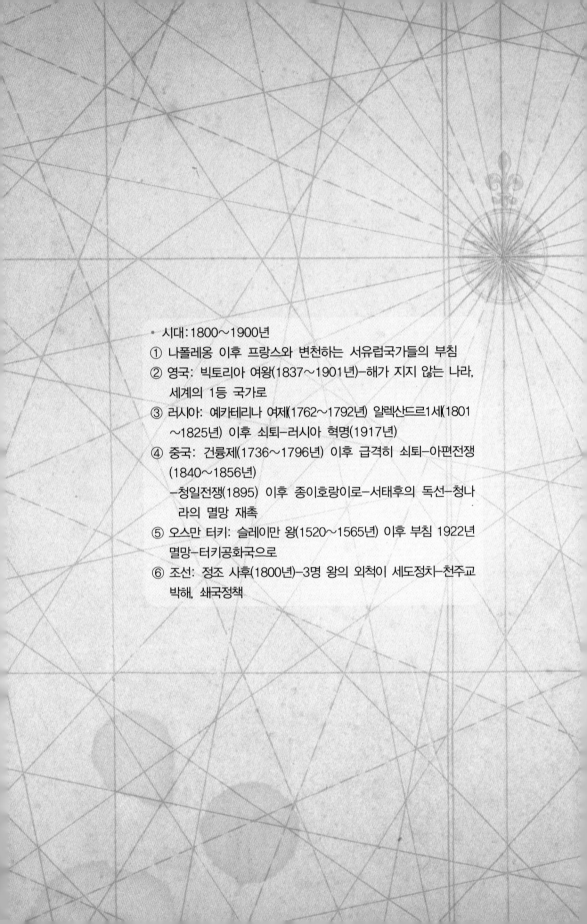

• 시대:1800~1900년
① 나폴레옹 이후 프랑스와 변천하는 서유럽국가들의 부침
② 영국: 빅토리아 여왕(1837~1901년)-해가 지지 않는 나라,
 세계의 1등 국가로
③ 러시아: 예카테리나 여제(1762~1792년) 알렉산드르1세(1801
 ~1825년) 이후 쇠퇴-러시아 혁명(1917년)
④ 중국: 건륭제(1736~1796년) 이후 급격히 쇠퇴-아편전쟁
 (1840~1856년)
 -청일전쟁(1895) 이후 종이호랑이로-서태후의 독선-청나
 라의 멸망 재촉
⑤ 오스만 터키: 슬레이만 왕(1520~1565년) 이후 부침 1922년
 멸망-터키공화국으로
⑥ 조선: 정조 사후(1800년)-3명 왕의 외척이 세도정치-천주교
 박해, 쇄국정책

1장

나폴레옹 이후의 서유럽 그리고 프랑스

나폴레옹 이후의 빈 체제

나폴레옹 이후의 유럽을 논의하다

1814년 나폴레옹이 엘바섬에 유배당하자 유럽 질서 재편을 위해 오스트리아 수상 메테르니히가 빈회의를 개최했고 90개 왕국 53개 공국 대표가 참석했다.

이 회의는 열강 간의 견제와 균형을 이루어 평화와 안정을 이루고자 하였으나, 그 본질은 자유주의와 민족주의를 탄압하여 구질서를 유지하고자 하는 보수주의의 성격을 띠고 있었다.

이때 나폴레옹이 엘바섬을 탈출하여 프랑스 본토에 상륙하였기 때문에 회의는 한때 혼란스러웠다.

나폴레옹의 프랑스군과 웰링턴 장군이 이끄는 영국이 중심이 된 유럽연합군이 맞붙는 워털루 전투에서 패전하기 직전인 그 해 6월 빈회의의 최종 의정서가 조인되었다.

121개조로 성립되었으며, 프랑스혁명 이전의 왕조로 복귀시키는 정통주의와 강대국 간의 세력균형이라는 원칙에 의해 유럽의 지도를 바꾸어 놓았다.

오스트리아는 네덜란드를 포기하고 북이탈리아를 얻었으며, 프로이센은 바르샤바 대공국의 일부와 작센·라인 지방에 영토를 얻었다.

영국은 전쟁 중에 획득한 식민지들의 영유를 확인받았으며, 네덜란드가 벨기에를 합병하는 등의 변동이 있었다.

또, 스위스는 영세중립국이 되었으며, 독일에는 독일연방이 성립하였다.

나폴리·프랑스·에스파냐 등에서는 구(舊)왕가가 복위하였다.

이렇게 빈 체제가 탄생하였으며, 프랑스혁명 이래 유럽의 전쟁과 정치적 변동을 복고주의적으로 수습하였다.

예전부터의 동맹국과 패전국인 프랑스까지 포함해 신동맹국들은 빈 조약 이후에도 정기적으로 모여 이 체제의 유지를 위하여 긴밀히 협조하였다.

산업혁명이 한창이던 영국은 유럽대륙이 그 상태로 있는 것이 자국에 유리하다고 판단하여 메테르니히의 빈체제를 적극 지지하였다.

그러나 시대는 급변하고, 특히 사회주의 사상이 확대되면서 혁명의 시기에 돌입함에 따라 유럽의 각국은 진통을 겪게 된다.

나폴레옹 이후의 프랑스 – 혁명의 연속

나폴레옹이 몰락하고 빈체제의 성립 후 프랑스에는 부르봉 왕조가 복귀했다.

왕은 혁명 중에 처형된 루이 16세의 동생인 루이 18세(1755, 재위 1814~1824년)로서 나폴레옹의 치세 중 유럽의 여러 나라에 망명하였다가 귀국하여 입헌군주제 체제에 순응하였다.

혁명은 지나갔어도 혁명에서 이룬 성과는 망각되지 않았다.

새 헌법은 개인의 권리·평등권·재산권 등은 반영해야 했으며 무엇보다 의회를 구성하지 않을 수 없었다.

루이 18세가 60세에 왕위에 오르고 10년 후에 후사 없이 죽자, 왕당파의 우두머리로 알려진 동생 샤를 10세(1757~1836년, 재위 1824~1830년)가 즉위하면서 시끄러워졌다.

1827년 의회선거 시 자유주의 의원들이 과반수를 차지하여 왕과 마찰이 계속되자 1830년 샤를 10세는 긴급명령권을 발동하여 의회를 해산하여 재선거 실시, 언론통제 강

루이 18세(루이 16세의 동생) 일가

화를 선포했다.

이 조치는 즉각적으로 광범위한 반발을 불러일으켰고 바로 다음 날인 27일 대규모의 봉기가 발생했는데, 이것이 7월 혁명이었다.

27~29일 간에 벌어진 7월 혁명 세력은 샤를 10세의 왕정을 무너뜨렸다.

이로써 부르봉 왕조는 문을 닫고 자유주의 왕족이었던 루이 필립(1773~1850년, 재위 1830~1848년)이 즉위했다.

1830년의 7월 혁명의 영향을 받은 곳은 네덜란드의 식민지였던 벨기에였다. 빈 의정서에서 네덜란드의 영토가 된 벨기에는 브뤼셀에서 봉기를 일으켜 네덜란드를 타도하고 독립을 쟁취하였다.

이와 함께 영국에서 성공하고 있는 산업혁명의 바람이 유럽으로 불어와 프랑스도 변하기 시작했다.

전통적으로 농업국가인 프랑스도 산업구조가 빠르게 변해 1836년에 철도가 생겼고 파리의 인구가 100만 명을 돌파했다.

산업구조의 급속한 변화와 함께 프랑스는 자본주의의 생태적인 상황이 정치문제가 되기 시작했다.

프랑스에 1846-1847년에 대규모 흉작과 기근까지 겹쳤다. 농업의 궁핍은 곧장 구매력의 감소로 이어지고 공업의 위축은 곧바로 노동자 실업으로 악순환되면서 1848년 2월 혁명이 발생했다.

노동자들은 파리시청을 점령하고 베르사유 궁전으로 향했다.

데모대는 1789년 대혁명을 이야기로 듣고 자란 손자뻘 세대지만 75세인 루이 필립 왕은 55년 전 루이 16세의 처형을 목격한 바 있었다.

그의 아버지도 단두대에서 죽었던 비극적인 기억이 있기에 그는 손자에게 왕위를 재빨리 물려주고 런던으로 도망쳤다.

그러나 권력을 승계 받은 것은 그의 손자가 아니고 임시정부였으며 이들은 곧바로 의회를 구성하고 공화정을 준비했다.

루이 나폴레옹(3세) 대통령 그리고 황제

여기서 특기할 사항은 의회를 구성하는 투표가 세계역사상 처음으로 모든 성인 남자가 참여하는 참정권 확대로 이루어진 선거였다는 것이다.

그래서 유권자 수가 35만 명에서 900만 명으로 늘어났다.

루이 나폴레옹

이제 정치는 중산층의 전유물이 아닌 모든 가정의 이슈가 되었다.

이 선거에서 대부분 자유주의자가 뽑혀 민주주의 헌법을 통과시켰는데 이는 미국에서 60년 전(1787)에 채택된 민주주의 헌법에 이어 대통령제를 도입하였다.

새 헌법에 따라 사상 처음으로 대통령선거가 치러졌는데 놀랍게도 나폴레옹의 조카인 루이 나폴레옹(1808~1873년)이 압도적인 표차로 당선되었다.

프랑스 국민들의 나폴레옹에 대한 향수는 이렇게 대단한 것이었다.

루이 나폴레옹은 프랑스 역사상 최초의 대통령이 되었지만 임기제 대통령제에 만족할 수 없어서 1851년 12월 친위쿠데타를 일으켜 공화정 체제를 붕괴시키고 1852년 12월에는 제2제국을 선포하고 황제에 즉위하였다.

산업혁명과 근대적 자본주의 경제 체제 확립, 파리 도시정비, 해외 식민지 팽창에 열을 올리면서 제국의 번영을 추구했으나 정치적으로는 언론을 통제하고 각종 정치적 활동들을 탄압하였다.

이렇게 큰아버지와 조카는 50년을 간격으로 다시 비슷한 방법으로 통령(대통령)을 거쳐 프랑스를 과거로 퇴행시키고 자신들이 제위에 올랐다.

2장

세계 최강국으로 가는 영국, 빅토리아 여왕 시대

영국의 빅토리아 여왕 즉위 전, 조지 3세

영국왕 중에 제일 유명한 이는 헨리 8세이고, 다음은 그의 딸 엘리자베스 1세일 것이다.

처녀 왕으로 후사 없이 죽어, 그 후 스튜어트 왕조로 바뀌어 제임스 1, 2세 찰스 1, 2세라는 이름으로 4명의 왕이 80년간 재위에 있었다.

이 기간 중에 의회와 갈등으로 권리 청원, 권리장전 그리고 명예혁명이 이루어졌다.

그 중 갈등과 내전이 심했던 때는 찰스 1세로 의회군 크롬웰에 의해 처형당하고 왕정이 8년 동안 중단된 역사가 있었다.

1688년 명예혁명 이후 하노버 왕조가 시작되었고, 이 왕조에서 제일 긴 재임기간(60년)을 지낸 왕이 조지 3세(1738, 재위1760~1820년)였다.

이때 영국의 식민지였던 아메리카가 미국으로 독립했고, 워싱턴 대통령, 제퍼슨 대통령의 취임이 있었다.

유럽에서는 프랑스 대혁명이 있었으며, 나폴레옹이 유럽을 제패하고 있을 때 속을 많이 태운 이는 영국의 조지 3세였을 것이다.

영국은 어느 나라보다 먼저 산업혁명이 성공하여 경제가 발전하고 나폴레옹을 워털루에서 꺾은 것도 영국이었다.

그렇게 60년을 지낸 왕이고 그때까지 최장수 왕이었으며, 그 기간에 영국이 전체적으로 많이 발전했다.

그러나 조지 3세는 죽은 후 17년 후에 즉위한 손녀 빅토리아 여왕보다 덜 알려져 있다. 그는 왕실비용을 줄인 돈으로 의원을 매수하여 어용당을 만들어 이를 조종함으로써 실질적으로 국정의 지도력을 강화하였고, 그 결과 '미국의 독립'이라는 뼈아픈 실패를 가져왔다. 이따금 정신 이상현상을 보였고, 특히 1811년(73세) 이후에는 폐인 같은 만년을 보냈다.

아무튼 1815년 웰링턴 장군이 나폴레옹의 군대를 물리친 다음 영국은 희망봉과 전략적 거점인 몰타제도, 모리셔스, 실론 등을 획득했다.

그 이전에 나폴레옹이 영국을 이기지는 못해도 봉쇄령을 내려 괴롭혔지만 영국은 오히려 해상무역을 독점할 기회를 얻어 더 발전하였다.

이 모든 것은 영국의 산업혁명에 크게 도움이 되는 원산지 공급 그리고 완제품 판매시장으로 발전했다.

1850년 전 세계의 공산품 시장을 장악했는데 예를 들면, 면직물은 세계의 3분의 2 지역에 공급될 정도였다.

또한 해운·금융·보험같은 연관 서비스업도 장악해 런던은 세계 최대 도시가 되었다.

그런 발전과 성공의 이면에는 15세기 말 스페인에서 축출된 유대인들이 300년 동안 네덜란드를 거쳐 영국으로 이주하며 활동한 것이 도움이 되었다고 한다.

그 후 1837년에 즉위하여 64년을 재임한 빅토리아 여왕 시대에 대영제국이 차지한 영토는 전 세계 면적의 20%에 달했다.

빅토리아 여왕의 즉위(1837~1901년)

영국 왕조는 1688년 명예혁명 이후 스튜어트 왕조에서 하노버 왕조로 바뀌고 조지 1세(1714), 2세(1727), 조지 3세(1760)로 이어졌다.

빅토리아 여왕의 조부인 조지 3세는 슬하에 9남 6녀를 두었다.

빅토리아는 조지 3세의 넷째 아들의 장녀였기에 숙부가 살아 있거나 서열 승계가 높은 사촌들이 있는 한 현실적으로 왕좌에 오르기 힘든 위치였다.

그런데 조지 3세의 사후, 그 장남인 조지 4세 (재위 1820~1830년), 그 후 윌리엄 4세(재위 1830~1837년)가 즉위하여 일찍 죽고 그 후계자들도 요절하여, 빅토리아 여왕(좌측사진)이 왕위를 계승하게 되었다.

영국의 유명한 여왕들, 엘리자베스 1세는 아버지 헨리 8세의 자손이 귀해서 왕위를 차지했고, 빅토리아 여왕은 할아버지 조지 3세의 자손이 많았는데 다 일찍 죽는 바람에 왕이 되었다.

이 두 명의 걸출한 여왕들이 왕위를 계승했기에 영국이 발전하고 부강해졌으니 영국의 국운이었다.

빅토리아 여왕의 어머니 켄트 공작부인은 장차 딸이 즉위하면 섭정이 될 야심을 품고 비서(애인겸)인 존 콘로이와 함께 빅토리아를 엄하게 키웠다. 딸의 교육에 많은 신경을 써 영어·독일어·프랑스어·이탈리아어·라틴어·음악·역사·미술 등의 다양한 분야를 두루 섭렵시켰다.

그러나 어머니를 좋아하지 않던 빅토리아 여왕은 즉위 후 켄트 공작부인을 지방으로 유배시켜 버킹엄 궁전의 정치에 관여하지 못하도록 했다.

그 후 쓸쓸히 살던 어머니가 사망하자 여왕은 그동안 차갑게 대했던 일을 후회하기도 했다.

빅토리아 여왕(1819, 재위 1837~1901년)은 대영제국·아일랜드 연합왕국과 인도의 여왕(차후)으로 1837년 즉위하였다. 그녀의 재위 기간은 '빅토리아 시대'로 통칭되며, "해가 지지 않는 나라"로 불렸던 대영제국의 최전성기와 일치한다.

그리고 많은 유럽의 왕가와 연결되어 있어 "유럽의 할머니"라고 불렸다.

64년 동안 안정적인 왕권을 유지하였는데 "군림하되 통치하지 않는다"는 영국왕실의 전통을 이때 다져놓았다고 평가받는다.

여왕은 개인적으로 사랑하는 남편과 결혼 21년 만에 사별(1861)해 40년을 혼자 살았다.

또한 혈우병의 보인자(保因者)로서 유럽 왕가에 퍼져 러시아 왕가의 몰락을 가져오는 원인이 되기도 했다.

빅토리아 여왕은 미혼인 상태에서 왕위에 즉위하였기에, 빅토리아 여왕의 배우자 자리를 놓고 여러 나라 왕족들이 나섰다.

빅토리아 여왕의 남편 앨버트

빅토리아 여왕은 독일 출신인 어머니에 대한 반감으로 인해 독일인과 결혼할 생각이 없었지만, 프로이센의 귀족 집안 앨버트 경(1819~1861년)과 사랑에 빠져 1840년 2월 10일에 결혼식(좌측 사진)을 올렸다.

앨버트 경은 고집이 세고 완고한 성격을 가진 빅토리아 여왕의 곁에서 여왕의 부군으로서 궁정의 업무를 훌륭하게 처리했다.

예를 들어, 19세기 중반 사회의 변혁에 따라 노예제도 폐지와 교육제도 개혁에 일조하였고, 정치적인 문제에 대해서는 중립을 지키도록 했다.

영국의 의회지도자들과 국민들은 최초에는 그가 독일 출신이고 현학적이어서 의심의 눈초리로 보았으나 그가 왕실사람 답지 않게 검소하고 침착한 태도를 보고 차츰 신뢰를 주었다.

1851년에는 영국의 위상을 세계적으로 알리는 국제박람회도 앨버트 공이 추진하여 수정궁에서 성공리에 마쳤다.

남편 앨버트 공이 빅토리아 여왕 곁에 항상 존재하였기에, 입헌군주제를 공고하게 다지면서도 왕권의 안정을 가져올 수 있었다.

그들은 결혼생활 21년 동안 9명의 자녀(위의 가족 사진)를 두었고, 차후에 유럽왕실과의 결혼관계로 연결하는데 중심 역할을 하게 된다.

영국왕실이 정상적인 부부 그리고 가족관계의 모범을 국민에게 보이는 계기가 되었다.

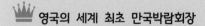
만국박람회를 위해 지은 수정궁(Crystal Palace)은 1851년 런던의 하이드 파크에서 개최된 제1회 만국박람회의 전시관 건축물로 조경사이며 엔지니어인 팩스턴이 설계했습니다.

철과 유리로 된 거대한 온실풍의 건축으로서 개최년도와 같은 1851피트(563m)의 길이로 세워졌습니다. 당시로서는 파격적인 디자인이라 건물 자체가 제일 인기있던 전시품이었습니다. 주철골조와 유리판을 사용, 단기간에 조립되어 박람회 종료 후 해체됐습니다. 신 재료와 새 공법을 사용한 사례로서 건축사에 중요한 영향을 끼쳤는데 전람회 후 다른 장소에 이전 보관하였으나 1936년 화재로 소실되었습니다.

만국박람회에는 산업혁명에 참여한 1300개나 되는 업체가 전시품을 냈으며 당시 영국국민 3000만 중에 600만 명이 관람함으로써 특정 장소에 모인 세계 기록이었습니다.

이 박람회 4년 후 영국과 경쟁관계에 있던 프랑스가 두 번째로 만국박람회를 개최하면서 각국이 경쟁적으로 개최하였습니다.

앨버트 사후 빅토리아 여왕

여왕은 앨버트를 국무회의에 늘 대동하면서 국사를 의논했으니 입헌군주이지만 앨버트가 실제 군주 역할을 했다는 말이 있을 정도였다.

하지만 빅토리아 여왕과 앨버트 공의 만족스러운 결혼생활은 앨버트 공이 방만한 생활 태도를 보이는 장남 에드워드를 훈계하기 위해 케임브리지에 다녀오다가 얻은 병으로 사망함으로써 21년 만에 끝이 났다.

앨버트 공을 잃은 슬픔으로 빅토리아 여왕은 에드워드 왕자(훗날 에드워드 7세)를 오랫동안 미워했다.

사랑하고 신뢰하던 앨버트를 잃은 여왕의 슬픔은 두문불출하고 칩거하며 국사에서 멀어지게 만들었으며, 그 기간이 장기화하자 불만의 여론이 터져 나오기 시작했다.

떠밀리듯이 공무에 복귀한 여왕은 앨버트 공을 추모하는 의미에서 40년 동안을 검은 옷을 입었다.

그러나 빅토리아 여왕은 인복이 많은 사람이었다.

그녀의 치세 동안 그녀를 보좌하거나 함께 국정을 운영해간 사람들은 모두 훌륭한 남성들이었다.

앨버트를 잃은 후의 빅토리아 여왕과 앨버트기념관

　남편 앨버트 공을 비롯해 영국의 걸출한 수상으로 불리는 '디즈레일리(1804~1881년)'
와 '글래드스턴(1809~1888년)'도 빅토리아 여왕을 영광스럽게 만든 남성들이었다.
　이 두 사람의 선의의 경쟁은 양당 체제의 의회 민주주의를 확립해 영국을 정치적으로
안정시켰다.
　빅토리아 여왕은 이 두 사람의 수상 덕분에 19세기 유럽 대륙에 불어 닥친 혁명의 바
람을 피해 무사히 왕의 자리를 지킬 수 있었고, 영국을 발전시켰던 대정치인들이었다.

표트르 대제 이후
예카테리나 여제(1762~1796년) 등
러시아 흥망사

러시아의 표트르 대제 이후 니콜라이 2세까지 13명의 로마노프 왕조 황제들

러시아의 근대화, 서구화에 성공한 표트르 대제(재위 1682~1725년)는 제4대 황제지만, 실제로는 러시아 왕국을 제국으로 만든 '임페라토르(Imperator)'에 올라 로마노프 왕조의 새로운 1대 황제로 부른다.

표트르 대제 이후로 1917년 러시아혁명으로 마지막 황제 니콜라이 2세가 폐위될 때까지 13명의 황제가 제위에 올랐다.

이 황제들을 간단히 소개하는 것이 러시아의 200년 가까운 근대사(1725~1917년)를 설명하는 것이 되므로 13명 중 4명의 여황제가 포함된 러시아 황제 열전을 간략히 소개하려고 한다.

표트르 대제의 첫 번째 후계 황제부터 꼬이면서 아슬하게 이어지기 시작했다. 원래 표트르 대제의 첫 번째 왕후의 아들이 황태자였는데 아버지가 어머니를 내치고 평민 출신의 애인 예카테리나를 좋아하자 아버지에게 반발해 반란 음모에 개입하여 사형을 당했다.

러시아판 '사도세자'라 할 수 있으며 조선 영조(재위 1724~1776년) 때 일이라 시기도

6막 19세기 발전하는 나라들과 쇠퇴하는 나라들 177

비슷했다.

평민에서 왕후가 된 예카테리나 1세가 표트르 대제 다음으로 여황제가 되었다가 2년 만에 죽으니 예전 황태자의 아들 표트르 2세(대제의 손주)가 3대 황제가 되었다. 아버지의 복수도 하고 미운 할아버지의 시책도 바꿔보려 했는데 3년 만에 죽으니 허무했다. 후손이 없어서 표트르의 이복형 이반 5세의 딸 안나가 황제에 즉위해 10년을 재임했다. 그후 그 아들을 이반 6세 황제로 즉위시켰지만, 1년 후 궁정혁명으로 쫓겨나 감옥에 보내졌다. 두 살 때 억지로 황제로 올려놓고 배후에서 권력을 행사하려 표트르 대제의 측근 세력에 밀려난 것이다.

여기까지 16년 동안 이렇다 할 만한 업적이 없는 4명의 황제가 있었다. 이후 표트르 대제의 애인이자 두 번째 황제가 되었던 예카테리나의 두 딸 중 둘째인 엘리자베타(1709, 재위 1742~1762년)가 6대 황제이자 3번째 여황제가 되었다. 이제야 비로소 황실에 안정이 찾아왔다.

매력적이고 지적이며 뛰어난 재능을 가진 그녀는 황실 친위대를 비롯한 여러 사람에게 인기가 높았다. 말년인 1762년 7년 전쟁에서 프로이센에 대항해 베를린을 침공, 성공적으로 전쟁을 치렀다.

그러나 러시아가 동맹국인 프랑스, 오스트리아와 함께 프로이센을 붕괴시키기 직전 1762년 1월 5일에 갑자기 사망하였다. 결혼을 안 해서 자녀도 없었다.

이제부터 흥미있는 이야기와 함께 표트르 대제 못지 않은 여황제가 등장하게 되었다.

예카테리나 2세(1762~1796년)의 등장

엘리자베타의 후계자는 표트르와 예카테리나 1세 사이의 또 다른 딸, 지금 여황제의 언니의 아들 표트르 3세(1728)가 있었다.

그런데 그는 지능이 떨어지고, 프로이센에서 지냈던 적이 있어서 그 나라를 좋아하고 특히 프리드리히 왕을 좋아했다.

프로이센과 7년 전쟁에서 표트르 3세는 프로이센에 대한 전쟁을 중지했고, 프리드리히 2세와 페테르부르크 협약을 체결하였는데 이 조약은 러시아에 아주 불리한 조건이었다.

러시아는 이미 4년 동안 관할했던 동 프로이센 점령지를 반환했으며, 장기간의 소모적 전쟁에서 어떤 이익도 얻지 못한 채 종결되었다.

표트르 3세(좌측 사진)의 적대자들은 4월 24일 체결된

협약을 민족적 모욕이자 반역행위라고 비난했고 황제의 즉흥적 정치 행보는 반대 세력이 뭉치는 데 단초를 제공했다.

　이에 반해 그의 부인 예카테리나는 러시아에 대한 애정과 교양 있는 행동으로 민중의 환심을 얻었고, 근위대원들과 궁중 요원들이 그녀에게 충성을 서약했다.

　근위대가 당시 표트르 3세가 머물던 페테르고프로 진격했고, 놀란 표트르 3세는 프로이센군을 동원하여 대항하고자 했으나 뜻을 이루지 못하고, 결국 퇴위선언서에 서명했다. 이렇게 해서 예카테리나가 제8대 황제(여제 1729, 재위 1762~1796년)에 올랐다.

　표트르 대제(재위 1682~1725년)의 사후 37년만에 6명의 황제가 지나간 후 외손주 며느리, 생전에 본적도 없던 이국에서 시집온 인물이 자신의 후계자가 되어 러시아의 국위를 높여 주었던 것이다.

　원래 예카테리나는 프로이센의 지방귀족의 딸로서 어릴 적부터 총명한 그녀에게 모친은 다양한 교육을 시켜 결국, 러시아 황태자(표트르 3세)와 결혼을 성사(1745년)시켰다.

　그러나 이들의 결혼생활은 순탄치 않았다. 신혼임에도 불구하고 예카테리나에게 무관심한 표트르로 인해 부부관계는 소원했고 예카테리나는 남편의 빈자리를 독서로 채웠다.

　그녀는 역사·철학·법학 서적과 볼테르·몽테스키외 등 계몽주의의 주요 서적, 상당한 양의 문학작품들을 섭렵했고, 러시아어도 열심히 배우고, 러시아정교회로 개종도 했다.

　남편(황태자)은 지성도 외모도 뒤떨어지는 다른 여성들과의 관계를 예카테리나에게 감추지도 않았고, 남편의 외도 속에 예카테리나에게도 애인이 생겨났으니 이들은 부부라고 할 수도 없었다.

　남편과의 관계가 결정적으로 나빠지고, 황제에 대한 근위대의 불만이 최고조에 달하자 예카테리나는 최측근(애인 포함)들과 함께 반란에 동참한다.

　오를로프 형제, 포툠킨 등 반란의 주모자들은 근위대들을 선동하고 자신들의 편으로 끌어 들였다. 정교 탄압과 프로이센과의 평화조약 체결 등 이적행위를 이유로 표트르 3세에 대한 폐위가 공포되었다.

　남편인 표트르 3세(6개월 재위)를 퇴위시킨 예카테리나는 제국의 여제로 등극했고, 예카테리나 2세의 대관식은 1762년 9월 22일 모스크바에서 거행되었다.

예카테리나 여제 러시아를 유럽열강, 문화의 나라로 격상시키다

이렇게 황제가 된 여제는 40여 년 전 남편의 외조부 표트르 대제를 계승해 러시아를 격상시켰다.

국제관계에서 러시아의 역할 강화와 영토 확장을 했다. 우선 오스만 터키와의 전쟁에서 흑해 일대를 차지하고 폴란드를 분할해 영토를 늘려 열강의 위치에 올랐다.

이처럼 적극적인 대외 정책을 통해 러시아 영토는 현저히 확장되었고, 인구도 재위 35년 동안 2,300만 명에서 3,700만 명으로 크게 증가했다.

페테스부르크의 여름궁전(에르미타주)의 안과 밖

또한 예카테리나 2세는 러시아를 문명화시키는 것이 자신의 사명이라고 보았다.

국민 계몽을 위해 교육 체계를 정비하여 무상교육을 실시하는 한편, 러시아 최초의 사범대학을 설립하여 교사를 양성했고, 러시아 최초의 사설 출판사와 인쇄소 설립을 인가하여 언론 출판의 발전에도 기여했다.

예카테리나 2세는 페테스부르크의 여름궁전(에르미타주)에 서유럽에서 사들인 레오나르도 다 빈치, 라파엘, 렘브란트 등 대가의 작품들, 고대 유물, 보석류와 장식미술, 그녀의 사후에는 모네와 반 고흐의 인상주의, 피카소 같은 근대회화까지 수집 전시하여 세계의 5대 미술관으로 발전하도록 했다.

문학을 적극 후원해 러시아의 문화적 발전을 크게 촉진시켰는데 예카테리나 자신이 직접 글도 썼으며 소설가와 시인들의 작품에 대한 평론과 작품평을 쓰기도 했다.

그러나 노예 농노체제를 유지하여 차후 러시아의 문제점을 양태하였으며, 계몽군주로서 기대를 저버리고 귀족문화를 중시했다는 비판을 받는다.

예카테리나 여제 이후-나폴레옹의 러시아 침공

여제의 사후, 후계자의 문제가 원만치 않았는데 출생이 분명치 않은 표트르 3세와 사이의 아들 파벨 1세가 9대 황제(재위 1796~1801년)에 올랐다가 5년 후 암살(1801년)됐다.

그 파벨 1세의 아들 알렉산드르 1세가 10대 황제(1777, 재위 1801~1825년)에 즉위해 1812년 나폴레옹과 조국전쟁에서 승리했다.

프랑스 혁명으로 황제에 오른 나폴레옹의 모스크바 침공을 잘 막아내 나폴레옹을 엘바섬으로 귀양가게 한 황제였다.

알렉산드르 1세(10대 황제) 나폴레옹의 러시아 침공을 막아내다

1814년에는 러시아군이 파리에 입성하면서 나폴레옹은 퇴위되었고 알렉산드르 1세는 전후처리의 주역으로 활약하였다.

그런데 알렉산드르 1세가 휴양 중에 갑작스럽게 죽음으로써 동생 니콜라이 1세(1796, 재위 1825~1855년)가 11대 황제가 되었다.

그는 유럽이 1848년 혁명의 소용돌이와 국내의 농민내란이 빈번한 혼란의 시기에 30년 동안 강압주의로 일관한 전제군주였다.

1848년의 혁명은 나폴레옹체제 이후의 왕정복고를 중심으로 한 '빈체제'에 대한 반발로서 유럽나라들이 함께 관련된 동시혁명이었다.

이때 카를 마르크스의 <공산당선언>이 발표되었다. 결국, 혁명은 유럽 각국의 군대를 앞세운 강제 진압으로 실패하였으며 주동자들은 지하에 숨고 마르크스, 엥겔스도 영국으로 망명했다. 러시아는 반정부인사, 지식인들을 철저히 탄압했다.

알렉산드르 2세 시대(1855~1881년)의 농노해방, 알래스카 양도

12대 황제로 즉위한 황제가 러시아의 근대화에 앞장섰던 알렉산드르 2세(1818, 재위 1855~1881년)였다.

직전 황제가 크림반도를 두고 흑해, 지중해에서 영국, 오스만터키와 유럽 열강들과의 전쟁(1853년)에 밀려서 패전하는 시기에 황제가 되어 전후배상금으로 어려움이 가중되고 있었다.

기아와 생활고를 호소하는 국민들

예카테리나 2세가 이곳에서 오스만터키와 전쟁에 승리한 것이 80여 년 전이었는데 패전의 불명예를 뒤집어쓴 것이다.

알렉산드르 2세가 매달린 국가 대사는 '농노해방'이라는 숙원사업이었다.

1850년대 러시아 인구는 6700만으로 추산되는데 그 중 5천 만 명이 농민이며, 그 중 1천 만명이 자유농민이고, 4천 만명이 귀족·

지주의 손에 생사여탈권이 맡겨져 있는 노예라고 볼 수 있었다.

러시아는 농노제를 고수한 구태의연한 국가로 수 백년을 지내온 것이다.

로마노프 왕조 초기 표트르 대제 때부터 이 문제는 러시아가 봉건제도에서 벗어나 새로운 시대, 상업자본주의 산업혁명으로 가는 시발점이라고 봤지만, 당시는 국가개혁의 초기 단계라 착수하기 어려웠다.

그동안 이것을 해낼 황제가 없어 예카테리나 2세가 이 농노문제를 해결해야 할 시기에 그대로 두고 넘어온 것이다.

그 후 이 문제는 '폭탄돌리기' 식으로 넘겨지다가 알렉산드르 2세가 해결을 할 수밖에 없었다.

먼저 농노해방에 절대적으로 반대하는 지주와 귀족들을 설득하는데 2~3년을 보내고 그들의 요구조건을 반영한 농노해방을 발표한 것이 1861년이었다. 이 해에 농노해방령과 함께 각종 근대화 사업에 착수한 것이다.

수 백년 동안 대대로 노예 상태로 있던 농민들이 법적으로 자유로운 몸이 된다는 것은 역사상 가장 위대한 조치였다. 2년 후 1863년 미국에서 링컨 대통령이 노예해방을 선언한 것과 함께 역사적으로 의미가 있는 조치였다.

그러나 경제적인 면에서는 귀족, 농민 양쪽이 다 만족하기 어려운 농노해방개혁이었으며, 그래도 시작된 것에 의미가 있었다.

이에 따른 산적된 문제는 그 후 황제들의 발목을 잡았다. 이미 전쟁경비 조달에 따른 적자재정과 농노해방을 위해 필요한 막대한 재정적자를 메우기 위해 채권발행 등 여러 수단을 동원해야 했다.

이런 과정에서 미국과 알래스카 양도문제가 나온 것이다.

돈이 될 만한 것이면 무엇이라도 팔아야 할 판에 얼음덩어리 땅 알래스카를 사겠다는 미국이 고마웠다.

드디어 1867년 미국의 국무장관 스워드(링컨 대통령 당시부터 재직)를 상대로 720만 달러에 협상이 돼 양도하게 된 것이다.

이 중요하고 어려운 시기 1881년, 고군분투하는 알렉산드르 2세의 체제에 불만을 가진 테러리스트가 폭탄을 투하해 황제를 폭사한 사건이 발생했다.

범인은 당시 유럽사회에 유행하던 급진 사회주의자인 '소피아'라는 여성으로 결국 사형당했으며 러시아 최초로 정치범으로 러시아 혁명을 앞당겼다고 평가받는다.

제13대 황제는 아들 알렉산드르 3세(1845, 재위 1881~1894년)로 초대 표트르 대제 다음으로 키가 크고(193cm) 힘도 셌다.

그는 아버지가 추진한 개혁정치를 외면하고 전제군주로서 강압정치로 일관했다.

할아버지 11대 니콜라이 1세를 닮아 자유주의 개혁을 반대하는 반동정치를 계승하고, 그 아들 니콜라이 2세까지 이어진 80여 년(1830년대~1910년대)의 전제정치가 러시아혁명을 초래했고 로마노프 왕조의 종말을 가져왔다.

이 시대(19세기) 러시아의 대문호, 사상가 두 사람

도스토옙스키(1821~1881년)(좌측사진)는 러시아가 정치적으로 어렵고 무거운 시대에서 톨스토이와 함께 19세기의 러시아 문학을 대표하는 세계적인 문호로 소설가, 비평가, 사상가였다.

고질적이던 러시아의 농노제도로 대표되는 구질서가 무너지고 자본주의가 들어서는 과도기, 러시아의 시대적 모순이 그의 작품에 투영되어 있다고 한다.

그는 작은 병원 의사의 둘째 아들로 태어나 어려서부터 문학을 좋아하였지만 당시의 일반적인 상황으로 공병사관학교를 졸업, 공무원 생활을 시작하였으며 어느 기회에 직업 작가의 길로 나섰다.

20대 후반 혁명과 관련된 서클활동으로 체포되어 사형선고를 받았으나 황제의 특명으로 구제되어 시베리아로 유형되어 4년간, 그리고 출옥 후 5년 동안 사병 의무근무를 하였다.

모두 10년 만에 페테스부르크로 귀환하여 작가로서 자세를 다듬었으나 다시 자신의 연애체험, 가족과 주변의 죽음들을 겪으며 그동안의 처절한 경험과 함께 그 후의 대작들의 토양이 되었다. 고생은 거기서 끝나지 않았고 늦은 결혼과 함께 빚쟁이의 추궁을 피하여 4년이나 해외생활을 하고 나서야 그의 불후의 명작 "죄와 벌(1866년), 백치 , 악령" 등을 발표하면서 그의 명성과 경제적인 여유를 가지게 되었다.

그의 생애를 통한 사색의 집대성이라고 할만한 "카라마조프의 형제들"(1879~1880년)을 완성하고 주위의 존경을 받으며 그 다음해 죽음을 맞이했는데 그는 러시아뿐만 아니라 세계문학과 사상에 미친 영향은 대단한 것이었다.

레프 톨스토이(1828~1910년)는 1828년 러시아 남부에서 부모가 모두 귀족(부친 백작) 출신이었으므로 부모의 유산을 받아 농노들을 거느리며 살아봤으나 방탕한 생활로 빈털터리가 된다. 젊은 시절의 톨스토이는 이상주의자인 동시에 쾌락주의자로 성욕과 도박의 유혹에 무방비 상태였으며 후회와 번민을 거듭했다.

　23세에 군인인 형을 쫓아 군인장교가 되어 6년동안 여러 전쟁에 참가하였고 2년 동안은 유럽나라들을 여행하다가 30세가 되어 고향에 돌아와 농민자녀들을 위한 학교를 열었다.

　원래 비참한 농민들에 대한 관심과 애정을 가지고 있다가 1861년 알렉산드르 2세가 농노해방을 하는 것을 보고 크게 환영했다. 톨스토이(좌측사진)는 34세에 18세의 부인과 결혼하여 원고 정리 등 여러 가지 내조를 받았으나 자신의 복잡함과 모순적인 성격을 파악한 부인과의 결혼생활은 처음부터 순조롭지 못했다. 비록 8남매를 낳고 반세기 가까이 해로하긴 했으나 말년에는 부부관계, 가정생활이 힘겹고도 불미스러운 상황이 되고 말았다.

　대표작인 "전쟁과 평화"(1869년)는 그의 군대생활의 경험이 토대가 됐으며 그 후 "안나 카레니나"(1877년) 등을 통해 명성을 얻었다.

　한동안 신학과 종교에 빠져 창작을 거의 포기하다시피 숙고하고 "고백론"을 발표하였으며 기존 기독교에 대해서 크게 실망하고 새로운 기독교를 제창했다.

　톨스토이의 활동에서 문학보다 종교의 비중이 더 커지면서 부인과 자녀들과 갈등이 커진 반면에 일반인들은 그를 종교 창시자처럼 떠받들었다. 특히 경제적인 문제(책의 판권 등)로 가족들과 알력이 심했다.

　말년까지 "예술이란 무엇인가", "부활" 등을 발표하였고 1908년 그의 80회 생일에는 전 세계의 축하인사가 답지하는 등 명성의 절정을 맞이했다.

　하지만 톨스토이의 사생활은 파국으로 치달아 그 유명한 톨스토이의 가출 사건이 터졌다. 그리고 가출한 지 열흘만에 어느 작은 역에서 객사(客死)하였으니 거장의 죽음은 전혀 생뚱맞은 것이었다.

♛ 톨스토이의 가출 사건, 그리고 객사(客死)

문학계의 세계적인 거장이요, 사상의 면에서도 전 세계인이 존경하는 구세주 같은 톨스토이가 82세에 부인과 가족과의 불화로 가출을 하였습니다.
톨스토이는 34세에 16살이나 어린 부인과 결혼했습니다. 톨스토이는 이상주의자, 부인은 현실주의자로 늘 생각이 다르고 소통이 되지 않아서 신혼 초부터 싸웠답니다. 톨스토이는 "네가(부인 소피아) 감히"라는 생각을 가졌을 것이고, 아집과 독선에 고집통이었으리라고 짐작이 됩니다.
세상 모든 사람이 알아주고 존경해도 집안에서 부인과 자녀들(8남매 중 아버지 편은 딸 하나)이 좋아하지 않았으니 개인 인생사는 불행했습니다.

그 유명한 작품, 전쟁과 평화가 집안에서는 전쟁으로만 치달았던 모양입니다. 1910년 10월 27일 밤에 한 집에 사는 친구이자 주치의와 둘이 몰래 집에서 빠져 나와 기차를 탔습니다. 다음날 그의 가출 소식에 전 세계가 깜짝 놀랐습니다. 며칠 후 톨스토이는 기차여행 중 감기가 걸렸고 이는 곧 폐렴으로 변했습니다. 작은 간이역 역장집을 빌려, 몸져 누운 톨스토이는 가출한 지 열흘만인 11월 7일 새벽에 그 곳에서 사망했습니다.

아무리 큰일을 하고 세상이 다 알아줘도 제일 중요한 것은 "가화만사성(家和萬事成)"이겠지요. 우리 모두, 특히 나이 많은 남자 어르신네들 명심하십시다.

1917년 러시아의 로마노프 왕조의 종말

러일전쟁(1904~1905년)

13대 황제 알렉산드르 3세가 1894년 병으로 죽고, 러시아의 마지막 황제, 니콜라이 2세(1868, 재위 1894~1917년)가 14대 황제로 즉위하였다.

그는 원래 유약해 난세를 이겨낼 군주감은 아니었지만 유일한 후계자라 아버지가 예상치 않게 일찍 죽자 준비가 되지 않은 상태에서 황제가 되었다. 우연의 일치일지는 모르겠지만 황제 대관식 도중 목걸이가 그의 목에서 떨어지자 모두가 이를 불길한 징조로 여기고 목격자들을 함구시켰다.

니콜라이 2세는 즉위 초부터 암살 위험에 시달려 정치보다는 가정생활에 더 관심을 쏟았고 근본적인 개혁의 소리를 귀담아 듣지 않았다.

왕후 알렉산드라는 혈우병을 앓고 있는 아들 알렉세이를 치료하기 위해 라스푸틴을 초청했는데 이것이 큰 화근이었다.

라스푸틴은 왕후의 후원을 등에 업고 정치에 그다지 관심 없는 황제를 대신하여 나라를 암묵적으로 다스렸다. 그는 크게 악정을 펴서 결과적으로 니콜라이 2세의 시대착오적인 반동정치로 비쳐져서 로마노프왕조의 마지막을 재촉하였다. 설상가상으로 러시아로서는 상대가 되지 않는다고 여긴 일본과의 전쟁(러일전쟁 1904~5)에서 패전함으로써 국제적으로 체면이 크게 구겨졌다.

이 전쟁과 함께 1905년 노동자들의 대규모 시위를 가혹하게 진압하는 과정에서 엄청

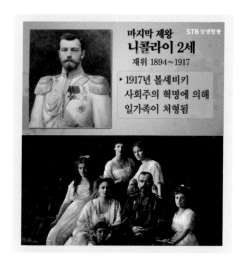

난 희생자를 부른 <피의 일요일 사건>으로 국운이 기울기 시작했다. 또한 1차 세계대전에 참전해 140만명의 사망, 97만 6천명의 포로가 발생하는 대참사가 발생했다.

결국 니콜라이 2세는 어려운 국내외 정세에서 우왕좌왕하다가 2월 혁명 후 폐위되었다. 이에 미국과 일본 등 외부세력과 보수 장성과 귀족들로 구성된 백군의 황실 구원활동이 일어나기도 했지만 감시받으며 살던 황실가족은 1918년 7월 혁명군 적군의 총에 사살당했다.

그들의 시신은 1991년에 발견되었고 러시아 정교회에서 그를 시성(諡聖)했다. 결국, 1613년 시작된 로마노프왕조가 304년 만에 종말을 맞았다.

레닌과 러시아 혁명(1917년)

니콜라이 2세가 1917년 퇴위하고 그 수습을 담당한 임시정부는 무능하여 국민들에게 신임을 받지 못하고 혼란이 지속되자 레닌과 그를 따르는 볼셰비키들이 그해 11월 임시정부를 몰아내고 권력을 장악했다.

레닌은 볼셰비키당을 공산당으로 바꾸고 세계 최초로 노동자와 농민의 정부를 세운 것이 1917년 사회주의 공산당혁명이었다.

브라드미르 레닌(1870~1924년)(아래 사진)은 비교적 부유한 가정에서 태어나 성 베테르브크 대학을 졸업하는 등 정상적인 교육을 받은 엘리트였는데 그 형이 짜르(황제)암

살계획에 연류되어 사형당하자 이제 혁명운동에 참여하게 되었다.

그 후 마르크스주의를 연구하여 차츰 그 지도적 입장이 되면서 사회주의 정당을 만들다 1895년 체포 구금되어 시베리아로 3년 동안 유형당하였다.

시베리아에서 돌아온 후에도 계속 당국의 요주의 인물이 되어 지하활동

을 하였으며 1900년 이후에는 스위스로 망명하여 본국과 국제적 혁명활동에 관여하며 실제 추진운동을 지휘하였다.

1917년 4월 독일의 도움으로 귀국하여 혁명시대의 지도자로 등장하였다.

그는 마르크스 엥겔스 공산주의사상의 최고의 권위자로서 세계 최초의 마르크스주의 실천이론을 뒷받침하며 사회주의 혁명가들의 존경을 받았다.

볼셰비키 공산당의 혁명은 처음에 상트 페테르부르크를 중심으로 일부 지역만을 지배하였으므로 독일을 비롯한 외국들의 압력과 짜르를 보호하려는 기존 세력과 반 볼셰비키들 소위 백군들과의 내란이 1921년까지 치열하게 벌어졌다.

이 과정에서 당시 인구 9000만명에 이르던 러시아에서 1500만명이 죽었다는 것은 러시아 역사에서 또 하나의 비극이었으며 결국 볼셰비키 공산당의 붉은 군대, 적군(赤軍)이 승리하여 모스크바를 중심으로 주도권을 확립하였다.

이제 경제개발계획을 수립하고 유럽열강의 주도권을 확립하고자 하였다.

레닌은 이런 치열한 혁명과정에서의 피로감과 1918년 암살미수로 받은 상처의 후유증으로 1923년부터는 실어증까지 겹쳐 1924년 초에 사망하였다.

트로츠키(좌측)와 스탈린

그의 생전에 후계자를 확정하지 못하여 상당한 혼란이 야기되었다,

대표적으로 공산주의 이론에 정통하고 초기 혁명운동에 공을 세운 레프 트로츠키(1879~1940년)와 과격하며 행동능력이 출중했던 이오시프 스탈린(1879~1953년)이 후계자를 놓고 치열하게 경합하다가 권력분점 상태에서 결국 스탈린이 전체 권력을 독점(1927년)하고 주변을 철저히 숙청하였다.

그는 31년(1922~1953년) 동안 소련의 서기장으로 소비에트 공화국을 세우고(1922년) 트로츠키를 비롯한 경쟁자들을 물리친 1927년부터 자신의 생각대로 나라를 개조해 나갔다. 1928년부터 제1차 6개년 경제계획을 추진하였는데 마침 1929년 미국의 대공항의 영향을 피하면서 독자적인 영역에서 상당한 성과를 거두었다고 평가된다.

이후 10년 동안 나라 건설을 추진한 성과를 바탕으로 제2차 세계대전의 주역으로 활동하고 2차 대전의 승전국이 되어서는 재빠르게 움직여 많은 위성국가를 거느려 냉전체제를 이끌었다.

스탈린에 대한 평가는 인간백정, 경제건설자, 잔혹한 공산주의 지도자 등 여러 가지가 있을만큼 다중인격의 인물이다.

　동갑내기로 권력의 경쟁자였던 트로츠키는 1927년 권력에서 밀려난 후 멕시코 등 남미 국가로 망명 은신처를 숨겼는데 스탈린의 10여 년을 추적하여 결국 1940년 암살한 것은 유명한 이야기이다. 스탈린은 우리나라의 남북분단, 6·25 전쟁 등을 유도한 인물이며 1953년에 사망하고 후루쵸프가 계승할 때까지 세계역사를 주름잡았다.

4장

중국의 몰락-아편전쟁(1840년)에서 서태후 시대로

영국을 필두로 유럽 국가들이 18세기 말 중국에 왔을 때 중국과 서양과의 격차가 사실상 크게 벌어져 있었다.

그런데 양쪽 다 그 사실을 알지 못했다는 것이 신기할 정도이다.

유럽은 중국 역사로 치면 명나라에 해당하는 15세기 말의 대항해시대로 항로발견의 문을 열고 르네상스와 종교개혁으로 정신무장을 새로이 다졌다.

중국은 청나라의 걸출한 왕 건륭제의 시대 18세기에 영국은 이미 산업혁명을 어느 정도 성공하여 이미 산업국가의 문턱에 다다르고 있었다.

그에 비해 중국은 자신들이 세계의 제일의 문명국가라는 자부심과 더구나 강건시대(1681~1796년, 康熙帝-乾隆帝시대)를 거치며 나라가 더 크게 부강해졌다고 자만하고 있었지만 차후 유럽국가와 부딪쳤을 때 그 허실이 드러났다.

건륭제의 제위 기간에 프랑스 대혁명, 미국의 독립 등 세계 변화의 바람이 몰아칠 때도 태평성세에 안주하고 있었다.

건륭제 말기 중국은 여러 가지로 쇠약해가고 있었다.

말하자면 최대 번성기에서 중간이 없이 쇠퇴기로 급히 전환된 것이다.

중국역사상 최대 영토를 이룬 건륭제가 긴 제위기간 끝에 나태해지기 시작했는데, 황제가 국정을 멀리하면 부패가 따르기 마련이다.

이런 현상은 옛날 중국 왕조의 말기에 북방민족의 움직임, 환관과 외척들의 부패·권력남용, 지방호족·군벌의 반란 등이 일반적이었다.

청나라는 이 시기에 신임하는 실세였던 화신이 큰 부정을 저질렀고 이에 분노한 건륭제는 아들 가경제(7대, 재위 1796~1820년)에게 정치를 넘겼다.

84세(1799년 88세에 죽음)가 된 황제로서는 어쩔 수 없는 선택이었다.

그러자 온 나라의 기강이 해이해졌다. 관리들은 탐관오리로 변하고 이들의 등쌀에 못 이긴 백성은 유랑민이 되기 시작했다.

중요한 것은 정치가 실종되자 청나라가 자랑하는 팔기군(八旗軍)도 무력해져 타락했다.

군인 본연의 임무에만 충실하라는 장려책으로 봉급에 토지까지 받은 특혜를 누렸음에도 팔기군은 오랜 평화와 번영기를 거치며 기강이 해이해졌다.

이 단계에서는 반란이 일어나기 마련인데 궁핍해진 민중 사이에서 백련교가 빈농과 부랑자들을 비집고 들어가 반권력 폭동을 일으켰다.

그러나 형편없이 약체화한 청나라의 관군이었기 때문에 오히려 제압당하는 형세였고 이에 청나라는 만주에 주재하는 만주인 군단을 원군으로 불러들여, 1801년에야 백련교의 교세는 약화되었다.

이 대반란으로 청나라는 경비 약 1억 2천만냥이 지출되었고, 이후 청나라 재정은 극도로 악화되었다.

이때 차라리 나라가 망했어야 했는데 100년이 더 이어졌다.

걸출한 황제(강희제·옹정제·건륭제)를 이은 7대 가경제(1796~1820년, 24년), 8대 도광제(1820~1850년, 30년), 9대 함풍제(1850~1861년, 11년)까지 모두 아버지·할아버지 능력에 못 미치는 황제들이라 난세를 헤쳐나가지 못했다.

동양과 서양이 수천년 동안 독자적으로 발전해 오다가 두 문명이 합류하는 시점에서 쉽게 왕조가 망하지 못했다.

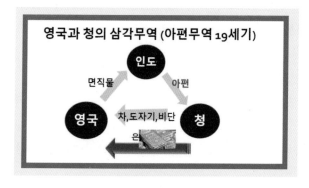

영국과 청의 삼각무역 (아편무역 19세기)

오히려 서양이 청나라를 이용하면서 수명을 연장시켰다고 할 수 있다.

산업혁명을 완성하고 있는 영국의 경우에는 국내에서 대량생산된 공산품을 팔기 위해 식민지를 개척·활용했고 그 목적으로 중국에 온 것이다.

그런데 초창기에는 영국이 중국에서 예기치 않게 수입역조 현상을 겪었다. 영국은 인도의 동인도 회사(1600년 설립)를 통하여 청나라에 모직물과 면화를 수출하고 청나라로부터 홍차·비단·도자기 등을 수입했다.

특히 홍차를 많이 수입하면서 청나라는 대가로 은을 받았는데 이에 따라 엄청난 양의 영국 은이 청나라로 흘러 들어가 영국은 중국과의 무역에서 큰 손실을 보게 되었다.

여기서 등장한 것이 바로 아편이었다.

아편전쟁(1840년)의 시작

어떻게 하면 무역으로 인한 손해를 해결할 수 있을까 궁리하던 영국은 청나라가 약으로 쓰려고 아편을 수입한다는 것을 떠올렸고, 수출품을 바꾸는 꼼수를 쓰기 시작했다.

동인도 회사는 밀무역을 통해 인도에서 대량으로 생산한 아편을 중국에 수출했고 아편은 무역역조를 타개하는 주력 상품이 되었다.

영국에서 아편이 밀수입되자 청나라에는 중독자들이 늘어났고, 영국은 아편 수출로 떼돈을 벌기 시작했다.

결국 영국이 수입하는 홍차의 양보다 중국이 수입하는 아편의 양이 더 많아졌다.

중국에 대량으로 들어온 아편, 그리고 기하급수적으로 늘어나는 아편 중독자는 이제 단순한 경제문제가 아니라 중대한 사회 문제가 되었다.

대책을 논의하던 청나라 조정은 강경론이 채택되어 아편의 전면적 금지라는 조치를 내렸다.

1839년 청나라 조정은 임칙서를 파견하였고, 그는 아편이 거래돼는 광동 지하조직부터 일망타진했다. 그는 영국상인들에게서 2만 1천 상자의 아편을 몰수하여, 아편 더미에 생석회를 퍼부었고 못쓰게 된 아편은 다시 바다에 뿌렸다.

이렇게 폐기하는 데만 20일이 넘게 걸렸다. 그리고 영국상인들은 마카오로 철수했다.

이에 대해 영국은 무력도발로 대응했고 중국은 통상 중지와 선전포고로 대응했다. 드디어 유럽의 대표와 중국이 한판 붙게 됐다.

결국 1840년(8대 도광제)에 '아편전쟁'이 터졌다.

청나라 군대는 수적으로 훨씬 우세했으나 화력과 전술에서 앞서는 영국군의 상대가 되지 못했다.

인도에 주둔하고 있던 전통적인 해군, 국가의 핵심 극동함대를 주축으로 한 영국 원

영국과의 아편전쟁(1840년)

정군은 중국의 전력에 긴장했지만 순식간에 광동에서 천진까지 황해를 휩쓸었다. 몇 차례 맞붙은 육지의 전투에서도 영국군은 연전연승했다.

명나라 초(1400년대)에 정화가 큰 선박을 건조하여 아프리카까지 누비던 시절이 있었는데 그 이후 정책을 바꿔 해군 전력을 모두 포기하고 400여 년 동안 어느 나라와도 해전을 해본 적이 없었다.

육군도 팔기군이 쇠퇴하고 부패하였으니 식민지 개척 등으로 꾸준히 전쟁을 한 영국의 상대가 되지 못했다.

처음 중국과 전쟁을 시작할 때, 영국은 자신이 이렇게 쉽게 이길 줄 몰랐고, 중국은 자신이 질 줄 예상 못했다. 중국은 현실을 깨달을 수밖에 없었다.

누가 이기는지 초조하게 지켜보던 유럽의 열강은 잠자는 용처럼 두려워하던 중국이 이빨 빠진 호랑이에 불과하다는 것을 알았다.

1842년 청나라의 항복으로 동서양 최초의 조약이자 세계 최초의 불평등 조약인 '남경 조약'을 맺었다.

남경에서 유럽과 동양의 최초의 조약 체결

조약의 주요한 내용은 홍콩을 영국에 할양한다, 광동·하문·복주·영파·상해 등 5개 항구를 개항한다, 그리고 전비배상금으로 1200만 달러와 몰수당한 아편의 보상금으로 600만 달러를 영국에 지불한다는 등이었다. 이후 관세에 관한 내용, 영사 재판권, 최혜국 대우 등을 추가하였다.

👑 너무도 불공평한 아편전쟁 이후의 남경조약

중국과 영국이 명분도 애매한 전쟁을 처음으로 치르고 이런 조약을 체결하였으니 말 그대로 "초전박살"이었습니다. 홍콩을 150년이나 공짜로 쓰겠다(1997년 반환됨)라고 한 것도 세계역사상 처음 있는 일이었습니다.

전쟁배상금 1800만불도 1803년 미국이 미시시피강 동쪽의 거대한 영토를 1500만불에 산 것과 비교해 적은 금액이 아닙니다.

실컷 얻어맞은 것도 억울한데 이런 거액까지 치러야 하니... 게다가 관세권은 "낼 사람이 내고 싶은 만큼 낸다" 서로 협의하에 범위를 정하지도 않고... 청나라 조정은 하나하나의 조약 내용보다는 서양 오랑캐와 국제조약이라는 '평등한 관계'를 처음 맺은 그 자체가 분하고 억울했다는 것입니다.

지금까지 다른 나라에 군림하던 타성(갑질 타성)에 젖어서 말입니다.

이렇게 영국이 아편전쟁에서 너무나 쉽게 승리하고 남경조약을 맺은 것을 본 열강들은 중국의 현실이 백일하에 드러났으므로 아무도 중국을 두려워하지 않았다.

그래서 미국과 프랑스도 1844년 청나라와 통상조약을 맺었다.

선두주자인 영국은 무임승차 하는 듯한 두 나라를 보고 자신들의 남경조약을 더 욕심 내서 개정하고 싶었다.

그러나 청나라가 동의하지 않자 1856년 다시 2차 아편전쟁을 걸었다.

이번에는 크림전쟁에서 동지로 싸웠던 프랑스와 함께 참전했으니 중국은 당연히 패했고 광주(廣州)를 거쳐 천진을 점령하고 러시아까지 합세하여 1860년 북경조약을 맺었다.

이 세 나라는 북경에 외교사절을 두고 그리스도교 포교의 자유 그리고 더 많은 개항 도시 그리고 또 전쟁배상금까지 얻어 냈다.

태평천국의 난(太平天國, 1850~1864년)

중국역사상 가장 장기간에 가장 대규모인 난이 일어났는데 그것이 그리스도교도인 홍수전(洪秀全, 1814~1864년, 위 사진)이 일으킨 '태평천국운동'이었다.

홍수전은 자신의 종교운동이 탄압을 받자 1850년 민중을 위한 "이상 국가" 건설을 목표로 광시성에서 봉기했다.

침략하는 서구 열강보다 청 조정이 문제라고 배만반청(排滿反淸)의 기치를 걸고 크게 세력을 얻어 남경을 점령하고 1853년 '태평천국'이라는 나라를 수립했다.

남경을 중심으로 서쪽과 북쪽으로 진출해 순식간에 16개 성을 점령하여 큰 세력을 형성하였다.

청나라(당시 9대 함풍제)는 이미 중앙의 팔기군이 무너지고 이 큰 난을 제어할 능력이 없어서 지방 단위에서 스스로 방어할 수밖에 없는 상태였으니 이 단계에서 왕조가 바뀌는 것이 보통이었다.

이때 서구열강은 이 태평천국운동에 대하여 청나라와 중립적인 태도로 임했다. 태평천국이 그리스도를 표방하고 민중의 지지를 받기 때문이었다.

그러나 북경조약 이후 청나라가 그대로 존재하는 것이 낫지 나라가 바뀌는 것은 원하지 않았다.

청나라 조정을 도와주고 싶지만 남의 나라 일에 군대를 내는 것이 명분이 서지 않아 우회적으로 돕기로 했다.

청 조정을 위해 특수부대를 편성해서 서양무기로 무장하고 서양식훈련을 시켜서 태평천국운동의 진압에 투입했다.

이들은 짧은 시간에 조련되었어도 병기가 워낙 우수했으므로 태평천국에 연전연승했다. 늘 이기는 부대, 즉 '상승군(常勝軍)'일 정도였다. 이 상승군과 더불어 서양식 무기로 무장한 기타 군벌들이 합세하여 전세가 역전되었다.

마침내 1864년 마지막까지 독특한 중국사회개조론을 고수하던 천왕(홍수전)이 병사하고 식량도 떨어져 악전고투하던 남경이 함락되면서 길었던 태평천국운동이 막을 내렸다.

유럽 열강이 직·간접적으로 간섭하지 않았다면 청나라는 이때 멸망하고 '태평천국'이란 나라가 중국을 지배하며 세계역사의 한 축이 달라졌을 것이다.

'~라면' 역사로 보면 여러 가지 가능성이 있고 재미있다.

서태후의 등장과 청나라의 붕괴 가속화

서태후(1835~1908, 좌측 사진)는 함풍제(咸豊帝)의 후궁으로 유일하게 황세자를 낳으면서 서태후로 격상되고 1856년 2차 아편전쟁 시 함풍제와 피난을 가면서 서양 열강에 시달리기 시작했다.

1860년 북경에 진격해온 영·불연합군이 서양식 궁전인 원명원에 불을 지르고 더 불평등한 북경조약을 맺었다.

태평천국의 난이 해결되지 않은 것이 화병이 되었는지 1862년 함풍제가 죽었다.

아들 동치제(1856, 1862~1875년)가 청나라 10대 황제로 즉위하면서 큰 부인 동태후와 함께 서태후가 6살 황제의 섭정이 되었다.

동태후는 정치적인 야심이 없는 현모양처 스타일로 '열중쉬어'였고 서태후가 권력을 도맡아 행사하면서 청나라가 망할 때까지 50년 동안이 서태후의 역사였다.

서태후가 제일 먼저 한 일은 함풍제가 죽으며 후일을 당부하고 간 8대신(공신)들을 제거하는 일이었으니 살생부를 서태후에게 맡긴 셈이었다.

동치제가 17세에 친정을 시작하면서 자강운동(自强運動)을 벌여 서양문물을 시찰하게 하고 인재양성을 위해 해외에 유학생도 보내는 등 잠깐의 노력을 하였다. 그러나 모친 서태후에게 눌려 지내던 동치제는 19살에 천연두에 걸려 죽었다.

광서제(11대 황제, 1875~1908년)의 슬픈 운명

서태후는 섭정을 계속하기 위하여 황족과 자신의 여동생의 아들인 네 살짜리 광서제(1871, 재위 1875~1908년)를 11대 황제로 올렸다.

광서제(재위 1875~1908년)

1894~1895년에 조선의 지배권 등 이해가 상충한 청국과 일본의 전쟁이 벌어졌는데 일본은 먼저 조선의 아산·성환·평양에서 벌어진 육지전과 여순에 있던 청국의 극동함대를 궤멸시키고 연전연승하며 중국본토까지 유린할 기세였다.

청나라의 패색이 뚜렷할 무렵 영국과 러시아의 중재로 종전이 성립되고 일본은 시모노세키 조약으로 거액의 전쟁배상금(청나라 1년 예산의 2.5배)과 타이완 등의 영토를 할양 받았다.

이로써 청나라는 아편전쟁 이후 벌어진 모든 전쟁에서 전패하는 기록을 남겼다. 그 전쟁배상금만 해도 중국의 근대화를 할 만한 정도였다.

주위의 관전꾼(유럽 열강, 미국)들은 설마했지만 중국이 일방적으로 깨지는 것을 보고 이제 중국은 나라 대접도 못 받게 되고 일본은 동양의 헤비급 선수를 이긴 미들급 선수로 인정받는 계기가 되었다.

전쟁지휘관의 판단 착오, 전쟁 정보에 앞선 일본의 완승이라고 해도 동북아시아 역사의 큰 이변이었다. 중국의 나라 꼴이 말이 아니니 제국주의 식민지 전쟁에 늦게 뛰어든 독일은 이 기회에 중국 영토를 열강이 분할하자는 주장까지 나왔다.

더욱 위축된 중국은 광서제가 우여곡절 끝에 친정(親政)을 하게 되면서 개혁을 주장하는 강유위, 양계초의 주도하에 일본의 명치유신을 본받아 1898년 변법자강책을 추진하고자 했다.

그러나 보수관료들의 반발과 원세개, 최고 사령관 영록(榮祿)의 도움으로 서태후가 이를 저지하였다.

서태후는 결국 광서제를 유폐하고 다시 섭정을 시작했으며 이듬해 반외세적인 성격의 의화단 운동(1900년)을 지원하였다.

군사적인 힘이 없는 광서제는 이후 죽을 때까지 10년 동안 유폐에서 풀리지 못했으며 이것은 마치 망해가는 중국의 모습 같았다.

의화단(義化團)운동-1900년

산동성 부근에는 청나라 중반부터 백련교(白蓮敎)의 한 분파인 의화권(義化拳)이라는 한국의 태권도 비슷한 권술을 전수하면서 비밀결사의 형태로 활동하여 왔다.

의화단 사건은 그 단원들이 중국에 확대되고 있던 그리스도교를 불순하다고 보고 선교사들과 신도들을 공격하자 서태후도 이를 진압해야 할 입장이었다. 서태후의 지원을 등에 업고 정부의 실권자로 행세하던 원세개(1859~1916년)에게 군대를 보내 진압하려 했으나 오히려 사태가 악화되었다.

이들은 점점 지역을 넓혀 폭도화되었고 서구 열강은 그 진압을 청 조정에 요구했으며 예전 태평천국의 난과 비교하여 이들이 민간인들이므로 방관하는 상황이었다.

이에 서구 열강이 서태후의 약점인 광서제를 친정시키려는 움직임을 보이자 서태후는 마지막 카드로 의화단(義和團)을 이용하여 서구열강에 대결해 보기로 했다.

2차 아편전쟁(1856) 이후 40여 년 만에 서구열강과 다시 대결이 벌어졌다. 민중까지 합세했지만 '계란으로 바위치기'였다.

유럽연합군은 천진(天津)과 북경을 점령하고 자금성의 보물들을 약탈했다. 현재 대영박물관과 루브르박물관에 소장된 중국 문화재의 대부분은 이때 훔쳐 간 것이다.

서태후는 다시 서안으로 피신하였다가 돌아와 또다시 전쟁배상금 청구서를 받아야 했고 청나라의 연패기록이 늘어났다.

다만 서구열강도 이제 깨달은 게 있었다. 중국은 너무 크고 이곳을 노리는 이들이 너무 많아서 혼자 통째로 삼킬 수는 없다는 것이었다.

북경으로 진주(1900년)하는 유럽연합군

이번 의화단 사건으로 알게 되었고 그저 최대한 잇속을 차리자는 것이었다.

1902년 서태후는 현실을 깨닫고 1898년 광서제가 추진했던 개혁정책 중의 일부를 실시하기 시작했다.

너무 늦은 것일까!

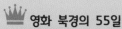 영화 북경의 55일

의화단 사건 당시를 주제로 한 영화가 "북경의 55일"이란 영화로 벌써 1963년 57년 전에 상영되었습니다.

당시 의화단들이 초창기에 세력을 떨쳐서 북경에 주재하던 외국인들이 생명의 위협을 느낍니다.

그래서 한 곳에 모여서 영국 등 주력부대가 들어올 때까지 55일을 버텨냈다는 영화였습니다.

의화단들이 공격(기습)을 하는데 이들이 마치 폭도(아귀)들 같이 묘사되고 주인공 루이스 소령(찰튼 헤스톤-주인공)이 지휘하는 외국인들이 마치 정의의 투사들인양 활동하고 있는 것은 제작사들의 시각이었으니 어쩔 수 없었습니다.

이 전투의 와중에도 에바 가드너가 여주인공으로 출연하여 애정극이 가미된 것도 영화의 흥행요소였습니다.

청나라의 끝이 없는 권위 추락과 함께 혁명운동 · 입헌운동의 기운이 고조되는 가운데 1908년, 47년 동안 중국을 좌지우지하던 서태후는 눈을 감았다.

묘하게도 서태후가 죽기 하루 전날 광서제가 죽었으니 가여운 조카가 서태후를 데리고 간 것일까?

마지막 포고로 광서제의 이복동생인 순친왕의 3살짜리 아들 푸이가 마지막 청나라의 황제가 되었다.

5장

오스만 투르크(1299년 건국)의 흥망사

오스만 투르크(1299년 건국)의 역사

원래 13세기 말(1299년) 아나톨리아고원(소아시아)에서 일어난 오스만 투르크 제국은 비잔틴 제국(동로마제국)을 무너뜨리고 이슬람교단 지도자인 칼리프의 지위도 계승했다.

그리하여 3개 대륙에 걸친 오스만 투르크 제국은 이슬람 세계를 주도하는 대제국으로 번영을 누렸다.

하지만 19세기(1800년대) 이후 제국 내의 민족운동이 고양되고 유럽 국가들의 압박으로 힘이 약화되면서 제1차 세계대전으로 붕괴되었다.

그 역사의 과정을 살펴본다.

나라의 기초를 잡아가던 투르크가 1402년 앙카라 전투에서 티므르군에 패하여 술탄이 포로가 되는 등 치욕을 당하고 10여 년 동안 혼란에 빠졌다.

1421년 마흐메트 1세가 제국 재통합에 성공하였다.

국력을 회복하여 1453년 마흐메트 2세가 20만명의 육군과 400척의 군함으로 난공불락(難攻不落)의 콘스탄티노플을 함락시켰다.

이렇게 동로마제국, 남동유럽의 기독교제국, 맘루크왕조(1512년 셀렘 1세)를 비롯한 서아시아, 북아프리카, 이슬람국들을 동시에 정복하면서 지중해세계의 과반을 차지하는 오스만제국으로 발전하였다.

술레이만 1세

특히 개종한 기독교도의 자제로 구성된 제국 군대는 "예니체리"(새로운 군대라는 뜻)는 세계 최강의 군대로 유명했다.

전성기는 10대 술탄 술레이만 1세(1494, 재위 1520~1565년)로 재위 46년 동안 13차례 원정을 통해 헝가리를 정복하고 동쪽으로 사파비왕조를 정복하여 페르시아의 바그다드까지 손에 넣었으며, 내치에서도 문화를 융숭하게 하는 등 큰 업적을 쌓았다.

또한 신성로마제국과 대립하고 있는 프랑스의 프랑수아 1세와 동맹, 1529년 신성로마제국의 수도 빈을 1개월 이상 포위하여 유럽세계를 위협했다.

1538년 프레베자 해전에서 스페인 베네치아 공화국 등 기독교 연합함대를 대파하여 지중해 해상권의 거의 대부분을 장악했다.

그러나 군사구조의 전환, 그 유명한 대포(토프카피)로 무장한 포병인 예니체리 상비군의 인원의 증가로 그 군사비 증가가 문제점으로 대두되기 시작했다.

그 후 스페인을 비롯한 대항해시대에 대서양이 크게 번성하자 오스만 제국의 무역이 쇠퇴하기 시작하고 재정이 어려워지면서 오스만 제국의 위상이 낮아지게 된다.

술레이만의 사후(1565), 1571년 레판토해전에서 오스만 함대는 스페인 등 연합함대에 패전하여 지중해의 패권을 상실하여 주춤하였으나 그 후로도 함대의 재건으로 1573년 키프로스, 튀니스를 점령하고 1683년까지 거의 모든 발칸 반도 지역을 지배하였다.

1700~1800년대의 쇠망의 시기

그러다가 1700년대에 접어들며 능력 있는 술탄이 출현하지 않고 내부의 문제점들이 갈등을 일으켜 쇠퇴하기 시작했다.

1789년 프랑스대혁명의 여파로 절대군주체제를 지양하고 민주혁명 독립의 기운이 이슬람 제국에도 영향을 주어 아랍인을 비롯한 피지배 민족들의 독립운동이 활발하여 외부의 도전에 대처할 수 없는 빈사상태에 빠지게 되었다.

1808년 즉위한 마흐무트 2세는 군대의 근대화를 위하여 예니체리 폐지, 중앙정부의 권력강화, 유럽의 유학생 대거 파견 등 인재육성에 힘을 기울였다.

1839년의 전면적인 개혁 시작

그러나 오스만 제국 내의 그리스의 독립전쟁(1821~1829년)이 기점이 되어 영국, 러시아, 프랑스 등이 그리스를 지원하여 오스만 터키는 세르비아와 그리스의 독립을 인정할 수밖에 없었다.

이에 나라의 활로를 찾기 위해 1839년에도 압둘메지트 1세는 마흐무트 2세의 개혁을 이어받아 칙령을 공포하고 전면적인 개혁정치를 실행하였다

서구체제전환인 "탄지마트"를 실시 중앙집권적인 관료기구와 근대적인 군대로 정비하고 서구형 국가로의 전환을 진행했다.

1853년 러시아 제국과의 크림전쟁에서 서구열강의 도움으로 겨우 승리하고, 영국 등의 지지를 공고히 하기 위해 비무슬림의 권리를 인정하는 등 2단계 탄지마트 개혁을 추진했다.

이런 개혁과 전쟁을 위한 자금의 수요로 영국 등 유럽국가들의 차관이 증가함에 따라 차츰 경제면에서 반 식민지화되어 갔다.

결국 1875년 서구 유럽의 금융공항과 농산물의 흉작으로 파산을 선언했다.

이 과정에서 발칸반도의 오스만 제국의 국가들, 루마니아, 불가리아 등의 국가들이 독립하게 되었다.

1, 2차 대전시기의 오스만 터키

이 시기 세계 제패를 노리는 서구국가들은 아시아로 가는 입구에 위치한 오스만 투르크 제국을 가만두지 않았다.

이 과정에서 독일은 오스만 투르크를 횡단하는 바그다드 철도부설권을 획득하여 "베를린(Berlin)-비잔티움(Byzantium)-바그다드(Bagdad)"를 연결하는 3B 정책(3-B Policy)을 내걸고 게이프 타운(Cape Town)-카이로(Cairo)-콜카타(Calcuta)를 연결하는 영국의 3C정책(3C Policy)과 격렬하게 부딪쳤다.

이런 열강과 손을 잡은 군이 무혈혁명을 일으켜 압둘 하마트 2세를 폐위시키고 청년투르크당 내각이 조직되었다.

1914년 얼마 전까지 오스만제국이었던 보스니아에서 오스트리아 황태자의 암살사건으로 제1차 세계대전이 발발하니 오스만 투르크는 동맹국으로 참가했다.

1차 세계대전의 결과로 패전국, 전범국가로 지목된 오스만 투르크는 세브르 조약으로

1914년 이전의 영토를 상실하여 오스만 투르크 제국은 해체되었고 영토는 이스탄불과 그 주변으로 줄어들었다.

이 상황에서 그리스군이 침공하여 국가위기를 맞았는데 1922년 케말 파샤(1882~1938년)가 지휘하는 투르크군은 그리스군을 앙카라에서 격파 후 이스탄불에서 다시 승리하여 국가를 살려냈다.

이에 마지막 술탄 메흐메트 6세(1918~1922년)가 폐위되고 620여 년을 장수해온 오스만제국은 사라졌다. 1923년 앙카라를 수도로 하는 터키공화국(대통령 케말 파샤)이 수립되었다. 하지만 칼리프제가 폐지된 국민국가인 터키 공화국으로 교체되었다.

지도자(국가)가 없는 이슬람 세계는 중심을 잃었다.

6장

조선의 세도정치(1803~1863년)와
기독교 박해

정조의 죽음(1800년)을 전후한 국내외 상황

조선의 유학자들 특히 서인의 노론(송시열 등)은 1616년 만주족의 후금(청나라)이 건국되고 대륙을 차지한 후에도 '야만족'이라고 멸시하였다.

1636년 병자호란 시 삼전도의 치욕을 당하고서도 오히려 폐쇄적이고 독단적으로 주자학적 순혈성(純血性)을 빙자한 이념독재를 강화했다.

오히려 청나라는 강건시대(康乾 강희, 건륭제 전성시대 1662~1796년)에 서양학문을 적극적으로 받아들여 이른바 고증학(考證學)을 통한 문예부흥을 일으켰다.

이런 가운데 이런 서학(西學)에 관심을 가졌던 소현세자, 사도세자의 죽음과 함께 정조가 양성한 엘리트 관료 중 실학파(이익, 홍대용, 정약용), 북학파(박지원, 박제가)들은 정조의 죽음과 함께 조선의 땅에서는 설 자리가 없어지고 말았다.

서학은 천주교, 서양과학, 서양의학, 서양과의 교역을 종합하여 이르는 말이다.

일본에서는 쇄국정책하에서도 일정 지역에서 활동을 허용해 네덜란드(和蘭)의 신학문을 일컬어 '난학(蘭學)'이라 하고 적극적으로 받아들였는데 이것이 일본 근대화의 기초가 된 것과 대비할 수 있다.

이 시기 유럽에서는 1799년 프랑스 파리총사령관 나폴레옹은 군사반란을 일으켜 집권하고 1804년에 황제로 등극하였다.

1815년에 워털루 전투에서 그의 야망과 구상은 실패하였지만, 유럽은 이때부터 절대왕정이 무너지고 근대시민국가로 변화하는 전환점이 되었다.

18세기 후반에 영국은 산업혁명을 일으켜 유럽경제의 선두주자로 올라서 전 세계로 뻗어가고 있었다. 미국은 제3대 대통령이 취임하여 1803년에는 조선반도의 10배 가까운 영토를 확대하고 있는 시기였다.

이런 시기에 유독 조선만 역사의 뒤안길로 가기 시작했다.

세도정치(勢道政治)의 시작(1805년)

11살의 나이로 순조(1789, 재위 1800~1834년)가 등극하자 정조의 권력경쟁자였던 노론 벽파를 지지했던 정순왕후가 수렴청정(垂簾聽政)을 시작했다.

노론 벽파는 일찍부터 반대파인 시파를 제거하고 1801년 신자가 늘어나고 있던 천주교를 탄압하는 신유박해를 일으켰다.

또한 남인 중에 신자가 많다는 것도 박해의 사유가 되었고 이로써 권철신, 정약전, 이승훈 등이 죽었다.

개혁파이자 실학파의 한 사람이었던 정약용(1762~1836년)은 집안이 모두 천주교 신자였음에도 간신히 목숨을 구해 강진으로 귀양을 가 18년을 지냈다.

1805년 정순왕후가 죽고 노론, 시파가 다시 들어서고 순조의 장인인 안동김씨 김조순 (1765~1882년) 중심의 이른바 세도정치 60년이 시작되었다.

세도정치의 특징은 첫째, '비변사'라는 특별기구를 만들어 행정·언론·군사 등 핵심 업무를 담당하며 당파(노론 시파)에서 가문으로 권력주체가 되어 국왕도 신하도 없는 세도가문의 사랑방이 권력의 핵심이 되는 구조였다.

고려시대 무신 최충헌 일가가 만든 도방같은 권력기구와 흡사하다고 할 수 있었다.

이들의 전황에 친정을 시작한 순조가 권력에 맞서서 여러 가지 정책을 세우며 저항하려고 노력했다. 지방에 암행어사를 파견하고 국왕의 친위부대를 구성하고 하급친위관료도 활용하여 국정을 파악했다.

그러나 잦은 기근, 홍경래의 난 그리고 왕의 건강문제가 겹쳐 점차 나약한 왕이 되고 말았다.

홍경래의 난(1811~1812년)

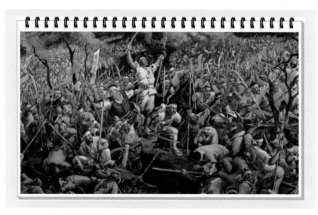

홍경래 난(1811년)

조선에도 전국적인 대동법(大同法)의 실시와 정조 때의 시장거래 활성화로 의주상인 임상옥 등 상공업 자본이 형성되면서 근대화의 전환점이 마련되는 듯했다.

그러나 세도정치 그리고 이에 따른 삼정(田政·軍政·還政)의 문란으로 개혁의 꿈은 사라지고 백성은 고통의 수렁으로 빠져들었으며 전국적인 민란의 시대로 접어들었다.

1811년 12월 평안도를 거점으로 홍경래(洪景來, 1771~1812년)는 "서북인에 대한 차별 철폐"와 "안동김씨 정권타도"를 외치며 반란을 일으켰다.

홍경래는 치밀한 준비 끝에 반란을 일으켜 초반에 청천강 이북을 지배하였다.

그러나 관군의 반격으로 잇따라 패퇴하여 정주성에서 100일을 버텼지만 성이 함락되고 홍경래는 전투 중에 전사하여 반란은 실패로 돌아갔다.

그러나 이를 계기로 근대화를 지향하는 조선의 시대정신은 전국 각지에서 농민 반란으로 표출되었으며 개화사상과 동학운동은 서서히 싹트고 있었다.

헌종(憲宗)의 즉위와 기독교 박해

45세를 일기로 순조가 사망했고, 이미 아들 효명세자도 갑작스레 죽어 손자 헌종

(1827, 재위 1834~1849년)이 7세에 즉위하여 조선조에 제일 나이 어린 임금이 되었다.

이 시기 1839년에는 교세가 늘어나고 있던 천주교를 다시 박해하여 프랑스 신부 3인을 포함하여 수백명의 신도를 죽인 기해박해(己亥迫害)가 있었고, 기독교인 색출하는 오가작통법(五家作統法)으로 백성을 옭아맸다. 얼마

후 조선 최초의 신부 김대건(金大建, 1821~1846, 좌측 사진)이 순교하였다. 증조부부터 천주교 집안으로 부친이 기해박해 때 순교한 김대건은 15세에 신부가 되기 위해 최양업 등 세 사람이 같이 마카오로 건너가 8년 동안 교육을 받아 신부로 서품되었다.

1845년 10년 만에 귀국하여 사목활동을 하다가 잡혀서 국법위반죄로 1846년 9월 16일 새남터에서 처형되었다.

순조의 손자이자 효명세자의 아들인 헌종의 모친은 풍양조씨이고 순조의 비(대왕대비)가 안동 김씨였으므로 세도정치는 복잡하게 되었다. 결국, 조만영이라는 인물이 안동김씨를 물리치고 풍양 조씨가 세도정치를 하다가 1846년에 죽어 다시 안동김씨가 권력을 잡았다.

👑 조선 최초의 신부 김대건

김대건 신부는 신분을 떠나 라틴어, 불어, 중국어 등 수개의 외국어를 구사하며 국가적으로 필요한 독도법 등 신지식을 공부한 국가적 인재였습니다.

단순히 국가에서 금하는 종교를 믿었다는 명목으로 처형한 당시 조선조정의 편협함은 답답하고 기가 막힌 처사였습니다.

형평성을 생각해 유배나 감옥형으로 그 능력을 전수하게 하거나 국가 위난 시에 활용해도 될 것을 정말 한심한 세도 정치가들이었습니다.

8년 동안 낯선 타지에서 어려운 공부를 했고, 지금으로 따지자면 석·박사 학위를 다 받은 우리나라 최초의 서양유학 인재는 2년도 능력을 펼치지도 못하고 25살에 죽였습니다.

필자가 1946년 9월 태생이니 김대건 신부의 기를 받고 꼭 100년 후에 태어났습니다.

김대건 신부의 탄생(1821년) 200주년을 맞아 가톨릭교단에서는 2021년에 많은 기념사업을 준비하고 있습니다.

헌종의 간택의 스토리와 강화도령 철종

헌종은 15세에 친정을 하게 되지만 세도정치로 국가의 근간인 삼정이 문란하고 민생고가 더욱 가중되는 시기에 제대로 국사를 처리해 보지도 못하고 22세에 죽었다.

생전에 헌종이 한 일은 사랑하는 경빈을 위하여 창덕궁에 '낙선재'라는 사랑채를 지어 낭만을 즐긴 것이라고 한다.

근래 방송된 드라마 "간택"이 화제가 됐다. 이렇게 헌종이 죽자 왕실의 안동 김씨들은 서둘러 적당한 왕통을 찾아 마침내 강화도에서 아무 것도 모른 채 농사를 짓던 일명 "강화도령(철종)"을 찾아냈다.

조선의 25대 왕 철종(1830, 1849~1863년)은 영조 이래 단명하는 자손이 많은 가운데 찾아낸 왕통으로 정조의 아우 은언군(恩彦君)의 손자였다.

그 집안의 옥사가 있어 부친이 강화도에 유배 중 별안간에 왕위에 오르게 되었다.

왕실 족보를 따지자면 전왕 헌종의 아저씨(7촌) 뻘이 되니 당시의 궁중 법도로는 항렬이 높지만 안동김씨들이 이를 무시하였다.

철종은 19살이었지만 임금 교육을 받지 않아 아무 것도 모르니 대왕대비, 순조의 비 안동김씨가 섭정을 맡았고 그들이 좌우하는 정치에서 꼭두각시 노릇을 할 수밖에 없었다.

재위 말인 1862년에 진주민란을 시작으로 삼남지방 여러 곳에서 농민 봉기가 잇달았다.

철종은 민란에 대처하는 특별기구를 설치하고 민란의 원인인 삼정의 폐해를 바로 잡기 위한 정책을 세워 시행하도록 하였다.

그러나 뿌리 깊은 세도정치의 굴레에 얽매어 제대로 효과를 거둘 수 없었다.

이런 사회현상에서 최재우(崔濟愚, 1824~1864년)가 동학(東學)을 창시해 확산시키자 이를 탄압하여 "세상을 어지럽히고 백성을 속인다"는 죄목으로 처형하였다.

시골 생활에 익숙했던 철종은 숨 막히는 궁중 법도에 스트레스가 심했고, 현실정치에 좌절감으로 후궁들과 주색으로 지내다가 건강이 악화돼 1863년 12월 33세로 사망하였다.

별로 알려지지 않았던 헌종이 드라마 〈간택〉에 등장하여 화제가 됐는데 픽션이 가미된 이야기입니다.

헌종의 첫 왕비가 후사가 없이 1844년 죽고 새로 왕비를 간택(揀擇)하는 자리에서 헌종이 굳이 자신도 참관하겠다고 우깁니다.

원래 왕실의 어른들, 즉 대왕대비가 심사하고 대비 등이 참석하는 자리에 제3자(당사자)로 참석한 헌종은 한 후보자(나중의 경빈)를 마음에 두지만 어른들은 그 출신 집안 등을 따져 다른 왕비를 선택했습니다.

마음에도 없는 왕비와 첫날밤부터 각방을 쓰니 후사가 생길 리가 없고 결국 그것을 이유로 다른 여인 경빈을 다시 간택합니다.

새 빈을 위해 창덕궁 내에 '낙선재'라는 사랑채를 지어 두 사람만의 공간으로 2년 동안 행복한 시간을 보냈지만 여기서도 헌종이 후사 없이 갑자기 죽고 맙니다. 그래서 그 후계자, 강화도령이 등장하고 이 경빈은 쓸쓸히 사저로 출궁한다는 내용입니다.

세도정치의 후유증

세도정치는 정조의 개혁정치가 가졌던 미래지향적 긍정요인을 모두 없애버린 주된 원인이었으며 차후 근대화를 못하고 외세에 지배당하는 역사로 이어지고 말았다. 이를 정리하면, 첫째 주자학의 독단적 이념이 더욱 강화되어 서학 및 실학의 발전이 막혔다.

둘째는 삼정(三政)의 문란으로 근대화의 동력이 상실되었으며 세 번째는 인재들의 사회진출과 성장이 가로막혀 개혁의 주체세력 형성이 미진하였고 끝으로 서구열강의 발전속도와 변화의 폭을 따라잡지 못하는 폐쇄적인 사회체제를 고수하게 된 것이다.

정조의 개혁 이후 세도정치가 판을 치는 조선은 자기변화를 추구하는 동력을 상실하고 전국적인 민란과 지배계급의 부패가 수레바퀴처럼 굴러가는 모순덩어리가 되어버렸다.

꼭 630년 전 고려 무신시대(1170~1271년)의 100년간, 특히 최충헌 일가가 대를 이어 70여 년을 왕을 무시하고 전권을 행사하며 몽골의 침략으로 나라를 망친 그 상황과 비슷했다.

중세시대에 하던 짓을 근대로 진전해야 할 시기에 되풀이된 역사가 아쉽다. 이 시기에 동양의 대표라 할 중국도 근대화의 물결을 타지 못하고 서구 열강에 시달리는 상황으로 가고 있었다.

제7막

1861년~1869년
미국의 긴박했던 10년

- 시대: 1861~1869년
  - 미국 이외 동서양의 1860년대 사건은 8막에
① 1861년: 링컨 대통령 취임, 남북전쟁 시작
  - 1863: 노예해방선언, 게티즈버그 어드레스-북군의 승리
② 1865년: 남북전쟁 종료, 남북의 장군 리 장군과 그랜트
  - FAIR PLAY-바람과 함께 사라지다
  - 링컨 대통령 암살
③ 1869년: 미국대륙횡단철도(수에즈 운하 개통)
  - 스탠포드대학교 설립
④ 1870년대 이후: 산업의 발전 록펠러, 카네기, 모건의 등장 활약
  - 시어도어 루스벨트 대통령의 취임-산업독점 규제

1장

1861~65년, 미국의 남북전쟁 – 링컨 대통령 취임(1861년)

남북전쟁의 전야

미국이 독립(1776년)한 이후, 70년이 지난 1840년대까지 영토를 확장하고 서부개척이 시작되면서 발전을 하면서도 늘 안고 있는 큰 문제는 남북지역의 차이와 의견대립으로 갈등이 계속되는 것이었다.

북부는 상공업이 발달한 산업구조로 되어 있었고 남부는 노예제도를 바탕으로 한 농업 중심의 산업구조로 형성되어 있었다.

그리고 미국은 13개 주(州)에서 출발하여 30개 주(州)로 늘어나면서도 연방에서 "노예州, 非노예州" 하면서 첨예하게 세력다툼이 있었으며 그래서 여러번 연방이 분리되는 위기를 겪어 왔다.

미국에 파국이 온 듯한 험악한 상황에서 에이브러헴 링컨(1809, 1861~1865년)이 등장했다. 미국은 물론 전 세계의 위인전에서 링컨 대통령을 설명할 때 "미국의 켄터키주의 통나무 집에서 아주 가난하게 태어나 성장했습니다"로 시작된다.

부친은 천상 농사꾼으로 링컨이 공부를 잘해 출세하기를 기대하지 않았고, 모친은 링컨이 9살 때 돌아가신 후 아버지가 바로 재혼해 계모 밑에서 자랐다.

계모가 책 읽기를 좋아하고 영민한 링컨을 위해 책을 빌려다 주는 등 세상에 관심을 갖도록 격려했다.

링컨은 교회의 사목자들에게 도움을 받아 독학으로 변호사 시험(우리나라나 일본처럼 그렇게 어렵지 않았음)에 합격해 입신(立身) 준비를 했다. 1834년(25세)부터 주의회 의원에 당선되고, 일리노이주에서는 똑똑하고 바른 변호사, 유망한 정치인이란 명망을 쌓았다.

1858년 당시 거물 정치인 더글러스(Stephen A. Douglas)를 상대로 연방상원선거에 출마했다. 누구나 '상대가 되지 않는다'고 생각했으며 결국 낙선했지만, 노예제를 두고 열띤 토론과 연설에서 깊은 인상을 주고 두각을 나타내 전국적인 인물로 부각되기 시작했다.

'대통령이 되지 못했으니
대통령 모자라도 들고 있어야지'

에이브러햄 링컨(1809~1865)   스티븐 더글러스(1813~1861년)

👑 링컨을 대통령으로 만든 더글러스의 공로

1858년 상원의원 선거에서 열띤 토론을 7차례가 하면서 링컨을 전국적인 인물로 만든 것은 더글러스의 실수이자 공적이 되었습니다.

결국 더글러스는 그 선거에서 이겨서 상원의원이 되었지만 링컨과의 토론을 통해 노예제 반대 입장을 명확히 하였기 때문에 남부에서의 지지를 잃고 대통령 후보가 되지 못했습니다. 더구나 이로 인한 민주당의 분열로 공화당의 후보가 된 링컨이 대통령에 당선되도록 했으니 더글러스가 링컨의 대통령에 당선의 1등 공신이었다고 평가됩니다.

또한 민주당원인 더글러스는 나라가 망하는 것을 방관할 수 없다고 대통령 링컨을 지지하는 활동으로 몇주간의 걸친 과로로 인해 숨지게 됩니다.

이것이 소신있는 정치신의 행동이었으니 더글러스의 "인민주권"에 대한 신념은 차후 링컨의 세 가지(Of, By, For the People) 정의에 의해 확대되어 오늘날 미국 민주주의의 기틀이 된 것입니다.

예기치 않은 링컨의 대통령 당선, 남부를 뒤집다

1960년 16대 미국 대통령 선거전을 앞두고 공화당 내 경선에 링컨이 출마했다.

당시 가장 유력한 차기 대통령감은 미국 연방 상원의원 뉴욕주 지사를 지낸 거물 '윌리엄 스워드(Seward, 1801~1872년)'로 겨우 주의원밖에 못 한 촌뜨기 정치인 링컨에게 넘기 힘든 큰 산이었지만, 현실 정치판에서는 예상치 않은 일이 발생하기도 한다.

이 경선에 또 다른 2명의 중량급 정치인들, 베이커와 체이스라는 인물이 출마했고, 이들은 2, 3등하는 정도였는데 두 사람이 단합해 꼴찌(4등)인 링컨을 밀어주기로 했다.

선거가 진행되는 동안 미국의 미래에 대한 확실한 비전을 제시하는 링컨의 명연설은 국민에게 대통령감이라는 확신을 심어줬다.

미국 16대 에이브러햄 링컨 대통령의 취임선서

결국, 스워드를 이기고 대통령 후보로 선출되어 그 여세를 몰아 본선에서 대통령에 당선됐다.

생각지도 못한 인물이 대통령에 당선되자 미국, 특히 노예들을 부리며 농업을 중심으로 하는 남부주들은 크게 동요하였다.

당시 대통령 민주당의 부캐넌이 별다른 대책을 제시하지 못하자 남부주들이 하나씩 연방에서 탈퇴하기 시작했다.

사우스 캐롤라이나를 비롯해 플로리다, 조지아 등 6개 주가 연방에서 탈퇴해 다음 해 링컨이 대통령이 취임하기 전에 남부연합을 결성하였다.

이들 새 정부는 앨라배마의 몽고메리에 수도를 정하고 미시시피 출신의 제임스 데이비스(남부)를 대통령으로 선출했다. 보따리 싸고 나가 새살림을 차린 셈이다.

링컨으로서는 대통령에 취임하기도 전에 이런 일이 벌어졌으니 난감할 따름이었다.

링컨이 갑자기 대통령이 되고, 남부 주들이 딴 살림을 차린 것은 모두에게 예상치 않은 돌발사태였습니다.
링컨은 대통령이 되고 대선후보로 경쟁하던 세 사람을 주요 장관에 임명했습니다.
가장 거물 스워드를 국무장관으로 위촉했는데 그는 링컨 다음 대통령까지 8년이나 장관 자리에 있으면서 큰 활약을 하였습니다.
나중(1867)에 러시아로부터 알래스카를 사는데 앞장 선 인물입니다.
다른 두 사람 체이스와 베이커를 각각 재무장관과 전쟁장관(국방장관)으로 임명해 미국의 난관을 극복하는데 지혜를 모았습니다.
이 과정이 링컨 탄생 200주년(2009년)에 출간된 「적과의 동침」이란 책에 자세히 나옵니다.
재미있는 것은 링컨과 똑같은 1809년 2월 12일에 태어난 유명한 생물학자 '찰스 다윈'이 있었습니다.
그는 「종의 기원」이란 책을 써서 창조론의 상대되는 진화론을 제시했습니다.

남북전쟁의 진전

링컨이 1860년 12월 2일 대통령 선거에서 승리한 후에 사우스 캐롤라이나는 미합중국으로부터 분리를 선언하는 강령을 채택했다.

그런데 링컨이 취임한 1861년 3월 사우스 캐롤라이나 찰스턴 항구 섬터요새가 고립되어 식량이 떨어져 가는 상황에서 연방정부가 이를 지원을 할 것인가가 당면문제로 대두되었다.

이를 놓고 링컨과 남부연합측이 힘겨루기를 하다 결국 남부 쪽에서 4월 12일 섬터 요새에 포격을 개시함으로써 4년에 걸친 남북전쟁이 시작되었다.

남부 지방은 대부분이 남군에 가입하고 이에 따라 각 요새도 남군의 지배하에 있었지만 섬터요새 지휘관인 로버트 앤더슨 소령 등은 미합중국에 계속 충성할 것을 결정했다.

링컨은 적지에서 자신들에 충성을 맹세한 부하를 위해 지원을 결정했습니다. 초기 전쟁 상황은 링컨의 연방군이 도전자의 입장에서 잃을 게 적다고 생각하는 남부군에게 밀리는

상황이었다.

전선의 지휘관도 남부군은 전통의 명장인 로버트 리 장군을 사령관으로 일관되게 밀고 나갔는데 연방군은 대통령과 사령관과의 소통부재와 고집으로 전선을 일관되게 유지하지 못했다. 유럽 나라들, 특히 영국과 프랑스는 양쪽의 입장을 관찰하면서 상황에 따라 태도를 바꾸며 아직 남부연합을 국가로 인정하지 않았다.

남북전쟁과 전선의 링컨 대통령

전쟁 개시 이후 남부연합에 가입한 남부지방 주의 수는 11개 주에 이르고 남부군이 수도를 버지니아의 리치먼드로 옮겨서 양측의 수도가 더 가까이 강을 접경으로 대치하는 상황이 되었다. 불런(Bull Run) 전투, 앤티텀(Antietam) 전투로 수만 명씩 전상자를 낸 후 1862년 소강상태가 되었다.

매릴랜드의 큰 전투

링컨은 당초 북군의 대승리 이후 노예해방 선언을 발표할 계획이었는데, 남부군을 궤멸시키지는 못했어도 메릴랜드 주에서 북군이 승세를 잡았을 때를 기회로 9월 22일 노예해방선언을 발표했다.

이는 유럽 각국이 남부를 인정하지 못 하도록 하는 효과를 거두었고, 그렇게 본다면 메릴랜드주에서의 전투는 전술적으론 무승부였지만 전략적으론 북부의 승리로 귀결되었다고 볼 수 있었다.

1863년 1월 1일에는 전 세계에 정식으로 노예해방 선언문이 발표되었다.

그 발표문은 "현재 미국에 대하여 반란 상태에 있는 주 또는 주의 일부의 노예들은 1863년 1월 1일 이후부터 영원히 자유의 몸이 될 것이다. 육해군 당국을 포함하여 미국의 행정부는 그들의 자유를 인정하고 지켜줄 것이며, 그들이 진정한 자유를 얻고자 노력하는 데 어떠한 제약도 가하지 않을 것이다"였다.

이 선언은 1776년 이래 미국 역사상 어떠한 사건과도 비교할 수 없는 혁명적인 인간

관계를 창조한 것으로 남북전쟁을 십자군 전쟁에 비교하기도 한다.

링컨의 노예해방선언이 있고 난 후에도 남북 간의 전투는 끊이지 않았다.

북군은 드디어 1863년 7월 대승을 거두었다.

버지니아의 게티즈버그에서 7월 1~3일까지 남북전쟁 이후 가장 치열한 전투에서 남군 리장군의 주력군 7만 6천 명을 격퇴시킨 것이다.

이 전투를 고비로 남군의 전세가 급격히 약화돼 이후의 전투에서 열세를 면치 못했다.

게티즈버그 전투가 끝나고 링컨은 게티즈버그 격전지를 국립묘지로 지정한 후 전사자들을 위한 위령제를 지냈다.

이 자리에서 링컨은 그 유명한 "국민의 국민에 의한, 국민을 위한" 연설을 했다.

민주주의의 요체를 적시한 링컨의 연설은 고대 그리스의 페리클레스와 데모스테네스의 연설에 견줄 만한 것이었다고 평가되었다.

링컨 대통령의 턱수염

링컨 대통령의 상징적인 모습은 그의 턱수염이다.

그는 대통령 선거 때까지 턱수염이 없었다. 1860년 선거로 한참 바쁠 때, 한 소녀로부터 편지 한 통을 받았다.

"링컨 아저씨, 저는 아저씨가 훌륭하게 되기를 바라요. 그런데 아저씨는 얼굴이 너무 못생겼어요. 턱은 주걱턱이고 눈은 움푹 들어갔고요, 하지만 수염을 기르면 훨씬 부드럽게 보일 거예요. 그렇게 되면 많은 부인이 남편들에게 당신에게 투표하도록 권고할 거예요."

이 편지를 쓴 이는 11세의 '베넬'이라는 소녀였는데 이에 크게 감동한 링컨은 소녀에게 답장을 썼다.

요즘은 전문 코디네이터가 있어 관리해주지만 링컨은 이 소녀의 조언에 따라 턱수염을 길렀고 그의 특징적인 이미지로 자리잡았다.

이렇게 이 소녀가 링컨이라는 위대한 인물의 얼굴(容顏)을 만든 것이다.

수염이 없는 링컨   수염을 기르자 위엄있고
                안정적인 이미지로 바뀌었다.

"나에게는 남자 아이가 셋 있으나 여자 아이는 한 명도 없어. 만약 지금부터 턱수염을 기른다면 모두 나를 바보라고 생각하지는 않을까?" 말은 이렇게 했지만, 대통령 취임을 위해 스프링 필드 집에서 떠날 때는 이미 턱수염이 제법 자라기 시작했습니다.

워싱턴으로 향하는 기차가 소녀의 사는 곳 근처에 도착했을 때 링컨은 그녀를 만났고, 소녀를 보자 링컨은 감사의 인사와 뺨에 입을 맞추었습니다.

턱수염이 생긴 링컨의 얼굴은 그전보다 훨씬 친근하고 부드러운 얼굴로 변해 있었기 때문에 소녀는 매우 기뻐했다고 합니다.

2장

1865년, 남북전쟁의 마무리와 링컨 대통령의 암살

남북전쟁 북군의 승리

1864년 이제 남북전쟁의 남은 목표는 남부연합의 수도 리치먼드를 점령하는 것이었다. 그런데 남북전쟁 중에 대통령선거를 치러야 했다.

링컨은 선거를 치러야 할 이유를 "선거를 하지 않으면 우리는 자유로운 정치를 할 수 없다. 만약 반란을 이유로 선거를 중지하거나 미뤄야 한다면 반란자는 이때 우리에게 승리했다고 주장할 수 있을 것이다."

링컨은 전당대회에서 다시 대통령 후보가 되었고, '앤드류 존슨'이 부통령 후보로 지명되었다. 결선투표로 1864년 11월 8일 실시된 선거인단 투표에서 링컨은 212표를 얻었고 상대방은 21표를 얻는 데 그쳤다. 일반투표에서는 220만 표 대 180만 표로 링컨이 당선되었다. 이런 가운데 1864년부터 시작된 북군의 리치먼드 공략 작전은 순조롭게 진행되고 있었다.

북군의 사령관이 된 그랜트 장군은 샤먼 장군과 분담하여 작전을 펼쳤다. 계속 밀리고 있던 리장군의 남군은 1865년 4월 2일 결국 리치먼드를 포기하고 남부연합의 대통령 데이비스에게 리치먼드에서 철수하도록 권고하였고 이로써 남부연합은 해체되었다.

과거 멕시코 전쟁(1846년)에서 함께 복무했던 양쪽 사령관이 만나 항복 조건을 이야기하는 장면이 흥미로웠다.

항복하는 리장군(사진의 우측)은 수려한 용모에 화려한 예복을 입었고, 항복을 받는

왼쪽 북군사령관 그랜트 장군(차후 18대 대통령)과
남군사령관 리 장군(그랜트의 웨스트 포인트 선배)

그랜트 장군은 군복을 아무렇게나 걸친 듯한 모습이 대조적이었다.

그랜트 장군은 모든 남군 무기와 대포, 공공재산은 북군에 넘기도록 요구했다. 그러나 그는 비록 적군의 대장이었지만 리 장군이 차고 있는 칼을 압수함으로써 자존심을 상하게 하고 싶지 않았다.

그래서 장교들의 개인 물품은 제외한다는 조항을 덧붙였고 굶주린 남군 병사들을 위해 그랜트는 2만 5천명 분의 식량도 제공했다.

서로 다른 입장에서 싸웠지만 나름대로 애국심과 품위를 지키고 고향에 가도록 했다. 이 회담으로 두 장군이 보여준 위엄과 자애로움은 모든 사람을 탄복시켰다.

그래서 리장군은 반란군의 사령관이지만 국민의 존경을 받아 워싱턴 DC 알링턴(Arlington) 국립묘지에 안장됐으며 그랜트 장관은 차후 18대 대통령으로 당선됐고 미국 50달러 지폐의 얼굴이 되었다.

♛ 남북전쟁을 배경으로 한 영화 바람과 함께 사라지다

이 유명한 키스씬은 영화의 남녀주인공(좌측 사진), 가운데가 멜라니 역의 하일랜드
추기: 북한은 남북전쟁을 아주 좋아 한답니다. 그 이유는 북쪽이 이겼기 때문입니다.
중국은 이 영화를 미국의 인권차별의 상징으로 비판합니다. 그것은 이 장면처럼
스카렛(우측)이 평생 보모였던 뚱뚱한 하녀(좌측)에게 인격적인 모멸을 주기 때문
이랍니다.

남북전쟁이 끝나가는 1864~65년을 배경으로 한 유명한 미국 영화 〈바람과 함께 사라지다〉 "Gone with the wind"는 여성작가 '마가렛 미첼'의 소설로 1939년에 제작했고, 1957년 우리나라에 들어와 화려한 컬러 영화로 상영되어 매우 인상에 남습니다.

내용은 미국 남북전쟁으로 황폐화 된 남부가 배경이며, 주인공들의 불길 속 피난 장면, 전쟁에서 돌아와 재기하는 모습들, 애정관계가 얽히고 설켜 재미와 감동을 줍니다.

북부의 그랜트 장군이 전쟁을 끝내면서 웨스트포인트의 존경하는 선배인 남부군 사령관 리 장군과 엊그제까지 죽고 죽이는 전쟁을 했지만, 인간다운 훈훈한 태도와 포용을 보여주었습니다. 이제는 다 끝나 결과에 승복하는 깔끔한 모습, 군복을 자랑스레 입고 자신들이 쓰던 총을 전리품처럼 당당하게 들고 고향으로 향하는 모습, 패잔병들의 고단한 모습, 행패, 부끄러운 모습들도 기억에 납니다.

무엇보다 영화의 주인공 비비안 리와 클라크 게이블은 60~80년 전의 인물이 아니고 2~3년 전에 본 듯 생생합니다.

바로 엊그제 그 80년이 넘은 영화의 주인공 중 한 사람, 비비안 리와는 대조적으로 차분한 여인 멜라니 역의 하일랜드(아카데미 주연상 2회 수상)가 104세로 사망했다는 기사를 읽었습니다. 남북전쟁(1860년대)과 바람과 함께 사라지다 영화(1939)와 지금(2020년)의 160년이 연결이 되는 것 같았습니다.

링컨 대통령 암살 그리고 그 이후

링컨 대통령의 저격 장면 그리고 도망가는 암살범 부스

남북전쟁은 남부에서 '로버트 리'라는 영웅이 있지만 북부에서는 보다 더 위대한 에이브러햄 링컨이 있어 이제 미국은 큰 홍역을 치르고 통합됐다. 링컨은 1865년 3월 두 번째로 미합중국 대통령에 취임하였다.

4월 13일 워싱턴 거리에서 연방군의 승리를 위해 축제가 열렸다. 다음날 4월 14일 저녁, 연극을 좋아하는 링컨은 아내와 두 친구와 함께 포드 극장으로 갔다. 관중들의 환영의 박수를 받은 후 연극이 시작됐다.

경호원들도 연극을 잘 보기 위해 다른 자리로 옮기고 1시간 정도 지났을 때 암살자 부스가 나타나 대통령 뒷머리에 총을 쏘았다.

링컨 대통령은 다음날 사망했다. 위대한 대통령 링컨은 허무하게 떠났다. 에이브러햄 링컨은 남북전쟁을 승리로 이끈 지 한 달도 되지 않아 역사의 현장에서 사라졌다.

링컨이 암살되고 다음날 부통령인 앤드류 존슨(1808~1875년)이 17대 대통령이 되었다.

미국 역사상 부통령이 승계한 것은 9대 윌리엄 해리슨 대통령이 임기 한 달을 못 지내고 1841년 병사해 존 타일러 부통령이 10대 대통령이 된 이후 두 번째였다.

링컨이 암살당하던 날 국무장관인 스워드도 암살자의 습격을 받았다.

그는 아들이 함께 있었으며 방어를 한 덕분에 치명적인 상처를 입지 않고 목숨을 건졌다.

신임 존슨대통령도 스워드의 능력을 잘 알아 국무장관으로 계속 유임케 하고 남부인에 대한 개인감정을 죽이고, 1865년 5월 반란자 남부인에 대한 대사면(大赦免)을 공포하는 등 유화정책을 폈다.

그러나 일부 급진파들은 남부에 대한 강경책을 주장하는 등 갈등이 지속돼 시끄러운 정국이 계속되었고 나중에 의회는 대통령에 대한 탄핵을 시도했다.

미국역사상 역시 두 번째였던 의회의 대통령 탄핵은 아슬아슬하게 1표 차로 부결되고 존슨 대통령은 임기를 채웠다.

후임 대통령은 남북전쟁의 북군사령관으로 전쟁을 승리로 이끈 율리시스 그랜트(1822~1885년)가 그 명성을 발판으로 18대 대통령에 당선되고 4년 후 재선되었다.

그러나 흑인인종차별문제, 요동치는 경제문제로 고전했으며 측근들의 부정부패로 전쟁 영웅의 이미지가 훼손된 채 퇴임하였다.

미국 워싱턴의 내셔널 몰, 링컨기념관 가운데 멀리 워싱턴 기념타워

미국 지폐 속 얼굴들, 그 의미

미국에서 일반적으로 사용하는 지폐($1000 등 고액 지폐는 법적으로 존재)는 7종으로 $1, $2, $5, $10, $20, $50, $100이다. 이중에 $1는 초대 워싱턴, $2는 3대 제퍼슨, $5에는 16대 링컨, $20에는 7대 앤드류 잭슨, $50에는 18대 유리시즈 그랜트 대통령의 얼굴이 있고 나머지 2종 $10는 초대 재무장관을 지낸 알렉산더 해밀턴, $100에는 건국의 아버지들의 좌상격인 벤자민 프랭클린의 얼굴이 들어 있다.

이들 이야기를 하자면 미국의 역사를 알 수 있다. 워싱턴과 제퍼슨은 건국(Establishment)의 아버지, 잭슨은 나라 발전(Development)에 기여한 대통령, 링컨과 그랜트는 나라의 통일(Unification)에 공을 세운 대통령이다.

20세기 이후에 나라를 발전시킨 대통령들 루스벨트, 케네디, 레이건 같은 인물도 있지만 지폐의 얼굴을 바꾸지 않고 동전에 얼굴을 넣기도 한다.

👑 중국, 영국, 우리나라 지폐의 얼굴들

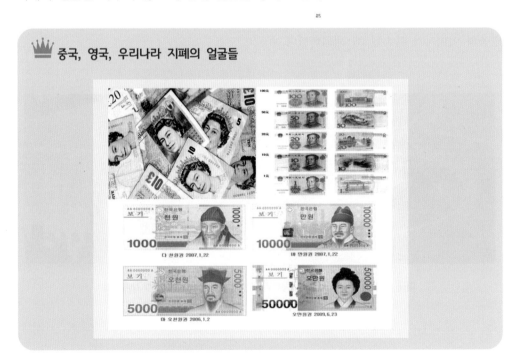

현재 세계 양강을 이루는 중국의 경우는 비슷하게 6종의 지폐 1, 5, 10, 20, 50, 100위엔(2위엔만 없음)이 있습니다.

지폐 속 인물은 중화인민공화국의 창건자 모택동(毛澤東, 1893~1976년) 하나로 통일하고 있어 공산당 일당 중심의 특색이 보입니다.

오히려 모택동 주석 생존 시에는 주덕, 유소기, 등소평 등 다른 건국 공로자들의 얼굴이 있었는데 그의 사후, 모택동의 얼굴로 통일했습니다.

영국은 본국은 물론 캐나다 호주 같은 연방국들도 엘리자베스 2세의 초상으로 통일되어 있는 것이 영국여왕을 국가수반으로 하는 연방국가들의 특색입니다.

우리나라는 천원, 오천원, 만원, 오만원의 4종의 지폐가 있습니다.

전직 대통령 등 정치인의 얼굴은 오직 만원권의 세종대왕(1397~1450년)분이고, 천원권에 퇴계 이황(1501~1570년), 오천원권에 이이 이율곡(1536~1584년), 오만원에는 신사임당(1504~1551년)으로 세 인물 모두 존경받고 있는 문신, 유학자, 예술가입니다.

정치인은 국민의 의견이 분분해 논란을 피해 갈 수 있는 학자들만으로 정한 것 같습니다.

3장

1869년, 미국의 대륙횡단 철도(수에즈 운하)의 개통

미국의 태평양과 대서양을 연결한 대륙횡단철도

1869년 5월 10일에 유타주(州) 포로몬토리 포인트(Promontory Point)에서 유니언 퍼시픽(Union Pacific) 철도와 센트럴 퍼시픽(Central Pacific) 철도가 각각 동서에서 철도 부설작업을 해오다가 드디어 만났다.

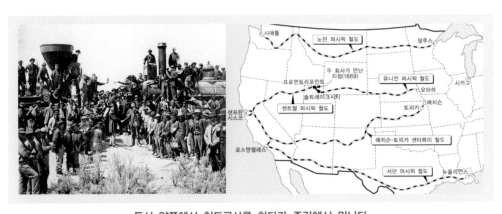

동서 양쪽에서 철도공사를 하다가 중간에서 만나다

작업부들은 얼싸안고 반갑게 만났으며 축포를 터트렸다.

이에 따라 대서양 연안의 동부와 중서부와 태평양 연안의 서부지역이 철도로 연결되어 미개척지 태평양 연안이 급속하게 발달하게 되었다.

미국은 1848년 남부 텍사스 지역, 서부 캘리포니아 지역 등 광대한 영토를 멕시코로부터 획득했다.

획득한 땅에 사람들이 많이 이주해야 했는데, 1849년 캘리포니아에 사금광(砂金鑛)이 무더기로 발견되었고 곧이어 액체 골드였던 석유가 발견되면서 사람들이 그 멀고 험난한 지역으로 몰려가기 시작했다.

이를 '골드러쉬(Gold Rush)'라 불렀고, 이 해가 1849년이라 '포티나이너(Forty-niner. 49er)'라는 명사까지 생겼는데 이는 일확천금을 꿈꾸는 사람을 뜻한다.

이때 동부에서 아직 자리잡지 못한 사람들, 젊은이들, 가족과 친인척들이 함께 마차와 말을 타고 서부로 달려갔다.

3000㎞ 내외의 거리라 한 달 정도가 소요됐을 것이다. 가는 동안 날씨가 바뀌고, 인디언들이 길을 막기도 하며, 야생동물도 조심해야 했다.

이때 '서부개척정신'이라는 말도 생겼고 서부에서 막 형성되기 시작한 타운들을 배경으로 서부영화가 많이 제작되고 장려되었다.

이런 시기로부터 20년이 채 안 돼 철도를 놓았으니 참으로 대단했다.

원래, 철도와 그 위를 달리는 기차는 세트로 영국의 스티븐슨(1781~1848년)이 산업혁명을 촉진시킨 획기적인 발명품으로 1814년 탄갱용(炭坑用)으로 만들었다. 그러나 도시와 도시의 화물은 물론 사람을 운송할 수 있게 개발된 것이 미국으로 넘어와 이용되다가 대륙횡단철도로 완공된 것이다.

구체적인 철도개설은 캘리포니아州 새크라멘토(Sacramento)에서 시작해 동쪽 네브래스카(Nebraska)州의 오마하(Omaha)까지 1869년 6년 만에 완공됐고, 길이가 2826㎞였다.

당시에는 세계에서 가장 긴 철도로 미국의 대륙횡단철도는 교통을 비약적으로 발전시켜 도시형성에 기여하고 산업을 발전시켰다.

그러나 미국 내 아메리카 원주민의 땅을 철도 공사용으로 무상몰수한 미국 정부의 정책에 반대하여 생존권 투쟁을 벌인 미국 내 아메리카 원주민과 이를 탄압한 미국 정부 간의 폭력충돌이 일어나게 되었다.

당연한 현상이었고, 미국정부가 약간의 보상으로 달랬지만 무력충돌은 그치지 않았다.

처음으로 건설된 대륙횡단철도는 로키산맥을 넘어가는 대표적인 철도이며, 이후로 계속 이를 보완하는 철도가 50년 후까지 연결이 이어졌으며, 1885년 캐나다에도 대륙횡단철도가 완공되었다.

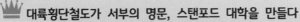

대륙횡단철도가 서부의 명문, 스탠포드 대학을 만들다
- 설립 일화 Don't judge a book by the cover-

동부에는 명문 대학이 1636년(조선 병자호란 시) 설립되었는데 서부 지역의 명문 스탠포드 대학은 1891년 비로소 탄생했습니다.

이렇게 늦은 것을 짐작하다시피 서부지역이 1849년 골드 러쉬 때부터 인구가 유입되기 시작했고 20년 후 1869년 대륙횡단철도가 완공되면서 크게 발전하면서 동부지역에 집중되어 있는 명문대학이 서부에도 설립된 것입니다.

그 설립과정에서 나름대로 의미가 있는 일화가 있었습니다.

어느 날 유행이 뒤진 허름한 옷차림의 노부부가 사전 약속도 없이 하버드 대학교의 총장실로 찾아와 총장의 면담을 청했습니다.

총장비서는 이와 같은 시골 촌뜨기처럼 보이는 노부부가 별 볼일 없다고 생각하여 "총장님은 오늘 하루 종일 바쁘실 것"이라고 거절했습니다.

그러나 그 부인이 "그러면 기다리겠습니다" 하고 대답하고 끈길기게 몇 시간을 기다리는 것이었습니다.

당황한 비서가 결국 총장님께 보고하고 잠깐이면 되겠거니 생각하고 면담을 주선하였습니다.

총장도 짜증이 났지만 굳은 표정으로 위엄을 부리며 그들을 만나 주었습니다.

부인이 천천히 말하기를 "우리 부부에게는 하버드를 1년 다닌 귀한 아들이 있었는데 그 애가 하버드를 대단히 사랑하고 여기서 무척 행복해 했습니다. 그런데 1년 전에 사고로 세상을 떠났습니다. 그래서 남편과 저는 캠퍼스 내에 기념물(Monument)을 하나 세웠으면 합니다.

총장은 감동하지는 않고 놀라움을 나타냈습니다.

그리고 그는 퉁명스럽게 "부인, 우리는 하버드에 다니다 죽은 모든 사람을 위해 동상(Statue)을 세울 수는 없습니다. 그렇게 하면 아마 공동묘지 같아 보이게 될 것입니다."하고 말했습니다.

"아니에요. 총장님. 그게 아닙니다. 동상을 세우려는 것이 아니고요. 하버드에 건물을 하나 기증하면 좋겠다는 생각을 하고 있습니다" 하고 얼른 설명을 하였습니다.

총장은 그들의 복장을 다시 한번 쳐다보면서 소리를 높여 말하였습니다. "건물이라고요? 건물 하나가 비용이 얼마나 드는지 알고나 하시는 말입니까? 현재 하버드에는 750만 달러가 넘는 건물이 꽉 들어차 있습니다." 잠깐 동안 부인은 말이 없었습니다.

총장은 기뻤습니다. 이제야 이 사람들을 보내 버릴 수 있겠다고 생각이 드는 것이었습니다.

부인은 남편에게로 얼굴을 돌리고 조용히 말했습니다.

"대학교 건물 하나 만드는데 비용이 그 정도 밖에 안 드는가 보죠. 그러지 말고 우리 농장에 우리들의 대학교를 새로 하나 세우지 그래요?"

남편은 고개를 끄덕였습니다. 총장의 얼굴은 혼돈과 당혹감으로 일그러졌습니다.

이들은 곧장 일어나서 캘리포니아의 팔로 알토(Palo Alto)의 자기들 농장(1천만평 33평방키로)에 대학을 세웠습니다.

이들이 대륙횡단 철도사업으로 큰 돈을 벌고 어마어마한 땅도 가지고 있던 리랜드 스탠포드(Leland Stanford) 내외였으며 하버드가 관심을 보이지 않자 죽은 자신의 아들 이름을 딴 대학교(Stanford Junior Univercity; 사진)를 설립하였습니다.

그는 원래 대륙횡단철도를 서쪽에서 부설하기 시작한 센트럴 퍼시픽의 설립자였으며 케리포니아의 주지사를 역임한 거물 사업가이자 정치인이었습니다.

그 후 이 사실을 알게 된 대학에서는 학교 정문 옆에 "Don't judge a book by the cover(책의 표지만 보고 책의 내용을 판단하지 마라. 사람을 외양으로만 판단하지 마라)"라는 문장을 걸어 아주 훌륭한 교훈(敎訓)이 된 것입니다.

4장

1970년대, 대륙 횡단철도 완공 이후 산업화 질주

미국의 산업화의 에너지 충만-세 사람의 주인공 등장

　미국이 남북전쟁(1861~1865년)이란 큰 홍역을 치르고, 미국 전체가 전후 복구를 시작했으며 1969년에는 대륙횡단철도의 개통으로 넓은 대륙의 인적, 물적 교류가 활발해지자 나라는 홍분 속에서 발전하기 시작했다. 더구나 넓고 비옥한 토지에서 식량이 넉넉하고 자연자원도 풍부했다. 이미 1849년부터 발견된 서부의 노다지(원래 노 터치) 금광이 발견되어 국부(國富)를 높이고 있었으며 또 다시 남부 텍사스 일대에서는 액체의 금광이라 할 유전(油田)이 무진장으로 발견되어 사람들을 또 다시 열광하게 했다.

👑 제임스 딘이 주연한 자이언트라는 영화

석유와 관련된 이 당시 상황을 보여주는 "자이언트"라는 영화(1957년)가 우리의 낭만시대를 회상하게 합니다. 이 영화에 출연하던 젊은 시절의 엘리자베스 테일러, 록 허드슨이 생각나며 특히 일찍 요절한 "제임스 딘"이 인상적이었습니다. 거대한 텍사스의 농장주 록 허드슨의 조수로 나온 제임스 딘이 우연히 얻게 된 불모의 땅에서 석유가 쏟아져 나와 기뻐서 뿜어져 나오는 원유를 온몸으로 맞으며 환희하던 장면이 생생합니다. 그는 엄청난 거부가 되었지만 못 오를 나무였던 록 허드슨의 부인 엘리자베스 테일러를 그리워하며 살아갑니다.

이 시절 미국의 산업화에 앞장서서 나중에는 미국의 대표적인 거부가 된 세 사람이 등장한다.

그들은 이 현대 산업의 신 에너지, 석유의 유통을 독차지 한 "존 록펠러", 산업의 소재 철강산업을 일으킨 "엔드류 카네기" 그리고 현대 산업의 핏줄인 금융산업의 황제 "존 모건"이다.

이 세 사람은 묘하게도 1830년대 비슷한 연대에 태어나 청년시절 30대에 남북전쟁을 겪으며 이 시대에 사업을 시작하고, 완공된 대륙횡단 철도를 이용하여 큰 성공을 거두었다.

또한 수단 방법을 가리지 않고 돈을 벌어 국민의 질시와 지탄을 받다가 1900년대 나이 6~70대에는 왕성히 자선사업을 벌려서 부자의 좋은 이미지를 전 국민들에게 고양시켰다.

♛ 100년 차이로 미국과 한국의 비교

우리나라의 경우와 비교하면 그 100년 후, 1960~80년대의 비약적인 경제발전을 이끈 박정희(1917~1979년) 대통령과 이 경제계획을 민간 부분에서 성공시키며 큰 기업군(재벌)을 일군 삼성그룹의 이병철(1910~1987년) 회장과 현대그룹의 정주영(1915~2001년) 회장과 비교할 수 있습니다.

이 세 사람도 비슷한 1910년대에 태어나 대한민국의 경제개발은 박정이(朴, 鄭, 李)가 선도하였다고 말할 수 있습니다.

록펠러, 스탠다드 오일 세계 최고의 부자가 되다

미국의 석유 재벌
존 데이비슨 록펠러
이름 존 데이비슨 록펠러(John Davison Rockefeller)
생애 1839년 7월 8일~1937년 5월 23일
활동 미국의 전설적인 부호로서 치열한 기업경영과 사회복지, 자선가로 활동하였다

존 데이비슨 록펠러(1839~1937년)가 1870년 31세에 엑슨 모빌 정유회사의 전신인 스탠다드 오일회사를 창업했다.

그 이후 41년 동안 활동하고 1912년 은퇴할 때까지 축적된 그의 재산을 현재의 가치로 환산했을 때 세계역사상 최고 부자로 평가받았다.

금수저 집안에서 태어난 것도 아니고 대학교육도 제대로 받지 못했지만 뛰어난 비즈니스 감각으로 사업을 확장하였다.

　그 과정에서 경쟁자들을 무자비하게 밀어내 지탄을 받기도 했다.

　1911년 미국연방최고법원이 빈 트러스트법을 합헌으로 판결하여 록펠러 같은 대기업에 메스를 가했다. 1912년 72세일 때 대 세계에서 제일 부자라는 평가를 받으면서 재계에서 은퇴한 후 자선사업에 전념하였다.

　록펠러재단, 록펠러 교육재단, 그리고 록펠러 연구소를 설립하여 1937년 98세로 죽을 때까지 26년 동안 과학과 의학분야 연구를 중심으로 적극 지원하고 많은 학교와 교회 문화 사업에도 후원하였다.

　록펠러의 후손들은 부통령을 비롯한 정계 재계에 다수 진출해 록펠러 가문을 빛내고 전통을 잇고 있다.

　재산을 형성할 때는 이기적이고 가혹하게 피도 눈물도 없이 벌어 들여 원망과 지탄을 받았다. 그러나 그 거대한 재산을 국가 사회의 요긴한 분야에 지원하고 기부함으로써 동시대의 앤드류 카네기와 함께 미국의 부자들의 자선 기부 문화를 형성하는 본보기가 되었다.

카네기의 US Steel, 미국 산업화의 초석이 되다

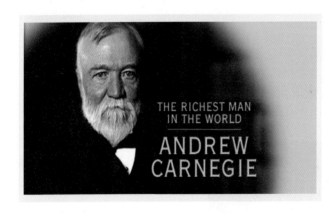

　앤드류 카네기(1835~1919년)는 스코트랜드 출신의 가난한 이민자출신으로 1847년(12세)에 펜실베이니아에 정착하여 주급 1달러 20센트를 받고 면직물공장에서 일하기 시작했다.

　무슨 일에도 적극적이고 성실하여 몇 년 후 어느 철도회사에 취업하여 기회를 얻게 되었다.

　남북전쟁이 발발했을 때 석유회사에 투자하여 종잣돈을 마련하고 1863년(28세)에 철도교량회사를 설립하여 철강을 전문으로 발전하다가 "강철"을 제조(이전에는 선철 또는 수입하였음)하는 것에 착안하게 되었다.

　카네기는 1875년(40세)미국 최초의 강철공장을 설립하여 큰 성공을 거두었다.

사업에 전념하며 효자였던 카네기는 홀어머니가 돌아가시자 1897년(52세)에 결혼하고 62세에 외동딸 하나를 얻게 되었다.

이런 단출한 가정사정은 4년 후 그 성공적이고 거대한 기업을 양도하고 자선사업에 몰두하게 되었다.

그로 인해 카네기와 모건의 세계기업사상 초유의 빅딜이 이루어졌다.

20세기 말에 기업 인수 합병 붐이 있기 이전에는 역사상 가장 큰 대규모의 기업인수 합병으로 1901년에 있었던 US Steel의 설립이었을 것이다.

당시의 거물 은행가 J.P. 모건이 세계 최초 자본금 10억달러 이상 규모로 조성한 이 트러스트의 핵심은 이른바 강철왕으로 유명한 앤드류 카네기의 철강회사였다.

당시 미국 최대의 철강회사 소유주였던 카네기는 은퇴를 고려 중이었고 모건의 회사 매각 제의를 받고 숙고한 끝에 4억 8천만 달러의 가격을 제시하고 상대방은 이를 흔쾌히 받아들였다.

모든 거래를 성사시킨 직후에 모건은 카네기에게 이렇게 말하였다.

"카네기씨, 세계에서 가장 부유한 사람이 되신 것을 진심으로 축하합니다."

이후 모건은 다른 철강회사까지 포함하여 자본금 14억 달러의 세계 최대 철강회사 US Steel을 설립한 것이다. 당시 카네기의 4억 8천만 달러의 재산은 100년 후인 2000년대의 가치로 100억 달러가 넘었다.

여러 분야의 자선사업을 관장할 기구, 카네기 재단 등 각종 협회와 재단이 4개 만들어졌다. 10년 후의 록펠러도 카네기재단 등을 참고하여 자선사업을 시작했다.

카네기가 1919년 사망했을 때 그의 재산 중 4분의 3이 이미 사회에 환원되었다. 그의 묘비명에는 "자기 자신보다 더 우수한 사람을 어떻게 다루어야 하는지 알았던 사람이 여기 누워 있다."라고 적었다.

이는 2100여 년 전 중국의 한 고조가 초나라의 항우를 이기고 천하를 통일하고 한 나라를 건국하면서 "자신의 최대 공신(功臣) 장량과 한신을 빗대서 한 말"과 비슷한 것은 동서양의 진리는 같다는 것을 생각하게 한다.

J.P.모건, 미국 금융자본주의 신화가 되다

존 피어몬트 모건(1837~1913년)은 미국 동부에서 부유한 유대인 가문의 출생으로 일찍이 독일 대학에서 공부하고 귀국한 후 남북전쟁에서 무기 도산매업을 해서 큰 돈을 벌었다. 북군이 쓰던 무기를 다시 사서 남군에 파는 등 사업의 민첩성을 발휘하였다.

전후에는 많은 산업자본을 필요로 하는 금융업에 관여하여 1895년 모건 금융회사를 설립하였다.

또한 12개의 지역별 철도회사를 지배하여 광대한 철도왕국을 건설했다.

전국적인 철도 운송수단을 확보한 모건은 1901년 카네기철강회사를 구입하는 등 거대한 철강회사를 설립하고 광업, 해운, 통신, 은행, 보험 등 다방면의 경제대통령으로서 위치를 가지게 됐다.

그도 만년에는 교회, 학교, 미술관, 자선사업 등에 큰 금액을 기부하고 박물관 등 그 규모로는 세계 제1인 메트로폴리탄 박물관은 그의 소장품을 기초로 세워졌다.

그는 1차 세계대전 직전에 사망하였는데 사업은 그의 아들에 의해서 계승되어 지금도 활발히 활동하고 있다.

모건 기업은 원래 영국에서 군림하던 유대인 금융그룹 로스챠일드와 관련을 가지고 있는 것으로 알려져 있다. 제1차 세계대전을 통하여 국제금융업으로서 발전하여 지금까지도 월가를 중심으로 전 세계 금융시장을 지배하고 있으며 그 영향력은 대단하다.

19세기 대기업, 부자들의 병폐

록펠러, 카네기, 그리고 모건을 중심으로 대기업가들이 미국의 제조업 등 산업분야에서 유럽의 영국, 독일 등을 뛰어 넘는 수준으로 도약하였다.

1900년 당시 공업 총생산이 영국과 프랑스를 합친 규모를 넘어서서 19세기의 영국을 대신해서 "세계의 공장"이 되었다.

당시 세계공산품의 약 절반은 "Made In USA"였으며 면화, 철, 석유 등의 중요 1차 생산물 역시 세계 생산량의 3분의 1이 미국산이었다.

이 과정에서 기업의 독점문제가 이슈가 되었으며 빈부의 차이가 크게 논란이 되었고 노동자들의 인간다운 생활 등이 사회문제로 부각되었다.

당시는 연방 소득세법, 독과점제한법도 없었고 노동3법도 제대로 보장되지 않았기 때문에 부자들의 황금시대였다.

그것은 그만큼 노동자, 서민, 중소기업 등 소외되는 계층이 적지 않았음을 의미했다.

록펠러, 카네기 등의 자선사업이 활발히 진행되었지만 재벌(부자)은 대부분 안하무인
격이었으며 "귀족강도"라는 대중의 비난을 받았다.

무분별한 개발에 따른 환경파괴 역시 문제였다.

따라서 20세기에 들어서면서 미국의 과제는 경제성장의 그늘인 경제력 집중과 빈부격
차, 환경파괴 등을 해결하는 것, 그리고 거대해진 경제력에 걸맞는 국제적인 영향력을 확
보하는 것이었다.

시어도어 루스벨트 대통령의 등장

이런 분위기에서 새로운 세기 1900년의 대통령이
시어도어 루스벨트(1858~1919, 재위 1901~1909년)
였다.

이 20세기 미국의 과제들을 위해 누구보다도 적극
적으로 총대를 맨 정치인이 바로 시어도어 루스벨트
(좌측 사진)였다.

루스벨트라면 한 30여 년 후에 등장하는 미국의 1929년 대공항과 제2차 세계대전 시
의 프랭클린 루스벨트(1882~1945년, 재직 1933~1945년)와는 먼 친척관계로 이들의 조
상은 17세기 미국 이민 초기에 네덜란드에서 왔다고 한다.

시어도어는 어렸을 때 비교적 부유한 동부의 가정에서 병약한 도련님이었다. 그러나
성격은 쾌활하고 호기심이 많아서 하버드 대학에 들어가자 일대 변신을 하여 적극적인 활
동과 운동 결과, 몸짱으로 다시 태어났다고 한다.

자신있는 사회활동으로 뉴욕시의 시의원부터 시작해 1897년부터는 해군차관에 이르러
이름이 알려질 무렵 1898년 스페인과의 전쟁 시에 큰 활약을 한다. 관직을 그만두고 전쟁
을 위한 민병대를 조직할 때 이에 참여하여 쿠바에서 스페인과의 일전을 멋있게 승리하여
국민의 영웅이 된 것이다.

마치 1812년 영국과의 2차 전쟁 시 민병대 대장으로 크게 공을 세워 나중에 미국의 7
대 대통령이 되는 앤드류 잭슨 대통령과 비교할 만하다. 이를 발판으로 이듬해 뉴욕시장
으로 선출되어 전국적인 정치인이 되었다.

이 당시 대기업들의 독과점 등의 폐단이 문제화 할 때 제일 앞장서는 반 기업정서를

가지는 대표적인 정치인으로 알려지기 시작했다.

1900년 대통령 선거에서 현직 대통령 윌리엄 맥킨리가 다시 재선 후보로 나섰을 때 시어도어는 엉뚱하게 부통령후보로 추천받았다.

맥킨리는 당시 친기업적인 대통령으로서 당시 경제부통령격인 모간 등이 적극 지지하는 말하자면 정경유착(政經癒着)관계에 있는 대통령이었다.

당시 부통령이라는 자리는 정치인으로서는 바보(은퇴) 수순으로 치는 상황인데 모간 등이 자신들이 제일 경계하는 정치인 시어도어를 이 자리에 몰아 넣는 작전을 세웠다.

어렵지 않게 맥킨리 대통령이 재선하고 시어도어가 부통령이 되자 회심의 미소를 짓는 대기업가들에 충격적으로 맥킨리가 당선된 그해 9월에 무정부 주의자에게 암살당하는 사건이 벌어졌다.

꼭 36년 전 링컨 대통령이 암살되고 앤드류 존슨 부통령이 대통령을 승계한 경우와 같은 상황이 벌어진 것이다. 모건은 맥킨리 대통령의 암살 소식을 들으면서 "내 일생 이렇게 슬픈 소식은 처음이야"라고 안타까워했다고 한다.

"원수는 외나무 다리에서 만난다"라는 비유가 적절한지 모르겠다.

시어도어 루스벨트 대통령의 업적

26대 대통령에 취임한 루스벨트 대통령은 평소의 소신대로 반기업적인 법령을 제정하고 노동관계입법도 정비하여 나갔다.

1904년에는 대통령에 재선되어 본격적으로 독과점 방지법(셔먼법)을 적용하여 독과접 위반에 관한 4~50건의 소송을 제기하였다.

대표적으로는 1911년 록펠러의 스탠다드 오일의 독점이 불법이라는 승소판결이 나왔다. 이를 계기로 1912년 록펠러는 현업에서 은퇴하고 본격적으로 자선사업을 개시하였다.

자본주의의 기본은 지켜지므로 독과점이 위반이라도 대주주의 지분은 보호되므로 그 평가액이 일확천금의 수준이라 록펠러는 엄청난 자선사업을 할 수 있었다.

루스벨트 대통령은 자본주의 시장원리를 지키는 쾌거를 이루었고 노동자를 보호하는 등 새로운 변곡점이 되었던 것이며 "귀족강도"를 잡는다는 국민여론을 등에 업고 이런 일들을 할 수 있었다.

그는 또한 대외적인 미국의 지위, 특히 라틴 아메리카에서의 미국의 패권을 세우는 데 노력하여, 1903년 태평양과 카리브해(대서양)을 잇는 파나마운하(1914년 완공)의 권리를 확보하였다. 또한 환경보호에 관심을 기울여 국립공원 등 보호구역을 5배로 크게 늘렸으

며 산림청을 처음 신설하는 등 많은 행정개혁을 추진하여 미국 역사상 초대 대통령 취임이후 중간 결산한 대통령으로 평가받았다.

그래서 시어도어 루스벨트는 러시모어의 산 속에 대통령 큰 얼굴로 등장하여 "건국, 통일" 대통령 세 사람과 추가하여 미국을 발전시킨 대통령으로 존재하고 있다. 좌측이 시어도르 루스벨트로 25대 대통령(재직 1901~1909년)이며 우측이 프랭클린 루스벨트로 32대 대통령(재직 1932~1945년)이다.

♛ 네 대통령의 큰 얼굴

미국 중북부 사우스 다코다주의 불랙 힐이라는 산중에 러시모어(MT. Rushmore) 산에 미국 대통령 중 가장 위대한 4인의 거대한 얼굴 조각상이 있습니다.

초대 조지 워싱턴(1732~1799년), 3대 토마스 제퍼슨(1743~1826년),16대 에이브러햄 링컨(1809~1865년)와 26대 시어도어 루스벨트(1858~1919년)의 얼굴입니다.

처음 세 사람의 대통령은 미국의 건국의 아버지 두 분, 남북전쟁을 승리한 통일대통령이라고 하여 우리에게 친숙한데, 이 네 번째 대통령 루스벨트는 헷갈렸는데 이제 비로소 이분의 업적과 비중을 알고 납득이 갑니다.

이 조각은 보그럼이라는 유명한 조각가가 미 의회의 승인을 얻어 1927년 400명에 가까운 조각가들이 1941년까지 14년에 걸쳐 완성하였다고 합니다.

이 산이 선정된 것에 대해 논란이 있는 것은 인디언들이 신성시하던 산이었으며 이 지역 근처에서 금이 발견되어 몰려오는 침입자에 대항하였던 이 지역 원주민들의 투쟁의 역사가 서린 곳입니다.

슈우족의 지도자(추장) "크레이지 호스"가 부족들을 단합시켜 "리틀 빅 혼(Little Big Horn)" 전투에서 맹활약하여 키스터 중령의 제7기병대를 전멸시킨 미국역사상 제일 유명한 전투였습니다. 그 후 항복할 경우 새 삶을 보장해준다는 미국 정부의 약속을 믿었는데 지켜지지 않아 항의 투쟁 끝에 감옥에 갇히고 나중(1877년)에 탈출하다 추장 크레이지 호스가 죽습니다.

 원주민들의 후손들이 이 러시모아 근처에 거대한 "크레이지 호스"의 동상을 세우는데 완공된 이후에 미묘한 문제가 발생할지 우려됩니다.

제8막

1866~1871년 발생한
동서양의 놀랄 일들

- 시기: 1866년~1871년
  - 미국에서 1861년 이후 발생한 숨가쁜 역사, 남북전쟁 등은 7막에
- 1866년: 조선의 대원군 병인양요 등 쇄국정책
- 1867년: 캐나다의 독립
- 1868년: 일본, 명치유신으로 아시아의 선진국으로
- 1869년: 수에즈운하(미국대륙횡단철도) 개통
- 1870년: 이탈리아의 통일
- 1871년: 독일의 통일

1장

1866년 조선의 병인박해(양요)-쇄국정책

조선 26대 고종의 즉위-대원군의 집권

조선의 1800년대부터 60년간 지속된 세도정치는 철종의 죽음으로 끝이 나고 1863년 26대 고종(1852, 1863~1907년)이 즉위하였다. 영조 이래 자손이 귀한 왕실에서 이하응(흥선대원군, 1820~1898년)은 인조의 3남인 인평대군의 후손이기 때문에 직계 왕통과 촌수가 멀었다.

그러나 그의 아버지 남연군이 정조의 이복 동생 은신군의 양자가 되면서 왕실과 가까운 종친이 되었다. 그래서 왕은 될 수 없었고 아들(11세)이 고종으로 즉위했다.

이하응은 안동김씨 시절 야심을 숨기고 파락호, '상갓집의 개'라고 불리는 온갖 수모를 당하면서 조대비(헌종의 어머니)와 조심스레 소통을 하다가 드디어 권력을 잡았고, 왕의 아버지로서 섭정을 시작한다. 세도정치 시절 어머니(할머니) 또는 왕의 장인으로 정권을 잡은 경우와 달랐으며, 대원군의 꿈, 개혁정치를 하고자 했다.

제일 먼저 세도정치의 중심 기능인 비변사를 축소하였고 의정부의 권한을 원상복귀 시켰다. 새로운 법전인 「대전통편」을 편찬하고 왕실의 권위를 세우고자 임진왜란 때 부서진 본궁 경복궁을 중건하였다.

사회개혁의 연장선상에서 양반에게도 군포를 부과하는 호포제를 실시하고 부정부패의 온상이던 서원의 철폐에 나서 전국에 있는 600여 개의 서원을 47개로 축소하였다.

1866년 병인박해와 병인양요

천주교(병인)박해

이제 국내의 개혁정치는 성과도 나타나고 새로운 집권자의 권위가 서는 일이었으나 대외정책은 테스트를 받는 단계에 들어섰다. 그러나 이는 '천주교 박해'라는 나쁜 수순으로 시작했다.

이전에 1801년 신해박해, 1839년의 기해박해가 있었는데 이제 세 번째로 병인박해가 터진 것이다.

원래 가톨릭교가 조상에게 제사를 안 지내며 신을 따로 믿는다는 교리는 전통 유교사상을 신봉하는 조선 선비 중심의 지도부와 맞지 않았다. 더구나 이번에는 조정의 제일 어른인 조대비가 탄압을 지시해서 일이 커졌다.

더욱이 아편전쟁 이후 허약해진 중국을 통해 들어온 프랑스 주교들과 아홉 명의 신부가 활발하게 포교활동을 했었는데 프랑스 주교 신부들을 포함하여 탄압으로 인한 희생자가 8천명에 이르는 등 지금까지 박해 중에 제일 규모가 컸다.

프랑스는 1866년 9월 군함 3척을 끌고 강화도에 들어와 그 책임을 추궁하고 수교를 요구했는데 이것이 바로 병인양요(丙寅洋擾)이다.

강화도의 프랑스와의 전투

이때 정족산성에서 조선의 부대장 양헌수가 프랑스군을 격퇴했고, 이들은 조약을 맺지 못하고 강화에 보관돼 있던 규장각 도서를 탈취해 퇴각하였다.

더구나 독일의 도굴꾼 오페르트가 흥선대원군의 아버지 남연군의 묘소를 도굴하는 사건이 벌어져 대원군의 서양열강에 대한 척화의지(斥和意志)를 더욱 불타게 했다.

또 이 해에 미국의 상선 제너럴 셔먼호가 대동강에서 불태워졌고, 그 후 1871년에는 미국의 군함이 들어와서 통상을 요구한 신미양요(辛未洋擾)도 벌어졌지만, 실효를 거두지 못하고 돌아갔다.

이렇게 대원군의 섭정 시 두 번의 양요를 물리치고 쇄국정책의 의지를 더욱 강화했는데 이것은 더 나쁜 결과를 초래했다.

1873년 흥선대원군이 섭정을 끝내고 물러나자 1875년 일본이 측량을 구실로 조선 정부의 동태를 살피다 조선 수비대와 전투를 벌인 운양호(雲揚號) 사건에 몰려서 1876년 강화도조약 혹은 병자수호조약을 맺게 된다.

주요 내용은 부산항 외 두 항구 개항, 일본인의 해안측량 허용, 양국 사이 범죄 사건은 속인주의(屬人主義)로 하는 등으로 일본이 18년 전 미국과 맺은 불평등 조약을 그대로 우리나라에 갚은 꼴이었다. 그 후 1882년 미국과도 조미수호통상을 맺게 된다.

👑 **대원군의 쇄국정책에 집착**

프랑스와 미국이 수교를 요구하며 조선에 들어왔을 때 요행히 이들을 물리쳐 대원군이 서양 것들도 별거 아니라는 자신감을 갖게 됐습니다.

또 하필 대원군 아버지의 묘를 도굴하여 쇄국정책의 의지를 더욱 강하게 했는데 모두 악재로 돌아왔습니다.

일본은 1853년 페리 제독이 대포 한 발을 쏘자 막부의 무인들은 누가 센지 빨리 파악했습니다. 실용적으로 빨리 대처하여 자신들이 1854년 화친조약, 1858년 불평등조약을 맺은 것이 근대화에 매진하는 계기가 되었습니다.

대원군이 집권 10년이 되자 대수롭지 않게 생각한 며느리 민비와 민씨 외척들에게 밀려났습니다. 그렇게 정권의 실세가 바뀌면서 대책 없이, 깊은 고민없이 쇄국정책을 포기한 것도 경솔했습니다.

서양을 흉내내기 시작한 일본과 너무도 어이없게 강화도조약을 맺게 됨으로써 아주 나쁜 수순으로 가기 시작한 것입니다.

뒤이은 악재-임오군란과 갑신정변

1873년 흥선대원군이 10년 권세를 끝내게 된 자리에 민중전(차후 명성왕후)과 민씨 일가가 들어섰다. 이들의 권력독점과 농단은 이전의 세도정치를 방불케 했으며 서서히 백성의 원성을 사기 시작했다.

원래 외척 세력의 폐단을 잘 알고 있던 이하응은 이를 피하고자 명문이 아닌 지방 여주의 한미한 집안에서 며느리를 데려왔지만 민비는 권력욕이 강하고 영리했다. 입궁 초부터 시아버지 이하응과 악연이 겹쳐 복수심을 가지고 때가 오기만을 기다렸다.

이런 와중에 1881년 신군대를 양성하고자 별기군(別技軍)을 창설하고 전통 군대의 반 이상을 폐쇄하였다.

더욱이 별기군의 교관으로 일본군을 데려왔으며 전통군대와 녹봉 등 차별이 심해지자 1882년 민중전을 몰아내고 흥선대원군을 다시 옹립하려는 임오군란(壬午軍亂)이 일어났다.

군인들은 일본영사관과 별기군을 습격하고 민중전 세력을 공격하는 등 기세를 올렸으나 결국 구체적인 계획도 없었고 청나라와 일본이 개입하면서 실패로 돌아갔다.

영사 등 일본 쪽은 일본으로 물러갔다가 다시 돌아와 그 책임소재를 추궁했고 민중전은 충주까지 피신했다.

청나라 쪽은 민중전의 요청을 받고 이 군란으로 다시 권력을 찾으려 했던 흥선대원군을 천진으로 납치하여 연금시켰다. 그 후 다시 제물포조약을 맺고 책임자들의 처벌과 배상금 등을 정했다.

이 난으로 청나라와 일본의 조선에 대한 권한을 강화했고 대내적으로 개화세력과 보수세력의 갈등을 노출시켰다.

결국, 이 사건으로 청·일 양국의 군대가 조선에 주둔하기 시작하였으며 그 후 갑신정변, 청일전쟁, 갑오 농민전쟁의 순으로 돌아갔다.

이렇게 조선말기의 악수와 실수들이 되풀이되면서 나라의 운명이 기울어가고 있었다.

2장

1867년 캐나다의 독립

캐나다의 유래 - 멋있는 국기

캐나다는 북아메리카 북부에 있는 국가로서 영국연방에 속해 있다.

1763년 영국이 프랑스와 맺은 파리조약 이후 영국의 식민상태에 있다가 1867년 캐나다 자치령으로 독립하였다.

그리고 1951년 정식 국명인 '캐나다'로 변경하였다. '캐나다(Canada)'라는 명칭은 부족 언어로 "마을" 또는 "정착"이라는 뜻의 카나타(Kanata)에서 유래되었다.

16세기 영국과 프랑스가 캐나다를 탐험하였고 유럽에서 건너온 이주민이 동쪽 대서양 해안가에 정착하기 시작했다. 그 후 영국과 프랑스는 캐나다를 차지하기 위해서 7년 동안 싸웠고 1763년 프랑스가 패배하여 캐나다에서 물러나게 되었다.

미국의 조지 워싱턴도 이 전쟁에 영국군 장교로 참전한 경험이 있었다고 한다.

캐나다의 영토는 러시아(1,798㎢, 전 세계에서 단연 1등)에 이어 998만㎢로 두 번째로 넓은 나라로 미국(983만㎢)이나 중국(962만㎢)보다 조금 더 크지만 사람이 살 수 있는 지역은 한정적이다.

서쪽으로는 미국 알래스카주, 남쪽으로 미국의 12개 주에 접하고, 북태평양 북극해, 동쪽으로는 대서양에 접해 있어 오대양 중 3개의 바다와 인접해 있다. 행정구역은 10개 주(州, Province로 State가 아님)와 3개 준주(準州, Territory)로 이루어져 있다.

1951년 캐나다를 정식 국호로 정하면서 1963년에 캐나다 총리가 된 피어슨은 새로운 국기를 채택하기 위해 국민을 대상으로 국기 디자인 응모전을 실시했다.

약 1년 후에 3,541개의 응모작 중 전문가들이 최종 후보를 정하고 최종적으로 국민투표에 붙여 현재 국기를 선택했다.

단순하지만 강렬한 인상을 주는 한편 정다운 이미지를 주고 있다. 우선 가운데 바탕색은 흰색으로 눈이 많이 내리는 나라의 환경을 뜻하고 가운데 단풍잎은 캐나다의 대표적인 수종인 은행나무가 아름다운 캐나다를 상징한다.

또 중요한 것으로 좌우의 붉은 바(Bar)는 캐나다 좌우에 태평양과 대서양을 상징하면서 "우리나라는 이렇게 큰 나라"임을 자랑하고 국기도안의 안정감을 주고 있다.

수상보다 총독이 존경받는 나라

영국의 빅토리아 여왕 시절부터 해가 지지 않는 영국을 이야기하듯, 100년 이상을 식민지로 있으면서 안정적으로 발전하게 한 영국에게 오히려 고마워하고 있다.

그래서 독립한 후 현재까지 호주, 뉴질랜드와 함께 영국연방의 대표적인 구성 국가로 있으면서 영국여왕 엘리자베스 2세를 국가 수반으로 모시고 있다.

입헌군주국으로 다수당의 당수가 수상이 되어 모든 행정권을 행사하고 있으며 여왕이 임명하는 총독을 국가 수반 여왕의 대행자로 역할을 하고 있다. 총독은 여론조사 등으로 국민의 의사를 반영하여 여왕이 임명한다.

총독(Governor)은 5년 임기로 역할은 기본적으로 캐나다를 방문하는 외국 요인들을 위한 행사에 참가하거나, 특별한 시상식 등에서 메달과 상을 수여하는 일을 한다. 캐나다 기사단의 후원자이기도 하며, 여왕을 대신해 전군 총사령관의 역할도 수행한다.

총독은 의회의 회의가 시작될 때마다 수상에 의해 쓰여진 캐나다 정부의 의사일정이 담긴 연설문을 읽는다.

정치적으로 혼란이 있을 때 예외적으로 조정하는 역할을 하고 있으며 우리가 알고 있는 식민지에서 절대 군주를 대신하던 총독(總督)과는 아주 다른 존재이다. 그래서 캐나다 자녀들에게 커서 무엇이 되고 싶은지 물으면 수상보다는 총독이 되고 싶다는 희망이 단연 많다.

그래서 여러 가지 면에서 가장 존경받는 인사가 총독의 후보가 된다고 한다.

현재의 총독은 쥘리 파예트(1963~)는 캐나다 우주국의 여성 우주비행사로 20년을 활약했던 여성이며 2017년 부임하였으며 수상은 자유당의 저스튼 트뤼도(1971~2015년 취임)로서 아버지가 2번이나 수상을 역임한 정치인 가족 출신이다.

현재 캐나다 총독 파예트

3장

1868년 일본, 명치유신으로 아시아의 선진국으로

일본의 300년 가까운 막부시대

도쿠가와 이예야스

도쿠가와막부(德川幕府)가 1600년대 초에 시작되면서 일본은 모처럼의 안정기에 들어섰다.

230여 개에 이르는 크고 작은 지방의 번(藩)들은 유럽이나 중국에서 사라져가는 봉건영토처럼 각지의 번주(영주) 책임하에 반독립적으로 평화롭게 운영되었다.

에도에 있는 막부에게 세금과 지방의 특산물들을 바치고 자체적으로 어느 정도의 무사들을 거느리고 번 내의 주민들을 통제하면서 세금을 받고 있었다.

전란과 분열의 시기와는 달리 통일과 안정의 시기에는 각 지역의 유기적 연계가 필요했고 중요해졌다.

번과 막부 간의 교류와 상거래가 일상화되면서 교통의 요지에 있는 번의 소재지는 도시화되어 갔다. 그래서 중세의 봉건제와 달리 일본의 봉건(번)제는 막부의 중앙집권화된 통제하에 있으면서도 개방되고 경쟁원리가 적용되는 활발한 사회를 이루었다.

번이 살아남고 발전하기 위해서는 지역의 특산품을 개발하여 잘 팔아야 했기에 번주들은 직업의 귀천없이 격려하여 장인정신을 북돋아 주었다.

조선에서 임진왜란 때 끌려간 조선도공들이 일본에서는 사람대접을 받아 장인이 되었기에 전쟁이 끝나고도 조선에 돌아가기를 희망하지 않는 이가 많았다.

도시 중에 특히 에도(동경)에는 막부의 무사들과 더불어 인질로 거주해야 하는 다이묘(번의 영주)들의 저택의 식구들과 전국을 상대로 한 상공업인구들로 인구가 늘어나 18세기 초에 벌써 50여만 명에 이르렀다.

아마도 유럽의 파리에 맞먹는 수준이었다고 짐작된다.

👑 에도막부의 지방 번주 감독

에도의 인질로 와 있던 번(藩)의 식구들이 에도를 벗어나 자신의 번으로 돌아갈 때는 막부에 신고해야 하는데 신고 없이 나가면 탈출로 간주해 처벌했다고 합니다.

이들이 에도를 벗어나 동북쪽의 잇코(日光)로 넘어가는 길은 일본 글자 "가기구게고"식(50개)으로 굽이굽이 돌아가는 길을 만나게 됩니다.

탈출자는 이 길을 다 돌기 전에 어디선가 숨어있는 감시자에게 발각됩니다.

번마다 에도의 거소가 있기 마련인데 큰 번일수록 비교적 특징을 살려서 잘 지어져 현재는 학교·회사 등으로 쓰이고 있습니다.

11대 쇼군의 딸이 시집을 간 번주 마에다 도시이에 가문의 에도 저택은 1877년 동경대학이 개교할 때 기증돼 그 정문이 "아카몬(迹門)-일본 국보"으로 동경대학을 상징합니다.

이러한 체제가 100년쯤 지나자 차츰 상공인들의 세력이 커지고 반비례로 막부의 재정이 어려워져 마찰이 생기면서 전국 농민들의 반란·폭동이 일어났다.

결국, 막부 나름대로 개혁이 시작되고 그 중점은 생산력의 발전(토지 개간)과 세수의 증대였으나 여러 나라가 그랬듯이 성과보다는 부작용이 심했다.

뚜렷한 진전이 없이 혼란의 시기가 이어지던 중 18세기 후반부터 세계의 정세변화가 느껴지기 시작했다.

영국의 산업혁명으로 자본주의 바람이 일기 시작했고, 프랑스 대혁명은 근대 국민국가의 성립을 촉진하였다.

미국도 1776년 독립으로 차츰 유럽 열강의 막내로 등장하기 시작했다.

동양에 주목한 영국을 비롯한 열강들은 우선 인구가 많고 동양의 대표적인 나라인 중국의 문을 두드렸다.

일본도 조선처럼 막부 초기부터 쇄국정책을 견지해 왔다.

다만 네덜란드가 나가사키에 국한하여 무역을 하고 있는 것을 감안해 열강들이 극성스레 달려들지 않았는데, 러시아 만이 부동항을 얻으려는 욕망으로 일본에 접촉했다.

조선은 중국에 인접해 있어서 중국 먼저 해결해야 한다고 여겨 1866년에 프랑스와 최초의 마찰이 있었을 뿐 그 개방의 시기가 늦춰졌다.

일본의 개방

1840년 아편전쟁에서 영국이 중국에 너무도 쉽게 이긴 것은 서구열강으로서도 놀라운 사건이었지만 일본에게도 엄청난 충격이었다.

일본은 늘 중국과 대등하다고 천명(체면상)하면서도 힘에서나 국제무대의 권위에서나 동양 질서의 중심이 중국이라는 것을 인정하고 있었다.

그런 중국이 손 한번 제대로 못 써보고 저렇게 당하는 것을 보면서, 일본 자신도 견디지 못할 것이라는 걸 알았다.

막부가 우왕좌왕하고 있을 때인 1853년 우라가(橫須賀) 포구에 미국의 페리(1794~1858년) 제독이 이끄는 증기군함 4척이 모습을 드러냈다.

미국의 전함 영접과 페리제독

사실 미국은 태평양에서 제일 먼저 접하게 되는 동양 일본에 눈독을 들여 미국은 7년 전에도 통상을 요구했지만, 이번에는 직접 무력시위에 나선 것이다. 아편전쟁에서 이 배들보다 작은 영국함대 20척이 중국의 전 해안을 유린한 것을 아는 막부는 당황했다.

570여년 전 여몽연합군(1274~1281년)과의 전쟁 때 신풍(神風)으로 피했지만, 이젠 신기술로 무장한 함선과 직접 해전을 하기에는 자신이 없었다.

다음 해로 미뤄 시간을 번 일본이 갑론을박했지만, 1854년에 개항을 해 250년 만에 쇄국의 빗장을 풀었다.

 무사와 선비의 차이

일본 전통사회의 기본은 무사로서 이들은 누가 센지 금방 알지만 조선 선비들은 그렇지 않습니다.

논리 싸움만 하지 승부를 내지 못합니다. 고려 때 몽골군 침입, 조선 때 임진왜란, 병자호란에 대처하는 방식이 다 그랬습니다.

선비들은 힘도 없으면서 '우리 문명국이 어찌 오랑캐들에게 항복하느냐'면서 버텼습니다. 그러는 동안 백성들이 죽어나든, 문화재를 뺏기든, 불타든 나 몰라라 했습니다.

실용적인 판단을 한 막부는 "문을 열고 우리도 빨리 배우자, 힘을 키우자"였다.

그러나 긴 안목의 정책없이 쇄국만 고집하다 타의에 의해서 개국을 결정한 막부는 결정적인 타격을 입었다.

우선 막부의 권위가 무너졌고 유력한 다이묘들의 발언권이 강해졌다.

그 후 막부는 러시아, 영국, 프랑스와 차례로 개항을 하게 되었고, 막부의 위상이 "지속 또는 폐지"의 존폐문제가 핵심이 되었다.

이 과정에서 다이묘의 무사·지주·상인 계층의 나름대로 애국자 단체들이 형성됐는데 이들을 '시시(しし, 志士)'라고 불렀다.

존왕양이와 일본식 명예혁명

그들 시시들 대다수의 생각은 이제 막부의 존재는 구시대의 유물이라고 생각하고 놀랍게도 존왕양이(尊王攘夷)를 부르짖기 시작했다.

"왕을 받들고 오랑캐를 물리친다"였다. 그런데 엉뚱하게 당시 일본 천왕 고메이(재위 1831~1867년)가 달려와 협조하겠다는 막부 측과 손잡고, 막부는 존왕양이를 주장하는 시시들을 역적으로 몰았다.

사태는 반 막부파가 조슈(長州)를 중심으로 큰 세력을 이루었고, 막부파와 일전을 불사할 태세였다. 대립을 지켜보던 프랑스와 영국은 내전이라도 발생하길 기대하였다.

그런데 이때 고메이 천왕이 죽고 명치(明治, 1852~1912년) 천왕이 즉위하여 존왕파에게 승리의 전기가 되었다. 상황을 잘 모르는 14살의 소년 천황이 편했을 것이다.

왕정복고 세력은 아직 그 본부 에도를 장악하고 있는 마지막 쇼군(도쿠가와요시노부(德川慶喜, 1837~1913)을 타도하기 위해 에도로 진격해 왔다. 요시노부는 휘하 군대(무사)를 총동원해 결전을 준비하였다.

그러나 일본으로서는 천만다행으로 젊은 쇼군이 세불리(勢不利)를 통감하고 꼬리를 내려 내전은 이뤄지지 않았고 극적으로 협상 테이블에 앉아 인계인수를 하게 된 것이다.

천왕 중심의 존왕양이를 이루다.

왕정복고가 선언되고 그때까지 막부와 쇼군이 700년 가까이 일본을 지배한 상황이 끝났다. 실로 오랜만에 일본의 정치환경이 완전히 달라졌다.

영국이 18세기 말에 명예혁명을 이뤘지만, 동양에서는 이런 경우 피터지게 싸웠을 것이고, 후유증까지 생기는 싸움으로 시간을 허비하고 인명 손실이 많았을 것이다.

이때 이 시대의 제일 유명한 시시(하급 무사 출신)로 31살의 '사카모토 료마(板本龍馬, 1835~1867년)'라는 걸출한 인물과 에도 막부의 '가쓰 가이슈(勝海舟, 1828~1899년)'라는 인물의 역할이 적지 않았다고 한다.

👑 20대에 일본을 비꾼 료마, 요시다 쇼인

료마는 실질적으로 일본의 명치유신을 가능하게 한 인물로 평가받습니다. 당시 고질적인 대립관계에 있던 장주번(長州藩)과 사스마번의 동맹과 막부와 존왕양이를 주장하던 번주들의 소통을 성사시켰습니다.

일본 역사에서 가장 큰 영향을 끼친 인물을 꼽자면 세종대왕같은 성덕태자, 도쿠가와 이에야스, 도요토미 히데요시, 오다 노부나가가 있는데 아무 공적 직책이 없던 료마를 이들과 같은 반열에 올리는 것이 경이롭습니다.

그가 막부 측의 실력자로 친서양파인 가쓰 가이슈(勝海舟, 1828~1899년)를 죽이기 위해

침입했다가 오히려 설득당해 그때부터 제자격으로 합심을 하게 된 것이 평화로운 권력이양의 중대한 요인이었다고 합니다.

이런 인물이 명치유신이 있기 직전(1867년) 자객에게 32세에 암살을 당해 자신이 추구하던 존왕양이 명치유신이 실현되는 것을 보지는 못했습니다.

무력충돌없이 친왕파가 에도에 입성하는데 천왕파 사이고 다카모리(西鄕隆成, 1828~1877년)와 막부측의 가츠 가이수가 협상을 함으로써 평화로운 권력이양을 끝마치게 되었습니다.

가츠는 나중에 일본해군을 창설하는데 크게 이바지해 두루 일본인의 존경을 받고 있습니다.

이들 외에 일본의 근대화, 명치유신의 근본적인 초석을 놓은 인물 중에 또 한 사람은 요시다 쇼인(吉田松陰, 1830~1859년)으로 사숙(私塾)을 만들어 교육에 앞장선 사람으로 불과 30세도 되지 않았습니다.

료마와 함께 30세 전후에 큰 역할을 해 일본인에 존경받고 있습니다.

이제 일본 역사는 새로운 국면을 맞으며 수백년 동안 막부의 중심이었던 에도는 이때부터 도쿄로 바뀌어 오늘에 이르고 있다.

그보다 중요한 것은 9세기 이래 큰 가문의 수장이 천황의 감독(셋칸)으로 있던 시대, 그리고 세 차례 막부가 있던 시절에는 상징적인 존재로 있던 천황이 무려 1000년 만에 다시 현실정치의 전면에 우뚝 서게 됐다는 사실이다.

명치유신 시작-일본의 머리에 서양의 손발을 맞추다

일본의 천황은 절대왕정 체제는 아니고 법제상으로 권력은 있지만, 현실적으로 휘하 관료들이 권력을 소유하고 집행하는 체제였다.

18~19세기 영국의 입헌군주제와 프랑스의 절대군주와의 중간쯤이라고 할까. 그러나 이제부터 일본 천황은 절대 권력을 넘어 신적 권위를 가진 존재로 변화되었다. 명치시대가 그렇게 만들었다. 이점에서는 일본 천황은 유럽의 어느 절대 군주도 중국의 황제도 미치지 못하는 독특한 위상을 가지게 됐다.

지금까지 쇼군의 절대 권력은 무력이 뒷받침됐지만 이제 천황은 정치적 권위로 행사할 수 있어 모든 중요사항은 천황의 이름으로 제시되었다.

그러나 명치시대의 관료들은 위로부터 명령을 받아 시행하는 것이 아니라 스스로 정책을 입안하고 집행할 수 있는 능력과 권한이 있었다. 그렇지 않았다면 명치유신의 성과가 실현될 수 없었다고 한다.

명치유신의 본론은 근대화를 통한 부국강병이었다. 1871년 체제정비를 완료한 유신정권은 최고 수뇌부의 절반에 해당하는 48명의 대규모 사절단을 편성해 미국과 유럽으로 파견했다. 서구열강의 선진문물을 현지에서 시찰하고 새 일본 건설에 적용하려는 장기적인 목적이었다.

일본은 1000여 년 전 중국 당나라가 한참 발전하고 있을 때 선진문물을 배우기 위해서 견당사(見唐使)를 파견한 적이 있다. 그때는 주로 유학생들이 갔지만 이번에는 직접 통치할 엘리트 관료들을 파견했다.

사절단은 1년 반에 걸쳐 미국은 물론 영국, 프랑스, 벨기에, 네덜란드, 독일, 러시아, 덴마크, 스웨덴, 오스트리아, 스위스의 순서로 거의 모든 유럽국가를 돌아 보았다.

옛날 견당사와는 비교되지 않게 엄청난 정보를 가지고 돌아왔으며 이를 적절히 모방하여 국내에 활용했다. 이런 분위기를 보여주는 구호는 명치유신의 기본이념인 '화혼양재(和魂羊才)', 여기서 "화(和)는 일본의 정신으로 서양의 기술을 받아들인다"는 것으로 메이지 정부의 근대화를 위한 노력은 혁명적이었다.

일본에 유럽적 섬나라를 건설하자는 것을 최고 목표로 학교에서 일본어를 폐지하고 영어를 가르치자는 주장까지 나왔다. 일본 정부는 여러 나라의 제도를 저울질하면서 일본에 가장 적절한 것을 선별해 도입했다. 예를 들면, 교육제도와 육군·형법은 프랑스를, 해군·철도·체신은 영국을, 대학은 미국, 헌법과 민법은 독일을 모방하는 것이었다.

정부가 취한 대표적인 정책은 신분제를 철폐하고 징병제를 실시하며 의무교육제를 실시하는 것이었다.

일본의 의무교육제는 영국(1870)에 이어 세계에서 두 번째였다. 이렇게 단기간에 성과를 낼 수 있었던 것은 무엇보다 유신 지도부가 애국심이 강했으며 위로부터의 개혁이었으므로 정권의 도덕성이 개혁의 성패에 중요한 영향을 미치는 요소였던 것이다.

유신정권은 신생 정권답게 비교적 청렴했으며 핵심 세력의 연령도 부패에 이르지 않는 40대 초반으로 주로 30대 소장파들이 모든 실무를 처리해 서양에 빼앗겼던 이권을 하나씩 찾아온 것이다.

그동안 쇄국정책을 오랫동안 실시해 서양의 제도가 모두 새로웠기에 일본의 개혁(유신)은 하얀 도화지에 자유롭게 그림을 그리며 스펀지가 물을 빨아들이는 듯 진행되었다.

젊은 유신층의 열정은 내정 개혁만이 아니라 대외 관계에서도 뚜렷이 드러나 예전 1858년 미국과 체결한 불평등조약에 대해 심도있게 연구했다.

이런 전문가적 시각으로 18년만인 1876년 조선으로 진출해 자기들이 당했던 불평등 조약을 체결한 것이다.

부국강병으로 나가다

그들의 부국강병의 의욕은 산업뿐 아니라 과학과 기술 모두를 군사목적으로 적용하였다.

각 산업체도 국영기업으로 만들어 경제개발과 무기제조에 함께 동원했던 것이다. 이런 분위기는 서구와 같은 개인주의, 자유주의가 아니라 공동의 이익을 위한 명분으로 군사적으로 적용한다면 결국 군국주의로 나갈 수밖에 없었다.

바로 그것이 곧이어 한반도(조선)와 중국을 침략하는 국제 전쟁을 일으키는 탐욕 국가로 변해간 것이다.

👑 우리에겐 적군파 두목이었던 히토 히로부미

안중근 의사와 이등박문

이런 재빠른 명치유신의 성공을 앞장서 진두지휘하고 나중에 청일 전쟁, 러일전쟁을 승리로 이끈 핵심적인 역할을 한 인물이 이토 히로부미(伊藤博文, 1841~1909년)입니다.

자칫하면 서구열강의 식민지가 될 뻔했던 일본을 불과 수십 년 만에 오히려 세계열강으로 변신시켜 조선을 처음으로 식민지 국가로 만든 것이 일본은 대표적인 성과였지만 우리나라엔 비극이었습니다.

이토 히로부미는 명치유신에 앞장서서 1871년에 직접 시찰단을 이끌고 미국으로 가 선진 문물을 도입했고 그 후 제정된 헌법에 따라 초대 국무총리가 되었습니다.

그 후에도 3차례나 더 총리를 담당하며 근대 일본 최대 영웅의 한 사람으로 손꼽히고 있습니다. 결국, 우리의 안중근 의사가 1909년 10월 26일 러시아와 회담을 하러 온 이토 히로부미를 암살한 것은 민족적으로 통쾌한 의거였습니다.

4장

1869년 수에즈 운하(미국의 대륙횡단철도)의 개통

프랑스 외교관 출신이 주도한 운하 공사

미국의 대륙횡단철도가 개통된 지 5개월이 지난 그해 11월에 이집트의 홍해를 가르는 수에즈 운하(Suez Canal)가 개통되었다.

11년이나 소요된 우여곡절(迂餘曲折) 끝에 116km의 운하의 개통식을 거행했을 때 가장 기뻐하고 큰 보람을 느낀 사람은 이 운하건설에 모든 것을 걸었던 프랑스 외교관 출신 페르디낭 마리 드 레셉스(Ferdinand Marie de Lesseps, 1805~1894년)였을 것이다.

운하의 완공 전에는 1498년 바스코 다 가마가 아프리카 남단 희망봉을 돌아 대서양에서 인도양 해로를 개척한 이래 모든 배들이 돌아가던 코스였다.

하지만 이제는 운하로 홍해를 거쳐 인도양으로 나갈 수 있게 됐으며, 이 개통으로 런던-싱가포르 항로는 케이프타운을 경유해 2만 4500km인 것이 1만 5030km로 줄어들고, 런던-뭄바이는 2만 1400km인 것이 1만 1470km로 단축되었다.

일반적인 속도로 1주일 정도가 빨라지고 연료비 또한 엄청나게 절약할 수 있으니 물류의 혁명이고, 미국과 왕래하는 화물은 동시에 개통된 대륙횡단 철도와 운하를 동시에 이용하면 시너지 효과가 더 커질 수 있었다.

그래서 그즈음 나온 소설이 「80일간의 세계 일주」이다. 이 수에즈 운하의 개통의 숨겨진 이야기와 그 우여곡절을 간략히 살펴본다.

원래 이 운하를 만들어야 한다고 생각은 1798년 이집트 원정을 왔던 나폴레옹을 비롯해 많은 사람이 있었지만, 그 지역에서 프랑스 외교관 활동을 하던 레셉스만큼 열정을 가지고 수에즈 운하를 만들고 싶었던 사람은 없었다.

그는 누구보다도 이집트를 사랑했고 그래서 친구도 많았기에 일찍부터 홍해와 지중해를 잇는 수로를 만들고 싶은 계획을 1852년부터 당시 이집트 총독(오스만 투르크) 파샤에게 구체적으로 건의하였다.

모두 시큰둥한 반응이라 낙심하던 중 이집트에 새로운 총독 무함마드 사이드 파샤가 부임했다는 소식을 듣고 뛸 듯이 기뻤다.

그가 젊은 시절 부영사를 하면서 왕세자였던 사이드를 가르친 인연이 있었으니 희망이 있다고 생각했다.

그와 만나 예전의 인연과 우정을 확인한 그는 막대한 운하건설 자금을 구하기 위해 백방으로 뛰었고 1858년에 착공할 수 있었다.

다행히 인부들도 태수가 동원해주고 여러 가지로 배려해 줘 일사천리로 진행되어 가던 중 총독이 1864년에 죽었다.

뒤를 이은 태수는 운하건설을 탐탁치 않게 생각하고 인부동원에도 관심이 없어서 공사 중단까지 가는 어려움에 봉착한 적도 있었다.

그러나 이를 극복하고 1869년에 완공을 보게 되었다.

많은 나라에서 축하사절단이 왔고 나일강을 배경으로 한 베르디의 오페로 <아이다>가 이날을 기념해 초연할 계획이었다.

이 운하의 운영권은 이집트(총독)와 프랑스가 공동으로 소유하고 레셉스가 운영책임을 지고 있었다.

영국이 운하의 이권에 끼어들다

그러나 이 운하에 아무 연고권이 없었던 영국이 경쟁자인 프랑스가 독차지하고 있는 것을 지켜만 볼 수 없었다.

수에즈 운하 운영에 관여하고 싶어 이집트가 가지고 있는 지분을 인수하려는데 이집트 측에서 부르는 가격이 너무 비쌌다.

영국조차 그 현금을 쉽게 조달할 수 없었지만, 이 과정에서 유명한 이면사가 있었다.

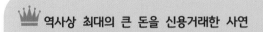

👑 **역사상 최대의 큰 돈을 신용거래한 사연**

「로스차일드 창업자
마이어 암셀 로트실
트의 다섯 아들 」

디즈렐리 수상

이는 당시 총리였던 벤자민 디즈레일리가 주식을 매입할 자금을 조달하기 위해 이전부터 연줄이 있었던 당시 세계의 제일 큰 부자가문 로스차일드(유대인) 가문에게 400만 파운드 의 자금을 부탁합니다. 로스차일드는 유럽 특히 당시 일등국가 영국의 금융시장(전 세계)을 꽉 잡고 있는 실력자이었으므로, 로스차일드 측에서 어떤 담보를 제시할 수 있는지 묻자, 디즈레일리는 "담보는 대영제국(The Great Britain)이요." 그렇게 수에즈 운하의 절반 주 인은 영국으로 넘어갔습니다. 로스차일드 측(사진)에 다섯 명의 인물이 나와 있는 것은 그 창업자인 아버지 마이너 암셀 로스차일드가 아들 다섯을 독일 프랑크푸르트, 오스트리아 빈, 런던, 파리, 나폴리에 은행을 설립하면서 그 지역의 책임자로 파견한 것입니다.
이들은 마침 프랑스대혁명, 나폴레옹의 유럽제패와 워털루전쟁까지 이어지는 유럽의 큰 변 화 속에서 서로 정보, 유통을 독점하면서 엄청한 부를 형성하게 됩니다.
이들 가문의 역사는 계속 제1, 2차 세계대전 이스라엘의 건국(1948년)까지 이어지는데 이 것이 유대인의 대표적인 부를 형성하는 노하우였습니다.

영국은 수에즈 운하의 권리를 십분 활용했고 대표적으로 1905년 러일전쟁 때 전투가 벌어질 동해로 나가려는 러시아의 극동함대의 수에즈 운하의 진입을 막았다.

희망봉을 돌아온 기진맥진한 러시아 함대를 기다리던 일본해군이 박살을 냈다는 설이 있다.

이때 영국은 일본과 동맹관계로 친했다. 그래서 1907년 이준열사 등 조선의 특사가 헤이그에 갔을 때, 회의장 입장을 막았고 결국, 일본의 조선 강점을 묵인했던 것입니다.

나중에 이집트의 독립을 주도한 나세르가 1956년 수에즈 운하의 국유화를 선언했다.

운하와 철도개통으로 80일간의 세계일주가 이뤄지다

미국의 대륙횡단철도와 이집트의 수에즈 운하가 완공된 지 4년 후인 1873년 프랑스의

'쥘 베른(Jules Verne)'이라는 작가가 쓴 <80일간의 세계 일주> 소설이 출간되어 베스트셀러가 되었다.

내용은 영국 런던에 사는 필리어스 포그가 클럽에서 친구들과 80일 동안 세계 일주를 할 수 있는지를 두고 내기를 합니다. 포그는 자기 현금재산 4만 파운드 중 2만 파운드는 내기에 걸고 2만 파운드를 여행경비로 해 당장 자신의 하인을 데리고 런던을 출발해 동쪽으로 갑니다.

세계 일주 도중에 여러 가지 예상치 못한 일들도 겪게 되지만 결국 80일 만에 런던으로 돌아온다는 내용입니다.

1956년에 이 소설을 코믹한 영화로 제작했는데 주인공은 전형적인 영국인 데이비드 니븐(David G. Niven)과 코믹한 연기가 일품인 하인 파스파르투(칸틴플라스, Cantinflas), 그리고 죽은 남편과 함께 묻힐뻔한 인도 공주 아우다역에 셜리 맥클레인(Shirley MacLaine)입니다. 이들이 80일간 세계를 돌아다니는 동안 조연으로 40명이 넘는 유명 스타들이 줄줄이 등장합니다. 존 길거드, 피터 로리, 마를렌 디트리히, 프랭크 시나트라, 버스터 키튼 등 거물들이 등장했습니다. 그러나 더 흥미로운 인물은 영화 속에 도산 안창호 선생의 아들 필립 안도 등장한다는 사실입니다.

주인공이 세계를 여행하는 데 80일이면 된다고 본 근거는 수에즈 운하를 지나고, 미국에서 대륙횡단 철도를 이용하면 최소 20일간을 절약할 수 있다고 계산한 것입니다.

당시 비행기가 없었으므로 열기구를 이용했고, 미국횡단철도를 타는 장면, 인디언들의 습격을 받는 장면, 뉴욕에서 런던으로 작은 범선을 타고 대서양을 건너던 장면, 80일에 맞추기 위해 속도를 내면서 배의 나무를 뜯어서 보일러에 넣고 태우는 장면도 흥미로웠습니다. 이랬음에도 기한에서 하루 늦게 도착해 2만 파운드를 잃게 돼 실망했지만, 지구를 동쪽으로 돌면 하루를 벌게 된다는 사실을 알고 결국 내기에서 이긴다는 반전(反轉)이 재미있고 실감나는 소설이자 영화였습니다.

1957년에는 이 영화가 아카데미 작품상을 비롯한 많은 상을 수상했고, 그 후 성룡과 홍금보가 출연한 홍콩판 영화도 나왔습니다.

5장

1870년 이탈리아의 통일

로마의 후예 이탈리아-역사의 흐름

영광스러운 로마제국 이후 중세에 베네치아, 피렌체, 로마 등 도시국가들로 존재하며 다른 통일국가들 못지않게 아쉬움 없이 살아온 이탈리아가 1870년에야 비로소 통일을 하게 된다.

이탈리아의 역사는 비단 유럽의 많은 나라 중에 한 나라의 역사만이 아니고 로마제국의 역사이며 유럽 문명사회의 역사로서 이미 다른 막(2권)에서 많이 등장했고 자세히 다루었다. 그래서 간단히 요약해 본다.

BC 753년 고대로마가 시작되고, BC 510년경에 왕정을 폐지하고 480년간을 귀족과 평민이 주권을 나누며 공화정을 운영해왔다. 그 기간 중에 카르타고 같은 강적들을 정복하고 지중해 연안과 중앙아시아 등 당시 최대의 통일국가를 이루었다.

그 후 카이사르, 폼페이우스, 안토니우스, 옥타비아누스가 등장하는 1, 2차 삼두정치를 거쳐서 옥타비아누스가 아우구스투스라는 명예로운 호칭을 받으며 로마의 초대 황제(BC 63, 재위 BC 27~AD 14)로 로마의 제정시대를 열었다.

그로부터 200년을 '팍스 로마나'로 불리는 전성시대를 지냈다.

그 후 영토가 너무 넓어 395년에 동서로마로 분리됐으며 서로마는 476년에 동로마는 1453년에 망할 때까지 2000년이 넘는 로마왕조를 지속했다.

그 중에 이탈리아는 서로마제국이 멸망한 지역에서 성립된 프랑크 왕국의 일부로 봉건

사회를 지내며 지방 영주가 통치하는 도시국가로 지냈다.

십자군 전쟁(11~13세기) 기간 동안 베네치아, 제노바, 밀라노, 피렌체 등 도시국가들은 무역의 발전으로 물질적 풍요를 누리고 상공업 금융의 중심지일뿐 아니라 학문과 예술도 크게 발전했다.

이탈리아에서 시작된 르네상스는 피렌체의 메디치 가문의 후원으로 크게 문화의 융성을 이루어 유럽 전역으로 퍼졌다.

그러나 이를 정점으로 동로마를 점령한 오스만 투르크가 동서무역로를 독점하고 압박해 오면서 이탈리아 도시국가들은 쇠망하기 시작했다.

또한 스페인, 포르투갈을 중심으로 대항해시대가 열리고 유럽사회가 번창한 분위기일 때 이탈리아 도시국가들은 이에 편승하지 못했다.

17~8세기 프랑스, 프로이센, 영국, 네덜란드 등이 세력을 키울 때 도시국가들은 한계에 봉착했다. 프랑스 대혁명을 필두로 1800년대 혁명의 시기에 이탈리아도 뭔가 변화가 필요했다.

이탈리아 통일의 과정

통일 전까지 이탈리아는 하나의 나라가 아니라 서로 성격이 다른 여러 작은 나라들이 모인 지역의 이름을 일컫는 말이었다.

18세기 프랑스혁명에서 시작한 자유와 평등사상이 전파되면서 이탈리아에도 외세의 지배를 물리치고 자유, 민주국가를 건설하자는 의식이 싹트기 시작했다.

유럽에 나폴레옹 이후의 빈체제에서 오스트리아의 지배체제가 복귀되면서 이탈리아는 예전처럼 오스트리아 세력권인 北이탈리아와 시칠리아 왕국이 속해 있는 南이탈리아로 나뉘었다.

자치도시들로 분립된 북이탈리아나 에스파냐 왕실의 간섭을 받았던 시칠리아도 이탈리아 통일의 중심이 되기에는 적합하지 않았다.

1831년 이탈리아의 지도자 '주세페 마치니'는 청년 이탈리아당을 만들어 통일운동을 펼쳤지만, 공화국을 건설하려는 그의 계획은 너무 급진적이어서 이루어지지 못했다.

이런 상황에서 새로운 통일의 구심점으로 떠오른 존재는 지중해의 섬 '사르데냐(Sardegna)'였다.

프랑스와 독일을 휩쓴 1848년 혁명의 소용돌이가 한창일 때, 1849년에 사르데냐의 왕위에 오른 비토리오 에마누엘레 2세(1820~1878, 재위 1849~1861년)는 이탈리아 자유주의

자들의 지지자가 되었으며 이는 자연스레 통일의 중심인물이 되었다.

에마누엘레는 '카보우르(1810~1861년)'라는 유능한 총리를 기용하였는데 그는 약소국의 처지에서 통일의 중심이 되려는 사르데냐에 큰 역할을 했다.

카보우르는 사르데냐의 국력을 키우기 위해 농업과 공업을 진흥시키고 자유무역체제를 정착시키며 군대를 육성하였다.

마침 크림전쟁이 터지자 카보우르는 사르데냐도 참전토록 해 유럽 열강들에게 홍보할 기회를 얻고 프랑스를 우방으로 삼는 성과를 올렸다.

이를 밑천으로 오스트리아를 상대로 통일전쟁을 시작하여 나름대로 성과를 얻기 시작했다. 이 과정에서 중부 이탈리아를 획득해 통일의 진전을 이루었다.

이제 남은 부분은 남부의 시칠리아 왕국으로 역사적으로 사르데냐가 영향력을 행사하기에 어려운 지역이었다.

이탈리아 통일의 영웅 가리발디

이때 또 한 사람의 이탈리아 통일의 영웅이 나타나는데 그가 가리발디(1807~1882년)였다. 가리발디는 이탈리아의 "리소르지멘토"(국가통일운동과 독립운동)에 헌신하였다.

원래 마치니의 영향을 받은 공화주의자였으나 당시 '로마 혁명공화정부'가 붕괴하자 차선책으로 사르데냐 왕국 중심의 통일운동으로 전환하였다.

가리발디는 '붉은 셔츠단'을 조직해 시칠리아와 나폴리를 정복하고 남이탈리아를 사르데냐왕국 에마누엘레 왕에게 바침으로써 이탈리아 통일에 결정적인 기여를 했다.

카보우르와 가리발디의 문무에 걸친 활약으로 마침내 1861년 이탈리아 왕국이 세워졌고 에마누엘레는 초대 왕이 되었다.

로마가 1453년 멸망한 이래 근대 초기까지 유럽 문명의 중심이었던 이탈리아에 비로

가리발디의 붉은 셔츠단

소 처음으로 나라다운 나라가 세워진 것이다.

'가리발디 장군'과 사르데냐 왕국의 국왕인 '에마누엘레 2세'가 손을 잡아 이탈리아 왕국이 수립되었지만, 통일은 잠깐 미뤄졌다.

어렵게 세워진 나라에 화룡첨정(畵龍添丁)을 해준 것은 프랑스였다.

그것은 프랑스와 오스트리아 사이에서 전략적인 외교를 펼쳐 오스트리아 영토였던 베네치아 영토를 되찾았다.

더구나 프로이센(독일)과 전쟁에서 프랑스가 철수함으로써 피렌체에 있던 수도를 로마로 옮길 수 있게 된 것이다.

이로써 이탈리아는 1870년, 서로마제국 멸망 이후 약 1400년 만에 완전한 반도통일을 이루었다. 1870년 이탈리아는 하나의 나라로 통일되었지만 다른 방식과 문화 속에서 살아온 이탈리아인들을 하나로 통합하는 것은 앞으로 해결해 나가야 할 문제였다.

6장

1871년 독일의 통일-유럽의 형세를 바꾸다

소독일 통일과 대독일 통일

독일은 중세 이후 '신성로마제국'이라는 이름 아래 서유럽에서 가장 큰 영토를 차지하고 있었으나 사실은 크고 작은 연방국가의 연합체에 지나지 않았으며 19세기까지 통일국가를 형성하지 못하고 있었다.

독일 내부에서는 활발하게 독일 통일운동이 전개되고 있었는데 그 결과 독일통일의 방법은 두 가지의 길이 있었다.

그 하나는 소독일주의로서 다수의 다른 민족 곧 슬라브인(Slavs)과 마자르인(Magyars) 및 이탈리아인 등을 포함하고 있는 오스트리아를 제외하고 북독일의 프로이센을 중심으로 순수한 민족국가를 건설하는 것이었다.

다른 하나는 오스트리아를 주체로 하여 신성로마제국의 전 영토를 통합하는 이른바 "대독일주의"를 구현하는 것이었다.

독일 통일의 주역: 빌헬름 1세와 비스마르크

1861년 빌헬름 1세(재위 1861~1888년)가 프로이센 왕위에 오르면서 적극적으로 "소독일주의"로 독일의 통일 과업에 착수하였다.

빌헬름 1세　　　　　　　　비스마르크　　　　　　　　몰트케

그는 통일을 진두지휘할 인재로 비스마르크(Bismarck, 1815~1898년) 수상으로 등용하고 몰트케(Moltke, 1800~1891년)를 참모총장으로 임명하였다.

빌헬름 1세와 이 두 사람과 삼인방을 이루어 10년 만에 독일 통일을 완수하였다.

먼저 자유주의적 발언권이 강해진 의회와의 싸움이 첫 번째 과제였다. 국왕을 대리하여 의회에 출석한 비스마르크는 군비 확장 없이는 독일의 통일이 불가능하다는 것을 역설하였다. 이것이 그 유명한 '철혈연설'이며 통일을 향하여 강력히 추진한 정책이 '철혈정책(鐵血政策)'이었다. "독일이 기대하고 있는 것은 프로이센의 자유주의가 아니라 실력이다. 당면한 과제는 언론이나 다수결에 의해서가 아니라 쇠(鐵)와 피(血)에 의해서만 그 문제가 해결되는 것입니다."라고 하였다.

의회의 동의를 얻어내지 못한 비스마르크는 의회의 기능을 4년 동안 정지하고 필요한 예산을 국민에게 무거운 세금으로 부담시켰다. 그는 이 돈으로 즉시 군대체제를 바로 징병제로 전환하고 현대적 장비를 갖추는 등 대대적인 개혁을 하였다. 또한 몰트케는 군인들의 훈련을 강(鐵血)하게 단련해 그 후로 어느 전투에서나 승리하는 군대를 만들었다. 이때부터 '독일병정'이라는 말이 생겼고 2300여 년 전의 스파르타 군대가 재현된 듯 했다.

비스마르크의 노골적인 오스트리아 배척정책과 철혈정책은 오스트리아와 남부 독일동맹들을 자극하여 드디어 1866년 오스트리아와 프로이센은 전쟁에 돌입하였다.

비스마르크는 개전에 앞서 외교적인 능력을 발휘하여 이탈리아, 프랑스, 러시아에 대하여 이해관계 사항을 협력한다는 묵계로 직간접인 동맹관계를 맺어 전쟁에 개입하지 않도록 하였다.

개전과 동시에 참모총장 몰트케의 뛰어난 작전으로 오스트리아를 돕고 있는 독일 남부

동맹들을 정복하고 주력부대로 쾨니히그레츠 전투에서 오스트리아 군 거의 전부를 격퇴하였다.

오스트리아는 7주를 버티다 프로이센에 항복하였다. 곧 이은 프라하조약에서 오스트리아는 독일연방에서 탈퇴됐고 프로이센은 북독일 연방을 조직하기로 하였다. 1867년에는 북독일의 하노버와 그 인근 지역을 병합하여 독일 통일의 절반이 달성되었다.

독일 통일의 난적 프랑스 나폴레옹 3세의 영욕

당시 프랑스의 나폴레옹 3세도 항상 영국에 경쟁의식이 있었고 영국의 빅토리아 여왕이 지배하는 영토만큼을 차지하겠다는 야심으로 세계 도처에서 영국과 다투고 있었다.

그래서 아직 통일이 끝나지 않은 이탈리아의 베네치아를 점령하고 조금씩 영토를 확장하고 있었는데 이탈리아의 용사 가리발디(1807~1882년)가 1천명의 붉은 셔츠 부대를 이끌고 통일의 길로 가는 것을 보고 침략을 단념하였다.

나폴레옹 3세는 자신의 권위를 세우기 위해 1867년 파리 만국박람회를 개최하여 만방에 프랑스의 국력을 과시하였다.

1869년에는 지중해와 인도양을 잇는 수에즈 운하가 프랑스의 지원으로 프랑스 전 외교관 레셉스에 의해 완공되었다.

이 개막식에 오스트리아, 프로이센의 황제들도 참석했고, 이때가 나폴레옹 3세에게는 최고의 전성기였다고 할 수 있었다.

왜냐하면 2년 후, 그는 프로이센과의 전쟁에서 패전하고 망명객의 신세가 되기 때문이다.

프로이센과 프랑스의 전쟁-파리가 함락되다

파리의 만국박람회와 수에즈 운하 준공식에서 우정을 과시하던 나폴레옹 3세와 프로이센의 비스마르크는 1870년 서로 적이 되어 전쟁을 벌였다.

비스마르크가 독일의 통일대업을 완수하기 위해 오스트리아를 다시 공격하려 하자 독일이 더 이상 강해지는 것을 원치 않은 나폴레옹 3세가 편을 들었기 때문이다.

비스마르크의 현란한 외교술에 넘어간 나폴레옹 3세가 먼저 선전포고를 해 이미 명분에서부터 지고 들어갔다.

프랑스 군대의 사기나 국민(의회)의 애국심 지원에도 열세였지만 프랑스의 결정적인

빌헬름 1세의 베르사유 즉위식

패인 중 하나는 유럽의 나라들이 앞다투어 구매하던 쿠르프(Krupp)의 신형대포를 갖추지 못했던 것이다.

결국 신흥국가 독일에 유럽의 고참 국가 프랑스의 국왕이 포로로 잡히면서 완패해 1871년 1월 29일 파리가 함락되었다.

파리 입성에 앞서 베르사유궁에서 독일연방을 형성하던 군주들은 만장일치로 프로이센 빌헬름 1세를 독일제국의 세습황제로 추대했고, 이로써 19세기 최대의 현안이었던 독일통일이 완성되었다. 통일된 독일의 초대 황제 빌헬름 1세의 화려한 즉위식이 루이 14세가 완공한 베르사유궁 유리의 방에서 올렸다. 나폴레옹이 1806년 유럽원정 시 오스트리아에서 신성로마제국을 해체하였으며 프러시아(프로이센)를 점령하고 그의 식민국으로 전락했던 치욕을 이제 65년 만에 되갚은 것이다. 빌헬름 1세는 비스마르크 수상과 몰토케 참모총장을 잘 기용한 덕분에 최고의 영광을 누렸다.

👑 큰일을 성사시키는 동서양의 삼인방들

독일 통일의 주역 빌헬름 1세, 비스마르크, 몰도케 이렇게 3인방은 BC 200경 중국의 초(楚)나라 항우와 한(漢)나라 유방이 대결 시(楚漢誌), 유방이 참모 장량과 대장군 한신을 기용하여 전력이 훨씬 강했던 초나라를 이기고 중국을 다시 통일한 것과 비교할 수 있습니다. 3인방의 성공사례는 또 있었습니다. 그 400여 년 후에 유비가 삼고초려 후 제갈량이 지휘권을 갖는 군사(軍師)로 초빙하여 관운장, 장비 쌍두마차와 함께 약한 전력으로 초나라를 세워서 삼국의 역사를 가능하게 했습니다. 가까이는 미국의 워싱턴 대통령 재임 시(1789~1797년) 제퍼슨 국무장관과 해밀턴 재무장관 3인이 서론 격론을 벌이면서도 신생국 미국의 기초를 확실히 했던 경우는 색다른 삼인방의 성공사례라고 할 수 있습니다. '한강의 기적'이라는 우리나라 경제발전 과정에서 박정희 대통령의 대단위 기업 중심 계획에서 그 역할을 담당한 삼성의 이병철 회장, 현대의 정주영 회장 삼인을 "박, 정, 이" 발전유형으로 부르고 비슷한 성공사례로 평가하는 전문가들이 있습니다.

제9막

인류의 문명에 기여한
천재들의 시대

- 시대와 나라(지역)를 뛰어 넘어 인류에 기여한 천재들
  - 가장 보편적인 마이클 하트의 세계를 움직인 100인의 평가를 참고
① 과학자들: 코페르니쿠스, 갈릴레이, 뉴턴, 다윈, 파스퇴르, 아인슈타인
② 음악가들: 바흐, 헨델, 모차르트, 베토벤, 슈베르트, 쇼팽, 차이콥스키
③ 발명가들: 와트, 에디슨, 벨, 라이트형제, 프레밍

1장

세계를 바꾼 과학자들

코페르니쿠스(1473~1543년)

폴란드가 낳은 위대한 천문학자 코페르니쿠스는 원래 집안이 부유해서 고향의 대학에서 천문학을 배우고 이탈리아에 와서는 법률과 의학도 공부하였다.

이 당시 이탈리아 피렌체를 중심으로 르네상스 운동이 활발하였다.

가톨릭 신학에서는 우주의 중심이 지구이고 이를 둘러싼 태양과 달 그리고 별들이 지구 주위를 돌고 있다고 생각하는 것이었다.

이제 코페르니쿠스는 가톨릭 신앙 중심의 해석(天動說)에서 벗어나 객관적 진실을 밝히기 위하여 태양을 중심으로 지동설(地動說)이 맞다는 것을 주장하였다.

코페르니쿠스는 일찍이 유명한 저서 「천구(天球)의 회전에 관하여」를 입증하기 위한 연구를 부단히 계속하고 있었다.

여러 분야의 르네상스 학문 중에 천문학 분야를 대표하는 그는 1533년 60세때 로마에서 지동설 강연을 계속하면서 그 요점을 사람들에게 증명하였다.

당시 이미 마르틴 루터의 종교개혁이 성공을 하고 그동안의 폐쇄적 분위기가 바뀌고 있었으므로 로마교황으로부터 비난을 받거나 저지 당하는 일은 없었다.

그러나 저서를 출판하는 것은 주저하고 있다가 당시 발전한 인쇄술에 의해 그 초판이 나온 날, 1543년 5월 24일 70세의 나이로 죽었다.

그 당시의 학자들처럼 태양의 크기를 과소평가하고 그의 이론이 다소 복잡하고 부정확하기도 했지만 그의 사후 그의 이론은 크게 평가받았다.

코페르니쿠스의 이론은 인류의 우주에 대한 개념에 혁명을 가져 왔으며 그 후의 천문학체제에도 크게 변화시켰다.

갈릴레오, 뉴턴 등 후학들에게 코페르니쿠스의 저서 「천구의 회전에 관하여」는 큰 주춧돌이 되었으며 사실상 현대과학의 출발점이기도 했다.

사람들은 공식석상에서 "코페르니쿠스적 전환"이라는 말을 사용하는 것은 기존의 사고의 틀에서 벗어나지 못하는 것을 일깨우는 경구(驚句)로 사용한다.

대표적으로 임마누엘 칸트가 인식의 대상을 뒤집는다는 표현으로 "코페르니쿠스적 전환"이란 표현을 자주 사용하여 유명했다.

마이클 하트의 「세계를 움직인 100인」 중에 24위로 평가받고 있다.

갈릴레오 갈릴레이(1564~1642년)

이탈리아의 대 과학자 갈릴레오는 과학적 방법의 개발에 대해서 인류에게 큰 것을 가르쳤다.

유명한 피사에서 태어나 피사 대학에서 공부하다가 경제적 이유로 중퇴했으나 1589년 25세때 이 대학의 교수가 되었다.

요즘의 논리로 보면 말도 되지 않지만 과학적 지식과 연구의 명성으로 가능했던 모양이다. 그 몇 년 후에는 파도바(Padova) 대학의 교수로 1610년까지 재직하였다. 이 기간에 그의 과학적 발견이 잇따라 나왔다.

갈릴레오의 첫 번째 중요한 공헌은 역학(力學)에 있었다.

아리스토텔레스는 무거운 물체는 가벼운 물체보다 낙하속도가 빠르다고 생각했다.

2000년 가까운 기간 동안 그것이 상식이었다.

가벼운 물체나 무거운 물체도 어느 정도 그 부피에 따라 공기저항이 영향을 주겠지만 같은 속도로 낙하한다.

이것을 피사의 사탑(斜塔)에서 실험했다는 이야기가 있으나 사실 여부를 확인할 수 없으며 이 원칙은 실험으로 확인되었다. 또한 물체가 낙하해서 통과하는 거리는 낙하하는 시간의 제곱에 정비례한다는 것을 알았다.

갈릴레오의 또 하나의 중요한 연구업적은 관성법칙(慣性法則)으로 종래는 움직이고 있는 물체는 그 움직임이 계속되도록 힘을 가하지 않으면 속도가 저하되어 곧 정지한다는 것인데 그렇지 않다는 것이다.

오히려 마찰 같은 감속시키는 힘을 배제할 수 있으면 움직이고 있는 물체는 계속 움직인다는 것이다. 이 중요한 원칙은 후에 뉴턴이 다시 정리하여 뉴턴의 학문체계의 제 1법칙으로 자리 잡아 오늘날 물리학의 가장 중요한 법칙으로 되어 있다.

갈릴레오의 가장 중요한 발견은 천문학 분야에서 있다.

1600년대 초까지는 코페르니쿠스의 지동설을 지지하는 사람과 천동설을 고수하는 사람들 사이에 격렬한 논쟁이 벌어져 천문학 이론은 대소동이의 상태에 있었다.

1604년 갈릴레오는 코페르니쿠스의 지동설이 옳다는 것을 일찍이 발표하였으나 그것을 증명하는 방법을 찾지 못하고 있었다. 이를 위하여 망원경을 고성능으로 개발하고 우주관측을 지속했다. 이를 통하여 모든 행성은 태양 주위를 회전하고 있다는 코페르니쿠스의 지동설을 확신하고 증명할 수 있었다.

그의 망원경과 그 망원경으로 확인한 사실들이 갈릴레오를 유명하게 만들었다.

과학의 진보에 대한 갈릴레오의 큰 업적은 오랫동안 인정받고 있다. 그것은 관성의 법칙 등 과학상의 발견, 전체관측과 코페르니쿠스의 이론을 증명했기 때문이다. 그는 「세계를 움직인 100인」 중 13위에 랭크되고 있다.

아이작 뉴턴(1642~1727년)

인류에게 역사상 가장 큰 영향력을 미친 과학자는 아이작 뉴턴이다. 어릴 때부터 기계만지는 것에 관심이 많고 손재주가 많은 영리한 아이였으나 학교에서는 그다지 공부를 열심히 하지 않았기 때문에 어머니는 농부로 키워 생계를 유지하려고 생각했다. 뉴턴이 태어나기 전에 아버지가 돌아가셨기 때문이기도 했다.

그러다가 선천적인 재능이 있을 것이라는 생각에 18세 때 케임브리지 대학에 입학한 후 두각을 나타내기 시작했다.

우선 수학상의 주요한 업적은 적분학(積分學)의 발명을 들 수 있다. 이 발명은 현대수학상 가장 중요해서 이것이 토대가 되어 많은 현대 수학상의 이론이 나왔을 뿐 아니라 이 발명이 없었더라면 현대과학의 진보는 기대할 수 없을 정도였다.

뉴턴의 또 중요한 발견은 물체가 어떻게 움직이냐 하는 것을 증명한 역학분야였다.

운동의 1법칙은 갈릴레오가 발견했으며 이는 "외부의 힘을 받지 않는다면"이라는 전제가 있었는데 뉴턴은 "힘이 작용되면"이라는 문제를 풀었으며 이것이 운동의 제2법칙이며 이 법칙은 그 유명한 식 "F＝ma"로 표시된다. "여기에 작용이 있으면 반드시 반작용이 생기며 그 크기는 같고 방향은 반대이다"라는 제3의 법칙이 있다.

그리고 여기에 다시 유명한 "만유인력(萬有引力)"의 법칙을 추가했다.

이 네 가지 법칙을 설정하고 태양의 괘도상의 행성운동에 이르기까지 통일된 시스템을 만들어 그 행동을 예측하였던 것이다.

뉴턴은 그저 단순히 역학상의 법칙을 말했을 뿐만 아니라 스스로 기계와 도구를 써서 이 기본 법칙들이 현실의 문제해결에 어떻게 활용될 수 있는가를 증명하였다.

이렇게 해서 뉴턴의 여러 법칙은 광범위하게 적용되고 응용되었는데 이것들이 절정을 이룬 것은 천문학 분야에서였다.

빛의 반사와 굴절의 법칙을 잘 분석해서 1668년 최초의 반사망원경을 설계하고 제작하였는데 이것이 오늘날 대부분의 천체관측에 사용되고 있는 망원경의 기본 모델이 되었다.

뉴턴은 전체 과학자 중에서도 가장 빛나는 인물이며 과학이론의 발전에 공헌한 점에서 그 이상(以上)은 없는 과학의 예수님이라고 할 수 있을 정도로 평가된다. 그는 85세까지 장수하였으며 국가의 대표적인 인물로 인정되는 웨스민스터 사원에 매장되었다.

그가 활동하던 시기는 영국이 의회가 민주주의 전통을 쌓아가며 권리청원 명예혁명을 이루고 프랑스는 루이 14세가 절대권력을 행사하고 있던 때였다.

👑 큰 세계를 움직인 100인-마이클 하트-

미국의 천체물리학자로 마이클 H. 하트(1932~)라는 학자가 1986년 「세계를 움직인 100인」이라는 책을 써서 베스트셀러 작가가 되었고 현재까지도 많이 인용되는 책입니다.
이런 평가가 관점에 따라 다르고 학(저)자에 따라 다를 수 있는데 이 책은 한 사람의 관점을 떠나서 가장 보편적으로 인정되고 있습니다.
뉴턴이 그의 평가 100인 중에 마호메트 다음으로 2위로서 과학자들 중에 예수님 같은 위치에 있다고 평가한 것입니다.
아인슈타인이 10위, 파스퇴르가 12위, 갈릴레이가 13위, 다윈이 17위, 그리고 코페르니쿠스가 24위로 평가되고 있습니다. 이들이 정치인 알렉산드르 대왕(33위), 나폴레옹(34위), 스탈린(63위), 카이사르(65위)보다 훨씬 높이 평가되고 있습니다.

진화론의 찰스 다윈(1809~1882년)

자연도태에 대한 생물진화론의 창시자인 찰스 다윈은 잉글랜드에서 1809년 2월 12일 태어났다.

집안이 부유하여 아버지의 희망으로 애든버러 대학에 들어가 의학을 공부했는데 흥미가 없어서 다시 목사가 되는 공부를 하다가 다시 한번 자신이 흥미를 가지는 동식물에 생태에 대한 관찰과 연구를 할 기회를 가지게 되었다.

다윈은 22세 때인 1831년 한 교수에게 부탁하여 영국해군이 특별히 탐험여행으로 떠나는 비글호(아래 사진)에 승선할 수 있는 기회를 가지게 되었다. 장기간이 소요되는 승선 탐험을 아버지가 강력히 반대하였지만 집안 형의 설득으로 간신히 떠나게 되어 5년 동안 전 세계를 항해했다.

때로는 느긋한 속도로 남미해안을 따라 항해하기도 하고 고립된 섬 갈라파고스섬을 탐험하고 기타 태평양과 인도양에 있는 여러 섬을 찾았다.

다윈은 항해 동안 엄청난 종류의 동식물을 관찰하는 등 많은 자연계의 경이를 체험하였다. 그는 보고 듣는 것을 모두 노트에 적어 두었는데 5년 후에는 그 노트들이 산을 이루었으며 차후 그의 진화론 연구에 기초가 되었을 뿐만 그의 이론을 전개해 나가는 증거가 되었다.

1836년 귀국하고 그로부터 20년 이상 연속적으로 책을 출간하는 등 영국생물학계의 1인자로서 명성을 떨쳤다. 이 과정에서 다윈은 동식물의 종(種)은 고정되어 있지 않으며 환경과 지질에 따라 변화하고 있다고 생각했는데 그 원인에 대해서는 명확지 않았다.

그러다가 토마스 맬서스의 인구론을 접하고 진화에 대한 단서를 얻었다.

한편 어느 학자가 자신과 비슷한 연구를 하고 있는 것을 보고, 향후 이론에 대한 우선권에 문제가 있을 것을 우려하여 공동으로 집필하였다.

결국 독자적으로 1859년 「종의 기원(On The Origin of Species)」을 출간하자 온 세상에 열광적인 반응이 일어났다.

그 후 다윈은 많은 논란과 토론의 중심에 있게 되고 유명해졌다.

진화에 대한 이론이 다윈이 처음은 아니었지만 그는 자연도태에 의한 진화가 일어난다는 메커니즘을 설명했을 뿐 아니라 그의 가설을 지지할 만한 수많은 확신에 찬 증거를 제시했다는 점에서 다윈은 큰 공적을 세운 것이다.

결국 다윈은 생물학과 인류학에 혁명을 가져 왔을 뿐만 아니라 생태계에서 인간의 지위에 대해서 우리들의 사고 방식을 변경하거나 다양하게 한 것이다.

♛ 생년월일이 같은 링컨과 다윈

그와 같은 때에 태어난 미국의 링컨과 비교하면 생년월일, 즉 동양의 사주(四柱) 중 삼주가 같았습니다.

그것은 다윈이 종의 기원을 출간하여 세상을 놀라게 한 해가 1859년 60세 였는데 링컨도 이 시기 전국적인 인물이 되어 1960년에는 미국 대통령에 당선된 것과 비교되지 않을까요? 다만 링컨은 1864년에 암살되고 다윈은 1882년까지 장수한 것이 차이점이겠습니다.

그런데 「세계를 움직인 100인」에서는 찰스 다윈은 17위였는데 링컨은 등외(等外)인 것은 의외입니다. 하지만 두 사람 모두 세계인들이 잘 알고 존경받는 것은 같습니다.

미생물의 아버지 루이스 파스퇴르(1822~1895년)

파스퇴르(Louis Pasteur)는 미생물학의 기초를 다지는데 가장 큰 역할을 한 사람이다.

그는 질병과 미생물을 최초로 명확하게 연결해, 전염성 질병의 원인이 미생물이라는 학설을 완성하였다.

파스퇴르는 이학박사 학위를 취득한 후 릴레대학교의 화학교수로 근무하던 1856년에 양조업자들이 자신들의 포도주가 쉽게 상하는 이유를 알려달라는 연구의뢰를 받고 발효

에 대한 연구를 시작했다.

발효현상을 화학반응으로만 설명하던 기존의 이론에서 벗어나 미생물이 발효와 관련이 있을 것이라고 생각하고 연구에 매달렸다.

그리하여 정상 알콜발효는 효모 때문에 발생하지만 비정상 발효는 다른 미생물 때문에 생긴다는 것을 알게 되었다.

여기서 한 걸음 더 나아가 미생물이 비정상 발효를 일으키는 것처럼 인체에서는 질병의 원인임을 증명하고 이를 예방하기 위해 1863년에는 저온 살균법을 고안해 발표했다.

1877년부터는 인간과 고등동물에 잘 걸리는 감염성 질환의 연구에 몰두하여 가축에 잘 걸리는 탄저병, 닭의 콜레라 그리고 광견병에 대한 예방주사를 개발하게 되었다.

이러한 연구실적이 사람의 감염성 질병을 해결하는 데 큰 도움이 되었다.

프랑스 아카데미는 파스퇴르의 다방면의 공적을 기려서 1886년 파스퇴르연구소를 설립하여 지금까지도 세계적인 세균연구의 중심이 되고 있다.

세균으로 생긴 바이러스성 질병 등에 대한 예방법을 발견한 파스퇴르를 "미생물학의 아버지"라고 부르고 있다.

현대의 외과는 파스퇴르가 가르쳐준 이론과 예방법 덕분에 감염의 위험에서 벗어나 안전하게 수술하고 있다. 그래서 그의 「세계를 움직인 100인」 평가는 아주 높은 편이어서 12위에 있다.

알버트 아인슈타인(1879~1955년)

아인슈타인은 20세기 최대의 과학자이며 전 시대를 통틀어 최고 지식인의 한사람으로 특히 그의 상대성이론은 유명하다.

아인슈타인을 대표하는 이 이론은 두 가지가 있는데, 1905년에 완성한 특수상대성이론과 1915년에 완성한 일반 상대성이론이다. 이 두 가지를 합쳐서 아인슈타인의 인력의 법칙이라고도 한다.

이 이론은 "E＝MC(자승)" 여기서 M은 질량이고 C는 빛의 속도를 나타낸다. C는 거대한 숫자이고 이것이 자승이 되므로 물질 속의 소량이라도 변천이 있으면 엄청난 에너지가 생산(배출)되는 것이다.

물론 이 공식만으로 원자폭탄의 제조나 원자핵 생산설비를 만들 수 있는 것은 아니지만 이 연구의 핵심을 제시한 아인슈타인의 역할이 얼마나 큰지는 말할 나위가 없었다.

1939년 그는 당시의 미국대통령 루스벨트에게 보내는 서신에서 원자무기의 개발가능성을 지적하면서 이 무기를 독일보다 미국이 먼저 개발하는 것이 중요하다는 것을 강조하였다.

이것으로 제2차 세계대전 종료 시 맨해튼계획을 촉진하여 세계 최초의 원자탄 개발로 이어지게 된 것이다.

아인슈타인이 유대인으로서 유럽에서 독일이 유대인들을 가스실로 끌고가 집단학살하는 만행을 보았고 그래서 미국으로 이주하면서 나치 독일에 대한 경계심이 대단했던 것이다.

아인슈타인은 1879년 독일의 울름시에서 태어났다.

그는 스위스의 고등학교를 졸업하고 1905년 취리히대학에서 철학박사 학위를 얻었으나 학자로서의 자리를 얻지 못했다.

그러나 그는 특수상대성이론 등을 실은 논문을 출간하여 주목을 받았는데 그 후 일반상대성이론을 발표한 후에는 세계에서 가장 빛나는 창조적인 과학자로서 명성을 얻었다.

1913년에 베를린대학의 교수로 임명되고 동시에 유수한 물리학연구소장으로 일하고 프러시아과학원의 멤버가 되었다.

그 후 일반상대성이론의 명확한 체계화에 성공하여 1921년 노벨상을 받았다. 그는 유대인이기 때문에 히틀러가 권력을 장악했을 때 독일에서의 그의 지위가 불안해졌다. 1933년 미국의 뉴저지주 프린스턴으로 이주하여 유명한 연구기관에서 일하면서 미국에서도 크게 유명했다. 첫 번째 결혼은 실패하고 두 번째 결혼으로 두 아들을 얻었으며 1955년 프린스턴에서 사망했다.

아인슈타인은 그의 뛰어난 이론으로 「세계를 움직인 100인」에서 10번째로 평가되어 뉴턴(2위) 다음으로 큰 비중을 차지하고 있다. 그러니 20세기 중반까지의 과학은 "뉴턴에서 시작하여 아인슈타인에서 마무리되었다"라고 말할 수 있다.

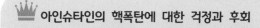

아인슈타인의 핵폭탄에 대한 걱정과 후회

1933년 독일의 히틀러가 정권을 잡으면서 유대인 과학자들을 대거 쫓아내고 "유대인들이 없어서 과학을 못한다 해도 괜찮아. 몇 년간은 과학을 못해도 상관없어." 히틀러는 이렇게 큰소리쳤습니다.

만약 그가 이런 오판을 하지 않았다면 미국보다 한발 앞서 핵폭탄을 개발해 냈을지도 모릅니다.

아인슈타인은 제2차 세계대전 당시 미국의 핵폭탄을 개발했던 맨해튼 계획(1942~1946년까지 미, 영, 캐나다의 합동)에 참여하지 않았지만 나치독일이 먼저 핵폭탄을 만들 위험성을 크게 우려했습니다.

그래서 루스벨트 대통령에게 핵폭탄제조를 건의(1939년 8월)하여 미국은 맨해튼계획을 추진하여 두 종류의 핵폭탄이 만들어졌고 1945년 8월 6일과 8월 9일에 일본 히로시마와 나가사키에 투하되어 제2차 세계대전이 종결되었습니다.

이 원자폭탄들이 아인슈타인(1955년 사망)의 살아 생전에 엄청난 위력(두 곳 현장사망 10만 이상, 4-5평방키로 내 초토화)을 보면서 이 일을 평생(10년) 후회하면서 앞으로 전쟁이 벌어지면 상상을 초월하는 거대한 재앙이 닥칠 것을 경고하였습니다.

그러면서 "난 인류가 3차 대전을 어떤 식으로 치르게 될지를 모릅니다. 하지만 4차 대전에는 막대기와 돌멩이로 싸우게 될 것이라는 것만은 알고 있죠."

즉, 3차 대전이 일어나면 지구 전체가 초토화되어 인류는 다시 원시시대(구석기시대)로 돌아 갈 것이라는 경고였습니다.

2장

천재 음악가들의 시대

모차르트 등 음악의 천재들은 비교적 늦게 등장

르네상스 시대와 함께 15세기에 미술이 개화하기 시작한 반면, 음악은 모차르트(1756년 출생으로 1452년 출생한 레오나르도 다빈치와 비교)를 기준으로 300여 년, 바하, 헨델(두 사람 모두 1685년 출생)과 비교해도 230여 년 차이가 있다.

이것의 중요한 이유는 우선 음악은 미술이 형태(그림, 조각, 건축 등) 예술인 데 비하여 소리(노래, 연주)예술이기 때문에 보존 영속성이 없고 대중이 쉽게 접촉하고 즐길 수 없기 때문이었다.

그렇기 때문에 음악은 많은 사람들이 그 공연을 듣고 즐기며 보편화할 수 있는 수단이 쉽지 않아서 일부 왕족들과 귀족들의 전유물처럼 존재하여 대중적인 시장이 형성될 수 없었다.

또 중요한 이유 중에 하나는 미술은 예술가가 혼자서 창작을 하며 남의 도움을 받지 않고도 작업을 하고 그 흔적을 남기는 것이지만 음악은 도구(악기)가 필요하며 남의 도움(작곡, 연주 등 구분)을 받으며 공연이 이루어지는 것이고 그 발표와 함께 흔적이 남지 않는 것이기 때문이었다.

음악을 위한 악기들을 이야기한다면 원시시대부터 각 지역에서 장구, 북같은 타악기, 현(줄)이 있는 현악기, 피리, 나팔 등 현재의 관악기 같은 형태는 있었겠지만 현대적인 악기, 대표적으로 바이올린(비올라, 첼로 포함)같은 현악기는 1550년경 이탈리아에서 개발되어 1600년대에 보편적으로 연주에 쓰였다고 하니 바하, 헨델이 활약했을 시절에 비로소 이를 활용했으리라고 생각된다.

바이올린과 함께 필수적인 연주 음악을 위한 대표적이고 필수적인 악기인 피아노는 1710년경 피렌체에서 크리스토포지(1655~1732년)가 처음 발명한 것으로 되어 있으며 독일, 영국에서도 1730~1790년대에 보급되었다고 하니 근대음악의 역사가 미술에 비해서는 한참 뒤에 발전하였다.

또 (파이프)오르간으로 불리는, 나무나 금속의 길이를 달리하는 대롱, 파이프를 불거나 바람소리 등을 이용해 소리를 내는 악기가 오랜 역사를 가지고 발전해 왔다.

대표적으로는 큰 교회와 궁중 등에 설치된 대형의 시설물로서 피아노처럼 대중화되기 어려웠으나 바하, 헨델같은 초기의 음악가들이 사용했다고 한다.

이런 악기가 개발되고도 한참을 궁중음악 또는 교회의 종교의식을 중심으로 발전하고 일부 귀족들의 전유물처럼 여겨졌던 음악이 1725년에 최초로 대중을 위한 공개 연주회가 개최되었으니 미술 조각과는 큰 시대적 차이가 있는 것이다.

바하, 헨델 등 근대음악의 시작

동갑내기 바하와 헨델

근대음악의 선구자라고 할 수 있는 바하, 헨델이 1685년 같은 해에 독일에서 태어나 모차르트 등 후배 음악가들의 기초를 놓았다고 할 수 있다.

바하(1685~1750년)는 독일에서 아버지가 궁중음악사인 음악가문의 집안에 태어나 체계적인 음악교육을 받으며 성장하였으며 평생을 독일에서 음악활동을 하면서 많은 관현악, 바이올린 협주곡들(유명한 곡, G선상의 아리아)을 작곡했다.

게오르크 F. 헨델(1685~1759년)은 음악을 반대하는 집안의 분위기 속에서 자신은 여행 등 자유분방한 생활을 즐기며 독신으로 평생을 살았다.

그는 이탈리아에서 발전하기 시작한 오페라에 관심을 가졌으며, 영국의 메리여왕이 그의 능력을 인정하고 지원하여 영국에 귀화하여 음악 인생의 꽃(대표곡: 메시아 아베마리아)을 피웠다.

바하, 헨델은 고전음악의 쌍벽으로 대조적인 성격과 인생역정으로 각각 근대음악의 아버지, 어머니로 불렸다.

이들 근대 음악의 개척자들과 모차르트 등의 중간 시기에 독일에서 활약한 하이든(1732~1809년)이 있었다. 그는 교향곡이라는 현대음악의 기본적인 장르를 확립하고 천지창조 등 100곡이 넘는 많은 곡을 작곡하여 교향곡의 아버지라 불린 음악가였다.

교향곡이란 Symphony라고 불리는 현대음악의 주류로서 이제 구색을 갖추고 발전해 온 관현악기, 피아노, 타악기까지 모든 악기를 활용하여 비교적 긴 음악을 그 주제에 따라 악장으로 나누어 연주되는 음악이다.

음악의 신동 모차르트

이제 오스트리아, 당시 신성로마제국의 종주국인 오스트리아의 잘츠부르크라는 지방에 음악의 신동, 볼프강 A. 모차르트(1756~1791년)가 탄생하였다.

그의 아버지는 그 지역 대주교의 교회 음악가로 바이올리니스트였고 그의 하나뿐인 누이도 음악을 배우고 있던 음악가의 집안에서 벌써 5살에 작곡을 하는 등 천재성을 드러냈다.

피아노, 바이올린 등 악기에 능력을 보인 모차르트는 6세부터 음악에 대한 집념과 공명심이 강한 아버지의 손에 이끌려 유럽 전역으로 연주여행을 시작하여 당시 음악신동에 대한 유럽인들의 호기심과 찬사를 받았다.

10년에 걸친 연주여행을 끝내고 고향으로 돌아온 모차르트는 대성당의 음악가로 분주한 10대를 보냈는데 40여 개의 교향곡, 피아노 협주곡 등 많은 작품을 작곡했으며 그 중에도 이탈리아에서 발전하기 시작한 오페라 분야에도 탁월한 재능을 보여 피가로의 결혼, 돈조바니 같은 걸작을 완성하였다.

음악의 도시 빈에서 결혼하여 자리잡은 그의 음악생활은 많은 어려움을 겪었고 이들 부부의 경제관념이 더욱 빈한한 생활로 이어져 35세에 죽음을 맞이할 때에는 더욱 쓸쓸히 공중묘지로 가는 등, 매우 불우하였다.

현재는 음악의 나라 오스트리아에서 모차르트를 중심으로 문화 관광사업이 주된 산업으로 되어 있으며 특히 그의 고향 잘츠부르크는 모차르트의 도시로 많은 관광객이 찾는 음악의 성지가 되고 있다.

베토벤, 교향곡 운명과 귀가 안 들렸던 음악의 천재

또 하나의 인물, 루드비히 폰 베토벤(1770~1827년)은 모차르트보다 14년 뒤 독일에서 태어났는데 모차르트와 비교하면 노력형의 천재로 아버지와 많은 형제들이 음악가로서 서로 많은 영향을 주고 받았다고 한다.

베토벤은 9곡의 대작 교향곡을 쓴 것으로 유명한데 그 중 3번으로 구분되는 영웅은 당시 유럽을 뒤흔든 나폴레옹을 상정하고 그에게 헌정하려던 곡이었으나 그가 황제에 즉위(1804년)하고 독일(당시 프러시아)까지 점령하는 것을 보고 헌정을 취소하였다고 하는데 이 곡은 "운명"('짜자잔잔'으로 시작)교향곡과 함께 세계에서 가장 유명한 음악의 하나가 되었다.

베토벤은 30대 이후 실명의 위기에 시달리며 처절한 노력으로 음악가로서 활동을 지속했는데 그의 또 하나의 유명한 피아노 협주곡 월광 소나타가 이런 분위기를 잘 전해 준다.

베토벤은 음악가 중에서는 세계를 움직인 인물에서 42위로 가장 높이 평가되고 있으며 바흐가 74위에 랭크되어 있다.

슈베르트, 피아노의 시인

또 한 사람의 천재 피아노의 시인 가곡의 왕으로 불리는 프란츠 P. 슈베르트(1797~1828년)은 오스트리아의 빈에서 태어나 31세에 요절했지만 두 선배들 못지않게 전 세계에서 제일 유명한 자장가와, 아베마리아, 보리수 같은 우리 귀에도 아주 친숙한 주옥같은 음악들을 남겼다.

이들 음악의 3대 천재들은 1756~1797년 사이에 40여 년의 간격으로 태어나 세계인들이 두루 사랑하는 음악을 제공한 것은 그 훨씬 이전 미술의 3대 천재들이 1452~1483년 30여 년 사이에 태어나 인류에게 새로운 미술세계를 열어준 것과 같이 인류 문화유산의 찬란한 빛이 되고 있다.

낭만주의 작곡가, 피아니스트 프레테리크 쇼팽(1810~1839년)

쇼팽은 자유롭고 시대를 앞서가는 독자적인 형식의 작품, 특히 200곡에 이르는 피아노곡으로 유명하다.

폴란드의 바르샤바의 비교적 풍족한 가정에서 태어나 어려서부터 음악(피아노)에 천재성을 발휘하였으며 조국이 혁명으로 크게 흔들리자 프랑스, 오스트리아에서 작곡, 연주활동을 하였다.

20대 중반부터 폐결핵을 앓으면서도 당시 낭만주의 음악가로 개성이 강한 독자적인 피아노 작곡 그리고 타의 추종을 불허하는 연주로 명성을 날렸다.

결국 39세에 폐결핵으로 사망할 때 그가 조국 바르샤바를 떠날 때 가져온 폴란드 흙이 그의 유해 위에 뿌려졌다.

그의 사후 80여 년이 지난 1927년부터 고국 폴란드의 바르샤바에서 시작된 쇼팽 콩쿠르는 젊은 피아니스트들의 등용문이자 꿈의 콩쿠르로 5년에 한번씩 열리고 있다.

쇼팽 콩쿠르는 차이콥스키 국제음악콩쿠르(러시아),퀸엘리자베스 국제음악콩쿠르(벨기에)와 함께 세계3대 음악 콩쿠르로 꼽힌다.

피아노, 바이오린, 첼로, 성악, 작곡부문에서 실력을 겨루는 다른 두 대회와 달리 쇼팽콩쿠르는 오직 피아노 부문에서 쇼팽의 작품만으로 경연을 치르므로 피아노 부문에서는 최고의 권위를 가지고 있습니다.

2015년 대회에서 우리나라의 조성진이 동양인으로서는 최초로 우승하여 우리 국민들을 감격하게 했습니다.

차이콥스키 음악콩쿠르(1958년 시작)도 우리나라 젊은 음악가들이 실력을 발휘하는 대회로 4년마다 올림픽처럼 개최되어 1974년 정명훈 씨가 피아노부문에서 처음으로 2등을 차지하여 동양인에게는 1등이나 다름없다고 당시 김포공항에서 시청 앞까지 카퍼레이드를 했습니다. 최근 2011년에는 손열음 양과 조성진이 나란히 피아노 부분 2, 3위를 차지한바 있어 전 세계가 한국인의 음악수준을 확실하게 인식하는 계기가 되었습니다.

퀸엘리자베스 콩쿠르는 1951년부터 벨기에의 브뤼셀에서 열리며 피아노, 바이올린, 작곡성악의 4개 부문별로 2-3년을 주기로 열리고 있으며 우리나라의 많은 젊은 음악가들이 1-5등에 입상하고 있습니다.

러시아의 낭만주의 음악의 거장 차이콥스키(1840~1893년)

차이콥스키는 1840년 태어나서 음악에 조예가 있는 여유 있는 부모와 함께 어린 시절부터 음악을 좋아하였는데 8살에 페테르부르크에 이사를 하게 되어 그 곳에서 체계적인 음악공부를 시작하였다.

그러나 부친의 희망대로 법률공부를 병행하여 23세부터는 법무성에서 근무하였다.

음악에 대한 열정으로 새로 개원한 페테르부르크 음악원에 입학하여 공부하고 차후에 모스크바를 오가며 음악 작곡활동을 시작하였다.

결혼은 순조롭지 못했으나 주위의 여성팬들은 적지 않아 특히 부자 미망인의 경제적 지원(1876~1890년)으로 비교적 안정적인 음악활동을 하

여 이 기간에 백조의 호수, 피아노협주곡, 바이오린 협주곡 등 대작들을 발표했다

유럽 각지의 연주, 지휘여행을 많이 하고 1892년에는 미국, 영국 여행을 끝으로 귀국하여 모스크바 근처의 저택(현재 차이콥스키 박물관)을 마련하고 그의 유명한 교향곡 6번 비창을 초연하고 콜레라에 걸려 53세에 급작히 사망했다.

그의 음악은 서유럽적이라는 말을 하지만 러시아적인 감성을 바탕으로 낭만주의 표현을 큰 매력으로 하는 러시아가 자랑하는 19세기 대표적인 작곡자였다

그밖에 그의 작품은 "잠자는 호수", 호두까기 인형, 교향곡까지 모두 유명하다.

쇼팽콩쿠르에 이어 차이콥스키 콩쿠르가 1958년부터 모스크바의 차이콥스키 콘서트홀에서 4년마다 열리고 있다.

3장

인간의 삶을 바꾼 발명가, 의학자들

증기기관을 발명한 제임스 와트(1736~1819년)

증기기관의 발명자인 영국 스코틀랜드의 제임스 와트는 인류의 동력을 획기적으로 발전시킨 공로자다.

와트 이전의 이런 동력을 개발하여 사용한 흔적들이 있어서 그를 최초의 발명자라고 하는데 이의가 있지만 획기적으로 개발하여 산업에 적용하였다.

원래 그보다 50여 년 전에 "뉴코멘"이라는 사람이 개발되어 사용하던 엔진을 수리하고 개선작업을 하던 와트는 1764년 이를 완전히 탈바꿈하여 실용적인 엔진으로 만들었다.

종래의 엔진보다 4배 이상의 효율을 보이는 개량을 하여 1769년에 특허를 받았다. 그 때부터 엔진의 효율을 나타내는 단위를 "와트"라고 부르기 시작했다.

와트는 1781년에는 엔진의 왕복운동을 회전운동으로 전환시키는 기어를 발명하였다. 그 후 1787년에는 원심조속기(遠心調速機)를 개발하고 이 방면의 대발명가가 되어 공장을 힘차게 돌아가게 했다.

와트의 증기기관이 없었다면 산업혁명은 근본부터 다른 것이 되었을 것이다.

전부터 풍차나 수력(물레방아 등)의 동력이 사용되었으나 증기기관의 발명에 의하여 그 동력이 한 차원을 넘어서 공장을 변화시켰다.

산업혁명을 가능하게 한 증기기관은 인류의 생활을 한차원 업그레이드시킨 대단한 발명품이었다.

이런 평가와 함께 「세계를 움직인 100인」 중에 25위에 속했다.

발명왕 토마스 에디슨(1847~1931년)

다방면에 걸친 발명왕 토마스 에디슨은 1847년 오하이오주 밀란에서 태어났다. 정규교육을 3개월 밖에 안 받았을 뿐만 아니라 학교 선생님으로부터는 지진아(遲進兒)라는 평가를 받을 정도였다.

집안이 가난하여 집에서 어머니에게서 배운 그는 12세부터 철도에서 신문과 과자 등을 판매하면서 화물칸에 나름대로 실험실을 두고 일을 하다가 화재를 냈다는 이야기는 많이 알려져 있다.

그때 차장에게 얻어 맞아 청각장애를 일으켜 더욱 사람들과 교제를 회피하고 연구, 발명에 몰두하게 되었다.

15세 때 역장 아들의 생명을 구해주고 그 대가로 전신술(電信術)을 배워 전신수가 되었던 것이 그의 정규교육이 부족한 에디슨의 발명인생의 기반이 되었다. 이를 통하여 그의 수백 가지의 발명 중에 첫 번째로 전기투표기를 발명하였으나 이것은 전혀 돈벌이가 안 되었다.

두 번째로 "주식시장표시기"를 발명하여 당시 4천 달러나 되는 거금을 벌어 연구소를 차려 본격적인 발명을 계속해 에디슨은 유명해지고 재산가가 되었다.

에디슨이 독창성이 있는 큼직한 발명을 한 시기는 "1876~1881년 동안의 5년간(29세~34세)"이었다.

이 기간에 가장 유명한 발명품은 축음기(1877년)였고 세계적으로 가장 중요한 발명품은 1879년의 "백열전구"의 개발이었다.

전구의 빛을 가장 밝게 지속적으로 낼수 있는 재료를 찾아서 1000번 이상의 실험을 했다고 하며 드디어 대나무에서 추출한 재료로 40시간 이상을 밝히는 데 성공한 것이다.

에디슨이 "천재(발명)는 99%의 땀이며 1%의 영감이다"라고 한 말이 실감이 난다.

이제 인류의 밤시간도 대낮같이 환하게 지낼 수 있게 됐으니 그 삶의 질이 비교할 수 없게 된 것이다.

17~18세기 베르사유 궁전에서 밤마다 연회를 즐길 때 수십 개의 초를 교환하는 등(샹들리에)을 수십개 유지하려면 그 하인들의 수고가 어떠했을까?

1882년에 에디슨의 회사는 뉴욕시에 가정용전기 발전을 위해서 창설하여 그 후 전기의 가정이용은 전 세계에 급속히 확장되었다.

에디슨은 전기 배전판 축전기 등을 발명하고 전기 사용에 관련하여 영사기 영화촬영을 위한 기기 등 1000여 종의 발명(특허)를 가진 믿을 수 없는 기록을 남겼다.

그가 죽기 3년 전 미 의회에서 의회명예훈장을 수여하여 그가 인류생활을 편리하게 하고 그 문화수준을 업그레이드한 공을 치하했다.

그는 「세계를 움직인 100인」 중 38위에 랭크되었다.

전화기를 발명한 "알렉산더 G. 벨(1847~1922년)

전화의 발명자인 알렉산더 그래햄 벨은 1847년 스코틀랜드의 에덴버러에서 태어났다. 그는 정규학교교육을 불과 몇 년 밖에 받지 않았지만 가정에서의 교육과 독학으로 충분한 교육수준에 이르고 있었다.

에디슨과는 똑같은 해에 각각 미국 영국 태어난 동갑으로 정규교육을 제대로 못 받았다는 것도 같았다.

벨의 아버지가 음성생리학, 음성교정 등 분야의 권위자였던 관계로 그도 음성의 재생에 관한 관심이 자연스럽게 높았다.

벨은 1871년에 매사추세츠 보스턴으로 이주하였다.

그는 1875년까지 전화발명으로 이끈 몇가지 발명을 잇따라 했으며 1876년 2월 드디어 전화발명의 특허를 등록해서 몇 주일 후에 허가가 나왔다.

또 한 사람의 전화 발명자 그레이는 벨과 같은 날 특허등록을 했지만 벨보다 몇시간 늦었기 때문에 등록되지 않았다는 것은 이 방면에서 유명한 일화이다.

아마 그 이름 자체가 전화와 직결되는 "Bell"이었고 그레이는 그 이름의 두 글자 (−ay)가 "Delay(늦음)"가 연상되는 "Gray"였던 것이 아닐까 추측해 본다.

벨의 두 번째 행운은 전화특허가 허가되자 즉각 필라델피아에서 개최되는 "건국 100 주년 기념 만국 박람회"에 그 전화기를 전시되어 미국뿐만 아니라 전 세계에 전화기가 발명됐다는 것이 순식간에 알려진 것이다.

그 직후 이미 설립되어 있던 전화기 회사에 이 전화의 특허권으로 10만 달러에 구입하도록 제의하였으나 이 회사가 무슨 연유로 이를 거부했던 것이다.

그래서 벨은 동료들과 함께 1877년 7월에 독자적인 전화회사를 설립했는데 이 회사가 그 유명한 AT&T였다.

나중에 벨과 그 부인은 15%의 자신들의 지분을 팔았는데 이는 100만 달러에 가까운 돈으로 당초 전자회사에 팔았다면 얻었을 금액의 10배가 되는 거대한 재산이었다. 이것이 그들의 세 번째 행운이었다.

벨은 세 가지 행운으로 대 자산가가 되었어도 연구를 계속하고 75세까지 살았다.

벨은 「세계를 움직인 100인」 중 44위에 해당되었다.

비행기의 발명가 라이트 형제(형 1867~1912년, 동생 1871~1948년)

인류의 꿈인 하늘을 나는 비행기의 발명을 형제가 힘을 합쳐 해냈다는 것이 특이하다.

형 윌버 라이트(Wright)는 미국의 남북전쟁이 막 끝나고 어수선한 1867년 인디아 주에서 태어나고 네 살 터울의 동생 오빌 라이트는 1871년 오하이오 주에서 태어났다.

두 사람 다 고등학교 교육은 받았지만 졸업증서는 받지 못했는데 두 사람 다 기계를 만드는 재주가 있어서 그냥 현업에 뛰어든 것이다.

그들은 1892년(형 25세, 동생 21세) 영세공장을 사들여서 수리공장을 개설한 후 자전거 제조 수리를 시작했다.

그리고 평소 그들의 꿈, 비행연구를 하기 위해 여러 가지 책을 닥치는 대로 구입해서

읽었다.

그리고 1899년에 그들 자신이 비행하기 위하여 문제 해결에 몰두하고 1903년 12월에 라이트 형제(형 36세, 동생 32세)는 드디어 하늘을 날게 된 것이다.

그 과정에서 이들 외에도 많은 사람들이 도전하여 실패했는데 당시 무명이었던 이들 형제가 성공한 것을 의아하게 생각하는 사람들이 많았으며 상당기간 믿지 않았다.

이 최초의 비행은 엔진이 없는 그라이더였으며, 형제는 각각 2회의 비행을 하였는데 동생이 12초간 36.6m, 다음은 형이 50초간 약260m의 비행을 성공한 것이다.

이 비행기를 키티호크라고 불렀으며 지금은 인류가 처음 날은 비행기로 워싱턴 DC의 국립항공박물관에 보관되어 있다

이 비행현장을 목격한 사람들은 5명이었으며 몇 개의 신문에 보도 되었으나 사람들의 주목을 끌지 못했고 실제로 유인(有人)비행이 성공된 사실이 전 세계에 대대적으로 알려진 것은 그로부터 5년이 지난 다음이었다.

형은 1호기 키티호크를 크게 개량한 2호기 한 대를 가지고 프랑스에 가서 선전비행을 연속으로 성공하고 비행기를 상품화하기 위해 회사를 설립했다.

미국 국내에서도 이 비행의 성공에 주목한 미국 국방부가 1909년 이 비행기 구매비로서 최초로 3만 달러를 지불하였다.

이로서 라이트 형제의 비행기 발명이 공인되었고 몇년 후 1차 대전에서도 비행기가 출현했으며 현재에는 지구의 거리를 줄이면서 인류의 생활을 구름 속에 놀게 했다.

이러 대단한 평가로「세계를 움직인 100인」에서 30위에 랭크됐다.

페니실린의 발명가, 알렉산더 플레밍(1881~1955년)

페니실린은 전문가가 아니라 해도 아주 귀에 익숙한 용어가 되었다.

이 페니실린의 발명자인 알렉산더 플레밍은 1881년 스코틀랜드의 록필드에서 태어나 런던의 세인트메리의학교를 졸업하고 그곳의 백신연구소에서 유명한 면역학자 라이트의

조수가 되어 연구를 계속했다.

그 후 제1차 세계대전에 종군하여 부상으로 인한 감염병의 임상경험을 많이 하게 된 것이 페니실린 연구에 많은 도움이 되었다.

전후 메리병원으로 돌아와 연구를 계속하면서 1922년 세균을 죽이는 리소자임(일종의 효소)이라는 물질을 발견하였다.

그 후 우연히 포도상구균 배양기에 발생한 푸른곰팡이가 세균을 죽이는 것을 발견하여 이를 증식하여 "페니실린"이란 이름을 붙였다.

1929년에 발표된 이 논문은 의학계에 큰 주목을 받지 못했는데 한참 후 1941년 다른 두 학자들이 같은 방향으로 연구하다가 프레밍의 연구 논문을 보고 이를 발전시켜서 임상실험을 하게 되었다. 그 결과가 어마어마하게 효과가 있다는 것이 판명되었다.

이를 보고 미국과 영국의 지원아래 몇 개의 제약회사가 생산에 참여하여 페니실린을 생산하는 방식이 곧 발견되었다.

마침 제2차 세계대전이 발발하여 페니실린을 전상자(戰傷者)들에게 시술하니 그 효과가 입증되었으므로 1944년에는 영국과 유럽에 완치 환자가 더욱 늘어났다. 미국에서 민간에도 쓰게 되었다.

페니실린의 발견으로 그 밖의 항생물질의 탐색 연구가 촉진되어 수많은 기적의 신약이 잇달아 발견되어 페니실린은 오늘날까지 항생물질로 널리 쓰이게 되었다. 광범위한 유해 미생물에 페니실린은 효과가 있기 때문이었다.

페니실린은 이미 수백만 수천만의 목숨을 구했으며 앞으로는 더 많은 인명을 살릴 것이다. 1945년 프레밍은 페니실린으로 다른 후배학자 두 사람과 함께 노벨의학상을 받았다.

이런 크나큰 효과 때문에 프레밍은 「세계를 움직인 100인」 중에서 나폴레옹이나 셰익스피어보다도 더 높은 평가 45위에 자리잡았다.

제10막

20세기 세계(1·2차)대전 30년(1914~1945년)

- 시대: 1914~1948년-제1, 2차 세계대전의 시기
① 1914년 보스니아에서 오스트리아 황태자 부부 암살-제1차 세계대전 발발
  -동맹군: 오스트리아, 독일, 오스만 투르크-연합군: 영국, 프랑스, 미국
  -독일의 U보트, 미국의 참전-연합군 승리 1918년 베르사유 체제
② 1918~1939년 1·제2차 세계대전 막간(幕間 20년): 독일 바이마르공화국, 히틀러 등장
  -이탈리아 무솔리니, 소련 스탈린 집권, 일본 1931년 만주사변
③ 1929년 미국 대공황-케인즈 수정자본주의 대두, 루스벨트 대통령 1933년 취임
④ 1939년 제2차 세계대전 독일 오스트리아, 폴란드, 프랑스 침공
- 1941년 러시아 침공 일본의 진주만 기습-태평양전쟁
⑤ 1945년 독일, 일본항복-한국 남북분단 트루먼대통령 취임, 유엔발족
- 1947년 마셜플랜-냉전체제에 대처
- 1948년 이스라엘 독립, 독립전쟁

1장

제1차 세계대전(1914~1918년)

화약고 발칸반도에서 제1차 세계대전의 전운(戰雲)

유럽열강들의 호시탐탐

20세기에 진입하자 근대국가의 에너지가 충만했던 유럽열강은 대외로 뻗어가는 경쟁의 시대를 맞이했다. 오스트리아는 20세기 들어서 독일, 이탈리아와 함께 삼국동맹을 구성하고 영국·프랑스·러시아의 삼국연합을 넘어서 아시아·태평양 쪽으로 활로를 찾으려 노력하고 있었다.

1908년 오스트리아는 발칸의 보스니아와 헤르체고비나(Hercegovina)를 일방적으로 합병했다. 아프리카와 아시아 식민지에만 온통 관심이 쏠려있던 유럽 열강은 그냥 넘어갔지만, 당시 발칸의 최강국으로 부상하고 있던 세르비아는 격분하고 있었다.

이런 분위기에서 1914년 6월 28일 보스니아의 수도 사라예보(Sarajevo) 거리에서 대낮에 한 발의 총성이 울렸다. 오스트리아를 반대하는 비밀조직 흑수단의 회원인 '프린치프'라는 세르비아 청년이 군대시찰을 위하여 사라예보에 온 오스트리아의 페르디난트 황태자 부부를 암살한 것이다.

　범인은 현장에서 체포되었지만, 사태는 파장을 불러일으켰다. 세르비아측은 우발적인 사고라고 주장했으나 오스트리아는 범인이 소속한 흑수단이 세르비아 정부에서 조직한 비밀테러단체였기 때문에 세르비아 정부가 배후책임이 있다고 주장했다.

　그래서 사건이 벌어진 다음 한 달 동안 오스트리아와 세르비아 정부는 외교적인 접촉을 계속했지만 사태는 순식간에 악화되고 말았다.

범게르만과 범슬라브가 충돌하여 확전된 1차 세계대전

　드디어 7월 28일 오스트리아는 세르비아에 선전포고를 했다. 이로써 유럽 전체가 일파만파 전쟁 분위기로 변해가고 삼국동맹과 삼국연합은 순발력을 발휘했다.

　8월 1일 독일은 러시아에 선전포고를 했고 프랑스도 총동원령을 내렸다. 이틀 뒤 독일군은 프랑스로 진격했고 영국은 독일에 선전포고를 했다. 불과 8일 만에 삼국동맹과 삼국연합에 속한 여섯 나라 중 이탈리아를 제외한 나라들과 세르비아까지 모두 전쟁에 휩쓸렸다.

　100여 년 전 나폴레옹 전쟁 이래 유럽은 대규모 국제전의 무대가 되었다. 나폴레옹 전쟁 이후 산업혁명이 진전되어 유럽 각국의 공업은 크게 발달하고, 그 성과로 군사무기가 비약적으로 발전해 전쟁의 규모는 훨씬 커지고 치열해졌다.

　전쟁 시에는 프랑스를 상대로 한 나폴레옹 전쟁이었지만 이번에는 유럽의 열강들 그것도 전 세계를 분할 지배하고 있는 국가들이 두 패로 나뉘어 벌어진 총력전이었다.

　결국, 이 전쟁은 인류역사상 처음 발발한 말 그대로 세계대전이 되었다. 전선은 예상한 대로 영국을 중심으로 한 연합군과 독일을 중심으로 한 동맹국으로 갈라서서 전쟁을 벌이는 한편, 명분을 쌓고 세력을 늘리기 위해, 중립국들을 영입하려는 활발한 외교전을 전개하였다.

　오스만제국이 동맹국 측으로 참전했으며 발칸에서도 불가리아는 동맹국에 루마니아와 그리스는 연합국에 가담하면서 전쟁은 명실상부한 세계대전으로 변모했다. 전쟁은 오스트리아가 일으켰으나 삼국동맹의 리더는 독일이었고 독일의 전략은 속전속결이었다.

　독일은 좌측에 프랑스·영국의 연합군과 싸우면서 우측의 러시아와 전투를 해야 했기에 고전을 면치 못해 전쟁은 장기전으로 바뀌었다.

역사상 어느 전쟁도 이렇게까지 장기전으로 전개된 경우는 없었다.

장기전은 단기전과 달리 국민 모두가 애국심을 가지고 참여하는 총력전이 되었다.

장기전이 됨으로써 중요해진 것은 보급로였고, 팽팽하게 맞서던 전황은 바다에서 변수가 생겼다. 원래 독일 해군은 전통에 빛나는 영국해군의 상대가 되지 못했다.

독일 U 보트 미국의 참전을 초래하다

제해권을 빼앗긴 독일은 물자수송은커녕 그동안 획득한 식민지마저 잃기 시작하였다.

궁지에 몰리자 독일은 비상카드를 꺼내들었는데 그것은 그동안 개발한 신무기인 잠수함 U보트였고, 이것은 큰 악수(惡手)가 되었다.

잠수함 U보트는 영국해군뿐만 아니라 민간 상선까지 무차별로 공격했으며 중립국의 민간 상선들까지 침몰시키는 만행을 저지르는 바람에 세계여론이 이것을 계기로 독일과 동맹국에 등을 돌렸다.

나빠진 여론은 그동안 군수품 수출로 재미를 보며 관망하고 있던 중립국 미국이 1917년 4월 참전을 선언했고, 같은 해 10월 러시아에서는 사회주의 혁명이 일어나 연합진영에서 철수한 것이다.

결과적으로 러시아가 떠나고 미국이 등장해 연합군의 전력이 크게 강해진 것이다.

미국이 유럽 전선에 투입되면서 독일은 육상전에서도 연합군에 밀리기 시작했다. 종전 역시 개전에서처럼 발칸반도에서 시작됐다.

9월에는 불가리아가 10월에는 오스만투르크가 항복했으며 이렇게 발칸전선이 붕괴하자 더이상 버틸 힘이 없어진 오스트리아도 11월 초에 항복했다.

일주일 후, 11월 11일 독일은 동맹국의 우두머리답게 휴전조약을 맺는 형식으로 항복함으로써 4년에 걸친 제1차 세계대전은 종결되었다.

미국을 비롯한 여러나라는 매년 11월 11일을 "Veteran's Day"(우리나라 현충일)로 기념하고 있다.

타이타닉 호의 침몰

제1차 세계대전 시 독일의 U보트가 연합군의 수송선, 상선들을 수백척 침몰시켰지만 그 2년 전 1912년에는 이들 배들의 크기,그 피해를 모두 합쳐도 비교가 안 될 엄청난 침몰사고가 있었습니다. 그 것은 1912년 배의 규모는 4만 6천 톤, 길이 268m, 폭 27m (최대 속도 23노트)에 이르는 타이타닉이라는 인류역사상 최대의 호화 유람선이 거대한 빙산에 충돌하여 약 1500여 명이라는 사상자를 낸 것입니다. 이 배는 영국에서 그때까지의 조선기술과 가장 화려하고 우아한 선실을 갖추고 4월 10일 영국을 떠나 미국 뉴욕으로 처녀 출항한 것입니다. 그런데 4일차 항해에서 거대한 빙하에 충돌하여 침몰하였습니다.

갑자기 나타난 빙산에 배는 급히 후진하여 어렵게 좌측으로 틀어 빙산과 정면 충돌은 피했으나 20만톤에 달하는 빙산이 배의 우측을 스치면서 배 아래쪽 측면부에 큰 구멍을 내고 말았습니다. 빙산의 규모가 배의 4배 이상이었고 빙산의 일각이라는 말이 사실이었던 것입니다. 이 배에는 2200명이 탑승한 것으로 추정하는데 희생자는 그 집계가 다양하지만 1513명이라고 합니다. 당시 역사상 세계 최대의 해난사고로 생존자는 불과 711명에 불과했습니다. 타이타닉은 침몰 이후 73년이 지난 1985년 9월 1일 그 잔해가 해저 4000m에서 발견되었습니다. 배가 오히려 빙산을 피하지 못하고 그냥 빙산의 머리부분과 정면 충돌하였으면 배의 방수격실(防水 隔室) 두세 개만 파손되었거나 그렇게 빨리 침몰하지 않았을 것이고 희생자는 극소수였을 것이라는 추정도 있었습니다. 배에는 모두 20척(간이 요트포함)의 구명보트가 있어서 최대 승객의 절반밖에 탈 수가 없었고 배의 운명이 10분밖에 남지 않았던 절체절명의 순간이 다가왔습니다.

배의 승객 중에는 현재 가치로 6만 달러 상당의 많은 요금을 내고 1등실에 탑승한 세계 1, 2등가는 부호들도 있었고 최저 요금으로 바닥에 탄 700명의 이민자들도 있었습니다.

사망자 중의 상당수는 이들 최저 요금 객실 승객이었으며 이들은 위기의 순간에도 갑판 위로 올라올 수 없었습니다. 갑판 위에서도 여성과 어린이들을 우선으로 구명보트에 타도록 했는데 유명한 시어즈 백화점 창업자 같은 대부호 부부 등, 사랑하는 부부와 가족이 헤어지지 못해서 함께 희생된 여러 눈물겨운 사연들이 있었습니다. 살아남으려는 쟁투도 있었지만 자신을 희생한 노블레스 오블리주(Nobless Oblige)의 미담들이 전해졌습니다. 이 실화를 배경으로 1998년 거장 제임스 카메룬 감독이 영화를 만들었는데 로미오와 줄리엣에 출연하여 인기가 치솟던 레오나르도 디카프리오와 청순하면서도 정열적인 케이드 윈슬렛이 출연하였습니다. 1등 객실 승객과 싸구려 객실 승객이 단 4일간의 항해에서 싹튼 사랑이 그 위기상황과 긴박하게 조화되어 있었습니다.

제1차 세계대전의 마무리-베르사유 체제

17세기 초 30년 종교전쟁이 끝난 후 참전국들은 베스트팔렌 조약으로 전후 질서를 협의했고 19세기 나폴레옹 전쟁이 끝난 후에도 빈체제가 유럽의 질서를 정했다. 20세기 초 제1차 세계대전이 끝난 후에도 전후 처리를 위해 1919년 파리에 모였는데 여기서 이루어진 새로운 질서를 "베르사유 체제"라고 한다. 역사상 최초의 총력전이자 국민전이었고, 25개국의 참전으로 전쟁의 규모도 사상 최대였다.

게다가 잠수함·비행기·비행선·탱크·독가스 등 신무기도 선보였다. 무엇보다도 전사자가 무려 1천만 명에 달한 미증유의 전쟁이었다.

그러나 전후처리는 어찌 보면 쉬웠다. 그 이유는 참전국들이 확연히 두 패로 나뉘었고 승패가 명확히 판가름 났기 때문이다.

즉, 이제부터 세계는 영국, 프랑스, 미국의 주도로 운영될 것을 선언하는 것이었다. 결국, 소수의 지배국가와 다수의 피지배국가로 나뉜 것이다.

우선 독일은 모든 해외 식민지가 몰수되었고, 무기생산도 금지되었으며 1320억 마르크라는 막대한 배상금을 지불해야 했다.

또 오스트리아와 헝가리의 기형적인 제국은 생겨난 지 45년 만에 해체되었다. 이 과정에서 민족적으로 이질적이면서도 수백년 동안 합스부르크와 오스트리아제국에 속해 있던 보헤미아가 체코슬로바키아로 독립했다.

그러나 오스트리아와 더불어 전쟁의 계기를 제공한 세르비아는 승전국으로서 크로아티아까지 통합해 발전적으로 요시프 티토(1892~1980년)의 주도로 유고슬라비아라는 연방국가로 탄생하였다.

독일·오스트리아와 함께 동맹국의 주요 세력이었던 오스만투르크는 원래 분할될 예정이었으나 케말파샤(1881~1938년)가 이끄는 공화주의자들이 연합국의 간섭에 거세게 저항하여 1923년 터키공화국을 수립했다.

승전국도 아니고 패전국도 아닌 나라들은 미국 대통령 윌슨이 1919년에 선언한 '민족자결주의'에 따라 대표적으로 1919년도 한반도의 3·1운동과 중국의 5·4운동으로 나타났다.

한편 연합국의 핵심이었던 러시아는 패전국은 아니었지만 괘씸죄라 할까, 역사적인 책임을 묻기로 했다. 200여 년의 역사를 거슬러 18세기 초에 북방전쟁으로 러시아가 얻은 발트해 연안 지역을 독립시킨 것이다.

그에 따라 에스토니아·리트비아·리투아니아의 발트 3국이 신생국으로 탄생했으며 폴란드와 핀란드가 독립하게 되었다.

특이한 것은 동양의 제국주의 국가로 새 출발한 일본의 경우였다. 일본은 1902년 영일동맹을 근거로 참전하였으나 유럽 전선에 참여하지 않고 전쟁 기간 동안 부수적인 성과를 부지런히 챙겼다.

대표적으로 중국의 산둥반도는 독일의 조차지였으므로 일본은 만주에 주둔 중이던 군대를 산둥반도로 이동시켜 독일군의 요새를 점령하여 중국 침략의 교두보를 마련한 것이다.

2장

제1, 2차 세계대전의 막간(幕間) 20년(1919~1939년)

독일의 바이마르 공화국 성립

바이마르공화국

제1차 세계대전은 모든 나라에게 큰 상처였고 두 번 다시 겪지 않아야 할 비극이었다.

베르사유 체제로 일단 새로운 질서를 만든 세계열강은 차후 이러한 전쟁의 가능성이 없도록 하는 분쟁 조정 장치를 생각하였다. 그래서 현재 유엔의 전신인 국제연맹을 신설하였다.

한편 이 세계대전의 대표적인 패전국인 독일의 사정은 끔찍했다.

1919년 전쟁이 끝나는 것과 동시에 국내에 혁명이 일어나 빌헬름 2세(1859, 재위 1888~1819년)가 쫓겨났다.

독일 통일의 결실인 독일제국은 47년(1871~1918년)만에 망하고 그 이듬해 1919년 1

월 혁명을 주도한 "바이마르"에서 독일연방 국민회의가 소집되고 드디어 독일 역사상 최초의 공화국인 바이마르 공화국이 탄생했다.

극단적인 좌파를 배제하고 온건 좌파인 사회민주당이 주도한 새 공화국은 개혁의지가 충만했다.

정부는 보통선거제를 도입하고 노동자의 각종 권리를 보장했다.

학문적으로는 바이마르 헌법을 이상적인 체제를 갖추고 있었다고 평가하고 있으나 바이마르공화국의 문제는 경제였다.

배상금 1320만 마르크를 갚기 위해 화폐를 찍어대니 물가는 천장부지로 뛰어 올라 전쟁 전의 달러당 4.2마르크가 배상금을 갚기 시작한 1922년에는 2700마르크 수준이 되었고 그 이듬해에는 수조마르크라는 믿지 못할 정도까지 이르렀다.

이런 상황을 구해준 것은 이제 세계경제대국으로 발돋움한 미국이었다.

미국이 독일의 복구를 위해서 달러를 주면 이것으로 영, 불에 배상금을 갚아서 유럽 전체의 전후복구가 이루어진다는 식이었다.

이렇게 한숨을 돌려가던 바이마르정부는 국민들에게 신뢰를 잃었다.

굴욕적인 전후 처리로 다른 유럽 열강에 종속화되어가는 정부에 대해서 좌파도 우파도 반대해서 정부는 어떤 정책도 추진하기 어려웠다.

히틀러의 등장

이렇게 고전을 하고 있었던 독일 정국에 나타난 인물이 바로 아돌프 히틀러(Adolf Hltler, 1889~1945년)(위의 사진)였다.

제1차 세계대전에서 독일군에 복무한 히틀러는 종전 후에도 계속 군에 남아 있다가 1919년에 독일노동당에 입당하면서 정치활동을 시작했다.

이듬해 당명을 "국가사회주의 독일노동자당"으로 긴 이름을 변경했는데 그 약자가 "NAZI"이다. 그는 "베르사유 조약의 폐기"를 주장하는 등 선동적인 연설로 국민들의 인기를 얻었다.

그러나 세계경제가 계속 호황을 유지하였더라면 히틀러의 집권은 힘들었을 것이었다. 1929년 잘 나가던 미국에서 터진 대공황으로 유럽도 크게 타격을 보고 이 영향으로 바이마르 공화국의 인기는 바닥으로 가라앉아 대책없이 선동이나 하던 나치당이 독일 1당으로 부상했다.

이는 나라가 정상적인 방법으로 해결되지 않는 난관에 봉착할 때 엉뚱한 지도자를 찾게 마련이다.

120여 년 전 프랑스 국민이 나폴레옹에 열광했듯이 독일국민은 나치당을 선택했고 그 지도자 히틀러에 매료되었다.

이탈리아의 파시즘 등장

독일에서 히틀러가 나치에 입당하던 1919년에 이탈리아에서도 새로운 정당과 지도자가 국민의 인기를 모으면서 등장했다.

파시스트당의 무솔리니(1883~1945년)(좌측 사진)였다.

히틀러보다는 6살이 많았으나 여러 가지 비슷한 과정으로 집권하고 제2차 세계대전에서 패전할 때 죽은 것도 비슷했다.

사회주의 운동을 한 무솔리니는 파시즘(fascism 결속, 전제주의를 의미)이라는 새로운 이념을 공식적으로 표방하면서 모든 이탈리아 국민의 결속을 주장했다.

제1차 세계대전에서 이탈리아는 양다리를 걸치다가 마지막에 연합군에 붙어서 승전국으로 전리품을 기대했으나 별로 얻은 것이 없는 것이 불만이었다.

무솔리니와 파시스트당은 에마누엘레 왕에게 추궁하자 국민들에게 인기가 없는 왕은 1922년 무솔리니에게 전권을 위임했다.

파시스트당은 무소불위(無所不爲)의 존재가 되어 독일의 나치당처럼 국민을 볼모로 팽창주의로 몰고 나갔다.

파시스트들 국가들, 전쟁마당으로

독일의 히틀러는 1933년 총리에 취임하고 의회를 해산했으며 "케슈타포"라는 비밀경찰을 창설하며 나치당만이 독일에서 유일한 정당이라고 선언했다.

이듬해에 이름만 남은 바이마르공화국의 대통령이 사망하자 히틀러는 총통까지 겸하년서 공화국 체제를 폐지해버렸다.

공화국이 사라지니 히틀러는 독일을 "제3제국"이라고 불렀다.

돌연 신성로마제국의 전통까지 끌어들여 1제국으로, 빌헬름 1세(비스마르크)가 통일한 독일을 제2제국, 자신들이 세운 제국이 그 다음이라는 것이다.

파시즘으로 무장한 독일과 이탈리아는 결국 제1차 세계대전 이후의 평화를 모색하던 전후 질서를 단순한 "과도기(過渡期)"로 만들고 또 한차례의 대형 국제전쟁으로 몰아가기 시작했다. 독일과 이탈리아는 파시즘체제로 국내를 안정시킨 뒤 단기간에 상당한 경제발전을 이루었다. 두 나라 이외에 소련은 1917년 혁명으로 공산주의 국가를 세우고 국내 상황이 안정된 후 1921년부터 신경제정책을 도입하여 상당한 성과를 거두었다. 소련에선 레닌(1870~1924년)의 사후 피비린내 나는 권력투쟁에서 트로츠키를 누르고 승리한 스탈린은 정치적인 면에서는 반대파를 모두 숙청하는 무자비한 철권정치로 일관했다.

그러나 경제발전으로 소련을 강대국의 대열로 끌어올린 덕분에 확고한 절대권력을 구축했다. 한편 대공항의 여파로 재정난에 봉착한 일본은 만주를 근거지로 여기고 1931년 만주사변을 일으키고 만주지배에 나섰다. 국제연맹에서 강력히 항의하자 1933년에 미련없이 국제 연맹을 탈퇴했다. 1868년 명치유신이후 동양의 유일한 제국주의 국가로 성장하면서 1차 목표는 한반도와 만주의 정복이었다. 이제 일본은 그 목표를 이루고 2차이자 최종목표는 중국대륙을 전복해 이른바 "대동아 공영권"의 주인공이 되는 것이었다. 제2차 세계대전

만주에 진주하고 있는 일본군

의 주인공들을 말하자면 독일, 이탈리아, 그 주인공 히틀러, 무솔리니, 소련의 스탈린을 말하는데 일본의 경우는 신격화된 일왕 외에는 특정 인물이 없다. 그것은 일본은 집단 지도체제 시스템으로 이끌어 갔던 것이다.

3장

대공항, 세계를 휩쓸다(1929년 이후)

1920년대 미국의 경제 흥청망청

세계 제1차 세계대전 중 전쟁을 관망하면서 군수산업을 일으켜 유럽에 조달하며 전쟁 특수를 누리던 미국은 자타가 공인하는 경제대국이 되었다.

전후에도 미국은 유럽 여러나라에 돈을 빌려주었고 해마다 엄청난 무역 흑자를 올려 세계 최고의 경제력을 자랑하였다.

미국 시민들은 너나 할 것 없이 증권시장에 드나들었고 여자들은 유행에 맞춰 옷과 신발 등을 쇼핑했다. 거리에는 매혹적인 재즈 음악으로 흥청거렸으며, 할리우드 영화는 당시 세계영화시장의 80%를 장악하고 있었다.

이 시대 미국 공장들의 기계는 쉬지 않고 움직였고 생산품이 산더미처럼 쌓여 갔다. 하지만 경제적 호황에도 불구하고 노동자들의 임금은 크게 오르지 않았다. 따라서 소비는 점차 생산을 따라갈 수 없었다. 제1차 세계대전도 끝나고 수출량도 급감하였다. 재고가 쌓이자 기업들은 생산량을 줄였고 일자리를 잃은 사람들이 늘어났다.

이 시대의 상황을 잘 묘사한 소설이 나왔고, 이를 영화로 만들었습니다. 바로 〈위대한 개츠비(The Great Gatsby)〉입니다. 1925년 F. S. 피츠제럴드가 쓴 이 소설은 연극과 몇 편의 영화로 만들어졌지만 가장 최근의 영화가 2013년작으로 공전의 히트를 쳤습니다. 주인공은 〈타이타닉〉의 남자 주인공이었던 레오나르도 디카프리오와 여자 주인공 캐리 멀리건이 열연하였습니다.

남 주인공은 당시 알 카포네도 활약하던 시카고에서 폭력·밀주·유통 등으로 엄청난 돈을 벌어 매일 밤 사람들을 집으로 초대해 휘황찬란한 불빛 속의 파티를 열어 흥청망청 돈을 쓰며 사교계 생활에 빠져 살았습니다. 마치 성경의 소돔과 고모라에 나오는 최후의 타락한 사람들처럼... 역시 그 끝은 추락, 허무, 비참함 속으로 마무리됩니다. 다가오고 있는 미국대공황을 예고하는 것처럼...

증시의 폭락-대공황의 시작

그러던 1929년 10월 24일 목요일 아침, 뉴욕 월스트리트 증권거래소는 대혼란에 빠졌다. 주식값이 최악의 수준으로 폭락하여 증권거래소는 "팔자"를 외치는 사람들로 삽시간에 난장판이 되었다.

'검은 목요일(Black Thursday)' 또는 피의 목요일로 불리게 된 이날의 주가폭락은 제1차 세계대전의 그늘을 걷고 장밋빛 미래를 노래하던 세계를 순식간에 혼란에 빠뜨렸다.

위기감이 증폭되면서 주가는 더욱 폭락했고 기업과 은행들이 연달아 무너졌다.

　미국과 세계 여러 지역이 경제적으로 매우 긴밀하게 연결되어 있었기 때문에 이러한 경제위기는 태평양과 대서양을 넘어 단숨에 모든 자본주의 국가로 확산되었다.

　이러한 분위기에서 독일과 이탈리아에 파쇼(파시즘, fascism) 정권이 탄생해 권력을 쟁취했으며 일본은 이를 기회로 만주와 본토 침략을 확대하였고, 스탈린도 이 시기에 절대 독재권력을 확립하였다. 결국 1929년 미국의 대공황은 10년 후 제2차 세계대전, 태평양 전쟁의 전주곡이 되었다.

케인즈의 수정자본주의가 약손이 되다

　실업자로 전락한 가난한 노동자·농민·서민들은 날마다 일자리를 요구하며 시위를 했다. 정부는 공산주의자들이 시위를 조종하고 있다고 비난하면서 경찰과 군대를 동원해 이들의 생존권 요구를 무자비하게 탄압하였다.

　모두가 자유롭게 자신의 이익을 추구해도 "보지 않는 손"의 조화로 모든 일이 잘 풀릴 것이란 자유방임주의 아담 스미스의 경제학의 믿음은 깨져 버렸다. 시장의 자유를 절대시하던 자유방임적 자본주의가 파편을 맞은 것이다.

♛ 존 스타인벡과 루이 암스트롱

이 시대에 미국에서 비슷한 시기에 태어나서 30대에 이 참혹한 대공황의 현실을 겪은 유명한 두 사람이 있었습니다. 한 사람은 20세기 미국 문학을 대표하는 백인 지성인 존 스타인벡(John Ernst Steinbeck, 1902~1968년)입니다.

그는 오클라호마州 이주민들 속에 끼어 서부로 간 경험이 「분노의 포도」를 집필하는 동기가 되었습니다. 대공황 속 잔혹한 현실을 잘 묘사해 1939년 퓰리처상을 수상했고, 1962년 「에덴의 동쪽」으로 노벨 문학상을 수상합니다.

또 한 사람은 가난한 흑인의 아들로 태어난 루이 암스트롱(1901~1971년)입니다. 뉴올리언스에서 태어난 그는 재즈 트럼펫 연주자 겸 가수·음악가로서 미국은 물론 전 세계의 문화에 큰 영향을 끼쳤으며, 재즈 역사에 기념비적 발자취를 남긴 전설적인 음악인입니다. 재즈라는 장르에서 절대 빼놓을 수 없는 거장이며 그만큼 미국의 근대 사회와 문화의 한 면을 대표하는 인물입니다.

직업소개소 앞의 긴 행렬

1930년대 미국은 수요를 늘리기 위해서 국가가 적극 개입해야 한다고 주장한 영국의 경제학자 케인즈(John Maynard Keynes, 1883~1946)의 의견을 따라 수정자본주의를 도입하였다. 그래서 정부는 대규모 공공사업을 벌여 일자리를 만들어 갔다.

대공황을 맞은 후버 대통령 때 홍수와 가뭄을 되풀이하던 네바다주의 콜로라도 강을 막은 후버댐 건설기간(1931~1936년)이 대표적 공공사업이었다.

한편 케인즈는 공황을 극복하기 위해서 완전고용을 해야 하며 이를 실현·유지하기 위해서는 자유방임주의가 아닌 소비와 투자, 즉 유효수요를 확보하기 위한 정부의 보완책(공공지출)이 필요하다고 주장했다.

이러한 정책을 1932년 당선된 프랭클린 루스벨트 대통령이 꾸준히 추진해 사회주의자

경제학자 케인즈와 공공사업

라는 공격을 받기도 했다. 이러한 정책에 힘입어 미국경제는 대공황의 늪에서 조금씩 빠져나왔고 수정자본주의는 전 세계로 확산되었다.

유럽의 국가들도 대공황(大恐慌)을 벗어나기 위해 본국과 식민지를 한 블록으로 묶어서 본국에서 과잉생산된 제품을 식민지에 떠넘겼다.

그래서 식민지의 민중들은 대공황의 고통을 이중으로 겪어야 했다. 넓은 식민지를 가지지 못한 독일, 이탈리아, 일본에서는 침략전쟁을 통해서라도 대공황을 벗어나야 한다는 목소리가 높아져 갔다.

한편 자본주의 국가들이 심각한 불황에 시달릴 때 소련은 대공황의 영향을 받지 않았고 아주 높은 경제 성장률을 기록하여 1938년에는 세계 2위의 경제 대국이 되었다.

그러나 1925년부터 지속된 계획 경제는 소련의 농민들을 수탈하여 인명을 대거 희생시켰고, 노동자들에게는 과도한 중노동 부담을 안겼다.

이러한 중노동으로 인해 중앙계획경제에 대한 노동자들의 불만이 커졌고, 이를 해결하기 위해 스탈린이 죽고도 한참 후 1965년에 혼합경제체제를 받아들이게 된다.

미국의 세계 최고(最高) 엠파이어 빌딩 건설

또한 이 시기에 지어진 유명한 빌딩이 있다. 바로 엠파이어스테이트 빌딩으로 미국에서 뿐만 아니라 당시 세계에서 제일 높은 건물이었으며, 높이 381m의 102층으로 1931년에 완공되었다.

이 빌딩이 지어지기 전까지는 크라이슬러 빌딩(319m)이 제일 높았고, 1972년 세계무역센터 트윈 빌딩(417m)이 준공될 때까지 42년 동안 고층빌딩의 상징이었다.

엠파이어 빌딩은 록펠러(Rockefeller) 재단이 세계 제1의 부호답게 대공황의 침체된 분위기를 쇄신하기 위해 최단기간 내(1929~1931년) 최신공법으로 완공한 건물로 유명하다.

♕ 엠파이어 빌딩 세계 제일 높은 빌딩 3년만에 완공

고대그리스의 유클리드 기하학을 적용한 철조구조 물로 공작품을 만들 듯이 안전하고 신속하게 건축한 건축물입니다.

사람들은 이런 정도의 건물(381m)이라면 10년 이상 차분히 쌓아 올라가야 한다는 고정관념으로 이 빌딩의 안전에 대해 의심을 했습니다. 한동안 이 건물의 상층부는 빈 채로 방치돼 있었습니다.

아마도 대공항의 여파도 있었겠지요.

현재 최고 높은 건물을 꼽으라면 단연 두바이의 부르즈 할리파 빌딩으로 162층 829m 높이의 위용을 자랑합니다.

2004년 착공해 2009년에 완공하였으며 삼성물산(주) 건설부문이 시공을 맡아 지상 공사 시에는 3일마다 한층씩 올렸다고 합니다.

높은 건물의 족보를 찾아보면 인간이 지은 가장 높고 오래된 건축물은 이집트 쿠푸왕의 피라미드로 BC 2570년에 지어진 높이 146.5m이며, 중세까지 3800여 년 동안 제일 높았다고 할 수 있습니다.

14세기 이후 성당 교회의 탑이 150m 전후였는데, 19세기 독일의 쾰른 성당의 높이가 161m가 제일 높았습니다.

20세기 엠파이어스테이트 빌딩보다 높은 무역센터가 2001년 9월 11일 알카다 무장단체의 테러로 무너진 다음 바로 그 자리(Zero Point)에 프리덤 타워 빌딩(533m, 1776피트(미국 독립의 해))이 들어섰습니다.

2014년 완성하여 미국 높은 건물(세계 5위)의 족보를 잇고 있습니다.

우리나라 롯데타워는 555m로 이 건물보다 살짝 높아서 세계 4위에 올라 있었습니다.

엠파이어 스테이트빌딩은 타워 부분을 더 높여서 443m가 되었는데 이곳의 야경이 미국은 물론 세계에서 가장 멋진 곳으로 손꼽힙니다.

필자도 집안의 일로 뉴욕 지역 대학졸업을 축하하러 갔었으며, 그 타워에서 그 대학의 상징 색깔이 아름답게 빛나는 야경을 보고 감동했던 추억이 있습니다.

4장

제2차 세계대전(1939~1945년)

준비된 전쟁-히틀러, 무솔리니

전쟁을 결의하는 나치스트

준비된 파시즘의 스타들, 히틀러나 무솔리니는 전쟁을 늦출 필요가 없다고 생각했다.

불과 20여 년 전 제1차 세계대전에서 작성된 모든 기록을 깨고 전쟁에 관한 새로운 신기록을 세우게 될 제2차 세계대전의 서막이 서서히 오르기 시작했다.

제1차 세계대전은 후발 제국주의 국가들이 선진 제국주의 국가들에 도전한 전쟁이라고 한다면 제2차 세계대전은 '파시즘(fascism)'이라는 비정상적인 수단을 동원해 선진국 간에 국제역할의 변화를 시도한 전쟁이었다.

또 제1차 세계대전은 우연한 계기로 "자연스럽게" 발생한 반면, 제2차 세계대전은 계획적이고 치밀하게 준비한 끝에 도발한 전쟁이었다.

1938년 독일은 계획대로 오스트리아를 합병했고 체코슬로바키아를 위협해 해체하고 보헤미아와 모라비아를 병합하였다.

이때까지 세계정치의 원로인 영국의 체임벌린(Chamberlain) 수상은 평화유지를 강조하며 독일의 움직임을 견제하지 못했고, 세계 경제의 우두머리가 된 미국은 자국 내의 대공항의 대책에 고심하고 있었으며, 굳이 유럽의 변화에 관심을 가지려 하지 않았다.

그러는 동안 히틀러의 행보는 더욱 빨라져서 이탈리아와 군사동맹을 맺어 추축(樞軸)을 완성하고 소련과 불가침조약을 맺었다.

그리고 두 나라의 인접국가인 만만한 국가 폴란드를 침공했다.

그리고 영국과 프랑스가 독일에 선전포고를 함으로써 제2차 세계대전이 시작되었다.

또 다시 두 나라가 폴란드를 분할했다.

지정학적인 위치로 인해 무슨 계기만 있으면 이렇게 나뉘니 폴란드는 참 불쌍한 나라이다. 제1차 세계대전 후 베르사유 체제로 독립된 지 겨우 20년 후에 다시 나라를 잃었다.

소련은 발트 3국을 점령하고 핀란드에서 접전 중이었다. 1940년 독일은 중립국인 덴마크와 노르웨이를 공격하고, 이를 저지하는 영국과 프랑스와 첫 전투에서 독일군이 완승해 덴마크와 노르웨이를 손에 넣었다.

그러자 영국은 독일에 강경한 처칠(Winston Churchill, 1874~1965년)을 중심으로 거국내각을 구성하고 제2차 세계대전에 임해 히틀러와 처칠이 제2차 세계대전에서 맞붙게 되었다.

히틀러와 처칠의 대결

제2차 세계대전의 주인공 영국의 처칠 수상과 독일의 히틀러 총통이 전쟁 벽두에 대결이 시작됐다.

<Darkest Hour>라는 영화에서도 나오듯 처칠 내각이 발족된 그날(1940. 5. 10) 독일은 서부전선에서 본격적인 작전을 시작해 독일의 막강한 기계화부대는 쉽게 벨기에와 네덜란드를 점령하고 프랑스국경에 다가섰다.

이제 전쟁의 강적들의 진검승부가 시작된 것이다.

프랑스가 믿은 것은 육군차관 "앙드레 마지노"의 건의에 따라 1938년에 완공된 '마지노선'이었다. 독일과의 접경지대를 따라 두꺼운 콘크리트로 벽을 세워 중화력을 구축하고 공기조절장치, 휴게시설, 보급창고까지 갖춘 마지노 방호진지였다.

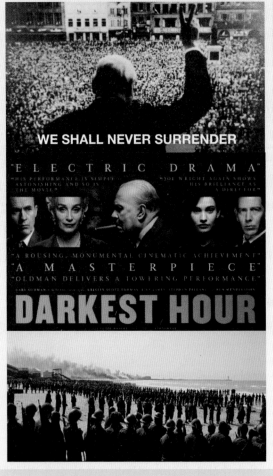

덩케르크 해변에 고립되어 있는 영국군

처칠 수상이 전시내각을 맡는 순간부터 약 4주간(1940.5.9~6.4)의 상황을 그린 영화, 제목부터 심상치 않은 〈Darkest Hour(어둠의 시간)〉가 있었습니다. 제2차 세계대전 초기(1940) 영국군은 파죽지세로 진격하는 독일군에 밀려 후퇴를 거듭하다 덩케르크 지역에 고립되면서 서유럽에 이어 영국 본토마저 나치의 침공 위기가 고조되던 시기의 이야기입니다.

나치 독일 히틀러와 평화협상을 하느냐, 아니면 위기를 무릅쓰고 덩케르크 철수 작전을 감행하느냐의 기로에 섰습니다.

처칠은 의회로 가는 중 도로가 정체를 빚자 지하철을 탑니다. 런던 지하철에서 만난 국민들은 처칠이 어떤 결정을 할지에 대한 의견을 주는데 영국 국민들은 굴욕적인 평화보다 명예로운 투쟁을 원했습니다.

처칠은 라디오 방송과 의회 연설을 통해 역설합니다. "일시적인 평화를 위해, 믿을 수 없는 나치주의자와는 절대 협상할 수 없다. 우리가 이길 수도 있고 질 수도 있다. 그러나 가장 중요한 것은 꺾이지 않는 의지입니다." 이에 국왕인 조지 6세 역시 처칠의 선택에 힘을 실어 줍니다. 처칠은 덩케르크에 있는 영국군의 철수를 위해 어선이건 요트건 간에 가능한 모든 민간인 선박에 대해서 동원령을 내리는데 이 작전은 성공적으로 끝나 독일에 대한 반격의 기회로 삼게 됩니다. 영화는 처칠의 고뇌어린 지도력과 결단에 함축된 메시지가 담겨 있었으며 연기파 배우 게리 올드만이 처칠에 흡사한 모습으로 열연했습니다.

전선으로 떠나는 독일 병사들

여기서 유래해 최후의 방어선, 전투 이외에도 최종적인 선택 등을 "마지노선"이라고 표현하기 시작했다.

그러나 이 완벽한 요새에 대한 독일의 대응은 지극히 단순했지만 효과적이었다. 독일군은 마지노선을 굳이 정면 돌파하지 않고 벨기에 쪽으로 우회했다. 철통같이 마지막 선을 지키던 프랑스군은 닭 쫓던 개꼴이 되었다.

독일의 우회 작전은 영국군과 프랑스군을 단절시키는 부수효과를 낳았다. 벨기에 고립된 영국군은 서둘러 본토를 철수하려고 도버해협 쪽의 덩케르크(Dunkirk)와 칼레지역에 집결해 있으면서 철수 작전의 기로에 섰던 상황이 <다키스트 아워> 영화의 배경이었다.

처칠 수상이 강철같은 의지로 독일과의 평화협상에 응하지 않고 영국국민들의 애국심에 호소하여 유람선 요트 등 860척을 동원해 30만 명이 넘는 영국군을 철수(5.28~6.4)시킨 것이다.

프랑스 영내로 진군한 독일은 6월 14일 마침내 파리를 점령해 프랑스 영토의 3분 2가 제2차 세계대전 종료 시까지 독일의 수중에 있었다.

이때 드골이 영도하는 파리임시정부가 런던에서 활동했다. 독일의 프랑스 점령으로 1939년 9월 제2차 세계대전이 본격적으로 시작된 지 9개월 만에 영국을 제외한 서유럽 전역이 국제파시즘의 세력 안에 들어갔으니 이는 130여 년 전 나폴레옹의 유럽정복보다 훨씬 빠른 기록이었다.

그러나 영국은 예외였다.

잘 나가던 루이 14세 시대나 나폴레옹 시대, 히틀러의 시대에도 영국이 건재하는 한 유럽의 패권은 완성된 것이 아니었다.

히틀러는 영국과 타협을 모색했지만 처칠이 있는 한 소용없자 같은 해 9월 영국에 대한 폭격을 시작하여 런던뿐 아니라 주요 도시까지 무차별적이었지만 좀처럼 승세를 탈 수 없었다.

이 시기에 독일은 이탈리아·일본과 삼국동맹을 체결했고, 전 세계 나치즘은 러시아를 빼고 한 몸이 되었으며, 이제 전쟁은 본격화되기 시작했다.

히틀러와 무솔리니

무차별한 히틀러의 영국의 공습

1941년 독일의 모스크바 침공과 일본의 진주만 기습

히틀러는 영국 말고 또 하나의 난적 소련을 공격해야 했다.

1941년 6월 118개 보병사단, 15개 기계화 사단, 19개 전차사단, 3백만 명의 병력, 3600대의 전차, 2700대의 항공기를 동원하여 소련에 대한 대대적인 공격에 나섰다.

인류 역사상 이런 병력과 장비가 한꺼번에 동원된 사례가 없었다.

130년 전(1812년) 나폴레옹이 그랬던 것처럼 히틀러도 3~4개월이면 능히 소련군의 주력을 격파하고 자원지대 우크라이나를 손에 넣을 수 있으리라고 판단했다.

개전 초 파죽지세로 모스크바까지 진격한 것은 나폴레옹 때와 같았지만 그 다음이 문제였다.

10월부터 시작되는 동장군(冬將軍)을 견디지 못해 후퇴하기 시작했으니 역사는 그렇게 되풀이되고 있었다.

그러자 소련군(스탈린)은 12월부터 반격에 나섰다.

히틀러의 모스크바 침공

모든 것을 속전속결로 끝내고 싶었던 독일의 의도는 여기서 좌절을 맛보고 이제 독일의 전쟁은 하강기로 접어들었다.

유럽의 전세는 장기전의 양상을 띠기 시작하였으며 전선은 태평양지역에서 엉뚱한 상대들이 전쟁을 시작했다.

1941년 12월 7일 일본이 하와이의 진주만을 기습하면서 태평양 전쟁이 시작된 것이다.

제1차 세계대전 때도 그랬듯이 연합군 측에 군수물자만 공급하던 미국이 본격적으로 참전하지 않을 수 없었다.

일본은 잠자던 사자를 건드렸으니 이제 본격적인 태평양전쟁이 시작됐다.

진주만 기습부터 1942년 봄까지는 몇 개월간은 유럽·아프리카에서 독일과 이탈리아가, 태평양 전선에선 일본이 미국을 상대로 추축국(樞軸國)들이 기세를 떨치는 시기였다.

역전의 바통은 아프리카에서 이어받았다.

'사막의 여우'라는 독일 롬멜(Rommel)의 탁월한 전술에 밀리던 영국군은 1942년 10월부터 영국의 몽고메리가 반격에 나섰으며 11월에는 아이젠하워가 이끄는 미군이 북아프리카에 상륙하면서 전세를 뒤집었다.

1943년 초에는 독일이 전선의 교착을 깨기 위해 다시금 대규모 공세를 취하다가 소련군의 반격을 받아 30만 명의 병력이 괴멸되는 패배를 맛보았다.

드디어 1944년 6월, 제2차 세계대전의 가장 큰 전투 중에 하나인 아이젠하워가 이끄는 노르망디 상륙작전이 성공하여 프랑스로 진격하였다.

아이젠하워의 노르망디 상륙작전

8월에 파리시민의 투쟁이 연이어 일어나 프랑스는 독일의 점령에서 벗어났다. 1943년부터 승리를 확신한 연합군 측은 처칠, 루스벨트, 스탈린 사이의 전후처리에 관한 협상을 시작하였다.

패전이 눈에 보이는 1945년 4월에 무솔리니가 스위스로 도망가다 이탈리아 유격대에 잡혀 피살되었다.

그해 3월부터 독일 영내에서 연합군이 마무리 전투를 하던 중 5월에 소련군이 베를린에 진입하자 히틀러는 자살하였고, 일주일 후인 5월 7일 독일이 항복했다.

일본의 중일전쟁과 태평양전쟁-미국과 중국과의 전쟁

1931년 만주를 침입하는 일본군

일본이 1854년에 미국의 페리제독에 의해 강제 개국하고 불평등조약을 맺은 게 채 100년이 안됐는데 1941년 미국의 영토인 진주만을 기습공격하여 태평양전쟁을 벌인 것이다.

그 이전에 1000년 이상 경외심을 가졌던 동양의 대국, 하늘 같은 선배국가를 1592년 임진왜란 때 건드리고 그 300여 년 후에는 청일전쟁에서 승리했다.

일본은 기고만장(氣高萬丈)하여 다른 유럽국가들이 유럽에서 제2차 세계대전을 준비하는 동안 만주에서 중국의 심장부로 쳐내려가는 전쟁을 벌였으니 참 대단한 욕심이었다.

그 와중에 제일 먼저 강점(1910년)되어 있던 조선은 전쟁에 강제 징발되어 전쟁터의 총알받이로, 군수산업장의 노예 노동자로 끌려갔고 남방의 전장마당까지 위안부로 끌려나가는 등 그 피해는 이루 말할 수 없었다.

일본은 벌써 1931년부터 10년 후의 세계대전의 단초를 만들고 있었다. 그것은 중국의 북쪽 만주를 침범하기 시작했던 것이다.

이미 1928년 만주를 장악하고 있던 군벌 장작림(張作霖)을 철도폭사시킨 이후 그 아들 장학량(奬學良)이 중국 국민당과 손을 잡고 복수를 다짐하고 있었으며 소련(스탈린)이 미국의 대공항에 불구하고 경제발전을 이루는 상황에서 일본은 이에 자극받아 뭔가 큰 일을 꾸미기에 이르렀다.

1931년 만주에서 자작극(自作劇)을 만들어 선전포고도 없이 만주전역을 점령하고 1932년 3월 괴뢰만주국을 세워 실질적인 지배권을 행사하였다.

이에 중국은 국제연맹에 일본의 침략행위를 호소하여 국제연맹이 이 사실을 조사하고 일본군의 철수를 종용하였으나 일본은 이를 거부하고 33년 3월 국제연맹을 탈퇴하였다.

이제 일본은 독일의 히틀러, 이탈리아의 무솔리니 같은 파시즘체제로 전환하고 차후 중일전쟁과 태평양전쟁을 차례로 일으켰다.

일본은 제국주의의 야욕을 실현하기 위해 중국 대륙을 공격할 준비를 하던 차에 1937년 7월 7일 베이징 교외의 작은 돌다리인 "노구교"에서 일어난 작은 사건을 빌미로 삼아 일방적인 공격을 시작하여 중일전쟁을 일으켰다.

이것은 1895년 청일전쟁의 승리 이후 중국을 국가로 인정하지 않고 중국에 대한 군사행동을 마치 "아시아 혁신"처럼 꾸미는 일본정부의 책략이었다.

일본은 베이징, 천진을 점령하고 상하이까지 확대하여 1937년 12월 당시 중화민국의 수도 난징을 점령하여 그 악명 높은 "난징대학살"을 자행하였다.

1937년 중일전쟁을 일으키다

무고한 시민 수십만을 잔인하게 살육하고 여성들을 강간하는 등 전시가지를 초토화시켰다.

그 후 우한을 공략하고 광동, 산시성에 이르는 10개 성과 주요 도시의 대부분을 점령하였다.

이때 시안사변을 통하여 국공합작(장개석의 국민당군과 모택동의 홍군)을 이루어 일본군에 게릴라전을 전개하면서 전쟁은 장기화되었는데 일본은 전쟁 기간 중 수백만의 중국인을 죽이고 친일정권을 세우는 등 전쟁을 수행했다.

일본은 중일전쟁의 전선을 동남아시아로 확대하였으며 태평양을 넘어 미국을 공격하기에 이르렀다.

일본이 패망으로 가는 수순

일본은 중국대륙에서 중일전쟁을 일으키고 미국을 과소평가하여 하와이의 진주만을 기습하면서 필리핀과 인도네시아, 미얀마를 손에 넣고 한때 승승장구하였다.

당시 필리핀의 맥아더 사령관(좌측 사진)은 "나는 다시 돌아온다"는 말을 남기고 필리핀에서 떠났(쫓겨났)다.

진주만에서 일격을 당한 미국이 빠른 시일 내에 공군력(전투기 등) 해군력(항공모함, 전투함 등)을 회복하였다. 무진장한 군수물자를 생산하며 밀어 붙이자 모든 것이 애당초 부족했던 일본은 미국의 상대가 되지 못했다.

유럽에서 독일이 패망의 수순으로 나가고 있을 때 미국이 태평양의 솔로몬제도의 과달카날(Guadalcanal)을 점령해 태평양전쟁의 주도권을 완전히 장악함으로써 맥아더는 잃었던 동남아시아지역을 회복하고 제2차 세계대전의 승부는 연합군 쪽으로 기울었다.

일왕과 국가에 대한 충성심으로 똘똘 뭉친 일본 군인들은 전쟁에 지는 것을 인정하려 하지 않았다.

전투기, 폭격기가 부족했던 일본은 소위 "가미가제"로 대응하여 전투기에 폭탄을 싣고 직접 미국 군함에 충돌하는 자살공격까지 자행했다.

1945년 6월에 미군이 오키나와를 점령하고 일본 본토에 대한 폭격을 개시했으며, 항복하지 않고 끝까지 저항하던 일본은 8월에 두 차례 원자폭탄 공격을 받은 끝에 8월 15일 정오에 일왕이 무조건 항복을 선언하였다.

포츠담선언의 수락과 함께 태평양 지역의 제2차 세계대전은 일본의 패망으로 끝을 보게 되었다.

제2차 세계대전의 전후처리

1945년 10월 발족한 국제연합

1918년 제1차 세계대전이 끝났을 때 유럽인은 사상 처음 겪은 엄청난 전쟁의 규모에 경악하였다. 이제 전쟁은 이것으로 끝이고 이보다 더 큰 전쟁은 없으리라 믿었다.

그런데 인명피해만 2배가 넘는 제2차 세계대전을 겪으면서, 더 큰 전쟁도 얼마든지 가능하다는 것을 실감하게 되었다.

만약 그렇게 된다면 이제는 공멸의 길을 간다는 것도 알게 되었다.

전쟁이 끝나자마자 연합국 측은 중세의 교황과 같은 역할을 해줄 국제기구를 만들었는데 1945년 10월에 결성된 국제연합(United Nations)이었다.

제1차 세계대전 후에 생긴 국제연맹의 결정적인 단점은 강제력이 없다는 것이었으므로 국제연합은 그 점을 보강해 참가국들에 군사력을 동원해 국제연합군을 편성할 수 있게 한 것이었다.

제2차 세계대전이 한창이던 1943년11월에는 카이로에서 3상(루스벨트, 처칠, 장개석) 회담이, 독일이 항복한 1945년 7월 포츠담에서 다시 3상회담(트루만, 처칠, 스탈린)이 열려서 일본의 무조건 항복을 요구하면서 한국 등 신생국들의 전후 독립을 약속했다.

이렇게 제2차 세계대전은 사상 최대의 신생국을 낳았는데 먼저, 독일 지배하에 있던 지역은 모두 이전의 상태로 돌아갔다.

제2차 세계대전 초에 독일에 합병되었던 오스트리아는 다시 분리돼 중립국이 되었고, 이탈리아가 점령했던 동유럽의 국가들도 전부 독립했다.

일본에 강점됐던 한반도도 해방됐지만 남북분단의 아픔을 겪게 되었다. 인도차이나와 인도네시아가 원래 주인인 프랑스와 네덜란드에 귀속됐다가 해방되었다.

2차 대전의 대표적인 전승국인 미국, 영국, 소련 중에 영국은 엄청난 규모의 전쟁에서 승리했음에도 경제적인 부담이 커서 유럽경제와 함께 몰락했다.

 제1차 세계대전 전까지 누리고 있던 정치적·경제적 중심의 위치가 제1차 세계대전 후에는 정치적 중심의 위치만 가지고 있다가, 제2차 세계대전 이후에는 이것마저 미국에 양도하여 세계의 중심은 미국이 되었다.

 소련은 제2차 세계대전 이후 스탈린의 노회한 전략에 의해 많은 위성국가를 거느리게 되어 미국과 냉전체제를 이루면서 양강(兩强)체제를 이루며 1980년대 말까지 전후 40여 년을 유지하게 된다.

5장

2차례 세계대전 이후의 세계

트루먼 독트린(1947년)과 마셜플랜(1947~1951년)

제2차 세계대전 전후처리의 주역 트루먼 대통령과 마셜 국무장관

제2차 세계대전이 끝날 무렵 소련은 동유럽 국가들을 자기 세력권으로 끌어들이려고 노력하였다.

제2차 세계대전 당시 서로 협력했던 미국·영국·소련은 종전이 가까워오면서 서로 대립하였다.

특히 종전되던 1945년 4월에 죽은 미국 루스벨트를 대신하여 부통령이었던 해리 트루먼(1885, 재직 1945~1953년) 대통령이 취임해 종전처리를 하는 과정에서 스탈린과 사사건건 충돌하였다. 트루먼은 루스벨트보다 공산주의를 혐오했던 정통 보수주의자였기 때문이다.

1947년 3월 미국 트루먼 대통령은 공산주의자들로부터 자유를 찾도록 돕겠다는 "트루먼 독트린"을 발표했다.

그리고 그해 6월, 전쟁으로 완전히 피폐해진 서유럽경제를 부흥시켜 사회주의(공산주의) 세력이 확산되는 것을 막겠다는 적극적인 원조정책 "마셜 플랜"을 발표하였다.

이제 경제적으로 정치적으로 완전한 세계 최강의 나라로서 책임을 다한다는 의지의 표시로서 당시 죠지 C. 마셜(1880~1959년) 국무장관의 이름으로 발표했다.

이 계획은 1947년부터 1951년까지 서유럽의 16개국에 대한 대외원조계획이었으며 정식명칭은 유럽부흥계획이었지만 그냥 '마셜 플랜'이라고 부른다.

전쟁 이후, 유럽 두 진영으로 냉전 시대 개막

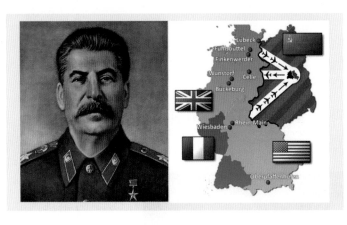

소련은 유럽에 대한 미국의 개입에 강력히 반발하면서 동유럽 국가들을 더욱더 자기편으로 끌어들였다.

마셜플랜에 대항하는 듯 스탈린은 1947년에는 각국 공산당을 하나로 연결하는 코민포름 (국제공산당정보기관)을 조직하였고 이를 바탕으로 여러 나라에 공산당 정권을 세웠다.

자본주의 진영과 사회주의 진영의 대결은 독일에서 직접적인 충돌로 이어질 뻔하였다.

독일(위의 지도)은 전쟁이 끝나면서 전 국토를 두 진영으로 분할 점령당하였고 특히 수도 베를린은 미국·영국·프랑스·소련에 의해 네 구역으로 분할되었다.

그런데 소련이 서방진영 점령지와 베를린의 미·영·프 구역 사이에 교통로를 봉쇄하였다.

서방진영이 독일을 일방적으로 자본주의화하는 것에 대한 반발이었다. 결국 두 진영은 엄청난 군사력을 동원하여 격렬하게 대립하였다.

다행히 다시 전쟁으로 확대되지는 않았지만 1949년 독일은 동·서로 분단되고 말았다.

같은 해 서방진영은 소련의 침략에 대비하는 목적으로 북대서양조약기구(NATO)를 창설하였다.

그 해에 소련도 원자폭탄개발에 성공하면서 미국의 핵무기 독점시대를 끝내고 총성은 없었지만 이제 냉전시대로 진입하였다.

중동의 팔레스타인 지방에 이스라엘 건국(1948년)

예루살렘의 전경과 이스라엘 건국

유럽 아시아와 아프리카를 연결하는 팔레스타인 지방은 언제나 분쟁의 지역이었다.

원래 제1차 세계대전 때 영국 발푸어 외무장관은 유대인에게 전쟁에 협력하는 대가로 팔레스타인에 나라를 세워주겠다고 약속했다.

그리고 이집트 주재 영국 외교관(대사급) 맥마흔은 같은 약속을 아랍인에게도 했다. 그러나 영국은 두 약속 모두 지키지 못하고 상황만 복잡해졌다.

제2차 세계대전이 끝나자 대학살에서 살아남은 유대인들이 팔레스타인으로 돌아왔다.

서부 유럽에 살았던 민족의 반 이상이 학살당한 유대인들의 피에 맺힌 건국 열정에 더 이상 견딜 수 없었던 영국인들은 이 지역의 점령을 포기하고 유대인의 건국을 도와 줄 수 밖에 없었다.

그러면서 이들에 대한 영향력을 유지하려 했다.

드디어 1948년 마침내 이스라엘이 건국된 다음날부터 인접한 국가들과의 전쟁이 꼬리를 물고 터졌다. 졸지에 수백, 수천년을 살아온 삶의 터전을 빼앗긴 팔레스타인인들은 목숨을 걸고 이스라엘에 맞서 싸웠다.

1948년 5월 16일 이집트전투기들이 이스라엘을 폭격했고 전체 아랍국가들이 전쟁에 돌입한 것이다.

이스라엘 주변의 이집트·요르단·시리아·레바논·이라크 등 5개 아랍군들이 이스라엘을 공격했다.

이에 이스라엘은 부족한 무기를 들고 일어나 맞섰다. 20일 동안 이어진 전투 끝에 유대인들은 예루살렘과 텔아비브를 지켜내 6월 11일 스웨덴의 중재로 휴전협상이 시작되었다.

그 사이 미국의 지원으로 현대적인 전투군대로 변한 이스라엘은 모셰 다얀(애꾸눈의 장군)의 지휘 아래 이집트 카이로·요르단 암만·시리아 다마스커스를 폭격해 승리를 거두면서 1949년 2월에 평화조약을 조인하였다.

이로써 세계의 초미의 관심사였던 이스라엘의 건국은 공인이 되었고 이스라엘 국민은 건국의 기초를 다지게 되었다.

이렇게 1차 중동전쟁은 마무리됐지만 이후 2·3·4차 중동전쟁을 예고하고 있었다.

이 전쟁을 "이스라엘 독립전쟁"이라고도 부른다. 유대인들의 2000년에 가까운 유랑시대를 마무리하면서 이 정도의 전쟁은 각오하였던 것이다.

바로 1940년부터 5년여 동안 아우슈비츠 수용소 등지에서 600만 명에 이르는 동족이 학살된 홀로코스트를 생각하면서 조국을 건설하는 전쟁에서 죽는 것은 명예롭고 오히려 행운이라고 생각하는 유대인들을 아랍인들은 당할 수 없었던 것이다.

몇백만에 불과한 유대인들이 수억의 아랍국가 및 민족들과의 전쟁에서 이기고 생존해 나가는 근본적인 이유이다.

수백년 동안 평화·공존하며 이웃으로 살아왔던 두 민족은 이제 원수지간이 되었으며, 수많은 팔레스타인 사람들이 자기 땅에서 쫓겨나 난민이 되었다.

그러나 주위의 아랍 국가들도 쫓겨난 팔레스타인 사람들을 진정으로 돕지 않았다.

영국과 미국의 이해관계에 깊숙이 관련되어 있었기 때문이었다.

아랍 민족주의의 대의를 세우기는 했지만, 아랍민족의 진정한 단결에는 큰 관심이 없었다. 팔레스타인의 분할과 함께 아랍도 분할되고 말았다.

아! 홀로코스트의 참상

홀로코스트는 인간이나 동물을 대량으로 태워죽이거나 대학살하는 행위를 총칭하지만, 고유명사로 쓸 때는 제2차 세계대전 중 나치 독일에 의해 자행된 유대인 대학살을 뜻한다.

1945년 1월 27일 폴란드 아우슈비츠의 유대인 포로수용소가 해방될 때까지 600만 명에 이르는 유대인이 인종청소라는 명목 아래 나치스에 의해서 학살되었다.

♛ 홀로코스트의 흑역사들

인간의 폭력성, 잔인성, 배타성, 광기가 어디까지 갈 수 있는지를 극단적으로 보여 주었다는 점에서 20세기 인류 최대의 잔혹한 사건으로 꼽힙니다.

그럼에도 보스니아 내전이나 르완다의 종족분쟁, '킬링필드'로 불리는 캄보디아 양민학살사건 등 세계 곳곳에서 대량 학살이 자행됨으로써 홀로코스트 문제가 여전히 국제적인 문제로 남아 있습니다.

20세기 최대의 대학살로 꼽히는 만큼 이 홀로코스트를 주제로 한 영화, 소설, 다큐멘터리도 많이 등장했습니다.

대표작으로 2002년 노벨문학상 수상작인 임레 케르테스(Imre Kertesz)의 「운명」이나 아트 슈피겔만(Art Spiegelman)의 만화 〈쥐〉가 있으며 자전적 수기에는 유명한 〈안네의 일기〉를 비롯 빅터 프랭클(Viktor Frankl)의 〈죽음의 수용소에서〉 등이 있습니다.

최근 영화 작품 중에는 로만 폴란스키 감독의 〈피아니스트〉, 스티븐 스필버그의 〈쉰들러 리스트〉 등이 있었습니다.

제11막

1960년대 아시아의 혁명시대,
중동, 호주, 그리고 프라하

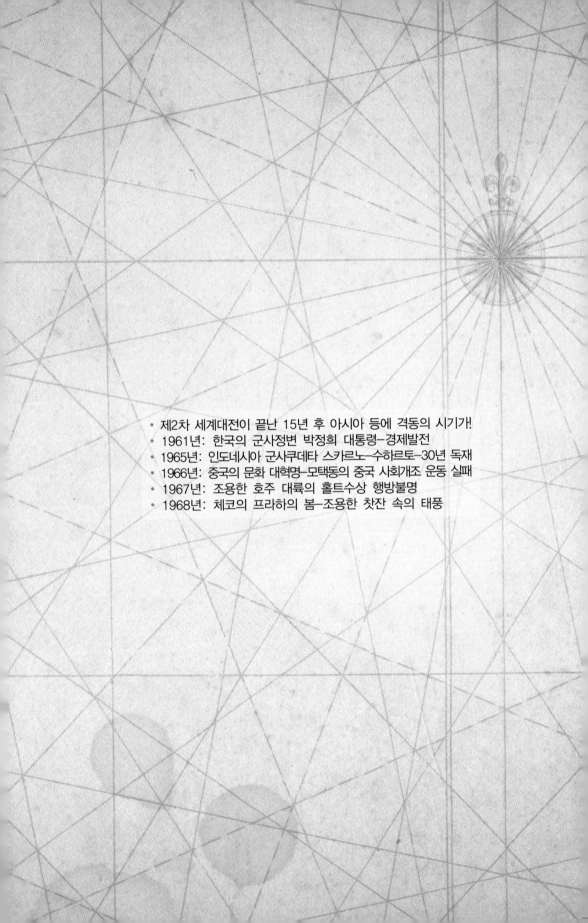

- 제2차 세계대전이 끝난 15년 후 아시아 등에 격동의 시기가!
- 1961년: 한국의 군사정변 박정희 대통령–경제발전
- 1965년: 인도네시아 군사쿠데타 스카르노–수하르토–30년 독재
- 1966년: 중국의 문화 대혁명–모택동의 중국 사회개조 운동 실패
- 1967년: 조용한 호주 대륙의 홀트수상 행방불명
- 1968년: 체코의 프라하의 봄–조용한 찻잔 속의 태풍

1장

1961년 한국의 5·16 군사정변 – 박정희, 경제개발

5·16 군사정변 이전의 상황

한국의 현대사에서 가장 중요한 시기에 발생한 1961년 5·16 군사정변을 설명하기 이전에 1960년의 소위 3·15부정선거와 4·19혁명을 설명해야 한다.

1960년 3월 15일에 실시된 제4대 대통령 정, 부통령 선거는 대한민국 역사상 최악의 부정선거였다고 할 수 있다. 당시 여당이었던 자유당은 대통령선거는 야당의 주요 후보자 조병옥이 선거 전에 급서하였으므로 이승만(1875~1965년) 후보의 4선 당선은 기정 사실화되어 있었으나 부통령 후보 이기붕(1896~1960년)을 당선시켜서 자유당의 확실한 후계자로 만들기에 올인했다. 여러 가지 노골적인 부정선거로 이기붕 후보자가 79%로 당선되었다고 발표하자 전국에서 부정선거에 항의하는 시위가 잇달아 벌어졌다. 마산에서 시위하던 김주열이라는 학생이 최루탄을 맞고 숨진 시신으로 바다에서 발견되자 국민의 분노는 부정선거 항의에서 한걸음 더 나가 독재정권타도로 바뀌었다.

4월 18일 고려대 학생들의 시위가 불씨가 되어 4월 19일 서울소재 대학교, 고등학교까지 모두 시위에 참가하여 광화문 사거리를 메우고 일부의 시위군중이 대통령관저인 경무대로 진격하자 경찰이 발포하여 100여 명이 목숨을 잃었다. 유혈사태가 악화되고 대학교수단도 시위에 참가하는 등 상황이 최악에 이르자 4월 26일 86세의 이승만(李承晩, 1875, 재직 1948~1960년) 대통령이 사태를 파악하고 대통령직에서 하야하고 하와이로 망명함으로써 사태가 진정되기 시작했다.

4·19 민주혁명은 대한민국 역사상 최초로 성공한 시민혁명이었다. 4·19는 특정 계층과 군인들이 정치권력을 획득하기 위해 일으킨 무력혁명(武力革命)이 아니었다.

제2공화국의 짧은 1년

제2공화국의 윤보선 대통령, 장면 총리

4·19혁명 후 허정 임시정부의 주도하에 의원내각제와 양원제를 뼈대로 하는 새로운 헌법에 기초하여 7월 9일 총선거가 실시 되었다. 그 결과 1955년에 창당한 민주당이 처음으로 양원선거에서 압승하고 대통령으로는 윤보선(尹潽善, 1897~1990년)이, 실권을 가지는 국무총리에는 장면(張勉, 1899~1966년)이 취임하였다. 1960년 8월 3일에 발족된 민주당 정부는 분출하는 사회적 욕구를 제대로 수용하지 못하여 혼란스런 양상을 보였다. 이런 가운데 한국전쟁(6·25)을 치루면서 강력한 조직체로 성장하고 상호방위조약으로 굳건한 지원과 보호를 받으며 반공으로 무장한 새로운 엘리트집단, 군부세력이 중요한 존재로 부각되고 있었다. 새로운 시대가 정리되지 않은 국내의 혼란과 학생들의 거침없는 통일 운동, 민주당의 무능을 빌미삼아 1961년 5월 16일 군사정변을 일으켰다.

1961년 5·16 군사정변의 진전

박정희(朴正熙, 1917~1979년) 육군소장이 주도한 5·16 군사정변은 육사 8기생 김종필(金鍾泌, 1926~2018년) 등이 중심이 된 청년장교들과 병력 3천 6백여 명이 일으킨 무혈에 가까운 쿠데타였다. 군부세력은 군사정변위원회를 조직하고 6대 혁명공약을 발표하고 국정개혁에 착수하였다. 박정희 혁명위원회 의장은 "반공(反共)을 국시(國是)"로 삼아 미국을 비롯한 우방을 안심시키고 혁명과업을 완수하고 일정 시기를 지나 민정이양을 약속했으나 1962년 말에 민주공화당을 창당하고 직접 정치에 뛰어 들었다.

어찌 보면 예상된 수순이었으나 1963년에 새 헌법에 따른 제5대 대통령선거에서 국민

5 · 16군사정변의 주역 박정희

의 직접선거로 혁명 지도자 박정희 의장이 야당의 윤보선 후보를 이겨서 제3공화국을 출범시켰다. 박정희 대통령은 취임하자마자 제1차 경제개발5개년계획(1962~1966년)을 시작하면서 경제 제일주의와 조국근대화를 내세우며 한일 국교정상화(1965.6.22.)를 강행하였으며 자유와 반공수호를 명분으로 베트남에 군대를 파병(1965~1970년)하였다.

박정희 대통령은 성공적인 경제개발과 베트남 특수로 인기가 오르면서 1967년 6대 대통령선거(상대 윤보선), 1971년 7대 대통령선거(상대 김대중)에서 당선하였다. 그러나 경제개발 혜택이나 권력 배분이 영남중심으로 치우치면서 지역갈등이 심화되고 여당인 민주공화당의 권력독점과 북한과의 지나친 대결국면은 학생들과 지식인들의 반감을 사기 시작하였다. 1971년에 대통령으로 당선되면서 중국이 유엔에 가입하고 베트남은 북베트남에 밀려 공산화되기 직전이었으며 냉전상태의 미국과 중국이 핑퐁외교로 물고를 트는 등 국제정세가 크게 변화하고 있었다.

유신체제의 수립(1972년 10월)

이런 상황에서 한국이 북한과의 새로운 관계를 정립하는 것이 긴요하다고 판단하여 1972년 7월 4일 역사적인 7개항의 남북공동성명을 발표하였다. 국내의 경제개발을 뒷받침하고 급변하는 국제관계, 북한문제 등을 종합적으로 판단하여 새로운 국가체제의 수립을 도모하였다.

그래서 1972년 10월 비상계엄을 선포하고 비상국무회의에서 유신헌법(維新憲法)을 제정하여 11월에 국민투표로 확정하였다. 이 유신체제(1972.10~1979.10)는 그 이전의 자유 경쟁선거에서 3번이나 승리하면서 비약적인 경제개발을 이루어 오던 시대(1963~1972년)와 확연히 구분되는 분위기로 전환되었다. 박정희 대통령의 시작은 군사쿠데타였지만 한국역사에서 빛나는 경제개발 및 국가발전을 이룬 것은 사실이었는데 이 유신체제부터는 영구 집권의 기도와 독재체제로 비판받는 상황이 된 것이 못내 아쉬운 상황이었다. 박정희 대통령 시대의 실적 등에 대해서는 15막 4장 한강의 기적에서 설명한다.

2장

1965년 인도네시아의 군사 쿠데타-수하르토 30년 독재

1965년 인도네시아의 군사 쿠데타의 진행

인도네시아는 동남아시아의 말레이시아 우측에 위치한 나라로 오랫동안 네덜란드의 식민지로 있다가 1945년 제2차 세계대전 후 독립을 선언하였다. 우여곡절 끝에 1949년 잠정적으로 네덜란드와 협의하여 네덜란드−인도네시아 연합으로 발족했다가 1956년 완전한 독립국가가 되었다.

인도네시아는 크고 작은 섬들로 이루어진 세계 최대의 도서(島嶼)국가로서 말레이제도(諸島)에서 필리핀을 제외한 대부분을 포함하여 190만㎢(세계 14위)의 영토와 2억 7천만 명의 인구로 중국·인도·미국에 이어 세계 4위에 이르는 대국이다. 원래 13세기 전까지는 인도의 영향을 받아 힌두교·불교 신자가 많았다. 13세기 중반 이후 배를 타고 침범한 이슬람 세력이 점령해 많은 인구(전체의 87%)가 무슬림화되어 아라비아 본토에서 제일 멀리 떨어져 있지만 세계에서 무슬림이 많은 국가이기도 하다. 그 후 1522년 필리핀이 스페인의 식민지가 될 때 인도네시아는 포르투갈의 식민지가 되었다. 그러나 포르투갈이 쇠락하자 한참 해양권을 장악하고 있던 네덜란드가 포르투갈을 밀어내고 식민지로 삼고 340년을 지배했다.

이 나라가 세계에 주목을 받은 것은 1965년 9월 공산주의로 세뇌된 군인들이 쿠데타를 일으켜 자신들이 공적(公敵)으로 삼은 6~7명의 군지도자를 죽이고 정권을 탈취(당시

대통령은 수카르노)하려 한 것이다. 그런데 이들의 실수는 수도권 방위를 맡고 있던 수하르토(1921~2008년)에 대한 대비를 하지 못했던 것이다. 그가 국방장관으로부터 쿠데타를 진압하라는 명령을 받고 이들을 제압했다. 제압 정도가 아니라 수하르토는 이듬해 인도네시아의 국부로 존경받던 수카르노(1901~1970년) 대통령에게서 국방·치안·행정의 대권을 받아 총리로서 육군장관, 총사령관직을 동시에 맡아서 전국 방방곡곡에서 완전히 인명의 대청소를 감행한 것이다. 쿠데타 잔당, 공산주의 협의자, 동티모르 관련자, 분리주의자 등 여러 명목으로 씨를 말리듯 전국을 공포 분위기로 몰아넣었다. 이때를 전후하여 전국에서 최소한 50만~100만 명이 죽임을 당했다고 추산하고 있다. 대통령이었던 수카르노도 결국 수하르토와 그 일당에 의해 1966년 종신 국가원수직을 박탈당하고 수하르토를 믿었던 것을 후회하다가 1970년에 죽었다.

인도네시아의 국부 아크멧 수카르노(1901~1970년)

인도네시아의 국부 수카르노

'인도네시아' 하면 떠오르는 이름이 수카르노로 그는 네덜란드 식민지를 벗어나기 위해 독립운동에 앞장섰다. 결국 감옥에 갇혀 있다가 2차 대전 시 일본이 이곳을 점령하며 풀려났다. 일본과도 협력하면서 1945년 8월 27일 독립선언을 하고 다시 돌아온 네덜란드와 일시적으로 연방국가를 형성해 신생 인도네시아의 기초를 다져나갔다. 1956년 네덜란드로부터 완전 독립을 이룬 후에는 국제사회에서도 목소리를 내었다. 1963년에는 국민 협의회에 의하여 종신 국가 원수로 지명되었다. 굳은 신념과 유창한 웅변으로 인도네시아의 최고 지도자로서 전 국민의 신뢰를 모으고, 중립주의 정치가로서 아시아·아프리카 제국에서 존경받았다. 1965년 9월 30일 군부 쿠데타 이후 그 실권이 약화되었고, 1966년 7월 종신 국가 원수의 자격이 박탈된 뒤 실의 속에 병사했다. 1967년 수카르노를 축출하고 스스로 대통령에 취임한 수하르토는 30년의 장기집권을 한다. 취임 기간 중 수하르토는 인플레이션을 진정시키고 인도네시아를 공업 국가로 이끌었고, 재임 기간 동안 어느 정도 경제 발전이 이루어졌다. 그러나 수하르토는 독재통치로 인도네시아 민주주의의 발전을 저해해서 그의 집권기간에는 자녀들과 친인척으로 이루어진 막강한 경제 권력을 구축했고, 수많은 사람을 투옥하거나

30년(1967~1998년) 집권한 수하르토

처형하는 철권통치를 했다. 350억 달러에 달하는 부정 축재 문제로 국제 투명성 기구는 "20세기에서 가장 부패한 정치인"으로 꼽기도 했다. 누적된 문제들이 1997년 금융위기로 터지자 반정부 시위, 폭동으로 이어졌다. 이에 수하르토는 군부를 동원해 시위 진압을 하고자 했으나 그들은 진압을 거부했고, 결국 시위에 이기지 못해 1998년에 물러났다. 수하르토는 하야한 후에도 질병을 이유로 기소받지 않았으며 이후 콩팥과 폐 기능의 이상으로 2008년 1월 27일 87세의 나이로 세상을 떠났다. 수하르토 이후 인도네시아는 혼란스러운 과도기를 거쳐 2014년부터 민주주의 선거로 민간인 출신 조코 위도도(1961~)를 대통령으로 선출하여 민주주의와 경제발전을 추진하고 있다.

3장

1966년 중국의 문화대혁명 – 모택동, 사회개조운동 실패

문화대혁명의 전개 과정

문화대혁명의 지휘자, 모택동

죽(竹)의 장막으로 불리던 중국이 대국으로 자리잡는 과정에서 큰 홍역, 갈등으로 불거진 사건이 소위 문화 대혁명이었다. 1966년 8월 천안문 광장에서 백만인 집회가 열렸고 이곳에 모인 홍위병들은 군중의 격려와 나름대로 사명감을 가지고 전국 주요 도시에 진입했다. 모택동 사상을 찬양하는 대대적인 시위를 벌이고 학교를 폐쇄하고 전통적인 가치와 부르주아적인 것을 공격했다. 전국 각지에서 실권파(유소기)가 장악한 권력을 무력으로 탈취하려 했으며 이 과정에서 홍위병의 내분이 발생했다. 1967년 1월에는 아직 군권을 장악하고 있던 모택동은 임표(林彪) 휘하의 인민해방군이 문화대혁명에 전면적으로 개입할 것을 지시했다. 인민해방군은 각지의 학교·공장·정부기관을 접수하였을 뿐 아니라, 초기의 문혁(文革)을 주도한 수백만의 홍위병들을 깊은 산골로 추방하였다. 모

문화대혁명의 최대 희생자 유소기 국가주석

택동의 "권력은 총부리에서 나온다"는 말처럼 친위쿠데타를 한 것이다.

1968년 문혁의 3차년도가 되자 전국 각지에 인민군 대표, 홍위군 대표, 당간부의 3자 결합으로 혁명위원회가 수립됨으로써 광기의 혁명분위기는 진정 국면으로 들어섰다. 문화대혁명은 제4차년도 1969년 4월, 제9기 전국인민대표자대회에서 모택동의 권위가 확립되고 그

동안 공을 세운 임표가 후계자로 옹립되면서 절정에 달했다. 그러나 1971년 임표가 의문의 비행기 추락사를 당하고 모택동에게 충성을 했던 군부지도자들이 대거 숙청되었다. 그 권력의 세계, 모택동의 속내가 무엇인지 알 수 없었다. 그러나 1973년 홍위병들에게 수정주의자라고 비판받던 등소평이 주은래(主恩來)의 추천을 받고 다시 권력에 복귀한 후부터 문화대혁명 자체가 여러 측면에서 공격받기 시작했다. 주은래와 등소평의 지지세력들은 경제성장·교육개혁·실용주의 외교노선을 주장하였다. 결국, 문화대혁명은 1976년 9월 모택동이 사망하고 임시 지도체제로 화국봉(華國鋒)이 들어서서 모택동의 추종자인 4인방(홍문원·장춘교·강청·요문원)이 축출됨으로써 종결되었다. 문화대혁명은 한때 만민평등과 조직타파를 부르짖은 인류역사상 위대한 실험이라고 평가받았으나 결국 실패로 끝났다. 이 운동으로 유소기(劉少奇)를 비롯한 300만 명의 당원이 숙청되었고 경제는 피폐해지고 혼란과 부패가 만연해졌다.

문화 대혁명의 평가

1981년 6월 중국공산당은 건국 이래 역사적 문제에 관한 당의 결의에서 "문화대혁명은 당 국가 인민에게 가장 심한 좌절과 손실을 가져다 준 극좌적 오류이며 모택동의 책임"이라고 규정하였다. 더 구체적인 상황은 16막 5장 양국의 혁명시대에서 설명한다.

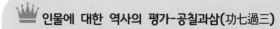

👑 인물에 대한 역사의 평가-공칠과삼(功七過三)

모택동은 지금도 국가 건국의 아버지로 부르고 천안문 광장에 그의 사진을 게시해 그 자체로서 중국의 대표적인 이정표로 보여지고 있습니다.

이는 그가 죽은 직후부터 중국 부동의 지도자가 된 등소평이 '공칠과삼(功七過三)'이라고 해 아무리 과실, 인간적인 실수가 있어도 공이 크면 존경한다는 원칙 때문입니다.

모택동은 1958년 대약진운동으로 수천만 명을 굶주리게 했고 수백만 명을 죽게 했으며, 1966년에는 권력욕으로 문화대혁명을 일으켜 3백만 명을 숙청했습니다.

공산당이 공식적으로 문혁은 그의 큰 오류였으며 모두 그의 책임이라고 선언했음에도, 버리지 않고 국부로 존경합니다. 그가 대장정을 성공적으로 이끌고 장개석의 국민당 군에 승리를 이끌어 현재의 중국인민공화국을 세운 공이 크다는 것입니다.

등소평도 그에게서 핍박을 받고 주은래가 아니면 죽을 수도 있었는데 공칠과삼을 이야기하고 국민에게 존경하는 모습을 보여서 따르게 함으로써 중국의 정체성도 지키고 자신도 존경받고 있습니다.

소련의 스탈린은 어떻습니까? 그는 소련을 세계열강으로 만든 공은 있지만 수단과 방법을 가리지 않은 그는 인간백정으로 다른 경쟁자들을 다 죽였고 인민도 수천만 명을 죽게 해 과가 크다고 보는지 러시아인이 존경하지 않는 듯 합니다.

미국은 어떻습니까? 미국인이 존경하는 워싱턴 대통령도 인간적인 약점이 많았고, 제퍼슨 대통령은 바람을 피워 흑인 가정부와 사이에 사생아가 있었지만 문제 삼지 않습니다.

링컨 대통령은 언론 등을 탄압한 독재 성향이 강한 대통령이었습니다.

우리나라는 초대 대통령, 한강의 기적을 이끈 경제 대통령들을 하나도 존경하지 않고 매도하는 듯 합니다. '공칠과삼'이라는 잣대라면 훌륭한 대통령들인데...

2000년 100세로 명을 달리한 전공이 대단했던 장군을 그렇게 이중 잣대로 비판하는 것도 문제가 있었습니다. 우리나라 민족은 누굴 존경할 줄 모르나 봅니다.

1967년 이스라엘의 6일 전쟁 완전 승리

1967년, 이스라엘의 6일 전쟁

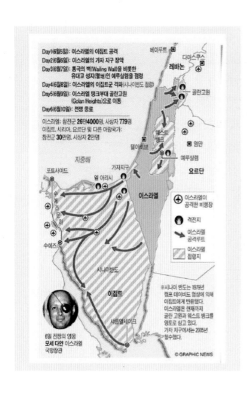

이스라엘과 아랍의 이슬람국가들은 철천지 앙숙이었다. 1948년 이스라엘 독립전쟁(1차 중동전쟁)이 그 시작이었다. 그 다음 수에즈(2차 중동전쟁) 전쟁(1956년) 후 이스라엘과 아랍국들은 불안한 평화를 유지했다. 그러나 이집트 대통령 나세르(1918, 1956~1970년)는 일방적으로 타란 해협을 봉쇄하고 이스라엘 선박 통과를 금지시키자 다시 전쟁이 터졌다.

이스라엘은 이 전쟁에서 단 6일 만에 세 나라 군대를 격파하고 대승을 거두었다. 이스라엘은 상대방이 먼저 공격하기 전에 공격한다는 선제공격의 작전계획을 세웠다. 이집트, 요르단, 시리아를 차례로 공격하되 승리의 관건은 가장 중요한 목표인 이집트군을 격파하는 데 있다고 보았다. 결론적으로 6월 5일부터 단 6일만에 세 나라를 차례로 격파하고 대승을 거둠으로써 "6일전쟁"이란 이름

340 소설로 쓴 동서양사

그들이 보유한 전차는 이집트가 보유한 소련제전차보다 성능이 뒤떨어졌으나 훈련으로 그것을 극복했으며 운용 및 정비기술에서는 월씬 앞서 있었다

의 신화를 남겼다.

먼저 전쟁의 첫날, 6월 5일 월요일 아침 출근시간에 이집트 비행장들에 대한 공습으로 공격을 개시했다. 이집트군이 조기 경보장치를 잠깐 끄고 조종사들이 전혀 긴장하지 않은 상태에 있던 시간에 공격을 개시한 것이다. 나일강 상공의 안개가 막 걷히는 시간에 이스라엘 공군기들은 이집트 상공에 나타나서 이집트 공군기지들을 무자비하게 폭격했다. 이집트 공군기들은 숫자가 많으면서도 공중전을 전개하기도 전에 이미 대부분이 지상에서 파괴되고 말았다. 이집트가 23개 레이더 기지를 가지고 있고 지중해에는 미군과 소련해군들이 있었는데도 이스라엘 공군기들이 전혀 노출되지 않고 카이로 상공에 나타난 사실에 대하여 사람들은 레이더망을 무력시키는 특수무기를 개발한 것이 아닌가 생각했다.

속전속결 정신력의 승리

그러나 기적은 무기가 아닌 인간의 의지와 노력으로 이루어진 것이었다. 공군사령관 호도준장은 2시간 내에 공습을 완료한다는 도박같은 전술에 처음부터 자신감을 가지고 있었고 정예조종사들은 한치의 오차 없이 작전을 수행했던 것이다. 이스라엘 비행기들은 레이더망을 피하기 위해 지중해로 멀리 우회했으며 해상 50m 저공비행을 했다. 이스라엘은 잘 선정된 11개 비행기지, 활주로를 우선적으로 파괴하고 그 뒤에 항공기와 시설물을 차례로 폭파했다. 이집트군이 대항해 본 무기로는 신형 미사일이 있었지만 그것도 이스라엘 군이 기지를 미리 파악해 폭격함으로써 큰 효과를 거두지 못했다. 이스라엘 공군은 3시간만에 이집트공군을 괴멸시키고 그 후 마찬가지 방법으로 요르단과 시리아 공군기지를 파괴함으로써 하루만에 제공권을 완전히 장악했다.

이제 남은 문제는 지상군이 진격하여 승리를 거두는 것인데 이스라엘 지상군은 공군 못지 않게 잘 싸웠다. 그들이 보유한 전차는 이집트군이 보유한 전차보다 성능이 뒤떨어 졌으나 훈련으로 그것을 극복했으며 운영 및 정비기술에서도 훨씬 앞서 있었다. 더구나 이집트군은 상하 간에 깔린 불신 덕분에 이스라엘의 상대가 되지 못했다. 전차부대 지휘관인 탈 장군 등 세 지휘관들은 600여 대의 전차를 이끌고 시나이 반도를 누볐다. 그들은 전투개시 첫 날 공수부대까지 투입하여 과감하게 공격을 편 끝에 3일 만에 시나이 반도를 점령하고 수에즈 운하에 이르렀다.

그 날 저녁 낫세르는 항복했으며 요르단은 그 전 날 이미 항복했고 골란고원에서 시리아 군도 유엔이 제시한 휴전안에 동의했다. 전쟁 결과 이스라엘은 시나이 반도, 수에즈 운하의 동안(東岸), 골란고원 등을 점령해 본래 영토의 6배의 새로운 영토를 획득했다. 그 가운데 일부는 나중에 내놓게 되지만 거대한 완충지대를 확보함으로써 안전을 보장받게 되었다. 병력규모나 무기에서 결코 우세하지 않은 이스라엘 군대가 남긴 6일 전쟁의 신화를 전문가들은 "결론적으로 타의 추종을 불허하는 정신전력에 의한 승리"라고 평가했다.

5장

1967년, 호주의 홀트수상 행방불명되다

1967년, 수상이 행방불명이 된 호주

세계 3대 미항 시드니

저 남쪽 바다 조용한 호주, 오스트레일리아는 영토가 768만 평방km로서 전 세계에서 6번째로 크고 바로 오대양 6대주의 한 대륙을 거의 전부 차지하고 있는 나라이다. 물론 옆에 뉴질랜드(26만 평방Km)와 피지(1.8만 평방km)가 있다. 그런데 인구는 2600만 명인 나라로 영국연방에 속한 자치국가로서 국가 수반은 영국의 왕, 지금 현재로는 엘리자베스 2세이다. 입헌군주국가로서 의회의 다수당의 당수가 수상이 되어 행정권을 담당하는 나라이다.

그런데 1967년 12월 17일 당시 수상 헤럴드 홀트(1908~1967년)가 해변으로 수영을 나갔다가 실종이 된 사건이 발생

홀트 수상, 관련보도

했다. 해변을 샅샅이 수색했지만 시신을 찾을 수 없었으며 얼마 후 실종선고를 하고 소속당 자유당의 보선을 통하여 차기 수상이 선출되었다. 원래 수영을 좋아했고 잘 했으므로, 그렇게 쉽게 익사할 리가 없다 하여 당시 어느 나라와 관련된 음모설이 있었지만 밝혀지지 않았다. 홀트는 변호사로 출발해 1949년부터 여러 장관을 역임하고 1966년부터 수상을 맡고 있었다. 적극적인 대외정책을 수행하여 미국의 월남전을 지지하여 파병을 하였다. 당시 미국 대통령 린든 B. 존슨 대통령을 초대하여, 미국 대통령으로서는 처음으로 호주를 국빈 방문하였다. 당시 호주에 큰 이슈가 없는 조용한 나라였으므로 작지 않은 나라의 수상이 사라진 것이 시간이 지나면서 잊혀져 갔다.

210년의 호주 역사

원래 1768년 쿡 선장이 영국의 영토로 삼은 이후 1788년 736명의 죄수와 1373명의 이민단이 처음 온 이래 총 16만 명의 죄인이 유배된 영국의 유형(流刑) 식민지였다. 원주민들과의 갈등이 심했으나 나름대로 극복하였다. 우연히도 미국의 골드러쉬(1849년 이후)처럼 1850년 이후 금광이 발견되면서 인구가 급증하여 1901년 여섯 개 주로서 연방을 결성하였으며 1926년에 사실상의 독립국이 되었다. 세계에서 양모가 제일 많이 생산되고 밀, 설탕, 낙농제품 그리고 철, 금, 은, 석탄 등 지하자원이 풍부해서 개인별 국민소득도 세계 10위권에 속하며 국민은 대부분 영국계 주민이고 공용어는 물론 영어이다.

6장

1968년, 프라하의 봄

둡체크 공산당 서기장 민주주의 개혁요구

소련에 의해 강요된 억압적 공산주의를 거부하고 민주적 색체를 띤 공산주의 개혁을 시도
8월 21일 동유럽 공산주의 블록의 와해를 우려한 소련이 탱크부대를 투입시켜 무차별 진압함

바츨라프 시위 광장

1968년 소련의 위성국가 중의 하나인 체코(구 체코슬로바키아)의 프라하에서는 체코 공산당정권이 개혁을 선언했다. 국민의 요구에 밀려서 한 것이기는 해도 온건성향의 공산당 지도부가 기존 공산주의 체제에 대한 문제점을 인식했기에 개혁에 나선 것이다. 국민의 시위 반란은 흔한 일이지만 공산당 입장에서 큰 집(소련)에 대고 문제점을 제시한다는 것은 흔치 않고 용기 있는 일이었다. 500여년 전(1517년) 독일에서 마르틴 루터가 성직자로서 까맣게 높은 교황에게 95개의 반박문을 내건 것 못지 않게 과감한 조치였다. 원래 1960년대 체코슬로바키아의 지식층이 중심이 되어 민주 자유화의 실현을 위한 조직적인 운동을 펴기 시작했다. 이 물결에 밀려 강경파였던 국가수반격인 공산당 제

1서기가 물러가고 개혁파인 "알렌산드로 둡체크(1921~1992년)"가 그 자리에 오르고 그 동료들이 수상과 대통령을 맡았다. 이들 개혁파는 1968년 4월 공산당 중앙위 총회에서 "인간의 얼굴을 가진 사회주의", 즉 민주 자유화 노선을 포함하는 강령을 제창한 것이다. 말하자면 공산주의의 르네상스를 선언한 것이다.

　냉전체제에 어느 정도 길들여진 세계 사람들이 신선한 충격으로 받아들이고 그 사태의 추이를 지켜보며 "프라하의 봄(解氷)"이라고 부르기 시작했다. 하지만 프라하에서 요구한 개혁들은 공산권 전체의 붕괴를 가져올 수 있는 중대한 도전이었다. 소련(브레즈네프 서기장)은 20만 바르샤바 조약군을 동원해서 순식간에 체코를 점령했다. 점령과정에서 일부 국민들이 바츨라프 광장 등에서 희생을 당하였으나 더 이상의 국민의 희생을 우려한 체코 공산당 둡체크 등 지도자들은 침공군에 순순히 항복하고 국민들에게 저항을 하지 않을 것을 호소했다. 둡체크 등은 모스크바로 끌려가고 새로운 친소련정권을 수립하여 그렇게 프라하의 봄은 끝나고 체코는 더 혹독한 겨울을 맞이하게 됐다. 이때 상당수 체코 지식인들이 망명을 하기도 했다.

　그리고 10년이 흐른 후 일단의 체코 문화계 인사들 243명이 "77헌장"을 발표했다. 77헌장은 체코정권이 헬싱키 조약의 인권조항을 준수할 것을 요구했다. 헬싱키 인권조항은 사상, 양심, 종교, 신앙 등 기본적 자유를 보장한다는 내용을 담고 있었다. 그러나 체코인들이 진정한 프라하의 봄을 맞을 수 있게 된 것은 소련을 중심으로 한 동구 유럽권의 자유화 바람이 일기 시작하면서였다. 결국 1968년 프라하의 봄으로부터 20년이 지난 1988년 고르바초프에 의해 소련의 개혁이 시작되고 이에 힘입은 체코슬로바키아 역시 같은 해 11월 시민포럼이 중심이 되어 민주화 개혁요구 시위가 대규모로 발생하였다.

　그 해 12월에 공산당 정권이 퇴진하고, 1989년 시민포럼의 대표자 "바츨라프 하멜(1936~2011년)"이 대통령에 취임(재직 1993~2003년)하면서 영원한 "프라하의 봄"을 맞이하게 되었다. 이렇게 시민혁명이 성공한 뒤 하멜은 바츨라프 광장에서 가진 연설에서 "우리는 평화적으로 혁명을 이루어 냈다. 이는 벨벳혁명이다"라고 말하면서 이와 같은 무혈혁명을 벨벳혁명이라고 부르게 되었다.

체코인들의 무저항 주의-아름다운 문화재 보호-관광대국

체코슬로바키아인들이 외적의 침입, 현대의 독일, 소련 침공을 받을 때도 저항과 무력투쟁이 없이 나라를 보존해온 그 역사와 민족성은 대단하다. 초대 대통령 하멜이 무혈혁명이라고 부르는 것처럼 역사의 중요한 대목에서 피를 보지 않고 수백년이 된 문화재들과 국토를 보존해온 민족이다.

이 나라는 10세기경부터 1526년까지 체코 왕국이란 시대를 보내며 1355년 카를(유럽에서 제일 오래된 다리가 카를교) 4세(재위 1347~1378년)가 신성로마제국 황제에 즉위한 후 프라하는 제국의 중심이 되었던 전성기가 있었다. 원래의 종교개혁보다 훨씬 이전에 "얀 후스"(동상이 시청 광장에 있음)라는 존경받는 종교개혁자가 1415년 화형에 처해진 바 있듯이 신교(후스파)의 세력이 뿌리 깊었다. 루터의 종교개혁 이후에 유럽을 휩쓴 30년 전쟁(1618~1648년)시 가톨릭의 원조 국가 합스부르크가에 저항하여 싸운 것이 유일한 전투였고 이후 1867년까지 합스부르크(오스트리아) 왕가에 종속되었다. 체코민족부활 운동이 꾸준히 있어 왔고 1867년 오스트리아-헝가리제국의 탄생 이후, 체코는 오스트리아에 의해, 슬로바키아는 헝가리에 의해 지배받았다. 그러다가 오스트리아 헝가리가 제1차 세계대전의 패망국이 되자 1920년 헌법을 제정, 두 국가가 다시 통합하여 한 나라가 되면서 대통령제 양원제 국가가 되었다. 제2차 세계대전의 발발 시에는 체코슬로바키아는 독일의 괴뢰정부가 되어 전화(戰火)를 피하였다.

그 후 제2차 세계대전에서 승리한 소련국이 무혈로 입성하여 체코, 슬로바키아는 다시 소련의 위성국가가 되었다. 그 후 체코와 슬로바키아로 분리하는 것을 묻는 국민투표로 1993년에 다시 두 나라가 되었다.

♛ 아름다운 수도 프라하

체코왕국 때부터 이 지역의 수도였던 프라하는 1000년을 큰 전쟁없이 파괴되지 않고 보존되어 있어 유럽 어떤 도시 못지 않게 역사가 깊고 고풍스러우며 아름답습니다. 예쁜 쌍둥이 탑을 가진 틴 성모 교회는 프라하의 이정표이자 스카이라인을 형성하고 있으며 이곳에서 구 시청 앞으로 연결되는 카를 다리는 그 완성년도가 1300년대라고 하니 우리나라 조선왕조 이전에 세워진 대형 다리입니다. 관광객이 제일 많이 모여 있는 구 시청앞 광장에 사람들이 언제나 쳐다보고 있는 것이 역시 600년이 넘는다는 천문시계탑입니다. 구시청사 탑에 만들어진 이 시계는 30분마다 음악과 함께 인형들(예수님의 12제자)이 나와서 인사를 하는데 재미있습니다. 놀라운 것은 이 시계들이 태엽으로 돌아가면서 정확한 시각, 절기(節氣) 등을 알려준다는 것입니다. 천문(天文)이라는 말이 붙은 것은 이 당시는 천동설(天動說)이 주된 사상이어서 해와 달이 돌면서 절기를 표시한답니다. 또 주목할 것은 우리 세종대왕 시절(1418~1450년)보다 조금 앞선 시대에 이렇게 정교한 시계를 만들었다는 사실입니다. 세종대왕(장영실)은 단순한 해시계와 그보다 조금 정교한 물시계를 자랑했는데, 그보다 더 앞선 것입니다. 광장 옆에 종교개혁자 얀 후스의 동상은 당시 순교 600주년(2015년)을 맞아 더 품위있게 보수 중이었습니다.

아름다운 프리하의 카를 다리 멀리 틴 성모 교회, 시청 앞 시계탑, 종교개혁 선구자 후스 동상 등

제12막

1960~1969년
미국의 숨가쁜 역사들

- 시기: 1960년대
- 미국이 세계의 G1국가가 되면서 1960년대 갑자기 바빠지고 놀라운 역사가 진행되었다.
- 1960년: 미국 FDA, 먹는 피임약 에노비드10 승인
- 1962년: 미국 쿠바미사일 사태
- 1963년: 미국 케네디 대통령 암살
- 1964년: 통킹만사건–월남전 확대
- 1969년: 미국 아폴로 우주선 달착륙 성공
- 1960년대 아시아 등에서 바쁜 역사는 제11장에서 다루었음.

1장

1960년,
미국 FDA, 먹는 피임약 에노비드10 승인

인류 사상 최초의 피임약 개발

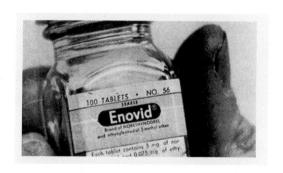

1960년 5월 9일 인류사에 새로운 이 정표가 세워졌다. 모든 동물(인간 포함) 들의 자연스러운 생식기능을 자유로이 조절할 수 있는 방법을 인류가 찾아낸 것이다.

미국식품 의약안정청(FDA)이 산아 제한용 경구피임약 에노비드(Enobid

10)를 정식 승인한 것이다. 상업용 피임약 승인은 미국뿐만 아니라 전 세계 최초의 일이었다. 까다롭다고 소문난 FDA(식품·의약안전청)는 시카고 소재 제약회사 시얼(Searle)이 개발한 이 약품의 피임효과를 인정해 판매하는 것을 승인했다. 후에 이 약은 20세기 최고의 발명품 중 하나로 선정됐다. 이로써 여성들도 임신의 공포로부터 벗어나, 자신의 삶을 설계할 수 있게 된 것이다.

에노비드 시판 전후로 여성들의 삶을 나눌 정도로 사회적 파급효과가 컸고 모든 사람의 성에 대한 인식도 바뀌어 갔으니 가히 '성의 혁명'이라고 할 만했다.

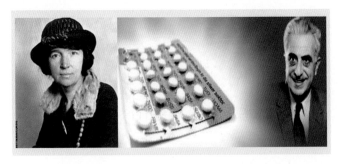

마가렛 생거   그레고리 핀커스

이 약을 개발하여 시판되기까지 두 명의 공로자가 있었다. 생물학자인 그레고리 핀커스(1903~1967년)와 산아제한운동을 제안한 간호사이자 여성 운동가인 마가렛 생거(1883~1966년)로 이들의 지원으로 1951년부터 연구에 착수하였다.

10년의 연구, 세상을 바꾸다

멕시코 야생 삼의 뿌리에서 배란을 막는 스테로이드 합성물질을 추출하는데 성공하여 꾸준한 인체 적용실험을 거듭하여 10년만에 성공하였다. 이 약은 약간의 메스꺼움, 구토 등의 부작용이 있음에도 불구하고 매일 시간에 맞춰 복용하면 99%의 피임률을 기록해 여성들에게 대환영을 받았다. 1970년대 중반까지 전 세계에서 2천만~3천만 명이 복용하였다고 한다.

이는 1960년 후반부터 성해방 및 여성해방운동의 기폭제 역할을 하였다. 또 인구 억제에도 기여하여 미국의 경우 1900년대에 가구당 3.5명이었던 평균 자녀 수가 1972년 이후에는 2명 정도로 크게 줄었다는 통계를 봐도 에노비드는 획기적인 효과를 거두었다. 현재 한국에서 판매되는 먹는 피임약은 원래의 에노비드에 비해 5배 정도 약하며 부작용도 미미한 것으로 알려져 있다. 세계에서 1억 명에 가까운 여성이 복용하고 있다고 한다.

2장

1962년 쿠바 미사일 위기, 케네디가 제압하다

소련의 흐루쇼프 쿠바에 미사일 기지 설치 의도

1960년 미국 대선에서 민주당의 케네디(John F. Kennedy, 1917~1963년)가 뉴 프런티어(New Frontier) 정책으로 공화당의 닉슨을 이기고 43세에 대통령에 당선돼 새바람을 일으키고 있었다. 취임 2년 차를 맞이한 케네디는 그동안 등한시한 라틴아메리카 나라들에 대해 진보를 위한 동맹을 제안하여 이들 나라의 개혁을 원조하는 비용으로 100억 달러를 부담할 용의가 있다고 밝혔다.

케네디의 이런 대외정책에 대하여 쿠바의 카스트로는 "새로운 형태의 제국주의"라고 비난했고 원조를 받은 나라에서도 미국이 내정간섭을 하지 않을까 우려했다. 이러한 케네디의 남미정책은 "쿠바 침공작전"의 실패로 어려움에 봉착했다.

1961년 4월에 케네디는 중앙정보부(CIA)가 비밀리에 쿠바 침공작전을 시행하도록 허가했다. 피델 카스트로의 쿠바 정부를 전복하기 위해 미국이 훈련한 1400명의 쿠바 망명자들이 미군의 도움을 받아 쿠바 남부를 공격하다 실패한 사건이었다. 미국 정부는 1960년부터 이 침공을 계획하고 자금을 제공했고, 케네디가 대통령직에 오른 지 석달도 안된, 1961년 4월에 작전이 개시됐다. 케네디는 쿠바의 사회주의 정책이 자신들의 영향력을 줄어들게 할 것으로 보아 CIA의 도움을 받는 쿠바 망명자들이 쿠바를 공격하도록 지원했다. 쿠바 침공에 나선 미군은 소련의 훈련을 받고 무장한 쿠바군에게 격퇴됐다. 미군은 불과

쿠바에 도입되는 미사일

사흘 만에 100여 명의 사상자를 내고, 1천여 명이 생포되는 참담한 패배를 맛보았다. 카스트로 정부는 1961년 12월 몸값으로 5300만 달러를 받은 뒤에야 당시 사로잡은 1113명을 풀어줬다. 이 사건으로 미국은 쿠바에서의 주권침해행위에 대한 비판을 받게 되었고, 쿠바와 미국 간의 관계는 급속히 냉각됐다. 이 사건으로 1962년 10월 쿠바 미사일 위기를 가져오게 되었다.

1962년 10월 소련의 중거리 핵미사일을 쿠바에 배치하기 위해 소련 미사일 기지가 설치되고 있다는 정보를 케네디가 듣게 되었다. 이 사태에 등장하는 인물은 케네디 대통령, 소련 서기장 니키타 흐루쇼프(1894~1971년, 집권 1955~1964년), 쿠바의 피델 카스트로(1926~2016년, 집권 1959~2008년)였다.

소련은 핵무기는 있지만, 그 위력에서는 미국에 열세를 면치 못하고 있는 상황에서 미국의 코앞에 사회주의 정권을 세운 쿠바와 손을 잡고 상황을 반전시키고자 하였다.

쿠바의 카스트로는 혁명으로 겨우 정권을 차지했지만, 미국의 힘 앞에 불안한 처지에서 소련의 핵미사일기지를 세우면 안위를 보장받을 거라 생각했다. 쿠바의 요청으로 1962년 5월부터 설치를 시작한 미사일 기지는 두 나라의 이해가 맞아떨어지는 신의 한 수였다.

미국 케네디 대통령의 강수, 미사일 사태 해결하다

케네디 대통령 삼형제

자칫하면 핵전력에 의한 제3차 세계대전이 유발될 수 있는 극적 상황은 1962년 10월 14일부터 2주간에 이루어졌다. 우선 미국이 U2기의 공중촬영으로 쿠바의 미사일 기지가 건설 중이라는 확증을 가지면서 시작되었다.

케네디 대통령이 10월 22일 소련의 쿠바 핵미사일 건설 사실을 공개하고 이를 즉각 철거할 것과 미국의 강력한 대응을 경고하였다. 케네디 정부는 쿠바를 해상봉쇄하고 쿠바로 향하던 소련 선박이 쿠바

케네디와 흐루쇼프의 수싸움

영해에 접근하면 공격하겠다고 위협했다. 소련 측이 이를 무시하자 핵무기를 보유한 양대 강국이 순식간에 정면 충돌할 위협에 봉착했으며, 전 세계는 쿠바를 주목하며 공포에 떨었다. 흐루쇼프는 케네디 대통령을 "애송이 부자집 도련님"으로 치부하였는데, 단호한 미국의 조치에 당황했다. 쿠바의 카스트로는 미사일 기지를 쿠바의 야자수 나무들로 완전히 은폐할 수 있다고 강한 애착을 가지고 소련의 흐루쇼프에게 매달렸다.

그 과정에서 10월 26일에는 바티칸의 교황이 "전쟁 대신 평화"를 기원하는 특별담화가 있었다. 피말리는 하루하루, 드디어 흐루쇼프는 10월 28일 핵무기를 탑재한 선단을 회항시켰다. 핵무기 전쟁의 공포는 사라졌다.

화해하는 케네디와 흐루쇼프

소련이 한발 물러나 전쟁 위협은 가셨으며, 소련은 미국이 쿠바를 무력 침공하지 않는다는 조건으로 쿠바에 미사일 기지를 철수시켰다. 미국도 소련이 요구했던 터키에 있는 중거리 미사일 기지를 철수하고 양국 간의 타협의 분위기가 조성되어 1963년 여름에는 핵실험 금지조약이 체결되었다.

또한 워싱턴과 모스크바 사이에 핫라인(Hot Line) 직통전화가 가설되었다. 이는 우발적으로 전쟁이 터지게 되는 것을 방지하려는 것이었다. 쿠바 미사일 기지 사태에서 95년 전(1867년) 미국은 취득하고 러시아는 양도한 알래스카를 상기하면서 미국은 큰 안도의 숨을, 소련은 안타까운 한탄을 했을 것이다.

이 사건의 여파와 소련 농업경제의 실패 등이 겹쳐서 2년 뒤 브레주네프(당서기, 1964~1982년)에 밀려 그래도 인간적이었던 니키타 흐루쇼프는 실각하게 되었다. 또한 쿠바 혁명에 동참했던 체 게바라는 쿠바를 떠나 아프리카를 거쳐 남아메리카의 혁명 운동에 가담했다가 1967년 볼리비아에서 체포, 사살되었다. 변호사 출신의 피델 카스트로는 1962년 이후 2011년까지 계속 정권을 차지해 49년 동안 집권하였다. 현대 역사에서 북한의 김일성 일가와 함께 최장기 집권기록을 가지고 있었다.

3장

1963년 존 F. 케네디 대통령 암살되다

1963년 11월 22일, 케네디 대통령 암살의 그 날

젊은 대통령 존 F. 케네디(1917~1963년)는 임기 중 3년이 채 지나지 않은 1963년 11월 22일 텍사스주 댈러스에서 암살되었다. 그 전 해(1962년) 소련 흐루쇼프를 상대로 쿠바 미사일 기지를 철수시킨 용감하고 단호한 대통령이었으며, 소련과의 우주전쟁에서 1960대 말까지 인간을 달에 보내겠다는 새롭고 무한한 꿈을 줘 케네디 대통령의 인기는 치솟고 있었다.

그러나 미국 남부에서는 예외로 마르틴 루터 킹이 이끄는 흑인의 인권선언에 대한 그의 적극적인 자세가 남부의 일부 국민에게는 반감을 불러 일으키게 했다. 1964년의 대통령 재선에 대비하려면 남부 민주당을 결속시켜야 했다.

그 목적으로 남부에서의 연설여행을 계획하였고, 1963년 11월 21일 텍사스의 댈러스로 떠났다. 몇 군데의 연설로 하룻밤을 지내고 다음날 11월 22일 상공회의소 조찬회를 마치고 댈러스시의 중심부로 향하였다. 오픈된 차를 타고 손을 흔들며 거리를 지날 때 시민들은 열광적이지도, 무관심하지도 않았다. 대통령의 차량 행렬이 시내를 지나 문제의 장소, 교과서 창고 옆을 지날 때 날카로운 총소리가 거리의 소음을 뚫고 울려 퍼졌다.

케네디 대통령의 얼굴에 묘한 표정이 감돌더니 앞으로 쓰러졌다. 대통령의 부인 재클린이 대통령의 얼굴을 감싸며 울부짖었다. "오오! 노우... 아 하느님, 누군가 내 남편을 쏘았어요." 케네디의 암살은 미국뿐만 아니라 전 세계의 커다란 충격이었다.

케네디 암살 이후의 조사

곧 워런 대법원장을 위원장으로 하는 조사위원회가 조직되었다. 10개월에 걸친 조사가 끝난 뒤 워런 위원회의 보고에 의하면 불만에 가득 찬 공산주의자 "리이 하비 오스왈드"가 단독으로 범행하였다는 것으로 결론지었다. 오스왈드가 교과서 보관소 창문에서 수동식 소총으로 8초 안에 3발을 발사했다는 결론을 내렸다.

3발 모두 뒤쪽에서 발사되었으며, 첫 발은 빗나갔고 두 번째 발은 대통령 어깨 뒤쪽을 뚫고 들어가 목으로 빠져나왔고 마지막 총알은 머리 뒤쪽에 박혀 대통령을 사망해 이르게 한 것이라는 결론이었다. 그러나 국민들은 조사결과에 만족하지 않았다.

그 후 1979년 케네디 대통령과 마르틴 루터 킹 목사 암살사건을 조사하기 위해 특별히 구성된 미국 하원 암살사건 특별조사 위원회는 워런 위원회와 다른 결론에 도달했다. 워런 위원회가 작성한 보고서에 대부분 동의하기는 했으나, 하원 조사위원회는 오스월드가 아닌 다른 누군가가 네 번째 총을 쐈다고 결론지어 음모론을 확대했다. 그러나 범인과 그 배후에 관하여는 상당한 논란이 있었다.

케네디 대통령은 단 한 발의 총알에 절명한 것으로 되어 있다. 그러나 범인이 먼 거리에서 구식 총으로 명사수도 아닌데, 달리는 차에 그렇게 신기(神技)에 가까운 사격을 할 수 없다는 것이었다. 그 차에 함께 동승했던 코넬리 텍사스 주지사 몸에는 여러 발의 총상(銃傷)이 있었는데 그 각도와 탄도가 다 달라서 단일 범인의 범행이 아니라는 쉬운 결론이 나오는데 보고서는 그냥 허망한 결론을 냈다.

그래서 여러 가지 배후설이 있었다. 먼저 CIA 배후설은 쿠바 침공 실패와 함께 덜레스

워싱턴행 비행기 안에서 취임 선서

(Dulles)나 몇몇 간부들의 해임과 관련된 불만세력이 모의했다는 것이다. 또한 군수산업체와 관련해 케네디가 월남전을 확대하지 않고 빨리 종전하기를 희망하는 것은 산업체의 이해 관계와 안 맞았기 때문이라는 것이었다.

마피아 배후설도 있는데 그것은 로버트 케네디 법무장관을 포함해 케네디 형제에 대해 마피아가 크게 불안해 제거 계획을 세웠다는 것이다. 또한 이런 세력들이 연합하는 거대한 음모가 있다는 등이었다. 또 다른 보고서는 2029년에 비밀해제가 되면 놀라운 사실들이 밝혀질 것이라는 관측도 있다. 단독 범인으로 지목된 오스왈드는 조사를 받으러 가는 도중 잭 루비에게 살해되는 바람에 사건의 진상을 파헤치기 불가능해졌다.

존슨 부통령의 승계

의욕 넘치고 미국에 새로운 희망을 준 케네디의 시대는 약 1000일 만에 끝났다. 세계가 케네디의 죽음을 애도하는 가운데 시신을 싣고 워싱턴으로 향하는 전용기 내에서 부통령인 존슨(Lyndon Baines Johnson, 1908~1973년)이 대통령직을 계승하였다. 그는 미국의 남부 텍사스 출신으로 케네디와는 전혀 다른 성장환경과 경력을 가진 인물이었다.

그가 비행기 안에서 취임 선서를 할 때 미국 역사상 처음으로 여성 판사(댈러스 연방 판사) 앞에서 했다는 것이 특이했다. 존슨은 비행기 안에서 대통령이 되어 워싱턴에 돌아온 즉시 국민들을 향하여 말했다. "나는 전임 대통령인 존 F. 케네디가 계획했던 일들을 계속해 나갈 것입니다."라고 했지만 새로운 길을 갔다. 대표적으로 이듬해 '통킹만 사건'으로 월남전을 확전시킨 것이다.

재미있는 것은 케네디보다 꼭 100년 전 1860년에 대통령이 되었던 에이브러햄 링컨이 1865년에 암살당했을 때 그를 승계한 대통령이 성이 같은 "존슨" 엔드류 존슨(17대)이었고 이 이외에도 많은 공통점들이 있었다고 한다.

4장

1964년 통킹만 사건으로 월남전 확대하다

1964년 통킹만 사건

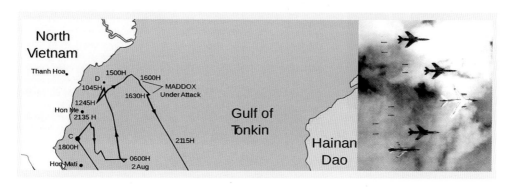

통킹만 그리고 지도상 좌측 북베트남을 공습하는 미군 전투기들

통킹만(Gulf of Tonkin) 사건은 1964년 8월 2일 통킹만 해상에서 북베트남 해군의 135편대 소속 어뢰정 3척이 미해군 구축함인 USS 매독스함을 선제 공격하여 양국 함대가 교전한 사건이었다. 이 교전의 결과로 북베트남 해군은 어뢰정 3척이 손상을 입었고, 4명의 사망자와 6명의 부상자를 남겼다. 미 해군은 구축함 1척과 A−4 스카이호크 공격기 1대에 경미한 피해를 입었고, 전사자는 없었다. 이는 미국이 베트남 전쟁 개입을 공개적으

로 확대한 계기가 되었다.

미군 측 발표에 의하면, "1964년 8월 2일 북베트남 어뢰정 3척이 통킹만에서 작전을 수행하고 있는 미 구축함 매독스호를 향해 어뢰와 기관총으로 선제공격을 가하였다. 미 구축함은 즉각 대응하여 1척을 격침하고 2척에는 타격을 가하였다."라고 했다. 이번 전투 이전인 1960년에도 미국은 베트남전에 개입하고 있었지만, 8월 7일 미국 하원은 베트남전 개입을 본격화하는 "통킹만 결의안"을 의결해 미국 정부는 1965년 2월부터는 B-52 폭격 기를 동원해 북베트남을 공격했고, 이어 지상군도 파견함으로써 7년간의 전쟁이 시작됐다.

1973년에는 파리협정을 체결하고, 미국이 철수를 개시하였다. 1976년 베트남사회주의 공화국이 수립됨으로써 남북월남은 12년 만에 통일되었다.

👑 통킹만의 진상과 국방장관 맥나마라

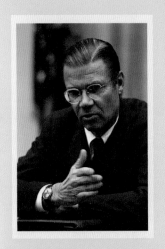

미국 국방장관이었던 로버트 맥나마라는 당시의 상황을 그 대로 기록물로 남겨 국방부1급 기밀문서로 보관했고, 펜타 곤 문서로 알려진 이 보고서는 제2차 세계대전 직후인 1945년부터 1968년 5월까지 미국이 인도차이나에 개입한 기록을 담았습니다. 책임자는 맥나마라 장관이었고, '대니얼 엘스버그'라는 랜드연구소 연구원이 문서작성 과정에 참여 했습니다. 엘스버그는 전직 해군 장교로, 처음에는 인도차 이나에서의 미국의 역할을 적극 지지했으나 펜타곤 문서작 성이 끝나갈 무렵에는 미국의 인도차이나 개입에 대해 적극 적인 반대 입장을 보였습니다. 그는 인도차이나에서의 미국 의 저의를 폭로해야 한다는 심적 부담을 강하게 느껴 몰래 극비문서를 빼돌렸습니다. 평소에 잘 알던 뉴욕타임스의 닐 시한 기자에게 넘겨 뉴욕타임스 는 1971년 6월 13일 6개 면에 걸쳐 이 문서를 폭로, 보도했습니다. 이 펜타곤 문서 안에 는 통킹만 사건을 비롯해 ① 프랑스 점령 시 미군의 지원 ② 베트남전 확대정책 ③ 북베트 남 침공 등 극비내용들이 기록되어 있었습니다. '미-베트남 관계: 1945-1967'이라는 명 칭의 이 보고서는 베트남전 참전에 대한 법률적·도덕적 정당성에 대한 내용이 상당수 포함 되어 있었습니다.

통킹만 사태 전후 베트남의 역사

베트남의 지도자 호치민

베트남에서는 제1차 세계대전 이후 프랑스 식민지배를 벗어나기 위해 독립운동이 활발히 진행되고 있었다. 그 중심인물이 베트남 민족운동 지도자인 호치민(胡志明, 1890~1969)이었으며 이들은 1927년 베트남국민당, 1930년에는 인도차이나 공산당을 조직했다. 제2차 세계대전이 발발한 뒤 일본이 베트남을 점령하자 호치민은 일본과 게릴라전을 펼쳤다.

1945년 일본이 연합군에 항복한 이후 호치민은 9월 2일 하노이를 점령하고 베트남민주공화국의 수립과 독립을 선포하였다. 제2차 세계대전 종전 직후, 대부분의 식민 국가들은 독립했으나, 식민정책을 포기하지 않은 프랑스를 상대로 호치민의 민족주의 저항세력은 1차 인도차이나 전쟁(1946.12.19~1954.8.1)을 치렀다. 연합군은 베트남 문제를 중화민국에게 처리해 달라고 부탁하였는데, 북쪽에서는 공산군이 내려오고 남쪽에서는 프랑스가 장악하여 8년 동안 전쟁이 계속된 것이다.

결국 1954년 프랑스군이 라오스와의 국경 부근에 위치한 디엔비엔푸에서 크게 패퇴한 이후, 국제사회는 제네바 회담을 통해 새로운 선거에 의해 베트남 독립을 약속하며, 1954년까지를 1차 인도차이나 전쟁의 종결로 간주했다. 전쟁이 끝나고 북위 17도선에서 북에

월맹과 월남 지도

는 호치민을 대통령으로 하는 베트남민주공화국이 수립되고, 남에는 바오 다이를 총리로 하는 베트남 공화국이 세워졌다. 1955년 6월 6일 북베트남의 호치민 정부는 제네바 협정의 규정에 따라 베트남 통일정부 구성을 위한 선거를 실시하기 위한 협의를 촉구하였고, 같은 해 10월 23일 남베트남 지역의 국민투표를 실시했다. 바오 다이의 베트남국에 염증을 느끼고 있던 남베트남 사람들은 왕국의 폐지와 공화국의 수립을 묻는 국민 투표를 환영하였다. 선거 이후 10월 26일 응오딘지엠(1901~1963년)을 대통령으로 하는 베트남공화국이 수립되었다. 남베트남인들은 새로운 정부를 지지하고 기대하였

으나, 1년 후 지엠 정권의 부패와 실정에 실망하였고 반정부 시위가 잇따르게 되었다. 이로써 베트남의 남북 분단은 고착화되었다.

베트남인들은 응오딘지엠 정권을 미국의 괴뢰 정권으로 인식하였고, 원조에 의존하는 남베트남의 경제는 정부의 부패로 인해 제대로 작동하지 않았다.

호치민이 이끄는 베트남민주공화국(북베트남)의 공산주의 정치에 불안을 느낀 북부 지역의 로마가톨릭신자들 약 80만~100만 명이 남부로 이주했고 이들에 대해 편향적인 종교 정책을 취한 응오딘지엠 정권은 불교와 극심한 갈등을 겪게 되었다. 결국, 이런 혼란 과정에서 이른바 '베트콩(Viet Cong)'이라는 게릴라 군사조직이 생겼다.

처음으로 미국이 물러선 전쟁

늪지에서의 미군과 진군하는 북베트남군

1960년에 결성된 남베트남민족해방전선(NLF)이 베트남의 완전한 독립과 통일을 위해 북베트남의 지원과 베트콩을 활용하여 남베트남 정부와 이들을 지원한 미국과 전쟁이 시작됐다. 베트남의 독립을 위한 1차 인도차이나전쟁과 구분하여 '2차 인도차이나전쟁'이라고도 부르며, '베트남 전쟁'이라고도 부르고 남베트남정부가 붕괴된 1975년 4월 30일까지 지속되었다. 처음에는 베트남의 남북 간 내전의 성격이었으나 미국 존슨대통령은 남베트남에 미군 주둔 병력을 늘려 1964년 통킹만사건을 구실로 북베트남을 폭격한 뒤에 전쟁은 지상전으로 확대되었다. 그리고 미국과 소련의 냉전체제하에서 한국·태국·필리핀·오스트리아·뉴질랜드·중국 등이 참전한 국제전쟁이 되었다. 미국은 1968년까지 북베트남에 100만 톤에 이르는 폭탄을 퍼부었으며 약 55만 명에 이르는 지상군을 파병했다.

그러나 남베트남 민족해방전선(NLF)이 호찌민이 죽기 직전인 1969년 1월 30일 구정 설날을 이용한 구정대공세를 펼쳐 주요 도시들과 미국과 동맹국들의 주요 시설을 점령했다. 이 대공세는 결국 전쟁의 주도권을 베트콩과 NFL에게 준 결과가 되었으며 미국에서는 반전여론이 더 높아졌다. 더구나 존슨 대통령은 재선(1968년 12월)에 실패했으며, 군사개입의 중단을 내세운 닉슨이 대통령(1913~1994년, 재직 1969~1974년)으로 당선되었다.

　닉슨은 '닉슨독트린'을 새로운 안보전략으로 내세우며 미국의 철수 계획을 발표하였다. 그 후 북베트남은 1975년 4월 30일 미국이 빠진 남베트남의 수도인 사이공을 점령했으며, 1976년 7월 2일 남북 베트남이 통합해 베트남사회공화국을 수립하면서 베트남은 하나의 국가로 통일되었다.

5장

1969년 닐 암스트롱 등, 달에 착륙하다

달에 가보고 싶은 인류의 꿈-케네디의 아폴로 계획

아마도 이것은 인류의 역사와 더불어 시작됐을 것이다. 그러나 그것은 어디까지나 꿈이고 아련한 향수였을 뿐이지 어느 누구도 사람이 정말 달에 갈 수 있다고 믿지 않았다. 적어도 1961년 케네디 대통령이 아폴로 계획을 계획을 발표하기 전까지는... 사실 케네디 대통령이 1960대 말까지 인류를 달에 보내겠다고 원대한 계획을 발표할 때에도 이를 믿는 사람들은 많지 않았다. 그러나 과학자들은 계획을 단계적으로 진행시켰고 케네디의 호언장담(豪言壯談)이 결코 잠꼬대가 아니였다는 것을 증명해 보였다.

1969년 드디어 달착륙-인류의 거대한 발자국

이때까지 월남전에서 미국이 고전하고 있는 것과 관계없이 1968년 미항공우주국(NASA)이 최초의 달나라 우주인을 공모했을 때 신청자들이 그야말로 밀물처럼 모여 들었다. 결국 제비뽑기를 통해 닐 암스트롱 등 세 사람이 행운을 잡았다. 1969년 7월 17일 이들이 탄 우주선이 굉음을 일으키며 지구를 이륙했다. 텅 빈 우주를 사흘간 날아가 그들은 생명체라고는 찾아볼 수 없는 황량한 달나라 괘도에 진입했다.

달 표면을 처음 걷는 암스트롱, 저 멀리 지구가 보인다

드디어 7월 20일 암스트롱과 올드린은 착륙선 이글호를 타고 달 표면에 사뿐히 착륙하는 데 성공했다.

6억 명의 지구인들이 TV로 이 역사적 장면을 지켜보는 가운데 암스트롱이 착륙선의 문을 열고 달에 첫 발을 내디뎠다. 이것은 그야말로 온 인류의 거대한 도전이었다. 몇분 후 올드윈이 뒤를 이어 달표면에 내려 왔다.

암스트롱은 "이는 한 인간에게는 작은 걸음이지만 인류에게는 도약의 거보(巨步)이다" 라고 말했다. 이들이 달 표면에 꽂은 깃발은 미국 국기였지만 달 표면을 걷는 이들의 모습만은 환상적이었다. 벌판과 분화구가 널려있는 달의 황량한 풍경, 그 뒤로 보이는 깜깜한 우주는 경이(驚異) 그 자체였다.

이후 모두 24명의 우주인이 달에 다녀왔다. 그들은 모두 달나라에서 신비한 체험을 했다고 했다. 달 지평선 위로 지구가 떠오르는 것을 보고 인간이 얼마나 미미한 존재인가를 실감했다고 했다. 달나라에서 신의 존재를 절실히 깨달았다고 한 아폴로 15호의 짐 어윈은 그 뒤 20년 동안 전 세계를 돌며 자신의 영적 체험을 전파했다.

달착륙의 에필로그

NASA는 이제 더 이상 인간을 달에 보내지 않는다. 소련이 1961년 먼저 우주개척에 앞서 나갔기에 시작된 우주 경쟁은 이제 끝이 났다.

그것은 1961년 4월 12일 소련의 유리 가가린(1934~1968년)이 보스토크 1호를 타고 1시간 29분만에 지구의 상공을 일주함으로써 인류 최초의 우주비행에 성공했기 때문이다. 우주에서 지구를 본 감상으로 "지구는 푸른 빛이었다"라고 한 말은 유명했다. 그 후의 전 세계 영웅으로 축하받고 중위에서 대령까지 빠르게 진급했던 그는 1968년 비행훈련 중 타고 있던 제트훈련기가 추락하여 젊은 나이 34세에 죽었다. 그는 1969년 미국이 달착륙에 성공하는 장면은 보지 못한 채 죽었다. 달 착륙에 성공한 미국은 물론 소련도 달에 더 이상 사람을 보내지 않는다. 그것은 달에 대한 환상과 동경이 달성됐고 달 탐사로 다른 효용성(우주 영토 확보 등)이 없기 때문일 것이다. 그러나 미국이 그간 10년 동안 막대한 돈, 인명피해를 감수하고 그 계획, 목표를 달성한 것은 미국으로서의 용기와 개척정신이었다. 이는 돈으로 살 수 없는 미국의 정신적 자산이다.

👑 1962년, 미국의 첫 우주선 발사 직전에 비행사의 요구

존 글렌과 실제 인물 존슨의 노후의 모습　　　　　　그리고 영화의 한 장면

최종 목표가 달 착륙이었던 아폴로 계획의 첫 번째 순서로 소련의 유리 가가린 같은 우주비행을 앞둔 1962년 미국 항공우주국. 미국의 첫 번째 지구 궤도 비행에서 우주비행사 존 글렌(1921~2016년 차후 미국 상원의원 4선)은 뜻밖의 요구를 합니다. "그녀가 괜찮다고 해야만 떠나겠다" 미국(NASA)의 첫 지구 궤도비행이기 때문에 한치 오차가 없어야 합니다. 자칫하면 우주 미아가 됩니다. 궤도계산은 당시 IBM 7090으로 계산했습니다. 당시 지구상에 있는 컴퓨터 중에 가장 뛰어난 성능을 자랑하는 제품이었습니다. 그보다 더 정확하게 계산할 수 있는 기계는 없었습니다. 그런데 그 순간 글렌이 찾은 인물, 그녀는 "케서린 존슨"이라는 여성이었습니다 IBM 컴퓨터의 계산을 검증한 존슨은 OK신호를 줬습니다. 그러자 우주로 향한 카운트다운 "9.8.7..."이 시작되었습니다.

2016년 개봉된 영화 "Hidden Figures"(숨겨진 존재)라는 영화의 한 장면입니다. 그녀 케서린 존슨(1918생)은 흑인 NASA 지원요인팀(우측 사진)의 중심 인물로 우주비행궤도 계산에서 당시 컴퓨터 수준에 버금가는 탁월한 역량을 발휘하였습니다. 바로 1969년의 탈 착륙의 우주선 발사 순간에도 존슨은 비행궤도, 착륙, 이륙 등의 모든 계산을 뒷받침했습니다. NASA는 2019년 "인간 컴퓨터"로 불리면서 미국 우주 탐험을 이끌었던 케서린 존슨이 향년 101세로 별세한 것을 발표하였습니다.

제13막

500년전 시작된
남미국가들 독립 후, 지금은

- 시기: 1500~2020년
- 콜럼버스의 신대륙 발견(1492년) 이후 남미(라틴) 아메리카의 나라들의 500여년의 역사
  - 1500년대 라틴아메리카 국가들: 브라질 제외 모두 에스파냐의 식민지
- 1808년 나폴레옹이 에스파냐를 점령하자 독립의 분위기 형성
  - 시몬 볼리바르: 북쪽의 베네수엘라, 콜롬비아, 에콰도르 등 독립 유도
  - 산 마르틴: 남쪽의 아르헨티나, 칠레, 페루 등 1825년 독립 달성
① 에스파냐 총독령 쿠바: 19세기 독립-1959년 카스트로, 체 게바라 혁명
② 아르헨티나: 후안 페론, 에바(에비타) 페론의 후광으로 2회 대통령, 포퓰리즘의 전형, 마라도나의 활약
③ 브라질: 포르투갈 1808년 이후 왕정 유지-1889년 공화정으로 독립-독재와 쿠데타의 악순환-기득권의 아성을 깨고 21세기 룰라 대통령 개혁, 발전, 축구영웅 펠레

1장

남미의 혁명가들 그리고 쿠바의 카스트로

남미 나라들의 독립, 시몬 볼리바르와 산 마르틴 활약

시몬 볼리바르

남미국가들의 옛 종주국 스페인의 언어가 라틴어에서 파생하였기 때문에 '라틴 아메리카'라고도 부른다. 라틴아메리카는 세계 육지 면적의 15% 이상, 인구는 6%를 차지하고 있다. 콜럼버스의 발견 이래 많은 원주민은 유럽인들이 옮겨온 전염병에 의해 많이 죽었고, 본국의 이민자들이 많이 들어와서 현지인들과 혼혈이 이루어졌다.

나폴레옹의 이베리아반도 침입(1808)은 남아메리카인들이 에스파냐의 지배를 벗어나 독립을 하게 되는 자극제가 되었다. 본국이 나폴레옹의 지배하에 놓이면서 혼란이 지속되자 식민지 각국에서 쉽게 독립운동을 전개할 수 있었기 때문이었다.

라틴아메리카의 '조지 워싱턴'으로 불리는 시몬 볼리바르(Simón Bolívar, 1783~1830년)는 베네수엘라의 독립운동가이자 군인으로 호세 데 산 마르틴(José de San Martín)과 함께 라틴 아메리카의 해방자로 불렸다. 브라질의 경우는 1808년에 브라질로 도망온 포르투갈의 왕가 덕분에 다른 역사가 진행됐다. 남아메리카인들은 자유를 쟁취하는 데 성공했지만, 스스로 정치를 해본 경험이 없었기에 대다수의 나라들이 오래지 않아 독재군부의 지배를 받게 되었다. 볼리바르는 부유한 크리올(Criole)家 출신이었다. 크리올은 현지에서 태어난 백인을 말하는데 에스파냐에서 온 최상층 에스파냐 다음의 계층이었다. 그 다음이 에스파냐 등 백인과 현지 인디오와의 혼혈이 메스티소(Mestizo)였고, 원주민 인디오는 아프리카에서 온 흑인들과 함께 최하층을 이루었다.

남아메리카의 네 인종 계층은 인도의 카스트 제도에 못지 않게 사회를 옥죄고 있었다. 메스티소는 남미 나라들의 자유 독립을 찾는 리더가 될 수 없었고 크리올은 현지에서 태어나 애향심이 있어, 본국의 지나친 식민지배에 저항심을 가지고 독립운동의 기수가 되었다.

볼리바르의 독립운동

베네수엘라 출신의 볼리바르는 스페인 유학 중 프랑스 혁명에 고무되어 1807년에 돌아와 독립운동에 매진하였다. 그는 의용군을 조직하여 에스파냐와 전쟁을 치르면서 몇 차례 패배와 망명의 쓴맛을 보았다. 그러나 볼리바르는 좌절하지 않고 안데스산맥의 얼음계곡과 독거미가 우글대는 적도의 밀림을 헤치며 끝까지 에스파냐군과 싸웠다. 1817년 베네수엘라의 대통령이 되었지만 축출되어 카리브해로 망명했다가 1819년 군대를 이끌고 돌아와 콜롬비아의 스페인들과 왕당파를 물리쳤다. 마침내 볼리바르는 베네수엘라, 콜롬비아, 에콰도르를 잇따라 해방시켜 '해방자'라는 별명을 얻었다.

그는 라틴아메리카를 미국과 같은 하나의 공화국으로 만들고자 콜롬비아, 베네수엘라, 에콰도르로 이루어진 그란콜롬비아(Gran Colombia) 공화국의 대통령이 되었다. 나중에 페루와 볼리비아도 점령하여 독립시켰다. 이런 과정을 통해 다섯 나라의 연방을 추진했지만, 나라의 이해관계를 앞세우는 이기주의로 인해 실패로 돌아가 1830년에 병사하였다. 볼리바르는 사회주의를 기반으로 미합중국처럼 연방국가 '大콜롬비아'를 구상했다. 그의 꿈은 국가간 분열로 무산됐지만 중남미에 좌파이념이 깊게 뿌리내려 후에 종속이론, 해방신학의 밑바탕이 됐다. 국가명인 볼리비아부터 베네수엘라 통화, 헌법, 공항 등 곳곳에 그의 이름을 딴 것이다. 현재도 볼리바르는 남아메리카의 '해방자'이자 '국부'로 추앙받고 있다.

볼리바르와 쿠바혁명(1959)의 주역인 체 게바라는 희생의 이미지가 강해 중남미에선 종종 예수에 비유되었다. 1999년에 집권한 베네수엘라의 우고 차베스(Hugo Chávez)는 "볼리바르의 후계자"로 자처하기도 했다.

산 마르틴(San Martín, 1778~1850년)도 아르헨티나 출신의 독립운동가로 독립혁명군을 지휘하여 아르헨티나, 칠레, 페루를 에스파냐로부터 해방시켰다. 이에 대해서는 아르헨티나 편에서 설명한다.

쿠바의 역사-카스트로의 혁명 장기집권 49년

남미의 국가들과 다른 특징을 가지고 있던 쿠바의 독립과정을 살펴본다. 콜럼버스가 쿠바섬을 발견한 것은 제1차 항해 중인 1492년이었다. 당시는 5만여 명의 원주민들이 고도로 발달한 농경생활에 종사하며 평화롭게 살고 있었다. 1514년에는 에스파냐가 전 지역을 정복하고 식민지체제를 확립하였다. 원주민들은 사금 채취와 농장 노동 등으로 혹사당했고, 1530년 경 악성유행병으로 거의 전멸상태에 이르렀다. 16세기 초부터 19세기까지 쿠바에 수입된 흑인노예 수는 100만 명에 이르렀다고 추측된다. 더욱이 쿠바는 유럽과 아메리카 대륙을 잇는 교통의 요지여서 에스파냐는 이곳을 총독령으로 삼고 신대륙 경영의 기지로 삼았다.

19세기 초 아메리카대륙에서 일어난 미국독립혁명의 영향이 이곳까지 파급돼 대규모 흑인반란이 일어났다. 그 후 노예제도의 폐지, 농민혹사 금지와 독립을 원하는 세력이 점차 확대되어 1868~1878년까지 10년 전쟁에 돌입하였다. 그래서 1878년 에스파냐가 이들의 조건을 인정하였지만, 이 약속들은 잘 지키지 않자 1895년 쿠바혁명당을 조직한 호세 마르티를 중심으로 2차 독립전쟁이 시작되었다.

이때 공교롭게도 하바나(Havana)항에 정박 중이던 미국선박 메인호에서 원인 모를 폭파사건이 일어나 미국은 에스파냐에 선전포고를 하고 전쟁을 시작했다. 미국은 해전에서 쉽게 이겨 쿠바 내의 스페인군을 축출하고 스페인의 식민지였던 푸에르토리코, 필리핀, 괌을 차지하는 전과를 올렸다. 그 후 미국은 쿠바에 대한 3년간의 군정을 실시하면서 사탕수수 재배 등 기간산업에 대한 투자를 확대하고 쿠바는 정치적·경제적으로 미국에 예속되었다.

그 후 쿠바인의 독재 정권으로 바뀌어 1933년 이래 교활한 독재권력으로 쿠바를 지배해온 바티스타(Batista) 정권의 대항마로 법률가 출신의 피델 카스트로(Fidel Castro, 1926~2016년)가 등장해 대통령으로 출마했다. 그러나 카스트로는 합법적인 방법이 없다고 판단해 결국 무력투쟁으로 방향을 바꾸어 투옥됐다가 석방되어 멕시코로 망명했다.

쿠바의 혁명가 카스트로, 장기집권

그는 대학 시절부터 정치활동을 했고 20대 초반 도미니카공화국, 콜롬비아 폭동에도 참여하는 등의 무력투쟁 경력이 풍부했다. 1956년 바티스타 정권 전복을 위해 체 게바라(Che Guevara, 1928~1967년)와 함께 쿠바에 상륙하였다. 그 후 3년간 마에스트라산맥을 중심으로 게릴라 활동을 벌여 1959년 1월 정권을 잡는 데 성공했다.

체 게바라-남미의 전설적인 혁명가

남미혁명의 우상 체 게바라

체 게바라는 원래 의사 출신으로 쿠바의 혁명군에 군의 관으로 참여하였다가 전투에서 능력을 발휘해 카스트로 다음 위치에 올라 카스트로 혁명정부에서 국립은행 총재 장관 등을 역임하였다. 그러나 혁명가 기질이 있던 체 게바라는 고위 관직에 안주하지 않고 아프리카 콩고의 혁명을 거쳐 볼리비아 혁명군에 참여하였다. 신출귀몰한 혁명지도자로서 명성을 날리다가 대규모 정부 진압과정에서 사망하였다.

그러나 세계 각국의 젊은이들에게 혁명가로서 명성과 인기가 높아 아직까지도 T셔츠에 그의 얼굴이 등장해 전설로 남았을 정도이다. 그에 관한 영화와 소설이 계속 제작·출판되는 등 젊은이들의 우상으로서 인기가 식지 않고 있다, 카스트로의 혁명 이듬해, 미국의 정보부가 지원하는 쿠바망명자들의 쿠바 기습침공 작전이 있었으나 완전히 실패하였다. 그리고 숨가쁘게 1962년 소련의 쿠바 미사일 설치 사태가 벌어졌으나 미국 케네디 대통령의 단호한 결단으로 실패로 돌아갔다. 그 후 카스트로 정권은 남아메리카에서는 나름대로 가장 안정적으로 정권이 유지되어 카스트로는 2008년까지 49년 동안 정권을 유지하는 등 세계에서 가장 장기집권하는 기록을 남겼다. 그 후 그의 동생인 라울 카스트로(Raúl Castro)가 이를 계승하여 오늘에 이르고 있다.

2장

아르헨티나의 후안 에비타, 페론의 20세기
그리고 마라도나

아르헨티나의 역사-독립 그 전후

독립의 영웅 산 마르틴

아르헨티나는 신대륙이 발견된 지 반세기 쯤 지난 1550년대에 에스파냐에 의해 식민지 건설이 시작됐다. 수도인 부에노스아이레스 건설의 기초가 다져졌다. 황금 같은 특별한 광물자원이 발견되지 않아 유럽인의 이주가 적었다. 1800년대 초 유럽의 시민혁명 조류와 함께 나폴레옹이 에스파냐 본국을 정복하자 라틴 아메리카의 식민지들이 본국으로부터 독립을 선언하고 아르헨티나도 1825년에 임시정부가 수립되었다.

그 과정에서 산 마르틴(1778~1850년)이 안데스산맥을 넘어 페루와 칠레의 왕당파를 무찔러 아르헨티나의 독립을 쟁취하였다. 아르헨티나 국민들은 산 마르틴을 '독립의 아버지'라 부르며 존경한다. 그 후 브라질과 국경분쟁이 있었고 나라의 기초를 확실히 하는 시기를 지냈다. 아르헨티나 공화국의 헌법은 미국헌법을 본떠서 1853년에 확정되었다.

그 후 잦은 정쟁으로 여러번 헌법이 개정되었으며 1870년대에 유럽 자본의 유입과 이민이 활발해지면서 국가의 근대화가 진행되었다. 농업을 비롯한 여러 분야의 산업화가 활발히 추진되고 수출이 증가해 1920년대까지의 아르헨티나의 경제는 세계에서 10위권에 이르는 성장을 했다. 정치민주화도 이루어져 1928년 이폴리토 이리고옌(Hipólito Yrigoyen, 1852~1933년) 대통령이 첫 자유선거에서 승리했다. 그는 노동계급자들에게 많은 지지를 받아 두 번째 대권에서도 성공했지만 행정부는 관료주의적으로 변모하여 부패와 정체가 완연해져 호세 펠릭스 우리부루 장군이 주도하는 쿠데타로 몰락했다.

아르헨티나는 제1, 제2차 세계대전에서 중립을 지켰으며 연합군의 식량을 공급했다. 이런 시기에 페론이 등장했다.

에비타의 등장과 두 페론의 만남

'에비타'로 더 잘 알려진 에바 페론(1919~1952년)은 가난한 시골 마을에서 사생아로 태어나 가난하고 어렵게 어린 시절을 보내다 무작정 부에노스아이레스로 상경했다. 단신으로 도시에서 힘겹게 살다가 천신만고로 퍼스트 레이디가 되어 아르헨티나 국민의 사랑을 받았고 성녀로 추앙을 받다가 33세에 요절했다.

에바 페론은 남아메리카의 제일 유명한 인물 중의 한 사람으로 그녀의 인생 자체만으로도 한 편의 영화와 같다. "Don't cry for me Argentina(나를 위해 울지 말아요 아르헨티나)"는 미국 브로드웨이의 거장 앤드류 로이드 웨버가 작곡한 뮤지컬 <에비타>에서 여주인공 에비타가 부르는 노래이다. 그가 만든 뮤지컬은 전 세계 사람들에게 감동을 주었으며 이렇게 뮤지컬로 만들어진 에바 페론의 일생을 살펴본다.

에바 페론은 아르헨티나의 드넓은 초원지대 팜파스에 속한 작은 마을 로스톨도스에서 태어났다. 그녀의 어머니는 인근의 농장 주인의 정부였고, 에바는 이 사이에 태어난 5명의 아이 중 4번째 사생아였다. 그녀의 아버지는 어머니와의 사이에 많은 아이를 낳았음에도 불구하고 자신의 자식들을 법적으로 인정하지 않았다. 아버지에게서 버림받아 출생부터 불우한 에바의 어린 시절은 가난과 불행의 연속이었다.

그녀는 현실을 잊기 위해 대중잡지의 기사를 읽으며 도시로 나가 화려한 배우가 되는 것을 꿈꾸었고 학교에서 하는 연극과 연주회 등에서 자신이 가진 재능을 발휘하기도 했다.

마침내 15살 무렵, 과감히 가출을 감행해 아르헨티나의 수도 부에노스아이레스에 도착했다. 그러나 가진 것 없는 시골의 소녀가 도시에서 할 수 있는 일은 별로 없었다. 에바는 어린 나이부터 성공을 위해서는 자기가 가진 것을 내놓을 수밖에 없다는 잔혹한 현실을 깨달았고, 그녀가 유일하게 가지고 있던 것은 바로 '아름다운 몸'이었다. 그녀는 자기의

앞길에 도움이 될 것 같아 보이는 남자와 스스럼 없이 관계를 가졌고 조금이라도 가치가 떨어지면 가차없이 떠났다. 에바는 여러 명의 남자 품을 전전하며 삼류 극단의 삼류 배우로 부에노스아이레스에서의 삶의 기반을 잡아갔다. 살기 위해 여러 남자의 품을 떠도는 비애 속에서도 그녀는 자신을 귀엽고 순진하게 꾸몄고, 스스로를 '에비타'라고 불렀다. 에비타는 '꼬마 에바'라는 뜻이다.

성공을 향해 물불을 가리지 않은 노력 덕분에, 그녀는 삼류 연극배우에서 영화배우, 라디오 성우로 차츰 영역을 확장해갔다. 그리고 1940년경 마침내 에바는 어느 정도 유명한 연예인으로 이름을 알릴 수 있게 되었다. 부에노스아이레스에 온 지 10년 만인 1944년 에바는 당대 실력자인 '통일 장교단'의 리더 후안 페론을 만나게 되는 행운을 잡게 되었다.

1944년 산후안에서 6천 명 이상이 사망하는 지진이 발생해 당시 노동부 장관이던 후안 페론은 이재민 구호를 위한 기금 마련에 앞장섰다. 이때 이 구호기금 운동에 연예인 자격으로 에바가 동참했다. 에바와 후안 페론은 만나자마자 서로의 이용가치를 본능적으로 감지하였다. 첫 번째 부인을 잃고 독신이었던 후안 페론은 에바의 젊음과 미모에 빠져들었으며, 에바는 후안 페론이 자신에게 가져다 줄 부와 명예를 한순간에 알아차렸다. 두 사람은 만난 지 얼마 되지 않아 함께 살기 시작했다.

에바 페론 신화의 시작

당시 후안 페론은 '페론주의'라는 새로운 기치를 걸고 정치적 입지를 다져가고 있었다. 페론주의는 산업의 국유화, 외국 자본의 축출, 노동자 위주의 사회 정책 등 국가 사회주의의 성격을 띠고 있었다. 페론주의의 기치는 참신해 보였지만 당시의 아르헨티나 현실과는 상당한 거리가 있었다. 게다가 군부에 의지하는 성격이 강해 독재로 흐를 가능성이 많았다.

에바와 후안 페론이 동거를 시작한 지 얼마 되지 않아 후안 페론에게 정치적 시련이 닥쳤다. 반 페론주의자들이 정권을 차지하고 그를 구금해 버린 것이다. 그러자 에바는 오랫동안 숨겨져 있던 재능을 이런 계기로 한 순간에 발현했다. 단지 아름다운 외모를 가진 연예인으로만 생각되었던 에바 페론에게는 뜻밖에도 사람의 마음을 움직일 줄 아는 힘이 있었다.

정치적이며 선동적이고 남을 설득할 줄 아는 그녀의 재능이 애인의 석방운동에서 빛을 발하기 시작했다. 에바 페론의 열정적이고 헌신적인 연설은 민중의 마음을 움직였다. 그녀는 구금된 후안 페론을 위해 노동자들을 부추겨 총파업을 일으켰고 파업 10일 만에 후안 페론은 노동자들의 환호를 받으며 전격 석방되었다. 그녀의 도움으로 정치적 우위를 확보한 후안 페론은 이런 선물을 가져다 준 에바와 1945년 정식으로 결혼했다.

페론의 신화와 포퓰리즘

두 페론의 행복했던 시기

1946년 대통령선거에서 에바 페론은 남편 후안 페론의 선거 유세 자리에 동행하며 대중으로부터 폭발적인 인기를 얻었다. 그녀의 아름다운 외모와 확신에 찬 연설은 아르헨티나 국민의 마음을 사로잡았다. '에비타'라는 애칭이 국민들에게 알려진 것도 이 무렵부터였다. 에바 페론의 인기 덕에 후안 페론은 대통령이 되었다.

페론의 정책은 원래 사회주의적인 것으로 노동자의 극단적인 보호, 사회보장제도, 외국자본의 추방, 중요 산업의 국유화 등으로 사회주의 정책들이었다. 대통령이 된 후안 페론은 더욱 대중이 좋아할 만한 정책을 내세우며 정권유지를 도모했다. 후안 페론의 뒤에는 에바 페론이 있었다.

페론의 대중 인기영합적인 개혁 정책들은 실질적으로는 나라의 사정을 고려하지 않은 것들이 많았다. 그의 정책은 노동자와 여성 등 약자를 위하는 것처럼 보였지만 실제 혜택을 받는 사람은 거의 없는 허세와 기만 투성이었다.

에바 페론은 7년간 퍼스트 레이디로 아르헨티나 전역을 다니며 복지사업과 봉사활동을 벌이며 성녀를 자처하였지만 실제로 사회적 약자들의 삶은 그다지 나아지지 않았다. 그것은 페론 정권이 내건 정책들이 기본적인 사회개혁이 아니라 대중을 사탕발림으로 마비시킨 후 기존의 지배구조는 그대로 지속시키는 것이었기 때문이었다. 페론 정권 시기에 아르헨티나의 경제는 하향곡선을 긋기 시작했다. 그러나 에바 페론과 후안 페론은 비판세력을 제거하고 나라 돈을 자기 것처럼 마음대로 썼다. 에바 페론의 사치는 극에 달했고 축적된 많은 돈이 스위스 은행의 비밀계좌에 입금되었다.

에바 페론의 죽음 전후

그러다 에바 페론은 1952년 34세의 나이에 척수 백혈병과 자궁암에 걸려 세상을 떠났다. 아르헨티나 대중들은 에바 페론의 죽음을 광적으로 애도했다. 한 달간의 장례식은 국민들이 바치는 꽃으로 뒤덮였다.

에바 페론의 죽음 이후 그동안 숨겨왔던 정권의 문제점들이 하나둘 드러나기 시작했다. 무리한 경제정책은 실패로 돌아갔고 인플레이션과 실업 노동자의 동요 등 에바 페론이라는 방패를 잃어버린 후안 페론은 문제의 중심에 서게 되었다. 이렇게 국민의 반감을 사고 결국, 군부마저 등을 돌려 1955년 군부 쿠데타로 실각하였으며 그 뒤로는 민정, 군정 등으로 정권교체가 이루어졌다.

후안 페론의 망명으로 에바 페론의 시신도 이곳저곳으로 떠돌게 되었다. 에바 페론이 실제로 국민에게 남긴 혜택은 아무것도 없었지만 생전에 그녀를 좋아했던 대중들은 여전히 그녀를 그리워했다. 쫓겨난 후안 페론은 군부에 밀려 파나마, 스페인 등에서 20년 가까이 망명생활 중에도 계속 국내정치에 영향력을 발휘했다.

결국, 죽은 아내 에바 페론의 후광을 등에 업고 십수년 만에 아르헨티나로 돌아와 1973년 다시금 대통령에 당선되었지만 10개월의 집권 만에 노령으로 사망했다. 1974년 페론이 죽자 재혼하여 아내였던 이사벨 페론이 뒤를 이어 세계 최초의 여성 대통령이 되었다. 그러나 1975년 쿠데타로 이사벨도 사임, 군사정권이 들어섰고, 이렇게 30년 가까운 페론의 시대가 끝났다.

페론 일가는 죽거나 떠났지만, 여전히 페론당의 영향력이 정치를 좌우하고 있다. '에바 페론'이라는 이름은 아직도 아르헨티나의 정치와 민중들의 정서에 큰 영향력을 미치고 있다.

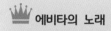 에비타의 노래

"Don't cry for me, Argentina. The truth is I never left you...(나를 위해 울지 말아요, 아르헨티나. 나는 그대를 떠나지 않아요)" 이 노래는 1978년 초연된 뮤지컬 〈에비타〉에서 여주인공 마돈나가 부르는 노래입니다.

이 가사는 34세에 죽은 에바 페론의 묘비명에 있던 내용입니다. 중간에 "내가 이제 보이지 않고 사라진다 해도 영원히 아르헨티나

인으로 남을 것이고 여러분을 영원히 떠나지 않을 것입니다."로 연결됩니다. 머나먼 나라 남미의 퍼스트레이디를 미국 공연계의 거장이 주목한 이유는 그녀가 한 시기를 가장 극적으로 살아냈던 여인이며 그 인생역정이 남다르기 때문이었습니다.

15세에 가출하여 연고도 없는 시골 소녀는 그녀가 찾던 남자와의 운명적인 만남으로 그를 대통령으로 만들었고 인생 최고의 '퍼스트 레이디'라는 자리에까지 올랐으며 또한 국민에게 성녀로 추앙받기까지 합니다.

2012년 아르헨티나에서는 에바 페론 사망 60주기를 기념해서 100페소짜리 한정판 지폐가 발행되었습니다. 이런 것을 보면 그녀는 비록 짧게 살았지만 그다지 비극적이라고 할 수 없을 것이며 저 세상에서도 행복하지 않을까 싶습니다.

아르헨티나의 암울한 시기에 나타난 영웅 마라도나

두 축구영웅 펠레와 마라도나의 전성기

그 후에도 아르헨티나에는 정치 악순환과 함께 경제침체가 계속되었다. 1982년 4월 영국과 포클랜드의 영유권을 둘러싸고 전쟁을 벌인 끝에 175일 만에 아르헨티나가 패전하였다.

전쟁의 패전과 연이은 정권의 불안정으로 2001년 연말에는 1320억 달러에 해당하는 외채로 국가 부도 사태를 맞이하게 되었다. 이런 암울한 시기에 디에고 마라도나 (1960~2020년)라는 축구영웅이 나타나서 에바 페론 못지않게 국민들을 열광하게 하고 희망을 주었다. 그는 축구역사상 브라질의 펠레(1940년 출생)와 함께 2대 영웅으로 아르헨티나 국민은 물론 전 세계의 어느 스포츠보다 압도적으로 많은 축구팬들로부터 사랑받고 존경받고 있다. 펠레는 축구 외에도 인간적으로 모범생이어서 "축구황제"라고 불리고 있는데 마라도나는 축구 자체도 드라마틱했고 사생활에서도 천방지축이어서 축구악동으로 불리면서 더 애틋한 관심을 집중시키기도 했다.

그런 마라도나가 2020년 11월 25일 60세의 나이에 죽음을 맞이하여 세계의 많은 사람을 슬픔에 빠지게 하고 있으며 그 조국의 가장 유명한 후배 리오넬 메시와 그 쌍벽을 이루는 호날두 선수도 유럽에서 전세기를 타고 조문을 왔다. 아르헨티나 대통령궁에 안치된 그의 시신에 애도하는 조문행렬이 3km에 이르고 있고 정부도 조문기간 3일을 공휴일로 선포하는 등 아르헨티나 역사에서 가장 비중있는 인물이었음을 느끼게 하였다. 아르헨티나 출신의 프란시스코 교황도 평시 각별한 애정을 가지고 있어서 그의 사망소식을 듣고 그 가족에게 묵주와 서한을 보냈다고 한다.

세계 축구의 두 전설 펠레와 마라도나는 20년 나이 차이로 함께 경기를 한 적이 없으나 똑같이 축구천재로 17살에 국가대표가 되어 월드컵의 우승컵을 조국에 바친 점에서 공통점이 있다. 마라도나는 1986년 멕시코 월드컵에서 무르익은 절정기의 기량으로 5골을 넣으면서 우승을 견인했다. 7년(1984~1991년) 동안 이탈리아의 나폴리팀에서 뛰면서 한번도 리그에서 우승하지 못했던 2류팀을 3번이나 우승컵을 획득하게 했으며, 그가 떠난 후에는 한번도 우승을 못했다니 그의 역량을 짐작하게 한다. 멕시코 월드컵 당시 예선에서 우리나라 팀도 마라도나의 아르헨티나팀에 3대1로 지기는 했지만 마라도나의 현란한 경기를 보았던 기억과 함께 그의 명복을 빈다.

👑 신의 손 마라도나 영국에 복수하다

1986년 월드컵 8강전에서 마라도나의 아르헨티나팀은 잉글랜드 팀과 붙었는데 0 대 0으로 계속되던 접전에서 드디어 마라도나의 헤딩골이 터졌습니다. 축구선수로서 작은 키였던 마라도나가 솟구쳐 헤딩을 할 때 그의 손이 볼에 닿았다고 영국팀이 강력하게 항의했습니다. 핸들링 반칙이 되면 그 헤딩골은 노골이 되는 것입니다. 당시는 비디오 사진판정을 할 수 있는 때가 아니었으므로 주심과 두 명의 선심이 마라도나의 핸들링이 아니였다고 확정하여 아르헨티나의 골로 인정되었습니다. 이 골만이라면 개운찮은 승리였겠지만 5분 후 마라도나는 단독 드리블로 6명의 수비선수를 제치고 골키퍼까지 쓰러트리고 골을 넣었기에 아르헨티나의 승리는 논란이 없이 명백해졌습니다. 이 두 번째 골은 월드컵 역사에서 가장 멋있는 골로 평가되고 있습니다.

시합 후 기자회견에서 기자들이 그 헤딩골에서 손이 닿았는지 질문을 하자 마라도나는 내 손이 아니라 신의 손이었지 모르겠고 절반은 내 머리에 맞고 골이 되었다고 멋있게 답변을 하였습니다. 이때로부터 마라도나의 별명이 "신(神)의 손"으로 불렸습니다. 기량이 출중하면 보이지 않는 신의 손도 도와준다는 뜻이 있는지 모릅니다. 우승 예상팀 중 하나였던 영국팀이 탈락한 것은 영국에게 큰 충격을 주었습니다. 이 게임의 승부를 보고 4년 전 1982 포틀랜드섬 영유권을 둘러싸고 대처수상이 이끌던 영국군에 패전한 것을 보기좋게 설욕한 것으로 해석하여 아르헨티나 국민들은 남미대륙이 떠들썩 하도록 열광했습니다. '마라도나' 라는 영웅은 아직 수상으로 있던 대처 수상(재직 1979~1990년)을 보란 듯이 영국팀을 짓이겨 승리했던 것입니다.

3장

남미에서 제일 큰 나라 브라질-펠레, 룰라 대통령

브라질은 어떤 나라

브라질의 영웅 펠레   브라질의 삼바축제

　브라질은 남미에서 국토가 제일 큰 무려 851만㎢로 세계에서 러시아, 캐나다 그리고 미국, 중국 다음으로 크고 인구도 2억이 훨씬 넘는 나라이며, 수도는 브라질리아이다. '브라질' 하면 '세계의 허파' 아마존을 품고 있고, 축구를 세계에서 제일 잘하며, 삼바 춤이 유명하고, 화려한 카니발이 있는 낭만적인 나라라는 이미지가 떠오른다. 브라질에서 제일 유명한 인물은 아마도 브라질의 축구스타 펠레(1942~)일 것이다. 1958년 스웨덴 월드컵에 17세의 소년으로 나타나서 세계인들을 깜짝 놀라게 한 축구의 황제, 20세기의 최고의

운동선수라고 평가받았다. 1970년까지 네 차례 월드컵 중 브라질 팀의 우승을 세 번 이끌었고 20년의 현역생활 동안 1280골이란 전무후무한 기록을 남겨서 사람들은 축구가 펠레이고 펠레가 축구라는 극찬을 하고 있는 인물이다.

2000년대를 넘어서는 의외의 인물, 금속 노동자 출신 루이스 룰라(1945~)가 대통령에 당선되어 브라질 국민에 희망의 메시지를 던진 감격적인 장면도 있었다.

이런 브라질의 역사를 간략히 살펴본다. 처음 포르투갈에 의해 발견되기 전, 브라질에는 유라시아 대륙에서 건너온 것으로 추측되는 인디오들이 유목생활을 하며 살고 있었다. 이들은 수백이 넘는 종족으로 1천 여개의 언어를 사용하며 각기 다른 풍습의 생활을 하였기 때문에 잉카나 마야와 같은 발전된 문명이나 큰 국가가 없었다. 포르투갈이 공식적으로 브라질을 발견한 것은 1500년경이다. 개척 초기 포르투갈의 주요 관심은 당시 동양에서 수입하던 직물용 붉은 염료를 대신하는 염료용 나무(파우 브라질)를 채취하는 데 있었다. 브라질이라는 국명도 이 염료용 나무를 칭하는 말로부터 온 것이다. 17세기 대량의 금과 다이아몬드가 발견되고, 사탕수수재배를 위해 현지의 인디오와 아프리카의 흑인들을 노예로 삼았다.

남미의 국가들이 거의 모두 스페인의 식민지가 되었지만, 브라질만은 포르투갈의 식민지였다. 그래서 남미 스페인의 식민지 국가들과 다른 독립 과정을 거쳤다. 그것은 1808년 나폴레옹의 포르투갈 침입으로 포르투갈 왕실이 브라질로 옮겨오면서 브라질에 유럽문화를 유입하는 데 큰 영향을 미쳤다.

당시 브라질의 경제는 커피의 수요가 증대하기 전이었으며, 인구는 300만 명 가량이었으나 그 가운데 100만 명이 노예였고, 자유인이라고 할지라도 이렇다 할 산업이 없었으므로 반영구적 실업빈민의 수가 많았다. 남미 스페인의 식민지 여러 나라에서는 금 은광들이 발견되어 축복의 땅이 되고 있는데 브라질에서는 이렇다 할 광산물이 없어서 실망하던 차에 "파우 브라질"이란 빨강색 염료와 사탕수수 농장을 개발해 브라질도 차츰 쓸모있는 식민지라는 인식을 가지게 되었다. 이에 포르투갈 왕실은 산업진흥을 위해 무역을 중심으로 한 경제정책을 추진하였다.

브라질의 근대화 역사와 경제개발

유럽에서 나폴레옹이 몰락한 뒤 1821년 포르투갈 왕실(돈 후안 6세)은 황태자 돈 페드로(Dom Pedro)를 섭정으로 남겨 두고 본국으로 돌아갔다. 국왕을 맞이한 포르투갈은 그 가치가 증대되는 식민지 브라질에 대하여 통제를 다시 강화하였다.

여기에 맞서 브라질의 대지주와 보수주의자들은 돈 페드로 황태자를 옹립하여 1822년 9월 7일 독립을 선언하고, 홀로서기를 시작하였다. 브라질은 논란을 거듭한 끝에 1824년 3월 헌법을 제정하였다. 북아메리카 미국이 30여 년 전에 제정한 헌법에 따라 3권분립 민주주의 요소를 도입하였으나 황제의 존재와 권위를 인정하여 4권분립처럼 제정된 기형적인 헌법이었다.

1826년 본국의 부왕 돈 후안 6세가 사망하자 페드로의 어린 딸이 왕위를 계승하고 동생이 섭정을 하도록 하였으나 동생이 이를 어기고 왕위에 즉위하였다. 브라질에서는 영토문제로 아르헨티나와의 500일(1830~1831년) 전쟁에서 신생국가인 브라질이 형편없이 패전하자 전쟁을 지휘한 페드로 1세의 인기는 땅에 떨어졌다.

이에 페드로 1세는 5살짜리 아들(페드로 2세)에게 왕위를 넘겨주고 포르투갈로 망명을 하였다. 이후 10년 동안 브라질은 지방의 반란이 일어나 사실상의 내전상태에 빠져 들었다가 1841년 페드로 2세가 직접통치를 시작하면서 안정을 되찾았다. 페드로 2세는 그런대로 1888년까지 장기 재임을 하면서 커피재배를 장려하고 유럽국가들의 이민을 받아들이는 등의 강력한 경제발전 정책을 추진했으나 지방 각주들의 이익추구와 대농장주 등 기득권세력의 대립이 빈번하였다.

1863년 미국이 노예제를 폐지한 이후에도 브라질은 노예제도가 계속 존속되어 그 존폐를 두고 논쟁이 치열했으나 페드로 2세는 기득권의 견제와 나라의 장기적인 발전을 위해 1888년 노예제를 폐지하였다. 이로써 농장주 등 기득권세력들이 크게 반발하고 이들이 지원한 군부가 1889년 쿠데타를 일으켜 페드로 2세가 폐위되면서 브라질은 군주제가 폐지되고 공화정이 시작되었다.

독립 1889년 이후의 130년의 역사

브라질의 경제수도 리우데자네이루

임시정부가 들어서고 페드로 2세는 가족들과 함께 파리로 망명하였다. 이때 1889년 11월 15일을 브라질의 독립으로 보고 있다. 1890년 제1공화국의 헌법이 제정되고 4년 임기에 재선을 금지하는 대통령제를 채택하였다.

1930년까지 40년 동안 12명의 대통령이 선임되었으나 강력한 주 상파울로주 등 2개 주 출신이 9명이 당선되는 등 강력한 주의 지배와 쿠데타가 발생하는 정정불안이 이어졌다. 1930년에 당선된 바르가스(Vargas) 대통령이 친위쿠데타를 일으켜 1955년까지 독재체제하에 어느 정도의 경제개발이 이루어졌다. 1960년대에 들어서도 정치 혼란과 경제 위기가 계속되자 정부에 불만을 가진 군대가 다시 쿠데타를 일으켜 전권을 장악했다. 1964년 군사쿠데타로 대통령에 브랑꼬(Branco) 대장이 취임한 뒤 군 장성의 권력승계로 군사정권이 지속되었다. 군사정권의 엄격한 통제 속에서 브라질 경제는 매년 성장하였으나 불안한 정치에 실망한 외국 자본이 빠져나가 결국 빈부 차이도 커졌다.

그 뒤 1985년 1월, 1964년에 제정된 헌법의 대통령간선제 규정에 따라 대통령선거가 실시되어, 야당인 브라질민주운동당의 네베스(Neves)가 대통령으로 당선됨으로써 21년간의 군정이 막을 내렸다. 1985년 4월 네베스가 죽고 싸르네이(Sarney) 부통령이 대통령직을 승계하였다. 그 후 시민의 권리는 서서히 회복되어 1988년에는 새 헌법이 승인되었고, 이듬해 29년 만에 처음으로 치른 직접선거에서 새 대통령을 뽑았다. 그동안 군사정권의 문제점들을 해결하고 자유시장 경제 체제에 걸맞는 발전을 위해 노력하였다. 이후 까르도조(Cardoso) 대통령이 1995년 1월 1일에 취임하였고, 2003년 1월 직접 선거로 당선된 룰라(Luiz Inacio Lula da Silva) 대통령이 2007년 1월 재선에 성공하여 집권하였다.

브라질 국기가 의미하는 것들

우리가 월드컵 등 축구경기장에서 자주 보는 브라질의 국기는 초록색 바탕에 가운데 하늘의 별자리가 보이는데 이는 독립일인 1889년 11월 15일 8시 50분 당시 수도 리우데자네이루 하늘의 별자리라고 한다. 브라질의 국기이름은 "노랑과 초록"이라고 하며 1992년 5월에 확정되었다. 국기는 초록바탕에 노란색 마름모가 있고 그 안에 파란 원(하늘)이 있으며 원 안에는 흰색 띠가 가로질러 있다.

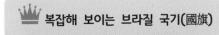
복잡해 보이는 브라질 국기(國旗)

국기 바탕색인 초록은 브라질의 자원(아마존) 농림과 산림자원을, 노랑은 광업과 지하자원을, 상징하고 파랑은 하늘(天球儀) 안의 별자리를 품고 있습니다. 별자리 모습은 독립 당시의 모양이라는 선언적 의미가 있지만 조금 과장된 것이고 현재의 수도와 지방의 주(州) 26개 모두 27개가 별자리 모양(星座) 9개에 속한다고 합니다. 별이 국기에 나온 것은 대표적으로 미국의 성조기(星條旗)에 50개의 별(州), 중국의 오성홍기(五星紅旗)에 5개의 별, 싱가포르도 5개, 북한과 베트남은 한 개의 별이 있습니다. 또 흰 띠에는 "질서와 진보"를 표기하고 있다고 합니다. 브라질 국기는 복잡해보이기는 해도 그 의미가 많고, 색깔이 선명하여 시각적으로 잘 보이면서 꽤 인상적입니다. 2002년 우리나라와 일본이 공동 주최한 월드컵에서 독일과 브라질이 결승전을 벌이던 날, 필자는 우연히도 독일 프랑크푸르트 시청 앞 대형 TV에서 현지 청중들과 함께 그 열기를 체험할 수 있었습니다. 의외로 적지 않은 브라질(남미 국가 포함) 관중들이 그들의 국기를 흔들며 응원하는 모습 그리고 브라질의 승리가 확정된 후 국기를 앞세우고 열광하며 행진하던 것을 보면서 그 국기의 위력을 실감하였습니다. 그들의 브라질 국기제정 꼭 10년 만에 전 세계인들에게 그 국기를 확실히 각인시켰을 것입니다. 독일관중들도 축하해주던 모습이 좋아 보였습니다.

브라질의 민주화, 개혁의 상징 룰라대통령

노동자 서민들의 친구 룰라   룰라와 쿠바의 카스트로

브라질의 스타 대통령 룰라 다 실바(1945~)는 시골에서 가난한 농부의 아들로 태어났다. 가정형편이 어려워 열 살 때부터 일하기 시작하여 열네 살 때 정식으로 근로자 자격을 얻어 금속공장에 취업하였다.

룰라는 결혼 후, 부인이 출산 도중 의료혜택을 보지 못해 사망한 일을 계기로 적극적인 노조활동을 시작하였으며, 1975년에는 브라질 철강노조위원장으로 당선되었다. 룰라는 노동운동을 하면서 노동자의 삶을 근본적으로 바꾸기 위해서는 정치가 바뀌어야 한다는 것을 깨닫고 1980년에 노동자당을 결성하여 정계에 진출하였다.

노동자당은 여러 차례 실패해 낙선을 거듭하였으나 포기하지 않고 마침내 2002년에 룰라는 대통령에 당선되었다. 브라질 국민들은 역사상 최초로 좌파성향의 대통령을 뽑은 것이다.

2003년 룰라의 대통령 취임 당시 브라질은 높은 인플레이션에 시달리면서 경제적 어려움을 겪고 있었다. 룰라는 경제를 안정시키기 위해서 강력한 통화정책과 재정정책을 실시하고 정부지출을 줄여나갔다. 그는 브라질 재정위기의 가장 큰 원인이었던 방만한 사회보장제도를 개혁하고 국가신임도를 높이기 위하여 시장주의 정책을 추진할 것을 국내외에 밝혔다.

이러한 정책은 자신의 정치적 성향과는 사뭇 다른 것이어서 성급한 이들은 룰라를 "배신자"라고 비난하였다. 그러나 룰라는 "기아와 빈곤 퇴치"를 최우선의 정책 목표로 두고 이전의 정부들과 확실히 다른 모습을 보여 주었다.

2006년 브라질은 다시금 룰라를 대통령으로 뽑았다. 전투기 도입사업을 중단하고 빈곤 퇴치정책을 추진하는 룰라의 손을 들어 준 것이다. 성장과 분배 사이의 균형을 맞춘 브라질은 2004년부터 2008년까지 연평균 5% 이상의 경제성장률을 기록하면서 2008년에는 IMF의 구제금융을 모두 갚고 순채권국가가 되었다. 2010년 룰라의 뒤를 이어 노동자당의 지우마 호세프가 브라질의 첫 여성 대통령이 되었다. 룰라와 노동자당의 실험은 아직 진행형이다.

"나의 꿈과 희망은 서민의 영혼과 가난에서 나왔다"라는 룰라의 말처럼 끊임없는 개혁만이 미래의 희망이라는 것을 보여 주고 있다.

개혁에는 언제나 기득권층의 저항이 도사리고 있다. 8년 동안의 대통령 재직 이후에도 계속해서 활동하던 룰라가 권력형 비리로 구속(2017년)되었다. 법정투쟁 이후 580일 만에 석방된 룰라는 차후 다시 한번 대통령에 도전할 희망을 가지고 있다.

♔ 룰라 같은 서민 대통령들

룰라의 대통령 당선과 취임은 우리나라 노무현 대통령과 비슷한 시기(2002년 대통령 당선)에 이루어졌다. 또 폴란드의 바웬사(1943~) 대통령이 전기공으로 조선소노조 위원장이 되어 소련의 압박을 이겨내면서 노동자의 인권과 인간다운 삶을 목표하고 투쟁하여 1990년 폴란드의 대통령이 된 경우와 비교할 수 있습니다. 또 미국에도 이와 비슷한 서민 대통령이 있었습니다. 우리가 잘 아는 링컨 대통령(16대)보다 그보다 30여 년 전에 대통령이 된 앤드류 잭슨 대통령(7대, 1767년, 재임 1829~1837년)이 선배격인 서민 대통령이었습니다. 사생아로 태어나서 정규교육을 못 받고 오직 변호사자격을 따고 자수성가하여 파격적으로 대통령이 되어 미국 정치를 바꿔 놓은 사람이었습니다. 그는 존재감을 인정받아 미국의 20달러 지폐의 얼굴이 되었습니다.

제14막

4-5천여 년 전의
문명국들 지금은:
이집트·인도·그리스·바티칸

- 시기: BC 3200~2020년
- 인류의 고대문명권이 시작되고 수천년이 흐르면서 그 후손의 나라들이 지금은...
① 이집트: 기원전 32세기- BC 332 알렉산드로스 원정까지 2900년 자체 왕국
  -클레오파트라-로마-오스만터키 지배-1922년 독립까지 2200년 동안은 식민지시대
  -1952년 나세르 혁명, 사다트, 무바라크-현재 군부 영향력
② 인도: 무굴 제국(1536~1827) 아크바르(50년)-샤자한(32년) 전성시대-타지마할
  -1707년 이후-영국 지배 240여년-간디, 네루의 국민회의 독립운동
③ 1947 파키스탄과 분리 독립- 네루, 인디라 간디, 라지브 간디 3대 36년 총리
④ 그리스: 나라가 망한 후 BC 325년 이래 1453년까지 로마 -1830년까지 오스만터키 지배
  -입헌군주군, 공화정 교차 복잡한 정정-파판드레우 부자 10년 총리
  -해운왕 오나시스의 여인들
⑤ 바티칸 가톨릭 교황: 1대 베드로-현 266대 프란치스코교황-2100년 이상 존립
  -로마 1929년 독립소국 바티칸 인정-265대 베네딕토 교황 사퇴-두 교황의 존재

1장

5200년 전의 최고(最古) 문명국 이집트

기원전 32세기-기원전 4세기 2900년 단일왕조 유지

고 왕국 시대(BC 2900)의 피라미드 　　　　　 신왕국시대(BC 1600) 신전들

　이집트는 알렉산드로스 대왕의 BC 332년 원정으로 헬레니즘 문명이 시작될 때까지 약 2900년 동안 고왕국·중왕국·신왕국 시대로 나누는 단일 왕조를 지탱했다. 고왕조 시대 (BC 32세기 - 22세기)에 피라미드가 건립되었으며 중왕조 시대(BC 21세기~16세기)는 힉소스(Hyksos) 족이 침입하여 상당 기간 예속 상태에 있었다. 신왕조 시대(BC 16세기~4세기)에는 피라미드가 아니라 왕들의 계곡에 파라오들의 미라와 부장품들을 숨겼는데 그 대표적인 것이 파라오 투탕카멘의 묘지였다.

그 후 이 시대의 유명한 파라오 람세스 2세의 활약이 있어 침입 세력 히타이트 왕국을 물리치고 평화조약을 맺었다. 또한 구약성서에 의하면 이 시대(BC 14세기) 이스라엘 민족들이 모세의 인도하에 출애굽의 역사가 있었다. 그 후 메소포타미아 지역을 통일한 아시리아가 침입하여 상당 기간 그 압제에 시달렸으나 왕조를 유지하고 알렉산드로스 대왕을 맞이했다.

헬레니즘 시대(BC 332~BC 30)와 로마제국 시대(BC 30~AD 641)

알렉산드로스 헬레니즘 시대   로마시대 시작

알렉산드로스대왕이 이집트 원정을 왔을 때 이집트의 BC 4세기 신왕조시대말기였는데 왕조의 기운이 쇠잔하여 환영하는 분위기에서 이집트 왕조가 끝나고 그리스와 동방의 문화가 융합된 헬레니즘 시대가 시작되었다.

말 그대로 알렉산드로스가 만든 알렉산드리아 도시를 중심으로 새로운 나라가 형성됐는데 BC 322년 알렉산드로스 대왕이 갑자기 죽은 후 그 제국이 세 개로 나뉘어 그 하나의 왕조가 이집트지역의 왕국을 이어받아 프톨레마이오스 왕조로 시작되었다.

그 후 300년 가까이 흐르고 BC 30년경 미인이면서 영민한 클레오파트라 여왕이 처음에는 로마의 카이사르를 유혹해 아들도 낳고 왕조의 보존과 발전을 도모했다. 불행히도 카이사르가 일찍 죽자 로마의 실력자(삼두정치의 한 사람) 안토니우스와 밀월을 즐기며 미래를 기약했지만, 또 한 사람의 진짜 실력자 옥타비아누스와의 해전에서 패했다.

클레오파트라와 안토니오가 자살함으로써 세계사의 낭만적인 드라마가 끝남과 동시에 이집트의 프톨레마이오스 왕조도 끝을 보고 말았다. 이후부터 이집트는 지중해 아프리카 일대까지 대제국을 형성한 로마의 속주가 되었다.

이집트의 이슬람 지배시대(641~1922년)

로마의 속주로서 이집트는 비교적 안정적인 600여년을 지냈다. 그러다가 7세기경 이슬람 왕조의 1280여 년의 지배시대가 시작된다. 그것은 아라비아반도에서 무함마드가 610년 이슬람교를 창시하여 세상에 커다란 변화를 주기 시작했다. 이슬람의 칼리프들이 종교를 전파하는 동시에 영토를 확장하여 시리아에 거점을 마련하면서 이슬람제국을 건설하기 시작했다. 서로마제국은 이미 476년 일찍 망했지만 동로마제국의 영향권에 있던 아프리카, 이집트도 641년에 알렉산드리아를 점령당해 이슬람국가가 되었다. 동로마제국도 에너지가 넘쳤던 이슬람제국을 제어하지 못하고 크고 튼실한 속주, 이집트를 양보하고 말았다.

이 지역의 이슬람제국들은 그 설립 세력에 따라 이름이 달라지는데 최초의 침입은 우마이야(661~750년) 왕조이고, 그 후 아바스 왕조, 다시 파티마(963~1169년) 왕조, 십자군전쟁의 영웅 살라딘이 세운 아이유브 왕조(1169~1252년)가 뒤를 이었다. 그리고 쿠데타로 권력을 잡은 맘루크 왕조(1250~1517년)가 있었는데 이들은 몽골 원정군 훌라구의 일 칸국을 물리쳐 이슬람제국을 구했다. 그 후 대표적인 이슬람 제국이었던 오스만 투르크 왕조가 지배했다.

이슬람제국은 1798년 나폴레옹의 이집트원정 시 박살났지만 1801년 프랑스군이 철군하면서 지배권을 회복하였다. 오스만 제국은 제1차 세계대전이 끝나고 패전국으로 위기에 처해 오스만의 본토라도 지키자는 무스타파 케말이 1922년 영국과 맺은 로잔조약으로 이집트 등에 대한 영유권을 포기하게 되었다.

이집트의 독립시대(1922년 이후)

이집트인들도 제1차 세계대전이 끝나는 1919년 민족자결주의 자각에 따라 이집트혁명을 추진했으며, 영국의 도움으로 1922년 이집트 왕국으로 독립했다. 왕은 있었지만, 막강한 영국의 영향력으로 독립국으로서 지위는 누리지 못했다. 그러던 중 1948년 이스라엘과의 전쟁(독립전쟁, 1차 중동전쟁)에서 패전한 이후 1952년 나세르(1918~1971년)를 중심으로 한 장교들의 쿠데타로 왕정이 폐지되고 공화국이 되었다.

권력을 장악한 나세르가 수에즈 운하를 국유화(1956년)하자 영국·프랑스·이스라엘이 공격을 해 왔다. 이를 제2차 중동전쟁 또는 "수에즈 사태"라고 부르는데 세계 각국의 여

나세르의 집권(1952~1971년)   무라바크(왼쪽)와 안와르 사다트(오른쪽)

론이 나빠지자 연합국들은 포기하게 되고 이때 나세르의 위상이 높아졌다. 그러나 아랍 국가들의 맹주로서 제3세계의 수장을 꿈꾸던 나세르가 1967년 3차 중동전쟁(6일 전쟁)에서 완전한 패배를 맛보아야 했다. 그는 정치적 자유, 개혁을 추진했는데 1970년 아랍 연맹 회담 이후 심장마비로 사망했다.

나세르의 후계자로 안와르 사다트(1918~1981년)가 대통령이 되었다. 그는 여러 가지 개혁을 추진하고 전임자의 독재정치도 완화하는 등 앞서가는 지도자의 모습을 보였다. 1973년 10월 시리아와 함께 이스라엘을 공격해 제4차 중동전쟁(욤키푸르 전쟁)을 이끌었다. 이스라엘의 공식적인 전사자만 2500명(3차 중동전 때 200명)이었다.

사다트는 1976년 대통령에 재선되고, 1977년 이집트의 국가수반으로는 처음으로 이스라엘을 방문하여 아랍과 이스라엘 사이의 평화 노선을 열기 시작하였다. 지미 카터 미국 대통령의 중재로 1978년에 캠프데이비드 협정에 조인하여 이스라엘로부터 시나이 반도를 돌려받고, 1979년에는 미국에서 이스라엘과 평화조약을 맺었다. 1978년 평화에 대한 공헌으로 이스라엘의 베긴 총리와 함께 노벨 평화상을 받았다. 그러나 1981년 소련의 사주를 받은 과격 이슬람 원리주의자 암살단의 총에 맞아 사망했다.

부통령이었던 무하마드 무라바크(1928~2020년)가 뒤를 이었다. 외교적으로 사다트 노선을 계승하면서 독자적인 외교를 전개, 사다트 시대에 단절되었던 소련과의 외교 관계를 재개하였고, 정치와 언론의 자유를 확대하였다. 1987년 대통령 선거에서 무라바크는 97%의 압도적인 지지로 당선되었다. 1990년 8월 이라크가 쿠웨이트를 침공해 점령하자, 이라크에 반대해 군대를 파견하였으며 1992년에는 이슬람 근본주의자들의 본거지를 습격해 체포하기도 하였다. 하지만 30년간 독재정권을 고수했고, 중동에 부는 민주화의 바람은 무시할 수 없어 그는 선거의 역풍으로 권좌에서 물러났다.

2012년 6월 무함마드 무르시가 대통령에 취임하였으나 2013년 7월 3일 군부에 의해 연금되면서 대통령직을 박탈당했다. 무르시가 대통력직에서 물러난 후 쿠데타를 주도한 압둘팟타흐 시시가 2014년 6월 8일 대통령에 취임하였다. 이것이 5000년이 넘는 이집트 역사의 윤곽이었다.

2장

인도의 근대-무굴제국의 건국과 흥망(1526~1827년)

16세기 인도의 무굴제국의 성립(1526년)

무굴제국의 전성기를 연
3대 아크바르왕

역사에서 잊혀졌던 1000년 동안 인도에서는 어떤 일들이 있었을까? 굽타왕조(320~550년) 이후 500년 이상 분열의 상태에 있던 인도는 12세기부터 이슬람의 침입을 받아 13세기에는 이슬람의 델리 술탄국(식민지국가)이 되어 300여 년을 지내왔다. 16세기에 아프가니스탄을 지배하던 이슬람 로디왕조가 델리의 술탄국의 맥을 잇고 있을 무렵 우즈벡 출신의 한 영웅이 아프가니스탄을 장악하였다.

그는 칭기즈 칸에서 티무르로 연결되는 후손이라는 바브르(1483~1530년)라는 인물이었다. 원래 티무르제국을 재현하려던 꿈을 가졌으나 이제는 인도 정벌을 목표를 하여 1526년 로디왕국을 정벌하고 델리에 입성하였다. 바브르는 로디왕조(이비라함왕)에 수적으로 훨씬 우세한 이슬람군을 델리부근의 파니파트전투에서 불과 3시간만에 멋지게 승리하고 인도의 주인이 되었다. 이로써 인도역사상 최후의 제국으로 기록될 무굴제국(1526~1857년)이 탄생하였다.

인도역사상 처음으로 중앙아시아를 포함하는 드넓은 영토를 차지하고 일찍 중앙집권적인 지배체제를 갖추었으며 인도의 근대를 시작하였다. 인도에서 어느 왕조보다 제일 긴 300여 년을 존속했다는 점에서 인도 최초이자 최후의 "제국"이라고 부를 만했다. 그런데 무굴제국의 건국자 바브르가 건국 4년만에 돌연히 사망하였다. 새 제국으로서 충분히 안정되지 못하였기 때문에 그 아들 2대왕 후마윤(1508~1556년)이 위기를 맞이하여 5년 동안 망명하였다가 다시 제국을 되찾았다.

무굴제국이 제국의 기틀을 세우고 장기적인 번영과 안정을 갖춘 것은 제3대왕 아크바르왕(1542, 재위 1556~1605년)의 치세 때였다. 어느 왕조나 3~4대에 훌륭한 군주가 나오기 마련이며 그렇지 못하면 장기간 존속할 수 없다.

무굴제국의 전성시대-아크바르 3대 100여 년

무굴제국의 튼실한 성곽과 호화로운 궁중문화

아크바르는 1556년 14살의 나이에 왕위에 올라 50년 가까이 재위하면서 무굴제국을 크게 발전시킨 탁월한 군주였다. 무굴제국의 세종대왕 같은 문무애민(文武愛民)의 존경받는 군주였으며 영국으로 말하면 엘리자베스 1세 여왕(재위 1558~1603년, 45년간)과 거의 같은 시기, 거의 같은 기간에 재위하면서 인도를 격상시킨 위대한 왕이었다. 또한 아크바르왕 이후에도 아들 자한기르를 거쳐 손자 샤자한(재위 1627~1658년, 32년) 그리고 아브랑제브(1658~1707년, 49년)까지 150여 년을 무굴제국의 전성시대라고 할 수 있다.

우선 아크바르왕은 기존 국내 세력인 라지프트와의 격전을 통하여 이를 제압하여 항복을 받아낸 후에 이들을 포용하였고 라지프트의 공주와 결혼하였다. 숙적들뿐 아니라 이슬람 세력과도 손을 잡아 모든 인도인의 명실상부한 지도자, 왕이 되었다. 인도 역사상 처음으로 중앙집권체제를 확립하여 강력한 왕인 동시에 정신적·종교적으로도 존경받는 군주가 되었다 또한 국민을 통합시키기 위해서 인도의 복잡한 종교들, 이슬람교, 조로아스터교와 불교 그리고 힌두교 등을 절충하는 정책을 펴서 정치적으로도 멋있게 탕평책(蕩平策)을 추진했다.

그런 노력 덕분에 무굴제국은 이슬람제국의 정체성을 잃지 않으면서도 종교적 균형을 유지할 수 있었다. 아크바르 왕은 아주 효율적이고 독특한 관료제도를 도입하여 넓은 제국을 일사분란하게 통치하였다. "만사브다르"라는 지방관들이 행정과 더불어 해당지역의 군사령관 역활을 겸하는 군정일치(軍政一致) 성격의 제도를 실시했다. 역사가 깊은 중국의 관료제에 비할 수 없었으나 인도로서는 처음으로 제대로 된 관료제가 성립된 것이다. 아크바르는 매일 아침 창문을 열고 백성들의 인사를 직접 받을 정도로 여론에 민감하고 소통을 강조하는 군주였다. 문화, 예술에 있어서도 전통적인 힌두양식에다 이슬람 양식이 어우러진 건축 ,미술, 문학이 개발되었고 두 문화가 융합되었다. 왕실이 적극 지원한 이런 융합문화는 동양과 서양의 기법이 접목된 "무굴양식"이라고 불렸다.

강력하면서도 후덕한 아크바르가 죽은 후 그의 아들 "자한기르"의 치세에 잠시 정치적 혼란을 겪었으나 아버지의 발전 기조를 유지하려고 노력했고 그 손주 "샤 자한" 국왕이 즉위하면서는 다시 할아버지의 괘도에 올라섰다. 샤 자한은 예술을 매우 사랑했고 역대 인도 왕들 중에서 가장 손꼽히는 낭만적인 군주였다.

특히 젊은 나이로 세상을 떠난 부인 "뭄타즈 마할"을 추모하여 건축한 무덤궁전인 "타지마할"은 오늘날까지 당당한 위용과 자태를 자랑하는 인도의 상징물(Landmark)이자 세계적인 건축물로 손꼽히고 있다. 문화를 사랑한 낭만군주라고 해서 샤 자한이 섬세하기만 한 군주였던 것은 아니었다. 그는 남인도의 소국들을 병합해 영토를 늘렸고 북쪽으로 왕조의 고향인 아프가니스탄의 대부분을 병합했다. 샤 자한까지의 3대를 문무를 겸전한 군주로 100여 년을 국내외로 흔들림 없이 무굴제국의 문화적 전성기를 구가했다.

무굴제국의 쇠망

샤 자한의 아들 아우랑제브(1618, 재위 1658~1707년)는 40세에 왕위에 올라 50년 가까이 인도를 다스린 강력한 왕이었는데 몇 대째 이어온 문화군주로서 전통은 끊겼다고 할 수 있었다. 왜냐하면 그는 아버지와는 달리 무자비하고 잔혹한 정복자였고 권력욕도 대단히 강했기 때문이다. 아크바르가 백성들의 존경을 받았고 샤 자한 왕은 백성들에게 사랑을 받았다면 아우랑제브는 백성들에게 두려움을 안겨주었다.

아브랑제브는 한동안 중단된 정복사업을 재개해 무굴제국의 영토는 인도역사상 최대 규모를 자랑했다. 인도 북쪽의 상황이 어려운 때였으므로 아우랑제브 같은 무력 정복의 군주가 필요했으며 대외적으로는 아크바르, 샤 자한을 이어 무굴제국의 전성기를 이어 갔다. 다만 종교정책에 있어서는 지금까지의 탕평책을 포기하고 이슬람 중심주의 노선으로 전환했다. 그는 고위관료직을 이슬람교도 중에서 채용했으며 많은 힌두사원을 파괴하고 가혹하게 종교탄압을 했다. 무굴제국의 전성기를 이룬 유능한 군주들의 시대 150년은 아브랑제브 왕의 사망으로 끝이 난다.

공교롭게도 가장 영토가 컸던 순간부터 무굴제국의 몰락이 시작되었다. 그 원인은 종교의 문제와 "마리타"라는 반란세력이었다. 종교의 탕평책이 무너진 순간부터 음양으로 무굴제국을 받쳐 주던 힌두교도들이 협조하지 않았고 중앙집권제의 중추세력인 관리들이 중앙에 반감을 가지면서 그 체제가 무너져 내렸다. 산악지역을 중심으로 하여 유격전도 능한 마리타에게 속수무책이 된 무굴제국이 친정인 아프가니스탄에 도움을 청하여 장기전이 되었으며 차츰 무굴제국은 정치적 공백상태로 빠져들었다.

동인도회사를 통해 200여 년 인도에 근거를 마련하고 있던 영국이 무굴제국을 접수(1827년)하는 형식으로 식민지화하게 된다.

♔ 샤 자한 왕과 타지마할

타지마할은 샤 자한 왕이 지극히 사랑하던 아내 뭄타즈 마할을 위하여 건립한 인도의 대표적인 이슬람 건축물로 시공(時空)을 초월한 사랑을 절대적 아름다움으로 표현한 걸작이라고 말합니다. 샤 자한이 왕자 시절 1612년에 결혼하여 왕비가 된지 4년 만인 1631년(결혼생활 19년) 14번째 자녀(생존 자녀 6명)를 낳다가 맞이한 죽음이 너무도 비통해서 그 해부터 무덤이자 사원인 타지마할을 짓기 시작하여 1653년에 최종 완공하였습니다.

인도의 "아그라"시의 강가에 외국의 전문가들을 초빙하고 연인원 2만 명이 매달려서 모두 23년 만에 최종 완성한 타지마할은 너무도 아름답고 찬란한 무덤입니다.

샤 자한은 20여 명의 형제들 중에 가장 돋보이는 셋째 아들이고 아버지를 도와서 일찍 준비된 왕이었지만 치열한 왕위 쟁탈전을 겪었습니다. 문무를 겸비한 왕으로서 타지마할을 건립하면서도 무굴제국을 부흥시키는 업적을 쌓았는데 국가재정에 부담을 준 것도 사실이었습니다. 그 아들 중 과격하고 무자비한 아우랑제브가 1658년 쿠데타를 일으켜 아버지를 아그라 요새의 타지마할이 보이는 방에 연금을 하였다고 합니다. 마지막 여생 8년을 사랑하던 아내의 타지마할을 바라보며 살다가 나중에 그 부인의 옆에 잠들었다니 한 편의 러브스토리를 완성한 낭만파 왕이었습니다.

3장

인도의 독립과 간디와 네루

인도의 국민회의의 발족-종교의 갈등

영국은 동인도회사를 앞세운 인도의 식민지 과정에서 1757년 강력한 경쟁국가 프랑스와의 전쟁에서 승리하고 독점적인 지위에서 인도를 지배하기 시작했다. 당시에 영국은 산업혁명을 성공적으로 추진하는 한편, 해외 식민지 개척을 해나가면서 인도는 그 중 가장 알토란 같은 식민지였다.

그렇게 인도를 지배하던 중 1857년에 인도로부터 일격을 당하는데 이는 '세포이항쟁'이었다. 이를 간신히 수습하고 동인도회사를 통한 간접지배가 아니라 직접 영국 여왕이 지배하는 영국령으로 삼아 새로운 체제를 세운 것이 1858년이었다. 그 이후의 식민지배에서 인도인의 지식인을 중심으로 저항 및 독립운동이 시작되었는데 영국은 장기적인 정책으로 이를 은근히 찬성했다. 어차피 있어야 할 이들의 움직임을 양성화하도록 하고 이를 방패막이로 활용하는 것이 유리하다는 판단이었다. 1885년 뭄바이의 한 대학에서 '국민회의'가 결성되었는데 이 국민회의는 인도가 62년 후 1947년에 독립할 때까지 인도 독립운동의 큰 축이었으며 현재까지도 인도의 중요한 정당으로 존재하고 있다. 그러나 이 회의는 다양한 종교와 단체를 참여시킨다는 목표와는 달리 72명의 참석자 중에 70% 이상이 힌두교도였으며 그마저도 영국에 우호적인 인사들이 대부분이었다. 이들의 초기활동은 인도인의 장교, 공무원 선발 등 영국식민청의 자문 등이 주된 업무였고 인도인의 정치 권리 확대 등의 요구는 적극적이지 못했다.

영국의 인도인들에 대한 차별이 계속되자 일부 지도자들이 적극적인 민족운동을 펼칠 것을 주장하기 시작하였다. 1905년 영국이 인도의 민감한 지역인 벵골 분할령에 대해 적극적으로 반대하고 국민회의 강경파들의 목소리가 커지기 시작했다. 일부 강경파들이 영국에 의해 체포·구금되는 등 국민회의 분위기가 악화되어 갔다.

못지않게 중요한 것은 국민회의 소수 무슬림들의 종교적 감정이 힌두교 지도자들과 크게 다르고 다수의 힌두교에 대한 피해의식이 강했다. 그들은 오히려 영국 측과 손을 잡고 1906년에는 벵골 동부의 다카에서 무슬림연맹이 출범하여 영국으로서는 국민회의와 다른 협상 단체가 생긴 것이다.

제1차 세계대전 이후 간디와 네루의 독립운동

인도의 지도자 마하트마 간디

1914년 제1차 세계대전에서 영국은 인도를 영국 식민으로 전쟁에 참여토록 추진, 100만 명에 이르는 인도인이 참전하여 6만 명이 사망하고, 전쟁비용도 인도인들이 부담하도록 했다. 전쟁에 승리한 영국은 국민회의의 지도자들에게 전쟁에 승리하면 어느 정도 자치권을 주겠다던 약속을 어기고 오히려 1919년 인도인에 대한 신체의 자유(체포, 구금), 집회에 관한 규제를 포함하는 법안을 발표했다. 영국은 이스라엘 민족에게도 전쟁협조를 미끼로 한 약속을 저버렸다.

영국의 이런 태도에 항의하는 시위가 크게 벌어지자 영국당국은 무자비하게 진압해 이 과정에서 300명이 죽는 사고가 발생하자 국민회의 지도자로 마하트마 간디(1869~1948년)가 등장했다. 영국에서 변호사 자격을 얻고 남아 연방(남아프리카 공화국)에서 인종차별을 받던 인도 노동자들을 돕다가 20년 만에 돌아와 민중들과 호흡을 같이 했다. 간디는 우선 '불복종운동'을 시작했는데, 이는 영국이 하는 일체의 통치행위에 협조하지 않는 것이었다.

　그가 등장하기 전 인도의 민족운동은 지식인의 몫이었다. 그러나 차츰 간디가 하층민의 마음을 파고들어 노동자와 농민을 비롯한 민중이 지식인들과 함께 하면서 진정한 대중운동으로 변해갔다. 그 결과 인도는 독립이라는 목표를 향해 한 걸음 더 가까이 갈 수 있었다.

　간디는 평범한 힌두교 가정에서 태어나 행정가였던 아버지 덕분으로 영국에 유학을 가서 3년 만에 변호사 자격을 땄고, 인도로 돌아와 변호사 사무실에서 일을 하기 시작했다. 당시 인도의 많은 왕국의 자손 등 중산층 이상의 자녀들의 엘리트 코스를 밟은 것이며 간디도 그대로 안주하면 인도의 중산층으로 평안한 삶을 지낼 수 있었다.

♛ 간디의 비폭력운동

간디가 민중들과 함께 하는 비폭력운동

간디는 변호사 업무 중 1893년(24세)에 인생의 전환점을 맞았습니다. 남아프리카공화국에서 사업을 하던 인도 상인의 의뢰를 받아 그곳에 갔다가 인도의 노동자들이 유색인종이라는 이유로 극심하게 차별을 받는 모습을 보고 충격을 받았습니다. 자신도 1등 칸의 기차표를 샀는데, 백인들로부터 1등 칸에서 쫓겨나는 모욕을 당했습니다. 그곳의 인도 노동자들은 교육을 받지 못하여 노예해방 이전의 흑인노예와 다를 바 없는 취급을 받았습니다. 이에 자신들을 도와 달라는 그들의 요구를 거절할 수 없었습니다. 결국, 그는 남아연방에서 그들의 대변인이자 교육자로 그리고 인종차별에 대항하는 투쟁자로 20년의 세월을 보냈습니다.

그가 인도에 다시 돌아온 것은 1915년이었습니다. 귀국한 이후 간디가 한 일은 농민들의 소작료를 낮추는 등 민중의 구체적인 어려움을 줄이기 위해서 노력했습니다. 그가 하는 방법은 행진하기, 하던 일 멈추기 등 민중들이 쉽게 따라 할 수 있는 것들이었습니다. 그는 영국인이나 다름 없는 다른 지도자들과는 달리, 민중과 같은 옷을 입고 그들처럼 소박한 삶을 살았습니다. 그는 특별한 신념을 가지고 있었습니다. "파괴적인 폭력보다 비폭력의 힘이 훨씬 크다. 비폭력은 인류의 영원한 법이며 인간의 본성으로 해결하지 못할 일은 없다. 그리고 인도의 지도자들 역시 영국인처럼 민중을 차별하고 있으니 이를 고쳐야 한다."

네루와 간디

간디는 종교와 관계없이 민중들이 한마음으로 저항운동에 참여하도록 앞장섰으며 이들의 외침은 전국 방방곡곡으로 퍼져 나갔고 이 때문에 감옥에 갇힌 사람만 2만 명이 넘었다. 1930년에는 국민회의 대표였던 네루(1889~1964년)가 영국이 인도인의 자유를 빼앗고 인도의 정치·경제·문화·정신을 파괴했으니 이제 인도는 "자치권이 아닌 완전독립을 위해 싸우겠다"고 선언하며 투쟁의 수위를 높이기 시작했다.

네루 등 젊은 지도자들의 정신적 지주 노릇을 하던 간디는 자신의 신조 '비폭력 운동'으로 영국의 소금독점에 반대하는 시위를 시작했다. 당시 60세가 넘는 노구를 이끌고 388km를 맨발로 걸어 바다에 도착한 그는 손으로 바닷물을 떠서 햇빛에 말려 한 줌의 소금을 만들었다. 그리고는 인간에게 반드시 필요한 소금을 영국이 독점하는 것은 인도인의 생명을 빼앗는 행위라고 주장했다. 이 소식이 알려지자 인도인들은 너도나도 바다로 나가 소금을 만들었다.

당황한 영국정부는 이들을 마구 잡아들이면서 국민회의를 이끄는 네루와 간디를 체포했는데 이에 반발하는 인도인들의 시위가 전국에서 일어났다. 이 과정에서 사망자가 103명, 투옥한 사람이 6만 명에 이르렀다. 얼마 후 영국은 간디, 네루 등 투옥한 사람들을 풀어주면서, 소금전매를 위배하는 행위라고 했던 "간디의 무저항 행진 바닷물 소금"을 "가정용 소금"이라는 조건 아래 인정했다. 간디의 "소금행진"은 비폭력운동의 상징처럼 되었으며 이 시기가 인도 독립운동의 정점을 이루었다.

👑 네루 부녀의 옥중 서한, 세계사 편력

인도의 독립운동에서 간디와 함께 획기적인 활동을 한 인물은 자와할랄 네루(1889~1964년)입니다. 네루는 많은 학자와 관료를 배출한 명문家 출신으로 명문 케임브리지 대학에서 공부한 뒤 변호사가 되었습니다. 1919년부터 간디 밑에서 인도독립을 위한 반영투쟁에 적극으로 나섰고 독립 후 초대 총리로서 17년간 총리를 지냈습니다.

1930년 10월부터 1933년까지 3년 동안 옥중 생활을 하면서 그의 외동딸 인디라 간디에게 쓴 196회분의 편지를 엮은 책이 "세계사 편력"입니다. 네루는 이 편지를 통해 당시 어머니와 할아버지마저 투옥되어 홀로 남겨진 13세의 딸에게 역사와 인생을 보는 혜안을 키워주고자 했습니다. 이 세계사 편지를 읽고 자란 인디라 간디는 훗날 인도의 여성 총리가 되어 인도 발전에 크게 기여했으며 그녀의 아들, 네루의 외손자도 총리를 지냈습니다.

인도 독립은 했지만 종교 갈등으로 분열

인도인들의 독립운동이 격해지자 영국은 인도인들을 무마하기 위해 연방제로 하되 지방정부의 자치권을 허락한다는 내용의 인도통치법을 만들었다. 그동안 인도인의 투쟁이 일부 성과를 거둔 것이다.

그러나 무슬림들은 무슬림연맹을 통해 자신들의 나라(지역)를 준비하여 힌두교 중심의 국민회의와는 다른 살림을 준비하고 있었다. 이때 제2차 세계대전이 발발한다. 이번에도 영국은 인도인들의 참전을 강요하여 최대 250만 명의 인도인이 독일, 이탈리아군과 싸워 큰 성과를 올렸다.

전후 1946년에는 인도군인들이 반란을 일으켜 뭄바이를 장악하는 등 영국은 인도통치에 한계에 다다랐다. 인도인의 국가를 건국하는 데 연방을 세워 그 안에서 종교·언어가 다른 주를 두기로 했지만 무슬림들은 별도의 나라를 세우기를 희망하였다. 결국 무슬림들은 그들의 지도자 '진나(1876~1948년)'가 이끄는 대로 무슬림이 밀접해 있는 동서쪽에 서파키스탄, 동쪽 벵골에 동파키스탄이 건국(초대 총리 진나)되었다. 특히 같은 무슬림이어도 벵골족이 살던 동파키스탄은 차후(1971년) 유혈전쟁을 거친 후 방글라데시로 분리·독립하였다.

인도의 독립 현대 인도의 출발-네루에서 모디 총리까지

네루와 그의 딸 인디라 간디, 두 아들
네루의 손주와 손주며느리

1947년 8월 14일 밤 독립된 인도의 초대 총리인 네루가 역사적인 연설을 시작했다. "시계가 자정을 알리면 인도는 생명과 자유를... 독립을 가져다 준 간디를 칭송하고 독립국가인 탄생을 축하하고..." 자정이 되자 8월 15일 이때 델리 북쪽의 인도의 마지막 왕조 "무굴제국"의 왕궁 탑에는 인도를 상징하는 삼색기가 게양되면서 인도민주공화국이 탄생되었다.

대한민국보다 딱 1년 먼저 독립국이 건설되었지만, 우리는 이념으로 남북 분단되고 인도는 종교로 동서 분단되어 별도의 나라가 세워졌다. 그렇게 분단되면서 세워진 나라는 전쟁이 벌어지기 마련이다. 대한민국은 건국 2년 후에 전쟁이 발발했고, 인도와 파키스탄은 건국 그 해에 1947년 10월에 1차 전쟁이 터졌다. 카슈미르 지역을 둘러싸고 주민들의 종교 분포가 다르고 주지사의 종교성향이 달라 이 지역이 어느 나라에 귀속되어야 하는지의 문제로 전쟁이 발생했다. 1년여의 전쟁이 이어지고 결국 영토의 75%는 인도에, 나머지는 파키스탄이 차지하면서 조정됐다.

그런데 인도 국민의 지도자 간디는 이 두 나라로 분리·독립되는 것을 원하지 않았다. 파키스탄과의 전쟁을 안타까워하며 이를 중지시키고자 단식을 하던 그는 이듬해 1월 세 발의 총소리와 함께 뉴델리 거리에서 쓰러졌다. 그에게 불만을 가진 힌두교 청년이 한 짓이었다.

마하트마 간디는 이렇게 79세의 나이로 사랑하던 인도 민중을 떠났다. 마하트마는 '위대한 영혼'이라는 뜻이며, 그의 생일 10월 2일은 국경일이고, 그의 얼굴은 인도의 모든 지폐에 들어 있다. 200년 동안 인도를 지배한 영국 지폐에 엘리자베스 2세의 얼굴이 모든 지폐에 있고, 세계에서 제일 많은 사람이 만지는 중국 지폐 모든 권종(券種)에는 모택동의 얼굴이 그려 있듯이...

인도의 독립 이후 네루는 초대 총리로서 인도의 보통선거제도를 도입하는 등 나라의 기초를 세우는 데 노력하였고, 파키스탄과의 관계 개선에도 심혈을 기울였다. 또한 제3세계의 지도자로서 위상을 세우며 17년 동안 집권하다가 1964년에 사망했다.

뒤를 이어 2년 동안의 단기 정권을 거쳐 그의 딸 인디라 간디(1917~1984년)가 1966년 3대 총리로서 집권을 시작했다. 네루의 외동딸로서 만 13세 때 어머니도 옥에 갇혀서 혼자 옥바라지를 했다. 이 당시 네루는 196편의 옥중 편지(<세계사의 편력> 책이 됨)를 써서 세계를 보는 안목과 인도의 미래를 생각하게 하는 내용으로 딸을 원격교육하였던 것이다. 인디라 간디는 두 번에 걸쳐 15년 간 총리를 역임했는데 자애로운 인도의 어머니라는 존경과 파괴자 칼리의 여신이라는 상반된 평가를 받았다. 인디라 간디수상도 역시 종교문제로 시크교도였던 경호원의 저격으로 1984년에 암살당했다.

그 뒤를 이어 큰 아들 라지브 간디(1944~1991년)가 총리가 되어 5년 동안 총리를 역임하였으며 1991년 재선을 위한 선거유세 과정에서 또 암살되는 비극을 맞았다. 네루家의 3대가 37년간 인도 총리를 한 진귀한 기록을 남겼다. 2014년 선출된 총리 나렌드라 모디(1950~)는 2001년부터 2014년까지 14년을 구자라트 주의 수석 장관을 역임하였다. 그는 인도의 카스트 제도에서 제일 밑바닥인 불가촉민 출신으로서 역경을 딛고 2014년 총리가 되었으며 2019년 5월 총선에서 재선, 두 번째 임기를 시작하여 현재에 이르고 있다.

4장

2800여 년의 그리스의 역사(BC 750년 이후) 그리고 현재는

그리스 마케도니아 시대를 거처 로마 비잔틴 지배(BC 325~AD 1453)

　그리스의 국토는 본토인 반도와 주변의 3300개의 섬으로 이루어져 있다. 서쪽은 이오니아해, 남쪽은 지중해, 동쪽은 에게해에 둘러싸여 있다. 북쪽은 연장 800㎞에 이르는 긴 국경으로 알바니아, 마케도니아, 불가리아와 접하고, 동쪽으로 에게해와 동북의 마리치강을 사이에 두고 터키와 접해 있다. 그리스는 자국의 영토 확장을 위해 그동안 식민지 지

세계 유산의 상징, 파르페논 신전

배를 하던 오스만 터키와 1897년과 1919년 두 차례에 걸쳐 전쟁을 했는데 이때 국경선이 확정되었다.

그리스의 역사는 약 3,500년 전으로 거슬러 올라갈 수 있지만, 유럽문화의 발상지로서 그리스 고유의 문화가 성립된 것은 2800여년 전(기원전 750년경)부터였다. 기원전 8세기를 전후하여 왕권이 약화되고, 귀족들의 정치적 · 군사적 권력이 강화되자 아테네와 스파르타를 중심으로 한 도시국가가 건설되었다.

그 뒤 귀족과 시민들이 서로 대립하게 되자 기원전 6세기 초에 타협적 개혁의 성격을 지닌 솔론(BC 638~BC 558)의 개혁에 의해 금권정치(禁權政治)가 실시되었고, 같은 세기 중반에는 강력한 지배자가 다스리는 참주정치(僭主政治)가 행해졌다. 이와 같은 과정을 거쳐 기원전 6세기 말에는 클리스테네스가 도편추방법을 제정해 참주의 출현을 방지함으로써 민주정치가 시작되었고, 페리클레스 시대에 이르러 전성기를 맞게 되었다. 이 시대에 그 유명한 파르테논신전을 건립(BC 447~BC 438)하였다.

그러나 기원전 5세기 말에는 민주정치가 선동과 중우정치(衆愚政治)로 타락하였고, 펠로폰네소스 전쟁으로 국력이 쇠퇴하여 마침내 북방에서 새로 일어난 마케도니아 출신 알렉산드로스 대왕에 의하여 BC 325년에 정복되었다.

그 뒤 로마 · 오스만투르크의 지배를 받아오다가 18세기부터 자유주의 · 민족주의 운동에 자극되어 투르크(터키)에 대한 독립운동을 일으켜 1829년 3월 25일 정식으로 독립왕국이 수립되었다. 뒤이어 영국 · 프랑스 · 러시아의 지원하에 1830년 2월 런던의정서에 의해 독립이 보장되었다.

대외정책은 중도우파의 입장으로 1945년 UN유엔에 가입하였다. 유럽연합(EU)과 북대서양조약기구(NATO)의 회원국으로서 친서방 외교를 기본으로 하고 있으나, 1981년부터는 친서방정책을 탈피하여 비동맹권과의 유대를 강화하고 외교 다변화를 위해 노력하고 있다.

그리스 문화는 오리엔트와 에게 문명의 바탕 위에서 고유하게 발전한 것으로 조화와 균형, 인간성을 바탕으로 한 합리주의를 특색으로 하고 있다. 자연과 인간에 대하여 경험적 관찰과 합리적 비판을 해왔고, 인간의 이성이 바탕이 된 정서의 문학과 정신과 육체의 조화를 표현한 미술을 창조하였다. 그리스 문화는 알렉산드로스의 동방원정에 의해 헬레니즘 문화로 발전하였고, 로마시대에 뿌리내린 그리스도교와 함께 서양문화의 2대 조류로 발전하였다.

오스만투르크 제국 지배 기간(1453~1828년)

1453년 오스만 제국이 콘스탄티노플을 함락해 비잔틴 제국은 멸망했다. 오스만의 지배 직전에 그리스의 지식인들이 서유럽으로 이주하면서 고대 그리스의 지적 유산을 전해주면서 서유럽 르네상스에 중요한 역할을 했다.

오스만 제국의 지배하에서 이슬람교 개종은 원칙적으로 자유였으며, 개종을 거부한 그리스도 교도들은 비잔틴 시대의 농민이나 봉건제하의 농노보다 조금 나은 생활을 감수해야 했다. 그렇지만 오스만 제국의 밀레트 제도 덕분에 그리스 정교를 믿는 본토인들은 오스만 제국의 타지 사람과 섞이지 않고 결속을 유지하며 이후 현대 그리스의 정체성을 유지할 수 있었다. 1453년부터 1829년 독립할 때까지 그리스는 역사에서 개별국가로 존재하지 못했다.

18~19세기에 일어난 러시아-투르크전쟁, 프랑스혁명, 알리파샤 술탄의 반란 등은 그리스 독립운동을 자극하였다. 이에 1770년 독립을 위한 몇 차례 반란이 일어났지만 실패했다. 반란은 실패했지만 1821년 남부 러시아의 오데사에서 비밀결사 조직을 탄생시켰다. '필리키 에타레이아'라고 불리는 이 비밀결사 조직은 지도자인 입셀란테스의 지휘로 루마니아의 베사라비아에서 반란을 일으켰으나 곧 진압되었다.

그리스의 10년(1821~1832)이 넘는 독립전쟁

하지만 파트라스의 대주교의 지도로 일으킨 펠로폰네소스 전쟁이 성공을 거두면서 그리스의 독립전쟁(1821~1832년)으로 발전했다. 10년이 넘는 독립전쟁기간에 1822년 1월 그리스가 공화국으로 독립이 선언되고 여러 곳에서 투르크군에 승리하였다. 투르크는 이에 대한 보복으로 키오스섬, 콘스탄티노플을 비롯한 기타 지역에서 그리스인을 대량 학살하였고, 그리스인 학살을 계기로 유럽의 여론은 압도적으로 그리스 편으로 돌아선다. 시인 바이런을 비롯해 다수가 사재를 털어 의용군에 참가하려고 줄을 이었으나, 유럽의 여러 군주들은 오스트리아의 메테르니히의 압력으로 그리스의 독립운동을 묵살하려는 태도를 취한다.

다만 영국만이 그리스에 1823년 군사·경제 원조를 제공하였으며 1829년, 런던 의정서에 의해 신생 그리스의 독립이 인정되었다. 독립후에도 공화정과 왕정복귀파 간에 갈등이 지속되었는데 영국을 비롯한 강대국들은 1832년에 왕정을 지지하고 바이에른 왕국의 오톤을 국왕으로 옹립하였다.

그리스의 근대국가의 형성, 제1, 2차 세계대전

1843년에 입헌군주제를 요구하는 무장봉기가 일어나자 국왕 오톤은 신헌법과 대의제 의회를 승인했으나, 영국 등 열강에 기댄 나약한 권위주의 통치자로서 결국 1862년 10월에 폐위되었다. 1863년에 덴마크 왕국의 빌헬름 공이 요르요스 1세로 왕위에 올랐으며, 영국은 그의 즉위 선물로 1864년에 이오니아 제도를 그리스에 할양하였다. 1877년, 그리스의 경제 발전에 공헌한 그리스 정계의 거물 하릴라오스 트리쿠피스는 왕권을 억누르고 의회 과반의 지지를 획득한 사람이 총리가 되는 원칙을 확립하였다.

1829년 독립 당시 그리스의 영토는 아테네 일대와 펠로폰네소스반도 등에 국한되었으나, 1881년 북쪽 테살리아 지방까지 확장되었다. 그리스는 1912년부터 1913년까지 치른 발칸 전쟁의 결과로 마케도니아와 이피로스, 크레타섬을 차지하였다. 곧이은 제1차 세계대전 직후 그리스는 무스타파 케말의 터키 민족주의자들과 전쟁을 벌였고, 로잔 조약에 의한 두 나라 사이의 인구 교환으로 약 150만 명의 그리스 피난민이 소아시아에서 그리스로 밀려들어 왔다. 한편, 약 50만 명의 무슬림은 그리스에서 추방당했다. 제1차 세계대전에서 패전한 불가리아로부터 1919년에 서트라키아를 할양받아 현재의 국경을 거의 완성하였다.

2차대전 시 1940년 10월 28일, 파시스트 이탈리아가 그리스에 항복을 요구했으나 그리스가 거부하여 그리스-이탈리아 전쟁이 발발했다. 그리스는 이탈리아군을 알바니아로 몰아내 추축국에 대한 첫 지상전 승리를 연합국에게 안겨주었다. 그러나, 이 전쟁 직후 이탈리아와 연합한 나치 독일이 재침공하여 1941년 4월 말 그리스 영토의 대부분이 독일군에게 점령되었다. 독일 점령군에 대한 그리스 저항군의 저항은 제2차 세계대전이 끝날 때까지 계속되었다.

2차대전 이후 군사쿠데타로 왕정폐지(1974년)

아테네올림픽의 메인스타디움

2차대전 후 그리스는 마셜 계획으로 전후 복구를 이루고 1974년까지 군부세력의 쿠데타 등 정정 불안과 그로 인한 경제적 어려움, 좌우파간의 심각한 사회 갈등을 겪었다.

1974년 그리스 국민투표를 통해 왕정이 폐지되고 1975년에 민주적인 공화국 헌법이 발효되었다. 그리하여 마지막 국왕 콘스탄티노스 2세가 폐위되었다.

그러는 사이 안드레아스 파판드레우는 콘스탄티노스 카라만리스의 신민주주의당에 맞서 범그리스 사회주의 운동을 창당하여 이후 그리스의 양당 정치 구도를 이루었다. 그리스는 1980년에 다시 NATO에 가입했다. 그리스는 1981년 1월 1일 UN에 가입했고, 그때부터 경제 발전을 하고 있다.

EU의 기금과 늘어나는 관광 수입, 해운업과 성장하는 서비스 부문 덕분에 기업과 인프라에 광범위한 투자가 이루어져 그리스의 생활 수준은 점점 높아졌다. 2001년 유로화가 도입되었고, 2004년 아테네 올림픽도 성공적으로 치렀다.

그리스의 유명한 사람들 선박왕 오나시스까지

'그리스' 하면 떠올릴 수 있는 인물이 누가 있을까? 대표적으로 위대한 철학자, 플라톤, 아리스토텔레스, 소크라테스가 있고 현대문학에서는 니코스 카잔차키스, 가수는 나나 무스쿠리 등을 꼽을 수 있다. 또한 그리스의 대표적인 사업가, 선박왕 오나시스를 빼놓을 수 없다.

♔ 그리스의 선박왕 오나시스와 마리아 칼라스 그리고 재클린

마리아 칼라스와 오나시스

선박왕 오나시스(1906~1975년), 그가 사랑한 마리아 칼라스, 그와 결혼한 재클린 케네디에 대해서 얘기하겠습니다. 선박왕 오나시스는 사업에서의 성공 신화만큼이나 끊이지 않는 여성편력으로 유명합니다. 특히 전설적인 소프라노 마리아 칼라스와의 사랑, 존 F. 케네디 미국 대통령의 미망인 재클린 케네디(1829~1994년)와의 결혼은 그의 이름을 세계에 더 많이 알렸습니다.

재클린과 결혼하기 전 오나시스의 마리아 칼라스(1923~1977년)와의 염문은 유명했습니다. 자신을 세계적인 마돈나로 만들어준 남편도 버리고 음악도 뒤로 하면서까지 오나시스에게 빠져 헌신적인 사랑을 했지만 마리아 칼라스는 결국 그에게 버림을 받습니다.

오나시스는 1906년 그리스의 부유한 담배 상인의 아들로 태어나 1931년 중고 선박을 사들이면서부터 부를 축적합니다. 제2차 세계대전을 거치면서 해운왕국을 구축했고 1950년대에는 사우디아라비아와 석유수송 독점계약을 맺어 세계 해운업계와 석유업계를 평정했습니다. 하지만 재클린과의 결혼 이후로 불행이 찾아오기 시작합니다. 1968년 결혼한 이들은 오나시스가 1975년 사망할 때까지 7년을 부부로 살았습니다. 재클린은 30대 후반이었지만 오나시스는 60대였고 전처와 사이에서 두 명의 자녀가 있었습니다. 이 결혼에 대한 미국인들의 실망과 분노는 상당했습니다. 세계의 주목을 받으며 결혼했지만, 막상 하고 보니 서로 전혀 맞지 않았습니다. 오나시스는 재클린과의 결혼을 통해 명예를 얻기를 원했고 재클린은 미국을 떠나 안전하게 가족을 지킬 수 있는 부를 원했지만 서로에게 별 관심(사랑)이 없었습니다.

두 사람의 관계를 여실히 보여준 사건은 1972년 재클린의 누드 사진 유출인데요, 재클린이 나체로 그리스 해변을 거니는 모습을 담은 사진들은 당시 전 세계에 대대적으로 보도되며 큰 화제를 불러일으켰습니다. 그런데 케네디 전기작가로 유명한 클리스토퍼 앤더슨은 책을 통해 오나시스가 재클린에게 모욕감을 주기 위해 이 사건을 꾸몄다고 주장했습니다. 재클린에게 질린 오나시스가 옷을 벗은 재클린의 사진을 찍을 수 있는 시간과 장소를 사진기자 10명에게 알려줬다는 것입니다. 오나시스가 꾸몄다는 것을 모른 재클린은 사진을 실은 언론사를 상대로 소송을 요구했지만, 오나시스는 이를 거절하고 이혼을 준비했다고 합니다. 오나시스의 사망(1975년) 후 나온 보도에 따르면 그는 병 때문에 재클린과 이혼을 실행에 옮기지 못했습니다. 오나시스는 유산의 반은 전처와 자녀에게 남겼고, 나머지는 1973년 비행기 사고로 죽은 아들을 기념하기 위해 세운 재단에 기증했습니다. 재클린에게 12만 달러만 남겼지만 재클린은 소송을 통해 결국 2600만 달러를 받게 되었습니다. 한편, 오나시스가 사망했다는 소식을 들은 마리아 칼라스는 큰 충격으로 삶의 의욕을 잃고 파리에서 은둔 생활을 하다가 1977년 심장마비로 사망했습니다. 진짜 사랑은 칼라스의 몫이었습니다.

5장

2000년의 가톨릭, 교황(바티칸)들의 역사는

초대 교황 성 베드로와 바티칸의 역사

2000년 이상 유럽 등 서구사회 정치, 문화, 사회의 바람을 이룬 기독교, 가톨릭의 중심은 바티칸이었고 교황이었다. 현재 266대 교황까지의 역사에서 초대 교황은 성 베드로였다. 그는 1세기 중엽, 원시 그리스도 시대 예수의 12제자 중 가장 중요한 인물로 바울과 더불어 초대교회에서 대표적인 역할을 했다. 어부 출신인 베드로는 고기를 잡다가 예수를 만나 제자가 되고 예수의 대변인격으로 활동하였다. 유대인으로 그리스도교도를 대표한 인물로서, 예루살렘 교회를 조직하고 전도에 힘썼으며 로마에서 순교한 것으로 알려졌다. 가톨릭교회에서는 그를 로마의 초대 주교, 곧 교황으로 받들고 있다.

바티칸은 교황청이 있는 로마 시내의 도시국가로 세계에서 가장 작은 독립국가이다. 면적 0.44㎢이고, 인구는 1080명이다. 원래 이탈리아가 1870년에 통일 국가가 되면서 교황청 직속의 교황령을 상실하자 1929년 라테란(Laterano) 협정에 의해 독립국가로 세워진 것이다. 교황청을 대표한 가스파리(Pietro Gasparri) 추기경과 당시 이탈리아 파시스트 정부 수상인 무솔리니 사이에 조약을 맺음으로써 로마 도시 속에 도시국가 바티칸이 세워졌다. 성베드로 대성당과 교황궁, 여름 휴양지와 로마 시내의 5개소, 이탈리아 전국의 23개 장소를 포함한다.

바티칸의 좁은 면적 안에 장엄한 성당들과 예술품과 성물이 가득해 이 전체를 가톨릭 종교의 총체적 박물관이라고 할 수 있고 세계 유수의 박물관으로 손색이 없다. 특히 교황을 선출하는 투표가 이루어지는 시스티나 성당에 미켈란젤로가 그린 천장화 <천지창조>와 벽화 <최후의 심판>을 보면 흥분과 전율을 느끼게 된다. 가톨릭신자 여부를 떠나서 창세기의 역사를 생각하게 하고 시대와 공간을 초월한 세계에 들어서는 귀한 체험이 될 것이다. 교황은 선임되면 죽을 때까지 종신으로 하느님의 대리자로서 직분을 수행하는 것이지만 현재 266대 교황까지의 교황 중에 4명이 사퇴하고 5명은 감옥에 갇혔으며, 5명

은 살해되는 흑역사도 있었다. 가장 오래 재임한 교황은 31년 7개월이며, 우리 기억이 남아있는 264대 교황 요한 바오로 2세도 27년(1978~2005년)이나 재임했으며 1984년 우리나라의 김대건 신부 등은 103위 시성(諡聖, 여의도 광장에서)을 위해 우리나라를 방문했다.

👑 유럽의 작은 나라들

유럽에서 제일 작은 나라를 순서대로 보면 바티칸이 제일 작아, 0.44㎢, 다음은 모나코 2㎢, 이탈리아 중부지방의 산 마리노 60㎢, 프랑스 남부 피레네산맥 국경지대 안도라 470㎢(서울 면적의 약 70%) 순입니다. 이들 소국들의 특징은 인구의 90% 이상이 가톨릭 신자라는 사실입니다.

교황(청)의 유래와 그 역사의 변곡점이 된 카노사의 굴욕

예수의 십자가 죽음 이후 예수의 부활을 믿는 베드로를 비롯한 12제자와 바울의 활약으로 초대 교회가 번성하여 범세계 종교의 기틀을 마련하였다. 그동안 로마제국의 초기시

대부터 박해 속에 그 교세가 유지되다가 로마의 콘스탄틴 황제가 313년 밀라노 칙령으로 종교의 자유, 즉 기독교가 공인된 후 확장세를 보이며 크게 발전하였다.

기독교를 뒷받침하던 로마제국 중 서로마 제국이 476년에 멸망하면서 서유럽이 게르만족의 이동과 중심국가가 확립되지 않아 혼란스러웠다. 이런 시기에 서유럽의 주도 세력은 그리스도 교회였으며 정신적 지도자인 로마 교황을 중심으로 정치와 종교(기독교)가 유지되었다.

800년대에 이르러 교황은 유럽의 제일 강한 국가 프랑크 제국의 강력한 왕 샤를마뉴를 예전 서로마 황제에 버금가는 '신성로마제국'의 황제로 등극시켰다. 황제는 서유럽의 대표성이 있는 왕으로서 권위를 가짐과 동시에 교황은 실제 영토 등 세속적인 권력이 없는 종교지도자로서 든든한 지원을 받게 되는 절묘한 타협이 이뤄진 것이다.

둘 사이에 누가 우위에 있는가를 덮어두고 평화공존으로 지내다가 충돌이 생기는 사건이 발생했다. 918년 동프랑크에 독일왕국(프로이센)이 세워지고 936년 강력한 왕 오토 1세가 왕위에 오르자 교황은 962년에 그를 신성로마제국의 황제로 세웠다. 오토 1세로부터 황제 제위가 계승되어 1075년 하인리히 4세가 황제가 되었을 때 성직자 임명권을 두고 교황 그레고리우스 7세와 충돌했다. 교황이 황제의 임명권을 박탈하자 황제가 교황을 폐위시키기로 결의한 것이다. 이에 교황도 지지 않고 황제를 파문했다. 하인리히 4세는 제후들이 자신의 뜻에 동조하지 않고 교황의 편을 들자 위기감을 느꼈다.

황제는 교황을 만나기 위해 이탈리아에 있는 '카노사성'으로 찾아갔다. 3일간 성문 앞

에서 눈물을 흘리며 용서를 빈 끝에 파문을 간신히 면했다. 신권과 왕권의 충돌에서 신권이 승리를 거둔 것이며 이것이 '카노사의 굴욕'이라고 하는 사건이었다.

차후 황제도 교황에게 복수를 해 무승부가 됐지만, 이를 계기로 1122년 교황은 성직자 임명권을 갖고 황제는 교회가 가진 토지 소유권을 가진다는 보름스 협약이 이뤄졌다. 카노사의 굴욕이 일어난 지 20년이 지난 1095년 교황이 절대적인 권한을 가지는 십자군전쟁이 일어났다. 당시 정치적인 힘이 부족한 교황이 힘을 얻을 기회였기 때문이었다. 마치 현재의 유엔 같은 역할이었다. 십자군 전쟁편(2권)에서 자세히 설명한다.

현재 266대 프란치스코 교황

현재의 266대 프란치스코 교황(1936~)의 본명은 따로 있는데 추기경에 선임되며 자신의 본명을 쓰지 않고 성 프란치스코와 성녀 클라라의 탄생지인 아시시의 '성 프란치스코'라는 새 이름을 따서 '프란치스코 교황'으로 하였다.

프란치스코 교황은 가톨릭교회 역사상 최초의 남북아메리카 대륙 출신이면서 최초의 "예수회" 출신 교황이라는 기록을 세웠다. 더구나 프란치스코 교황은 시리아 출신의 교황 그레고리오 3세 이후 1282년 만에 유럽이 아닌 다른 지역 출신 추기경으로 처음으로 10억 가톨릭 신도들의 최고의 성직자가 되었다.

프란치스코 교황은 이탈리아 이민 가정의 5남매 중 장남으로 아르헨티나 수도인 부에노스아이레스에서 태어났다. 종교 가정에서 태어났거나 처음부터 신학교 출신이 아니고 어린 시절 기술 학교에서 공부하고 화학기술 자격증을 따낸 뒤, 화학실험실의 연구원 등으로 일한 적도 있는 평범한 청년시절을 보냈다.

그러다가 뜻하는 바가 있어 성직자가 되기로 결심하고 신학교에 들어가 신학을 공부하였고 1969년(33세) 비교적 늦은 나이에 사제서품을 받았다. 성실하고 근면 검소한 추기경은 성직자로서 모범적으로 경험을 쌓고 두터운 신임을 받았다. 1973년부터 1979년까지 예수회의 아르헨티나 관구장으로 봉직하였고 1998년에는 부에노스아이레스 대교구장으로 임명되었으며 3년 만인 2001년에는 추기경에 선임되는 영예를 안았다.

존경받으며 열심히 일했던 그는 2013년 최고의 영예로 추앙받는 교황으로 선출되었다. 그 해 2월 28일 로마교황청은 265대 교황 베네딕토 16세가 "고령이라 교황으로서 업무가 힘들어 교황직을 사임한다"는 흔치 않은 사례가 발생해 266대 로마교황청 교황으로 프란치스코 교황이 선출된 것이다. 신임 교황은 평소 일상 속에서 공적으로나 사적으로 항상 검소함과 겸손함을 잃지 않고 있다. 사회적 약자, 특히 가난한 사람들에게 관심과 관용을 베푸는 데 앞장서고 있다. 독특하고도 다양한 배경과 신념, 다른 신앙을 가진 사람들과 대화를 즐기고 여러 계층의 사람들을 만나 이야기를 나누고 있다. 이런 면에서 어느 특정 종교의 지도자뿐만 아니라 전 세계에서 가장 존경받고 영향력 있는 인물로 2013년 <올해의 인물>로 뽑히면서 세계의 모든 사람이 좋아하는 성직자가 됐다.

호화로운 교황청 궁전에 거주하지 않고 보통 사제들의 숙소인 '성녀 마르타의 집' 201

호를 자신의 거주지로 하고, 교황 전용 승용차를 마다하고 대중 교통수단을 이용하고 있다. 몇 년 전 우리나라를 방문했을 때도 우리 교단에서 준비한 큰 승용차를 정중히 거절하고 가장 작은 '소울(Soul) 승용차'를 이용한 것으로 유명하다.

♛ 두 교황이라는 영화

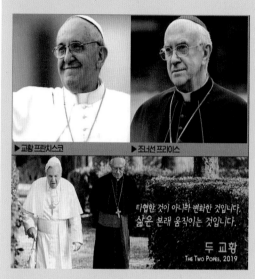

▶교황 프란치스코　▶조너선 프라이스

타협한 것이 아니라 변화한 것입니다.
삶은 본래 움직이는 것입니다.

두 교황
THE TWO POPES, 2019

2019년에 개봉한 〈두 교황(The Two Pope)〉이란 영화는 그 제목부터 심상치 않았습니다. '교황'이라는 신성한 이름을 갖다 쓴 영화에서 교황의 인간적인 모습과 잘 알지 못했던 종교의 세계를 보여주었기에 신선한 충격이었습니다.

두 교황을 맡은 배우들이 어찌나 실제 인물을 꼭 닮고 연기가 자연스러웠는지 감탄했습니다. 특히 베네딕토 16세 교황역의 '앤서니 홉킨스'는 영화 〈양들의 침묵〉에서 사이코패스역 악(惡)역을 무서우리 만큼 잘 소화했는데, 이 영화에서는 교황이라는 선(善)한 역, 역시 진짜 교황을 보는 것처럼 완벽했습니다. 현 교황역을 맡은 "조나단 프라이스"도 칸 영화제에서 남우주연상을 수상한 유명한 배우로 호감가는 신선한 연기를 보여줘 두 교황 중 누가 더 잘했다고 꼽을 수 없게 쌍벽을 이루었습니다. 베네딕토 교황이 남미에서 출장 온(오게한) 추기경과 밤새 토론을 벌이는 장면과 교황 선출이 이뤄지는 시스티나 성당에서 아침까지 토론이 이어지자 관광객들이 들어와 두 교황과 섞이게 된 헷갈리는 장면도 재미있었습니다.

두 교황이 밤새 토론한 결과, 베네딕토 교황은 사임하고 프란치스코 추기경이 교황을 맡는, 둘 간의 교황선출은 이때 이루어지고 얼마 후에 공식적으로 그 성당에서 선출되었습니다. 영화의 마지막 장면은 이미 프란치스코 교황이 즉위하고 신구 교황이 함께 만나 2014년 브라질 월드컵대회 결승전을 응원하고 있는 장면이었습니다. 신임 프란치스코 교황의 고국 아르헨티나와 전임 베네딕토 16세의 고국 독일 간의 결승전에서 독일이 우승합니다. 두 교황은 박수치고 큰 소리로 응원했으며 그들의 손에는 생맥주 잔이 들려 있었습니다. 우리네 모습과 다르지 않은 것이 참 반가웠습니다.

제15막

20세기 후반, 세계를 놀라게(Surprising)한 나라(사람)들

- 시기: 1900∼2020년
- 새천년을 맞이하기 직전에 몇나라(인물)들이 세계를 놀라게 했다.
① 냉전시대(1945∼1990년)를 끝낸 소련의 고르바초프(재직: 1985∼1991년)의 Wonder
  −페레스트로이카(개혁), 글라스노스트(개방)−독일통일(1990년) 소련의 해체(1991년)
② 폴란드: 바웬사−전기기능공−자유노조 지도자−자유선거로 대통령으로
- 발트3국: 300년 이상 러시아(소련)의 식민지−1989년 인간 띠운동−1990년 독립
③ 남아연방, 세계인종차별의 극단적인 나라를 변화시킨 만델라의 Wonder
  −26년의 감옥생활−클레르크 대통령과 화합과 타협(노벨평화상)−단임대통령
④ 스페인 150여년 세계 1등국가−외화내빈−1808년 이후−남아메리카 식민지들 독립−1898년 미국과 전쟁−폭삭망하다−내란, 프랑코의 독재(36년)−경제 회복
⑤ 한국 1910년 일본강점−남북분단−한국전쟁−혁명−박정희정부−효율적 경제개발
  −한강의 기적−올림픽개최, 제2차 세계대전 후 독립한 가장 성공한 민주, 자본주의 나라

1장

고르바초프 개혁·개방으로 세계가 뒤집어지다

개혁개방을 외친 소련 서기장

고르바초프 서기장

　　1986년 소련의 우크라이나 공화국에 있는 체르노빌 원자력발전소에서 폭발사고가 일어났다. 세계원자력 발전소 사고로는 역사상 최대의 사고였는데, 이 엄청난 사태에도 불구하고 긴급 피난 명령이 내려진 것은 사고 후 36시간이나 지난 뒤였다. 이 여파로 수천㎞나 떨어져 있는 터키·이탈리아·독일 지역까지 방사능이 오염됐다. 체르노빌을 중심으로 1만㎢(사방 100㎞)가 넘는 지역이 사람이 살기 어려운 지역으로 선포되었다. 이 재난으로 적어도 10만명 이상의 소련국민이 건강상의 심각한 피해를 입은 것으로 추정되었다.

　　직전 해 1985년, 53세의 비교적 젊은 나이에 소련공산당 서기장에 오른 고르바초프(1931~)는 이 사건을 계기로 개혁의 필요성을 더욱 절감하게 되었다. 그는 사고를 숨기기에 급급했던 관료주의와 정보 통제를 문제 삼고 당과 국가기구에 대한 엄정한 비판이 가능하도록 언론자유와 "페레스트로이카(Perestroika 개혁)"가 필요하다고 역설하였다. 제2차 세계대전 이후 1945년부터 펼쳐진 미·소 양대 축으로 대립하던 냉전체제를 40여 년 만에 뒤엎고, 1917년 러시아혁명 이후 공산주의사회를 70여 년 만에 변화시킨 인물이 미하일 고르바초프(Mikhail Gorbachev, 1931~)이다.

소련공산당 서기장, 초대 대통령을 역임한 고르바초프는 스타브로폴 주의 프리볼례에서 농부의 아들로 태어났는데 머리가 영리하고 학구열이 높았다. 1950년 모스크바 대학 법대에 입학, 1952년 공산당에 입당하여 교내 콤소몰(공산당 청년동맹) 조직원으로 활약하기 시작하였다. 대학 졸업 후 콤소몰 서기로 일하다가 지구당의 제1서기를 거쳐 1971년 소련공산당(흐루쇼프 시대) 중앙위원(지역구 국회의원과 유사)이 되었다. 1978년에는 농업담당 당서기(장관급)로 취임한 후 대규모 농업투자정책을 수행, 공을 세우고 능력을 인정받아 1980년 49세에는 정치국원으로 선출되어 브레즈네프(1906, 재직 1964~1982년) 서기장의 후계자로 지명되는 등 순조롭게 출세를 했다.

당시 연방최고회의 외교위원장 자격으로 세계 외교무대에 첫선을 보였다. 이어서 브레즈네프가 사망하고 안드로포프, 체르넨코 등의 지도자들이 연이어 사망하자 1985년 비교적 젊은 나이 54세에 서기장으로 선출되었다. 미국의 레건 대통령과 정상회담을 하면서 비교적 부드러운 인상을 보였다. 사실 이전에도 개혁이 없지는 않았다. 흐루쇼프 시대에도 스탈린 개인숭배의 병폐를 극복하려고 시도했지만 한계에 부딪혔다. 그 뒤를 이은 브레즈네프는 스탈린보다는 훨씬 나았지만, 여전히 권위적이고 보수적인 지도자였다. 대내적으로는 국민의 자유를 억압하고, 대외적으로는 동유럽사회주의 국가들의 민주화를 무력으로 억누르며 현상유지를 꾀하였다. 그렇게 모든 권력이 지배층에게 집중되었고 모든 정보는 국민에게 차단되었다. 게다가 미국과의 체제 경쟁으로 인해 민생과는 무관한 우주개발이나 군사비에 예산을 써 경제가 낙후되었다.

고르바초프는 이런 문제를 해결하기 위하여 "더 많은 사회주의를 더 많은 민주주의를" 구호를 내걸고 페레스트로이카와 함께 "글라스노스트(Glasnost 개방)" 정책을 추진하였다. 또한 고르바초프는 공산당 일당 독재, 계획경제를 완화하고 시장경쟁체제를 도입하려

하였다. 외교적으로는 '소련의 베트남'격인 아프가니스탄에서 철수하고 레이건 대통령과 핵무기감축조약을 통해 미·소 간의 긴장완화를 꾀하였다. 그러나 '개방'은 공산당 국가에 대한 불신을 더 깊게 만들었고 '개혁'도 찬반논란에 휩싸여 내부갈등이 불거졌다. 이제 소련은 앞날을 예측하기 힘든 혼란에 빠져들었다.

미국의 레이건 대통령과 고르바초프

먼저 찾아온 독일의 통일(1990년)

베를린장벽이 무너진 것을 축하하고 있다

1989년 11월 9일 냉전의 상징 베를린 장벽이 무너졌다. 장벽이 무너진 이듬해 1990년 10월 3일 분단국 독일이 통일되었다. 이젠 세계 유일한 분단국가인 한반도만 남았다.

소련 고르바초프의 페레스트로이카로 촉발된 동유럽의 민주화 바람은 동독을 비켜서지 않았다. 공산당 일당독재와 억압적인 정치체제, 지속적인 경제불황에 항의하는 시위가 계속되었다. 그러나 동독 정부는 이런 사태를 직시하지 못하고 낡은 체제를 고집하였다. 1989년 실망한 동독 주민 20여 만명이 국경을 넘어 서독으로 탈출하였다. 그 해 10월에는 동독에서 대규모 반정부 시위가 발생하여 장기 독재 권력을 휘두르던 동독 수상 호네커를 몰아내는데 성공하였다. 동독 정부는 베를린 장벽을 넘어 서독으로 탈출하는 사람들을 더이상 통제할 수 없었다.

그래서 11월 9일 베를린 장벽이 무너진 것이다. 이 과정에서 서독수상 헬뮤트 콜 수상(1930~2017, 수상 재임 1982~1998년)의 헌신적인 노력과 함께 고르바초프 서기장의 역할이 크게 돋보였다. 이듬해 1990년 3월 동독 사상 처음으로 자유총선거가 실시되고 그 결과 공산당 일당 독재체제가 무너졌으며, 서독과의 흡수 통일을 주장하는 '독일연합'이 압승하여 콜 수상이 통일수상이 되었다.

독일연합은 마침내 서독과 통일조약에 조인했고 1990년 10월 3일 냉전의 상징이었던 독일이 분단 41년 만에 통일됐다.

소련의 해체-러시아의 발족(1991~1992년)

고르바초프의 개혁 개방에 반대하는 소련공산당의 반발도 거셌다. 1991년 8월 19일 세계는 모스크바에서 들려오는 뉴스에 경악했다. 소련공산당의 보수파 10인이 국가비상사태위원회를 구성하여 고르바초프 대통령을 연금하고 소련정국을 장악했다는 보도였다. 말하자면 소련공산당이 쿠데타를 일으켜 고르바초프의 개혁 개방은 원점으로 돌아간다는 것이었다. 이미 자유화 바람에 흠뻑 젖어 있던 위성국들뿐 아니라 이미 15개 공화국으로 분리 독립하는 수순을 밟고 있던 소련의 정국을 발칵 뒤집어 놓는 소식이었다. 압도적으로 제일 큰 러시아 공화국에서 1991년 6월에 대통령에 당선한 보리스 옐친대통령과 그 지지 공화국 세력들은 강력히 항의하고 반쿠데타 시위를 벌렸다. 쿠데타 군은 탱크를 앞세운 진압부대를 동원하여 강제 진압하려 했다. 반대 시위군의 본부가 된 러시아공화국 의사당으로 밀려드는 탱크부대를 저지하고 나선 것은 의외로 모스크바 시민들과 쿠데타 소식을 듣고 몰려온 지방도시 국민들이었다. 이들은 인간띠를 형성하여 이를 저지했고, 이때 기회를 잡은 보리스 옐친(Boris Yeltsin, 1931~2007년)이 시위대에 등장했다,

옐친의 등장, 개혁 개방의 열매를 즐기다

하루 아침에 탱크 위에서 영웅이 된 옐친(가운데 연설문을 든 인물)

그 해 6월에 러시아 공화국 대통령에 당선된 보리스 옐친이 맨몸으로 탱크 위에 뛰어 올라가 "자유와 민주주의를 위해 싸우자"고 외쳤다. 모스크바 시민들은 열렬히 환호하며 탱크와 군인들을 포위하였다. 참으로 감동적인 장면이었다. 공산당의 쿠데타는 3일 천하로 실패하였고 옐친은 영웅이 되었다.

원래 보리스 옐친(1931~2008년)은 건축기사 출신으로 1961년(30세) 공산당에 입당하여 1981년 중앙위원이 되고 고르바초프와 같이 개혁에 뜻을 같이하여 모스크바 제1서기(시장)가 되는 등 전국적인 인물이 되었다. 러시아 대통령으로 당선되어 이제 소련 아니, 러시아의 운명을 그로부터 10년(1999년 말까지) 동안 짊어지게 되는 인물이었다. 다만 고르바초프는 점진적인 개혁을 원했는데 옐친은 좀 더 신속하고 어느 경우에는 과격하게 추진하고자 하는 성향이었고 보드카를 너무 좋아해서 실수를 하는 경우가 있었다는 것이 문제였다. 또한 옐친은 권력을 잡기 위해 포퓰리즘(인기영합) 정치에 능한 정치인으로 고르바초프의 지원으로 모스크바 제1서기에 오르는 등 신세를 졌지만 나중에 소련연방최고회의 의장 자리를 차지(4표차)하고 고르바초프 연방대통령을 퇴임시키는 악역을 담당했다. 결국 공산당의 보수파세력의 쿠데타는, 국내외의 지지를 받지 못했으며 탱크사건처럼 민

중들의 지지도 받지 못해 실패하였고 '공산당 해산'이라는 결과를 가져왔다. 그 후 소련의 붕괴는 1991년 12월 25일 소련의 연방 대통령인 미하일 고르바초프가 대통령직을 사임하고 소련의 지도부를 해체했으며 소련의 핵무기 발사시스템을 포함한 전권을 러시아의 대통령 보리스 옐친에게 승계했다. 이날 저녁 7시 32분, 모스크바 크렘린에 마지막으로 소련의 국기가 내려가고 1917년 혁명 이전에 사용된 러시아의 국기가 계양되었다. 다음날부터 옐친 대통령의 러시아 공화국을 비롯하여 여러 공화국이 소비에트연방을 탈퇴하고 독립국가연합을 결성하였다. 1922년 탄생한 최초의 사회주의국가 소련이 70년 만에 역사의 뒤안길로 사라져 버린 것이다.

바람을 일으키고 쓸쓸히 은퇴한 고르바초프

개인 고르바초프는 세계를 뒤바꾼 민주화 개혁의 주인공이었지만 소련, 러시아의 정치 현장에서는 쓸쓸하게 사라지게 되었다. 그러나 2001년 세계의 민주화와 평화를 끈 대변혁을 가져온 공로로 2001년 노벨 평화상을 수상하였다.

♕ "라이사를 잃은 것이 러시아를 잃은 것보다 더 슬프다"

부인 라이사(1932~1999년)는 밝고 화사한 미인으로 고르바초프 서기장과는 원래 천생배필로 비춰졌습니다. 둘은 1951년 모스크바 대학시절에 만나서 53년 9월 결혼하여 46년을 살다가, 라이사는 1999년 12월 백혈병으로 사망했습니다. 특히 1985년 남편이 공산당 서기장으로 선출, 1990년에는 소련대통령으로 당선, 1991년 한해에는 쿠데타, 그리고 소련해체 권좌상실이라는 대격변을 겪는 동안 영욕의 순간을 함께 해 왔습니다. 1999년 7월 말 입원생활을 시작한 후 고르바초프가 24시간 병실을 떠나지 않고 그녀를 간호 격려하자 라이사는 오히려 남편에게 용기를 내라고 위로했다고 합니다. 소련의 해체 장본인이라는 이유로 국민들에게는 인기가 없던 고르바초프는 죽어가는 부인 병상의 사랑 이야기로 전 러시아를 울렸습니다. 그녀는 오래 전부터 자신의 병을 알았으나 남편이 충격을 받을까봐 이를 숨긴 채 몰래 투병을 해 왔다는 것입니다. 죽음은 이 부부를 갈라놨지만 둘의 사랑은 수많은 러시아인들의 가슴에 존경심을 불러 일으켰습니다. 학위까지 지녔던 라이사는 전임 서기장 부인들과 달리 분위기 있는 패션복장을 갖추었고 자신의 정치적 견해를 밝히는 러시아 여인들의 목소리가 있어야 한다고 주장해 일부 보수적인 러시아 인들의 비난을 받기도 했습니다. 고르바초프는 그녀에 대해 배우자인 동시에 모든 관심사를 함께 논의하고 모든 상황에 서로 도우며 살아온 동료라고 표현했습니다.

고르바초프의 부인 라이사　　은퇴 이후 병약한 부인과 함께　　한국의 합창단들과 함께
고르바초프(1932~1999년)

실제로 "라이사가 없었으면 개혁이 불가능했다"고 말할 정도로 그녀는 소련의 개혁 개방정
책에 적극적으로 개입했다고 합니다. 고르바초프는 "라이사를 잃는 것이 (1991년에) 러시
아(권력)를 잃는 것보다 더 슬펐다"고 말하며 1년 동안은 두문불출하며 극도의 슬픔을 견디
지 못했습니다. 아마도 영국의 빅토리아 여왕(1819~1901년, 재위 1837~1901년)이 9명
의 자녀를 낳고 공사간의 그렇게 외조를 잘하며 20년을 살다가 사망한 앨버트공이 사망했
을 때 그 슬픔과 비교할 수 있지 않을까요? 아르헨티나의 페론 대통령이 젊고 치열하게 살
다간 에바 페론을 잃었을 때 슬픔도 유사했겠지요. 또 우리나라 박정희 전대통령이
1974.8.15. 육영수 여사를 문세광의 총탄에 잃었을 때의 그 슬픔도 그렇겠습니다. 아내를
잃은 슬픔을 어느 정도 이겨낸 1년여 후 2001년에 노벨 평화상을 받은 것이 얼마간 위로
가 되었을까요?

보리스 옐친의 러시아 9년(1991~1999년) 통치-푸틴에게 인계

그 후 옐친은 소련을 대신하는 러시아의 연임대통령으로 정확하게 9년을 재직하고
2000년을 하루 앞둔 1999년 12월 31일 블라디미르 푸틴(Vladimir Putin, 1952~)에게 대
통령(대행)을 인계하고 은퇴하였다. 21세기 현재까지 러시아공화국을 이끌고 있는 블라디
미르 푸틴은 모스크바의 격동기를 상트 페테르부르크(레닌그라드)에서 시장의 보좌관, 해
외위원회 위원장 등으로 사태를 관망하면서 기회를 엿보고 있었다. 자신의 정치적 후견인
이 시장을 사임함에 따라 지인들의 추천으로 1996년 모스크바 옐친의 선거 본부에 참여
하는 기회로 옐친의 러시아대통령 재선을 돕고 차후 대통령실 부실장 등으로 크렘린 내의
기반을 구축하였다. 옐친이 대통령의 2기 연임 후에 러시아 경제상황의 악화와 국민들의

엘친으로부터 행운으로 권력을 인수한 푸틴

인기가 추락하는 상황으로 몰리자 차기 후임자를 모색하는 단계에서 푸틴이 급작히 부상하게 되었다. 당시 푸틴은 정계의 거물이 아닌 점이 오히려 유리하게 작용됐으며 그저 실력 있는 젊은 후계자로서 낙점이 되어 총리(6대)로서 대통령 권한대행을 맡게 되는 행운을 안았던 것이다.

이미 옐친 대통령은 한때(1991) 소련을 역사에서 밀어낸 탱크 위의 영웅이었지만 연임 임기말에는 그 위상이 크게 추락해 있었으며 개인적으로도 보드카를 너무 즐겨 마시던 69세의 노령이었으므로 푸틴을 후계자로 선택한 것은 절묘한 연착륙(延着陸)이었던 것이다. 당시 공산당이 부활하여 유력한 대선후보자가 있었으며 누가 후임 대통령이 되느냐에 따라 옐친이나 그 세력들이 사법처리(보복)될 수 있었던 것이다. 그러나 시혜를 베풀 듯 푸틴을 세운 것으로 푸틴 대통령이 그 옐친의 이후를 보장하여 비교적 행복한 노후를 지냈으며 2007년 편안하게 죽음을 맞이했다.

푸틴의 러시아 대통령 장기집권

그 후 푸틴은 49세의 젊은 대통령으로서 KGB(소련의 정보기관)요원으로 훈련되고 해외근무를 통한 국내외 정세판단이 탁월한 점과 저돌적인 추진력을 가지고 있었다. 그리고 러시아의 천연가스 등 가격의 급등으로 경제상황이 호전된 점이 작용되어 세계에서 제일 큰 나라 러시아의 3~4대 대통령으로 연임하였다. 푸틴은 2008년 대통령 3선을 금지하는 러시아 헌법을 준수하면서 권력을 유지하는 편법으로 자신에게 완전히 충성하는 메트베네트 총리를 대통령(5대)에 출마시키고 자신은 실세총리로서 군림하였다.

그 후 2012년 제6대 대통령으로 무난히 당선하여 이번에는 6년 임기 그리고 연임금지 철폐로 2018년에 다시 7대 대통령으로 연임되어 현재에 이르고 있다. 무리한 수를 쓰지 않으면서 민주주의 방식으로 20년을 롱런하는 강력한 대통령은 현대사에 전례가 없으며 이번 임기가 다 되는 2024년(72세)에도 계속 대통령에 당선된다면 30년 이상을 통치하는 현대판 "차르"가 될 것이다. 러시아 국민들은 최소한 세계3강으로 국가의 위상을 유지하며 무난하게 통치하는 푸틴 외에 다른 선택이 없어서 장기 통치를 지켜보고 있는 것 같다. 간혹 푸틴의 정적들이 불의의 테러를 당하거나 의문사를 하는 것을 보면서 그 상황이 크렘린 같이 진상이 밝혀지지 않고 그대로 가고 있다.

 동북아시아 지도자들 비슷한 시기 취임과 비슷한 연령

한반도를 둘러싼 중국, 러시아, 일본의 지도자 그리고 우리나라 박근혜 전(前)대통령이 같은 해(2013년)에 모두 취임하였으며 연령도 1~2살 차이였습니다.

중국의 시진핑 당서기(당주석)이 1953년 6월 출생이며 2013년 3월에 현직에 취임했으며 러시아의 푸틴은 1952년 10월 출생에 2012년 5월에 러시아 6대 대통령에 취임했습니다. 푸틴은 이전 3~4대(2001~2008년) 러시아 대통령이었으며 4년 후 다시 당선하였습니다. 이 둘은 현재까지, 그리고 언제까지일지 모르는 지도자들입니다.

아베 일본총리는 1954년 9월 출생으로 네 사람 중 제일 막내였으며 2012년 12월에 취임하여 작년에(2020.8.31.) 질병을 사유로 퇴임하였는데 일본 역사상 2799일의 최장수 총리(이전기록 사토 에이사쿠 총리 2798일로 하루 차이)라고 요란했습니다.

한국의 직전 박근혜 대통령은 1952년 2월 출생으로 이 네 사람 중에 제일 연상이었으며 2013년 3월에 취임하여 2017년 7월 탄핵으로 강제 퇴임하였습니다.

동북아시아권의 네 주요 국가의 지도자들 네 사람이 거의 같은 연령(2년 내외)에 거의 같은 시기(1년 이내)에 취임하여 함께 국사를 담당하였습니다.

미국의 오바마 대통령(나이는 1961년생)도 재선되어 2013년 1월에 취임하였습니다.

세계 5대국의 지도자들이 2013년부터 2017년까지 최소 4년을 함께 재임하였다는 것은 참으로 귀중한 역사였습니다.

2장

고르바초프의 자유화 바람으로 폴란드, 발트3국 등 독립

폴란드의 자유화-바헨사 대통령

1945년 2차 세계 대전 후에 독립을 얻은 나라들이 많았으며 그 중에 동구권의 국가들은 다시 소련의 팽창주의에 따라 그 위성국이 된 나라들도 많았다. 그런 나라들 중 고르바초프의 자유화, 민주화 조치에 따른 큰 변화의 물결을 타고 새로이 출발한 나라들이 많은데 그 중에 대표적인 나라가 폴란드이다.

원래 폴란드공화국은 그 지정학적 위치 때문에 나라의 운명이 무수히 바뀌는 파란만장한 나라였다. 북동쪽으로는 러시아연방, 동쪽으로는 리투아니아와 우크라이나 남쪽으로는 체코, 서쪽으로는 독일과 국경을 접하며 북쪽으로는 발트해에 면하고 있다. 원래 발트해를 활용한 무역이 발전하여 10세기부터 국가가 형성되고 16세기에 전성기를 누렸다. 그러다가 국론이 통일되지 않고 갈등을 겪고 있는 동안 1795년 북동쪽의 러시아, 서쪽의 독일(당시 프러시아), 남쪽의 오스트리아(현재는 체코)의 왕성한 영토확장 욕심에 희생이 되어 세계역사상 드물게도 3국분할로 점령되었다. 그러다가 제1차 세계대전이 끝나는 1918년에야 독립이 되었다. 독립도 잠시, 20여 년 후에는 제2차 세계대전이 발발하면서 서쪽(독일)과 북동쪽(소련)에 분할 점령되어 1945년에야 다시 통일이 되었다. 이번에는 소련의 동구권 위성국가로 고생하다가 라흐 바웬사(1943~)라는 영웅이 등장하여 완전한 자유, 독립을 얻어서 오늘에 이르고 있다.

노조지도자에서 대통령이 된 바웬사

바웬사는 1966년 그다니스크의 레닌 조선소 전기공이었다. 1970년 식료품 가격인상 반대 파업 때 이 조선소의 파업위원회 의장이 되었고 1976년 파업할 때 해고가 되었다. 1980년 파업 때 그다니스크 지구 연합 파업위원회 의장이 되어 당시 공산 정권인 정부와 "노사합의" 체결에 성공하여 동유럽에서 처음으로 공인된 자유노조를 설립시켰다. 그 후 폴란드 최초의 자유노조인 연대(連帶)의 의장으로 선출되어 전 세계에 그 이름을 알리기 시작했다.

이와 함께 동유럽에 퍼져가는 민주화 물결을 타고 사회주의에서 탈피하는 폴란드에 자유화 물결을 일으켜 1983년에 노벨평화상을 수상하였다. 그는 이제 노조 지도자에 그치지 않고 폴란드 정치체제의 "자유주의 기수"로서 큰 비중을 차지하여 독일이 통일된 1990년 그 해에 실시된 자유주 총선거에서 대통령으로 당선하였다. 바웬사는 소련의 고르바초프와 함께 공산주의를 탈피하여 자유민주주의를 추진하여 성공한 대표적인 인물이 되었다.

이 과정에서 폴란드 출신으로 처음으로 제264대 교황이 된 요한 바오르 2세(1920, 교황 재위 1978~2004년)의 영향력이 적지 않았다.

발트 3국, 인간띠 시위로 독립을 쟁취하다.

발트3국은 발트해 남동해안에 위치한 에스토니아, 라트비아, 그리고 리투아니아 3개국을 총칭하는 표현이다. 이들 3국은 이민족과 강대국의 지배를 받아오다가 18세기(표트르 대제시대)에는 러시아 영토가 되어 3백년 가까이 식민지로 살다가 제1차 세계대전이 끝나면서 독립하여 세 공화국이 되었으나 22년 후 1940년에 다시 소련에 합병되는 슬픈 운명의 나라들이었다.

그 이후 독일의 점령 때(1941~1944년)를 제외하고는 소련통치하에서 민족의 독립 열정으로 명맥을 유지하였다. 그 후 소련의 고르바초프의 개방, 자율화 분위기에서 독립을 열망하다가 1991년 9월 소련연방의 해체 과정에서 독립하였으며 현재는 민주 자본주의 국가들로 발전하고 있다.

2004년에 북대서양조약기구 NATO와 유럽연합 EU 신규회원국으로 가입하였다. 이 3

국은 자세히 모르는 사람들에게 헷갈리기도 하는데 북쪽으로부터 에스토니아, 라트비아, 리
투아니아가 자리잡고 있으며 면적이 각각 45,000평방km 64,000평방km, 65,000평방km,
인구도 150만~300만 명, 국민소득도 2만달러~3만달러로 여러 가지 면에서 비슷하다.

👑 세 나라는 확실히 다른 나라

필자도 이 발틱의 세 나라를 다녀왔는데 그 각각의 수도가 탈린,
리가, 빌뉴스였는데 어떤 나라의 특징이 무엇이었는지 어디서 뭘
봤는지 구분이 잘 안 됩니다. 어려운 환경에서 왜 통합해서 잘
살지 그렇게 따로따로 사느냐 했더니 원래 정착할 때부터 민족이
다르고 언어도 달라서 자기들은 모두 다른 나라라고, 그런 질문
은 자존심이 상한다는 것이었습니다. 그러나 이 세 나라들이 함
께 하는 행사 중에 대표적인 것이 합창대회였으며 이때는 수천명
이 나라별로 번갈아 주최하는 합창경연을 벌인다고 합니다. 어느
나라에선가 합창대회 장소를 가보니 평소에는 공원으로 쓰이는 엄청나게 큰 광장과 합창단
수천명이 한꺼번에 설 수 있는 무대가 대단했습니다.

발트3국 독립을 위한 678km의 인간띠 운동

세 나라 수도, 탈린, 리가, 빌뉴스를 잇는 세 나라 국민

이 3국의 국민들이 모두 뜻을 같이 해서 큰 일을 했던 때가 있었는데 이것이 독립을 위한 인간띠 운동이었다. 소련의 위성국으로 있던 세 나라가 소련으로부터 독립하기 위해 1989년 8월 23일 독소불가침조약 50주년 기념일에 세 나라의 수도인 탈린, 리가, 빌뉴스를 잇는 678km에 이르는 인간띠(손에 손잡고 hands-in-hands)를 형성해 독립시위를 벌였다. 인간띠 운동에는 세나라 인구의 50%에 육박하는 200만명이 참가했다. 아마 1m에 평균 세 사람이 섰다는 계산이 나온다. 이 광경을 찍은 항공사진이 도처에 걸려 있는 것을 보았는데 이들 세 국가의 국민들이 같은 구심점을 형성한 장엄한 장면이었다. 독소불가침 조약을 어기고 독일이 점령함으로써 다시 험난해진 역사에 대한 삼국의 분노였다.

그 후 고르바초프의 자유화 분위기에 힘입어 1990년 아예 3국에서 국민투표를 실시하여 절대 다수의 찬성을 얻은 후 소련해제 이전에 자체적으로 독립을 선언했다. 처음에는 얼마간의 마찰이 있었지만 고르바초프의 개혁 개방으로 인해 소련이 혼란에 빠져 들어 이를 통제하기 어려웠으며 소련이 해체되고 그 승계국가인 러시아도 이들의 독립을 인정해야 했다. 이렇게 20세기의 소련의 큰 변화를 통하여 세계가 바뀔 때 평화적이고 인상적인 운동 그리고 투표를 통하여 독립의 과정을 밟은 것이 독일, 폴란드와 같이 20세기의 놀라움(Wonder)이었다.

3장

아프리카의 남아프리카 공화국의 변신
-만델라의 Wonder

남아프리카공화국은 어떤 나라

　남아프리카공화국은 아프리카 대륙 남반부에 위치하고 있는 나라로서 17세기 네덜란드인의 이주 이후 백인이 유입되어 1815년에는 영국의 식민지가 되었다. 면적은 1219만 km²로 한반도의 5배 반 정도이며, 인구(1900만명) 구성은 아프리카 흑인 80%, 백인 10% 기타 유색인이 10%이다. 아프리카 유일의 G20 회원국인 남아공은 아프리카 최대 시장이자 아프리카 진출의 관문으로 자리매김했다.

　국제적으로 높아진 지위 덕인지, 한국인의 무비자 입국이 가능한 몇 안 되는 아프리카 국가 중 하나이다. 남아공의 수도는 세 개이다. 행정수도는 프리토리아, 입법수도는 케이프타운, 사법수도는 블룸폰테인이다. 수도가 이렇게 나눠진 것은 1910년 남아프리카공화국(남아공)의 전신인 남아프리카연방을 결성할 때로 거슬러 올라간다. 연방 결성을 주도한 3개국의 수도에다 3부(府) 기관을 하나씩 나눠 두었고, 여기에 사실상 '경제수도'로 불리는 요하네스버그가 있는데 요하네스버그는 1886년 금광이 발견된 후 아프리카에서 가장 번영한 도시로 성장했다.

　남아공을 일컬어 '무지개의 나라'라고 한다. 전체 국민의 80%인 흑인을 비롯해 백인과 기타 유색인들까지 다양한 인종이 함께 살아간다. 공용어만 11개일 정도로 언어도 다양하다. 2010년 제19회 월드컵 개막식 당시 코사어·줄루어·소토어·아프리칸스어·영어 등 5개 언어로 조합된 남아공 국가가 울려 퍼져 이목을 끌었다. 6가지 원색으로 꾸며진 국기는 남아공의 파란만장한 역사를 대변한다. 빨간색은 흑인 해방을 위해 흘린 피를, 검정색은 흑인과 아프리카를, 하얀색은 백인과 평화를, 또 파란색은 열린 하늘과 바다를, 초록색은 국토와 농업을, 노란색은 황금 등의 지하자원을 가리킨다. 중앙의 가로 놓인 'Y'자는 흑·백인과 각 부족, 9개 주의 통합과 화합을 의미한다. 남아공의 예전 국기는 주황색과 하얀색, 파란색으로 이뤄진 단순한 삼색기였는데 백인우월주의를 노골적으로 주장했던 남아프리카 국민당의 상징이기도 했다. 1948년 국민당이 집권한 이후 약 50년간 시행했던 인종차별 법들을 한데 묶은 표현이 그 유명한 '아파르트헤이트'였다.

최초로 흑인 대통령이 된 만델라

남아연방의 국기와 대서양과 인도양이 만나는 바다끝

전설적인 인권 운동가인 넬슨 만델라가 1994년 대통령에 취임하면서 아파르트헤이트 관련법은 완전히 폐지됐다. 이때 만델라가 소속된 정당인 아프리카민족회의(ANC)의 당기가 검정색·초록색·노란색으로 이뤄진 삼색기였다. 이 색상을 반영해 1994년 현재의 국기가 만들어졌으니, 남아공의 국기는 그야말로 역사의 산 증인인 셈이다.

지난한 역사를 거치며 남아공은 세 명의 노벨평화상 수상자를 배출했다. 스위스·노르웨이·영국·프랑스·미국 등 몇몇 서방선진국을 제외하곤 흔치 않은 기록이다. 남아공의 첫 번째 노벨평화상 수상자는 1952년부터 1967년까지 16년간 아프리카민족회의를 이끌었던 앨버트 루툴리(Albert Lutuli)였다. 1984년에는 데즈먼드 투투(Desmond Mpilo Tutu) 주교가 인종차별정책에 저항한 공로로 두 번째로 노벨평화상을 받았다. 그리고

1993년, 넬슨 만델라는 당시 대통령인 프레드릭빌렘 데 클레르크(Frederik willem de Klerk)와 함께 노벨평화상을 공동 수상했다. 클레르크는 국민당 소속 백인 정치인이었지만, 넬슨 만델라와 함께 아파르트헤이트를 평화적으로 해결하는 데 힘을 모았다. 이들은 350년에 걸친 인종분규를 종식시키는 위대한 성과를 거두었다. 만델라가 노벨평화상 후보로 추천됐을 때 클레르크를 적극 추천해 함께 수상했다는 후문이다. 개인적으로 두 사람이 같이 노벨평화상을 받아 개인의 영광을 넘어 나라는 평화와 공존으로 발전하게 되었다. 세기말에 놀라움(Wonder)을 보여 주었다.

넬슨 R. 만델라는 어떤 인물

넬슨 R. 만델라 대통령

1918년 7월 18일 남아공 트란스케이 움타타에서 템부족 족장의 아들로 태어났다. 1927년 부친의 사망 후, 만델라는 템부족 왕의 후원을 받게 된다. 당시 흑인으로서는 이례적으로 초·중·고교를 졸업하고, 포트헤어 대학에 진학하여 고등 교육을 받았다. 이후 만델라는 1943년 비트바테르스트란트 대학의 법학부에 입학했으며, 아프리카민족회의(ANC)의 활동에 참여했다. 이듬해에는 ANC 청년동맹을 결성하여, 백인정권의 흑인차별정책에 대한 민주화 운동을 시작했다. 1952년 요하네스버그에 올리버 탐보와 함께 변호사 사무소를 열었는데 만델라의 변호사 사무소는 최초의 흑인 법률사무소였다.

백인정권은 1950년대 들어서 엄격해진 흑인차별과 그 정책의 일환으로 시행된 아파르트헤이트를 추진하고 있었다. 만델라는 이를 반대하는 전국적인 불복종 저항 운동의 책임자로서 활동했고, 12월에는 ANC의 부의장으로 취임하게 되었다. 그러나 계속된 저항 운동에 불구하고 백인정권의 탄압은 더욱 강경해졌다.

1960년 3월 샤퍼빌 대학살 이후, 만델라는 무장투쟁의 필요성을 느끼고 1961년 '민족의 창'을 조직하고 정부를 상대로 무장투쟁운동을 전개했다. 당국의 감시를 피해 비밀리에 에티오피아 등지를 체류하던 그는 1962년 경찰에 의해 체포되었고, 1964년 '리보니아 재판'에서 내란 혐의로 무기징역을 선고받아 로벤섬에 수감되었다.

로벤섬은 여러 가지로 악명이 높은 그 자체가 교도소였다. 이후 1982년 폴스무어 교도소, 1988년 빅터 퍼스터 교도소로 옮겨져 1990년 석방되기 전까지 장장 27년간 옥고를 치렀다. 그동안 남아프리카의 흑인과 아파르트헤이트에 비판적인 국제사회에서 만델라의 투쟁은 하나의 위대한 지향점으로 인식되었고, 마침내 1990년 2월 11일 클레르크 정부는 그를 석방했다.

석방된 만델라는 3월 2일 ANC 부의장에 선출되었고 1991년 7월에는 오랜 동료인 올리버 탐보의 뒤를 이어 의장에 취임했다. 인종차별을 불식한 민주헌법의 제정을 위해 데 클레르크 총리와 긴밀한 협조관계를 유지하며 평온한 사회로의 이행을 추구한 공로를 인정받아, 1993년 두 사람이 함께 노벨평화상을 수상했다.

1994년 4월 남아공에서 처음으로 실시된 다민족 총선거에서 대통령에 취임한 후 만델라는 진실과 화해위원회를 설치해 인권침해 사건을 조사했다. 다른 나라들이 이런 경우에 응보, 복수의 개념에서 처리하던 경우와 너무도 달라서 세계의 이목을 끌었고 만델라의 성인으로의 이미지를 느끼게 했다.

만델라는 또한 흑인들의 생활수준을 향상시키기 위해 주택·교육·경제개발 계획을 도입했다.

재임을 거부한 만델라 대통령

넬슨 만델라 대통령은 1997년 ANC 의장에서 물러났고, 1999년 임기를 마치자 재임하지 않고 대통령에서 물러나 그해 6월 정계에서 은퇴했다. 옛 동지의 아들인 타보 음베키에게 대통령의 자리를 넘기고 퇴임하였다.

권력에 미련없이 떠난 것은 꼭 200여 년 전(1797년) 미국의 워싱턴 대통령과 같았다. 새로운 밀레니엄 2000년을 앞두고 정치의 불모지 아프리카에서 그것도 흑인대통령이 이렇게 멋진 퇴임을 하는 것을 보고 세계는 신선한 충격을 받았다. 새로운 2000년대의 희망(Wonder)의 빛을 보았다.

퇴임 이후 만델라재단, '46664'(만델라의 죄수번호) 자선단체, 어린이재단을 통해 인간면역결핍바이러스(HIV)와 후천성면역결핍증(AIDS)의 퇴치 활동과, 어린이 교육 및 자선 활동, 반전활동, 아프리카 분쟁 조정 등 수많은 공헌 활동을 지속했다. 2001년 전립선암을 진단받았고, 2004년에는 공식적인 활동을 중단하게 되었다.

정계 은퇴와 공식 활동 중단에도 불구하고 남아공에서 만델라는 살아있는 성인으로 존경받았다. 2013년, 국제연합은 만델라의 생일인 7월 18일을 '국제 넬슨 만델라의 날'로 제정했고 같은 해 12월 5일, 95세를 일기로 자택에서 타계했다.

4장

한때의 G1국가, 스페인 죽었다 살아나다

20세기 역사가 비슷한 나라 스페인과 한국

예전의 스페인 수도 톨레도

유럽의 나라 중 번영과 쇠락을 되풀이하다가 20세기 초 아예 망하기 직전에 반등하여 현재 그런대로 회복, 세계 12~3위권에 걸려 있는 나라가 스페인이다. 주식으로 말하면 주가 하강세에서 바닥을 치고 등락(騰落)을 반복하다가 현재 그런대로 주목을 받는 종목(種目)이다. 상장종목도 아닌 중소기업이 아예 망했다가 우회곡절을 거쳐 20세기 중반 이후 상장되어 꽤 주목받게 된 성장(成長)종목이 대한민국이라고 할 수 있다. 스페인은 16세기 영국보다 먼저 해가지지 않는 세계 최대 식민지, 무역 대국이었지만 100여 년 정도 누리고 계속 하강세로 돌아서서 1898년 미국과의 미서(美西)전쟁에서 쫄딱 망했다. 한국도 1800년대부터 세도정치, 쇄국정치로 일관하다가 1910년 신흥강국 일본에 강점되는 몰락의 역사에서 20세기를 시작했다. 스페인의 영광스런 전성기를 시작한 1492년, 이사벨라 여왕, 콜럼버스의 신대륙 발견은 다른 막에서 설명되었고 그 후의 외화내빈(外華內貧)의 쇠퇴기의 역사도 이미 설명하였다. 에스파냐(스페인)의 합스부르크 가(家)의 시작인 카를로스 1세(케를 5세 동일인, 재위 1516~1556년) 펠리페 2세(재위 1556~1598년) 치세까지 약 100년을 스페인의 전성기라고 할 수 있다. 그 후 펠리페 3, 4세 그리고 카를로스 2세(재위 1661~1700년)는 전임 황제들보다 못했지만 부자 3대라고 그런대로 유지했다. 카를로스 2세가 후사가 없어서 스페인의 합스부르크의 가문은 끝이 났고 그 후는 오스트리아의 페르디난트 황제로 옮겨져서 1806년 프란츠 2세까지 지속됐다. 합스부르크 가문은 정치적으로는 부침이 있었지만 문화 예술은 인류역사상 가장 화려하고 우아한 전성기를 누렸으며 그 역사적 유산이 대단하다. 카를로스 2세의 후임을 정하는 스페인 왕위 계승 전쟁(1701~1714년) 이후 즉위한 펠리페 5세가 스페인 부르봉왕가의 첫 번째 왕으로 이 시대 중흥을 이루어 그런대로 제국주의 국가로서 체면을 유지하였다. 그러다가 나폴레옹 전쟁이 발생하면서 1808년 이후 본토가 게릴라 전쟁의 여파로 독일 못지 않게 피해를 입었다. 이 시기에 남아메리카의 식민지들이 독립 전쟁을 일으켰다. 멕시코의 미구엘 이달고, 베네수엘라, 콜롬비아, 페루의 시몬 볼리바르, 아르헨티나의 호세 데 산 마르틴 등 독립운동가들의 활약으로 스페인의 남아메리카의 식민지들이 독립하였다. 스페인 본국의 상황도 불안하여 1870년 혁명으로 잠시 왕정이 중단되고 제1공화국이 성립되었다. 그 후 왕정이 복구되었으나 국가의 상황이 극도로 불안해졌는데 알폰소 12세(1874~1885년)의 노력으로 간신히 국가를 추스릴 수 있었다.

스페인의 20세기, 역사의 시작

미국 스페인전쟁(1898년)

1898년 쿠바의 하바나에 정박하고 있던 미국의 여객선 메인 호가 원인 모를 화재로 많은 인명이 사망하는 참사가 발생하자 이를 스페인의 공격이었다고 판단한 미국이 선전포고로 미서(美西)전쟁이 발발되었다. 발전된 해군력으로 너무도 쉽게 스페인을 제압하고 완전한 승리를 거둔 미국은 푸에토리코 필리핀, 괌 등 스페인의 식민지를 차지하는 전과를 올렸다. 스페인은 남미 중심지의 중요한 식민령 쿠바를 독립시키고 태평양 섬 식민지까지 처분하여 제국으로서 위상을 잃기 시작하였다. 확장 에너지가 충만했던 미국이 남아메리카의 기존 패권 국가 스페인을 쫓아내고 새로운 패자가 되기 위해 유도한 전쟁이라는 해석이 지배적이다. 스페인은 이 전쟁의 패배로 아메리카 대륙과 태평양의 마지막 식민지를 상실한 반면 또 한편 잃어버린 스페인의 영광, 스페인은 무엇인가를 고뇌하며 스페인의 정신(Identity)을 형성한 계기가 되었다고 한다.

스페인 내란의 발생

그 후 스페인은 부르봉 왕조가 1931년 4월 지방선거에서 공화주의자에게 패배하여 알폰소 13세가 퇴위하였으며 내란이 발생하는 1936년까지 공화주의자, 사회주의자 등의 좌익과 국가주의자, 군부, 자본가, 교회 등의 반대 정치세력 간의 피를 불사하는 극도의 대립시기를 맞이했다. 대한만국이 1945년 별안간 해방이 되었고 과거사 친일논쟁, 3·8선 분단에 따른 통일 논쟁, 미국과 소련이 대표하는 자유민주주의와 공산주의 극심한 이념대결로 크게 혼란스러운 시기(1945~1948년)와 아주 비슷했다. 그리고 남북한의 별도 정부의 수립, 그리고 그 후유증으로 터진 한국전쟁(1950년)처럼 스페인의 상황이 아주 흡사했다. 드디어 1936년 2월 총선에서 승리한 범좌파(凡左派) 연합인 "인민전선"에 반대하는 군부(軍部)세력이 반기를 들었다. 군부 중에 해군이 좌파 공화정을 지지하여 육군이 이탈리아 독일 파쇼정부에 지원을 요청하고 소련은 파쇼정부의 움직임을 견제하기 위해 좌파 정부를 지원하여 국제전 양상을 띄게 되었다.

프란시스코 프랑코(1892, 집권 1939~1975년)의 내란 승리

스페인의 36년 프랑코 총통

내전의 와중에 기회를 잘 포착한 프란시스코 프랑코가 반군 군부의 지도자로 떠올라 공화국 정부군을 공격하여 3여년의 내전 끝에 마드리드를 함락하여 프랑코의 시대가 시작되었다. 이렇게 해서 1939년부터 1975년까지 36년 동안 프랑코의 장기 독재가 시작되었다.

독재라도 정국이 안정된 1950년부터 외교적 고립을 타개하고 경제자유화를 추진함에 따라 1960년대부터는 비약적인 경제성장을 이루게 된 것은 다행이었다. 이 과정이 대한민국의 경우 이승만 대통령(1948~1960년), 박정희 대통령(1962~1978년) 그리고 전두환 대통령(1979~1987년)의 3인의 집권 시대 39년과 유사하게 보는 시각이 있다. 그러나 스페인의 경우 내전 종결과 더불어 무자비한 반대파의 숙청(하루 50~200여 명 처형 등)과 함께 일체 선거 없이 집권한 프랑코 총통은 철권통치로 끔찍하게 스페인을 옥죄인 것과 대한민국의 경우는 단순 비교할 수 없다. 국내 통치에 있어서는 무자비한 탄압만이 아니라 국민들의 정치적 관심을 축구, 투우 등으로 돌리는 우민정치(愚民政治)를 잘 활용했다. 한편에서는 프랑코를 폭압적인 독재자, 무자비하게 반대파를 숙청한 살인마로 비판하지만 한편에서는 대단한 경제성장을 이뤄낸 지도자로 기억한다.

프랑코 이후 평화적 민주화 이행-스페인의 Wonder

스페인의 프랑코가 운좋게 1975년 자연사(自然死)를 한 이후 1982년까지 민주주의 절차로 이행되었다. 어쩌면 이 시대, 이 부분이 스페인과 한국이 아주 흡사했던 것은 구 독재세력과 온건 야당세력에 의한 "대타협"이 이뤄졌다. 대한민국의 경우 1987년 야당과 재야세력의 강력한 민주화의 이행요구에 따라 6·29선언으로 민주적인 헌법을 개정(제정에 유사)하고 직접 자유선거에 의해서 5년 단임 임기의 대통령제가 시행되었다. 스페인의 경우는 좀 더 심각하고 복잡할 수 있는 상황이었는데 프랑코의 죽음과 함께 집권세력과 중도세력, 사회노동당, 공산당 등의 야당세력은 카를로스 국왕의 중재로 통큰 타협을 이뤘다. "구 독재세력의 잘못을 묻지 않고 입헌군주제의 형태로 민주화를 이행한다"는 "몬클로아 협약"에 동의했고 어떠한 형태의 청산(보복)없이 민주화를 이행한 것은 이를 지켜보던 세계에 놀라움(Wonder)으로 비춰졌다. 아마도 권력획득과 유지에는 수단방법을 가리지 않았던 프랑코가 원려지모(遠慮智謀)가 있었던지 왕정(카를로스 국왕을 자신의 후계자로 함)을 폐지하지 않고 자신의 시대 뒤에 연착륙(延着陸)을 위해 대비하였던 것이다.

스페인의 왕정복구, 입헌군주제-카를로스1세

후안 카를로스 1세(1938~)는 1931년 스페인에 공화제가 수립되면서 왕위에서 쫓겨난 부르봉 왕가의 알폰소 13세의 손자로 왕가의 망명자였던 이탈리아 로마에서 출생하였다. 프랑코 총통의 지배하에서 1948년(10세)에 고국의 귀국을 허락받고 육군, 해군, 공군사관학교를 모두 거치면서 왕손으로 교육을 받았으며 그리스왕가의 소피아와 결혼하였다. 1969년 군주제를 부활시키려 한 프랑코총통이 그를 합법적 후계자로 공표하였고 1975년 총통의 사후 스페인왕으로 즉위하였다. 군사독재체제를 지속하리란 예상을 뒤엎고 민주주의 국가를 만들겠다고 선언하고 1977년 민주주의 헌법에 의해 총선거를 실시하여 입헌군주제를 도입하였다. 1981년에는 군부의 우호세력들이 의회를 점거하고 프랑코 시대로 회귀할 것을 요구하자 카를로스 1세는 대국민연설을 통하여 민주주의를 수호를 강조하고 쿠데타를 무산시키는 데 성공하여 국민들의 절대적인 신임을 얻게 되었다.

👑 스페인의 연착륙, 후안 카를로스 1세

프랑코 총통이 후계자로 임명한 후안 카를로스 1세가 프랑코의 사후 처리를 현명하게 처리하여 36년의 스페인에 혹독한 독재정권의 후유증을 최소화했습니다. 그리고 프랑코 사후 3년 후인 1978년 민주주의 입헌군주제 헌법을 제정하는 데 큰 역할을 했습니다. 군권이 없었던 국왕이었지만 혼란스런 정세를 잠재우는 데는 큰 영향력을 가지고 있어서 1981년에 군부에 의한 반동 쿠데타가 있었지만 후안 카를로스 1세가 방송으로 군부를 질타해 불발로 끝나게 하였습니다. 그래서 초기에 프랑코에 의하여 옹립된 허수아비 국왕이라는 평가를 불식(拂拭)시키며 스페인 공산당 서기장조차 방송에서 "국왕만세"를 외칠 정도에 이르렀으니 그의 인기를 짐작할 만했습니다. 한편 스페인은 영연방같은 체제는 아니지만 예전 식민지 국가들의 연합체인 "이베로 아메리카공동체"를 운영하고 있으며 스페인 국왕이 수장을 맡고 있습니다. 후안 카를로스 국왕의 인기와 권위를 증명하는 대표적인 사례는 2007년 열린 이베로 아메리카의 정상회담에서였습니다. 이 회의에서 브라질의 "룰라" 대통령과 함께 실질적인 남미의 맹주 중 하나로 자처하던 "우고 차베스" 베네수엘라 대통령이 계속 미제의 앞잡이를 운운하며 회의를 지연시키자 카를로스 국왕이 "거 입 좀 닥치지" 하고 일갈하여 회의장 분위기를 제압한 사건이 유명해졌습니다. 그 후 스페인에서는 이 장면을 녹음한 것이 스마트폰에서 벨소리 시그널로 제일 인기를 모았고 중남미 다른 지역에서도 많이 사용되었답니다. 중남미 국가 원수들도 지금은 정치적으로 완전 독립이지만 스페인 국왕과 같은 좌석에 앉지 못하고 한 단계 아래 앉아야 하고 국왕이 허락하지 않으면 심지어 바닥에 앉아서 쳐다 보며 대화를 한다니 그 역사의 흔적은 지울 수 없나 봅니다.

이 때까지 카를로스 1세는 좋은 선례로서 한국도 1987~1988년 직선제 개혁으로 민주화로 비교적 잘 마무리됐으며 10여 년 후에는 대표적인 인종차별의 나라 남아공의 만델라 대통령이 "관용과 화해" 정신에 입각한 대타협으로 세계를 놀라게(Amazing) 했다. 그런데 2010년대 카를로스 1세는 나이가 70대를 넘기면서 망령이 났는지 이권에 개입하고 바람기가 발동하는 등 추문으로 입헌군주제의 지지도가 급락하고 건강이 악화되자 2014년 퇴위를 선언하고 아들 펠리페 6세에게 왕위를 물려주고 물러났다. 그도 롤러코스터를 탄 셈이었다.

5장

한국, 한강의 기적(Miracle)을 이루다

한강의 기적은 독일의 라인강 기적의 한국형(韓國型)

　한강의 기적은 한국전쟁(1950~1953년) 이후 아시아 금융위기(2007년)까지 반세기 동안에 급격한 한국의 경제성장을 나타내는 표현으로 제2차 세계대전 이후 서독의 경제 발전을 라인강의 기적이라고 부르는 것과 비교하였다. 빠르게 성장하는 것을 아시아의 대만, 홍콩,싱가폴과 함께 아시아의 네 마리 용(龍)으로 부르고 있으며 한국은 그 중에 가장 큰 성공사례에 해당되었다. 한국의 60년대 초 경제발전계획이 시작되던 1962년의 GDP 추산액이 20억불에 불과하였는데 2007년에 1조억불을 돌파했으니 이는 500배에 이른 것이다. 한국전쟁 시 유엔군사령관이었던 맥아더 장군이 전쟁이 한창이던 1951년 한국을 떠나면서 한국이 재건하여 나라꼴이 되려면 최소 100년은 걸릴 것이라고 말했다. 그 말처럼 휴전이 되고 7년이 지난 1960년까지도 한국의 상황은 실업자가 25%, 1인당 국민소득이 100불 이하(최빈국), 수출이 2000만불, 수입은 2억불이었다. 경제개발의 조건은 북한이 자연자원이 풍부하여 남한보다 훨씬 순조로워 보였다. 남한은 궁여지책으로 숨은 재원을 얻어보려고 1962년 화폐개혁을 실시하였으나 대실패로 끝났다. 그러나 1962년부터 시작한 박정희 정부의 경제개발5개년계획이 추진되면서 서서히 성과가 나타나기 시작했다. 박대통령이 독일을 방문하고 수출에 중점을 두면서 1964년 수출 실적 1억달러를 달성하고 국민소득 100달러를 돌파하여 최혜빈국(最惠貧國) 상태를 겨우 모면했다. 1960년대

말에는 일인당 국민소득이 194달러로 북한의 소득을 추월하고 수출도 7억달러를 거쳐 1971년에 드디어 10억달러를 달성하였다. 1972년 유신체제로 보호막을 치고 그때까지 우리 수준에 맞춘 초보적인 경공업중심에서 3차 5개년계획부터는 투자가 많이 소요되는 중공업중심으로 전환하였다. 전략업종으로 선정한 조선, 강철, 기계 화학공업에 집중 투자하여 2차산업 중 중화학공업비율 51%를 달성하고 수출 100억달러(1977년 19위 무역국), 국민소득 1000달러(1978년)에 이르렀다.

한국의 경제 발전-세계의 경이(Wnder)

1970년대 농촌지역
새마을 운동의 테마공원

한편 도시·농촌병진(農村竝進)정책의 일환으로 새마을 사업을 일으켜 농촌도 도시 못지 않은 발전을 이루었다, 예를 들면 전기보급률이 70년 초 20%에서 1979년에는 93%까지 밝아졌다. 경제성장은 교육의 기회를 확대시켜 대다수 국민국민이 중등교육 이상을 이수하고 대학진학률은 이미 선진국수준인 5~60%에 달했다. 3차 경제개발 5개년계획(1972~6년) 이후 1978년 전국민의 여론조사로 살림살이가 좋아졌다는 답변이 87%에 이르렀다. 1980년 오일쇼크 및 광주시민 민주항쟁 이후, 1981년에도 7.2%의 경제성장을 이루었다. 경제성장에 자신을 얻은 1986~1988년에는 아시안게임, 올림픽게임을 성공적으로 개최하였다. 1990년대에는 1993년 금융실명제의 실시, 1995년 WTO(세계무역기구, 현재 회원국 160개국)에 가입하고, 1996년에는 OECD(경제협력개발기구)에 가입하여 당당한 중진국으로 국제사회 협력을 강화하였다. 그동안 1994년 국민소득 1만달러를 달성했다. 급작스런 경제성장에 따른 후유증으로 1997년 금융위기를 겪었다. 제2차 세계대전이 끝나고 독립한 많은 후진국들 중 현재 한국의 경제규모(2019년 GDP 1조 6천억달러 세계 10위) 그리고 1인당 국민소득 3만달러를 달성하여 유일(이스라엘은 특수한 경우)하게 선진국대열에 진입하고 있다. 또한 1987년 이후 자리잡은 정치민주화와 함께 경제성장을 달성하여 두 마리 토끼를 잡는 아시아국가로서 세계에서 놀라운 성공사례가 되었다. 또한 1960년대까지 경제원조를 받던 나라가 이제는 G20국가로서 경제원조를 하는 나라로 급성장하여 세계에 놀라움(Wonder)을 주고 있다. 이런 경제발전과 국격(國

格) 상승의 중심에는 1961년 5·16 군사정변으로 집권한 박정희(朴正熙, 1917~1979년) 대통령의 집권기간 1961년~1979년에 평균 경제성장률이 9.3%에 이르는 등 고도성장으로 이끈 것이 큰 기반이 되었다. 이런 놀라운 경제발전의 기본적인 시책을 몇가지로 나누어 본다.

과학기술의 진흥 발전-KIST의 설립(1966년)

1966년 환영받는 린든 존슨 미대통령

과학 기술의 발전은 이미 혁명을 성공하고 1년도 되지 않아 1962년 2월 기술진흥 5개년 계획을 세우고 그 해 11월에 과학자 우대정책을 발표했다. 이미 우수한 영재들이 선진 외국에 나가서 석박사 등 학위를 취득하고 대학에서 연구소에서 실력발휘를 하고 있었는데 이들이 조국에 돌아와서 일할 수 있는 조건을 부여하기 위해서였다. 드디어 1966년 1~2월에 한국 과학기술원과 한국과학기술 연구소(KIST)를 발족하고 이들을 지원하기 위한 장관급 부서인 과학기술처를 신설한 것이다. 그 후에도 천체과학관, 국립광업연구소, 그리고 충남 대덕에 연구단지를 설립하고 10개 연구소를 건설하였다. 이런 과학 기술의 발전 진흥은 1966년 미국 대통령으로서는 두 번째 방문(첫 번째는 1960년 아이젠하워)한 린든 B. 존슨 대통령과 관련이 있다. 이 방문의 주된 이슈는 한참 치열해지는 베트남전이었는데 1965년부터 한국군이 파병해 주는 것에 대한 감사와 차후계획을 협의하고 미국 정부로서 이에 대한 보상 방법으로 박정희 대통령은 과학기술연구소 설립에 대한 강력한 지원을 요청한 것이다. 단순한 경제 원조가 아니라 장래 스스로 자립할 수 있는 기반을 갖추는 흔히 "물고기보다는 물고기를 잡는 방법"을 희망한 것이다. 존슨 대통령도 이런 박대통령의 제의를 감동으로 받아들이고 본인의 평소 소신과도 부합하여 그 후 많은 도움을 아끼지 않았다.

인력의 해외진출 서독, 베트남, 중동-경제 발전의 전기

1964년 12월에 유럽국가로서 서독을 첫 방문하여 뤼브케대통령과 에르하르트 수상과

당시 독일의 에르하르트 총리와 함께

정상회담을 가졌다. 당시 전후 경제부장관을 14년을 역임한 에르하르트 총리와 경제협력을 약속하고 라인강의 경제기적을 전수받기 시작했다. 이때 우리 광부 간호원들 앞에서 격려와 함께 충정어린 연설을 했다 ".... 멀리 타국에 와서 일하는 여러분들이 제일 일을 잘하고 있다는 이야기를 들었다. 여러분의 흘린 땀과 정성으로 부강하고 좋은 나라를 만들어서 우리 자손들은 이렇게 남의 나라에 와서 하지 않아도 되는 나라를 만들겠다..."

연설이 진행되는 동안 참석한 모든 간호사 광부들은 고국의 (친정) 아버지 같은 가슴 속의 따스한 말을 들으며 모두 훌쩍이다가 그만 대통령부부와 얼싸안고 울음바다가 되었다. 이때 자리를 함께 한 뤼브케 대통령도 크게 감동을 하여 한국을 위하여 당시로는 큰 금액인 5천만달러의 차관을 주선하였다. 그 담보는 광부 간호원들의 급여가 되었으니 그 돈은 국가 경제 발전 자금으로 쓰이고 그 돈을 갚기 위해 수출을 확대하는 노력을 기울이게 되었다. 이들 광부와 간호사들이 본국에 송금한 금액은 연간 5천만 달러로 당시 우리나라 국민소득의 2%에 해당했다고 하니 바로 우연히도 이들의 1년 송금액을 대통령이 빌려온 것이 됐다. 또 이 당시(1964년) 우리나라의 수출실적이 겨우 1억달러를 달성하여 이 해부터 12월 5일을 제1회 수출의 날로 지정한 것도 우연이 아니었다. 그래서 아직 공산품 수출품목이 귀했던 시절이라 수집상들이 지방으로 다니며 생머리를 모아서 가발 수출이 시작했다. 그런 노력들이 결실이 이뤄져 7년 후 1971년에는 10억달러를 달성하게 되었다. 또 한참 경제개발에 올인하는 상황에서 베트남에 국군을 파병하게 되어 나라발전의 직간접적으로 영향을 주게 되었다. 미국이 1964년 통킹만 사건을 계기로 월남전이 격화되기 시작하면서 우리나라에 전투병과의 파병을 요청하였고 우리 정부는 미국의 지지와 원조를 보장하는 조건으로 참전을 결정하였다. 그래서 1965년부터 본격적인 파병을 시작하여 1973년 완전히 철수

서독에서 일하던 한국 광부와 간호사들

월남 파병 국민 환송대회

할 때까지 한국은 미국 다음으로 많은 병력을 베트남에 보냈다. 월남전 전쟁기간 5000명의 한국군이 목숨을 잃었으며 또 5만명이 넘는 우리 병력이 부상을 당했다. 이들의 희생 위에서 한국은 미국과의 동맹을 강화하였으며 외화를 획득하고 우리 상품의 수출을 확대하는 등 경제성장에 큰 도움을 받았다. 우리나라 국민 개개인들은 바탕이 우수하고 또한 1950년대부터 교육에 중점을 두어 독일에 간 광부, 간호사들도 최소 고등학교 졸업 이상이었다. 당시 대학졸업자들도 당시 국내에서 취업기회가 없어 오히려 학력을 낮추고 지원하였다니 이들이 현지에서 다른나라 사람들보다 영리하고 일을 잘 한다는 평가는 사실이었다. 또한 월남전에서도 자질이 훌륭한 군인들이 전투도 잘했으며 절약으로 달러를 저축해서 국내에 송금하고 귀국해서 기반을 잡는 데 도움이 됐다. 그 후 1970~1990년대에 아랍의 산유국들이 원유가 급상승해서 일어난 건설업의 중동특수(中東特需)에도 한국기업 한국 노동자들이 적극 참여하여 중동의 열사(熱沙)에서 땀흘려 일한 것이 본인의 발전과 한국경제 성장에 큰 보탬이 되었다.

포항제철의 설립추진과 대일 청구권자금

포항종합제철공장 건설은 1차 경제개발5개년계획(1962~1966년)이 성공적으로 마무리되고 얻어진 결론으로 우리나라의 경제를 중화학공업위주로 개발하기로 방향을 정하고 그 대표적인 추진사업이 포항제철의 건설이었다. 박정희 대통령과 오원철을 위시한 경제핵심 브레인들의 구상은 처음부터 엄청난 벽에 부딪쳤다. 이제 걸음마를 딛기 시작한 한국경제에서 제철공장을 건설한다는 것은 우선 강철, 선철 등 생산물의 사용용도가 빈약하였으니 시기상조(時機尙早)였다. 또 공장건설 및 제철기술이 없고 소요되는 막대한 자본이 없는 소위 "3무(無)이므로 포항제철의 건설은 원시불능이요, 어불성설(語不成說)"이라는 것이었다. 국내산업계와 미국부터 적극 반대하였으므로 자본의 조달이 큰 문제였다. 우선 1965년도의 일본과의 국교정상화로 얻어진 청구권 자금을 사용하기로 했다. 청구권 자금은 박정희 정부가 경제개발에 필요한 자금을 마련하기 위해 그동안 진척이 미진했던 일본과의 국교수립을 서둘렀다. 해방된 지 20년이 가까워지고 있었지만 일본의 공식적인 사과나 반성, 배상이 없던 때였다. 일본의 식민지 강점에 대한 사과나 배상의 수준과 서둘러 합의를 하려는 박정희 정부에 대하여 대학생을 중심으로 국민들의 격렬한 반대가 있었지만 1965년 6월 소위 김, 오히라 메모(김종필 정보부장, 오히라 마스요 외무장관)를 기준으로 한일협정을 정식으로 조인하였다. 그 청구권 자금은 무상 3억불, 유상 2억불 민간차관 3억불이었다. 그 대가로 적지 않은 일본의 자본을 경제발전에 투입할 수 있었으나

35년간의 식민지 통치에 따른 우리 민족의 고통을 외면하고 민족의 자존심을 크게 훼손하였다는 비판이 제기되었다. 그러나 이를 극복

역사적인 포항제철의 준공

하는 명분으로 포항제철의 건설을 강행하기로 하여 비록 자본 기술 경험도 없는 상태였지만 포항을 종합제철 건설입지로 선정하고 건설추진 위원장(차후 사장)에 박태준을 임명하여 1967년 기공식을 거행하였다. 처음부터 자금의 문제가 걸림돌이었으나 청구권 자금 사용을 일본과 집요하게 설득 협상하여 자금의 물꼬를 마련할 수 있었다. 드디어 1973년 조강 생산 년간 103만톤의 포항종합제철소의 준공식을 거행하게 되었다. 박정희 정부가 추진한 중화학공업의 상징적 사업을 시작한 것이다.

경부고속도로준공 등 산업인프라 구축

역사적인 포항제철의 준공

1970년 7월 7일에는 경부고속도로가 준공되었다. 서울특별시 서초구 양재동에서 광역시 금정구 구사동에 이르는 길이 416km왕복 4~8차선의 남한의 최장의 고속도로였다. 1968년 2월에 착공되어 약 2년 5개월만에 준공, 개통되었다. 기존의 철도, 국도와 중복을 피하

면서 수도권, 인천항과 부산항의 2대 수출입항을 연결하는 대동맥 역할을 하며 전국을 1일 생활권으로 연결하였다. 원래 정부는 1950년도 중반부터 미국의 고속도로 확충 상황을 시찰하고 국도건설종합계획을 수립하고 있었으며 1964년 당시 박정희 대통령이 독일방문시 독일의 고속도로 "아우토반"을 보고 아주 부러워했다고 한다. 그러나 경부고속도로의 계획단계에서부터 아직 물동량도 많지 않고 경부, 중앙선 철도와 국도를 이용하면 충분하며 국가예산이 400억도 안되던 시기에 1년 예산이 넘는 막대한 건설비 등을 이유로 역시 시기상조(時機尙早)라는 반대 의견이 많았다. 자가용족을 위한 특혜라고 비판하면서 당시 두 야당 지도자들이 건설현장에 누워서 불도저로 우리를 타고 넘어가라는 시위까지 극복해야 했다. 현대건설이 고속도로 1km당 1억원으로 대폭 낮춘 공사 발주로 시공하고 예산은 한일 국교 정상화에 따른 청구권자금 및 유상 차관을 활용하여 진행되었다. 그러나 비판 의견과 달리 완공된 직후 이 고속도로는 주변의 수출공단과 다른 산업시설공사와 함께 이용하는 물동량이 증가하기 시작하여 경제개발을 뒷받침하는 기능을 즉시 발휘하였다. 이와 함께 원자력을 활용하는 장기적인 연구소, 원자력청 발족(1967년)시키고 원자력발전을 병행해 나갔다. 경제발전을 위한 물류 유통의 긴요한 인프라가 완성된 것은 거의 100년전 미국에서 대륙횡단 철도(1869년 완공, 2868km 경부고속도로의 약 7배)가 개통되어 미국의 넓은 국토를 활용하여 1870년대 비약적인 경제성장을 이룬 것과 비교된다.

한강의 기적의 평가

국제적인 경제전문가들은 한국이 포항종합제철을 건립하고 과학술개발과 고속도로건설 등 산업인프라를 구축하여 후진국답지 않게 중장대(重長大)한 산업구조로 나간 것은 높은 교육수준을 바탕으로 성공의 지름길이었다고 평가한다. 그래서 동양의 경쟁국들이 중소기업형 정부투자형으로 나간 데 대해 대기업구조, 조직적이고 능력있는 정부와 기업이 상호협력하는 이상적인 구조를 갖추었다는 것이다. 이렇게 해서 한국같은 개발도상국에서 그 덩치에 맞지 않는 삼성, 현대 등 재벌들이 형성되어 독자적인 경쟁능력을 가지고 한국경제를 견인하였다. 이런 사례는 미국이나 유럽의 OECD국가들에서도 보기 힘들고 일본에서는 미쓰이 미쓰비시 같은 재벌그룹들이 큰 역할을 했으나 그 형성과 소유형태가 한국과 달랐다. 동남아시아의 네 마리 용이라고 한 싱가폴, 대만, 홍콩 등에서는 중소기업형의 기업들이 이룬 경제성장이였으며 국가가 설립한 국유(국영)기업들이 한국의 재벌그룹의 역할을 했다고 할 수 있다. 반면 대기업들에 대한 관치금융, 독과점체제, 소득격차의 심화 등 부작용은 최대한 해결하면서 한국이 선진국 대열에 진입하는 긍정적 효과, 한강의 기적을 이룬 것으로 상쇄될 수 있었다. 한국의 이런 성공을 가져온 것은 비교적 청렴하고 애국심이 강한 경제관료들과 능력있는 재계지도자들이 비교적 안정적 공조체제를 이루었고, 잘 살아보겠다는 의욕을 가지고 불철주야 일한 근로자들이 삼위일체를 이루어 가능했다. 이런 한국의 특유한 대형 그룹들을 중심으로 한 경제발전 사례들은 외국에서도 많은 관심과 연구가 이루어지고 있다. 현재 힘차게 솟아오르(蹶起)는 중국의 대형기업들이 중국경제성장의 견인차 역할을 하는 것과 함께 앞으로도 주목의 대상이 될 것이다.

♛ 한국경제성장은 "박정이"가 이끌어 왔다?

박정이(박정희, 정주영, 이병철)의 한때

어느 칼럼에서 이런 표현을 보면서 전직 박정희 대통령을 잘 못 쓴 것(誤記)인가, 또 그렇다면 "박 대통령 혼자 경제성장을?" 이에 대해서는 논란이 있을 수 있는데 하고 의아해 했습니다. 그 칼럼을 끝까지 읽고 보니 사실은 "박정이(朴鄭李)"로 쓴 것이고 박정희(朴正熙, 1917~1979년), 정주영(鄭周永, 1915~2001년)과 이병철(李秉喆, 1910~1987년)

세 사람을 합성어로 표현한 것이었습니다.

세 사람은 비슷하게 1910년대에 태어났고 1960~70년대 한국의 경제 발전의 시기에 5-60대의 무르익은 경륜으로 국가경영과 대기업경영을 하던 인물들이었습니다. 이병철 회장은 1950년대 제일모직, 제일제당을 시작으로 삼성전자, 화학건설(삼성물산), 조선(중공업) 등 다방면의 사업군을 일으켜 경제개발에 몰두하던 한국이 중점을 두던 중화학 공업에 선두기업 등을 성공적으로 경영했던 것입니다. 정주영 회장도 1940년대부터 토건(건설), 조선 등으로 사업을 시작하여 1973년 완전한 한국 자동차 포니의 제작으로 자동차 산업을 일으키고 경부고속도를 완공하였으며 그 후 해외건설, 조선공업으로 한국경제성장에 대들보 역할을 해왔습니다. 한국의 부동의 1, 2등 그룹으로 성장하여 현재 3세(손자)들이 경영권을 담당하여 세계에 "SAMSUNG, HYUNDAI"의 상호를 일류기업, 1등 제품으로 각인시키고 있습니다. 박정희 대통령 정부의 주도하에 1~4차 5개년 경제개발계획을 추진하고 삼성, 현대 같은 기업군들이 국내외 시장에서 이 계획을 성공적으로 추진했으니 "박정이"가 경제성장을 주도했다는 것은 타당하였습니다. 일견 정부의 특혜 등 정경유착의 의혹이 있을 수 있었으나 당시 후진국이었던 대한민국 정부로서 그 정도가 놀라울 정도로 경미하였다는 평가가 있었습니다. 오히려 두 회장 "정, 이"는 정부의 "갑"질에 좌절과 추락을 맛볼 때도 적지 않았으며 1990년대에는 정회장이 스스로 당을 만들고 대통령에 출마하기도 하였습니다. 한국으로서는 "박정이" 3인이 동시대에 활동했다는 것이 행운이었습니다.

제16막

대한민국과 중국의
110년(1910~2020년)의
비슷한 역사

- 시기: 1910~2020년
  −그렇게도 비슷하게 흘러간 역사 110년
① 조선 일본에 강점 1910년: 1912년 청조 멸망
② 조선 3·1만세운동 1919년: 1919년 중국 5·4운동
  −조선 상해임시정부 1919년: 1921년 공산당 창당
  −독립군 무장투쟁 등 1920년: 1920 일제전쟁, 홍군대장정
③ 대한민국 정부수립 1948년: 1949년 중화인민공화국수립
④ 한국전쟁 1950~53년: 1945~53년 내전, 한국전쟁참전
⑤ 4·19와 5·16혁명 1960~61년:1966~76년 문화대혁명
  −경제개발계획추진 1962년 이후: 1978년 이후 개혁, 개방
  −광주시민운동, 민주화 1980~87년: 1989년 천안문 민주화시위
⑥ 양국의 새로운 지도자시대
  −중국 1989년 이후, 한국 1988 직선제(1987년 이후)
⑦ 사드·북한핵−동북아 미래
  −서울올림픽개최 1988년: 2008년 북경올림픽개최
  −2000년대 한국 G20국가, 중국 G2국가

1장

조선조 멸망 1910년-청조의 멸망 1912년

중요한 역사가 앞서거니 뒷서거니 발생한 두 나라

　1910년 우리나라가 일본에 강점되고 중국이 그 2년 후 1912년 청나라(淸朝)가 망하고 중화민국이 건국된 역사로부터 현재까지 아시아의 대표적인 두 나라는 비슷한 시기에 부침을 거듭해 왔다. 중국은 한국과 비교하면, 인구가 25배가 넘는 차이, 국토 면적이 45배에 이르는 엄청난 규모이고 현재의 경제력으로도 중국은 확실한 G2 국가로서 세계에 미치는 영향은 한국과 대등하게 비교하기 어렵다.

　그러나 1910년부터 현재에 이르는 110여 년 동안 두 나라가 그렇게도 비슷한 역사의 굴곡을 가지고 흘러왔다는 것이 흥미롭기에 여기서 간략하게 비교하면서 그 의미를 음미하고자 한다. 이에 대하여 전문적으로 들어가면 수백편의 논문이 될 수 있으나 그 "산(山)의 정상(頂上)에 이르는 이정표(里程標)"처럼 중요한 역사를 정리하여 말 그대로 현대사의 둘레길을 소개하고자 한다.

110년의 역사 시작, 1910년 조선조의 멸망

　우리나라 조선왕조는 세계사에도 흔치 않게 518년(1392~1910년)을 존속한 나라로서 수많은 어려움(1592~98년의 임진왜란, 1627~1636년 병자호란 등)을 극복했지만 변하는 세계의 흐름에 외면한 채 일본에 외교권을 빼앗기고 1910년 그 식민지가 된 슬픈 역사가 있다. 거기에 이르는 조선조의 망해가는 과정은 숨가빴다. 1882년의 임오군란이 있었으며 그 2년 후에는 개혁파들이 1884년 우정국의 낙성 축하연을 계기로 일본의 명치유신을 본떠 김옥균, 홍영식, 박영효, 서재필 등이 일본의 지원으로 갑신정변(甲申政變)을 일으켰다.

임오군란(1882년)-갑신정변(1884년)

그러나 민비 중심의 조선왕실이 외세에 요구하여, 청나라는 개혁파가 잠정적으로 점거하고 있던 창덕궁을 공격하고 이에 일본군이 후퇴하자 개화당의 갑신정변은 3일 만에 실패하였다. 자체적으로 이런 대사(大事)를 추진할 세력이 육성되지 않았던 것이다. 다음의 역사는 동학농민운동(東學農民運動)이었다. 1860년 최제우(崔濟愚, 1824~1864년)가 세운 동학은 세력이 꺾인 듯 하였으나 삼정(三政)의 문란, 외세의 간섭으로 국정이 어려워지자 전국적으로 그 세력을 키워 1894년 전라도 고부의 전봉준이 봉기를 일으켜 큰 반향을 불러왔다.

이때 청나라와 일본군이 대규모로 들어와 청일 전쟁이 일어났으며, 10만명에 이른 동학농민군은 일본군과 치열한 공방전 끝에 진압되고 말았다. 1여년의 동학운동은 그 주도자인 녹두장군 전봉준이 처형을 당하였다. 이 과정에서 일본은 조선의 내정을 장악하고 친일파인 김홍집, 박영효 등을 앞세워 1894~1896년 갑오개혁(甲午改革)을 실시했다.

1894년 동학운동의 진행과 그 지도자 전봉준의 체포연행

청일전쟁에서 승리하는 일본

1895년 청일전쟁에서 승리한 일본은 러시아와 친하게 지내려는 명성황후(민 중전)를 시해(弑害)하는 만행을 저질렀다. 1896년 고종황제는 경복궁에서 러시아공사관으로 피신하는 아관파천(俄館播遷)을 단행하니 나라(왕궁)가 텅 비는 기현상이 빚어졌다. 이를 전환점으로 1897년 나라이름을 대한제국으로 바꾸고 고종은 황제 위에 오르며 국가개혁, 광무개혁을 시작했다. 그러나 1904년에 일어난 러일전쟁과 일본이 1905년 조선의 외교권을 빼앗은 을사늑약(乙巳勒約)으로 무산되었다.

조선의 지배권을 둘러싼 러일전쟁도 동해바다에서 러시아의 발틱함대를 침몰시키며 일본이 승리하자 일본 천하가 되었다. 거의 강제로 체결된 을사늑약에 서명하지 않은 고종은 1907년 네델란드 헤이그에서 열린 만국평화회의에 이준, 이상설, 이위종 이렇게 3인을 보내 조약의 부당성과 무효를 주장하였으나 영국을 비롯한 서구열강의 외면으로 실패하였다. 일본은 1907년 눈엣가시같은 고종을 강제로 퇴위시키고 순종을 27대 황제로 즉위케 하였다. 일본은 초대 통감인 이등박문이 1909년 10월 26일 하얼빈에서 안중근 의사에게 암살당하자 식민지화를 서둘러 1910년 8월 29일 이완용 등을 동원하여 합방계약서를 맺고 조선을 강점하였다.

조선과 청나라의 개혁을 방해한 원세개

조선의 임오군란(1882년)부터 청일전쟁까지 그리고 중국 청나라 말기 1898년부터 1912년 청조가 멸망을 전후하여 두 나라의 갈길을 막고 휘저은 인물이 바로 원세개(遠世凱, 위안스카이 1859~1916년)였다. 그는 임오군란이 발생(1882년)하자 이를 진압하는 중국 광동수사 오장경의 4500명의 군대에 끼어 조선에 왔다. 당시 중국인들에게 본국은 외세에 시달리고 서태후의 시집살이가 심한데 만만한 조선은 외국근무로 대접받으며 아주 인기 있는 근무처였다. 그 2년 후 갑신정변(1884년)이 일어나자 청나라는 당시 현지책

원세개

임자(공사)를 문책하고 파격적으로 그 후임으로 25세인 원세개를 임명했다. 원래 노련한 외교경력을 갖춘 관리가 하는 청나라 대표자리를 조직생활 3년만에 25세로 꿰차고 앉았으니 인생의 첫번째 로또복권이 당첨된 셈이다. 본성이 눈치가 빠르고 무엇보다 얼굴이 잘 생겨서 남에게 호감을 주고 여자들(궁녀들)이 오금을 저리는 이 사나이는 조선궁정을 제집 안방처럼 휘집고 다녔다.

당시는 대원군을 밀어내고 민비가 실권을 잡고 있을 때인데 고종 앞에서도 방자하게 그가 허락하지 않으면 되는 일이 없으니 참으로 한심한 상황이었다. 조선도 이 시기에 근대화 개혁의 분위기가 고조되어 있었고 나라 발전의 절호의 기회였는데 원세개의 12년 세도 앞에 무산되고 말았다.

1894년~1895년의 청일전쟁에서 청국이 무참히 깨지자 원세개는 어느 새벽에 그 동안 조선에서 축재한 재산들과 자신의 안동김씨 출신 첩실과 하녀까지 (데리고) 바리바리 싣고 본국으로 줄행랑을 놓았다. 이때로부터 중국과의 공식직인 외교관계가 단절되어 1992년 국교정상화가 될 때 까지 100년 가까운 세월을 지냈다.

고국으로 돌아가서도 줄을 잘 서고 이홍장 덕으로 출세가도를 달려서 북양대신자리를 물려 받아 실세로 군림했다, 당시 황제 광서제(재위 1874~1908년)가 서태후의 전횡을 벗어나 국가를 개혁하기 위해 변법자강운동(變法自强運動)을 추진했는데 원세개가 배신을 하여 서태후편에 서서 이 중국의 개혁을 무산시켰다. 자신의 안전과 출세를 위하여 중국의 장래도 엉망이 되고 광서제가 이화원에 유폐(1898년)되고 말았다. 결국 하루사이에 광서제, 서태후가 죽고 3살짜리 중국의 마지막 황제 부의가 즉위한 후에도 더욱 영향력이 커진 북양군벌을 쥐고 있는 원세개에게 중국의 미래가 좌우되는 형편이었다.

청조의 멸망 1912년-손문의 중화민국 수립

중국도 만주족이 1644년 세운 청나라가 한족의 명나라를 몰아내고 중국을 통일한 이후 강희제, 건륭제에 이르는 전성시대(1661~1796년)를 누렸지만 1800년대 중반에 이르러 급격히 쇠퇴하여 1912년 청왕조는 300년을 못 넘기고 멸망하였다.

구체적으로는 두 차례의 아편전쟁(1840, 1856년)을 통하여 중국이 종이호랑이라는 것이 서구사회에 알려지고 이와 함께 서태후라는 여걸이 권력을 농단하여 1894~5년 청일전쟁에 패전하면서 서구세력에 시달리며 멸망을 초래하였다. 청조도 20세기에 들어서자 입헌군주제의 외형적인 틀을 마련하였으나 이는 서태후를 중심으로 한 기존 지배구조를 유지하기 위한 눈가림이었다.

이제 청조에 대한 미련은 완전히 사라지고 급진적인 혁명운동이 발생하게 되었다. 혁명론의 대두는 외국 유학생, 특히 일본 유학생 사회에서 먼저 일어나 여러 가지 논의와

손문과 원세개

조직이 이루어졌는데 그 중심은 1905년에 창립된 "중국동맹회"였다. 중국동맹회는 창립식에서 "쑨원(孫文, 1866~1925)"을 총재로 추대하고 국호를 중화민국으로 삼민주의(三民主義: 民族, 民權, 民生)를 강령으로 채택했다. 동맹회는 청조타도의 필요성을 널리 전파하고 국내의 지식인, 자본가, 유지들을 포섭하여 그 세력을 키웠으며 군내부에 혁명요원을 침투시켜 혁명군을 양성했다.

1908년 서태후가 죽고 마지막 황제 부의가 즉위한 이후 청조는 1911년 재정난에 빠져 철도국유화를 구실로 외국차관을 유치하려 했다. 이에 민족자본가들이 맹렬히 반대운동을 전개하자 청조는 이를 진압하기 위해 군대를 동원했다. 그런데 이때 동원된 우창(武昌)지역의 주둔군이 중국동맹회와 연결되어 혁명군이 되어 우창을 점령하였다. 결국 1911년 손문(孫文)을 중심으로 한 혁명 세력들이 우창봉기를 성공하면서 중화민국 군정부를 세운 것을 신해혁명(辛亥革命)이라고 부른다. 1912년 1월 1일 손문을 임시대총통으로 하고 난징을 수도로 중화민국이 수립되었다.

건국 초기에 삼민주의(三民主義)를 표방한 손문은 군권(軍權)을 가지지 못해 군부의 실력자 원세개(1859~1916년)에게 권력(대총통)을 이양하였고 원세개가 마지막 황제 부

우창지역의 진주하는 군대

의(선통제)를 퇴위시켜서 중국의 청조는 300년을 채우지 못하고 망했다. 원세개는 대총통의 지위에 만족하지 못하고 과한 권력욕(황제가 되고자 하는 욕심)으로 국가의 기틀을 세우지 못했고 지역별 군벌통치의 패단이 전국을 혼란의 소용돌이로 몰아 넣었다. 손문도 공화정 수립을 위한 모든 약속을 저버리고 독재체제를 구축하

는 원세개의 배신에 원세개 토벌을 외치며 1912, 1914년 두 번의 혁명을 추진하지만 실효를 거두지 못했다.

결국 원세개는 1915년 12월 측근중심의 참정원에서 황제로 추대되는 형식을 빌어 중화제국을 선포하고 초대황제에 즉위했다.

그러나 명분없는 황제 즉위, 역사를 퇴행시킨다는 주위의 맹렬한 반대로 본인도 심리적인 갈등과 좌절 속에 급히 병을 얻어 황제 취임 82일 만에 사망하였다.

중화민국을 세운 손문이 그 개혁(혁명)을 성공시키지 못하고 사망(1925년)하자 그 후계자 장개석(蔣介石, 1887~1975)이 군사력을 집결, 국민혁명군(차후 국민당 군)사령관으로 등장했다. 장개석은 공산당군(차후 紅軍)과 지역을 평정(1925~26년, 北伐)하기 시작하여 차후 공산당의 지도자로 부상하는 모택동(毛澤東, 1893~1976)과 중국대륙을 둘러싼 평생의 숙적이 된다.

👑 **난세의 역사 속에 엉뚱하게 출세하고 엉뚱한 결과를 빚은 원세개**

원세개는 졸병에서 자칭 황제까지 되었으니 소위 "샐러리맨 신화"라고도 하고 로또 복권을 두세번 당첨한 행운의 사나이라고도 할 수 있습니다. 그는 일찍 청나라 진사시험에 세 번 낙방하고 1881년 22세에 군인 오장경(이홍장의 직계)의 수하로 들어가 이를테면 샐러리맨 1호봉을 시작했습니다. 평시 민첩해서 신임을 받던 원세개를 오장경이 이홍장에게 추천했고 당시 실권자인 이홍장(북양대신)은 자신이 쉽게 조정할 수 있는 인물로 조선책임자로 두고 싶어해서 원세개를 임명했습니다. 그는 조선의 개혁의 시기, 1882년(임오군란) 23세부터 1895년 청일전쟁 36세까지 민비 중심의 조선조정을 좌지우지했습니다. 워낙 민첩하고 상황판단이 빠르며 인물이 빼어나서 여성들이 오금을 저리고 본인도 난봉꾼이었습니다. 한국에서 데리고 간 세 번째 첩, 몸종까지 포함 11명의 첩실을 거느리고 35명의 아들, 딸을 두었다니 놀랄 일이었습니다. 비교적 부유한 가정에서 태어나 관상 사주팔자가 좋아서 큰 인물이 될 것이라는 자만심으로 진사시험(문관)을 낙방하고 무관(군인)쪽으로 나갔더니 이홍장이란 귀인을 만나 중국의 최고 군벌의 우두머리가 된 것입니다. 그런데 마지막으로 만인지상(萬人之上)의 자리 황제를 꿈꾸다 나라의 역사를 망치고 본인도 마지막 가는 길이 너무 급박했습니다. 아무튼 조선과 청나라에 큰 족적을 남기고 여러 번 배반을 한 인물입니다.

2장

두 나라의 3·1운동, 5·4운동(1919년)
─임시정부수립·공산당 창당(1921년)

한국 1919년 3·1운동

3·1운동의 지도자 손병희와 탑골공원의 만세운동 시작

제1차 세계대전이 끝나고 1919년 미국의 윌슨대통령은 민족자결주의를 선포하면서 세계 각국은 군국주의, 전체주의가 후퇴하고 인도주의, 평화주의가 새로운 조류로 퍼져가고 있었다. 일본의 강점상태에서 1907년 헤이그 밀사사건으로 황제의 자리에서 물러난 고종황제가 1919년 1월 21일 세상을 떠났다. 그동안 억눌려 있던 민중들이 고종이 독살을 당했다고 생각하여 그 동안 일제에 대한 적개심을 3·1운동으로 폭발시키는 도화선이 되었다. 일본의 강점 이후 온건하게 민족운동을 추구하던 종교 단체들이 이를 주도했다. 천도교의 손병희, 불교의 한용운, 기독교 이승훈을 비롯하여 33

유관순의 만세운동

인이 고종황제의 장례일인 3월 3일의 2일 전인 3월 1일 정오에 독립선언서를 낭독하고 만세운동을 벌이기로 하였다. 3·1 만세운동은 그 후 전국 218개 군 면에서 200여만 명의 국민들이 참여하여 1500회 이상의 시위를 벌려 거국적인 만세운동으로 확산되었다. 3·1운동은 비폭력 무저항주의로 시작되었지만 점차 강력한 저항운동으로 진행되자 당황한 일제는 군인과 헌병들을 동원하여 시위자들을 폭도로 규정하고 무자비하게 진압하였다. 3~5월까지 전국적으로 7500여 명이 사살되고 4만 6천 명이 체포되었으며 1만 6천 명이 부상당하였다.

천안의 아우내에서 만세시위를 주도한 유관순(柳寬順, 1902~1920년)은 체포당한 뒤 악랄한 고문 끝에 죽었다. 3·1운동은 비폭력 만세운동이었던 만큼 당장의 독립을 가져오지는 못했지만 일제의 무력통치를 문화통치로 바꾸게 한 계기가 되어 각급 학교의 인가, 설립, 언론, 문화 사업의 창달(暢達)을 가져왔다. 또한 중요한 것은 상해에서는 임시정부가 세워져 국가단위의 조직적인 독립운동을 추진하는 단계로 발전하게 되었다.

👑 유관순과 잔 다르크

1919년에 일어난 3·1운동은 단지 3월 1일 하루에만 일어난 것이 아니라 몇 달간 한반도가 항일만세시위로 뒤덮였습니다. 유관순은 3·1운동시 이화학당에 다니던 학생으로서 친구들과 함께 연일 만세시위를 했습니다. 학교가 휴교령이 내려지자 유관순은 고향인 충남 천안으로 내려가 그곳에서 만세시위를 주도하여 4월 1일 아우내 장터에서 군중에게 태극기를 나눠주고 대대적인 만세운동을 벌였습니다. 곧 일본헌병대가 출동했고 유관순은 감옥에 갇혀서 일본 조사관들은 잔인하게 고문했습니다. 결국 유관순은 고문을 이기지 못하고 1920년 18세의 꽃다운 나이로 세상을 떠났습니다. 약 490년을 거슬러 프랑스와 영국의 100년 전쟁 시 1429년 프랑스의 한 시골마을에 사는 잔 다르크에게 프랑스를 구하라는 신의 메시지가 전달됐습니다. 그녀는 전쟁터로 달려가 마지막 중요한 오를레앙성 전투장으로 달려가 프랑스는 전세를 뒤엎었지만 매국노에게 넘겨져 영국군의 마녀재판을 받은 뒤 1431년 잔 다르크는 19세의 나이에 목숨을 잃었습니다. 나라가 절대절명의 위기에 놓였을 때 분연히 일어나 적군과 싸웠고 모진 고문을 받다가 꽃다운 나이로 세상을 떠난 것이 똑같습니다. 후세 사람들은 두 소녀 영웅을 기리어 이제 한국인 모두가 존경하는 누나가 되었고 대한민국 정부는 최고의 훈장 건국장을 추서했습니다, 잔 다르크도 사후에 가톨릭의 성녀 칭호를 얻고 모든 국민들이 영원히 존경합니다.

중국의 1919년 5·4 운동

천안문 앞에 5·4 운동 집회

중국에서도 같은 해 1919년 5월 4일 중국 북경에서 학생들이 일으킨 "5·4운동"이 발생하였다. 이는 항일운동이자 반 제국주의 반 봉건주의 운동으로 중국의 신민주주의(新民主主義)혁명의 출발점으로 평가되고 있다.

당시 제1차 세계대전으로 유럽열강이 중국침략의 고삐를 늦추고 있을 때 일본만은 21개 조항 요구로 중국에 대한 압력을 가하고 있었다. 아직 원세개가 실권을 가지고 있을 때 일본은 그를 통하여 중국에 자금을 빌려주고 그 대가로 중국 내에서 군사적 행동과 군사기지 설치 등의 승인을 받았던 것이다. 제1차 세계대전이 동맹국들의 패전으로 그 수장이던 독일이 중국 내에 가지고 있었던 독일의 이권, 즉 산동성(청도조차 등)에 가지고 있던 이권을 일본에 양도하라는 요구를 받아들였던 것이다.

이에 격분한 북경의 학생들은 5월 4일 천안문 광장에 모여들어 대규모 반대집회를 열었다. 북경의 군벌정부는 즉시 탄압에 나서 시위에 참여한 학생들을 체포하였다. 학생들은 산발적으로 저항을 계속하며 천진, 상해, 남경, 우한까지 파급해 민족위기를 호소하고 국산품장려와 일본상품의 불매 등을 외쳤다. 강경진압에 나선 정부는 학생들을 1000여명을 체포하였으나 이는 오히려 일반 지식인들의 참여를 촉발하여 전국에 각계 단체의 연합인 통일전선이 성립되었다.

군벌정부도 제1차 세계대전을 마무리하는 파리평화회의(일본의 요구조건 등이 포함된 내용)의 조인을 거부하게 되는 성과를 얻었다. 이 운동은 바로 직전 조선의 3·1운동에서 고무되었으며, 2년 전 러시아 혁명의 영향도 있었다. 이 운동은 2년 후 1921년의 공산당 창당에 간접적인 영향을 주었으며 중국의 진보, 공산당운동과 관련을 가지게 되었다.

1919~1921년 한국의 상해임시정부 수립, 그리고 항일투쟁

우리나라가 일본의 식민통치 이후 처음으로 벌어진 독립운동이었던 3·1 운동이후 상해임시정부가 독립운동의 구심적으로 1919.4월 설립되었다. 우리나라의 임시정부는 1919년 9월에 새로운 헌법을 제정하고 의정원(국회격), 정부의 각료 임명 등으로 나라 조직의 기틀을 갖추고 적극적으로 활동하면서 국내외 독립 운동의 중심으로서 나름대로 그 역할을 하기 시작했다.

임시정부는 3권분립에 의한 대통령 중심제와 내각책임제를 절충한 민주공화제를 시행하였는데 이는 우리나라가 수천년 동안 내려온 군주제가 끝났음을 의미하는 것이었다. 초대 대통령은 이승만, 국무총리에 이동휘가 선임되었다. 임시정부의 수립과 함께 무장독립군들이 북간도와 서간도를 무대로 만주를 침입해 있던 일본군을 상대로 무력투쟁을 벌여 큰 성과를 거두었다.

그 중에서도 가장 대표적인 전투가 1920년 6월~10월까지 벌어진 청산리전투였다. 홍범도, 김좌진, 이범석 장군 등이 일본군 1개 대대를 상대로 승리를 거두었다. 이어지는 일본군의 반격에 맞서 독립군들은 일본군 1200명을 사살하고 2천명을 부상시키는 대승을 거두었다. 이런 독립군의 활약을 저지하기 위하여 일본군은 중국마적단을 이용한 위계(僞計)작전을 써서 독립군의 본거지라고 본 간도의 주민 1만여명을 학살하고 2500채의 민가

청산리에서 벌어진 기적의 전투
백야 김좌진 장군, 청산리 전투를 이끌다

를 불태우는 만행을 저질렀다. 또 안타까운 상황은 1921년 이런 일본군의 공격을 피하고자 소련과 만주 국경지대에 피신했던 독립군 부대를

소련의 적군파(赤軍派)들이 일본과 밀약을 맺어 대한독립군을 무장해제하고 수많은 독립군을 학살하였던 것이다. 이로서 대한독립군의 초기조직이 무너지면서 대일무장투쟁 능력이 급격히 쇠퇴하게 되었다. 악랄한 일본의 전략으로 대단위 대일 투쟁을 할 수 없던 상해임시정부는 테러로 주요 대상을 저격하기로 방향을 바꾸었다.

대표적으로 1932년 윤봉길의사가 상해에서 일본왕의 생일축하행사장의 폭탄투하 의거를 하였다. 이를 계기로 일본의 강력한 탄압을 받기 시작하여 그 어려움이 적지 않았다. 임시정부가 상해에서의 존립이 어려워지자 그 본거지를 옮겼다가 1937년 중일전쟁 전후로는 중국에서 그 세력이 더 확대되고 있던 일본의 끊임없는 추격으로 광주와 남경을 거쳐 1939년에는 중경까지 피난하였다. 임시정부는 본국의 독지가들의 성금, 공채의 발행 등에 의존하였지만 빈약한 재정을 면치 못하여 당시 국민당 장개석총통의 지원까지 받았다.

우리 민족, 국가를 대표하는 입장에서 나름대로 1941년 일본에 선전포고를 하고 광복군을 설치 양성하는 등 독립에 대비하였다. 아쉬운 것은 1945년 종전 당시, 중국의 공산당은 세력을 크게 키워 전후처리 협상상대로서, 나중에는 내전에서 승리하는 당사자가 되었는데 우리 임시정부는 강대국들의 종전협상에서 당당한 주체로 인정받지 못했다. 특히 한반도 분단이라는 민족의 운명을 결정하는 강대국들의 일방적 결정에 반대 목소리 한번 내지 못하였다. 더욱이나 미국의 OSS(지금의 CIA)와 협의하여 일본의 항복 직전에 치밀한 계획하에 독립군으로 국내에 진입하기로 하였던 것인데 일본의 항복이 예상보다 너무 빨랐기에 그대로 무산되었다.

해방 이후 김구(金九)주석 임시정부요인들이 26년 동안 존속되었던 정부 대표가 아닌 개인자격으로 입국하게 된 것은 너무나 통탄스런 일이었다.

👑 임시정부와 중국의 홍군

이 비슷한 시기 우리 임시정부와 중국공산당의 홍군(紅軍)이 도망다닌 역사는 비슷한데 규모가 크게 달랐습니다. 대한민국의 임시정부는 수십~수백명이었지만 중국의 홍군은 최소 수천~수만의 무장병력이 쫓기는 상황으로 임시정부는 일본의 밀정 경찰에 일방적으로 쫓겼으며 홍군은 장개석의 국민당 정부군과 싸워가면서 후퇴하여 10,000km에 이르는 대장정(1934~35년)이라고 미화되는 경우와 비교됩니다. 우리 김구주석을 비롯한 임정요원들의 비참하기까지 한 처절한 도피행적을 생각하면 삼가 가슴이 미어집니다.

1921년 중국의 공산당 창당 그리고 대장정

중국도 나라의 기틀이 확립되지 않은 혼란기를 지나며 러시아의 공산주의혁명(1917년)의 영향을 받아 1921년 중국의 공산주의 국가건설을 목적으로 공산당이 창당되었다. 묘하게도 우리 임시정부가 있던 같은 지역 상해에서 진독수를 지도자로 모택동도 참여한 13명의 공산당창당(建業偉業)이 오늘날 8천만명의 공산당원을 거느린 공산당으로 발전하였다. 창당 후 도시지역의 지하조직의 구축, 폭동에 참여하며 세력을 키우던 공산당은 장개석의 연이은 북벌에 중과부족으로 패주를 거듭하였다. 결국은 1934~5년에 걸쳐 저 연안에 이르기까지 368일 동안 18개 산맥을 넘고 24개의 강을 건너 2만오천여리(약 10,000km)에 이르는 그 유명한 대장정(大長征)을 하였다. 처음 10만 명이 출발하여 대장정을 끝냈을 때 7000여 명이 살아 남았다 하지만 12개성의 농촌(지역)에 뿌리를 내렸고 간부들의 동지애(스킨십)이 공고해져 차후 국민군과 싸워 이기는 저력을 키웠다.

또한 1934년 대장정 중 준의(噂議)회의에서 모택동은 공산당의 확고한 지도자로 자리매김하여 주은래(主恩來), 주덕, 임표 등의 혁명동지들과 함께 15년 후에 장개석의 국민당을 몰아내고 중국대륙을 차지(1949년)하게 된다.

👑 중국의 붉은 별, 에드가 스노와 모택동

이 기간에 중국과 중국공산당의 변천 그리고 그들의 대장정, 중일전쟁 그리고 내전의 상황을 리얼한 서방세계에 보도와 저서로 알린 특파원(저술가)이 있었습니다. 그는 애드가 스노(Edgar P. Snow, 1905~1972년)라는 미국인으로 1937년에는 그의 대표적인 저서 "중국의 붉은 별(Red Star Over China)"이라는 책이 국제적으로 유명해졌습니다. 이 책이 중국의 공산당 홍군과 장개석의 국민당군의 쟁투, 대장정 등을 묘사하면서 그 주인공격인 모택동(붉은 별)의 사상과 그의 참모들 그리고 중국의 장래에 대한 예측들이 소상하게 수록되어 있었기 때문입니다.

곧 베스트셀러가 되었고 중국에 관심을 가지는 사람들에게 교과서 같은 서적으로 인정되었습니다. 미국의 프랭크린 루스벨트 대통령 , 더글러스 맥아더장군, 그리고 중국, 죽(竹)의 장막(帳幕)을 연 헨리 키신저 국무장관도 이 책을 읽었답니다.

에드가 스노는 미국의 캔사스 시티라는 곳에서 태어나 고향에서 대학을 졸업하고 뉴욕으로 올라와 미국의 대공항(1929년) 직전에 주식으로 얼마큼의 돈을 벌고 전 세계 여행을 떠났습니다. 그가 중국의 상해에 도착하여 중국에 매력을 느껴서 그대로 주저 앉아 미국의 신문사 등과의 특파원 활동을 시작했습니다. 당시 많이 알려지지 않은 중국의 대한 궁금증이 많아서 그의 생활은 여유가 생겨 젊은 나이(25세)에 풍족(하녀 주방장 등)한 생활을 즐겼답니다. 1932년에 결혼을 하고 북경으로 올라가 연경대학(자금의 북경대학)에서 1933~1935년 중국사 등을 공부하고 3년 동안 중국어를 익혔습니다. 이제 본격적인 특파원(저자)으로서 대장정이 막 끝난 무렵의 연안 그리고 시안사변 무렵에 공산당의 간부들과 3~4개월간 머물며 취재와 자료조사를 하였습니다. 특별소개로 모택동을 만나 9일 동안이나 밀착취재를 하면서 그의 인간, 사상을 파악하고 1937년에 나온 책이 중국의 붉은 별이었습니다. 이 책은 전체적으로 마오(毛)공산주의를 찬양하는 분위기 였으며 일부에서는 모택동이 아직 경험이 부족하고 젊은(31세) 스노우를 이용하였다고도 분석합니다.

중국공산당을 민주주의적 자유로운 중국을 세울 진보적인 힘이라고 예찬하였으며 이에 대립각을 세우고 있었던 장개석과 국민당은 전통적인 보수세력으로 독재정치권력으로 부패하고 있다고 대비하였습니다. 이런 편파적인 견해에 대해서 상당한 비판이 있어 왔으며 50년대 이후 미국 내에서도 FBI에서 조사를 받았으며 스노우 일가는 미국적을 유지한채 스위스에서 여생을 보냈습니다. 미국과 중국의 데탕트의 분위기가 있었던 1972년 사망하면서 그의 시신을 화장하여 그의 두 조국 미국과 중국에 두기를 희망했습니다. 그래서 중국의 북경대학 캠퍼스에 그의 묘지 기념비에 스노우의 이름이 남아있습니다. 중국의 공산당은 그의 보도와 저서로 큰 덕을 보았다고 할수 있고 모택동은 특히 그에게 고마워 했을 것입니다. 스노우의 죽음 일주일 전에 데탕트를 여는 미국의 닉슨대통령의 중국 방문이 실현되었습니다. 스노우의 역할이 직간접적으로 영향을 주었을까요?

3장

한국, 중국의 건국(1948~1949년)

두 나라, 한국, 중국 정부 수립-1년 사이 1948~1949년

대한민국 건국 행사식

1945년 제2차 세계대전이 일본의 항복과 함께 우리나라는 해방이 되었지만, 그 기쁨도 잠시, 우여곡절로 남북한이 분단 상태로 고착되어, 3년 후인 1948년 8월 15일 이승만(李承晚, 1875~1965년) 대통령의 주도로 남한만의 대한민국정부를 수립하게 되었다. 그동안 남북통일정부를 세우기 위해 김구(金九, 1876~1949년)를 중심으로 좌우합작 운동을 했지만 북한이 소련의 지원하에 이미 단독 국가체제를 갖춘 현실적인 상황에서는 남한의 단독정부 수립이 불가피했던 것이다. 그래서 1948년 5월 10일 유엔의 감시 아래 남한만의 선거가 이루어져 국회가 구성되고 7월 17일 헌법이 제정되어 정부수립을 하게 되었다. 국회에서 대통령을 선출하는 내각책임제와 대통령제를 절충한 정부조직에 의해서 초대 대통령에 이승만을 선출했다. 북한도 1945년 9월 9일에 김일성(1912~1994년)의 주도하에 조선민주주의인민공화국이 건국되었다.

이승만과 김구의 독립과정에서의 역할

이승만

김구

　대한민국 현대사에서 가장 중요한 인물들인 이승만과 김구는 출생년도가 비슷했으나 그의 성장과정이나 독립운동의 방식과 해방 후 국가 독립까지의 3년 동안의 행적이 너무도 달라서 간략히 정리해 보고자 한다.

　이승만은 일찍이 조선말에 경성 배재학당에서 신문학을 배우고 독립협회, 만민공동회, YMCA에서 활동하였다. 이와 관련하여 5년 7개월 동안 감옥생활을 하게 된 것이 지사(志士) 인생의 출발이 되었으며, 옥중에서 익힌 영어로 그 후 미국에서의 하버드, 프린스턴의 수학(석사, 박사) 그리고 미국과 하와이를 중심으로 외교독립운동으로 연결되었다.

　이에 비하여 김구는 십대에 동학에 입문하여 1894년(18세)에 동학농민운동에 참여하였고 1895년 을미사변으로 명성황후가 시해된 것에 분노하여 이듬해 우연히 마주친 일본군 밀정을 시해한 것으로 구속되었다. 그 후 탈옥하여 국내에서 교육활동과 계몽 운동에 전념하였고 그 후 비밀결사 단체인 신민회에 가입하여 1911년 일제(일본 강점 후)의 탄압 시 구속되어 15년의 형을 받고 옥고를 치렀다. 김구는 1919년 3·1운동이 일어나자 상하이로 망명하여 상해임시정부에 참여(경무국장 등)하여 해방 시까지 2차례 주석(1940, 1944년)을 맡고 이봉창, 윤봉길의사의 의거를 지휘하는 등 몸으로 때우는 고생을 하면서 끝까지 임시 정부를 지켰다.

　임시정부 수립 시 이승만은 대통령으로 추대되어 부임하면서 독립운동의 선배로서 존경받았으나 독립운동의 방법과 여건이 달라서 미국과 중국을 무대로 별도로 활약하였다. 임시정부의 간부들과 독립운동의 이념과 방법이 맞지 않아 미국에서 외교를 통한 독립이라는 방법이 다를 뿐이지 미국사회에서 호강을 하며 파티에나 참석하고 지냈다는 폄하는 적당치 않다. 이승만이 중점을 두고 접촉한 인사들은 미국뿐 아니라 세계에 영향력을 가지며 여론을 형성하는 중요 인물들, 예를 들면 우드로 윌슨(차후 미국 대통령) 맥아더 가문, 존 포그터 딜레스(아이젠하워 대통령의 국무장관)등이 있었다. 이들과의 친분을 통하여 대한민국의 독립을 위한 유리한 여론을 형성하고자 하였던 노력을 평가하지 않은 것이다. 중국과 만주에서 일본의 압제 감시를 피하며 고생스럽게 독립운동을 했던 김구 등 독립투쟁인사들과 단순 비교하여 비판하는 것이다.

1945년 해방 후 두 사람은 각각 귀국하여 복잡하고 혼란스런 미군정시대에 한국민을 대표하였으며 그 해 12월 말 신탁통치를 전제로 하는 모스크바 3상회의에 대한 반탁(反託)운동을 함께 주도하였다. 그 후 미소공동위원회가 한국의 독립방안에 대한 합의를 이루지 못하고 남과 북에서 각기 별개의 정부수립이 가시화되었다. 이승만은 북한이 소련의 꼭두각시 위성국가로 전락되는 상황을 인식하고 남한만의 단독정부가 불가피하다는 방향으로 나갔다.

그러나 김구는 민족주의의 바탕에서 단독정부는 3·8선의 한반도 분단을 영속화 한다는 판단으로 1948년 5월 10일 선거에 참여하지 않았다. 1948년 8월 15일 대한민국 정부 수립 이후에도 통일정부 수립을 위한 노력을 계속했지만 성과를 거두지 못하고 1949년 6월 73세의 나이로 자택이었던 경교장에서 육군 포병소위 안두희의 총격에 암살되었다.

두 독립지도자는 본래부터 정적이 아니고 통일정부를 이루려는 이상론(김구)과 단독정부라도 수립해야 한다는 현실론(이승만)에서 그 노선이 달라진 것이다. 이들은 멀리는 미국의 근대사, 1776년 이후 독립운동과 국가건립에서 벤자민 프랭클린과 조지 워싱턴의 관계 그리고 중국의 1920년대 이후 모택동과 장개석의 관계와 비교해서 설명할 수도 있을 것이다.

👑 건국과정의 지도자 한국, 미국, 중국의 비교

시대상황이 크게 달라서 단순 비교하기는 어렵지만 미국의 독립과정에서 건국의 아버지로 불리는 벤자민 프랭클린(1706~1790년)은 당시(1775년) 미국 식민지 13주가 영국으로부터 독립을 추진하는 대륙회의에 참여한 필라델피아 대표로서 이미 70세에 이르는 원로로서 존경을 받고 있었습니다. 그에 비하여 다음 서열이었던 조지 워싱턴(1732~1799년)은 44세로 독립전쟁(1775~1782년)의 사령관으로 승리을 이끌어 대륙회의의 의장을 하면서 헌법을 제정하고 1789년 초대 대통령에 취임했습니다. 중구난방(衆口難防)이었던 13개주의 대표들의 논쟁들을 진정시키고 워싱턴에게 힘을 몰아준 벤자민 프랭클린의 역할이 있었기에 미국이 합국중(연방)으로서 탄생할 수 있었습니다. 미국에서는 이런 연령과 관록의 차이로 1, 2번의 서열이 정해졌으나 우리나라의 경우는 연령도 비슷(1살 차이)하였으며 이승만이 김구보다 여러 가지 경력이 앞섰지만 임시정부세력을 대표하는 김구의 입장에서는 긴박하고 바쁜 국가 건립과정이 순조롭지 못했던 것입니다. 두 분이 단독정부 수립에 협조하고 이승만, 김구 순으로 집권하였거나 또는 김구를 앞세우고 이승만이 벤자민 프랭클린 같

일본군과 공동전선으로 싸운 국민당군과 홍군의 상황

장개석과 모택동

대한민국의 독립역사는 이미 1910년대 일본의 강점을 전후한 시기부터 시작됐는데 중국의 역사는 일본이 1928년 이후 중국을 침입하는 과정에서 장개석이 지휘하는 국민당(國民黨)군과 공산당의 홍군(紅軍 차후 모택동이 지도자)의 쟁투에서 시작되었다. 일본이 오히려 모택동의 홍군을 결과적으로 도와준 사례가 많았다. 일본이 중국에 대한 침략의도를 노골적으로 드러낸 1936년 당시 홍군보다 군사적으로 확실한 우위를 점하고 있던 장개석의 국민당군은 공산당인 홍군을 완전히 토벌하고 일본군과 싸우려 했다. 일본군의 침략에 대항하기 위해 상해, 북경 등에서 먼저 항일전을 촉구하는 대대적인 시위와 파업, 대중적인 집회가 끊이지 않았다. 홍군 토벌을 중단하고 일본에 맞서 함께 싸우라는 것이었다. 이때 공교롭게도 '서안사태(西安事態)'가 터졌다. 만주 군벌 장학량(張學良, 1898~2001년)이 장개석을 감금하고 내전중지와 단결된 항일전을 요구한 것이다. 결국, 장개석과 공산당과의 1936년 '제2차 국공합작'이 이루어져 홍군 토벌은 중단되고 힘을 모아 항일전을 벌여나가자 승승장구하던 일본군은 주춤거리기 시작했다. 장기전의 늪에 빠지자 일본은 동남아시아로 전선을 확대했다. 얼마 후 제2차 세계대전이 발발하고 일본은 1941년 태평양 전쟁을 일으켰으며 중국은 연합군의 일원이 되어 일본군과 맞서게 된다. 그래서 카이로(1943) 사상회담(四相會談)같은 국제회의에 장개석이 루스벨트(투르만), 처칠, 그리고 스탈린과 마주 앉아 있는 장면을 볼 수 있었다.

👑 장개석과 서안사건

장개석
1887-1975

모택동
1893-1976

주은래
1896-1976

장학량
1898-2001

1930년대와 40년대 중원의 패자를 놓고 자웅을 겨루던 풍운아들 승자와 패자가 있기 마련이지만 바뀌는 운명 속에 한 때의 영화로 사라진 인물도 있다. 이들이 다투는 거친 파도의 물결은 우리를 엄습하여 그 상처는 지금도 아물지 않고 있다

1912년 손문이 중화민주공화국을 설립한 후에도 전국은 군사권을 가진 군벌의 지배하에 나뉘어 있었습니다.

일본은 1928년 만주를 침입하면서 만주를 지배하고 있던 장학량의 아버지 장작림(張作霖)을 철도 폭사시킵니다.

그가 만주 침입을 방해하기 때문이고 그를 제거하고 그 아들 장학량을 상대하는 것이 더 만만하다고 판단한 것입니다. 아버지의 복수를 하고 싶은 장학량은 먼저 공산당 토벌을 주장하는 장개석이 군대 시찰차 내려 온 것을 시안 '화청지(華淸池)'라는 곳에 연금합니다. 화청지는 시안에 소재하는 당나라 때 현종이 양귀비와 즐기기기 위해 742년 대대적으로 보수한 온천지 이자, 이궁(離宮)으로서 당시 화려했던 역사적 장소입니다. 이 시급한 사태에 장개석의 부인인 송미령(宋美齡, 1897~2003년)이 달려와 나이도 비슷하고 안면이 있던 장학량과 협상하여 이 문제를 앞장서 해결합니다. 협상 이후 장학량은 10년 연금에 처해졌고, 후퇴 시 대만으로 끌려가 장개석이 사망(1975)한 이후 1990년까지 50여 년을 자택 연금상태에 있다가 2001년(103세)에 죽었습니다. 서안사태에 대한 장개석의 역사적 회한이 얼마나 컸는지 짐작할 수 있습니다.

홍군(모택동군) 북경을 점령하여 1949년 중화인민공화국 건국

1945년 일본의 패전으로 장개석의 국민당군과 모택동의 홍군이 다시 내전의 상태로 돌입하여 치열하게 대륙의 지배권 다툼이 진행되었다. 내전 초기에는 모택동의 홍군은 국민당에 비하여 보잘 것 없었다. 홍군은 겨우 100만을 넘는 병력인데 장개석의 국민당 군은 400만이 넘었다. 더구나 제2차 세계대전에 승리한 미국이 공산주의 확대를 우려해서 장개석의 국민당군을 전폭적으로 지지하고 있었다. 그래서 공산당 홍군의 승리를 예측한 사람은 없었다. 그러나 승부는 군대수와 무기만으로 결정되는 것이 아니었다. 이전 항일 전쟁 중에 중국 공산당(홍군)은 재기의 발판을 마련하고 있었다. 최전선에서는 일본군과

1949년 10월 1일 천안문 광장에서
건국을 선언하는 모택동

싸우고(전략에 따라서는 싸우는 척) 민중들의 지지를 끌어냈다. 국민당군과 공산당군이 각기 유리한 지역(국민군은 도시, 공산군은 농촌)을 점령하였다. 더구나 공산당은 점령지 안에서 토지개혁을 실시했기 때문에 농민들은 공산당을 위해서 목숨을 걸고 싸웠다.

그에 반해 장개석의 국민당군은 민폐를 끼치고 부패가 심해 국민의 신뢰를 얻지 못했다. 국민당이 이끄는 중화민국정부는 부정부패와 전후의 극심한 인플레이션으로 국민의 반발을 사고 있었다. 그러나 모택동이 이끄는 공산당에 대한 농민의 지지는 절대적이었다. 또한, 만주로 진입한 소련군으로부터 일본군 무기를 넘겨 받은 것도 크게 도움이 되었다. 압도적인 군사력을 가졌던 국민당 정부는 결국 민중의 지지를 받지 못해 몰락하였다.

모택동의 홍군은 북경을 점령하면서 중국을 빠르게 통일하였고 장개석의 국민당 정부는 황급히 대만으로 쫓겨갔다. 모택동은 1949년 10월 1일 천안문에서 중화인민공화국의 수립을 선포하였다.

4장

한국전쟁, 미국(유엔군)과 중국의 참전

6·25 한국전쟁(1950~1953년) 시 두 나라는 전쟁의 적군

인천상륙작전 시 맥아더

두 나라 한국과 중국의 건국(1948~1949년)이 끝나자 곧이어 한국전쟁이 발발했으니 모두에게 불행이었다. 대한민국은 1945년 해방 이후, 우여곡절 끝에 나라의 기틀을 갖추고 건국(1948년) 2년 차인 1950년에 두 번째 치른 총선에서 이승만의 여당측이 참패하면서 노동자들의 파업과 남로당의 과격투쟁이 그치지 않았다. 이런 가운데 전 해인 1949년 6월에 미군이 군사고문단만을 남기고 철수하였으며, 10월에는 중국공산당이 대륙을 완전히 차지하는 등 대외적인 여건이 대한민국 안보에 불안한 상황으로 전개되고 있었다.

북한의 김일성정권은 이때가 민족해방통일 전쟁의 적기라고 판단해 1950년 6월 25일

남침을 강행하여 4일 만에 서울을 점령하고 2개월 만에 낙동강까지 진출했다. 미국 트루먼 대통령은 이 전쟁이 스탈린의 팽창정책의 일환이라고 판단하고 동북아시아에서의 교두보를 잃지 않기 위해 6.26 유엔의 안전보장이사회를 열어 국제연합의 참전을 주도하였다. 그러나 북한의 준비된 전쟁이었으므로 계속 밀어붙여 결국 낙동강까지 밀려 부산에 임시정부를 둔 한국정부는 제주도 피난계획까지 검토하는 등 위기의식이 고조되고 있었다. 유엔의 참전과 함께 유엔군사령관으로 임명된 맥아더 원수가 전선의 타개를 위하여 그의 특유의 기선제압으로 그 성공확률이 1000대1이라는 인천상륙작전을 감행(9월 15일)하여 반격에 성공하였다. 10월 1일에는 국군과 유엔군은 3.8선을 넘어 북진하여 김일성은 개마고원의 강계로 후퇴시키고 11월에는 북한 전역을 장악하였다. 이때 중국의 모택동은 미국의 동북아시아에 대한 영향력 확대 등을 고려하여 팽덕회를 사령관으로 하는 중국인민군의 파병을 결정해 전쟁의 물꼬를 바꿨다.

중국군과의 장진호 전투와 흥남철수작전

엄동설한의 장진호전투

이렇게 해서 중공군과 유엔군이 최초로 전투를 펼치게 된 곳이 유명한 장진호 전투였다. 미국의 불패 사단, 해병 제1사단(병력 1만 3천명)이 북한의 사령부가 있는 강계를 목표로 11월 하순 이곳 장진호 지역으로 진입하였다.

당시로는 확인되지 않은 중공군 9병단 산하 3개 군단(15만명 추산)과 조우하면서 중공군의 인해전술에 병력의 반 이상의 사상자 피해를 당하면서 해병1사단과 7사단 그리고 국군 1군단이 고전을 면치 못했다. 당시 전투가 있었던 장진호 지역의 11월 하순과 12월 초는 엄동설한으로 전투로 인한 전상(戰傷) 못지 않게 후퇴하는 과정에서 아사, 동사자가 많았다.

유엔사령부의 작전상 후퇴로 이들은 흥남부두에 집결하여 철수한 것이 6·25의 유명한 흥남철수작전이었다.

중공군의 인해전술의 허실

인해전술에 후퇴하는 유엔군(미군)

한국전쟁을 연상하면서 중공군하면 인해전술(人海戰術)을 떠올립니다. 우선 "인해(人海)", 인원이 바닷물 같이 흔하게 많았다는 것입니다. 중국이 인구가 많으니 많았나보다 하지만 명색이 전투요원이니 모집, 훈련, 이동, 보급(밥 먹이는 것) 등이 용이한 것이 아닙니다. 그런데 1950년 이들이 한국전쟁에 투입된 것은 중공군(홍군)이 장개석의 국민당군을 대만으로 밀어내고 중화인민공화국을 건립한 지 꼭 1년이 된 때입니다. 모택동이 아직 나라가 정리가 되지 않은 어수선 한 때에 또 다른 전쟁에 개입하는 것은 위험이 따르는 일이었습니다. 3일 동안 고민하다가 참전하자는 방향으로 결정한데는 믿는 구석이 있었고 일석삼조(一石三鳥) 전략이 있었던 것입니다. 장개석 군이 내전에서 마지막 패배시에는 아직 많은 병력이 남아 있었는데 이들을 제대로 활용 못하고 와르르 무너졌으며 이들은 고스란이 홍군의 포로로 만주지역에 수용되어 있었던 것입니다. 바로 이들을 전투에 투입하면 된다는 것이 모택동의 믿는 구석이었습니다. 이들을 처리하기가 마땅치 않은데 명색이 이들을 전쟁마당에 투입하기로 한 것이었습니다. 미군(유엔군)을 저지하면서 이들 패잔병 국민당군을 모양 좋게 활용 처리하며 차후 동북 아시아의 맹주로서의 체면을 살리는 전략이었습니다. 그래서 "인해 전술"의 "전술"은 아주 단순하면서 엉뚱했습니다. 적의 진지를 공격할 때는 우선 공격일진(一陣)이 개인화기라고는 수류탄(일명 방맹이)두 알만 들고 총도 없이 꽹가리치면서 돌진한 것입니다. 죽으면서 적의 진지에 방맹이를 던지고 2진 3진을 되풀이하여 상대편들의 얼이 빠지게 해놓고 마지막 조가 비로소 총을 들고 상대방을 최종공격하여 고지를 점령한다는 방식입니다. 당시 인해전술의 인적자원이 최대 70여만 명에 이르렀다는 것이고 이들이 모두 투입됐는지 얼마나 소모(전사 등)됐는지 자세한 통계는 없답니다. 몇명이 죽었는지 애달파하지도, 관심을 가질 필요도 없었겠지요.

👑 1950년 흥남철수 작전과 영화 국제시장

콩나물 시루 같던 흥남철수 선박

2014년 개봉된 국제 시장이라는 장편영화 는 이때의 흥남부두 철수작전을 리얼하게 보여 줍니다. 민간인 주인공(배우 황정민) 을 통해 1950년대의 한국전쟁 그리고 1960대의 월남전쟁 등의 격변의 시대 상황을 보여주고 있습니다. 이 영 화는 해를 넘기며 관객 1000만명을 돌파하는 공전의 히트작이었습니다.

건국 초기 한국전쟁 직전의 토지개혁

한국전쟁 상황에서 아주 중요한 요인의 하나는 이승만 대통령의 토지개혁이었다. 해방 직후 남북한이 모두 토지개혁을 했는데 북한은 무상몰수 무상분배였으며 남한은 유상몰수 유상분배라고 알려져 있었다. 그러나 북한은 무상몰수를 했지만 실질적으로 무상분배를 하지 않았다. 모든 땅은 북한 정부의 소유일 뿐이었다. 전통적으로 남한의 토지소유는 소수의 지주들이었고 대부분의 농민들은 그 지주에게 땅을 빌려 농사 짓는 소작농이었다. 소작농들은 생산한 쌀의 상당 부분을 지주에게 바치고 지주는 놀고 먹으며 소작 농민들은 농노(農奴)에 유사하였다. 이런 실질적인 신분제가 1895년 갑오경장으로 폐지되었다고 하지만 그대로 남아 있었는데 1948년에 독립한 신생국가 대한민국의 농지개혁으로 완전히 철폐되었다고 할 수 있다. 당시 소작농들에게 유상배분의 대가는 1년 수확량의 150%로서 3년에 걸쳐서 분납하도록 했는데 1년의 50%씩 냈으니 예전에 소작료 만으로도 이 정도 내는 것이 보통이었으니 노민들은 무상배분이라고 생각할 만했다. 대 지주들은 1가구당 3 정보(약 3000평 일반적으로 15마지기)만 소유하도록 하였고 그 이상의 토지소유권은 포기해야 했으므로 토지개혁은 큰 충격이었다. 그러나 북한의 무상몰수 보다는 3년 동안의 유상대가를 받았으니 비교되지 않았다. 농지개혁을 진행할 때 많은 대 지주들이 속해 있던 제헌국회 의원들을 중심으로 극렬하게 반대하였지만 인구의 80%에 이르는 농민들의 열화와 같은 찬성여론에 밀려 국회에서에서 관계법이 통과되었다. 특히 당시 국회의 다수

토지개혁을 주장하는 농민들

를 점하던 한국 민주당의 지도자 김성수(1891~1955 부통령, 고려대학 동아일보 설립자)는 대한민국의 일등가는 대지주로서 호남의 곡창지대의 토지 소유권을 포기하여 토지개혁법을 제일 먼저 찬성함으로써 큰 물꼬를 터 주었다. 전세계에서 토지개혁을 가장 성공적으로 하였다고 평가 받는 일본이 토지 분배가 90%였는데 한국은 92%를 이루어 냈다. 이 토지개혁의 행정적인 절차는 몇 년을 걸리게 마련이었는데 1949년부터 본격적으로 착수된 토지개혁은 우선 먼저 농민들이 3년 후에 소유하게 될 토지 증서를 발부해 주었으니 농민들은 우선 크게 행복하고 흐뭇했다. 이것이 바로 한국전쟁 시 북한 군이 서울을 점령하고 농민의 봉기를 기다리며 지체했던 작전을 완전히 무산시킨 원인이었다. 농민들이 지켜야 할 재산이 생겼으니 공산주의 선동에 넘어가지 않게 되었던 것이다.

미국(아이젠하워)정부의 한국전쟁 휴전 촉진

전선을 시찰하는 이이젠하워 대통령 당선자

중공군의 참전으로 우리 군민은 1.4 후퇴를 하게 되면서 전쟁은 그 결과를 알 수 없는 교착상태에 빠지게 되었다. 맥아더 유엔사령군의 만주 폭격 주장은 3차 세계대전의 우려와 유엔군의 주력인 미국 내의 반전여론 등으로 휴전협상이 진행되었다. 결국 6·25 한국전쟁 발발 3년 만에 미군에는 아이젠하워 대통령시대 1953년 7월 27일에 휴전이 되고 말았다. 민족상잔의 피해만 남긴 너무도 큰 전쟁을 허망하게 끝내게 되면서 이승만대통령 정부와 국민들이 격렬하게 반대했으나 전쟁의 주역인 미국이 휴전방침을 확고히 정했으니 어쩔 수 없었다. 미국에는 전쟁에 반대하는 여론이 강력해지고 1952년 대통령선거에서 한국전쟁을 조속히 끝내겠다는 공약으로 대통령에 당선된 아이젠하워(1890~1969, 임기 1953~1960년 34대 미국대통령)는 대통령 당선자 신분으로 한국을 방문하여 전황을 살폈다.

남북분단을 해결하지 못하고 휴전된 것은 아쉬웠지만 그래도 대한민국이 안전한 상황에서 현재의 수준으로 발전한 것은 미국과의 상호방위조약 덕분이었다.

이승만 대통령과 덜레스국무장관

그 당시 1952 12월, 대통령 당선자 신분인 아이젠하워가 부산의 유엔전사자 묘지를 방문했을 때 그곳의 신속한 환경 공사를 맡았던 건설회사 사장(차후 경부고속도로를 완공한 고 정주영 회장)이 그 겨울에 잔디(실은 보리싹)를 심었다는 일화가 유명합니다. 그가 1953년 대통령에 취임하고 본격적인 휴전을 추진할 때 그의 국무장관이었던 덜레스(1888~1959, 사후 1984년 미국 워싱턴의 국제공항이름으로 헌정됨)가 2차례 방한하며 이승만 대통령과 회담을 하며 휴전의 절차를 진행했습니다. 그래서 그 당시 가장 중요 뉴스는 제니스 라디오(GE의 대표제품, TV는 없었던 시절)에서 "몇시 뉴스를 말씀드리겠습니다 미국의 덜레스 국무장관은 ... 한국의 휴전협정은…라고 말했다."를 기억하는 분들이 있을 것입니다.

이승만 정부의 반공포로석방과 한미상호방위조약체결

포로수용소   상호방위조약에 싸인하는 장관들

아이젠하워 대통령 정부(덜레스 국무장관 등)는 한국에서 전쟁을 끝내는 수순의 하나로 북한과 포로교환을 약속하게 된다. 그 북한군 포로중에는 남한에 남기를 원하는 반공포로들이 포함되어 있었다.

이때 놀라운 일은 이승만 대통령이 1953년 6월 18일 새벽 0시에 전국 부산, 광주, 논산 등 8개 지역의 포로수용소에서 포로 3만 7천 명 중 본인이 원하는 반공포로 2만 7천 여 명을 석방(탈출)시킨 사건이었다. 원래 유엔군사령관의 권한으로 휴전 성립 후 60일 내에 본인의 의사와 관계없이 북한으로 송환하기로 되어 있었다.

그러나 한미방위조약을 체결하기 전에는 휴전할 수 없다고 반대하던 이승만대통령은 반공, 애국동포를 북한으로 보낼 수 없다고 강력히 주장하여 그 협정을 묵살하였다. 포로수용소의 유엔(미군)감시원을 내쫓으면서 강행된 이 사건은 온 세계에 큰 충격을 주어 여러 참전국들이 연쇄 회의가 열렸고 휴전을 낙관시하던 미국으로 하여금 이승만의 동의 없이는 휴전이 어렵다는 것을 절감하게 하였다.

북한은 석방포로의 재수용을 요구했으나 한국은 완강하게 거절하였고 미국과도 큰 갈등이 생겼다. 그러나 결국 미국(국민 여론)이 한국의 입장을 이해하고 특히 이승만 대통령의 강력한 의지와 미국 내의 우호적인 언론들이 한국과 미국의 방위조약 체결을 지지하였다.

1953년 10월 1일 조인된 한미상호방위조약은 한국(남한)의 방위를 위하여 미국이 외국과 맺은 군사동맹으로서 최초의 조약이며 아직까지도 유일한 동맹조약이다. 한국의 북진주장, 반공포로석방 등 한국이 원하지 않는 휴전에 대해서 미국은 한국에게 방위조약을 약속하여 1953년 7월 27일 북위 38도선 부근의 군사분계선을 정하고 휴전이 되어 미국은 이 조약으로 그들의 육해공군을 한국영토와 그 부근에 배치할 수 있게 되었다.

그 후 한국의 주둔 미국 병력은 한국방위에 핵심 전력이 되었을 뿐만 아니라 한반도 및 동남아시아의 전쟁억제력으로 이 지역의 평화와 안정을 유지하는데 중요한 역할을 하여 왔다. 이승만 대통령의 애국심과 강한 뚝심으로 미군이 휴전으로 빠지려 한 미국을 한반도에 머물며 방위책임을 함께 지도록 한 것이다. 이 조약으로 그 후 우리나라의 한강의 기적과 평화가 가능하도록 하였으니 이승만 대통령과 그 정부의 다른 어떤 공과(功過)에 불문하고 가장

중요하고 대단한 업적이었다.

중국과는 한국전쟁에서 전쟁의 당사자(적군)로서 역사의 한 페이지에 기록되었지만 미래에는 이런 역사가 되풀이되지 않기를 소망한다.

전쟁 중에도 강조한 교육정책

우리나라는 전통적으로 유교국가로서 "남존여비(男尊女卑)", "장유유서(長幼有序)"가 가장 중요시하던 윤리이자 덕목(德目)이었으니 남자 아들 그 중에도 장자(長子) 우선이

사회와 가정의 질서였다.

　그러니 교육도 집안의 장남에게 집중하고 특히 여성들이 글을 배우지 못하고 문맹인 것은 당연하였다. 더구나 건국초기 한참 동안 국민소득이 100불미만의 최빈국(最貧國)으로 너무도 가난하여 아이들을 학교에 보내지 못하고 집에서 농사일 등을 시키는 게 보통이었다. 그런데 이승만 정부는 건국초기부터 문맹자 줄이기 등 교육정책에 크게 중점을 두어 왔고 상당한 성과를 거두었다.

 전쟁 중에도 교육혁신과 대학진학 권장

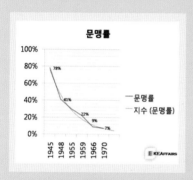

이승만 대통령 정부의 농지개혁 이외에 중요한 업적 중에 하나는 건국 초기부터 교육에 집중하여 인재를 양성한 것입니다. 현대적 민주입법을 처음 만든 나라가 "교육의무"를 규정하였다는 것은 대단한 일이었습니다. 당시 학교진학률이 14%였고 그 쉬운 한글 문맹율도 80%가 넘었다. 이런 한국을 어떻게 해서든 살려 보겠다고 그 빈약한 예산 중 대부분은 국방비로 나갔지만 전쟁 중에도 두 번째로 많이 예산을 사용한 것이 교육분야였습니다. 국민의 교육의무는 국가에게도 초등학교 6년교육 무상교육을 해야 했기 때문이었고 부산지역으로 피난 온 중고, 대학교에도 우선적으로 공간을 확보해 주었던 것입니다. 그리고 이승만대통령은 미국의 인맥과 정치력을 이용하여 미국으로 한국의 인제들의 유학길을 만들어 내고 그 어려운 와중에도 국가예산을 써가며 해외로 유학을 보내 원자력 등 기술자들을 양성시켰습니다.
이때 양성된 기술인력들이 차후 박정희 대통령정부의 한강의 기적을 이끌어 내는 주역이 되었습니다.
한국전쟁이 한창일 때도 대학재학자들은 병역을 유예시켜 병역의무 형평의 면에서 비판이 있었지만 대학 졸업자들이 급증하여 차후 경제성장의 인력이 되었으며 병역유예자들은 60년초에 병역의무 이행에 준한 국토건설대 요원 등으로 활용되었습니다. 이승만 대통령의 임기가 끝날 때(1960년) 학교진학률은 96%가 되었고 80%였던 문맹률은 반대로 글을 읽을 수 있는 사람이 80%가 되었고 대학진학률은 영국을 앞지르게 됩니다.

5장

혁명시대(1960년대), 경제발전(1970년대), 민주화운동(1980년대)

혁명의 시대-한국 4·19와 5·16(1960~1961년)

4·19혁명, 5·16군사정변

한국은 분단 상태에서 빠른(3년) 단독 정부수립의 후유증이라 할 한국전쟁 후 파괴된 국가의 수습으로 상당한 어려움이 가중되었다. 결국, 정치적·경제적 어려움 그리고 이념적인 갈등으로 인하여 1960년 4·19혁명 그리고 연이어 1961년 5·16군사정변이 발생하였다.

이승만 정부의 독재와 부정선거에 항의한 4·19혁명은 타당한 평가를 받았지만 직업군인들이 주도한 5·16군사정변에 대하여 정치적 의미, 정권의 타당성에 대한 역사적 평가는 아직도 진행 중이다.

다행스러운 것은 5·16군사정변을 계기로 우리나라가 비로소 농촌을 비롯한 국가전반의 개혁을 시작하였으며 특히 경제발전을 시작해 엄청난 성과를 거둔 것이다. 한국은 애국심이 강한 지도자와 효율적이고 능력 있는 행정조직이 20여 년의 짧은 기간 내에 비약적인 경제성장을 거둬 만성적인 가난을 벗어났고, '한강의 기적'이라 불리는 쾌거를 이루었다. 이에 대한 구체적인 역사적 의의나 공과는 이미(15막 5장) 다루었으므로 중복 설명을 생략하지만, 경제발전 계획은 1962년부터 추진되었다. 중국이 문화대혁명으로 진통을 겪고 1978년부터 개혁개방을 시작한 것과 비교된다.

중국 문화대혁명(1966~1976년)

천안문 광장의 거대한 군중대회

중국은 건국 이후 가장 중요한 사건이 1966년 모택동이 주도한 '문화대혁명'이란 거창한 사회주의 혁명으로서, 1976까지 10년 동안 중국사회를 뒤집어 놓은 것이다. 소위 전 근대적인 문화, 대표적으로 유교문화를 부정하고 자본주의를 타파하는 운동을 벌인 것이었다. 이는 1958년에 전통적인 농업사회에서 중공업으로 전환한다는 대약진운동(大躍進運動)이 큰 실패와 좌절로 수 천 만명의 농민을 굶주림으로 몰아갔다. 이 큰 실패로 2선으로 물러났던 모택동을 중심으로 한 세력이 다시 권력을 되찾기 위해 유소기(劉少奇)를 비롯한 실세들을 소위 수정주의자로 몰아 공격, 제거하기 위하여 문화혁명을 시작했다고 평가하고 있다.

모택동의 처 강청을 비롯한 4인방이 앞장서고 많은 청소년을 홍위병으로 동원해 엄청난 살인·폭력 등 미증유의 사회 혼란을 야기하고 국민경제는 극도로 피폐해 졌다. 1976년까지 이 문혁기간 10년이 남긴 상처는 매우 커서 박해를 받은 당 간부와 군중이 70만, 목숨을 잃은 사람이 3만 4천명에 이르렀고, 전통적인 인간관계를 파괴하고 중국사회를 비인간화하는 결과를 가져왔다고 한다. 이렇게 두 나라는 쇠망(衰亡)의 역사를 딛고 똑같이 홍역(전쟁)을 앓고, 60년대에는 혁명이라 부르는 나름대로의 변혁의 회오리를 겪었다.

역사의 주인공들 모택동, 주은래, 박정희 1976~1979년 사망

문화대혁명이 끝장을 보던 1976년 1월 나라 건국 후 27년 동안 국무원 총리였고, 모택

1976년 사망한 모택동과 주은래

동에 이은 중국의 2인자였던 주은래(周恩來, 1898~1976년)가 암으로 사망하였다. 주은래가 없었으면 모택동이 없었을 것이라고 한다. 홍군의 1934 – 5년 대장정(大長征) 중에 귀주성 준위(遵義)라는 곳에서 모택동(毛澤東, 1893~1976년)이 42세에 군사지도권을 장악하는 과정을 주은래가 강력히 뒷받침했던 것이다. 후에 등장하는 등소평(鄧小平, 1904~1997년)도 주은래의 보호로 문혁과정에서 살아남았으며, 그의 추천으로 지도자로 발돋움하게 되었다.

중국 현대사에서 두 인물 모택동, 등소평의 등장을 가능하게 한 주은래가 없었으면 오늘날의 중국이 없었거나 크게 달라졌다고 평가하고 있다. 중국의 역사상 가장 중요한 인물의 하나로 평가받는 모택동도 주은래가 사망한 같은 해 9월에 사망하였으니 이제 중국 현대사의 한 장이 넘어가고 2년 후 1978년 등소평이 지도자로서 등장하여 새로운 중국이 시작되었다.

많은 국가개혁을 진두지휘했던 비슷한 시기의 지도자

우리나라는 5·16으로 등장한 박정희(朴正熙, 1917~1979년) 대통령이 중국보다 훨씬 먼저 1962년 본격적인 경제개발을 시작하였다. 수천년의 고질적인 가난을 벗어나게 하는 국가발전과 경제개발을 성공적으로 이끌다가 내부의 권력투쟁의 과정에서 1979년 10월 26일 암살되는 큰 정변이 발생했다.

박 대통령에 대한 역사적인 평가는 아직도 진행 중이지만, 1978년 개혁개방으로 경제개발을 시작한 등소평이 누구보다 박 대통령을 존경하고 그의 능력을 인정했으며 동북아시아 경제개발의 주역들인 대만의 장개석, 싱가포르의 이광요 수상도 크게 평가한다.

이렇게 우리나라와 중국이 비슷한 시기에 위대한 지도자들이 사망하고 새로운 시대로 진입하게 되었다는 것도 흡사하다.

1980년 5·18광주 민주화 운동

우리나라는 1979년 박정희 대통령의 사망으로 야기된 정치적 혼란이 일부 군부지도자들의 집권욕으로 이어져서, 1980년 5월 18월 광주민주화항쟁이라는 큰 홍역을 치렀다. 우리나라 현대사에서는 처음으로 1961년 5·16에 등장했던 군사정권은 1979년 박정희 사망과 함께 붕괴됐다.

1980 5·18 광주도청 앞의 시위자들

그 후 박정희 대통령의 사망에 관련된 수사를 전담한 보안사령부의 전두환(全斗煥, 1931~)사령관(당시 소장)과 노태우(盧泰愚, 1932~)를 비롯한 일부 장성들이 1979년 12월 12일 육군 참모총장을 제치고 권력을 장악하여 집권의도를 가시화한 세력을 신 군부라 하였다.

그 이듬해 1980년 한국의 민주주의가 신군부의 집권으로 인하여 더국 후퇴하고 억압될 것을 우려하여 전국적으로 집회와 시위가 광범위하게 벌어졌다. 특히 1980년 5월18일을 전후하여 광주와 전남 일원에서 전두환, 노태우 등의 신군부의 집권음모를 규탄하고 민주주의의 실현을 요구하며 본격적인 민주항쟁이 발생하였다. 전남대와 조선대 학생들의 주도로 시국성토대회가 연일 개최되었다.

이들은 5월 14일부터는 광주도심으로 진출하였고 시민들과 대규모 가두 정치집회를 개최하는 등 다양한 활동을 전개하였다. 5·16일에는 민주화 투쟁을 이끌던 김대중(金大中, 1924~2009)이 "민주화 촉진 선언문"을 발표하고 공무원과 군인들의 대하여 부당한 정부명령에 불복종할 것을 요구하였으며 그 다음 날 체포되었다.

이런 상황에서 신군부는 5월 18일 자정을 기하여 비상계엄을 확대하고 전국에서 대학생과 재야 인사들을 연행하기 시작했다. 광주지역에 투입된 계엄군(공수부대)이 시위학생과 시민들의 해산을 종용하고 이 과정에서 충돌이 발생하기 시작했다. 계엄군은 진압봉을 휘두르고 시위자들을 연행하였으며 이에 시위대들은 적극적으로 맞서서 도심은 전쟁터처럼 변해 갔다. 충돌이 격해지자 사상자가 급증하였다. 시위대들은 무력에 맞서기 위해서 전남지역으로 진출하여 무기를 획득하여 상당한 무장을 갖춘 시위대들은 이제 "시민군"으로 활동하기 시작했다. 마침내 5월 21일 시민군은 계엄군을 후퇴시킴으로써 27일까지 7일간의 "민중자치"를 실현했다. 시위대들의 무기는 5월 21일 4시간에 걸쳐 조직적으로 44개 예비군 무기고에서 획득한 5400여정의 개인화기, 3대분의 폭약, 뇌관, 도화선들이었다고 한다. 이 기간에 시민군은 광주의 치안과 행정업무도 담당했으며, 다수가 도청에서 마지막까지 버티었다.

5·18민주화 운동은 5월 27일 새벽 계엄군이 "충정작전"을 개시하여 전남도청을 다시 점령함으로써 종결되었다. 그 후 확인된 피해자는 "사망 218명, 행방불명 363명, 상해자 5088명, 기타 1200명으로 모두 7200명에 이르렀다.

5·18민주화운동의 진상규명 등은 당시의 상황과 평가도 논란이 있었으며 그 후 관련법의 제정 등으로 1993년 당시의 책임자들 전두환, 노태우, 전임대통령 등이 형사처벌되었다. 1998년 이후에는 광주사태가 학생, 시민들의 의거(항쟁)로 격상되었으며 희생자들에 대한 예우, 보상이 새롭게 이루어졌다.

1987년 6·29선언 민주화조치

1987년 6·10민주화 시위

1979~1980년 큰 정변, 광주 민주화 운동을 지내고 그런대로 봉합된 정국은 상승기의 경제기조를 유지하면서 넘어 갔다. 그러다가 광주항쟁의 강제진압 이후 7년 임기의 단임 대통령이 되었던 전두환 대통령의 임기말, 1987년 4월부터 대통령의 직접선거 등 시민 학생들의 민주화 요구 시위(6·10민주항쟁)가 발생하여 결국 이들의 민주화요구를 대폭 수용하는 소위 6·29 민주화조치가 이루어졌다. 그 결과 광범위한 헌법개정이 이루어져 5년 단임 임기의 대통령을 직접선거로 현재 7번째 선출되었으며 그 밖의 노동시위와 관련된 민주화 제도 등이 지나칠 만큼 확충되어 왔다.

1989년 중국의 천안문 민주화시위

중국은 1978년 개혁, 개방(改革, 開放)의 강력한 추진으로 경제개발 등이 천지개벽을 하듯 모든 분야에서 큰 변화가 이루어져 왔는데, 오직 정치, 인권의 분야에서만 공산당 일당중심의 구체제가 지속되어 온 것에 대하여 일부 국민들의 불만이 폭발하였다. 1989년 소위 천안문(天安門)민주화 시위가 촉발된 것인데 한 달 정도는 시민과 학생들, 200만의 시위대가 관료부패 청산, 일부 공산당직자들의 퇴진 등을 요구하면서 비교적 평화적인 시위를 하였다.

천안문의 평화적 시위   강경한 무력진압

　당시 공산당 지도자 중 호요방 당서기장(1915~1989년)의 죽음을 애도하여 천안문 광장에 모인 군중들을 조자양 총리 등은 시위대들의 주장을 일부 수용하면서 평화적인 해결을 시도하였으나 등소평 최고지도자, 이평 총리 등은 반혁명폭동으로 규정하고 북경지역의 계엄령을 선포하여 강력히 진압하였다. 이 과정에서 비공식통계로는 5000여명이 사망하고 3만여명이 부상당했을 것으로 추정되고 부패청산과 민주화요구는 결국 잠재워지고 말았다. 천안문 시위에 대한 예상보다 훨씬 강력한 무력진압은 중국건국 40년을 맞이한 지도층의 확고한 체제유지를 위한 국내외 메시지였다.

중국과 수교(1992년), 양국 1988~2008년 올림픽의 개최 20년의 차이

　우리나라는 1962년부터 5차에 걸친 경제개발 5개년계획을 추진하여 중공업을 중심으로 한강의 기적이라는 찬사를 받을만큼 큰 업적을 이루었다. 박정희 대통령의 사후에도 정치적으로는 비판을 받을지언정 경제적으로는 발전의 탄력을 이어 나갔다.

　이러한 경제발전을 토대로 동양에서는 일본(1964년)에 이어 두 번째로 올림픽대회를 유치하여 1988년 서울에서 그 동안의 국가발전의 모습을 국내 외에 과시하였다. 중국은 1978년에 계급투쟁의 이념을 버리고 실용주의에 입각한 개혁개방으로 역사적 대전환을 한 이후 30년만인 2008년에 올림픽개회를 개최하였으니 이 점에서는 우리나라와는 20년의 차이를 보이고 있다.

　기술 제조업분야 등에서 먼저 출발한 우리나라와는 중국을 리드하는 입장에서 무역 등 분야에서 많은 교류가 이루어졌다. 1992년에는 드디어 중국과 공식적인 국교정상화가 이루어 졌다. 그동안 대만의 자유중국과 국교를 이어 왔으나 국제 정치, 특히 동북아에서 중국의 위치 그리고 활발한 무역관계를 무시할 수 없어서 불가피한 상황이었다. 중국의 건국(1949년) 이후에도 40여 년을 대만과만 수교하는 몇 안 되는 나라로서 의리를 지켜왔으나 이제는 어쩔 수 없게 된 것이다.

1895년 당시 청나라의 공사역할을 하는 실세였던 원세개(1859~1916년)가 청일전쟁의 패전 후 식솔(한국의 안동김씨 첩까지)과 살림살이를 챙겨서 황망히 제물포를 떠난 지 100년에서 3년 부족한 세월만에 중국 중앙정부와 다시 외교관계가 수립된 것이다.

동북아시아의 선진국 일본

동북아에서는 한국과 중국 두 나라 이외에 일본의 존재가 중요하다. 동북 아시아 국가 중에서 섬나라라는 특성을 장점으로 활용하여 16세기부터 포르투갈, 네덜란드와 교류를 시작하여 선진문물을 접하였으며 근세에는 1853년 미국의 페리제독의 문호개방 요구를 과감히 받아들였다.

이를 계기로 300년 가까이 내려오던 막부(쇼군)체제를 천왕중심의 입헌군주중심으로 전환하는 명치유신(明治維新)을 단행(1868년), 급속한 서구화를 추진하여 우리 한반도를 징검다리로 대륙의 진출을 시도하였다. 그 입지를 확보하여 1894~5년에는 청일전쟁, 1905년에는 러일전쟁에 승리함으로써 아시아에서는 제일 먼저 서방국가들처럼 흔히 말하는 갑(甲)질하는 국가의 일원이 된 것이다.

결국 과욕으로 벌린 제2차 세계대전에서 패전(1945년)한 후 나라의 운명이 다했나 싶었으나 미국의 다행스런 전후조치와 한반도에서 발발한 6·25를 계기로 경제가 다시 회생하는 기적을 이루어 1964년 동양국가로서는 최초로 올림픽을 개최하였던 것이다.

그래서 우리나라보다는 24년(1988~1964년), 중국보다는 44년(2008~1964년) 빠르게 올림픽대회를 개최한 것은 그만큼 경제발전과 현대적인 나라의 기틀을 빨리 확립했다는 것을 의미하는 것이다. 이제 아시아 국가로서 당당한 G7국가가 된 것이다.

6장

중국과 한국의 체제화된 새로운 지도자들

중국, 1992년부터 5년 중임의 당 서기장(당 주석)

두 당총서기 후지따오(2002~2012년)와
장쩌민(1992~2012년)

1989년 천안문시위 과정에서 호요방, 조자양이 실각되고 장쩌민(江澤民, 1926~)이 등소평의 추천으로 1989년 중국 공산당 총서기에 선임되었다. 그는 이듬해에는 중국의 최고 실권자 등소평의 마지막 공직이었던 군사위원회 주석직에 선출됨으로써 당과 정부의 전권을 완전히 장악하였다.

장쩌민은 원래 상해시장을 역임하며 상해의 푸동지구를 개발하는 등 상해를 국제도시로서 탈바꿈하는 데 공을 세웠다.

중앙 정계에 진출하여 등소평의 신임을 받아 중국지도자로 발돋움 한 것인데 이를 중심으로 많은 실력자들이 포진하여 이들은 "상해방(上海幇)"으로 불리는 정치세력을 형성했다. 그 후 중국에는 지도자가 되는 정치그룹이 상해방 이외에도 수재 양성집단인 중국 공산주의 청년단 "공청단(共靑團)"이 있으며 선대로부터 중국의 당, 정, 군, 원로나 고위

세 당총서기, 현재 시진핑과 전임자들

간부들의 자제들 "태자당(太子黨)"으로 3분된다. 등소평이 중국의 미래를 내다보면서 어느 한 세력이 장기 집권을 꺼려하여 미리 장쩌민의 후계자로는 공청단의 후진타오를 지정하였다고 한다.

더구나 세력도 구분했지만 그 지도자들의 연령도 고려하여 지도자가 되는 직책인 공산당의 최고 지도자 그룹 상무위원회(常務委員會 지금은 6명, 2012년까지는 9명) 위원은 임기가 5년으로 1차에 한하여 연임(결국 최장 10년)하도록 하고 나이도 68세가 넘으면 선임될 수 없도록 하였다.

등소평 자기 자신도 일찍 1982년 호요방 등 후배들에게 총서기 등 권력을 이양하고 다른 원로들과 함께 이선(2線)으로 물러 났으며 마지막 실권인 군사위원회 주석직도 1990년 장쩌민에게 넘겨주고 자신은 정신적 국가지도자로서 마지막 여생을 지냈던 것이다.

그리고 차기 지도자를 가시권에 두기 위해 후진타오가 티벳 자치구의 서기를 하면서 일어난 티벳민들의 시위를 사전에 잘 봉쇄하는 것을 보고 1992년 상무위원에 선임(당시 49세로 역대 최연소)하여 차기 총서기 감으로 양성하였다고 한다. 그래서 등소평이 죽은 후에도 그의 사전구도에 따라 그 후 꼭 10년 후인 2002년 장쩌민의 후임으로 후진따오가 당총서기 등 직책을 인계 받은 것이다.

현재 시진핑은 등소평의 낙점을 받은 것은 아니지만 권력 집단 순으로 태자당 출신으로 그도 2002년 49세로 상무위원이 되어 차기 지도자 수업를 받기 시작했다. 결국 2012년에 당 총서기 국가주석 등 직책에 올라 강력한 지도자로서 현재에 이르고 있다.

천안문 시위를 강제 진압한 이후 정부는 유화책으로 해외여행의 광범한 허용 등 풍족해진 소득으로 즐기는 분위기(愚民政策)를 유도하였으며 그 후 2013년부터 집권한 시진핑 주석은 광범위한 부패척결을 추진하고 있다.

한국, 6·29선언 이후(1987년) 이후 5년 임기의 대통령 직접선거

1987년 민주화 시위 이후 광범위한 헌법개정이 이루어져 5년 단임 임기의 대통령을 직접선거로 현재 7번째 선출되었으며 그 밖의 노동시위와 관련된 민주화 제도 등이 지나

칠 만큼 확충되어 왔다. 이전 광주민주화 운동의 주범으로 비판받았던 전두환(1993년 형사 처벌)은 제11~12대 대통령(1931, 연임 1980~1988년)으로 재임하였다. 비슷한 상황이었던 노태우도 정치인으로 자리 잡아 1987년 개정된 민주화 헌법에 의한 직접선거로 제13대 대통령(임기 1988~1993년)으로 당선하였다. 이때 1987년으로부터 체육관에서의 간접선거가 아닌 민주주의 직접선거에 의한 대통령 선출이 이루어 졌다. 소위 신군부 출신이라고 불리웠던 두 대통령의 재임기간 12년(1980~1992년)은 다행으로 소위 3저 현상이라는 좋은 국제환경과 지속된 경제성장기조의 탄력을 받으며 한강의 기적이라는 한국경제를 이어 나갔다. 비교적 안정된 정치상황하에 1986년 아시안게임, 1988년 올림픽 게임을 개최하여 상승된 한국의 국격을 알리는 계기가 되었으며 분당, 일산 등 신도시 확대와 북방외교의 확대를 도모하여 1992년 중국과도 수교하였다.

1987년의 직접선거와 그 이후의 상황

1987년 대학생들의 민주화 시위 광범위한 재야세력과 야당의 노력 그리고 미국의 집요한 민주화 추진 압력으로 어렵게 6·29선언이 이루어지고 제13대 대통령선거를 치르게 되었다.

이 선거는 6·29의 분위기를 업고 민주화세력이 이겨야 하는 선거라고 예상되었다. 그 80년의 봄 김영삼, 김대중, 그리고 범여세력이지만 김종필까지 포함한 소위 "3김" 중에 대통령이 되리라고 예상되었으나 결과는 엉뚱하게 신군부세력이라고 했던 노태우가 대통령에 당선되었다.

흔한 말로 "죽쒀서 누구 준다"는 식으로 되었다고 할 수 있었다. 민주화의의 투사라고 했던 두 김씨, 당시 통일민주당의 김영삼과 평화민주당의 김대중이 끝까지 후보 단일화를 이루지 못하고 경합함으로써 민주화세력의 표가 분산됐으며 더구나 선거 직전에 북한이 대한항공 858기를 폭파하여 소위 북풍(北風)이 민정당 노태우에게 유리한 결과를 가져왔다고 분석했다.

그러나 대통령 당선 득표율이 역대 최저였고 그 후 치러진 13대 총선에서도 여당 민정당은 과반수를 획득하지 못하고 소위 "여소야대(與小野大)"의 현상이 벌어져 정정이 불안해졌다. 이때 기발한 정치현상이 빚어졌으니 김영삼의 통일민주당과 충청지역을 대표하던 김종필의 민주공화당이 민정당과 합당하여 3당 합당이 이루어졌다. 결과적으로 여러 곡절을 넘어서 기어이 김영삼이 거대여당의 대통령 후보로 나서서 1992년 14대 대통령이 되었다.

1970년부터 민주화 운동을 이끌던 전통의 야당지도자들이 노태우 대통령이 당선할 때 양립하여 경쟁해서 둘 다 낙선하였는데 이번 1992년 선거에선 둘이 다시 경쟁했던 것이다. 먼저 김영삼이 14대 대통령(재임 1993~1998년)에 당선되고 그 후 김대중도 제15대 대통령(재임 1998~2003년)으로 당선됐다.

민주화, 진보성향의 대통령들의 시대(1993~2008년, 15년)

1970년대부터 경쟁하면서 40대 기수론을 외치던 김영삼(金泳三, 1927~2015년, 재임 1993~1998년) 과 김대중(金大中, 1924~2009년, 재임 1998~2003년)이 대통령이 되기 시작한 시기는 중국의 장쩌민(1926~, 당총서기 1989~2002년) 총서기와 취임시기 연령도 비슷하다. 그 후 역시 진보성향의 16대 노무현(盧武鉉, 1946~2009년, 재임 2003~2008년)도 중국의 후진따오(1942~, 당총서기 재임 2003~2012년)과 여러 가지로 비슷한 것이 이체롭다. 중국도 이들은 모택동 이래 장정(長征, 1934~5년)시대를 겪은 1세대들이 떠난 후 중국지도부를 맡은 차세대로서 한국과 같이 전임 지도자들과는 결이 다른 지도자들이 동일한 시기에 중국의 지도자가 됐다는 것이 흥미롭다.

김영삼 대통령은 전임자들과 구분되는 문민정부를 표방하여 "역사 바로 세우기"로 자신들의 민주화 길을 막은 전임 두 대통령을 법정에 세우고 처벌하였다. 이들이 신 군부를 이루며 정권을 탈취한 데는 "끼리끼리"의 "하나회"라는 친목조직을 이루어 군의 연공서열, 지휘계통을 무시한 것이라고 보고 이들 조직을 군에서 와해시켰다.

또 역사 바로 세우기에는 일본의 강점시대의 상징으로 일본총독부 건물(중앙청으로 사용)을 철거한 것이었다. 우리 조선왕조의 경복궁의 심장부, 근정전(勤政殿)에 바로 잇대서 건축한 것은 우리나라의 역사의 근본을 침범하였다고 본 것으로 그 잔재를 정리한 것이다. 당시 철거 여부를 두고 찬반양론이 반반이었다는데 과감하게 철거하였다.

또 그동안 어려웠던 금융실명제(金融實名制)를 실시하여 지하경제 부분도 지상에 바로 세웠으며 우리나라도 OECD에 가입하여 국가위상도 세웠다. 다만 임기말에 IMF 금융위기를 적절히 대처하지 못해 소위 연착륙(延着陸)시키지 못하고 판단착오로 경착륙(硬着陸)이 되어 그 후유증을 남긴 것과 그 아들의 권력남용을 방치하였던 것 등이 실정으로 남았다.

15대 김대중 대통령(재임 1998~2002년)은 원래 1971년 7대 대통령선거에서 박정희 대통령과 경쟁을 했던 40대 기수였다. 그러니 1987년 노태우대통령이 당선된 13대 대선, 1992년 김영삼에게 패한 14대 대선까지 3번 낙선했는데 이제 네 번째 선거에서 승리한 것이다.

김대중 대통령의 당선은 그 동안 지역 편가르기, 특히 호남 푸대접을 불식하는 계기가 되었으며, 취임 초 IMF 경제위기를 신속하게 극복하는 쾌거를 이루었다. 대북정책으로는 햇볕정책을 표방하여 북한에 많은 직간접 경제 원조를 제공하였으며 김정일과 대화로 6.15공동성명에 합의하여 우리나라 사람으로는 최초로 노벨평화상을 수상하였다.

2000년대의 진보 대통령으로 16대 노무현(盧武鉉, 1946~2009년)은 상업고등학교를 졸업하고 사법고시에 합격한 노력형으로 서민대통령으로의 풍모를 보였다. 원래 대통령후보 때부터 강력한 후보자가 아니었지만 김대중 대통령의 묵시적 지원과 비교적 젊고 참신한 매력으로 후보자가 되고 강력한 경쟁자를 이겨서 의외로 당선하였다. 정치성향은 중도개혁주의로 임기 중에 헌정사상 처음으로 탄핵소추를 당했으나 헌법재판소의 기각결정을 받은 이후 오히려 인기가 상승하여 무난하게 임기를 마쳤다. 임기종료 후 대통령 퇴임자로서는 처음으로 고향 진영의 봉하마을로 내려갔으나 2009년 형(兄)을 비롯한 가족비리로 조사를 받는 것에 상심하여 자신의 마을 부엉이바위에서 투신하여 사망하였다.

보수 대통령들의 당선(2008~2017년)

15, 16대 보수 대통령후보로서 이회창(李會昌, 1935~)은 학벌(소위 KS)을 겸비하고 우리나라 정치인으로서 모처럼 청렴한 인물로 평가되었다. 대법관, 국회의원, 감사원장, 국무총리, 당의 총재까지 대통령 말고는 모든 공직을 담당하였다. 그런데 강력한 당선가능성을 가지고도 김대중 대통령, 노무현 대통령에게 패퇴하여 그를 지지했던 보수 중도층 국민들을 크게 실망시킨 바 있었다. 너무도 강직하여 타협을 몰라서 같은 당의 김영삼 대통령, 당선의 걸림돌이 된 이인제 그리고 캐스팅 보드를 쥐었던 김종필 등과 소통하지 못

하여 낙선을 거듭했다고 한다. 결국 오랜만에 보수 성향의 이명박(李明博, 1942~)이 17대 대통령으로 당선되어 경제인 출신으로 4대강 사업을 추진하였는 등 기대를 모았다. 전문경영인으로서 대단한 경영신화를 남기고 정치인으로 변신, 서울시장에 당선되어 그 명성에 부합하는 실적을 남겼다. 한나라당에서는 박근혜 후보와 격렬한 경선을 통하여 대통령 후보가 되고 2007년 본선에서 무난하게 17대 대통령에 당선되었다.

부임 초에 광우병 촛불시위에서 확고한 의지를 보이지 못하고 천안함 피격사건, 연평도 포격사견에서도 국군 통수권자로 위상이 불안했다는 평을 받았다. 그러나 경제전문가로서 2010년에는 6%의 경제성장률로 전 세계 GDP의 2%에 상당하는 기여도를 보였으며 2011년에는 무역실적 1조 달러 2012년에는 이탈리아를 제치고 사상 최초로 8대 무역국에 랭크되기도 했다.

그러나 그도 퇴임 후 2018년 뇌물과 횡령 배임 등 혐의로 구속되어 구속과 구속정지를 되풀이하다가 2020년 10월 징역17년 벌금 130억 추징금 57억이 확정되어 11월 2일 구속 수감되었다.

박정희 대통령의 큰 딸 박근혜(朴槿惠, 1952~)는 2012년 18대 대통령으로 당선되어 큰 기대를 모았다. 우리나라 초유의 부녀 대통령으로 우리 경제를 크게 성장시킨 아버지와 존경받았던 어머니 육영수여사의 후광을 모두 받아 정치인으로 크게 성장하였다.

그런데 재직 3년차인 2016년 10월 비선(秘線實勢) 최순실 씨의 연설문 수정의혹 보도로 시작된 소위 "박근혜-최순실 게이트'에 연루되어 온나라가 온통 혼란 속에 빠졌다.

2017년 3월 10일 헌법심판소는 전원일치로 대통령 박근혜 탄핵소추안을 인용하여 박근혜는 대통령직에서 파면되었고 이제 자연인 박근혜는 2017년 3월 구속되었다. 뇌물수수 직권남용 등 13개 범죄혐의를 받는 박근혜 전 대통령의 범죄에 대한 전체적인 법률적

이명박, 박근혜 대통령

19대 현직 대통령

인 판단에 대해서는 대법원에서도 아직 최종 판단이 이뤄지지 않았으며 형량확정(32년 예상)도 구속 이후 4년이 되도록 확정되지 않았다. 차후 박근혜 대통령에 대한 역사적 평가도 있을 것이지만 아무튼 현재까지 우리나라 정치사에 큰 불행이었다. 향후 이뤄진 대통령 선거에서 문재인(文在寅, 1953~) 후보가 19대 대통령(임기 2017년 5월)으로 압도적으로 당선하였으며 지난번 총선에서도 과반수를 훨씬 상회하는 국민의 지지를 바탕으로 후반기 임기를 담당하고 있다.

7장

사드 배치와 핵 폐기, 동북아의 미래

사드 배치- 한, 미, 중의 총성없는 전쟁

한국과 중국은 6·25때는 총칼을 겨눈 적군이었으며 이제는 다시 "사드"를 두고 온갖 욕을 다하고 비방하면서 다시 군사적인 적군처럼 지냈다.

사드(THAAD Terminal High Altitude Are a Defence)는 고고도(高高度) 미사일 방어체제로 미국이 추진하고 있는 핵심방어체제의 하나다. 이러한 사드는 중 장거리 탄도미사일로부터 군 병력과 장비 인구밀집지역, 밀집지역 등을 방어하는 데 사용하는 것이므로 세계에서 가장 필요한 지역인 한반도에 배치되는 것이 딱인데 미국 중국과 함께 아주 민감한 문제가 되어 있었다.

원래 미국이 레이건 대통령 때 1987년부터 개발이 시작되고 1991년 걸프전때 그 필요성을 실감하였다. Hit−to−kill 개념으로 핵과 기타 살상무기를 탑재한 탄도 미사일에 직접 충돌해 파괴하는 매우 효과적인 요격

사드배치 합의

체제로 각광을 받고 있다.

사드는 발사대 6기와 최고 고성능 레이더로 구성되는데 이 레이더가 주변 국가 북한은 물론 중국이 크게 신경을 쓰고 사드의 배치를 반대한 것이다. 이 레이더가 탐지거리가 1800−2000km에 이르러 우리나라 중부지방에 설치하면 북한 전역은 물론 중국의 북경을 포함한 상당한 부분을 커버하고 있는 것이 핵심 논점의 하나였다.

이미 이스라엘과 터키 그리고 일본에 배치되어 있다. 이 레이더로 즉각 파악되는 중장거리 미사일을 100km 이상의 고도에서 먼저 요격하고 마지막으로 기존 페이트리어트로 10−20km 고도에서 탄도미사일을 다시 한번 요격하는 다중 방어체제를 구성하는 것이다. 주한 미군사령관이 지난 2014년 북한의 핵 미사일 위협이 가중됨에 따라 주한 마군에 사드를 배치할 필요성을 제기 하면서 미, 중, 일본 등에 민감한 문제로 관계국에 갈등을 불러 일으켰다. 북한이 수소폭탄 핵실험을 성공하고 마사일 발사를 계속하는 상황에서 한미양국이 2016년 7월 사드 1개 포대를 한반도에 설치한다고 공식발표했다. 중국은 서해바다에서 해군함정을 동원 무력시위를 하는 등 그 반대 분위기가 최고조에 이르렀다. 2017년에는 중국이 단교 수준까지 가는 모든 보복을 고려한다고 위협하고 한국관광을 전면 금지하였으며 한국상품 불매, 중국진출기업에 대한 공격이 도를 넘치는 상황으로 치닫고 있었다. 그러나 한미 군당국은 사드의 주한 미군 배치작업을 시작하고 사드체계의 일부가 한국에 도착하였다. 치열한 논란 속에 배치 완료된 사드는 그 기능을 시작하였으며 이제는 그 10억 달러에 이르는 비용 부담에 대한 한미 간의 논란이 있었다. 중국이 사드에 대해 강력하게 반대하는 것은 이미 한국과 일본을 겨냥하는 중 장거리 미사일을 600기 이상을 가지고 있는 등 동북아를 지배하는 패권에 사드가 장애물이 된다는 것이다. 전문가들은 저들은 한국을 공격할 수 있는 600개의 창 칼(미사일)을 가지고 있으면서 한국은 방패 1개도 들지 말라고 요구하고 있는 격이라고 비유하고 있다. 또한 중국은 이미 한국전역(주한 미군 포함)에 대한 레이디 망을 이미 오래 전부터 운영해 왔고 한국의 사드가 자국을 감시할 수 있다는 이유로 반대하는 것은 "내가 하면 로맨스고 남이 하면 불륜"격인 것이다. 중국이 배치하는 것은 "잘한 사드"이고 한국이 배치하는 것은 "나쁜 사드"라는 논리인 것이다. 중국 사람들이 가장 많이 사용하는 사자성어로 "역지사지(易地思之)"라는 말이 있다. 상대편의 입장에서 생각하라는 뜻인데 국가 간에 있어서는 그 상대편이 힘이 일방적으로 강하면 이것이 적용되지 않는 것이 문제이다. 즉 핵무기와 장거리 미사일을 가진 중국과 북한 그렇지 못한 상대 소위 비대칭(非對稱) 상황이 우리나라의 문제인 것이다.

지금, 2020년 핵 폐기-동북아 이해관계국들 함께 공존 발전하는 미래

2015년 중국의 전승절

우리나라와 중국의 현대사는 치열하게 진행 중이다. 그것도 아주 숨가쁘게 흘러가고 있다. 5년 전 2015년에 중국이 1945년 8월 15일의 일본의 패망을 그들의 전승절(戰勝節)이라는 이름으로 70주년 행사를 가졌다. 이는 1937년 중일전쟁의 마무리이자 1941년 진주만 기습으로 시작된 미국과의 태평양전쟁에서 일본의 패망, 항복을 기리는 대대적인 행사였던 것이다. 1945년 당시 중국의 주된 전쟁 당사자는 장개석이 이끄는 국민당군이었고, 지금 중국의 모체(母體), 모택동의 인민해방군은 전쟁하는 일방 자신의 세력을 키웠다는 비판이 있었다.

그러나 지금 하나의 중국이라는 정치현실에서 70주년 행사의 주인공은 엄연히 시진핑 주석이 이끄는 중화인민공화국이었던 것이다. 사드문제가 격화되기 이전에 이 행사에 초대받은 당시 박근혜 대통령은 가장 중요한 외국원수의 한사람으로 노란색 화사한 정장을 하고 시진핑 주석 옆에 앉아 있던 모습은 우리나라와 중국의 좋은 관계를 상징하고 있었다. 그 다음해 1년 남짓한 동안 사드문제가 비화되고, 국내의 정쟁으로 그 박대통령은 탄핵이 되었으며 새 대통령, 새정부가 들어서서고 북한의 핵문제, 사드배치 등 중국과의 역사들이 이어지고 있다.

핵 폐기를 위한 미북 정상회담

현재 핵과 관련하여 가장 위험한 지역은 한반도 지역이고 그 당사자는 우리 한국과 북한이다. 한국은 경제적(GDP)만으로도 한국은 북한의 40배가 넘는 경제강국이다. 오직 북한이 핵무기를 개발하고 거기에 매달려 생존전략을 구사하고 있다는 것이 문제점이다.

우리나라도 핵무기를 가질 수 있는 능력과 기술을 충분히 가지고 있지만 종합적인 상

2018년 싱가포르 정상회담

황에서 일본과 대만과 함께 핵무기를 가지지 않고(혹은 못하고) 미국의 핵우산 아래 있다. 우리나라의 후원자는 미국이고 북한의 후원자는 중국이라고 할 수 있다. 그렇다고 중국이 우리나라의 적대국이 아니고 가장 큰 무역상대국이고 관광 등 여러 분야의 협력관계가 필요한 나라이다. 미국과 북한도 대화를 하고 있는 것이 국제적인 현실이다. 러시아와 일본도 이 지역에 큰 이해관계를 가지고 있다.

북한의 계속된 핵실험, 대륙간 미사일의 완성이라는 현실 앞에 세계 100등이 넘는 북한의 김정은이 세계 1등 국가 미국의 트럼프대통령과 두 번의 정상회담을 가졌다. 경제력이라는 면에서 나라 크기를 보면 북한은 미국의 몇 100분의 일에 해당하는 아주 비교할 수 없는 조그만 나라이다. 그러나 지난 2018년 6월 12일 싱가포르에서 도날드 트럼프 미국대통령과 김정은 북한 국무위원장과 첫 번째 정상회담이 열렸다.

한국전쟁(6·25)이 1953년 7월 정전회담이 체결된 지 65년만에 전쟁상대방의 정상이 처음으로 만난 회담이었다. 이 회담에서 미국과 북한은 새로운 미북관계의 구축, 한반도 영구적 평화의 구축 노력 한반도의 완전한 비핵화 노력 등을 합의하는 공동성명을 발표했다. 다음해 2019년 미국의 트럼프대통령은 일본의 오사카 G20 정상회의 종료 후 한국의 분단의 장소 판문점으로 가서 북한의 김정일 위원장을 다시 만나 남쪽 지역의 "평화의 집"에서 잠깐 동안의 정상회담을 가졌다.

21세기 미 중국과의 중간에서 대한민국

금년 치열했던 미국의 11월 대통령선거가 마무리되고 나름대로 적극적인 대북 핵문제에 관심을 보인 트럼프가 재선에 실패하고 민주당의 조 바이든(1942~)이 대통령에 당선되고 2021년 1월 20일 취임하였다.

미국의 대통령이 누가 된다 하더라도 근본적인 미국의 관점이 흔들리는 것이 아니겠지만 분위기는 크게 바뀔 것으로 예상된다. 우리에게 지리적으로 가장 가까운 중국은 한반

도의 중요 이해당사자 국가로서 수천년 동안 이웃 국가로 그 역사적 문화적 우산 속에 지대한 영향을 받으면서 지내왔다. 그러나 중국의 입장에서는 대한민국은 한번도 대등한 국가로서 관계가 아니었던 것이 역사적 사실이다. 언제나 그들 중화민족의 변방(이민족 오랑캐 국가)의 하나로 인식하여 왔으며 지금 현재도 중국의 위성국가(예전의 식민지)처럼 표현하여 역사인식이 충분치 않은 서방 지도자조차 그런 오해를 가지고 있어 우리를 불쾌하게 한다.

　뚜렷한 역사적 사실은 한국전쟁때 전쟁포로(장개석의 국민당군)를 투입하여 한국군(미국을 포함한 유엔군)을 상대로 전쟁을 하던 국가이므로 다시 비슷한 역사가 되풀이 될 수도 있다. 중국은 한반도에 한국과 미국을 비롯한 국가와 국경를 접하는 것을 절대로 용납하지 않는 국가이므로 한반도에 분쟁이 있을 때 거의 확실하게 개입할 국가이다. 이런 경우 중국내의 골치 아픈 소수민족을 앞세워 다시 한반도 전쟁에 나설 수 있다.

　그러므로 대부분의 국민들은 1945년 해방 시 그리고 1950년 한국전쟁 시부터 우리와 함께 싸워준 미국과의 동맹을 유지하는 것이 우리의 생존의 길이리라고 믿는다. 지금도 일부에서 전시작전권 반환을 주장하고 한국전쟁의 종전선언 등을 이야기하는 것은 대한민국의 국민들은 원하지 않는다. 이제 북한에게 완전 핵 폐기는 기대할 수 없고 이미 핵 보유국으로 인정 받기를 원하는 상황에서 우리 대한민국은 군사적인 면에서 비대칭 경쟁 상대이다. 이런 상황인 대한민국은 미국이 절대적으로 필요한 우방이다. 이제 이런 현실을 냉정하게 받아들이고 우리의 국가목표와 발전 공존을 위하여 노력하여야 한다. 2020년부터 특히 코로나19라는 미증유의 사태를 맞이하여 우리는 어느 나라보다 슬기롭게 이 사태를 벗어나고 다시 경제회복에 노력하고 있다. 우리는 여러 가지 국제관계에서 중요한 일원으로서 슬기롭게 대처하면서 우리 민족이 염원하는 공존, 평화, 번영의 역사를 만들어 나가야 한다.

👑 호시탐탐과 호시우보

호시탐탐(虎視耽耽) "호랑이가 먹이를 노린다"라는 표현은 많이 쓰였습니다. 1950년 한국전쟁을 설명하면서 "호시탐탐 기회를 노리던 북괴는 1950년 6·25일 미명을 기하여 평화로운 남한을 침략하였습니다." 70년이 지난 지금도 이런 상황은 크게 변하지 않고 있습니다. 이젠 비교할 수 없이 더 위험해졌습니다. 얼마전 우리나라 통일 정책을 담당하는 후배가 취미로 하던 서예전을 개최하였는데 "호시우보(虎視牛步)"라는 작품이 눈을 끌었고 작가도 크게 아끼고 있었습니다. 일반적인 의미로는 예리한 통찰력으로 꿰뚫어 보며 성실하고 신중하게 행동함을 의미하겠습니다. 후배(작가)는 우리나라 남북의 통일정책과 관련하여 불확실성으로 가득찬 무대에서 냉철한 판단과 우직한 황소걸음이 상황을 호전시키고 발전시킨다는 것이 자신의 좌우명이라는 것입니다. 흔들리지 않는 기본을 유지하면서 목표(평화통일)를 향해 한결같이 우직하게 나아간다면 그 목표를 이룰 수 있다는 그의 말에 공감하였습니다.

👑 동의보감의 명언이 개인, 조직, 국가에 다 통합니다

우리가 존경하는 허준 선생의 동의보감(東醫寶鑑)에 "通卽無痛,無通卽痛"이라는 8자가 동의보감을 관통(貫通)하는 요체(要諦)랍니다. 통하면 고통이 없고 통하지 않으면 고통이라는 뜻이겠습니다. 우리 신체에 피가 잘 흐르고, 호흡이 잘 되며, 모든 기맥(氣脈)이 잘 연결되면 고통, 병이 없다는 것이며 그렇지 않고 어딘가 막히거나, 문제가 생기면 고통, 곧 병이 된다는 것입니다. 우리 신체분 아니라 우리 가정 ,친구(이웃)사이, 각종 크고 작은 조직들이 모두 소통(疏通), 즉 대화, 이해, 신뢰가 있으면 무통, 즉 문제점이 없습니다. 그 반대이면 갈등, 불신, 대결, 이별 등 모든 고통(문제점)들이 발생합니다. 우리 이웃의 국가들, 중국과 일본과 관계에서 원만한 소통이 아주 긴요합니다. 이래야 공존과 평화, 번영의 역사가 이뤄집니다. 우리는 보통 삼통(三痛)을 두통(頭痛), 요통(腰痛), 관절통(關節痛)을 이야기합니다. 우리나라는 역사적으로 당쟁활동, 현대에는 이념의 싸움이 치열하여 서로 다름을 인정 않고 상대편이 틀렸다고 투쟁을 하는 경우가 많았습니다. 국회에서도 페어 플레이를 못 합니다.

이게 늘 골치가 아픕니다. 두통입니다. 우리 한반도는 분단의 역사가 76년, 세계 유일한 현상입니다. 여기서 허리가 아프고 간혹 주저 앉게 되고, 현재 안보, 특히 핵무기가 당면 과제입니다. 요통이라고 할 수 있습니다. 그리고 다리가 자주 아파서 걷지 못하고 뛰지 못하게 되는 것은 심각한 건강이상입니다. 세계에서 가장 지나치게 민주적인 노동법령과 양보가 이뤄지지 않는 노사현장이 기업들을 걷지 못하게 하고 지속적인 경제발전이 어렵습니다. 이런 삼통이 원만히 조정(치료)되어야만 우리 한반도가 지속 가능한 생존과 번영이 가능합니다.

♛ 새해 2021년 소띠에 통합 VACCINE (백신)이 필요합니다

지난해 2020년에는 코로나를 이겨 내기 위해 백신을 갈망해서 이제 겨우 개발된 백신이 부작용이 없는지, 완전한지 여부를 떠나서 접종을 시작했습니다.

이제 신년 상반기를 넘어서면 전 세계에 광범위한 면역체제(集團免疫)가 이루어 질 것으로 기대합니다. 이와 별도로 어느 나라나 "통즉무통(通卽無痛)"과 관련해서 정도의 차이지만 고통을 겪고 있습니다,

대표적인 민주주의 국가 미국에서도 "조 바이든" 대통령 당선자을 인정하느냐로 국론이 갈려서 고통을 겪고 있었고 지금도 여진(餘震)이 남아있습니다.

우리 나라 대한민국은 전세계 유일한 "분단국가"로 남아 있으면서 유별나게도 국론이 "분열"된 나라입니다. 이를 계수로 표시했는데 OECD 37개 국가 중 스웨덴이 가장 우수한 국가로 통합지수 1.2인데 대한민국은 30등이 넘어 0.21이라고 합니다.

이렇게 분열된 원인으로는 국회 등을 비롯한 정치지도자들의 통합리더십의 부족이 42%이고 국민의식 수준이 12.8%라고 합니다. 이 갈등 지수가 해소되어 무통(無痛)수준으로 가면 GDP가 13%(200조원)나 상승한다는 통계도 있습니다.

부디 금년에는 코로나 백신 분 아니라 이념 ,국회(정당), 노조 등이 통합의 길로 가는 백신이 개발되기를 간절히 바랍니다.

더구나 백신이라는 용어는 소(牛)의 부스럼(상처), 우두(牛痘)에서 나온 말이니 소띠해(辛丑年)에는 희망을 가져봅니다.

우리나라는 1997년 IMF 위기를, 2008년에는 국제금융위기를 극복했고 또 이번에는 코로나 위기를 극복할 수 있습니다. 거기에 우리 나라에 심각한 위기 "국론분열"을 극복하여 "Rebuild Korea"를 이뤄야 합니다! 핵무기가 관련되어 있는 통일보다는 먼저 통합으로 갑시다!

제17막

2000~2020년(20년간)의
놀라움(Amazing)

- 시기: 2000~2020년
- 새천년 단지 20년 동안의 변화가 엄청납니다.
① 새천년 2001.9.11-4대의 비행기납치-세계무역센터 쌍둥이 빌딩, 펜타곤
   -자살테러공격 3500명 인명피해-미국 본토를 공격한 최초의 사건
- 미국-아프가니스탄 이라크 전쟁-제레니모작전 오사마 빈 라덴 10년 후 사살
② 중국의 날개 없는 추락(1840년 이후)-개혁·개방(1978년 이후)-중국 兩强으로
   -모택동 인민의 나라 건국-인민의 부자나라로 굴기-등소평-黑描白描論
③ 500년 전 르네상스-컴퓨터, 스마트폰으로 50년 만에 전자정보통신 르네상스
   -빌게이츠-정보고속도로, 스티브잡스-PC, 아이폰으로 세계·세계인을 뒤집다
④ 코로나 19 중국에서 발생(2021.2.28. 현재) 전 세계로 220개국 환자 1억 1400만 253만명 사망
   -14세기 유럽의 페스트 최소 7500만 사망
   -치료제와 백신개발에 전력투구-2021년 중 극복 기대

1장

9·11테러(2001년)와 미국-이라크 전쟁(2003년)

아! 911테러, 미국을 동시다발적으로 공격

충돌 후 불타고 있는 쌍둥이 빌딩

새천년 2001년, 미국은 오래만에 부자(夫子) 대통령, 아들 부시대통령이 취임한 그해 9월 상상치도 못할 엄청난 일이 터졌다.

미국 뉴욕의 110층 세계무역센터(WTC) 쌍둥이 빌딩과 워싱턴의 국방부건물에 항공기 동시 다발 자살 테러로 쌍둥이빌딩이 완전히 무너지고 워싱턴의 국방부청사(펜타곤)가 공격을 받은 대참사가 발생했다. 사건은 4대의 비행기를 납치한 이슬람 테러단체에 의해 동시 다발적으로 이루어졌는데 시간별 상황은 다음과 같았다.

우선 4대의 비행기를 납치하여 자살테러에 사용했는데 8시부터 9시에 사이(1시간 사이)에 보스턴 등 동부에서 로스앤젤레스로 떠나는 중형(승객 100명 미만) 비행기를 우선 3~5명이 탑승하여 납치에 성공하는 것이 1단계였다. 모두 납치에 성공하고 비행기들은 방향을 바꾸어 8시 45분에서 9시 40분까지 역시 1시간 사이에 각각 공격 목표 쌍둥이 빌딩 그리고 국방부 빌딩에 충돌하여 자살테러를 성공하고 1대는 추락하였다. 특히 비행기 두 대는 정확하게 충돌(공격)하여 그 대단한 쌍둥이 빌딩이 1시간에서 1시간 30분만에 완전 붕괴되는 참사로 이어졌다.

세계 초강대국인 미국은 순식간에 아수라장으로 바뀌어, 유례없는 충격과 경악에 휩싸였고 세계경제의 중심부이자 미국경제의 상징인 뉴욕은 하루 아침에 공포의 도가니로 변하고 말았다. 미국의 자존심이 일거에 무너진 것은 차치하고 이 세기의 대폭발 테러로 인해 2800~3500여 명의 무고한 사람이 생명을 잃었다. 사건이 일어나자마자 CNN 방송을 타고 시시각각으로 사건 실황이 전 세계에 생중계되면서 세계는 경악하였다.

세계경제도 이 다발 테러 앞에서 전혀 손을 쓰지 못하였다. 국제금리가 단숨에 하락하고 세계금융시장이 크게 요동쳤다. 미국은 사건 직후 일주일간 증권시장을 열지도 못하였으며 미국을 오가는 모든 국제 항공선도 차단되었다. 미국인들은 이 사건을 일컬어 "제2의 진주만 공격(꼭 60년 전, 1941년)"이라고 부르기도 하지만 미국 건국 이래 본토의 중심부가 외부의 공격을 받은 것은 처음이었다. 정확하게는 1814년 제2차 미영전쟁으로 백악관이 불탄 적이 있었다.

이 사건으로 인한 인명피해는 4대의 비행기에 탑승하여 테러의 도구가 되어 266명이 전원사망한 인원을 포함하여 최대 3500명에 달하고 경제적 피해는 세계무역센터 건물가치 11억 달러, 테러응징 긴급지출한 400억 달러, 기타 직간접 피해액을 더하면 화폐가치로 환산하기 어려울 정도였다.

비행기를 납치한 범인들은 사우디아라비아와 이집트 출신의 조종사 출신을 포함하고 있는데 이들은 탁월한 비행기술을 발휘하여 정확한 충돌각도로 예행연습도 없이 그 비행기 한대가 그 큰 건물을 하나씩 무너뜨린 것이다. 국내선 비행기라도 4000키로 내외의 장거리 비행에 소요되는 기름을 건물에 쏟아 부었으므로 큰 화재를 동반하고 건물의 골조가 녹아 내린 것이었다.

많은 인원과 시일이 소요되었을 그들의 작전에 결정적인 정보를 사전에 얻지 못했던 미국연방수사국(FBI), 미정보부(CIA)는 이 엄청난 작전의 주모자가 사우디아라비아 출신의 국제테러리스트인 "오사마 빈 리덴(Osama bin Laden)"과 그의 추종조직인 알 카에다를 주요 용의자로 확정하였다. 그 밖에 팔레스타인 해방기구(PLO)의 산하 무장조직 하마스, 레바논의 헤즈볼라 등이 공모하였다고 판단하고 체포 및 응징작전에 착수했다.

9·11테러의 응징과 이라크 전쟁

납치된 항공기가 처음 무역센터 남쪽건물을 공격한 직후 오전 9시31분(단 1분의 지도

미국 장병들 앞에서 연설하는 부시대통령

자 공백이 없었음) 부시(George W.Bush) 미국 대통령은 이 테러사건을 "미국에 대한 명백한 테러공격"으로 규정하고 단호한 대항조치를 시작했다. 9월 12일 부시 대통령은 테러 개입자들에게 사전 경고 없이 보복할 것을 천명하고 이틀날 "이 테러를 21세기 첫 전쟁"이라고 규정하였다. 곧이어 빈 라덴이 숨어 있으리라고 예상되는 아프가니스탄에 대한 지상군을 투입하는 등 보복전쟁에 들어 갔다. 미국은 "테러와의 전쟁"이라는 명분으로 영국과 함께 아프가니스탄의 전략지역을 폭격하기 시작하여 연말까지 미영 연합군은 반 텔레반 과도정부를 수립하였다.

그러나 미국이 목표로 했던 빈 라덴과 알카에다를 뿌리 뽑지 못해 중동으로 눈을 돌려 2003년 3월에는 이라크 전쟁을 일으켜 20일만에 바그다드를 완전 점령하고 새로운 과도정부를 출범시키는 등 대 테러전쟁을 계속하였다. 제2차 세계대전 이후 미국이 분노하여 자신들의 전쟁을 시작한 것이다.

그 해 연말에는 1979년부터 24년 동안 집권해 오던 사담 후세인 이라크 대통령이 자신의 고향 티크리트에서 남쪽으로 약 15km 떨어진 곳에 자리한 농가 근처의 작은 땅굴에서 체포되었다. 이라크는 1991년 4차 걸프전이 종결된 이후 국제사회에서 불법적인 대량 살상무기를 보유, 개발하고 있다는 의심을 받아 왔다 그래서 2002년 부시대통령은 이라크를 이란 및 북한과 함께 세계평화를 위협하는 "악의 축(Exis of Evil)"으로 지목했다.

체포된 후세인

이런저런 분위기에서 시작한 이라크전쟁에서 1차 목적, 반미 사담 후세인 정권 제거를 달성하는데 3년 밖에 안 걸렸지만 그 후 6년이 지나도록 이라크를 안정시키지 못했다.

미국이 대외적으로 참여한 제1, 2차 세계대전, 한국전쟁, 베트남전쟁, 걸프전쟁 등은 전쟁(War)이라고 지칭하지만 이라크 전쟁은 전쟁이라고 하지 않고 이라크 자유작전이라고 표현했다. 이 전쟁에 소요된 3~5조에 이르는 전비, 미국 전사자 4500여 명 부상자도 3만 명이 넘어 월남전 이후 최대 인원이었다. 9·11의 테러보복전쟁을 시작한 명분은 그동안 퇴색되어 실추된 미국의 이미지를 명예롭게 마무리 하는 데 부심하였다.

오사마 빈 라덴이란 인물, 그 후

　오사마 빈 라덴(1957~2011.5)은 사우디 아라비아의 명문가 부유한 가정에서 태어나 대학과정에서 이슬람교 스승들의 영향으로 정치와 종교에 관심을 가지게 되었다. 급진 이슬람 원리주의자로서 1980년 소련의 아프가니스탄 침공 시에 아프가니스탄으로 가서 아랍의용군을 조직하여 소련(러시아)군에 맞섰다. 그 후 철저한 반미주의자가 되어 상당한 부를 바탕으로 자신이 조직한 테러조직 엘 카에다(Al－Qaeda)를 통해 국제적인 테러를 지원하기 시작했다. 종횡무진으로 움직이는 그는 아프가니스탄으로 가서 1998년 아프리카 케냐 등 미국 대사관 폭탄테러사건을 지휘하여 미국정부가 500만 달러의 현상금을 내걸기도 했다. 드디어 911 테러사건의 배후자로 알려 지면서 전 세계의 주목((2007년 현상금 5000만 달러)을 받았다. 미국이 보복전쟁의 시작으로 아프가니스탄의 전면적인 공격과 국제테러조직의 대한 무차별 응징을 하는 가운데 용케도 10년 가까이 은신생활에 성공하였다.

　결국 2011년 5월 9·11테러의 마무리는 부시대통령의 후임인 미국의 오바마대통령이 서명한 제로니모작전을 집행하였다. 이 작전으로 파키스탄의 수도인 아슬라마바드 외곽에 있는 한 가옥에 오사마 빈 라덴이 숨어 있는 것이 추적되어 미국 특수부대가 공격을 하여 사살(54세)하였다. 빈 라덴의 시신은 간소한 이슬람 장례절차를 거쳐 아라비아 북부 해역에 수장 되었다. 빈 라멘의 조국 사우디 아라비아가 빈 라덴의 시신 인수를 거부하였고 지상에 매장할 경우, 매장지가 빈 라덴 추종자들에게 성지(聖地)가 될 것이 우려되어 수장했다는 것이다.

오바마대통령

👑 오사마 빈 라덴의 최후

오사마 빈 라덴

9·11테러로 인하여 손상된 미국의 자존심은 그 후 아프가니스탄, 이라크전쟁으로 이어지는 동안 수만명의 사상자, 수조달러의 전비를 쏟아 붓고도 그 주동자 빈 라덴을 잡거나 사살하지 못해서 미국의 큰 국가적 과제로 남아 있었습니다. 드디어 2010년 8월경 빈 라덴의 파키스탄 은신처에 대한 믿을 만한 단서를 확보해 이를 추적했으며 이제까지 수없이 실패한 체포작전을 성공할 충분한 정보가 확보됐다고 판단, 2011년 4월 오바마 대통령의 승인을 받았습니다. 작전명으로 "Geronimo E-KIA"라고 했는데 이 이름은 100여년 미국을 괴롭혔던 전설적인 인디언 아파치족의 추장 제로니모(1829-1909)를 빈 라덴에 빗대어 붙인 명칭이었다고 합니다. 이 작전으로 오사마 빈 라덴은 물론 그의 아들과 남성 3명, 여성 1명 등이 사살되었습니다. 이 작전에 참여한 미국 해군 특수부대 대원은 모두 79명이었으며 그 중 24명이 빈 라덴의 집에 침투해 교전 끝에 사살하였습니다. 사망한 빈 라덴의 시신을 확인하고 DNA 샘플채취와 얼굴인식 등 신원확인 작업을 확실히 진행했다고 합니다.

2장

새천년 미국과 함께 양강으로 떠오른 중국-등소평(鄧小平)

전쟁시대의 영웅 모택동, 평화시대에 중국을 발전시킨 작은 거인 등소평

중국 4천년 역사에서 두 사람을 꼽는다면 '중국'이란 나라를 만든 사람은 "진시황(秦始皇)"이고 그 후 2200년 가까운 세월이 지난 현대에서 뒤죽박죽된 중국을 통일한 사람은 모택동(毛澤東, 1893~1976)이었다. 그런데 모택동이 통일한 중국을 잘 다듬어 미국과 함께 오늘날의 세계 양강이 되게 초석을 놓은 사람이 등소평(鄧小平, 1904~1997)이다. 말하자면 중국역사의 '2＋알파'에서 알파 역할을 한 사람이 등소평이라고 할 수 있다.

서양의 대표, 영국과 함께 동양의 대표 중국을 세계의 양강으로 착각한 시대가 잠깐 있었다. 1800년대 초 중국으로 무역하러 온 서양의 열강들은 중국이 상당히 강한 나라라고 생각했다. 그런데 중국과 영국이 처음 맞붙은 1840년 아편전쟁에서 영국이 말도 안 되게 일방적으로 이긴 것이다. 중국은 말 그대로 이빨 빠지고, 뛰지도 못하는 종이호랑이였음이 드러났다. 게다가 서태후라는 독재자가 좌지우지해 중국은 날개 없이 한없이 추락해 1912년에 멸망하였다.

오히려 동양에서는 생각지도 않은 일본이라는 미들급 선수가 청일전쟁(1994－5)에서 중국을 이기고 헤비급으로 체급을 올려 중국을 가장 혹독하게 괴롭혀서 중국은 한반도와 함께 큰 희생양이 되었다. 1921년 공산당 창당시부터 소장파로 등장한 모택동은 1934~5년대의 장정(長征)으로 살아남아 장개석의 국민당과 내전을 하는 과정에서 홍군의 지도자

중국의 건설과 모택동

로서 큰 능력을 발휘하여 1949년 중국대륙을 차지하였다. 더구나 우리나라로서는 불행한 일이었지만 1950년 모택동이 3일 동안 심사숙고 끝에 결심한 한국전쟁 참전으로 중국의 입지를 더욱 단단하게 한 것이 그의 업적이었다. 하지만 대약진운동(1958년), 문화대혁명(1966~1976년)은 그의 큰 과실로서 신생국 중국의 발전을 저해했고 1976년에 사망하였다.

그래서 모택동의 공산당 창당 이후 1921~1976년, 55년 동안의 활동은 공과(功過)가 양립한다. 그 후 권력을 승계하게 된 등소평은 '공칠과삼(功七過三)'이라는 특유한 원칙으로 그를 국부로서 존경하게 하고 중국의 정신적 기본으로 정했다.

중국 현대사의 두 인물 모택동과 등소평은 180년 전 1840년 영국과 함께 세계양강이라고 착각했던 상황을 이제 새천년에 들어와 이젠 미국과 함께 실제로(진짜로) 양강이라는 것을 보여주고 있다. "진짜로?"라는 말은 영어로는 "Really?"이고 중국어로는 "眞的? 쩐더"라고 한다.

등소평의 일생- 중국이 굴기(崛起)하는 기초를 놓다

모택동(우)와 등소평(좌)

등소평(鄧小平)은 20세기가 시작되던 1904년 사천성(四川省)에서 태어나 격동의 20세기를 온전히 살아내고 1997년 21세기를 목전에 둔 시점에 북경에서 93세로 사망했다. 중국으로서는 운 좋게도 적절한 시기에 이런 영웅이 활동해서 꼭 필요한 역할을 했다고 할 수 있었다. 등소평은 중국 건국과정의 투쟁과 전쟁의 주역인 모택동보다 11살 아래로 선배의 활동과 치적을 보고 배웠다. 그리고 그보다 21년을 더 살면서 중국 발전의 기초를 세우고 후대에 솔선수범하였다.

그야말로 귀중한 시대를 살아낸 거인으로 중국인들은 그를 '백년소평(百年小平)'으로 부른다. 등소평은 20~30대에 항일무장투쟁부터 모택동을 따라 대장정을 함께 한 공산당의 핵심 인물이었다. 등소평은 일찍이 15살인 1918년에 프랑스로 유학을 가서 평생의 신념, 카를 마르크스(1818~1883년)의 공산주의를 알게 되고 파리에서 공산주의 운동에 참여했으며, 이후 모스크바를 거쳐 귀국해 1927년부터 중국공산당 지하운동을 시작했다. 그가 군 원로로서도 존경받고 노년까지 권력을 누렸던 것은 미래를 보는 예지가 출중했던 것도 있었지만 장개석군과의 내전(1945~1949년)에서 승리하는 과정까지 팔로군의 정치

중국현대사의 제3의 인물 주은래

국원으로 크게 활약한 공로가 지대했기 때문이다. 중국 정부수립 후에도 모택동의 신임을 얻어 부총리, 정치국 원으로 급성장하였는데 차츰 소원해진 것은 경제시책 등 내치에서 실용주의정책을 주장한 이념이 달랐기 때문이다. 등소평은 공산주의자로서는 드물게 인민의 행복과 복지를 위해 시장경제를 도입하자는 사회주의 정치지도자였다. 모택동이 '인민의 나라'를 만들었다면 등소평은 '인민의 부자국가'로 만든 것이다. 그가 구상한 시장경제는 모택동이 10년간 어렵게 만들었던 문화대혁명에서 기인했다고 한다. 당시 참신한 정치개혁세력으로 떠오르던 등소평은 하루 아침에 모든 권력을 잃고 유배지에서 연금 상태로 지내야 했다. 문화대혁명 동안 수없이 많은 희생과 신생 중국의 또 한번의 추락을 보면서 그는 묵묵히 때를 기다렸다.

중국이 운이 있었던지 '주은래(周恩來, 1898~1976년)'라는 현대중국의 제3의 인물이 있어서 문화대혁명으로 밑바닥까지 떨어질 뻔한 나라를 구하고, 인재를 알아보고 지지해서 등소평이 살아날 수 있었다. 나라의 건설자 모택동이 그 역할을 문화대혁명으로 끝내고 1976년 사망하자 등소평의 시대가 도래한 것이다. 잠정적으로 '화국봉'이라는 인물이 잠시 당 총서기를 맡았으나 그 이면의 실세는 등소평이었다.

1978년 등소평 '3보주(三步走)시작

정계에 복귀한 등소평은 1978년 5월경 주요 인재들을 서유럽 5개국으로 시찰을 보냈다. 시장경제를 도입하기 전에 자본주의 경제에 대한 연구를 철저히 하고 이것을 중국에 어떻게 적용할 것인가를 준비한 것이다. 뿐만 아니라 등소평 자신도 중국이 "다시 그릇된 길을 가서는 안 된다"는 신념으로 강대국이자 자본주의 꽃이 활짝 핀 미국과 일본을 방문하였다.

그는 중국에 시장경제를 도입(개혁·개방)하면서 '삼보주(三步走)'라는 목표를 세웠다. '제1보(一步)'는 인민이 먹고 입는 문제 해결, 제2보(二步) '소강(小康)'은 인민의 생활 수

준을 중류 이상으로 끌어 올리는 것, 제3보(三步)는 '대동사회 실현(大同社會의 實現)'은 중국의 현대화(선진화)를 달성하는 것이었다. 등소평의 생전에는 제1보를 완성했고, 제2보를 한참 진행하는 중에 과업을 자신이 키운 후배들에게 남기고 사망했다. 밀레니엄 시대 2008년 북경에서 올림픽을 개최할 때 그 2보 '소강(小康)' 시대를 완수하고 있음을 세계에 알리고 지금은 제3보가 진행 중에 있다.

금년 2021년 공산당 창건 100주년을 지내며 세계 2강의 존재를 확실히 하고 2049년 중국 건국 100년이 됐을 때는 제3보를 완수하여 세계최강 지위를 확보한다는 중국의 꿈(中國夢)을 가지고 있다. 2019년의 전 세계 GDP를 보면 미국이 21조 4천억불에 이어 중국이 14조3천억불(미국의 66.7%)로 확실한 2위이며 3위 일본 5조8천억불을 비롯하여 유럽의 4강까지 합한 금액에 필적하는 대단한 실력을 보이고 있다.

1840년 아편전쟁부터 끝없이 추락했던 중국, 100여년이 지난 1949년 건국으로 전환점을 마련하여 2000년대에는 벌써 미국과 맞서는 양강의 위치를 확보하고 있다. 서서히 솟아올라 또 다른 100년을 향하여 궐기(蹶起, Jump)하고 있는 중국은 금세기의 놀라움(Amazing)이다.

중국의 개혁 개방의 과정은

모택동의 사후, 잠깐동안 화국봉이 잠정적인 후계자였지만 "부(副)"자를 붙인 등소평이 실세였다. 그가 주도하여 1978년 공산당회의(全人代 11期 3中)에서 10개년 경제개발계획과 4대 현대화노선을 확정하고 "개혁 개방(改革 開放)을 원칙으로 채택하게 했으며 그 후 현재까지 40여년 동안 추진되어 중국은 세계 양강(兩强)으로 궐기(蹶起)하였다.

당시 등소평은 흑묘백묘론(黑描白描論)을 제시했으며 일국양재(一國兩制)로 중국을 바꾸어 나갔다. 인류 역사에서 이렇게 장기간에 걸쳐 개혁의 성공사례가 드물었으며 중국역사에 개방은 전례가 없던 획기적인 조치였다. 1979년 미국과 수교하고 대한민국도 인접국가로서 밀접한 무역 및 경제교류를 지속하다가 1992년 수교하였다.

우선 등소평은 국민소득을 10년 사이에 2배로 또 그 후 10년에 2배로 증가시켜 2000년에는 4배로 불려서 소강사회(小康社會: 따숩고, 배부른 백성들의 국가)를 실현하고자 했는데 그의 생전에 1997년 앞당겨 성공했다.

경제성장률도 79년 이후 1997년까지 연평균 9.8%의 세계 유례없는 고 성장을 지속했다. 세계 경제에서 25년 동안 연평균 8%이상의 경제성장을 지속한 나라는 싱가포르, 대만, 홍콩 그리고 대한민국이었는데 이제 그 대열에서 가장 대국으로의 경제규모를 자랑하게 됐다.

1997년 당시 중국의 1인당 국민소득이 860불에 이르러 저소득(785불)을 넘어 중등 소득국가의 단계로 진입했다. 국민 전제소득(GNP)도 1조 달러를 처음 넘어서서 전 세계 7위의 경제대국으로 올라섰다. 외환보유고도 1400억 달러로 일본에 이어 2위였으니 반환된 홍콩의 930억불을 포함하여 1위였으며 그 후부터 당연한 외환 보유 1등 국가이다. 당시 10만개의 각종 시장이 형성되고 소규모 상점은 1천 4백만개였으니 그래서 90% 이상이 시장에서 결정되는 자본주의 자유시장이 형성된 사회주의 국가로 일국양제의 성공사례가 되었다.

 등소평의 검은 고양이 흑고양이 론

흑묘백묘(黑描白描)는 중국 원문으로 "不管黑描白描(검은 고양이든 흰고양이든 관계없이)捉到老鼠(고양이를 잡으면) 就是好描(그것이 좋은고양이다)"를 줄인 말입니다. 등소평이 1979년 미국을 방문하고 돌아와서 중국의 개혁과 개방의 요체(要諦)를 이렇게 표현하여 유명해 졌습니다. 즉 고양이 빛깔이 어떻든 고양이는 쥐만 잘 잡으면 되듯이, 자본주의든 사회주의든 상관없이 중국인민을 잘 살게하면 그것이 제일이라는 뜻이었습니다. 부유해질 수 있는 사람부터 먼저 부유해지라는 뜻의 선부론(先富論)과 함께 등소평의 경제철학을 가장 잘 대변하는 용어입니다. 흑묘백묘외 비슷한 뜻의 한자성어로 "남파북파(南爬北爬)"가 있습니다. 남쪽으로 오르든 북쪽으로 오르든 산 정상만 오르면 그만이라는 뜻입니다. 흑묘백묘론과 함께 등소평의 정치철학은 "일국양제(一國兩制)"이었습니다. 중국의 주권이 미치는 지역안에서 두가지 정치체제가 조건부로 공존하는 정치제도입니다. 150년 동안 영국이 지배하던 홍콩을 1997년에 중국에 반환하기 10년 전에 영국의 수상 태처가 북경을 방문하여 등소평과 회담 하였습니다.

"홍콩이 중국에 반환되면 홍콩의 자본가들이 불안해서 홍콩을 떠나고 투자금도 회수하게 될 것이니 어찌 할 것입니까?" 하고 물었을 때 등소평은 "그들에게 걱정하지 말고 그대로 있으면서 사업활동을 계속하라고 하십시오. 우리 중국(등소평)은 복안이 있습니다"하고 제시한 방안이었던 것입니다. 등소평의 탁견(卓見)이었으며 홍콩의 반환 후 주식거래, 부동산 거래 등이 혼란 없이 이루어 졌고 그 가격은 오히려 더 상승하였습니다.

등소평 이후의 중국

등소평 이후 정치지도자가 장택민(1989~2002년), 후진타오(2002~2012년), 시진평(2012년 이후) 체제로 이어지면서 비교적 안정적인 정치운영이 이어지고 있다. 2000년대에 들어서서는 벌써 국민소득으로 일찍이 세계 2위로서 3위인 일본 등 유럽의 나라들을 멀찍이 제쳐 놓고 있다. 경제성장이나 국민소득 이외에도 여러 가지 분야에서 세계 양강이 되고 있다. 군사력에 있어서도 1950년대부터 개발한 핵무기 미사일등 현대 전력에서도 미국의 다음으로 아시아권을 장악할 만한 종합전력을 가지고 있다. 군사전력을 상징하는 항공모함에 있어서 11개의 항모전단을 운영하는 미국에 비해서는 열세이지만 2대의 니미츠급 항공모함(최근 추가 진수예정 1척)을 보유하고 있다. 2018~19년의 조금 둔해진 연간 6~7%의 경제성장률 감안해도 2030년 이후 국민소득이 미국을 추월할 수 있으며 중국은 국가 독립 100주년인 2049년에는 모든 면에서 세계 최강으로서 선진국이 되는 장기계획을 가지고 있다. 그러나 인공위성을 띄우고 전국 각지에서 메트로폴리탄이 세워지는 도시와 대비된 55개의 소수민족들이 밀집해 있는 농촌지역의 균형 발전의 면에서는 아직도 많은 문제점을 내포하고 있는 중국이다.

2000만 명에 이르는 실업자들이 도시에서 언제라도 시위에 나설 수 있으며 소득 격차에 따른 사회적 문제, 최근의 난제가 되고 있는 홍콩문제, 방만한 공유기업의 채무문제 등 그동안 산적된 문제들이 발목을 잡을 수 있다.

대외적으로는 미국과 대립각을 세우는 문제들, 양강으로서 무역문제, 동지나해에서의 해상권 등 각 분야의 이해관계가 첨예한 분야들이 많이 있다.

우리나라는 수출의존도가 30%에 이르는 최대의 무역시장이면서 북한 핵문제 사드 설치 등 민감한 문제들이 적지 않은 피치 못할 인접국가이다. 우리의 전통 우방, 상호방위조약을 체결하고 있는 미국과 지리적인 이웃 국가 중국 사이에 피치 못할 선택을 하여야 할 경우가 적지 않으니 현명하게 대처해 나가야 한다.

3장

새천년(2000년대) 전자·정보·통신 르네상스(혁명)
-스티브 잡스 등

20세기 컴퓨터, 21세기 전자혁명-500여 년 전 르네상스의 흥분과 비슷

최초의 컴퓨터 에니악

20세기 인간의 생활방식을 획기적으로 변화시킨 세 가지 발명품은 자동차(1886년 최초), 비행기(1903년 최초), 그리고 컴퓨터(1946년 최초)에 이은, 인터넷, 아이폰이라고 한다.

그 세 번째 발명의 컴퓨터와와 함께 대표적인 주인공 스티브 잡스(Steven Paul Jobs, 1955~2011년)는 PC, 스마트폰 등 전자정보기술의 결정판을 만들어 2000년대 밀레니엄 세대, 세계인의 삶을 송두리째 바꿔 놓은 인물로 평가받고 있다. 그는 동갑내기 빌 게이츠

(Bill Gates, 1955~)와 경쟁하면서 2톤이 넘었던 최초의 산업용 컴퓨터를 1977년 전문가가 아닌 개인이 사용할 수 있는 PC(Personal Computer)로 개발한 것이 놀라움의 시작이었다.

원래 최초로 완성된 컴퓨터는 1946년 '에니악'으로, 필자가 태어난 해부터 컴퓨터의 진화가 시작되었다. 컴퓨터는 제2차 세계대전 시 복잡한 계산을 신속하게 해야 하는 필요성에서 개발되었다. 대표적으로 복잡한 독일의 전기암호를 풀어내기 위해 수 백명의 수학자가 모여서 이를 풀어냈고, 이를 통해 1944년 노르망디 상륙작전 등이 성공을 거둔 것이다.

1946년 에니악은 여러 사람의 그때까지의 연구를 종합한 결과물이었으므로 발명자의 이름이 없으며 1만 8천 개의 진공관을 가진 2톤의 무게, 최소한 50평의 면적을 차지하는 대물(大物)이었다. 1952년 미국 대통령 선거에서 일반여론 조사는 박빙이었는데 당시 컴퓨터 '유니박'은 483대 93(선거인단)으로 아이젠하워의 승리를 계산해 냈고 실제의 선거 결과는 442대 89로 컴퓨터의 성능을 과시했다.

1976년 21살에 애플사를 창업한 스티브 잡스가 그의 동업자 워즈니악과 함께 1977년에 개발한 애플Ⅱ에 이어, 1984년 매킨토시는 전산실에 있던 컴퓨터를 사무실 책상 위로, 무릎 위로, 손바닥 안까지 진화를 거듭해 왔다. 그의 제품은 매년 진화하는데 그의 복장은 언제나 같았다.

빌 게이츠(Bill Gates) 스티브 잡스(Steve Jobs)

드디어 2007년에는 간단히 주머니에 넣을 수 있는 컴퓨터, 전화, 인터넷 등을 융합한 아이폰을 개발해 세상을 흥분의 도가니 속으로 몰아넣은 괴짜요 천재로서 르네상스 시대의 레오나르도 다빈치에 비유될 수 있다. 르네상스는 종교 중심으로 깊은 잠에 빠져있던 중세 유럽 국가들이 인간 본위로 바꾼 15~16세기의 문명부흥이었다.

당시 구텐베르크(1397~1468년)는 본격적으로 금속활자를 개발(1450년경)하고 성서 등를 대량 인쇄하여 지식과 학문의 대중화가 시작됐으며, 콜럼버스는 대서양을 건너 신대륙을 발견(1492년)하였다. 그 후 바스코 다 가마, 마젤란이 인도양과 태평양을 건너 3대양을 돌아 세계일주를 성공해 신항로가 개척됐다. 그리고 이탈리아를 중심으로 레오나르도 다빈치(1452~1519년), 미켈란젤로(1475~1564년) 같은 천재 예술가들이 활약했다.

르네상스 이후 500년 동안 지구에서 벌어진 일들을 현대의 천재들 스티브 잡스와 빌 게이츠 등이 50년도 안되는 시기에 해냈다고 할 수 있다.

현대판 신천지, On-line, Cloud의 개발은 콜럼버스 역할과 비슷

20세기에 과학의 발전, 컴퓨터의 개발에 힘입어 미국과 구소련을 중심으로 한 우주개발과정에서 달 착륙 성공(1969년)은 또 다른 신대륙의 개척이라고 기대를 모았다. 그러나 이는 일반대중의 생활에 영향을 주는 현실성이 없었으며 오히려 컴퓨터 속에서 할 수 있는 일들이 무궁무진으로 개발되면서 실재의 활동 영역인 Off-line과 구분되는 On-line 세상이 펼쳐지게 되었다. 사이버 공간에서의 전자상거래는 르네상스 시대의 신항로처럼 해외무역이 활성화되어 인류의 경제활동이 몇 단계 높아진 것과 비교할 수 있다. 앞서가던 빌 게이츠가 'Window 95'라는 운영체제를 출시하여 온라인 세상으로 들어가는('Gate'라는 이름) 신항로를 개척한 것은 콜럼버스에 비유할 만하고, 스티브 잡스는 모든 응용기기, 정보들을 구름 위 'Cloud'라는 가상의 세계에 비축하고 수시로 왕래할 수 있게 하였다.

여러 장르를 두루 융합한 것은 미켈란젤로와 흡사

필자가 1980년 공무원 해외연수로 미국에 도착했을 때 음악을 듣고 영어공부를 위해서 당시 일본 소니사 제품 "워크맨(Walk-man)", 일본 어느 카메라 회사의 간편하게 사진을 찍을 수 있는 "슈어 샷(Sure-Shot)"이라는 카메라, 녹음기를 장착하였다. 그리고 영한사전, 한영사전 등 한 보따리를 싸가지고 갔으며 숙소를 정해 TV와 전화를 갖추고 생활을 시작했다. 그런데 40년이 지난 현재는 미국을 가거나 세계여행을 떠나도 단 하나 애플이나 삼성 "갤럭시 10"을 주머니에 넣고 가면 되는 세상이다. 40년 전 한 보따리 물건들이 300그램도 안되는 스마트 폰 하나로 해결됐다.

2007년 애플사의 스티브 잡스가 예전 집채만한 컴퓨터에 내장된 전화기를 가진 아이폰 2G를 세상에 출시했을 때 이는 인류역사상 가장 큰 경이(Wonder) 중에 하나였고, 혁명이었다. 잡스의 천재성은 하드웨어, 소프트웨어, 콘텐츠의 완벽한 융합에서 보여주듯 음악, 미술, 영화 등의 예술과 인문학을 원 클릭이 가능한 전자시대의 르네상스를 열었다고 평가받는 것이다.

그가 한참 실력을 발휘하는 중, 자신이 설립한 회사에서 쫓겨나는 시련을 이기고 성공했다는 사실은 일찍이 조각으로 명성을 얻은 미켈란젤로가 로마의 기존 대가들의 시샘과 견제로 조각을 못하고 4년간 바티칸(시스티나 성당)의 천장화를 완성하여 미술가로서도 천재성을 발휘한 것과 비교할 수 있다. 이제 불과 10여 년 동안 매년 개량되고 그 기능이 다양화된 스마트폰을 즐기는 우리 세대는 행복하다. 이제는 PC와 스마트폰으로 이메일, 문자(카톡) 등을 주고받는 것이 일상화되었다. 지식과 정보도 언제나 스마트폰, 인터넷으로 찾고 있어 사전이 필요하지 않은 환경 속에 살고 있다. 신간 서적도 온라인에서 구입하거나 바로 읽을 수 있어서 꼭 570여 년 전에 개발된 획기적인 인쇄술은 컴퓨터, 스마트폰으로 흡수되어 Paperless 시대로 가고 있다. 그 선두에서 문화를 전달하고 즐기고 소통(Communication)하는 수단을 통합한 혁신가 스티브 잡스가 발전과 진화의 과정은 후배들에게 남기고 죽었다.

그 핸드폰의 보급률은 기하급수적으로 증가해 인구비율로 우리나라가 세계에서 4위에 속한다는 통계가 있었는데 최근 태국이 63%가 넘어서서 증가율이 세계 1등이라고 한다. 아주 어린 아이나 고령의 노인을 제외한다면 웬만한 사람은 이거 없으면 못 사는 세상이 되었다고 해도 과언이 아니다. 스마트폰 혁명으로 인류의 생활방식이 10여 년 사이에 완전히 바뀐 것이 사실이고 여기에는 분명히 어두운 면도 있다. 스마트폰 중독으로 인한 정신건강문제, 사회적 관계형성 부작용과 스마트폰을 이용한 범죄피해까지 그 정도가 점점 심각해지고 있는 것도 사실이다.

우리나라의 삼성전자(이건희)가 주도한 스마트폰 세계 1위

애니콜 신화를 만든 이건희 회장

르네상스 시대보다 더 앞선 시기에 우리나라는 중국의 영향을 받아 학문을 발전시켰고, 13세기에 이미 목판 인쇄술과 세계가 놀라는 팔만대장경판을 완성하는 등 유럽의 르네상스보다 2세기쯤 앞서 나갔다. 특히 세종대왕의 치세(1418~1450) 때는, 한글의 창제(1443년)와 문화·과학의 수준이 요즘의 G7에 해당되는 선진국이었을 것이다.

이러한 역사적 긍지를 되살려 IT 분야에서 삼성과 LG 등이 애플 같은 일류 전자산업의 대항마로서 전 세계 스마트폰 시장에서 1등을 하는 쾌거를 이루고 있다. 삼성전자는 최근 2020년 3분기의 전 세계 스마트폰 판매대수 3억 7000만대 중 33.7% 점유율로 애플을 4위로 밀어내고 있다. 그 중간에 중국의 화웨이, 샤오미가 저가 핸드폰으로 2~3위를 차지하고 있다.

삼성그룹이 1987년부터 반도체 산업에 올인하여 1992년에 세계최초로 64MBD램 반도체개발에 성공했고 그 후 20년간 D램 세계점유율 1위를 달성하여 2018년에는 세계시장 점유율 44.3%를 기록했다. 세계 최상의 반도체 기술을 바탕으로 삼성전자가 애플(스티브 잡스)의 아이폰(2007년)에 뒤이어 2010년 스마트폰 갤럭시S(3GS)를 출시해 많은 선진국을 깜짝 놀라게 하고 출시 직후 1000만대를 돌파해 광폭 성공을 예고하였다. 전통적인 스마트폰의 제조사인 모토로라, 노키아를 이미 따돌리고 우리가 한참 부러워한 일본의 소니 같은 전자회사 10개사의 영업이익을 삼성전자가 따라 잡았다.

잡스(Jobs, 일들)의 이름에서 그리고 삼성의 이건희회장이 강조하는 것처럼 "몇 명의 천재가 몇 십 만명을 먹여 살린다"는 것을 실감하고 있으며, 우리나라가 상대적으로 약하다는 인공지능 소프트웨어 등에서도 빛나는 연구와 발전을 기대하는 마음이다.

한국의 스마트폰 등 전자산업 1등의 신화를 이룬 삼성전자의 이건희(李健熙, 1942~2020년) 회장이 2014년 심근경색으로 쓰러져 의식을 잃은 뒤 6년여를 병석에 있다가 얼마 전(2020.10.25.) 사망하였다. 그 아들 이재용(李在鎔, 1968~) 부회장이 이미 탄탄한 경영자의 자질을 보이며 6년 이상을 회장직을 대행해 왔는데 직원 52만명 매출 400조 국제적 일류기업을 이끌고 있는데 최근 관련된 사건으로 구속되어 있는 것은 안타까운 일이다.

고 이건희 회장이 삼성을 확고한 세계초일류기업으로 만들다

고 이건희회장은 삼성상사를 세운(1938년) 고(故) 이병철(李秉喆 1910-1987) 회장의 3남으로 태어나 1987년 회장직을 물려받아 27년동안 세계의 초 일류 전자회사로 키우고 사망하였습니다. 고 이병철회장도 고 정주영회장 등과 함께 1960-1990년대에 이르는 대한민국의 한강의 기적이라 불리는 경제성장을 주도해온 대표적인 기업인으로 그 탁월한 경영능력과 인품은 크게 존경 받아 왔습니다. 그런 부친을 따라 갈 수 있을까 우려의 시선을 받던 이건희 회장은 미래에 반도체 세상이 올 것이란 집념으로 반도체, 스마트폰에 집중하여 세계적인 성공을 거두어 기업의 매출은 400조로(400배), 이익은 260배 기업가치(시가총액)는 396조로 비약적인 발전을 이룬 탁월한 경영자이자 국가 지도자였습니다. 1993년에는 "마누라와 자식을 빼고 모두 바꿔라"라는 신경영혁신으로 기업과 기업정신을 탈바꿈하는데 성공하였습니다. 애플, 모토로라 등의 제품을 뛰어 넘는 무선전화기로 만든다는 과욕으로 발생한 불량품 15만대(500억 상당)를 환수하여 이를 불태워(화형식) 생산체제를 환골탈태(換骨脫退)한 사건은 국제적으로 유명했습니다. 그 후 제작한 신제품 애니콜 SGH100 폴더폰은 삼성전자의 신화의 시작이었습니다. 이로부터 2010년의 갤럭시S 씨리즈가 세계시장을 석권하였습니다. 선대로부터 천하의 인재(人才)중시 경영으로 "한사람의 천재가 10만명을 먹여 살린다"는 신조로 경영자 연구원의 월급을 엄청나게 지불하는 전통을 만들어 샐러리맨의 신화가 형성되기 시작하였습니다. 이는 임진왜란 직전 율곡의 "10만 병사 양성론"과 어딘가 연상되지 않나요! 기업인으로서 뿐만 아니라 20년 동안 IOC(올림픽)위원을 대한민국을 대표하여 2018년 평창 동계올림픽 유치를 성공하였고 사회기부로 개인의 사재 8000억을 희사하고 삼성복지재단은 엄청난 사회복지 기여를 하도록 했습니다. 이런 이건희 회장은 대를 이어 대한민국의 경제를 살리고 대한민국을 IT강국으로 이끌어간 것은 그의 기업의 성공뿐 아니라 대한민국의 큰 행운이었습니다.

4장

2020년, 코로나 19, 전 세계를 휩쓸다

2020~21년은 코로나 19, 대유행의 해-코로나 확진자 1억 1400만, 사망자 253만

작년 2020년부터 전 세계 코로나19의 누적사망자가 2021년 2월 28일 기준 220개 국가(지역)에 253만명을 돌파하고 누적 확진자가 1억 1400만명(세계인구 77억의 1.5%)에 이르는 끝이 보이지 않는 팬데믹(Pandemic, 세계적 대유행)이 이어져 왔다. 팬데믹이란 세계보건기구(WHO)가 선포하는 감염병 최고 등급으로 세계적으로 감염병이 대유행하는 상태를 일컫는다.

본격적인 코로나19가 감염이 시작된 2019년 12월 이후 1년 이상의 기간 중 동안 월평균 17만명이 숨진 것으로 사망자의 증가세가 가파른 것으로 분석되고 있다.

원래 중국에서 발생하여 영국, 이탈리아 등 유럽과 미국이 팬데믹의 1차 확산이였던 지난 6월말까지 사망자가 50만명이었는데 그 후 8개월 동안 200여만명이 늘어났다.

경제상황, 의료수준과 관계없이 G7 국가들 미국, 영국, 독일, 프랑스 이탈리아, 동양의

인도, 남미의 브라질 등으로 확진자와 사망자가 폭증하였다.

특히 미국은 확진자가 2,850만(인구의 약 8.5%)에 이르고 사망자가 50만명에 육박해 세계의 20%을 넘는 등 탑이었는데 백신접종이 시작된 2021년에는 하루 발생 확진자가 10(근래 5~6만)만명 미만으로 줄어들어 한숨 돌리고 있다.

작년 12월 중국 후베이성 우한에서 처음 발생한 뒤 전세계로 퍼진 새로운 유형의 코로나 바이러스로서 미국이 중국의 인위적으로 확산시킨 것으로 의심하였다. 이제 그 중국에서 1년여 동안 발생한 누적 환자수가 약 9만명(세계 86위)인데 그 숫자의 300배 이상이 미국에서 발생하였던 것이다.

미국 등 G7 국가들은 의료 시스템이 잘 되어 있는데도 상대적으로 열악한 남미와 인도 등 서아시아 지역들처럼 똑같이 감염 대폭발이 이어지는 것은 이상한 현상이다.

특히 인도는 하루 평균 신규확진자(確診者)가 2~3만여명씩 발생하고 있는 실정으로 이미 누적 확진자가 1100만명을 돌파하여 미국에 이어 세계2위에 올라섰다.

여기에 브라질(약 1050만)까지 더하여 전 세계 누적 확진자(1억 1400만명) 대비 상위 3개국(미국, 인도, 브라질)만 44%에 이르고 있다.

유럽에서 프랑스, 스페인에 비해 누적 확진자가 적었던 영국도 2020년 하루 1만명(2021년 5천명)이 발생하여 영국 정부가 6명 이상 모임 금지, 오후 10시 이후 펍(Pub), 식당 등 영업금지 등 사회적 거리두기 제한 조치를 내놓았다.

그러나 그동안 찌들린 생활, 경제의 위축에 지친 런던 시민들 수천명이 "모일 자유를 달라"고 외치며 봉쇄조치를 철회 규탄집회를 열고 있었다.

인도를 필두로 아시아 지역에서는 인도네시아(하루 만명 내외)와 필리핀(누적 확진자 57만 초과) 일본까지도 상황이 어려운 지역으로 떠올랐다.

세계보건기구는 아직 백신, 치료제가 신속히 보급되지 않고 있는 상황에서 2021년 봄까지 코로나 재확산이 동시에 겹치면 특히 의료시설이 열악한 개도국을 중심으로 심각한 인명 피해가 발생할 수 있다고 경고하고 있다.

코로나19의 국내 상황

2020년 1월 20일 한국을 방문한 중국인이 최초의 감염자로 추정되면서 코로나 중앙사고수습본부(현재는 독립 청)를 설치하였고 중국의 감염진원지 우한에 거주하는 교민의 이송을 위한 전세기를 투입하였다.

최초의 집단 감염은 2~3월 한 종교집단 교파의 대구교회에서 이뤄져 확진자가 기하급

수로 격증하여 특별재난 지역으로 선포하였다.

4월 1일부터 모든 입국자 2주간의 자가격리(自家隔離)를 실시하고 4월 13일부터 무비자(90개국) 입국을 제한하였다

5월부터 전 국민에게 "긴급재난지원금" 지급을 개시하고 "생활 속의 거리두기"로 전환하였다가 8월에 특정교회와 광화문의 8·15집회 참석자를 중심으로 확진자가 증가하기 시작하자 8월 18일, 인천을 포함한 수도권에 대한 격상된 "사회적 거리두기" 2단계를 실시하였다.

상반기 5월 이후 신규 확진자가 감소하다가 8월 15일 이후 다시 격증하는 추세에 따른 조치였다.

최근 10월 이래 다시 한숨을 돌렸는데 12월 중순에 들어서서 800명~1000명으로 확진자가 급증하여 다시 공포분위기를 조성하였으며 현재 사회적 거리두기 2.5단계를 강력히 실시하여 2021년 2월에는 확진자가 3~400명 수준으로 진정되고 있다.

다만 한국의 확진자 누계인원이 2021년 2월말 현재 220개 감염국가 중 87위에 속하는 90,000명이고 사망자도 약 1600명(치사율 1.8%)으로 아주 나쁜 상황은 아니지만 이제 백신, 치료제가 정상적으로 보급되어 접종이 이루어지는 금년 상반기까지가 고비인 듯하다.

코로나 확산 초기의 상황을 통제하고 감염을 대폭 줄이는데 성공한 중국은 확진자 90000명(86위) 사망자 4600여명(치사율 5.2%)이고 요즘 확진자도 100명 미만으로 나라 규모로 보면 코로나가 회복되었다고 한다.

일본은 오히려 최근에 일일 발생 환자가 조금씩 줄어들어 확진환자가 누계 43만명 사망자도 거의 7900명(치사율 1.8%)을 넘고 있는 상황이다. 이로 인해 작년에 2021년 7월 도쿄에서 열리기로 연기되었던 32회 하계올림픽대회 개최는 어렵게 되어가는 상황이다.

외신들(외국)의 한국의 코로나 대응조치에 대한 평가는 한국이 팬데믹 초기 몇 달은 미국은 물론 다른 부유한 국가들보다 감염을 차단해 코로나 19를 선방(善防)한 것으로 평가했다.

우리나라는 20세기 제3산업혁명의 큰 분야인 디지털 혁명에서 세계 상위국가로 성공하여 각 분야의 데이터를 우수하게 관리하고 활용하는 국가로 평가되고 있었다.

그래서 세계적인 연구기관이 코로나19 초기단계에서 여러 가지 분야를 평가하는 "2020 Gloval Health Security Index"에서 전계 평가대상국가 159국 중에 8위에 랭크되었다.

그러나 그 평가의 1, 2위 국가인 미국과 영국 등이 가장 감염환자가 많고 사망자가 많은 나라가 되고 말았으니 기존의 방식으로만 평가하는 것 그 한계가 있음을 드러내고 있다.

전 세계가 코로나로 경제가 크게 침체될 것으로 예상되는데 한국은 OECD국가 중에 상위 수준인 1% 감소에 그칠 것으로 전망되고 있었다.

한국의 지금까지의 선방해 온 것은 선진국과 비교해도 우수한 의료기술과 진단검사의 결합, 중앙집중식 통제였다고 분석된다.

예를 들면, 국산진단검사 키트의 패스트트랙 승인, 상대적으로 여유있는 재정과 수준 높은 전자기기를 활용으로 "초연결성(超連結性)"을 발휘하여 감염자추적, 알림시스템을 도입한 것이다.

코로나 발병초기 마스크 공급이 부족할 때 정부가 생산을 총괄해 마스크 공급이 원활했던 것도 K방역의 우수성이었다.

국민 모두가 미세먼지 마스크 때부터 훈련이 잘 돼 모두가 마스크를 쓰는 것을 생활화하는 것도 다른 외국보다 훨씬 잘 되어 있다.

다만 종교적 열망이 강한 민족으로 가톨릭, 개신교회의 교직자들과 많은 신자들이 과도한 사회적 거리 두기가 종교의 자유 침해라는 소송까지 진행되는 상황이라는 점이 불거지고 있는 문제였다.

신종 코로나 19의 원류와 백신 치료제 개발

신종코로나의 3대 과제는 사전 진단의 철저와 예방약 백신을 개발하는 것이고 그 치료제를 발명하는 것이다

우선 돌발적인 질병이 발견될 때 일반적으로 그 병균이 어디에서 온 것인지를 파악한다.

이번 신종(新種) 코로나 바이러스는 중국의 우한의 해산물시장에서 팔린 박쥐에서 비롯해 확산된 것으로 알려졌다.

중국의 질병관리본부가 작년 1월 20일 이 같은 내용의 조사결과를 발표한 것은 이 병균이 인위적으로 만들어 퍼트린 것이라는 오해를 불식시키고 자연발생적인 것이라는 것을 분명히 하기 위한 것이라고 이해되었다.

이에 대해 전문가들은 코로나 바이러스는 낙타, 고양이, 박쥐 등 동물들 사이를 돌다가 사람과 동물을 동시에 감염시키는 변종이 등장해 인간에게 온다고 분석하고 있다.

2002년의 사스(SARS), 코로나 바이러스도 박쥐와 고양이를 거쳐 사람에게 감염됐으며 메르스(MERS)는 낙타에서 온 변종(變種)이라고 한다.

우한 바이러스는 인간과 동물 동시 감염 7번째 코로나 바이러스라고 한다

바이러스는 박테리아와는 달리 자체 생명력을 가지고 있지 않으나 박쥐(날라다닐 수

있는 흔치 않은 포유류) 같은 동물들을 숙주(宿住)로 하여 번식한다.

이번 코로나19에 대해서는 전세계 유수한 제약회사, 연구기관이 모두 백신과 치료제 개발에 올인하고 있다.

우선 전 세계의 Pfizer나 존슨앤존슨 같은 세계적 제약회사 85개가 연구하고 있으며 많은 곳에서 삼상(三床)의 단계에 있으며 급박한 상황에서 조건부로 건너 뛰고 12월 상순부터 영국 등에서 그 첫 번째 백신을 주사하기 시작했다.

그러나 그 효과에 대해서는 아직 확실성이 없으며 미국의 어느 연구기관의 여론 조사는 50% 가까운 인원이 아직 적극적으로 백신을 맞지 않겠다고 답하고 있었다. 그래서 지도급 인사들이 솔선하여 백신을 맞고 있으며 이제는 차츰 그 생산과 공급의 문제가 제기되고 있다.

전 세계 희망자에게 백신을 주사하더라도 광범위한 면역체제는 2021년 하반기까지는 소요될 것이라고 전망되고 있다.

미국 등 각국의 백신 등 보급

더구나 세계에서 가장 많은 확진자가 발생하는 미국은 지금까지 확진자만 해도 2000만에 육박하여 가장 다급한 상황이었다.

미국은 상반기에 초기대응을 잘못했다고 비판 받는 트럼프 대통령은 이번 11월에 대통령재선을 실패한 주요원인이 코로나19 때문이라고 분석하고 있고 이런 자연재해로 낙선한 것을 크게 억울해 하는 듯하다.

이 신약개발에 최고의 의약 기술을 가지고 있고 엄청난 개발비를 투입한 미국이 가장 유리하고 또 현재 가장 앞서가는 연구 성과로 신속하게 백신을 접종하려는 계획을 가지고 있다. 또한 세계의 경제상황을 가장 크게 좌우하는 미국의 백신의 보급 속도가 미국의 경제회복을 좌우하고 또한 세계 경제회복에 도움이 된다.

최근 화이자(바이오 엔드 테크와 합작)제약회사가 90%의 효과를 낼 수 있는 백신을 이번 12월부터 적용할 수 있도록 최대한의 물량을 생산하고 있다. 다른 유수한 연구 제약회사 모더나, 존슨앤존슨 등이 미국을 비롯한 전 세계에 내년 상반기에 백신을 보급할 예정이다.

목전의 과제는 이들 제약회사들이 앞다투어 빨리 백신을 생산하게 하고 이를 신속히 대상자들에게 접종할 수 있는 것이 관건이 되고 있다.

미국에서는 군사작전에 준하는 백신 보급계획을 세우고 있지만 최대 하루에 33만명에게 접종하고 있다고 한다. 지난 12월부터 의료종사자, 경찰, 고령자 등 우선대상자 1000만명을 대상으로 했지만 차질을 빚고 있다고 한다.

이제 2021년에는 하루 100만명 이상의 접종이 이루어지도록 추진하여 현재 5000만명(인구의 15%)이 1차 백신접종이 이루어지고 있다.

전 세계에서 가장 소리없이 백신을 확보하고 접종하고 있는 나라가 이스라엘로 2021년 2월말 이미 370만명의 주사를 완료하여 현재 인구(930만명) 대비 100명당 40명으로 세계에서 가장 앞서 있고, 다음 바레인이 30명 등 세계에서 가장 앞서가고 있다.

생산이 제한된 백신 접종의 우선 대상자를 선정하는 일에서도 각국이 논쟁을 벌이고 있다. 예를 들면 지금까지 학교교사를 우선대상자에 포함하고 있으나 현실적으로 이들은 현재 대면수업을 하지 않으니 감염위험성이 적은 반면에 오히려 우버택시, 버스기사 등이 교사들보다 우선 순위가 앞서야 한다는 것이다.

우리나라의 경우에도 가까운 장래에 자체적으로 백신을 생산하지 못하는 실정이므로 외국의 제약회사에서 백신의 물량을 확보하는 것이 쟁점이 되어 연말에 정부당국이 코너에 몰리고 있었다.

그 계약상황은 영국의 "아스트라 제네카" 회사로부터 금년 2~3월부터 1000만명분의 백신을 도입하기로 하였으며, 화이자 측과는 금년 3분기에 1000만명분을 그리고 존슨앤존슨 사의 "안센"을 600만명분을 2분기에 도입토록 물량을 확보했다.

다행스러운 것은 부족분을 미국의 "모더나"의 백신을 대통령까지 나서서 2000만명을 접종할 수 있도록 추진하였으며 백신 구매 배분의 국제 프로젝트에 의한 "코엑스 퍼실리티"의 백신 1000만명분을 합하면 전체 인구 5200만명을 초과하는 물량을 확보했다.

드디어 우리나라도 2021년 2월 26일부터 아스트라제네카 백신접종을 요양시설 종사자부터 시작하였다.

우리나라에서는 제약업체 셀트리온이 연구를 추진하여 시간이 소요되는 임상실험(臨床實驗)을 신속(내년 2–3월)히 끝낼 수 있으면 치료제 CT–P59를 출고하여 확진자들에게 투입할 수 있다고 한다.

다만 중증환자에게는 그 효과가 미약하다는 것이 문제라고 한다. 다음으로는 이 방면에 소리없이 깊은 연구를 진행해 온 중국에서도 백신 "시노팜"개발에 성공했다고 알려져 있고 이미 자국과 그리고 최근 일본에서 일부 시험적으로 주사하고 있다고 한다.

또한 문제점은 코로나 바이러스의 변종이 영국과 남아연방에서 시작되어 28개 국가에서 발견되고 있다는 것이다.

이에 대한 대책은 현재 그 증세 등이 구체적이지 않고 초기단계이므로 두고 볼 일이다. 그러나 원래 바이러스들은 자꾸 변종을 일으키며 발전하여 가니 어느 정도는 함께 지내야 하는 전염병이라고 보아야 한다는 전문가들의 적지 않다.

우리 인류의 역사에서 가장 큰 질병이 휩쓸고 간 역사가 있었다.

👑 백신의 역사-소(牛)가 점지(點指)해준 면역약

백신(Vaccine)은 원래 천연두(天然痘), 두창(痘瘡)을 예방하는 의약품에서 유래하였습니다. 천연두 등은 감염성 질병으로 치사율이 30%에 달했으며 살아 남아도 피부에 많은 흉터(얼굴에는 통칭, 곰보)가 남거나 심한 경우 실명하기도 합니다.

기원전 3세기 이집트의 미라에서도 발견되었고 콜럼버스가 남미대륙을 발견한 후 남미 원주민의 7-80%가 유럽의 전염병으로 죽을 때 상당수는 천연두 때문이었다고 추정합니다.

이 질병의 퇴치에 앞장선 사람은 영국의 의사 에드워드 젠너(1749-1823)로서 소를 키우는 사람은 이 전염병에 걸리지 않거나 그 증세가 미약한 것에 착안하여 관찰하고 연구하였습니다. 젠너는 소의 상처 우두(牛痘)를 이용하여 사람에게 천연두에 대한 후천성 면역력을 갖추게 하는 의약품을 개발한 것이 성공하였습니다. 그는 고마운 힌트였던 소를 라틴어로 Vacca라고 하는데서 Vaccin이라고 명명하였습니다.

그러니 소가 점지해준 신약이라고 할 수 있지요.

두 번째로 세균의 아버지라고 불린 루이 파스퇴르(1822~1895년, 9막 2장 참조)가 광견병, 콜레라 등 질병의 예방약을 발명하고 이 약들을 똑같이 백신이라고 부르면서 어떤 질병이든 면역체제를 부여하는 의약품을 모두 백신이라고 합니다.

그후 소아마비, 홍역, 파상풍, 디프테리아 등의 백신이 개발되었으며 특히 소아마비는 1988년 미국에서 35만명이었던 환자가 2015년에는 74명의 환자가 보고 되었을 뿐이라고 합니다. 천연두의 경우는 최후의 환자가 1977년 있었으며 1980년에는 세계보건기구 WHO에서 지구상에서 그 자취를 감춘 전염병으로 선언된 최초의 질병인 것은 모두 백신의 덕분입니다. 이제 개발되고 접종이 시작된 코로나 백신도 그 성능을 발휘하여 변형되는 코로나까지 예방하여 천연두나 소아마비같이 전지전능한 백신이기를 기원합니다.

인류의 역사에서 대량으로 몰살시킨 전염병의 흑역사(黑歷史)

인류의 역사에서 기록이 남아있는 공포의 질병이 페스트로서 전신이 검게 변하고 죽는다는 흑사병(黑死病, Black Plague)이었다.

1343년부터 2~30년 유럽을 강타하여 1억에서 2억의 인구가 죽었다니 당시 4억 5천정도 추산되던 유럽 인구의 3~40% 가까운 인구가 감소한, 말 그대로 인류의 흑역사(黑歷史)였다. 당시는 의료 기술이 지금과 비교가 안 되니 무슨 방법이 있었을까.

말 그대로 지옥이 실현되었던 상황이었을 것이다.

다음으로는 대항해시대에 콜럼버스 등 유럽에서 건너간 탐험대들이 전염시킨 두창, 천연두 등은 전혀 항체가 없던 남미의 원주민들이 5천만명이나 죽었을 것이라는 추정을 하고 있다.

이 질병은 역사적으로 영국의 엘리자베스 1세도 감염이 되어 얼굴이 얽은 채로 나라는 잘 통치했으나 보이지 않게 화장 등으로 감추었다고 한다.

또 영국의 빅토리아 여왕도 혈우병의 보균자로 9남매를 낳아 유럽 왕실의 어른 노릇을 했지만 그 유전자가 러시아의 마지막 황제 니콜라이 2세의 부인(황후)을 통하여 그 황세자가 감염되었다.

이것이 요승 라스푸틴을 신임하여 제정러시아 말기의 상황을 기울게 하여 1917년 레닌의 러시아 혁명이 일어나게 된 원인의 하나였다.

또 제1차 세계대전이 한창이던 1918~1919년 스페인 독감이 대유행하여 참호 속에서 비위생적으로 생활하던 병사들의 죽음이 전사인지 병사인지 알 수 없는 상황이 되었으며 역시 몇 천만명의 사망자가 발생했다.

그 후 1933년에 전자현미경이 발명되는 등 의술이 발전되면서 병균의 극복이 훨씬 용이해지고 있다.

요즘 코로나는 피할 방법, 즉 예방법, 백신의 개발 치료제의 발명이 있으며 2년 정도면 해결된다는 희망이 있다.

다만 이 상황에서 잘 견디는 지혜를 발휘해야 한다. 다행히도 새천년의 전자기술, 정보통신의 혁명시대가 코로나보다 살짝 먼저 도래하여 인류는 대면(對面)을 되도록 피하고도 의사 소통, 업무처리 등 많은 일상생활이 가능한 세상에 살고 있다.

이 코로나 세상에서 재택근무, 줌(ZOOM) 같은 방법을 통한 화상회의, 교육 등이 이루어지고 물건구입도 얼마든지 가능하다. 또 인공지능이 많은 일을 대신 해줄 것이다.

이런 경험으로 새로운 세상, 새로운 질서가 자리잡을 것이다.

저자의 작은 역사

저자(金鍾相)는 해방 이듬해(1946년), 항구도시 인천에서 태어나 대학입학 때까지 그곳에서 살았습니다.

아들 오형제(저자는 둘째)였던 우리 부모님은 아버지(고 김성기 님)가 일찍 돌아가시고 생활력이 강하셨던 어머니(고 김복순 님)의 주변(부지런) 덕분으로 밥 굶지 않고 그런대로 잘 자랐습니다.

휴전이 되던 해(1953년) 아직도 서해바다 휴전선 쪽에서 함포사격 소리가 들리던 시대에 인천 창영초등학교에 입학했습니다

1학년 때 우리 담임선생님(양영희 님)은 막 인천사범을 졸업하고 처음으로 부임해서 열심히 가르치던 처녀 여선생이었는데 저자가 아주 좋아했습니다.

선생님께 잘 보이려고 열심히 공부하는 습관이 생겨서 그 때부터 내내 공부 잘하는 학생이 되었던 것은 내 일생의 귀중한 밑천이 되었습니다.

생활에 바빠 공부까지 챙기지 못하였던 어머님도 스스로 잘하는 모범생 아들을 대견하셨습니다.

당시 인천에서 일류 중학교였던 인천중학교에 입학하여 중 3이 되었을 때 집안의 넉넉지 않은 경제형편 등을 감안하여 바로 위 형님(김실 님)이 졸업한 동산고등학교를 선택하여 진학하게 되었습니다.

대학입시를 생각하면 중학교 동기생들의 대부분이 진학하는 제물포고등학교로 가야했지만 저자는 동산고등학교에서 장학생으로 긍지를 가지고 열심히 했습니다

대학입시만을 중심으로 하지 않고 교육의 기본을 강조하던 교장선생님, 그리고 당시 우리나라가 경제개발 과정인지라 다른 취업이 어려웠던 우수한 교사들이 재직하고 있어서 모든 과목을 열심히 공부하였습니다.

특히 상업부기 실력은 나중 공인회계사 시험에 도움이 되었고 세계사공부는 늘 역사에 흥미를 가지고 이번에 책을 쓰게 되는 계기가 되었습니다.

그래서 동산고등학교는 내게는 어느 학교 못지 않게 일류 고등학교였고 대학입시에서 학교 개교 이래 서울대 법과대학에 최초로 합격한 졸업생이 되었습니다.

대학에서 여러 일류 고등학교를 졸업한 좋은 학우들과 열심히 사귀고 잘 노는 동안 2년이 후딱 지나고 대학 3학년 때 정신을 차리고 장래에 대한 대비로 공인회계사 시험에 합격하게 되었습니다.

그 이듬해 1968년 대학 4학년 때는 공무원이 되는 행정고시에 합격하여 장래의 직업이 되었습니다.

인생에 여러 가지 중대한 선택의 기로가 있는데 저로서도 군대를 먼저 가느냐 공무원 근무를 먼저 시작하느냐 였습니다.

공인회계사 시험 합격자로서 장교로 입대하는 기회가 1년에 한번(그 해에는 3월)씩 있었는데 그 때까지 공무원 발령이 되지 않아서 결국 입대를 먼저 하기로 했습니다. 그래서 입대한다는 신고를 정식으로 하였습니다. 나중에 알았지만 그런 신고를 안한 채 입대를 해도 입대휴직으로 처리되고 제대 후에 새로 시작하는 것보다 훨씬 유리했을 것이라고 했지만 원칙대로 한 것입니다.

입대 이후 훈련 7개월, 근무 3년 해서 햇수로 4년 그러니까 또 다른 대학, 육군경리장교 대학 하나를 더 졸업(제대)한 셈이었고 그 후 공무원 생활을 시작하였으니 고시 동기생들보다 훨씬 진급도 늦고 흔히 말하는 큰 출세를 하지 못했습니다.

그러나 육군경리장교로서 육군종합행정학교(경리학교)교관 생활을 한 것이 좋은 경력이었습니다.

군대생활의 경험을 통하여 좀 더 어른스러울 때 국세청 공무원(관리자)을 시작하여 시행착오 없이 26년을 잘 봉사했습니다.

공무원 시절에도 소질을 살려 교관도 했고 국내외 장기 교육도 받았으며 기획 업무를 많이 담당해서 화려한 보직과는 크게 인연이 없었습니다.

그래도 마지막 보직, 부산지방국세청장을 끝으로 명예퇴직을 하여 "청장"이라는 택호 (宅號)를 얻은 것이 큰 영광이었습니다.

퇴임 후에 곧바로 그동안의 경리, 회계, 세무 경험과 자격을 바탕으로 회계사무소(4년 후엔 법인)를 개업하여 23년을 일하고 있습니다.

그동안 회계사자격과 국세청의 경력을 잘 평가해주어 여러 공공기관, 대기업 등에서 사외(비상임)이사, 감사위원으로 활동한 것은 큰 보람이었습니다.

크게 자랑스러운 순간은 2003년 세종문화회관에서 "세짜이야기" 책 출판 기념회와 세일회계법인 발족 축하회를 한 때입니다.

이 자리에 과분하게 많은 분들이 축하해준 것을 고마워 했습니다.

그 중에도 늘 우리 잘난 아들이라고 자랑하시던 어머님(2011년 작고), 초등학교 1학년 담임선생님, 고등학교 은사(고 임병운 님), 대학원 박사학위 은사(각재 김인겸님), 국세청 지창수(작고) 선배님, 고등학교 서한샘(밑줄 쫙), 김무생(탤런트) 선배님, 공인회계사회 신찬수 회장님들을 모셨던 것이 영광스런 순간이었습니다.

공무원 퇴임 이후 사회의 여러 사람들과 교제하고 다른 분야도 배우기 위해 중앙대 건설대학원, 고대 언론대학원, 카이스트 경영대학원 그리고 4T 관리자 과정을 다녔고(사외)이사협회, 국가경영전략연구원(NSI) 조찬회를 10여 년 동안 참가하고 있습니다.

또한 친정 국세청의 모임(국세동우회, 성총회 등), 봉사단체 제일로타리, 귀중한 경력이었던 군대생활의 모임(꿈모임, 동기회, 경산회)들이 저에게는 다정한 사람들의 친교입니다.

30여 년 동안 성당의 교우모임, 20여 년 동안 함께 일했던 세일회계법인의 식구들, 사무실이 있는 서초동 헬스클럽의 식구들도 소중한 이웃사촌들입니다.

같은 직업에 종사하던 형님(김실, 고려대 상대)은 언제나 큰 의지가 되었고 우리 형제들은 다 우애 있게 지내왔습니다.

저의 평생 사랑의 반려자 김황주는 언제나 내 곁에서 알뜰히 챙겨주고 있고 장모님 김윤조 님(2009년 작고)의 사위 사랑은 유명하셨고, 세분 처남 형님들은 인품도 있고 한 사람 매제(저자)를 늘 신뢰해 주었습니다.

저는 3남 1녀를 두었습니다

큰 아들 찬영은 원래 건강이 안 좋아서 양평의 창인원에서 코로나19도 모르고 아주 행복하게 잘 지내고 있습니다. 둘째 윤영은 해외 연수 중에 좋은 배필(Akamsiri Kim)을 만나 그 처갓집 나라 태국에서 자리잡고 운영하는 태국스타일 레스토랑이 2개나 성업 중입니다. 셋째 도영은 원래 IT전문가로 IBM 등 외국 전자회사에서 일하고 있으며 며느리(김상희)도 중학교 영어선생으로 때마다 용돈 봉투를 준비합니다. 막내딸 세희는 미국에서 대학은 노트르담, 석사는 콜럼비아에서 국제관계를 전공하고 그와 관계되는 일을 하고 있습니다.

조금 장황하게 됐으면 양해해 주시기 바랍니다.

끝으로 저희의 귀엽고 총명한 두 손주, 태국에 있는 김우주(金宇柱, Kim Woo-Joo) 셋째네 김주원(金柱沅, Kim Ju-Won)을 소개하고 싶습니다.

◀ Kim Woo Joo & Kim Ju Won

저자의 다른 출간 서적

<부가가치세 실무해설(附加價値稅 實務解說)> 출판사 한국세정신문사 刊: 1977년 우리나라가 부가가치세라는 새로운 세금을 도입하면서 그 법의 적용범위와 구체적인 실무적용 시에 알아야 할 내용을 설명한 책이었습니다. 1982년 초판 출간 이후 1989년 4판을 발간했습니다.

<원천징수 실무해설(源泉徵收 實務解說)> 출판사 한국세정신문사 刊: 기존 부가가치세 실무해설의 호평과 자신감으로 세무업무를 담당하는 실무자들의 편의를 도모하기 위하여 1985년 "실무해설" 시리즈로 출간하였습니다. 급여 원천징수처럼 다른 사람의 세금을 대신 징수했다가 국가에 납부하는 여러 가지 소득, 임금 등에 총괄해서 설명한 책입니다.

<Guide to Korean Taxes> 출판사 CCH(Commerce Clearing House) INTERNNALATIO: 1990년 김종상, 김용균 공저로 한영 대조판으로 출판된 책입니다. 상사관련 법령, 관련도서를 출간하는 다국적 출판사 CCH가 한국의 세법 소개서로 처음 출간하려는 계획으로 물색하다가 채택된 책입니다. 저자가 3년여 동안 경제신문과 잡지에 영문 세법을 연재하던 것을 기초로 한국의 대표적인 회계 조세 법인인 삼일회계법인의 국제조세담당 파트너 김용균(2020년 작고)과 함께 완성하여 출판했습니다.

<국세청 사람들> 출판사 매일경제신문사 刊: 저자
가 26년 동안 몸 담았던 국세청을 퇴직하고 그간의 경
험과 애환을 정리하였던 수필집 같은 책이었습니다. 국
세청 기획, 교육기관에서 오래 근무하면서 국세청 초창
기의 국세청장을 비롯한 간부들이 세무조사 등 국세행
정의 방향수립을 위하여 고뇌하고 노력하던 모습들을
가까이 지켜보던 생생한 경험 등을 소개하였습니다

<세짜이야기>, <세금이야기, 세상이야기> 출판사
한국세정신문사 刊: 세짜에는 세금 稅, 세상 世, 세 개라는
三, 그리고 세월(역사)의 歲도 포함될 수 있습니다. 전공
이었던 세금을 중심으로 여러 가지 내용의 수필 같은 세짜
이야기 책을 3번 출간했습니다

　　　　2003년 "세일" 회계법인을 발족하면서 함께 출판기념
회를 개최한 것이 큰 보람이었습니다. 그 후 2004년, 2007년까지 세 차례 출간하면서
<세짜>도 진화해 왔습니다.

참고문헌

대한민국 건국 60년의 재인식, 김영호, 기파랑

궁금해서 밤새 읽는 세계사, 김경묵 등, 청아출판사

궁금해서 밤새 읽는 유럽사, 김상엽 등, 청아출판사

너무 재밌어서 잠 못드는, 우마야 다쿠에이, 생각의길

단숨에 읽는 한국사, 오정훈, 베이직북스

대한민국역사, 이영훈, 기파랑

미국의 역사, 아루카 나츠끼, 삼양미디어

백(100)대 유물로 보는 세계사, 닐 맥그리거, 다산초당

살아있는 세계사, 전국역사교사모임, 휴머니스트 출판그룹

성경이야기, 나카무라 요시코, 서울문화사

세계를 움직인 100인, 마이클 하트, 일신서적출판

세짜 이야기, 김종상, 한국세정신문사

알아두면 쓸모 있는 세계사, 박훈, 더불어 으뜸

이슬람학교, 이희수, 청아출판사

이야기 한국사, 청솔연구회, 청솔

이야기 미국사, 이구한, 청아출판사

이야기 세계사, 구학서, 청아출판사

조선왕조실록, 박영규, 들녘

종횡무진 동양사, 남경태, 휴머니스트출판그룹

종횡무진 서양사, 남경태, 휴머니스트출판그룹

중국의 붉은 별, 에드가 스노, 두레

중화인민공화국 50년사, 아마코 사토시, 일조각

처음 읽는 인도사, 전국역사교사모임, 휴머니스트출판그룹

처음 읽는 일본사, 전국역사교사모임, 휴머니스트출판그룹

천재 이야기, 김상운, 이가서

통세계사 1-2, 김상훈, 다산북스

하루밤에 읽는 성서, 이쿠다 사토시, 중앙M&B

하루밤에 읽는 세계사, 미야자키 마사카츠, 중앙M&B

하루에 따라잡는 세계사, 유한준, 미래타임즈

한국사 세계사 비교연표, 이근호 외, 청아출판사

한국사특강, 설민석, 휴먼큐브

한번에 끝내는 세계사, 사마자키스스무, 북라이프

이 참고서적들은 저자가 잘 읽었으며 크게 도움이 되었습니다.

좋은 내용을 인용하는 경우 각주로 책의 이름과 페이지를 표시하지 않았음을 양해해주시길 바랍니다. 본서는 학위논문이나 연구출판물로 제시하는 것이 아니기 때문입니다.

감사합니다.

김종상 동서양사 ②권(목차)

색 인

저자의 학력과 경력

김종상(金鍾相) 1946.9.1.생

학 력
인천창영초등학교(1953 – 1959년, 49회)
인천중학교(1959 – 1962년, 12회)
동산고등학교(1962 – 1965년, 14회)
서울대학교 법과대학 법학과, 법학사(1965 – 1969년, 23회)
경희대학교 경상대학 세무관리학과 경영학석사(1986 – 1988년)
건국대학교 경상대학 경영학박사(1997 – 2000년)

경 력
공인회계사 자격시험 합격(1967, 1회)
행정시험 재정직 합격(1968, 6회)
공인회계사 육군경리 장교 근무(1969 – 1972년)
대한민국 공무원, 공업진흥청(1973년), 국세청 근무(1974 – 1998년)
세무서장(성동, 남대문, 여의도), 국세청 기획관리관, 재산세국장 등
부산지방국세청장 퇴임(1998년)
미국 University of Southern California, Tax comprehensive course 이수(1980년)
미국 University of Berkeley 동아시아 연구소 초빙연구원(1994 – 1995년)
한국조폐공사,김포공항공사 비상임이사
KT, 대한항공, 두산중공업 사외이사
세일(원)회계법인 대표이사(1998 – 현재)

소설로 쓴 동서양사 1

초판발행   2021년 3월 15일

지은이   김종상
펴낸이   안종만·안상준

편 집   배근하
기획/마케팅   임재무
표지디자인   BEN STORY
제 작   고철민·조영환

펴낸곳   (주) **박영사**
              서울특별시 금천구 가산디지털2로 53, 210호(가산동, 한라시그마밸리)
              등록 1959. 3. 11. 제300-1959-1호(倫)
전 화   02)733-6771
f a x   02)736-4818
e-mail   pys@pybook.co.kr
homepage   www.pybook.co.kr
ISBN   979-11-303-1171-5   03900

정 가   26,000원